PAX

WAR AND PEACE IN ROME'S GOLDEN AGE

PAX

팍스
로마 황금시대의 전쟁과 평화

WAR AND PEACE IN ROME'S GOLDEN AGE

톰 홀랜드 지음 | **이종인** 옮김

책과함께

일러두기

- 이 책은 Tom Holland의 *Pax: War and Peace in Rome's Golden Age* (Abacus, 2023)를 우리말로 옮긴 것이다.
- 옮긴이의 짧은 설명은 〔 〕로 덧붙이고, 긴 설명은 각주로 넣고 끝에 '—옮긴이'를 표기했다. 그 외의 각주는 모두 지은이가 덧붙인 것이다.

빌 힐드에게.

그의 도움이 없었더라면

이 책을 집필하기 아주 힘들었을 것이다.

감사의 말

먼저 나의 형 제임스 홀랜드에게 감사드린다. 그는 빌 힐드를 소개해주었다. 세계 최고의 암 전문 외과의사인 빌은 내가 이 책을 쓰는 동안에 나를 도와주러 와서, 내가 이 책을 충분히 탈고할 수 있으리라고 안심시켜주었다. 지난 1년 동안 나를 꼼꼼하게 보살펴준 킹스칼리지 병원의 아민 하지, 앤드루 이매뉴얼, 마거릿 버트, 그 밖의 여러 팀원에게 감사드린다. 늘 그랬듯이 리틀브라운 출판사의 리처드 베스윅과 직원들에게 큰 신세를 졌다. 베이식북스의 라라 헤이머트와 여러 직원에게도 감사드린다. 또 뛰어난 문학 에이전트인 패트릭 월시와 PEW 리터러리의 직원들에게도 감사드린다. 영국 국립도서관, 런던 도서관, 그리스&로마 도서관의 직원들에게 느끼는 고마움은 말로 이루 다 표현할 수가 없다. 제이미 뮤어는 이 책의 원고를 모두 읽어주었을 뿐만 아니라 내가 갖고 있는 동전들의 사진을 멋지게 찍어주었다. 자상하고 관대한 학자인 루엘린 모건은 환관과 코끼리 관련 사안에 도움을 주었다. 폼페이의 문화재 관리인인 소피 헤이는 그녀가 갖고 있는 멋진 사진들을 일부 사용하게 해주었다. 마테이 블라지는 나를 루마니아로 초대했을 뿐만 아니라 사르미제게투사까지 차를 몰고 가 안내해주었다. 골행어의 도미닉 샌드브룩과 직원들은 이 책의 집필을 잠시 중단할 것을 끈질기게 요구했다. 하지만 선의와 배려에서 그런 것이므로 아무런 불만도 느끼지 않는다. 나의 사랑하는 가족 새디, 케이티, 엘리자는 언제나 그랬던 것처럼 내가 모든 것을 기대는 반석 같은 사람들이다.

차례

지도 목록

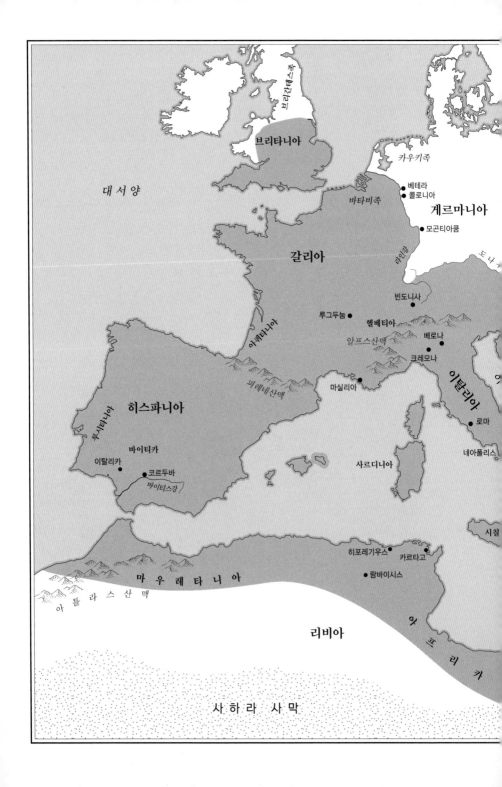

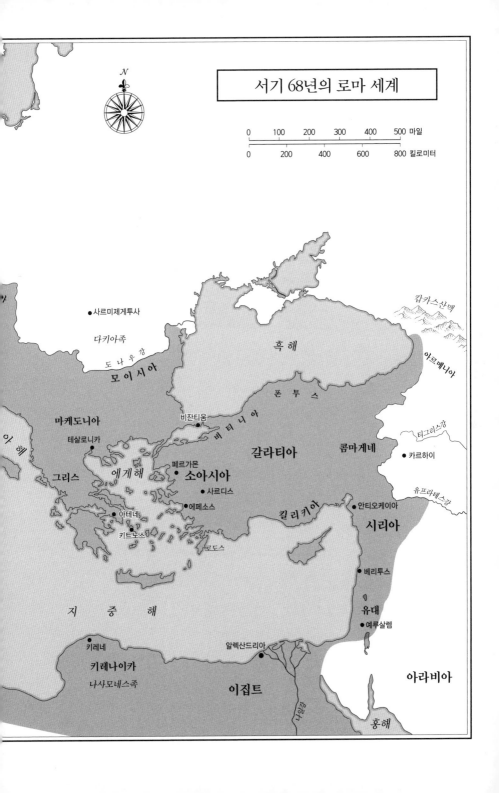

N

서기 68년의 로마 세계

0　100　200　300　400　500 마일
0　　200　　400　　600　　800 킬로미터

칸카스산맥

사르미제게투사

다키아족

도나우강

모이시아

흑해

폰투스

아르메니아

티그리스강

마케도니아

비잔티움

비티니아

갈라티아

콤마게네

카르하이

테살로니카

페르가몬

소아시아

그리스

에게해

사르디스

유프라테스강

아테네

에페소스

안티오케이아

키트노스

킬리키아

시리아

로도스

베리투스

지중해

유대

예루살렘

키레네

알렉산드리아

키레나이카

나사모네스족

이집트

아라비아

나일강

홍해

로마인과 그들이 구축한 장엄한 평화는

제2의 태양과 같은 역할을 부여하기 위해

신이 인류에게 선사한 선물 같았다.

—대大 플리니우스

그들은 황무지로 만들어놓고 이를 평화라고 불렀다.

—타키투스

서론

서기 122년, 세상에서 가장 강력한 권력자가 타인강의 강둑에 도착했다. 오늘날 영국 북부 도시 뉴캐슬을 관통하는 그 강은 로마 황제가 방문한 지점으로서는 가장 북쪽에 있는 지역이었다. 그 강 아래쪽으로는 이 브리튼섬의 비옥한 저지대인 남쪽 절반이 펼쳐져 있었는데, 그곳은 그 앞 80년 동안 로마 군단에 의해 정복, 안정, 순치되었다. 그 강의 북쪽으로는 황무지가 펼쳐졌는데, 그곳은 너무나 야만적이고 척박해 정복할 가치가 없는 땅이었다. 이러한 생각은 그곳을 방문한 황제(카이사르)의 판단이었다. 푸블리우스 아일리우스 하드리아누스는 문명과 야만을 구별할 자질을 충분히 갖춘 사람이었다. 그는 철학자들과 공부했고, 패전군의 머리를 잘라가는 야만인을 상대로 말 달리며 싸움을 했다. 유학하면서 아테네에서 지내기도 했고 도나우강의 한 섬에서 살기도 했다. 그는 브리타니아(브리튼섬)를 방문하기 전에 라인강 일대의 군단 기지들을 순찰하면서 그 강의 동쪽 둑 너머에다 목책을 세우라고 지시했다. 이제 회색 강물이 넘실거리는 타인강의 둑에 서서 그 일대를 둘러보던 하드리아누스는 아주 경이로운 토목 공사를 구상하고 있었다.

그 사업의 대담성은 브리타니아에 황제가 몸소 행차했다는 사실에서 뚜렷이 드러났다. 황제는 휘하 군단들을 달랠 필요가 있었다. 아울러 신들을 위무해야 했다. 브리타니아를 둘러싼 광대하고 무서운 바다와, 지금 황제가 서 있는 타인강에도 제물을 바쳐야 했다. 초자연적인 것들을 아주 꼼꼼하게 챙기는 하드리아누스는 교량 건설을 지시하기 전에 먼저 모든 강에 현신한다는 신성한 신령을 달래야 한다고 생각했다. 그렇게 해서 지어진 다리에는 폰스 아일리우스Pons Aelius라는 이름을 붙였는데 곧 '하드리아누스의 다리'라는 뜻이었다. 세계의 변방, 이름 없는 오지에 세워진 이 다리에는 아주 특별한 영광이었다. 오로지 도시 로마에 있는 다리들에만 황제의 이름이 주어지는 것이었으니까. 그로부터 10년 뒤 하드리아누스가 멀리 떨어진 테베레강의 둑에다 자신을 위한 능묘를 건설하라고 지시하고, 수도에서 그 능묘로 들어갈 수 있는 다리를 건설하라고 했을 때 그 다리에 붙여줄 수 있는 유일한 이름은 폰스 아일리우스뿐이었다. 그리하여 그 능묘가 완공되면서 성격이 전혀 다른 두 다리가 황제의 성은을 입게 되었다. 그러나 멀리 떨어진 브리타니아의 아주 먼 외곽 전초지에다 황제의 이름을 붙인 것은 훨씬 더 엄숙한 위엄을 부여하는 것이었다.

폰스 아일리우스라는 이름은 타인강 위에 놓인 다리만이 아니라 그 강의 북안에 건설된 요새에도 붙었다. 이 요새는 대서양의 한쪽 끝에서 다른 쪽 끝으로 이어지는 일직선상에 건설된 수많은 요새 중 하나일 뿐이었다. 그곳에 연이어서 길이 130킬로미터의 대형 석벽이 조성되었다. 그 석벽 뒤로는 자갈 깔린 도로가 나란히 달리고 있었다. 그 도로 뒤에는 깊은 구렁텅이가 나란히 있었는데, 얼마나 깊은지 바닥에 사다리를 놓아야 올라올 수 있었다. 이처럼 웅장한 규모에 수준 높은 기반시설은 로마에 있는 그 어떤 기념물 못지않게 하드리아누스의 위업을 기념했다. 또한 엄청난 상무적 노력과 그 누구도 범접할 수 없는 위협의 능력을 만방에 선포했다. 하드리아누스의 방문은 일시적인 것이었고 타인강은 스쳐 지나가는 경유지에 불과했으나, 황제는 그 뒤에다 초강대국의 강력한 흔적을 남겨두었다.

그 성벽을 본 로마인은 별로 없었다. 그 성벽은 문명을 상징하는 각종 지표("무역, 항해, 농업, 야금술, 일찍부터 지상에 존재한 각종 공예 기술, 지상에서 경작되거나 재배되는 모든 것"[1])로부터 너무나 멀리 떨어져 있었기 때문에 로마인이 볼 때에는 기껏해야 하나의 소문에 불과한 것이었다. 곧 그들은 그 성벽을 하드리아누스가 건설했다는 사실조차 잊어버렸다. 브리타니아에서 로마 제국의 지배가 붕괴되고 천 년 이상의 세월이 흘러가는 동안에, 그 구조물은 후대의 다른 황제가 지은 것으로 잘못 인식되었다. 그러다가 19세기에 들어와서야 비로소 그 성벽이 하드리아누스의 공적임이 결정적으로 입증되었다. 그때 이래, 여러 세대에 걸쳐 고고학자, 비문학자, 역사가의 노고 덕분에 그 성벽을 누가 어떻게 건설했는지에 대한 우리의 지식은 놀라울 정도로 향상되었다. 하드리아누스 성벽에 관한 연구는 이제 "폐기된 가설의 뼈들로 가득하다."[2] 성벽의 장대한 중앙 부분(1600년 무렵 이 부분 주변에 산적들이 너무 많아서 고고학자 윌리엄 캠던은 방문하기를 포기할 수밖에 없었다)에 가보면 오늘날의 방문자들은 설명 표지, 기념품 가게, 화장실 등을 어디에서나 볼 수 있다.

사정이 그렇기는 했지만 하드리아누스 성벽에서 신비한 분위기가 완전히 사라진 것은 아니었다. 1981년의 초겨울에, 미국인 방문객 조지 R. R. 마틴이 이 유적지를 방문했을 때 시간은 석양 무렵이었다. 해가 지면서 바람이 성벽 위로 불어오는 순간, 이 유적지에는 오로지 마틴 한 사람뿐이었다. 그때 마틴은 이런 상상을 했다. 하드리아누스 당시에, 이 문명의 오지에 파견된 아프리카나 근동 출신의 병사가 성벽 위에서 파수를 서는 동안 북방의 어둠을 들여다보면서 저 속에 무엇이 어른거리고 있을까 상상했다면 그 심정이 어땠을까? 그 기억은 그 후에 마틴에게 오래 남았다. 그리고 10년 뒤 그가 《왕좌의 게임 A Game of Thrones》이라는 판타지 소설을 집필하기 시작했을 때 하드리아누스 성벽 방문은 그에게 강력한 영향을 미쳤다. 그는 나중에 이 성벽을 이렇게 묘사했다. "그 너머에 있는 미지의 위협에 맞서서 문명을 보존하는 성벽."[3]

마틴의 소설에 등장하는 웨스테로스라는 상상의 땅에서 "미지의 위협"은 타자他者들을 의미했다. 그들은 눈과 추위로 만들어진 창백한 악마인데 죽은 사람들을 노예로 삼았다. 로마의 변경 수비용 성벽은 그의 판타지 소설 속에서 8천 년이나 되었고 500킬로미터 길이와 200미터 높이를 자랑하는 빙벽으로 재탄생했는데, 그 안에 고대 마법이 새겨져 있었다. 가끔씩 그 성벽은 거대한 매머드의 공격을 받았다. 마틴의 판타지 소설과 이를 대본으로 한 텔레비전 드라마의 엄청난 성공 덕분에, 마틴 판 하드리아누스 성벽은 원래의 성벽을 다소 빛바래게 했다. 하지만 이러한 현상은 로마 제국에 대한 특정한 이해 방식이 우리의 집단 상상력에 엄청난 영향을 미친다는 것을 잘 보여주는 사례다. 《왕좌의 게임》에서 독자들이 공감하는 대상은 언제나 성벽을 수비하는 야간 경비대이지, 성벽 너머의 타자들이 아니다. 로마 제국의 최북단 변경에 서서 황혼 속 풍경을 응시하던 마틴은 자신을 로마인이라고 상상했지 브리타니아인이라고 상상하지 않았다. 하드리아누스 성벽을 방문하는 사람들은 그곳 현지인과 자기 자신을 동일시하는 법이 거의 없다. 그 성벽을 등장시키는 소설과 드라마는 어김없이 정복자의 관점을 취한다. 불운한 운명과 맞닥뜨린 군단을 이끌고 진군하든 잃어버린 군단 깃발을 찾기 위해 진출을 감행하든, 로마 문명의 변경 너머로 나아간다는 것은 어둠 속으로 들어간다는 의미였다. 영 제국을 찬미했던 문인 러디어드 키플링은 이 성벽을 문명의 기념비라고 해석했다.

당신이 세상의 끝에 도달했다고 생각하는 순간, 당신의 눈이 미치는 저 먼 곳에서 동쪽으로부터 서쪽으로 날아가는 연기를 보리라. 그리고 당신이 멀리 시선을 던지는 곳, 집·사원·가게·극장·병영·곡물창고 등이 마치 주사위처럼 도열해 있는 그 바로 뒤에, 오르락내리락 보일락말락 하는 탑들이 일렬로 늘어선 것을 보리라. 그곳이 바로 하드리아누스 성벽이다.[4]

키플링이 로마가 점령한 시대의 브리타니아에 대해 쓴 단편소설들을 발표한 1906년에 비해 오늘날은 제국주의의 열기가 현저히 식어버렸지만, 모로코나 시리아 출신 병사들이 하드리아누스 성벽에서 근무했다는 사실은 기념할 만한 사실로 얼마든지 제시할 수 있다. 성벽의 바로 이런 점을 강조하기 위해 BBC는 최근에 제작한 어린이용 프로그램에서 연대를 약간 수정하여 이 시기 브리타니아 속주의 총독을 아프리카인으로 제시했다.* 가장 야만적인 변경에 성벽을 건설하고 당시 세계 인구의 약 30퍼센트를 지배했던 로마

---

* 브리타니아에 온 하드리아누스를 영접한 당시 총독 퀸투스 폼페이우스 팔코는 시칠리아인의 아들이었고, 하드리아누스 황제 사망 직후 몇 년 동안 브리타니아 속주의 총독으로 부임한 퀸투스 롤리우스 우르비쿠스는 베르베르인이었다.

제국은° 오늘날에도 18세기 후반 사람들의 뇌리 속에 있던 모습 그대로 남아 있다. 무슨 말인가 하면 그 속에 우리의 모습이 반영되어 있는 것을 본 우리가 우쭐해지도록 하는 거울 역할을 하고 있다는 것이다.

서기 2세기를 황금시대 중에서도 황금시대라고 최초로 규정한 사람은 에드워드 기번이었다. 1776년 《로마 제국 쇠망사》 제1권에서 그는 하드리아누스의 치세와 그 직전 혹은 직후 황제들의 치세를 이렇게 규정했다. "세계 역사상 인류의 생활 조건이 가장 행복하고 번창했던 시기였다." 타인강에서 사하라 사막에 이르기까지, 그리고 대서양에서 아라비아에 이르기까지, 사람들은 평화를 누리고 있었다. 로마의 통치가 확립되기 이전만 해도 왕국 대 왕국, 도시 대 도시, 부족 대 부족의 내전으로 동요하던 여러 지역이 "미덕과 지혜의 인도"를 받게 되었다.[5] 기번은 황제 통치의 독재적 특성을 잘 알았고 그런 만큼 나쁜 일들이 벌어질 수 있다는 것도 알고 있었다. 그럼에도 불구하고 세련되고 관용적이고 학문과 상업을 중시하는 기번 같은 사람이 볼 때, 하드리아누스가 통치한 세계는 그가 규정한 중세의 야만과 미신에 비하면 한결 바람직했다. "그 방대한 제국의 변경들은 오래된 명성과 절제된 용기로 보호되었다. 법률과

° 하드리아누스 시절의 세계 인구 중 대략 20~40퍼센트가 로마의 지배를 받았다. 그보다 더 정확하게 추산하기는 불가능하다.

풍속이 지닌 온화하면서도 강력한 영향력은 서서히 속주들의 단결을 강화했다. 평화를 누리는 속주민들은 부유와 사치의 이점을 마음껏 즐기면서 남용했다."6 기번은 제국의 번영을 서술하면서 온건한 아이러니의 어조를 잃지 않았으며, 또한 로마인의 업적에 대해 그 어떤 경멸도 드러내지 않았다. 질서는 혼란보다 나았고 로마 황제들이 "세상의 가장 아름다운 곳, 가장 문명화된 사람들"에게 가져다준 질서는 정말이지 경이로운 것이었다. 이는 로마인들 자신에게도 경이로운 것이었던바, 기번은 이런 사실을 잘 알았다. 로마인들은 한때 적이었던 나라들이 무기를 내려놓고 각종 기술에 헌신하는 광경을 보고서 경탄했다. 그런 헌신 덕분에 온 세상의 도시는 아름다움으로 빛났고, 시골 지방은 마치 정원처럼 가꾸어졌다. 로마인들은 멀리 인도에서까지 보물을 가져오는 상선들이 바다를 가득 메운 광경에도 경탄했다. 또한 전에는 외로운 한 점 불꽃에 지나지 않았던 희생 제의의 불꽃이 온 세상으로 퍼져나가는 것을 보면서 경탄했다. 그것은 이제 사람들에게서 다른 사람들에게로 전달되어 영원히 꺼지지 않는 불꽃이 되었으며 온 세상 전역에서 밝게 불타올랐다. 바로 이런 것들이 하드리아누스 당시 로마 제국에서 성장한 사람들이 누리는 평화, 즉 팍스 로마나Pax Romana의 결실이었다.

기번의 시대 이래로 이러한 평화의 작동과 유지에 관한 지식은 비약적으로 향상되었다. 고고학 유적지들을 계속 발굴했고, 금석문을 탁본하여 분석했고, 쓰레기 더미에서 건져 올린 파피루스와

서판을 전사했다. 이렇게 방대한 증거들을 집적하는 일을 기번이 보았다면 매우 놀라고 신나했을 것이다. 하드리아누스의 제국이 지구상의 가장 아름다운 부분들을 대부분 포섭했다는 서구 학자들의 자신감은 이미 오래전부터 제약을 받았다. 로마 제국이 유라시아 대륙에서 유일한 초강대국은 아니었다는 사실을 인지했기 때문이다. 오늘날 로마 제국과 중국 제국의 상호 비교는 그 어떤 고대사 부문 못지않게 역사학 분야의 첨단 연구 주제로 부상했다. 그렇지만 서기 1세기와 2세기에 단일 행정 단위를 유지하면서, 유라시아 서쪽 지역에서 누린 평화의 규모와 지속 시간은 사실상 전례가 없는 것이었다. 1770년대에 나온 주장이나 그 후 250년이 흘러간 오늘날에 나오는 주장이나 동일하다. 과거 로마 황제들이 자랑스럽게 내세운 것처럼, 로마 제국 이후에 지중해가 오로지 자신들만의 바다라고 주장한 국가는 없다.

21세기의 소비자들은 기번 시대에 찬탄한 것에 비해 로마를 그리 놀랍게 여기지 않을지 모르지만, 로마 제국의 번영은 오늘날의 경제학자들에게도 강한 인상을 심어주고 있다. 매사추세츠 공과대학(MIT) 경제학과의 명예교수인 피터 테민은 이렇게 말했다. "인류의 생활 조건은 로마 제국 초창기가 아주 좋았고 그때 이후 세계 어디에서든 그런 수준에 도달한 나라는 없었다. 이것은 산업 혁명이 도래하기 전까지는 불변의 사실이었다."[7] 하지만 정확한 자료가 부족하다 보니 서기 1세기와 2세기 로마 제국 경제의 규모와 효율성은 오늘날 격렬한 논쟁의 대상이다. 한편 제국 내의 여러 도시에 퍼져 있는 각종 자원들은 로마 시대 연구자들에게만 익숙한 것이 아니라, 무수한 관광객들에게도 널리 알려져 있다. 에페소스나 폼페이를 우연히 방문한 사람일지라도 그 도시에 산재한 문화유적들에 감동받지 않을 수 없다. 신전과 극장, 목욕탕과 도서관, 포석 깔린 도로와 중앙난방, 이 모두가 팍스 로마나의 즉각적·구체적 표시다. 오늘날에도 영화, 만화, 컴퓨터 게임 등에서 이런 유적들은 로마 제국의 전성기를 증언할 뿐만 아니라 문명 그 자체에 대한 기념비로 찬연히 빛나고 있다.

그런데 로마인들은 우리에게 무엇을 남겼는가? 그 대답은 위생 시설, 치료약, 교육, 와인, 공공질서, 관개, 도로, 신선한 물을 공급하는 상수도, 공공 보건 등이다. 그러나 이 목록이 팍스 로마나의 업적을 잘 보여주기는 하지만 그것을 다 요약하는 것은 아니다. 빛이 있다면 어둠도 있다. 로마의 기념물 중 가장 유명하고, 이탈리아 관광산업이나 할리우드 모두가 좋아하는 것으로 유혈 참극의 무대가 있다. 콜로세움 한가운데에 서 있던 십자가는 고고학자들이 1870년대에 제거해버림으로써 사라진 지 오래되었으나, 이 원형경기장에서 거행한 살인적 오락 행사는 (기독교도들이 이곳에서 사자들의 밥이 되었다는 객관적 증거는 남아 있지 않으나) 오늘날에도 도덕적 비난의 초점이 되고 있다. 이 원형경기장에 예배당과 '십자가의 길'이 들어섰던 아주 오래전처럼 말이다. 영화 〈글래디에이터〉를 보는 사람들은 아무도 황제 편을 들지 않는다. 로마의 유혈 스포츠에 희생당한 사람들에게 본능적 공감을 느끼면서 우리는 스스로를 황제의 후계자가 아니라 초기 교회의 후계자라고 생각한다.

"내가 보니 그 여자는 성도들의 피와 예수님의 증인들의 피에 취해 있었습니다."[8] 신약성경의 마지막 책인 〈요한 묵시록〉의 지은이 요한은 서기 1세기 후반에 이렇게 썼다. 요한의 비전은 묵시록으로 인정받고 있고, 앞으로 펼쳐질 사건들을 인간이 보지 못하게 가리는 신비의 베일을 열어젖히고 있다. 동시에 〈요한 묵시록〉은 제국주의에 대한 가장 생생하고 신랄하고 영향력 높은 공격이다. 요한이 본 여자는 창녀인데, 자주색 옷을 입고 화려한 보석으로 치장한 채로 머리가 일곱 개, 뿔이 열 개인 진홍색 짐승 위에 올라타 앉아 있다. 그녀의 이름은 바빌론이고 이 세상의 온갖 타락과 혐오의 어머니로 간주된다. 화자에게 말을 거는 천사는 이 흉물스러운 창녀의 정체를 밝힌다. "네가 본 그 여자는 땅의 임금들을 다스리는 왕권을 가진 큰 도성이다."[9]

〈요한 묵시록〉에서, 세계 수도의 권력과 부는 요한이 그 여자의 멸망을 바라보는 쾌감을 더욱 높여준다. 천상에서 내려오는 목소리는 곧 이런 때가 올 것이라고 그에게 말한다. 그때가 되면 지상의 임금들은 그녀가 불타는 장면을 쳐다보면서 슬퍼하며 울 것이고, 상인들은 애도할 것이다.

불행하여라, 불행하여라, 저 큰 도성!
고운 아마포 옷, 자주색과 진홍색 옷을 입고
금과 보석과 진주로 치장했었는데
그토록 많던 재물이 삽시간에 사라져버렸구나.[10]

　로마 제국이 만들어낸 이 책 속에, 로마의 멸망이 예언되어 있다. 로마는 저 찬란한 위대함의 기억이 가져오는 그늘 속에서 살아갈 운명이라는 것이다. 하드리아누스와 그 후계자 안토니누스 피우스의 시대는 번창했고, 그래서 역사가 기번은 그 시대가 온 세상에 가장 아름다운 보편적 평화의 전망을 안겨주었다고 평가했다. 그러나 그런 번영을 구가하던 바로 그 로마의 한가운데에서 이교도 신전에 들어간 맨발 수도자들은 저녁 기도를 올리면서 로마의 쇠망에 대해 최초로 깊이 명상했다. 그리스도에 의해 낮은 자리로 떨어진 존재는 고대의 신들만이 아니었다. 세계 최고 판도의 제국을 다스리던 황제들 또한 위상이 크게 추락했다. 오늘날 로마에 가보면 하드리아누스 영묘도 폰스 아일리우스도 그 구조물을 건설한 사람을 기념하지 않는다. 그것들은 오히려 능묘 꼭대기에 나타난 대천사 미카엘을 증언하고 있다. 〈요한 묵시록〉에 따르면 이 대천사는 사탄을 지상에다 내팽개친 하느님의 전령이다. 한편 하드리아누스의 선제先帝이며 로마 황제 중 가장 명군이라는 트라야누스가 세운 위풍당당한 기둥 맨 꼭대기에는 트라야누스가 아니라 비천한 어부였던 성 베드로가 서 있다. 그리스도는 이 모든 것을 미리 말한 바 있었다. "이처럼 꼴찌가 첫째 되고 첫째가 꼴찌 될 것이다."[11]

이를 하나의 긍정적 조짐, 열심히 소망해야 할 사태의 종결로 보아야 한다는 사상을 트라야누스는 이해할 수 없었을 것이다. 이 시대의 로마 엘리트들에게 기독교도들의 믿음이나 가르침은 아주 막연한 관심사에 지나지 않았다. 그들은 제국의 도시 조직에서 아주 희미해 잘 의식되지 않는 존재일 뿐이었다. 공룡들이 지배하는 생태계에서 중생대의 포유류 동물들은 별로 주목 대상이 아니었던 것처럼 말이다. 그러나 이 포유류들이 장기적으로는 지구를 물려받을 주역이라는 운명을 타고난 것처럼, 기독교인들도 그렇게 될 운명이었다. 기독교도들의 승리가 가져온 가치의 혁명은 너무나 전면적이었기에, 서구인들은 그것을 아주 당연한 것으로 여긴다. 그렇다 보니 오늘날 기독교도들이 우리의 많은 전제조건들에 끼친 심오한 영향을 제대로 평가하기가 어려울 지경이다. 유럽인과 미국인은 로마를 아주 존경하는 눈초리로 바라보지만, 동시에 그 존경심은 (심지어 남들의 땅을 무력으로 병합하던 서구 제국주의의 전성기에도) 일말의 의혹으로 점차 흐려졌다. 제국 행정관 폰티우스 필라투스의 지시 아래 고문을 받아 사망한 시골 사람의 추종자들 또한 로마의 제국주의에 대해 그런 의혹의 시선을 견지했다. 따라서 폰티우스 필라투스의 역할을 떠맡는다는 것은, 그들의 양심상 즉각적으로 또 마음 편하게 받아들일 수 있는 일이 아니었다. 탈식민주의 열광은 아주 서구적인 현상인 것이다.

식민지 정책을 펴나가는 과정에서 폭력을 사용했던 로마인들은 좀더 단순했다. 그들이 볼 때 십자가는 고문당하는 자가 고문하는 자에 대해 거두는 승리의 상징이 아니라, 정반대의 것에 대한 상징이었다. 로마인들에게 십자가는 반란 세력을 그들 마음대로 무자비하고 비타협적으로 억압할 수 있는 권리의 상징이었다. 로마인들의 냉정함에는 죄의식이 조금도 없었다. 그런 죄의식을 최초로 심어놓은 힘이 그리스도교였다. 오늘날 서구에서 교회 참석자 수는 예전처럼 많지 않지만, 우리 사회에는 그래도 바빌론의 창녀를 적대시하던 초기 기독교의 유산이 많이 남아 있다. 고전고대(고대 그리스·로마 시대의 총칭)를 연구하는 역사학자들은 그 흔적을 그 누구보다도 많이 간직하고 있다. 그렇지만 제국에 대한 열광은 오늘날 고전학과들의 주된 특징은 아니다. 로마인은 상무 정신을 높이 평가했다. 그 덕분에 해외 지역을 정복해 막강한 지배권을 행사할 수 있었고, 엄청나게 많은 인력을 노예로 확보할 수 있었으며, 원형경기장에서 유혈 스포츠를 즐길 수 있었다. 하지만 오늘날 대학 교수들은 이런 것들을 칭송하지 않는다.

고대 역사의 커다란 역설逆說이 하나 있다. 팍스 로마나의 영향력 높은 유산은 그 궁극적인 효과가 너무나 혁명적이어서 오늘날 당대 로마인들이 이해했던 그 로마 세계를 있는 그대로 이해하려면 상당한 노력이 필요하다는 것이다. 현재 우리는 거울을 통해 흐리멍덩하게 그 실상을 바라보고 있다. 그러나 서기 1세기와 2세기에 하나의 살아 있는 전통으로서 고통을 겪은 것은 기독교만이 아니었고, 또 로마 제국주의의 기억에 가장 적대적인 태도를 취한 것도 기독교만은 아니었다. 세월이 흘러가면서 기독교도인 황제들이 보위에 올랐고 예전에 성인들과 순교자들의 피로 물들었던 로마 제국은 이제 그리스도를 받아들이게 되었다. 장기적으로 볼 때 트라야누스는 몰락하고 말았지만 로마의 위풍당당한 기둥 맨 꼭대기에 있던 그의 조각상을 성 베드로로 대체한 것이, 황제의 기억이 저주받았음을 의미하지는 않았다. 로마인들이 그를 최고의 황제(옵티무스 프린켑스Optimus Princeps: '최고의 제1인자')라고 칭송했던 것처럼, 중세의 기독교도들은 그를 기독교 신자나 다름없이 대했다. 그래서 황제의 영혼을 가련하게 여기는 불안감 때문에 그에 대해서는 이런 특기할 만한 이야기가 전한다. 어떤 성스러운 교황은 트라야누스의 인생 세부 사항들에 감명받은 나머지, 이런 미덕의 화신이 천국에 들어가지 못하는 것을 안타깝게 여겨서 그가 구원받기를 호소했다. "그는 성 베드로 대성당을 찾아가 평소 습관대로 홍수 같은 눈물을 쏟으며 기도를 올렸다. 그리하여 계시 속에서 그의 기도가 응답을 받았다는 확신을 얻게 되었다. 그 교황은 전에 다른 이교도를 위해 그런 청원을 한 적이 없었다는 점이 감안되었다."[12] 이 때문에 단테는 위대한 서사시 《신곡》에서 트라야누스를 〈천국〉 편에 자신 있게 넣을 수 있었다. 제국의 화려한 전성기에 제국을 다스렸던 황제들의 사후 운명에 대해 노심초사한 것은 기독교도만이 아니었다. 유대인도 그런 걱정을 했다. 물론 황제의 영혼이 사후에 맞이하게 될 운명을 걱정했다는 뜻은 아니다. 랍비들이 하드리아누스의 이름을 거명할 때에는 반드시 저주가 뒤따랐다. "그의 유골이 썩어버리기를!" 이런 저주를 많이 받은 것은 가장 고통스러운 전통을 수립한 초기의 황제들이었다. 서기 79년과 81년 사이에 단기간 다스렸고 플라비우스 황조의 두 번째 주자였던 티투스는 생전에 끔찍한 처벌을 당하는 것으로 서술되었다. 하느님이 창조한 가장 작은 생물인 각다귀가 그의 코 속으로 흘러들어 두뇌로 올라갔고, 거기서 각다귀는 7년 동안 계속 윙윙거렸다. 마침내 티투스가 죽자 의사들은 그의 두개골을 개봉했는데 각다귀는 두뇌 속에서 참새 정도의 크기로 커져 있었고 부리는 놋쇠였고 앞발은 강철이었다. 한편 황제의 고통은 끝난 것이 아니었다. 아니 영원히 끝나지 않을 것이었다. 지옥에 떨어져 다시 조립된 그의 신체는 매일 불타서 재가 되었다가 그다음 날에 다시 조립된 신체로 태어나기 때문이다.

그렇다면 티투스의 죄상은 무엇일까? 유대인이 로마에 저항해 봉기한 지 4년 뒤인 서기 70년, 티투스가 지휘하는 로마 군단이 유대인 세계에서 가장 성스러운 건물인 예루살렘 신전을 점령해 불태워버렸던 것이다. 그로부터 60년 후 하드리아누스는 그 전소된 터에다 이교도 신전을 건립하라고 지시함으로써 유대인의 상처에 또다시 소금을 뿌려댔다. 다시 유대인은 반란을 일으켰다. 다시 한번 로마인은 그들을 진압했다. 이번 정복 사업은 결정적이었다. 예루살렘은 로마식 도시로 재건되었다. 유대인의 고국인 유대라는 지명은 팔레스타인으로 개명되었다. 기독교 학자들은 만족스럽다는 듯이 말했다. "유대인은 그들 자신의 대도시로부터 추방된 세계 유일의 민족이다."[13] 그들은 망명 민족이 되었다.

이런 운명적 전개의 영향은 오늘날에도 메아리치고 있다. 신전이 서 있었던 거대한 암석은 이제 유대인만이 아니라 무슬림에게도 성스러운 땅이 되었다. 이슬람 건축의 최초 걸작인 '예루살렘 바위사원Dome of the Rock'뿐만 아니라, 이슬람에서 세 번째로 성스러운 모스크가 들어서 있다. 그 결과 이곳은 세계 그 어느 곳 못지않은 갈등의 발화점이 되었다. 한편 유대 땅에 세워진 유대인 국가 이스라엘은 로마에 저항한 전쟁의 기억을 내세우며 국가적 정체성을 강화해왔다. 마사다Masada는 예루살렘 남쪽에 있는 산이다. 이 산에서 서기 70년대 초에 약 1000명에 달하는 유대인 남녀와 소년이 로마인에게 항복하기를 거부하고 스스로 목숨을 끊었다. 마사다는 이스라엘 사람들에게 용기와 결단의 상징이 되었다. 적대적 국가들에 둘러싸인 나라로서 이스라엘은 필요한 때에는 그런 용기와 결단을 보여야 했다. 이러한 자기 정체성에 대한 인식에는 현대 국가 이스라엘이 유대 국가로부터 연면히 이어져온 전통 위에 서 있다는 핵심 원칙이 바탕에 깔려 있다. 그 고대 유대 국가는 로마 제국에 정복당했고 그다음에는 말살당했다. 하드리아누스에게 저항한 유대인 반란군 지도자의 편지가 1960년에 발견되어 당시 이스라엘 대통령이던 이츠하크 벤즈비에게 제출되었을 때, 보고자들은 그것을 "최후의 대통령이 집필하거나 구술한 편지"라고 말했다 한다.[14]

물론 농담이었지만 전적으로 농담이라고만 할 수는 없다. 로마 제국의 유대 속주에 살았던 유대인이 오늘날의 유대인과 같은 사람이라고 보는 시대착오anachronism를 범할 위험은 아주 크다. 그런 위험을 무릅쓸 생각은 없다. 기독교 전통의 유산이 연막으로 작용하여 전성기 로마 제국의 윤곽을 흐릿하게 하는 것처럼, 유대 전통의 유산도 그런 역할을 할 수가 있다. 오늘날 우리가 '유대주의Judaism'라고 부르는 것은 대부분 대對 로마 전쟁 이전에 존재했던 유대 문화를 보존하는 데서 나온 것이 아니라 그 문화를 상실하는 데 적응하면서 나온 것들이다. 하드리아누스가 유대인의 고국을 최종적으로 파괴하기 전에 그리스인들이 유다이오이Ioudaioi라고 불렀던 유대의 주민은 다른 민족과 마찬가지로 하나의 민족일 뿐이었다. 비록 유대인들이 좀 기괴해 보이기는 했지만, 그런 점은 다른 민족도 마찬가지였다. 그들은 '유대교'라는 '종교'에 소속된 것으로 볼 수가 없다. 왜냐하면 이 두 단어는 기독교 신학의 명제에서 나온 것들로서, 당시의 로마인, 그리스인, 그리고 유대인 그 자신들에게 아무런 의미도 없었을 것이기 때문이다. 아테네의 주민은 아테네 사람이고 이집트의 주민은 이집트 사람이듯이, 유대 땅의 주민이 유대 사람이라고 말해야 가장 정확할 것이다. 전성기 로마 제국은 우리가 떠올리는 제국과는 아주 달랐고 영어 같은 언어로 그 제국에 대해 서술하는 것은 위험한 일이다. 영어는 천 년 이상 기독교적 전제조건들에 따라 형성되고 단련되었으므로 그 언어가 잠재적으로 오해를 불러일으키는 매개가 될 수 있다는 사실을 유념해야 한다. 그래서 가령 콜로세움을 세운 당시의 정신에 충실하기 위해 나는 이 책에서 콜로세움을 당시 용어인 '플라비우스 원형경기장Flavian Amphitheatre'이라고 불렀다. 마찬가지로 더욱 심각할 수 있는 시대착오에 대해서도 단단히 경계하고자 했다. 바로 이 책의 주인공인 당시 로마인들로서는 이해 불가능한, 시대착오적 관점과 추정을 배제하는 것이다. 우리가 보편적인 것이라고 보고 싶어 하는 도덕, 성욕, 정체성 등 각종 차원의 체험들을 대하는 로마인의 태도는, 지금 우리의 사고방식에 비추어보면 괴상하고 황당하다. 너무나 황당해 일부 인사는 그런 태도를 로마인의 것으로 인정하지 않으려 한다. 이 책의 집필 목적은 모든 고대인을 존중하는 마음으로 로마 세계의 주민들을 보여주려는 것이다. 이를 위해 나는 그들을 우리 현대인의 관점이 아니라, 그들의 관점, 그들의 양가감정, 그들의 복잡성, 그들의 모순에 비추어 이해하려고 애썼다.

이러한 야망을 달성하려면 엄청난 도전에 직면한다. 하드리아누스에 대한 반란이 점차 소멸하던 때에 작성된 편지들이 1960년 유대 사막의 한 동굴에서 발견되었을 당시, 그 편지들이 일으킨 흥분은 단지 이스라엘 애국심에 호소한 때문만은 아니었다. 그 발견물은 역사적 기록 속의 텅 빈 결락을 메워주기 때문에 비록 불완전한 보충일지라도 놀라운 것이었다. 유대인의 반란은 획기적이었지만 남아 있는 서면 기록이 거의 없었다. 비문, 동전, 그리고 훨씬 후대의 랍비와 교회 지도자들의 저서들(상당히 편향적이지만)에서 긁어모은 세부 사항들이 있기는 하나, 후대에 전하는 이야기들은 아주 간략할 뿐이다. 지난 수십 년 동안 역사가들과 고고학자들이 그 빈약한 증거들을 다루어온 노력은 거의 영웅적이었다. 최근에 유대 전쟁을 다룬 연구서가 다수 출간되기는 했지만 전쟁의 경과에 대해 아주 개략적인 윤곽을 제시한 것에 불과하다. 유대인들이 하드리아누스를 상대로 벌인 사투에 대한 신화적 이야기들이, 역사가가 객관적으로 제시할 수 있는 이야기보다 훨씬 더 생생하다.

우리가 유대 전쟁보다 훨씬 많이 모르는 다른 전쟁들도 있다. 예를 들어 하드리아누스 통치 시기에 브리타니아에서 반란이 벌어졌는데 한 로마 작가는 그것을 유대 전쟁에 비교했다. 이 반란은 하드리아누스 성벽을 건설하도록 결단하게 만든 사건이었을 것으로 추정된다. 하지만 우리는 브리타니아의 반란에 대해 이 이상으로 알지 못한다.* 이에 비해 하드리아누스에게 대항하는 유대인의 반란

---

* 그 로마 작가는 프론토이며 당시 그의 제자였던 마르쿠스 아우렐리우스에게 보낸 편지에서 그렇게 말했다. 이 반란에 관한 가장 인기 있는 이론에 따르면 그 반란 전쟁 동안에 제9 히스파나 군단이 전멸했다고 한다. 이 이론을 바탕으로 로즈메리 서트클리프의 아동용 소설 《제9군단의 독수리》가 나오기도 했다. 물론 이 이론은 하나의 추정일 뿐이다.

이야기, 즉 티투스 시절에 신전이 파괴되고 마사다 공성전으로 결말난 원래의 유대 반란은 고대사의 기준으로 보아도 아주 풍성한 증거들을 뒤에 남겨놓고 있다. 우리는 그 반란 당시 군단 사령관이었던 두 플라비우스, 즉 티투스와 그의 아버지 베스파시아누스의 전기를 확보하고 있다. 우리는 로마 시대의 가장 위대한 역사가 타키투스의 냉소적 역사서, 즉 이웃들에게 아주 기괴한 민족으로 보이게 만드는 유대인들의 행동과 습속을 기록한 저서도 갖고 있다. 우리는 동전, 금석문, 프리즈(고전 건축의 지붕 바로 밑 이마에 해당하는 띠 모양 부분으로, 조각들로 장식되었다) 등도 갖고 있다. 무엇보다도 우리는 반란의 원인과 경과를 로마인이 아니라 유대인이 집필한 역사서를 갖고 있다. 그 자신이 유대 반란에서 주도적 역할을 수행한 사람이기도 한 요세푸스의 《유대 전쟁사》인데 고대부터 지금까지 살아남은 아주 탁월한 역사서다. 이것이 당시를 다룬 유일한 역사서는 아니다. 타키투스 또한 이 시기에 관련된 《역사》라는 책을 썼다. 이 책은 유대 전쟁을 중심 주제로 삼고 있지는 않으나, 그 시기에 로마 세계를 동요시켰던 내전을 다루고 있다. 타키투스는 서기 69년 한 해에만 무려 네 명의 황제가 즉위하고 폐위당하는 것을 지켜보았다.

그래서 이 시대의 이야기를 하려고 하면 로마사의 증거가 아주 가변적임을 의식하게 된다. 어떤 때는 환히 빛날 정도로 자료가 많은가 하면, 어떤 때는 거의 없는 것이나 마찬가지 상태다. 이 책에서 묘사한 세계는 비유적으로 말하자면 엄청난 용량의 배터리를 갖춘 등대로 밤바다의 해안을 비추는 것과 비슷하다. 그 등대는 불규칙하면서도 신뢰할 수 없는 방식으로 이쪽저쪽을 비춘다. 때로는 일렬로 늘어선 암석들이 그 밝은 빛을 받을 것이다. 때로는 그 장면이 갑자기 어둠 속으로 암전될 것이다. 해안의 전모를 비추는 일은 결코 벌어지지 않는다. 마찬가지로 제1차 유대 반란과 제2차 유대 반란 사이의 수십 년, 혹은 승강부침을 거듭한 네 황제와 안토니누스 피우스의 등극에 이르는 수십 년이 바로 그런 상황이다.

내가 이 점을 강조하는 것은 독자들을 놀라게 하려는 뜻이 아니라, 이 책이 추구하는 균형과 리듬을 설명하기 위해서다. 이 책이 추구하는 범위와 초점, 이 책이 한 상황에서 다른 상황으로 옮겨가고 어떤 상황을 확대해 들어갔다가 다시 나오는 방식은, 후대에 전해지는 구체적 물증과 고고학적 증거에 따라 결정된다. 어떤 때는 한 해 내내 아무런 기록이 없을 수도 있다. 그러나 어떤 한 해, 가령 운명적 한 해인 서기 69년의 사건들은 월별로, 때때로 일별로 자료를 확보하고 있다. 시의원, 여자, 사업가, 노예의 동정을 집중적으로 기록한 역사 자료는 부족하지만, 폼페이와 헤르쿨라네움 유적들은 후대까지 전해지고 있다. 이런 장소에서는 많은 고대인의 유령이 아직도 거리를 활보하고 있다. 로마 황제 중 가장 존경받는 황제인 트라야누스의 전기는 없지만, 그의 치세 시에 특정한 속주에서 벌어진 일들에 대해서는 자세한 정보를 갖고 있다. 이 책은 로마에서 시작하고 끝나는 이야기다. 하지만 단지 로마만을 다루는 것이 아니라 로마 세계 전체, 그리고 그 너머까지도 포용하는 이야기다.

《팍스》는 독립적인 단행본으로 집필했지만 그래도 일련의 로마역사서 중 세 번째에 해당한다. 첫 번째인 《루비콘》은 율리우스 카이사르와 그의 시대에 관한 이야기였고, 두 번째인 《다이너스티》는 아우구스투스와 그의 직계 후계자들의 치세를 다룬 것이다. 《팍스》는 역사상 아주 중요한 순간에서 시작한다. 바로 아우구스투스의 마지막 남성 후계자인 네로가 서기 68년에 자살한 시점이다. 네로가 사망하면서 로마 제정의 첫 번째 황조는 소멸했다. 그 뒤를 누가 이을 것인가? 이 질문에 대답하는 과정은 100여 년에 걸친 민간의 평화를 종식시킨 과정을 더듬어보는 것이 된다. 서기 69년에 네 명의 인물이 연이어 황제 자리에 올랐다. 병사들은 로마의 거리에서 서로 학살했고 수도의 가장 큰 신전은 화재로 전소되었다. 네 황제의 한 해는 로마 시민들에게 아주 오싹한 사실을 상기시켰다. 로마 제국의 모든 위대함과 번영은, 제국을 얻게 해주고 그 보안을 유지해주는 힘에 위협받을 수 있었다. 그 힘은 바로 로마인들의 탁월한 살상 능력이었다. 로마 군단들이 극단적인 폭력을 행사할 수 있는 능력은 팍스 로마나의 필수적 선결 조건이었다. 바로 그런 이유 때문에, 일찍이 지중해가 누려본 적 없는 가장 긴 평화 시기를 다루는 책이 전쟁이라는 맥락을 갖추어야 하는 것이다.

네로가 자살했을 때 살아 있던 아이가 별탈 없이 지냈다면 하드리아누스의 장례식(138년)에도 참석할 수 있었을 것이다. 두 황제 사이에 낀 세월은 극적인 사건들이 연쇄적으로 발생한 시기여서 두 황제의 명성은 오늘날까지도 지속되고 있다. 이 기간에 벌어진 대표적인 사건들로 예루살렘 공성전과 파괴, 베수비우스 화산 폭발, 콜로세움 낙성 등이 있다. 네 황제의 한 해 직후에 로마 세계의 상당 부분이 질서를 회복한 후에도 갈등은 여전히 브리타니아에서, 도나우 강변에서, 유대 등에서 터져나왔다. 로마 군단은 페르시아만까지 무력을 뻗쳤다. 로마인은 예전부터 보여준 그 모습을 그대로 간직했다. 그들은 위대한 드라마의 주인공이었고 비교 불가능한 업적과 시련을 극복한 사람들이었다. 하지만 가장 중요한 것은, 이 책이 다룬 시기 동안에 로마인이 거쳐간 변화의 과정이었다. 이 과정은 '로마인'이라는 이름을 완전히 변모시켰다. 하드리아누스가 사망할 무렵에, 로마인이라는 이름은 "어떤 단일 민족을 의미하는 것이 아니라 인류 전체를 의미하는 말"이 되었다.[15] 이 말은 황제의 측근으로서 황제와 시적인 재치문답을 서로 주고받았던 사람이 선언한 것이었다. 로마 제국은 일찍이 존재한 적이 없는, 최고로 부유하고, 최고로 강성하고, 최고로 위엄 넘치는 국가가 되었다. 《팍스》에서 다룬 수십 년 동안에 거듭하여 난공불락의 국가임을 증명했고, 그리하여 제국의 적들조차도 로마는 절대 패배시킬 수 없다고 확신하기에 이르렀다.

나는 제국 전성기 시절의 로마인을 우리의 동시대인으로서라든
지, 우리가 경쟁하거나 비판할 대상으로서가 아니라, 있는 그대로
묘사하려고 애썼다. 그리하여 다소 당혹스러울 만큼 다른, 혹은 너
무나 매혹적으로 다른 그들을 보여주고자 한다.

제1부

전쟁

1

슬프고 잔인한 신들

황금시대

서기 65년, 로마에서 가장 유명한 여인이 신이 되었다. 그녀의 승천을 기념하기 위해 지상에서는 호화로운 장례식이 거행되었다. 돈으로 살 수 있는 가장 값비싼 향료를 채운 그녀의 시신은 도시의 유명한 일곱 언덕 중 가장 크고 가장 배타적인 팔라티누스 언덕 아래쪽으로 장엄한 행렬이 움직이는 가운데 운구되었다. 만가挽歌를 부르는 합창단이 행렬의 앞에 서서 걸어갔고 관리들은 죽은 여인의 조상처럼 보이는 가면과 의상을 착용하고 걸어갔다. 병사들은 그녀의 호위대가 되었다. 행렬은 팔라티누스 언덕과 그보다 약간 규모가 작은 두 번째 언덕 카피톨리누스 사이를 연결하는 계곡 쪽으로 천천히 내려갔다. 포룸이라고 알려진 이 계곡은 그런 장례 행렬에 아주 어울리는 곳이었다. 반짝거리는 대리석 포석이 깔려 있고, 호화 상가들이 서 있으며, 조각·신전·아치 등이 즐비하게 들어선 포룸은 지구상에서 가장 위대한 도시의 중심부에 자리 잡고 있었다.

　"제국의 중심이고 신들의 거처인 로마는 그 일곱 언덕으로부터 온 세상을 굽어본다."[1] 문제의 장례식을 치르기 약 50년 전에 한 시인은 노래했다. 그 50년 동안에 로마의 영향력은 점점 커졌다. 대양 건너편, 우유를 마시는 야만인들이 사는 습지 많은 땅 브리타니아조차도 로마의 통치에 복속하게 되었다. 부유하고, 아름답고, 유명한 고대의 바다 해안에 자리 잡은 많은 도시 중에서 로마에 복속하지 않은 도시는 없었다. 죽은 여인의 장례 행렬이 카피톨리누스 앞에 빽빽이 들어선 구조물들 앞으로 나아가는 동안에, 연도에 모여든 모든 사람들은 로마의 위대함을 분명하게 볼 수 있었다. 애도객들이 포룸을 따라 나아가는 동안에 그들의 오른편에는 아주 장엄한 신전들과 빈 공간들이 도열해 있었다. 그 단지는 조성된 지 아직 100년이 되지 않았다. 그것은 정복의 기념물이었다. 그 단지의 첫 번째 구역은 위대한 정치가이며 군벌인 율리우스 카이사르(너무나 뛰어난 업적을 올려서 마침내 신이 된 인물)가 갈리아에서 약탈해 온 물자로 건설했다. 그 단지의 두 번째 구역 또한 전 세계에서 거둔 승리의 전리품으로 지어졌다. 그런 대규모 토건 공사를 이룩한 로마인은 그 어떤 로마인보다 도시의 위대한 명성을 제고하는 데 기여했다. 아우구스투스("그가 인간 이상의 존재임을 의미하는 이름"[2])는 카이사르의 종손從孫이면서 양자였다. 아우구스투스의 영광은 아주 찬란해 심지어 양아버지의 이름마저도 무색하게 만들 정도였다. 그는 아주 부유하고 비옥한 땅인 이집트의 통치자를 겸했고, 히스파니아(지금의 이베리아반도) 정복 사업을 완결했으며, 라인강 너머에서 준동하는 야만인들을 사정없이 짓밟아버렸다. 그는 예전의 정복자들을 부끄럽게 만들 정도로 대대적으로 약탈을 감행하여 전리품을 챙겼다. 그는 그 물자 중 상당 부분을 로마 미화 작업에 아낌없이 투입했다. "그는 자신이 벽돌의 도시를 대리석의 도시로 변모시켰다고 자부했다."[3] 그는 자신이 후원한 많은 화려한 건물 중에서도 최고로 찬란한 건물이며, 각종 조각상과 황금 지붕으로 단장한 포룸의 대신전을 당연하게도 전쟁의 신인 마르스에게 헌정했다. 저 멀리 떨어진 변경들에는 역사상 가장 강력한 전투력을 자랑하는 로마 군단이 주둔했고, 그들 덕에 문명 세계의 주민들은 평화롭게 살 수 있었다. 아우구스투스 자신도 지상 과업을 완수하자 하늘에 있는 그의 아버지 곁으로 올라가 신이 되었다.

세계의 수도로 군림한 그 도시는 도시 이상의 존재였다. 100년 전만 해도 비좁은 거리들이 미로처럼 들어선 도시가 그 후 계속 확장되어 이제 대규모 대리석 단지들이 자리 잡은 것이다. 주거 단지, 작업장, 술집 등은 모두 철거되었다. 평온이 혼돈을 대체했고 균형이 혼란을 제압했다. 그 도시의 위엄이 바로 그런 장엄함을 요구했다. 포룸은 로마의 중심을 넘어 그 너머에 있는 온 세상의 중심이었

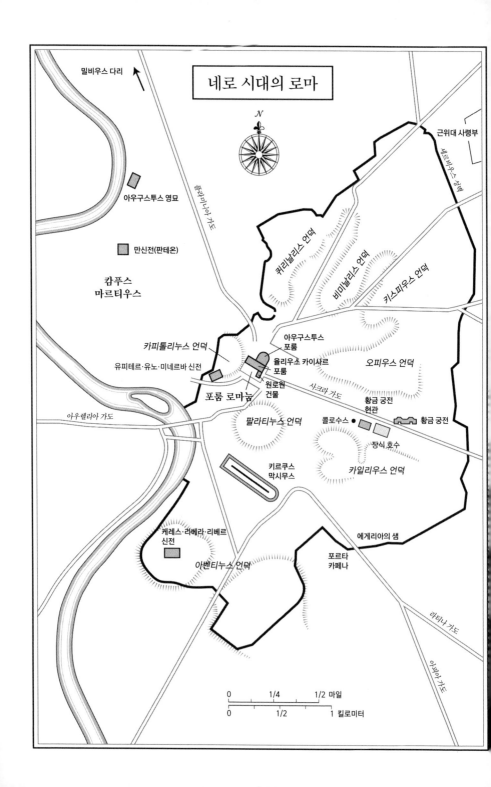

네로 시대의 로마

N

밀비우스 다리

근위대 사령부

세르비우스 성벽

아우구스투스 영묘

만신전(판테온)

캄푸스
마르티우스

클라미니아 가도

퀴리날리스 언덕

비미날리스 언덕

키스피우스 언덕

카피톨리누스 언덕

아우구스투스
포룸

오피우스 언덕

유피테르·유노·미네르바 신전

율리우스 카이사르
포룸

포룸 로마눔

원로원
건물

사크라 가도

황금 궁전
현관

황금 궁전

아우렐리아 가도

팔라티누스 언덕

콜로수스

장식 호수

키르쿠스
막시무스

카일리우스 언덕

케레스·리베라·리베르
신전

에게리아의 샘

아벤티누스 언덕

포르타
카페나

라티나 가도

아피아 가도

0   1/4   1/2 마일

0   1/2   1 킬로미터

다. 애도자들은 죽은 여인의 시신을 카피톨리누스 그늘에 있는 대리석 연단 위에 올려놓으면서 그곳이 온 세상의 중심임을 보여주는 기념물을 볼 수가 있었다. 그것은 황금을 입힌 거대한 이정표였는데, 지난 85년 동안 그 자리에 서 있었다. 이 기념물을 세운 아우구스투스는 그 이정표를 기준으로 제국 전역의 거리를 측정하라고 지시했다. 사하라 사막의 가장자리에 있든, 라인강의 강둑에 있든, 대양의 해안가에 있든, 로마인은 자신 있게 자신이 서 있는 지점이 어디인지 알 수 있었다. 그는 포룸을 기준으로 자신의 거리를 측정했다. 모든 길은 로마로 통했다.

그렇지만 늑대들이 팔라티누스 언덕을 어슬렁거리고 포룸이 습지였던 먼 과거의 일도 망각되지 않았다. 시인들은 소 떼가 미래의 세계 수도를 어슬렁거리던 시대, 양안에 삼림이 울창한 테베레강을 배들이 유유히 떠가던 시대를 상상하는 것을 즐거워했다. 로마인들이 이런 시가詩歌들 속에서만 도시의 초창기 모습을 발견하는 것은 아니었다. 운구자들이 시신을 내려놓은 연단 바로 앞에는 검은 포석들이 깔린 공간이 펼쳐져 있었다. 주위를 둘러싼 낮은 대리석 담장 때문에 그 포석들은 검게 보여서 라피스 니게르Lapis Niger(검은 돌)라고 불렸다. 학자들은 이 돌의 의미에 대해 의견이 엇갈린다. 하지만 아주 오래된 물건이라는 사실에는 다들 동의한다. 어떤 학자들은 그것이 마르스의 아들 로물루스Romulus의 안장지安葬地였다고 주장했다. 로물루스는 그 당시보다 817년 전에 이 도시를 창건하고 로마라는 이름을 부여한 인물이었다. 다른 주장을 펴는 학자들도 있다. 로물루스는 땅속에 묻힌 것이 아니라 폭풍우 속에 하늘로 높이 올라갔는데, 라피스 니게르는 바로 그 승천한 곳(혹은 한 로마인이 최초로 신이 된 순간)을 표시하는 기념물이라는 것이다. 어느 쪽이든 이 돌은 도시 창건 이래의 200여 년을 대표하는 기념물이다. 그동안에 로마인은 도시의 시민이 아니라 왕rex의 신민으로 살았다.

　로물루스 이래 오만왕 타르퀴니우스Tarquinius에 이르기까지 왕 일곱 명이 로마를 다스렸다. 이 일곱 왕이 통치하던 때는 아주 오래전이지만, 도시가 간직한 왕정 시대의 유물이 라피스 니게르만 있는 것은 아니었다. 예를 들어 팔라티누스 언덕에는 관광 명소인 로물루스의 오두막도 있다. 도시의 창건을 심사숙고하던 로물루스는 이곳에서 하늘을 날아가는 열두 마리 독수리 떼를 보고서 그것을 하나의 조짐으로 여기며 반드시 도시를 창건해야겠다고 결심했다. 관광객은 팔라티누스 언덕의 남쪽에서 도시 성벽으로 이어지는 길을 따라가면 또 다른 유적지를 만날 수 있다. 포르타 카페나Porta Capena라는 성문 주변, 물이 뚝뚝 떨어지는 수도교 옆에는 정갈한 숲이 펼쳐져 있다. 이 숲에는 로마의 두 번째 왕 누마 폼필리우스Numa Pompilius에게 바친 거룩한 샘물이 있다. 바로 이 샘물 옆에서 철학자 왕인 누마는 에게리아Egeria라는 님프에게서 신들의 방식에 대해서 교육을 받았다. "에게리아는 그를 사랑하여 그와 영혼의 소통을 했다. 이 영교靈交 덕분에 그는 초인적 지혜를 얻었고 무수한 축복으

로 충만한 삶을 살았다."⁴

　왕들에게 바친 모든 기념물이 공공 전시된 것은 아니었다. 어떤 것들은 문자 그대로 땅속에 파묻혔다. 실제로 라피스 니게르 밑에는 지하 사당이 있다. 그 안에는 암석 한 덩어리가 놓여 있는데 신비한 라틴어 문장이 새겨져 있다. 어설픈 그리스어로 쓰여서 간신히 해득할 수 있는 그 문장은 왕들이 신성한 숲들을 보호하고 소떼를 몰아 희생 제단에 바치던 시대를 증언한다. 도시의 관리자들은 저 먼 과거의 유물인 그 사당의 위력을 두려워해 다른 유물들과 함께 그 검은 포석 밑에다 파묻었다. 아무래도 없애버리기에는 좀 께름칙했던 것이다. 로마사의 초창기부터 각종 문헌은 초자연적 현상을 기록하고 있다. 이에 대한 가장 극적인 증거물은 팔라티누스 언덕 꼭대기에 서 있는 신전에서 발견할 수 있다. 그곳에는 고대 그리스어로 예언을 기록한 두루마리 세 개(《시빌라 예언서》)가 보관되어 있다. 타르퀴니우스 왕은 그 두루마리를 시빌라에게서 사들였다. 시빌라는 네아폴리스(오늘날의 나폴리) 외곽에 있는 명계로 들어가는 입구를 지키는 나이 든 여사제였다. 그 두루마리 안에는 로마사가 펼쳐지는 동안에 나타날 모든 재앙과 모든 천상의 경고에 대응하는 비책이 적혀 있었다. 이 민감한 자료에 대한 접근은 철저히 통제되었다. 이 두루마리를 복사하는 자는 사형에 처했다. 그 두루마리는 네로의 시대에도 그 이전 시대와 마찬가지로 국가 일급 비밀이었다.

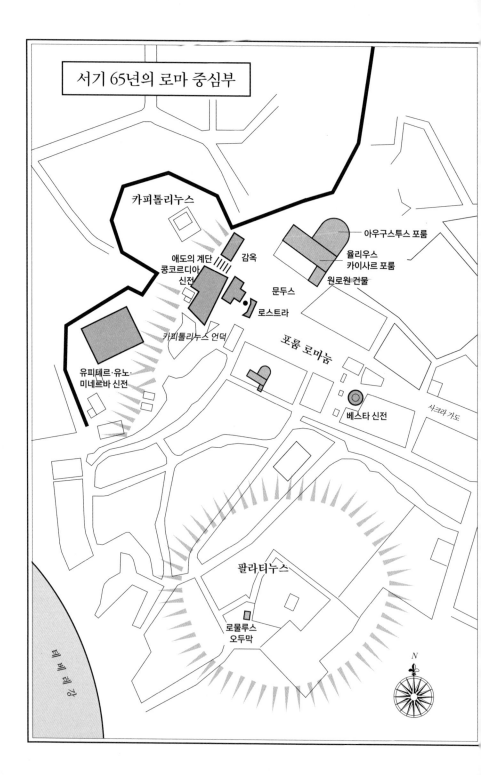

서기 65년의 로마 중심부

카피톨리누스

아우구스투스 포룸

율리우스
카이사르 포룸

원로원 건물

애도의 계단
콩코르디아
신전

감옥

문두스

로스트라

포룸 로마눔

카피톨리누스 언덕

유피테르·유노·
미네르바 신전

베스타 신전

사크라 가도

팔라티누스

로물루스
오두막

테베레 강

N

시빌라의 책들과는 다르게, 일곱 왕의 시대는 이미 오래전에 똥두더미 위에 내던져졌다. 로마 창건 이래 244년이 흐른 서기전 509년, 타르퀴니우스는 도시에서 추방되었다. 군주제는 폐지되었다. 더 이상 국가 권력(로마인들이 임페리움imperium이라고 한 것)은 한 사람의 소유물이 아니게 되었다.

그 대신 국가 권력은 일련의 선출된 관리들 사이에 분할되었다. 이들 중 가장 높은 지위는 집정관이었는데 두 명이 선출되어 서로 견제했다. 1년마다 선거로 집정관을 뽑았으므로 누구도 그 자리에 1년 이상 앉아 있을 수 없었다. 그 의도는 명백했다. 아예 집정관들로 하여금 군주제의 야망을 품지 못하게 하려는 것이었다. 더 이상 단 한 사람만의 신하가 아니었으므로 로마인은 시민cives이 되었다. 라틴어에서 "왕"이라는 말은 혐오 대상이 되었다.

하지만 그렇다고 해서 로마인들이 영광을 얻으려는 개인의 노력까지 못마땅하게 여긴다는 뜻은 아니었다. 오히려 정반대였다. 영광은 가치의 최고 기준으로서 아주 높게 평가했다. 집정관 임기를 1년으로 제한한 것은 군주제의 야망을 미연에 방지하려는 것이었지만, 지위 높은 시민들에게는 언젠가 그들 자신도 집정관 지위에 오를 수 있다는 꿈을 갖게 했다. 그 꿈은 결코 사라지지 않았다. 이 때문에 타르퀴니우스 왕이 축출된 이래 600여 년이 경과했는데도 로마의 집정관직은 여전히 건재했다. 사람들은 장례 행렬이 도착하기를 기다리면서 연단 옆의 빈 공간, 누구나 볼 수 있는 곳에 앉아 있었다. 상복을 입은 그 사람들 옆에 또 다른 로마 고위 엘리트들이 있었다. 이들은 유서 깊은 가문 출신이었고, 상당한 재력을 지닌 데다 다양한 국가 관리직과 사령관직을 역임한 지체 높은 사람들이었다. 이들을 가리켜 귀족optimates이라고 했다. 그들의 권위는 로마 초창기로 소급되었다. 로물루스 자신이 신생 도시의 유지 100명을 초빙해 원로원senatus을 구성했고 그들을 국가의 아버지라고 불렀다. 군주제가 붕괴하고 이들의 권위는 더욱 공고해졌다. 로마인들을 인도해 독립의 길로 나서게 한 것이 바로 원로원이라는 기관이었다. 그 후 여러 세기 동안 로마인들을 지도해 세계 정복에 나서게 한 것도 원로원이었다. 당연히 공적 업무res publica는 로마 원로원뿐만 아니라 시민들의 의무였다. 그 누구도 누가 국가의 몸이고 머리인지 의심하지 않았다. 바로 원로원과 로마 시민SPQR: Senatus Populusque Romanus이 국가의 주체였다. 이렇게 해서 로마 공화정이 탄생했다.

원래 로마 공화정은 포룸에 전시된 한 여인의 광경으로부터 시작되었다. 서기전 510년 무렵, 귀족 가문에서 태어나 고귀한 자와 결혼을 하고 단 하나의 흠도 없는 미덕을 갖춘 로마 여자 루크레티아Lucretia는 폭군 타르퀴니우스 왕의 아들에게 강간을 당했다. 그녀는 아버지와 남편을 불러놓고 자신이 그런 능욕을 당한 사실을 알리고서 스스로 가슴을 찔러서 자살했다. "루크레티아의 자살 이유가 자살 행위보다 더욱더 큰 수치요 고통이라고 느낀" 그녀의 친척들은 그 시신을 어깨에 메고 포룸으로 내려갔다.[5] 그러자 그 충격적인 광경을 보기 위해 무수한 군중이 포룸에 몰려들었다. 자유민 여성이 노예 취급을 당했다는 분노가 도시 전체를 휩쓸었다. 모욕과 분노를 느낀 로마 시민들은 그들의 자유를 옹호하기 위해 봉기했다. 그리하여 아주 엄정한 선례가 확립되었다. 노예 상태를 강요당한 로마인은 두 가지 선택지가 있었다. 하나는 그 스스로 죽는 것이고 다른 하나는 자신을 노예로 만들려는 자를 죽이는 것이었다.

그리고 이제 서기 65년 여름, 근 600년 전에 루크레티아의 시신이 일반 군중에게 전시되었던 바로 그 자리에, 또 다른 여인의 시신이 무수한 군중 앞에 노출되었다. 이 두 번째 장례식은 어떤 교훈을 주는가? 죽은 여인의 이름, 포파이아 사비나는 고대 여인의 미덕 이상의 것을 암시했다. 로마 북동쪽 들판과 언덕에 살았던 부족 사비니족은 로마 시민들이 위대한 시민으로 발돋움하던 초창기부터 국가의 협력자들이었다. 예를 들어 두 번째 왕 누마 폼필리우스는 사비니족 출신이었다. 피로감을 느끼는 도시 거주민들은 사비니 농장으로 은퇴하는 것이 꿈이었다. 사비누스라는 이름은 아직도 정직한 농민의 가치를 대변하는 이름이었다. 그러나 포파이아의 조상들은 오래전에 농가의 헛간을 떠나온 사람들이었다. 그녀의 할아버지는 남동생과 함께 같은 해에 집정관에 선출되었다. 그녀의 의붓아버지와 의붓오빠 또한 집정관을 지냈다. 포파이아는 여자라서 관직에 오르지는 못하지만 그들보다 더 유명한 여자가 되었다. 그녀는 남편 네로 황제 못지않게 사람들의 입에 오르내리는 것을 좋아했다.

그녀는 많은 것을 가진 여자였다. "당대 최고 미녀였던 그녀의 어머니로부터 좋은 미모와 명성을 물려받았다."[6] 또한 아주 총명했다. 부유하고 집안 좋은 포파이아는 대중 앞에서 로마 기혼여성의 위엄에 걸맞게 처신했다. 하지만 그런 품행은 그녀가 열렬한 판타지의 대상이 되는 것까지 막아주지는 못했다. 대중 앞에 나설 때 전신을 절반쯤 베일로 가리는 그녀의 습관은 정숙함을 과시한다기보다는 유혹을 표시하는 것처럼 보였다. 로마인은 가십에 중독되었고 포파이아는 그들에게 많은 이야깃거리를 안겨주었다. 그녀는 자신의 노새에게 황금 굽을 달아주었고 당나귀 젖으로 목욕을 했다. 자부심 높은 것 못지않게 문란하기도 했다. 사실인지 아닌지 알 수 없지만, 그녀에게 카리스마나 성적 매력이 없었다면 이런 소문들이 요원의 불길처럼 퍼져나가지는 않았을 것이다. 여자들은 그녀처럼 되기를 바랐고 남자들은 그녀와 동침하기를 바랐다. 그런 그녀가 이제 죽었다. 조문을 위해 그녀의 시신은 포룸의 연단 위에 놓였으나, 그녀가 새로운 루크레티아가 아닌 것은 분명했다.

그렇다면 영원히 아름다운 베누스 사비나라는 여신으로 선언된 이 여인은 여기에서 무엇을 하고 있는가? 문상용 토가를 입은 원로원 의원들은 그 여름날 자발적 의지로 거기에 모인 것이 아니라, 그녀 남편의 명령에 따라 집결한 것이었다. 근 11년 동안 임페라토르 네로 클라우디우스 카이사르 아우구스투스 게르마니쿠스는 로마 시민들에 의해 제1인자princeps로 인정되어왔다. 이 호칭은 아주 뿌리가 깊다. 공화정의 유지들은 성미가 까다롭고 의심이 많았지만, 결정적인 반박 증거가 없는 한, 엄청난 업적을 달성한 시민을 제1인자로 부르는 것을 타당하다고 생각했다. 그 직위는 공식적인 것이 아니었고 그런 만큼 엄청난 분노를 불러일으켰다. 로마 시민을 무서운 외적에게서 구한 사람, 혁혁한 정복 사업을 완수한 사람, 멸사봉공滅私奉公의 모델이 될 만한 사람, 이런 사람들에게 그런 호칭이 주어져야 마땅했다. 그러나 네로는 이런 일들을 해낸 적이 없었다. 로마 엘리트들은 책임 있는 자리와 연령은 상호 보완적인 것이라는 뿌리 깊은 생각을 갖고 있었고 그래서 어린 사람은 불신하는 경향이 있었다. 그러나 네로는 17세라는 어린 나이에 제1인자 칭호를 얻었다. 원로원 의원들은 이런 과도한 칭송에 얼굴을 찡그리기는커녕, 그에게 압도적으로 투표해 일련의 법적 권리들을 부여했다. 명예, 대권, 대사제직 등이 네로에게 수여되었다. 그 결과 그는 로마 세계 전체를 통치할 수 있게 되었다. "카이사르(황제)가 공화국이다"라고 다들 말했다.[7] 네로가 포룸에서 국장을 거행한다고 결정했을 때 그 초청을 거부할 만큼 용감한 사람은 아무도 없었다.

분명 군주제의 외양이었고 실제로도 그러했다. 그 앞 100여 년 동안에 로마는 상당히 많이 변했다. 그날 포룸에 나온 원로원 의원은 고개를 들어 언덕 위를 한번 보기만 해도 그 사실을 금방 알 수 있었다. 과거에 공화정 실력자들의 저택으로 가득했던 팔라티누스 언덕은 이제 단 한 사람, 네로의 개인 소유물이었다. 로마 귀족들이 도시에 그들의 족적을 남길 수 있는 능력은 서서히 퇴화해 사실상 없는 것이나 마찬가지가 되었다. 라피스 니게르 바로 뒤에 있는, 방 여러 개로 구성된 원로원 건물조차도 율리우스 카이사르의 이름을 달고 있었다. 원로원에서 아래로 쭉 뻗어 있는 반짝거리는 포룸 거리에도 그의 이름이 붙었다. 카이사르의 대형 토목 공사 취미에 뒷돈을 댔던 갈리아 전리품 때문에 공화국 전체가 카이사르의 그늘 아래에 들어가게 되었다. 갈리아의 살벌한 전장에서 강철처럼 단련된 휘하 군단의 무력 지원을 등에 업고서 카이사르는 로마 행정부의 전통적 구조를 사실상 붕괴시켰다. 그는 유혈 낭자한 내전에서 승리를 거두며 로마의 지배자로 등극했다.

당연히 그의 옛 동료 상당수는 사태 발전을 용납할 수 없었다. 고대 타르퀴니우스 왕과 강간범 아들을 축출했던 고대 영웅들의 후예라고 자임한 사람들은, 무수한 단검 세례를 퍼부어 카이사르를 살해했다. 그러나 이런 절망적 행동은 공화정을 회복시키지 못했다. 오히려 로마 세계는 다시 한번 내전 상태로 휩쓸려 들어갔다. 내전은 그 후 10여 년 동안 계속되었다. 군벌은 군벌을 상대로 싸웠다. 이 살인적 폭력이 난무하던 내전 시기가 끝나갈 무렵 단 두 사람만이 살아남았다. 한 사람은 카이사르의 가장 쟁쟁한 부장이자 엄청난 카리스마와 야망을 가진 베테랑 장군인 마르쿠스 안토니우스였다. 나머지 한 사람은 카이사르의 양아들이며 후계자인 청년인데 나중에 아우구스투스라는 이름으로 알려진다. 서기전 31년 이 두 군벌은 그리스 서부 해안의 한 만灣인 악티움에서 만나 대규모 해전을 벌였다. 안토니우스는 패배했고 이듬해 자살했다. 세계 제패를 놓고 싸운 대전의 승리자는 카이사르의 부장이 아니라 양아들이었다. 로마 시민들은 그의 권력 장악에 분개하기는커녕 이를 환영했다. 그들은 혼란과 유혈 사태가 너무나 지겨워서 평화를 소망했던 것이다. 이제 공화정은 명실공히 수명을 다했다.

아우구스투스는 그러한 현실 속에서 동포의 자존심을 꺾는 어리석은 짓은 하지 않았다. 그는 절제심이 강한 데다 복잡 미묘한 사람이었으므로 신이 된 아버지처럼 동료 원로원 의원들의 손에 살해당하고 싶은 마음이 조금도 없었다. 따라서 그는 자신의 최고 권력을 은폐하기 위해 최선을 다했다. 그는 자신이 공화정을 회복시켰다고 고집했다. 그는 "주인님"이라는 호칭이 저주받아야 마땅한 불명예스러운 것이라면서 아주 싫어했다.[8] 잠시 그 자신의 이름을 로물루스로 고칠까 하고 생각한 적도 있으나 왕의 자격으로 통치하고 싶은 생각은 없었다. 그런 모험을 걸 가치가 없었다. 그는 권력의 외양이 아니라 실질에 더 관심이 많았다. 원로원에서의 국정 논의, 집정관 직제, 로마 시민들의 주권 등으로 이루어진 공화국 정부의 외양은 그대로 유지하면서도, 그는 정부 권력을 조직적으로 자기 손에 집중시켰다. 전에는 여러 행정관 사이에 고르게 분할되어 있던 국가 권력을 사실상 단 한 사람이 독점하게 되었다. 네로는 제

1인자가 됨으로써 이런 제왕적 권력을 계승한 것이다. 로마뿐만 아니라 로마에 복속한 전 세계가 그의 권위에 복종해야 했다. 당연한 일이지만 아우구스투스 통치하에서 수십 년 세월이 흐르면서 임페리움이라는 말은 서서히 새롭고도 은밀한 뜻을 내포하게 되었다. 제1인자가 행사하는 권리만을 지칭하는 것이 아니라, 이 권력에 복속하는 광대한 영토를 가리키는 말이 되었다. 네로처럼 통치한다는 것은 임페리움 로마눔imperium Romanum 즉 로마 제국을 통치한다는 뜻이었다. 그 제국을 통치하는 자는 임페라토르imperator라고 했는데 곧 황제였다.

한 측근은 아우구스투스에게 이렇게 조언했다고 한다. "당신의 운명은 온 세상이 관중인 극장 무대에 주연 배우로 출연한 사람처럼 살아가는 것입니다."9 그러나 황제가 배우 노릇을 하는 것만으로는 충분하지 않았다. 왕이나 집정관과는 다르게, 그는 준수해야 할 각본 같은 것이 없었다. 자신의 역할을 성공작으로 만들기 위해 그는 자기만의 각본을 집필해야 했다. 이러한 사정을 아우구스투스처럼 완벽하게 이해한 사람은 없었다. 그리고 그런 각본을 아우구스투스처럼 멋지게 성공시킨 사람도 없었다. 그를 뒤이은 황제들은 너무 극단으로 내달렸다. 그에 뒤이은 두 번째 제1인자는 전쟁 영웅이면서 놀라운 업적을 거둔 티베리우스Tiberius였다. 만약 티베리우스가 자유로운 공화국에 살았더라면 자신의 혁혁한 전공 덕분에 자연스럽게 제1인자라는 칭송을 받았을 것이다. 그러나 공화정 시절은 영원히 사라져버렸다. 내심 경멸했던 독재 체제의 후계자가 된 티베리우스는 연기를 너무나 못하는 배우였다. 그 자신의 역할과 그를 둘러싼 아첨꾼들을 모두 경멸했고 그 결과 카프리섬에 영구 은퇴하는 것으로 결말이 났다. 이와는 대조적으로 네로는 연기하는 것을 좋아했다. 그는 큰 무대를 사랑했다. 아우구스투스 이래 임페라토르라는 호칭을 채택한 첫 번째 제1인자로서, 네로는 자신이 온 세상 사람에게 자신의 관중 노릇을 하도록 명령할 수 있다고 생각했다. 이미 그는 많은 역할을 채택했다. 그는 자신이 멋진 음악의 신 아폴로라고 주장했다. 또 자신이 천상의 태양 전차를 모는 수레꾼 솔sol(그리스 신화의 헬리오스)이라고 주장했다. 그는 많은 사람들이 보는 앞에서 리라를 연주하고 전차를 몰았다. 당시 로마에 통용되던 보수적 기준에 따르면, 제1인자는 고사하고 평범한 시민의 체신에조차 어울리지 않는 행동이었다. 그러나 엘리트 인사들을 포함해 많은 로마인들은 그런 연기에 짜릿한 매력을 느꼈다. 화려한 것을 좋아하는 취향, 장대한 행사를 선호하는 버릇, 거창한 광경을 알아보는 안목, 이런 것들을 모두 총동원해 네로는 아내를 떠나보낸 남편 역할을 화끈하게 수행할 생각이었다.

향료를 채운 포파이아의 시신은 이미 미라 처리가 되어 있었다. 그 시신 옆에는 "킬리키아에서 봄에 생산된 것, 사바의 꽃들, 불길을 부추기는 인도의 수확물" 등 동방에서 답지한 각종 향료가 전례를 찾아보기 어려울 정도로 풍성히 쌓여 있었다.[10] 아프리카에서는 향료를 너무 많이 수입해 와 그 지방의 연간 공급량이 모두 바닥났다고 한다. 포파이아는 이런 찬사를 받을 만했다. 그녀는 여신일 뿐만 아니라 네로의 아이를 임신하고 있었기 때문이다. 그 남자아이를 잃은 것(실제로 그녀가 아들을 임신했다면)은 네로의 비극일 뿐만 아니라 모든 로마 시민들의 비극이었다. 아우구스투스 가문은 초현실성과 거룩함이 가미된 신성한 가문이었다. 로마를 멸망에서 구하고 하늘로 올라가 신이 되어 영원히 세상을 통치하게 된 율리우스 카이사르의 위엄이 그런 힘을 그의 가문에 부여했다. 왕도 아니고 선출된 행정관도 아닌 자격으로 온 세상을 다스린 아우구스투스의 후계자들은 카이사르 가문의 후계자로서 그런 통치를 한 것이었다. 이것은 그의 혈통을 이어받지 않은 황제들에게도 적용되었다. 예를 들어 티베리우스는 아우구스투스의 양자로 입적되어 온 세상을 다스리는 자리를 승계했다. 이와 대조적으로 네로는 그의 혈통이었다. 그는 아우구스투스의 현손 자격으로 원로원과 로마 시민 앞에서 죽은 아내 포파이아를 찬양하는 만사輓詞를 읽었다. 그들은 포파이아를 애도하는 동시에 유산된 아기 황제도 애도하는 것이었다.

모든 사람이 잘 알고 있듯이 그것은 엄청난 손실이었다. 로마는 아우구스투스 혈통임을 자랑할 수 있는 사람들이 점점 사라지고 있었다. 아우구스투스 사망 이래 그 가문의 다양한 지파들은 무자비하게 숙청되었다. 제국의 보위에 대해 권리를 갖고 있는 사람들을 의심하고 못마땅하게 여긴 티베리우스는 유난히 악질적인 숙청 작업을 벌였다. 그리하여 아우구스투스의 후예 중 소수만이 그의 통치를 견디고 살아남았다. 그 소수 중에서도 가이우스라는 청년만이 성별을 기준으로 제국의 보위에 오를 자격이 있었다. 이 청년은 어린 시절부터 칼리굴라Caligula(작은 군화)라고 불렸다. 하지만 칼리굴라의 통치는 로마 귀족 계급들이 볼 때 그리 유쾌하지 않았다. 그들은 칼리굴라의 통치가 "최고 권력과 결합된 최고 악덕이 어디까지 갈 수 있는지" 보여주는 아주 끔찍한 사례라고 기억했다.[11] 추문과 유혈 가득한 4년 세월이 경과한 후에 칼리굴라는 근위대 장교를 개인적으로 모욕하는 어리석은 실수를 저질렀고, 팔라티누스 언덕에서 그 장교의 칼에 맞아 죽었다. 이제 원로원에서는 공화국으로 되돌아가야 한다고 말하는 사람들이 많아졌다. 그들이 그러한 주장을 다시 들고 나온 것은 칼리굴라 통치기에 당했던 고통의 후유증 때문만은 아니었다. 칼리굴라가 죽어버리자, 그 뒤를 이어갈 마땅한 아우구스투스 혈통이 없었다. 카이사르가 아닌 사람이 어떻게 황제로서 다스릴 수가 있는가? 그 문제는 극복 불가능한 것처럼 보였다.

그러나 결국에는 극복할 수 있는 문제로 판명되었다. 많은 유력 인사들이 아우구스투스가 창건한 군주제의 존속에 너무 많은 이권을 의지하고 있었다. 그래서 그 체제를 어떻게든 유지하려 했다. 그리하여 티베리우스의 조카인 클라우디우스Claudius가 황제의 보위에 오르게 된 것이다. 클라우디우스가 정서적으로 불안한 백치라는 뜬소문이 퍼져 있었음에도 불구하고 그는 결국 황제가 되었다. 로마에 주둔하는 군부대인 근위대는 그를 황제라고 선포했고, 이러한 전개 앞에서 무기력하기만 했던 원로원은 투표를 통해 클라우디우스에게 카이사르의 명칭을 부여하기로 결정했다. 그러나 신임 황제는 예상과는 다르게 대성공작이었고 그리하여 많은 사람들을 놀라게 했다. 그는 수도교를 건설했고, 테베레강 하구에 새로운 항구를 지었으며, 브리타니아 정복 사업에 착수했다. 그런 업적에도 불구하고 클라우디우스는 어쩐지 가짜 같다는 세간의 인식을 완전히 불식시키지는 못했다. 자신의 체제를 강화하기 위해 적당한 여자를 물색하던 황제는 아우구스투스의 혈통을 가진 공주에게 시선이 머무르게 되었다. 그녀의 이름은 아그리피나Agrippina. 칼리굴라의 여동생이었고, 도도하면서도 난폭한 여성이었다. 하지만 그녀가 자신의 조카이기도 하다는 사실 앞에서 클라우디우스는 잠시 망설였다. 동료 시민들은 근친혼을 혐오했고 외국이라면 몰라도 로마에는 어울리지 않는 야만적 관습이라고 생각했다. 그래도 클라우디우스는 아그리피나를 자신의 아내로 맞아들였다. 그 조치는 황제에게 많은 이점을 약속했다. 그 결혼으로 황제의 정통성뿐만 아니라 그가 전처에게서 낳은 남매, 딸 옥타비아와 아들 브리타니쿠스의 정통성 또한 강화될 것이었다. 이점은 그게 다가 아니었다. 아그리피나는 황조의 존속에 더욱 크게 기여할 수 있었다. 그녀는 전부前夫 소생의 아들이 있었는데 브리타니쿠스보다 더 나이가 많아 제위를 이어받아도 될 정도였고 게다가 아우구스투스의 피를 이어받은 적자였다. 그 아들이 바로 네로였다.

그러니 클라우디우스는 신의 한 수를 둔 것 같아 보일 수 있었다. 서기 53년 그가 의붓아들 네로와 자신의 딸 옥타비아를 결혼시켰을 때, 클라우디우스는 꺼져가던 아우구스투스 가문의 혈통을 완전 소멸로부터 구제한 것처럼 보였다. 그의 아들 브리타니쿠스도 곧 성년이 될 것이고, 더 좋은 것은 옥타비아가 곧 손자를 낳아 적통을 이어가리라는 전망이었다. 클라우디우스는 이제 자신감을 가지고 미래를 내다볼 수 있었다. 그러나 그의 희망은 곧 엄청난 실망으로 바뀌게 된다. 네로가 옥타비아와 결혼하자마자 죽음의 그림자가 아우구스투스 가문을 덮쳤다. 서기 54년 클라우디우스는 만찬 중에 사망했다. 그다음 해 브리타니쿠스도 죽었다. 소문에 따르면 두 사람의 죽음은 네로 탓이라고 한다. 4년 뒤 네로의 어머니 아그리피나가 근위부대의 암살조에게 살해당했을 때(소문에 따르면 자궁을 찔러 죽였다고 한다) 젊은 황제가 그 배후라는 것은 분명했다. 그가 공개적으로 그 사실을 인정했기 때문이다. 사람들은 네로에게 모친 살해라는 악행을 저지르도록 사주한 사람이 포파이아일 것이라고 생각했다. 네로가 저지른 다음번 범죄에 포파이아가 연루되었음은 의심의 여지가 없었다. 서기 62년에 네로는 자신이 흠뻑 매혹되어버린 데다 자신의 아이까지 임신한 포파이아와 한시 바삐 결혼하고 싶어서 옥타비아와 이혼했다. 이어 이혼한 아내를 이탈리아 해안에서 떨어져 있는 한 작은 섬에다 유배 보낸 후에 처형했다. 처형 이유는 간통이었다. 옥타비아의 잘린 머리는 포파이아에게 전해졌다. 다시 한번 아우구스투스 가문은 거의 멸절할 지경에 이르렀다. 다시 한번 그 가문의 장래는 가느다란 실에 매달린 형상이 되었다.

이런 위태로운 상황을 초래한 장본인은 바로 네로였다. 이 사실은 자신의 아이를 임신한 여자의 죽음에 네로가 그토록 슬퍼하는 이유를 잘 설명해준다. 그녀의 배 속에 들어 있던 아이도 그녀와 함께 죽었다. 그의 죄의식이 얼마나 깊었을지 누가 알겠는가? 소문에 따르면 포파이아가 밤늦도록 경기장에 나가 있는 네로에게 바가지를 긁었고, 그가 순간적으로 격분해 그녀의 배를 걷어차는 바람에 유산했으며, 그 탓에 그녀가 죽음에 이르렀다고 한다. 이 소문은 사실일까? 확실히 네로는 적들이 그에게 갖다 붙이는 온갖 어둡고 끔찍한 악행을 저지를 법한 인물이긴 했다. 그러나 그의 상처 喪妻를 완전히 다른 관점에서 바라볼 수도 있다. 많은 사람들이 그 이야기에서 신과 영웅의 이야기에 합당한 주제를 발견한다. 한 시인이 노래한 바에 따르면, 팔라티누스 언덕을 찾아와서 포파이아를 데려간 것은 베누스 여신이었다. 여신은 그녀를 수레에 실어서, 유성과 항성들을 지나 하늘 높이 올라가 북극 바로 위 명예로운 자리에다 안치했다. "그녀는 낙담했고 여신이 베푼 호의에 대해서도 아무런 즐거움을 느끼지 못했다. 왜냐하면 그녀는 신들과 동격인 남편을 지상에 남겨두고 왔기 때문이다. 그녀는 너무나 그리운 나머지 커다란 소리를 내며 슬퍼했다."[12]

네로가 비탄에 잠겨 있을 때, 아주 두텁고 넓게 퍼진 향료의 구름이 지상의 애도객들 위로 덮쳐 왔다. 네로가 만사를 읽는 동안에도, 그 구름은 율리우스 카이사르의 포룸 위로 흘러가서 성벽 위를 가로질러 카피톨리누스 너머의 기념물 광장과 공원 부지 위로 퍼져 나갔다. 그곳은 군신 마르스의 들판이라고 하는 캄푸스 마르티우스Campus Martius였다. 예전에 바로 이곳에서 전쟁에 동원된 로마 시민들이 결집해 충성 맹세를 했고 그리하여 그들은 시민에서 병사로 변모했다. 이제 캄푸스는 평화의 기술을 보여주는 전시장이 되었다. 사람들은 여기에 나와서 운동을 하거나, 인공 호수 옆에서 산책을 하거나, 호화로운 쇼핑을 했다. 이곳에는 목욕탕, 극장, 신전이 있었다. 아우구스투스 집권 초기 여기에 건설된 화려한 건물 대부분은 한 명 혹은 여러 신에게 바친 것이 아니라 만신전萬神殿(판테온)처럼 모든 신에게 바친 것이라는 특징을 갖고 있었다.

캄푸스 광장을 거니는 사람들은 아우구스투스도 그런 신이 되었다는 것을 잊어버릴 수가 없었다. 모든 곳에 그의 영광을 찬미하는 기념물들이 세워져 있었다. 그중에서 가장 음침한 건물은 캄푸스 한쪽 끝에 들어선 원형 능묘였다. 그 능묘는 삼나무들로 단장되었고 지붕 꼭대기에는 장례 신전이 들어서 있었다. 이것은 아우구스투스 자신이 지은 능묘인데 바로 이곳에 네로의 선배 황제들인 티베리우스, 칼리굴라, 클라우디우스의 유해가 모셔져 있다. 여가 부장이나 공주 등 아우구스투스 가문의 위대한 여성들의 유해 또한 여기에 들어와 있다. 이 능묘에 영면한 사람 중 아우구스투스만이 신으로 격상된 것은 아니었다. 그의 아내와 클라우디우스도 신격화되었다. 이제 네로의 만사가 끝나고 운구자들이 관을 등에 올려 메자, 포파이아라는 새로운 신이 지상에 남겨놓은 시신도 이 능묘 속으로 들어가게 되었다. 장례 행렬은 포룸을 떠나, 도시 성벽의 문을 지나서, 캄푸스 마르티우스로 들어섰고, 이어 능묘 쪽으로 갔다. 그곳 능묘 단지의 중심부에는 한 방이 그들을 기다리고 있었다. 바로 포파이아의 미라 시신이 안치될 곳이었다.

어떤 사람들이 볼 때 이는 실망스러운 처사였다. "로마인의 방식은 시신을 화장하는 것이다."[13] 거기 모인 사람들을 여러 시간 즐겁게 해준 아우구스투스의 화장 장례 이후에, 아우구스투스 가문 사람들의 장례식은 굉장한 광경을 보여주는 약속으로 널리 인식되어 왔다. 그러나 아무리 쇼맨십이 강한 네로라 할지라도 엄청난 불길이 솟구치는 화려한 행사를 원하는 사람들의 열기가 최근에 큰 사건 탓에 수그러들었다는 것을 잘 알았다. 전해(64년)에 대화재가 발생해 로마시를 휩쓸었던 것이다. 일찍이 그런 대규모 화재는 발생한 적이 없었다. 여러 날 동안 거센 불길이 도시의 건물들을 집어삼켰다. 세계 수도의 약 3분의 1 내지 4분의 1이 검은 잿더미로 변해버렸다. 그로부터 1년이 지났지만 심각한 화재 피해는 여전히 도시의 모습을 초라하게 만들었다. 팔라티누스 동쪽 꼭대기에 들어섰던 건물들과 이를 둘러싼 오래된 멋진 나무들도 모두 타버렸다. 포룸의 일부 구역 또한 화마의 희생물이 되었다. 거리가 비좁고 모조 건물이 들어선 다른 지구들은 전소되어 아무것도 남지 않았다. 대화재로 집을 잃은 엄청나게 많은 사람들이 캄푸스에서 무단 거주하는 신세로 전락했다. 무허가 판자촌이 끝없이 이어졌다. 도시의 성벽을 통과한 장례 행렬은 천막을 치고 들어앉은 가난한 판자촌 지역을 통과하지 않을 수 없었다. 애도객들 바로 앞, 통상적으로 화장이 거행되는 능묘 부근에 포석 깔린 지구가 있었다. 통상적인 상황이라면, 아우구스투스 가문의 일원이 사망할 경우에 바로 여기에다 화장용 장작을 높이 쌓아 올렸다. 하지만 포파이아를 기다리는 화장용 장작더미는 보이지 않았다. 불꽃놀이를 할 시기도 장소도 아니었다. 운구자들은 무덤의 시원한 내부로 곧장 들어갔다. 미라 시신은 관중의 시야에서 사라졌다.

카이사르 자격으로 통치한다는 것은 태양수레를 운전하는 것과 같다. 그 태양수레를 끄는 말들은 아주 조심스럽게 다루어야 했다. 어느 한쪽으로 너무 벗어나면 인류는 태양열에 타죽고 만다. 정반대 방향으로 너무 돌리면 세상 모든 것이 얼어버린다. 팍스 로마나는 자체적으로 유지되지 않는다. 신성한 자질을 가진 지도자만이 그것을 유지할 수가 있다. 자신을 태양신 솔에 비유했던 네로는 헛된 영광에 몰두하는 황제가 아니었다. 그는 로마 시민들에게 세상을 통치하려면 어느 정도의 자질을 갖추어야 하는지 상기시키고 있었다. 여기서 조금 고삐를 잡아당기고 저기서 채찍질을 한번 가하면 모두 안정적으로 굴러갈 것이었다. 죽음이든 도시의 화재든 인간에게 닥칠 수 있는 무수한 재앙 가운데서도 네로는 로마 시민들을 안정적인 방향으로 이끌어가면서 멸망을 모면하게 할 지도자라고 생각되었다. 황제는 잿더미에서 일어난 불사조처럼 로마 시민들을 황금시대로 이끌 것이라고 여겨졌다.

프로세르피나의 능욕

사람들이 인생을 살다 보면 인간과 신, 세속과 탈속이 서로 만나 하나로 융합되는 어떤 특정한 장소와 시간들이 있다. 네로는 종교적이든 세속적이든 장엄한 행사를 자주 개최해 로마 시민들에게 신인합일神人合一의 순간을 맛보게 해주었다. 그는 즉위 초창기부터 황금으로 감싸져 있었다. 한겨울인 12월에 태어난 그는 세상에 나오는 순간, 떠오르는 태양의 첫 번째 빛을 받았다. 보이지 않는 원천에서 나온 빛은 그에게 후광을 안겨주었다. 그는 황제 자리에 즉위해서는 도시의 중심부에 그런 빛을 가져오기로 결심했다. 64년의 대화재는 그에게 완벽한 기회를 가져다주었다. 로마를 엄청나게 파괴한 대화재가 일어난 지 4년이 흘러간 시점에, 화재로 발생한 시신들과 불타고 남은 쓰레기는 모두 치워졌다. 황제는 이제 과거엔 저택과 주택 단지가 빽빽하게 들어섰던, 세계에서 가장 가치 높은 부동산을 독점적으로 소유했다. 포룸 저 너머, 카일리우스 언덕과 오피우스 언덕 사이에 자리 잡은 계곡 일대에다 네로는 어마어마하게 큰 건물을 세우라고 지시했다. 그 땅의 상당 부분은 삼림지였다. 그곳에는 호수, 포도원, 숲, 야생동물, 심지어 유명한 도시들의 모형까지 있었다. 더욱 장쾌한 광경은 오피우스 언덕 위로 올라가는 등성이에 자리 잡은, 보석과 진주로 장식된 커다란 빌라였다. 그 빌라는 위대한 예술 작품도 많이 소장했고, 약 마흔 군데의 화장실을 갖추었으며, 표면 대부분이 황금으로 도금되었다. 태양은 오로지 이 황금 궁전(도무스 아우레아)을 비추기 위해 떠올랐고, 그 궁전을 바라보는 사람들은 거기에서 반사되는 태양광과 건물의 아름다움에 눈을 깜빡거렸다. 황제는 그 건물을 접수하면서 마침내 "사람답게 살아보게 되었다"라고 농담을 했다.[14] 사실 그 빌라가 제공하는 것은 온 세상을 바라보는 신감도神瞰圖였다. 좀더 구체적으로 말해보자면 태양신 솔이 황금수레에서 내려다보았을 법한 세상의 모습이었다. 그렇게 높은 곳에서 내려다보는 지중해는 호수처럼 보일 것이고, 그 바다 주위의 모든 땅은 공원 부지처럼 보일 것이다. 네로는 태양신 이미지를 더욱 강조하기 위해 거대한 청동 네로상을 조각하도록 명령했는데 높이 약 40미터에 머리에는 태양광 왕관을 씌웠다. 그 청동상은 완공되면 황금 궁전의 입구에 설치되어 출입하는 자들을 보호할 것이었다. 그 청동상을 직접 본 사람들은 그것에 대해 겁먹은 어조로 말했다. 사람들은 그것을 가리켜 "콜로수스Colossus"라고 했다.

그러나 모든 사람이 깊은 인상을 받지는 않았다. 관측 기사들이 최근까지 측량한 네로의 새로운 궁전은 사실 예전에는 시민들의 주택들이었다. "엄청나게 큰 공원 부지는 가난한 사람들의 집을 빼앗아 조성된 것이었다."[15] 사람들의 원성이 자자한 것은 조금도 놀라운 일이 아니었다. 사회 각계각층에서 불만이 터져나왔다. 원로원 의원들도 황금 궁전 때문에 그들의 집을 잃었다. 네로는 통치 기간이 길어지면서 점점 귀족 계급을 향한 경멸감을 드러냈다. 그는 귀족들이 도대체 감수성이 없다고 조롱했다. 그들의 자존심을 짓밟았으며 그들이 무능하다고 노골적으로 지적해댔다. 굉장한 볼거리와 오락거리로 비위를 맞추려 했던 로마 민중들과는 다르게, 황제는 원로원 의원들에게 예전부터 내려오는 존경심을 보여줄 생각이 없었다. 의원들 입장에서 보자면 본질적으로 흉악한 황제였다. 일반 대중은 네로의 이름을 부르며 환호했지만, 로마의 유서 깊은 가문의 후예들은 은밀하게 그가 폭군이라고 속삭이기 시작했다. 황금 궁전의 조성 공사는 귀족들의 그런 신념을 더욱 굳혔다. 가난한 일반 군중들이 볼 때, 도심 한가운데에 광대하게 조성된 공원 부지는 비좁고 유해한 생활환경으로부터 잠시 벗어날 수 있게 해주는 위안을 제공했다. 그러나 원로원 의원들에게 그런 공원은 그들 자신의 존재가 얼마나 보잘것없어졌는지를 보여주는 표시일 뿐이었다. "전 도시가 이제 하나의 집이 되었다."[16]

당연히 음모가 꾸며지기 시작했다. 하지만 도시 전역에 첩자를 심어놓고 있던 네로는 그런 음모들을 모두 분쇄했다. 원로원 의원 여러 명이 이런 저런 방식으로 처형당하거나, 자살을 강요받거나, 유배를 떠나야 했다. 그렇지만 서기 67년이 저물어가던 시점에 황제는 아주 당황스러운 보고를 받았다. 수도에서 주요한 음모 사건이 미수에 그쳤던 것이다. 첩자 한 명이 갈리아에서 한 총독이 반역을 꾸미고 있다고 네로에게 보고했다. 가이우스 율리우스 빈덱스Gaius Julius Vindex는 뛰어난 능력을 가진 원로원 의원이었다. "그는 강건하고 명민했으며 여러 차례 전쟁에 참여한 경험이 있고, 그 어떤 위험한 일을 맡아도 뒤로 물러서는 법이 없는 사람이었다. 그는 엄청난 야망과 자유에 대한 사랑을 한 몸에 갖추고 있었다."[17] 그뿐만 아니라 그는 갈리아 왕들의 후예였다. 이런 급박한 보고가 들어왔음에도 불구하고 전임자들과 달리 전투 경험이 전혀 없던 네로는 충분히 위험을 감지하고 병력 동원을 지시할 생각을 하지 못했다. 황제가 그랬던 것은 보통 반란 초기에 좀더 효과적으로 맞서 싸우는 방법이 있어서이기도 했다. 로마의 음모자들에게 맞서서 멋진 활약을 해온 암살대를 해당 속주들에 파견하는 것이었다. 빈덱스가 히스파니아 총독이자 엄격한 훈련관인 세르비우스 술피키우스 갈바Servius Sulpicius Galba와 접촉했는데도 그 사실을 갈바가 알리지 않았다는 보고를 받고서, 네로는 평소 습관대로 히스파니아 총독에게 자살 지시를 내렸다. 네로는 이런 지시가 그대로 이행될 것이라고 믿어 의심치 않았다. 그는 음악의 신이며 번영의 신인 아폴로에게 "73세를 경계하라"는 신탁을 받은 적이 있었다.[18] 아직 서른밖에 안 된 네로는 이런 신탁에서 큰 위안을 얻었다. 73세라니, 아직도 엄청난 수명과 행운이 자기 앞에 놓여 있다고 친구들에게 자랑하듯 말하곤 했다. 걱정할 것은 조금도 없었다.

그러나 묵은해가 가고 새해가 오면서, 심지어 네로도 뭔가 깊이 생각하는 자기 성찰의 분위기를 보이기 시작했다. 1월 1일은 엄숙한 의식이 거행되는 날이었다. 지난 200년 동안, 이날마다 두 사람이 국가 최고 행정관인 집정관에 취임했다. 그들의 취임은 로마 시민들이 선거로 승인하는 것만으로는 충분하지 않았다. 하늘의 승인 또한 받아야 했다. 그래서 로마 건국 820년째 되는 해(서기 68년) 첫날에 두 집정관은 신들의 왕에게 승인을 호소하는 의식을 거행했다. 그 신들의 왕은 로마 시민들에 의해 최고optimus라고 칭송받는 "최선의 주신" 유피테르였다. 눈부시게 흰 토가를 입은 원로원 의원들이 두 집정관을 뒤따라갔다. 황금으로 장식한 네로의 옷은 그 중에서도 가장 휘황찬란했다. 휴일 의상을 입은 다른 시민들도 기다란 줄을 이루며 따라왔다. 공기 중에는 향냄새가 진동했다. 사프란 꽃들이 불 켜진 화로들에서 탁탁 소리를 내며 타올랐다. 수행원들이 길들이지 않은 하얀 황소 두 마리를 행렬의 길을 따라 끌고 왔다. 길은 가파른 고갯길이었고 발굽이 거리의 포석에 미끄러지는 황소들을 억지로 등성이 위로 끌어올려야 했다. 이제 그들 앞에 거대한 신전 단지가 모습을 드러냈다. 아주 고대에 카피톨리누스 언덕에서 거대하면서도 신비할 정도로 잘 보존된 머리caput가 발견되었다. 그것은 로마가 세상의 머리가 될 운명임을 알려주는 하나의 전조였는데, 이 때문에 그 언덕은 로마의 일곱 언덕 중에서 가장 성스러운 곳으로 여겨졌다. 신들에게 희생 제의를 올리는 1월 1일에 카피톨리누스 언덕은 특히 더 성스러운 장소였다.

카피톨리누스 언덕의 꼭대기에 서 있는 유피테르 신전은 도시에서 가장 장엄한 신전이었다. 이 신전의 지붕은 네로의 새로운 황궁처럼 황금으로 도금되어 있었다. 이 신전은 아테네에서 훔쳐온 높고 큰 기둥들이 들어서 있었다. 그 신전은 위풍당당하게 포룸을 내려다보았고 유피테르는 여왕 신 유노, 딸 미네르바와 함께 포룸을 다스렸다. 거대한 신전의 중앙 현실玄室은 주신의 옥좌가 놓여 있는 곳인데, 유피테르는 바로 이곳에서 로마 세계를 다스렸다. 로마인들은 유피테르가 그 지위를 절대 포기하지 않을 것임을 잘 알았다. "그것은 지상에서 가장 멋지고 가장 장엄한 기념물이었다."[19] 유피테르 신전은 로마시로서는 최선을 다해 건립한, 가장 영원에 가까운 이미지였다. 그 신전이 더 이상 거기에 서 있지 않다거나, 사제들이 더 이상 카피톨리누스 언덕을 올라가 그 신전에 접근하지 못한다거나 하는 순간은 상상할 수 없었다. 도시 창건 초창기부터 원로원의 법률과 법령을 세세히 기록한 청동판이 로마의 문서보관소 이전에 이 신전에 보관되어 있었던 것은 너무나 당연한 일이었다. 이곳보다 더 안전하게 보관할 수 있는 곳이 있었겠는가? 1월 1일에 그해 최초의 제물을 유피테르에게 바치는 두 집정관은 그들이 천년 가까이 시간을 거슬러 올라가는 전통의 한 부분이 되었다고 느꼈다.

그건 네로도 마찬가지였다. 과거에 민중이 투표로 선출했던 집정관은 이제 황제의 개인적 은혜에 따라 내리는 것으로 바뀌었다. "그것을 수여하는 자의 장엄함이 그 선물에서 빛난다."[20] 새로운 집정관들에게 그 지위를 내려주는 네로는 두 집정관 못지않게 신들이 내려주는 승인 혹은 불승인의 조짐을 긴장하며 기다렸다. 이것을 "복점"이라고 하는데, 이 의식을 거행하는 것은 황제의 책임이었다. 새해 아침이면 전통적으로 거행하는 의식에 아우구스투스 시절 이래 최근에 제정된 의식들이 점점 추가되었다. 먼저 카이사르에 대한 충성 맹세가 있었고, 황제의 입법 행위를 지지한다는 약속, 또 황제에게 스트레나이 strenae(새해 선물)를 헌상하는 의식도 있었다. 이러한 의식들이 속주 도시들과 군단 사령부 등 제국 전역에서 거행되었으나, 가장 큰 영향력을 갖고 있던 것은 카피톨리누스에서 거행하는 새해 제의였다. 행정관, 원로원 의원, 사제, 사회 각계각층을 대표하는 시민 들을 좌우에 집결시킨 네로는 로마뿐만 아니라 온 세상에 자신의 메시지를 알릴 좋은 기회를 잡았다고 생각했다. 음모 사건들은 시간과 노력의 낭비이고 그의 통치는 단단한 반석 위에 올라서 있다는 것이었다. 복점은 상서로운 결과를 보여주었다.

나중에 사람들은 두 가지 사항을 기억할 것이었다. 첫째, 유피테르 신전에 들어가는 문의 자물쇠를 열어놓지 않아, 사람들이 미친 듯이 열쇠를 찾아다녔다. 둘째, 포파이아 사비나가 네로에게 스트레나이를 주었다. 로마의 최고 미녀 포파이아가 사망한 지 2년 반이 흘러갔다. 그는 상처한 기간 동안에 얻어낼 수 있는 위안은 최대한 얻어내려고 애썼다. 타고난 사랑꾼인 네로는 악테Acte라는 여자를 가까이 두었다. 그녀는 시리아 출신의 해방노예였고, 통치 초창기에 열렬한 사랑에 빠졌다가 당시에도 악테에게 상당한 애정을 보여주고 있었다. 네로는 다시 결혼하기도 했다. 상대는 스타틸리아 메살리나Statilia Messalina였다. 포파이아 정도의 매력은 없었으나 네로의 취향에 딱 들어맞는 여자였다. 총명하고 재치 넘치고 집안 환경이 좋았다. 그는 메살리나에게 구애하던 시기에 너무나 몰입해, 그녀의 남편인 농담 잘하는 현직 집정관에게 자살을 명령하기도 했다. 새 남편에게 사랑을 많이 받기는 했지만 메살리나는 한 가지 심각한 약점이 있었다. 포파이아처럼 예쁘게 생기지 않았다는 것이었다. 그래서 네로는 좌절의 아픔을 가슴에 안고 살기보다는, 포파이아를 똑 닮은 사람을 찾아 나섰다. 수색에는 오랜 시간이 걸렸으나 마침내 성공했다. 새로운 포파이아가 황제의 침대에 헌상되었다. 부드러운 피부와 갈색 머리카락을 가진 그녀는 완전 포파이아 판박이였다. 그녀를 한번 본 사람들은 판타지를 현실로 바꾸어놓는 네로의 천재성에 감탄했다. 죽은 황후의 옷을 입고, 죽은 황후의 보석을 패용하고, 죽은 황후의 가마를 타는 등 그녀는 정말 죽은 황후 그 자신인 것처럼 융숭한 대우를 받았다. 네로는 심지어 그녀와 결혼하기까지 했다. 그러나 예비 신부는 결혼식을 거행하기에 앞서서 카이사르의 아내라는 미래 역할에 필요한 몇 가지 조치를 취해야 했다. 그리하여 외과 의사가 소환되었다. 수술대 위에 가죽 띠로 단단히 묶인 포파이아의 분신은 고환과 음경 등 남성 생식기를 잃는 고난을 감내해야 했다.

네로는 이런 외과 수술을 하나의 농담으로 치부하면서 신체를 훼손당한 그 소년에게 스포루스Sporus(그리스어로 "원기")라는 이름을 붙여주었다. 그러나 네로의 침대에 들어온 상대가 포파이아를 닮았고 그녀의 이름을 부르면 대답하고 더 나아가 법적으로 그의 아내가 된 사람이라면, 그것은 결코 웃음거리가 아니었다. 네로가 볼 때, 그와 함께 있는 그녀를 목격한 사람들이 볼 때 하나의 엄청난 기적, 즉 포파이아가 환생해 지상에 돌아와 있는 것처럼 보였다. 황제는 스포루스에게 너무나 빠져들어서 그를 완전히 여자로 만들어보겠다고 마음먹고, 이 환관의 몸 안에다 자궁을 심어줄 수 있다고 나서는 사람에게 엄청난 현상을 내걸었다. 그러나 현실을 자기의 의지에 따라 마음대로 바꾸는 재주를 가진 네로 같은 사람에게도, 이것은 너무 과도한 야망이었다. 물론 새로운 포파이아가 아이를 낳을 수 없다고 해서, 새해 아침에 그녀가 신전 앞에서 다소 난처한 임무를 수행할 수 없는 것은 아니었다. 이때 네로가 로마 시민들에게 제시한 것은 하나의 확신이었다. 세속적인 것은 판타지와 혼용할 수 있고, 예측 가능한 것은 예측 불가능한 것과 뒤섞을 수 있으며, 일상생활의 세계는 신화의 세계와 합일할 수 있다는 확신. 바로 이런 이유로 포파이아가 앞에 나서서 네로에게 스트레나이를 헌상했을 때, 그녀가 사람들에게 인간 이상의 존재 혹은 인간 이하의 존재처럼 보였던 것이다. 그리고 그런 이유로 인해 그녀가 새해 아침에 카피톨리누스 언덕에서 복점 행사를 주관하는 남편에게 바쳤던 반지가 그 자체로 하나의 불길한 조짐이 되었다.

그 반지에는 보석을 상감했는데, 다시 그 보석에는 여신의 이미지를 새겼다. 리베라(바쿠스의 아내 아리아드네)는 카피톨리누스에 사당을 갖고 있지 않았다. 유피테르 대신전이 신들의 왕에게 왕좌를 제공해 로마뿐만 아니라 온 세상을 지배할 수 있게 해준다면, 리베라 신전이 있는 장소는 그렇게 장대하지는 않았다. 카피톨리누스 언덕에서 좀더 나아가면 평평한 저지대가 펼쳐져 있고 그 옆으로 테베레강이 흐르는데, 다양한 주택 단지와 창고 저 너머로 두 번째 언덕 즉 아벤티누스 언덕이 나온다. 팔라티누스나 카피톨리누스와는 다르게, 아벤티누스 언덕은 승자의 거주지가 되어본 적이 없었다. 이 언덕은 로마 초창기부터 인생의 커다란 경주에서 실패한 자, 가령 가난한 자, 이민자, 영락한 자에게 피신처를 제공했다. 공화정 창건 10년 차에 지어졌다가 화재를 만난 후에 아우구스투스가 재건한 리베라 신전은 아벤티누스 언덕의 북단에 있는데, 그곳은 테베레 강둑을 마주 보는 곳이다. 카피톨리누스 신전이 엘리트 계급의 애원·봉헌·희망의 중심지로 봉사한다면, 리베라 신전은 민중에게 그런 일을 해주었다.

유피테르가 로마의 대신전을 유노 및 미네르바와 함께 사용한다면, 리베라는 어머니 케레스(데메테르) 및 오빠 리베르와 신전을 공유했다.* 케레스 숭배는 누마 폼필리우스 시절까지 거슬러 올라간다. 그럴 만도 한 것이, 케레스는 들판에 수확을 내려주고 식탁에 빵을 가져다주는 여신이기 때문이다. 이런 것들이 없다면 아무도 목숨을 이어갈 수가 없다. 누마가 다스리던 소박한 시절은 가버린 지 이미 오래되었지만, 그녀를 기리는 대축제 케레알리아Cerealia는 여전히 매해 봄마다 한 해 농사를 시작할 때 거행되었다. 그 축제의 무대는 키르쿠스 막시무스로, 아벤티누스 언덕과 팔라티누스 언덕 사이에 있는 계곡에, 로물루스가 처음 건설한 세계 최대의 경기장이었다. 대화재가 발생한 초기 몇 시간 사이에 전소되었지만, 네로

---

* 리베르는 로마에서 일찍부터 디오니소스와 동일시되었다. 리베르는 라틴어로 자유롭다는 의미인데 해방자 디오니소스에 상응한다.―옮긴이

의 후원과 정력 덕분에 예전의 영광을 그대로 회복한 참이었다. 이제 다가오는 봄철에 케레알리아 축제가 전통적인 방식으로 거행될 것인지는 분명 민감한 문제였다. 예전에는 여우들의 등에 횃불을 달아서 경기장 안으로 들여보냈다. 그러나 이제 키르쿠스 막시무스 복원 사업이 완료되었으므로, 전차 경주와 각종 구경거리들이 벌어질 예정이었다. 타고난 예능인 네로는 일이 성사되도록 후견할 참이었다. 그는 어떻게 하면 대중을 즐겁게 할 수 있는지 잘 알고 있었다. 그보다 한 달 앞서서 리베랄리아 축제를 기념하기 위해 화려한 행사들도 거행될 것이었다. 이 축제는 리베르와 리베라를 동시에 기념하는 것인데, 도덕주의자들이 지속적으로 승인하지 않았음에도 불구하고, 각종 금지 사항들을 위반해도 좋다는 허가의 일환으로 아벤티누스 언덕에서 오랫동안 거행되어왔다. 리베르는 결국 "자유"를 의미했다. 거리 곳곳에서 술판, 섹스, 대소동이 벌어졌다. 리베랄리아 축제는 말 그대로 난장판이었다.

그런데 새해 첫날 네로가 건네받은 반지는 아주 조심스럽게 선택받은 것이었다. 원로원 의원들에게 둘러싸인 채, 유피테르 신전 앞에 서 있던 네로에게 그 반지는 아주 유쾌한 일을 상기시켰다. 그가 누리는 권력 기반은 카피톨리누스 언덕만이 아니라 아벤티누스 언덕에도 있었다. 로마는 당시 인구 100만인 세계 최대의 도시였다. 오로지 한 사람만이 그 많은 인구를 기아에서 구제할 수 있었으니 바로 황제였다. 네로가 일찍이 자신의 기념주화를 발행하며 각인시켰던 메시지였다. 주화의 한쪽 면에는 케레스가 추수한 농작물로 흘러넘치는 뿔 용기容器를 든 여인 앞에 앉아 있다. 이 여인은 안노나Annona인데 곡물 배급을 상징하는 여신이다. 로마의 모든 시민들은 한 달에 한 번 황제에게서 곡물 배급을 받는 것이 오래된 특혜였다. 로마가 이집트를 합병한 덕분에, 아우구스투스는 로마시 미화 사업에 재정을 지원할 수 있었을 뿐만 아니라, 도시에서 기근의 유령을 추방할 수 있었다. 이집트라는 나라는 황금 이상의 국부를 갖고 있었다. 나일강 양옆의 비옥한 들판은 세상의 최고 곡창 지대였다.

해마다 곡물을 가득 실은 거대한 수송선들이 알렉산드리아에서 출발했다. 또 다른 수송선들은 아프리카의 수도인 카르타고에서 출발했다. 카르타고 속주 또한 그 비옥한 영토로 유명했기 때문이다. 이러한 수송선들은 오랫동안 로마로 직접 항해할 수가 없었다. 테베레강 하구에 세워진 항구인 오스티아의 수심이 너무 얕아서 수송선들을 받아들이지 못했으므로, 이 배들은 나폴리만에 있는 푸테올리 부두에 접안해야 되었다. 그러나 최근에 오스티아는 시설이 개선되었다. 육지뿐만 아니라 바다에서도 강한 영향력을 행사한 로마인은 갈대나 침니沈泥에 좌절할 사람들이 아니었다. 클라우디우스 치세에 시작되어 네로 치세에 완공된 대규모 토목 공사 덕분에, 심해 항구가 기존 오스티아 항구에서 북쪽으로 1킬로미터 정도 떨어진 곳에 건설되었다. 이집트와 아프리카에서 수송되어 오는 곡물은 지금까지 푸테올리에서 하역했으나 이제 통째로 북쪽으로 올라가 테베레강 하구에서 하역할 수 있었다. 거기서 25킬로미터 거리에 달하는 테베레강의 양쪽 둑에 건설한 거대 창고들로 옮겨졌다가 다시 아벤티누스 언덕까지 수송되었다. 오랫동안 카이사르가 하사하는 빵을 받는 데 익숙해져 있던 군중은 이것을 당연하게 여겼다. "누구나 시민이라면 배급 정량을 받을 수 있다."[21] 당시는 이 말이 격언이었다. 그러나 대화재 탓에 제국의 재정 상태는 심각할 정도로 위태로워졌다. 로마 시민들에게 계속 곡물을 배급하려고 노심초사하던 네로도 결국 이를 일시 중지하지 않으면 안 되었다. 그래서 포파이아는 남편에게 리베라 이미지가 새겨진 반지를 선물함으로써 식량 배급을 회복시켜야 할 책임을 상기시킨 것이다. 곡물을 배급하는 본부는 리베라의 신전이었다. 그곳은 여신이 리베르와 어머니 케레스와 나눠 쓰는 신전이었다.

그러나 리베라는 그냥 리베라가 아니었다. 유피테르 신전이 서기전 83년 벼락을 맞아 전소된 후에 아테네에서 약탈해 온 물자로 재건되었듯이, 리베라 신전 또한 여러 세기가 흘러가면서 더욱 그리스 분위기를 풍겼다. 당초 리베라 여신은 그림자 같은 존재였다. 너무나 존재가 희미했기 때문에 고고학자들 사이에서 리베라 여신이 리베르의 여동생이 아니라 딸이 아닐까 하는 논의가 생겨났을 정도였다. 그러나 로마의 권력이 이탈리아 전역으로 퍼져나가고 이어 지중해의 동반부로 확대되자 그녀의 위상에 변화가 왔다. 정복자들이 그리스 세계를 그림자 속으로 몰아넣을수록 로마의 신들은 그리스 신들의 색깔로 채색되기 시작했다. 그리스인들도 수확의 여신을 숭배했다. 그리스인들은 그 여신을, 페르세포네(라틴어로는 프로세르피나)라는 딸의 어머니인 데메테르라고 불렀다. 이 딸에 대한 이야기는 제법 오싹하다. 모든 것이 영원한 여름이었던 이 세상의 초창기에, 그 딸은 시녀와 함께 시칠리아의 초원을 걷고 있었다. 그때 명부冥府의 신인 플루톤(그리스 신화의 하데스)이 갑자기 수레를 타고 나타나 그녀를 납치해 갔다. 그러자 그 딸의 어머니는 너무나 깊은 슬픔과 절망에 빠진 나머지, 들판의 곡물과 나무의 과일을 모두 내팽개쳐서 썩어버리게 했고, 온 세상을 얼음 천지로 만들었다. 마침내 유피테르가 중재한 조건에 따라, 해마다 6개월 동안 프로세르피나는 어머니에게 돌아올 수 있지만, 나머지 6개월은 명부의 여왕 자격으로 명부로 내려가 플루톤 곁에서 머무르는 것으로 합의했다. 바로 이렇게 합의한 때부터 여름과 겨울이 나뉘었다. 이 이야기는 네로가 황위에 오르기 근 500년 전부터 로마인에게 친숙했다. 이후 프로세르피나는 리베라와 함께 무시당해왔다. 리베라 신전은 아벤티누스 언덕의 오지에 자리 잡고 있으나, 그 여신의 시초가 로마시 창건 당시까지 거슬러 올라간다는 사실은 어떤 신비를 암시한다. 그 오싹하고 알 수 없는 신비는 로마에서는 그 깊은 뜻을 제대로 파악할 수가 없다. 그 신비에 대해서 알고자 하는 사람들은 다른 곳, 즉 그리스로 여행해야 한다.

여자가 되어 포파이아로 변신한 소년은 수술을 받은 지 몇 달 후에 네로를 따라서 그리스로 갔다. 황후의 신분에 걸맞은 가마를 타고서 새로운 포파이아는 축제로 유명한 일련의 그리스 도시들을 방문했다. 그녀의 남편은 천국에 온 것 같은 기분이었다. 공연예술의 본고장으로 알려진 나라를 방문한 네로는 마침내 자신이 남들에게서 평가를 제대로 받는다는 느낌이 들었다. 그가 노래를 부르면 사람들은 열광적인 환호로 응답했다. 그가 무대 배우로서 벌인 연기 또한 열렬한 반응을 이끌어냈다. 그는 심지어 올림피아에서 전차 경주에 참가하기도 했다. 전차는 보통 두세 필의 말이 끄는데 네로는 열 필의 말을 매게 하는 모험을 감행했다. 그는 살아서 그런 멋진 이야기를 남들에게 전해줄 수 있었을 뿐만 아니라, 1등을 하기까지 했다. 그가 그런 일을 벌이면서 느끼는 즐거움은 사실 상궤를 벗어난 것이었다. 감사 표시를 할 때도 제왕다웠던 네로는 그 속주 전체의 세금을 감면해주었다. 하지만 그런 조치를 취하는 순간조차도, 그가 진정으로 빚진 상대는 그리스인들이 아니라 신들이라고 선언했다. "왜냐하면 땅에서든 바다에서든 신들은 늘 나를 보살펴주기 때문이다."[22]

그리스에는 지난 여러 세기 동안에 여러 신이 존재해 성스러워진 언덕, 숲, 사당이 많았다. 그리스 고전을 잘 아는 교양 높은 로마인은 그리스인 못지않게 이런 사실을 잘 알았다. 특히 한 성소가 그들의 상상을 사로잡았다. 아테네 외곽 15킬로미터 지점에 엘레우시스Eleusis라는 마을이 있었다. 바로 케레스가 사라진 딸을 슬퍼하며 애도에 잠겼던 곳이었다. 또 케레스 모녀가 다시 재회한 곳도 여기였다. 지상이 다시 풍요로움을 회복하고 생명이 죽음을 이긴 기적도 바로 이곳에서 펼쳐졌다.* 만약 인간이 충분히 자기 자신을 정화하고 철저히 비밀을 맹세한다면 그런 기적이 다시 인간에게 벌어질 것이다. 이러한 약속에 매혹당한 사람들은 그리스인만이 아니었다. 로마의 최고 지식인들도 매혹을 느꼈다. 엘레우시스에서 가르치는 신비는 로마인이 볼 때 아테네가 세상에 내려준 가장 큰 선물이었다. 로마의 황금시대에 한 비극 작가는 이렇게 썼다. "이런 신비 의식을 거행함으로써 명부로 내려간 사람들은 세 번 축복받을 것이다. 왜냐하면 다른 사람들은 그냥 비참함에 떨어지는 반면에 그들만이 생명을 갖고 있기 때문이다."[23] 그것은 누구나 환영할 만한 약속이었고 심지어 황제도 예외는 아니었다. 네로가 카피톨리누스에서 복점 행사를 주관할 때 받았던 반지에 새겨진 그림은 바로 이 사후의 부활에 대한 승인이었다. 왜냐하면 그 그림은 프로세르피나의 능욕을 묘사한 것이었기 때문이다. 남편과 함께 그리스에서 막 돌아온 포파이아는 네로가 프로세르피나의 납치 이야기에 전부터 얼마나 매혹되었는지, 또 그가 얼마나 엘레우시스를 방문하고

---

* 추운 겨울이 지나고 따뜻한 봄이 돌아오는 것을 죽음에서부터 삶으로의 소생이라고 보고 이것을 케레스의 기적이라고 한 것. ─옮긴이

싶어 했는지 잘 알게 되었다.

그러나 네로는 그곳에 가지 못했다. 엘레시우스 비교는 아무나 입교해 깨우칠 수 없었다.* 네로는 그 신비를 두려워할 만한 이유가 있었다. 그리스를 순방하는 동안에 그는 비극 배우의 가면을 쓰고서 거듭해 어머니를 살해하는 자를 연기했다. 극 중에서 모친 살해범은 신탁에 따라 가장 극악한 범죄를 저지른 탓에 퓨리스Furies(복수의 여신들)에게 추적당했다. 이 무서운 여신들이 채찍과 횃불로 무장하고서 그를 쫓는 것이다. 네로는 연극 무대에서 이런 고대 신화를 연기함으로써 가장 대담한 행동을 했다. 즉 자기 자신을 전설속의 영웅으로 제시하려는 것이다. 하지만 여기에는 대가가 따랐다. 해마다 엘레우시스에서는 입회 의식을 거행하기 전에, 전령이 앞에 나서서 모든 범죄자를 경고하면서 내쫓았다. 꿈속에서 어머니의 유령에 시달린다고 고백한 바 있는 네로는 그런 경고를 무서워할 특별한 이유가 있었다. 물론 그가 신들을 경멸하는 사람으로 악명 높았던 것은 사실이다. 네로는 일찍이 시리아 출신에 몸에 물고기 꼬리가 달린 여신을 존경한 바 있었다. 그러나 이 여신마저도 네로는 경멸하게 되었다. 그 여신과 너무나 심하게 사이가 틀어져서 그는 그 여신의 조각상에다 오줌을 싸기도 했다. 혹은 그랬다고 사람들

---

* 케레스 신화에 의탁하여, 사람의 몸은 시간에 의해 죽지만 비밀스러운 종교의 의식을 통해 다시 살아난다는 것.—옮긴이

은 말한다. 네로는 관습을 파괴하는 것을 좋아했고 얌전한 사람들을 눈알이 튀어나오도록 놀라게 하는 데서 즐거움을 느꼈다. 이 때문에 사람들은 그런 소문이 믿을 만하다고 생각했다. 그렇지만 그런 태도에도 한계가 있었다. 네로조차도 어떤 신비 의례는 모독해서는 안 된다는 것을 알았다. 플루톤과 프로세르피나의 명계로 들어가는 문들은 쉽게 열리지 않았다. 엘레우시스 방문을 두려워했던 네로는 그런 사실을 잘 알았다. 게다가 그는 3년 전에 그 지옥문을 몸소 열어젖힌 바 있었다.

대화재는 로마를 망자의 도시로 만들었다. 화재는 아주 맹렬했고 그리하여 무수한 사람들이 잿더미로 변했다. 그들의 시신을 발굴해 제대로 장례식을 거행할 가능성은 전혀 없었다. 이런 음습한 공포가 도시 전체를 거대한 그림자처럼 뒤덮었다. 네로는 당연히 《시빌라 예언서》에 자문을 구했다. 그가 그 책에서 발견한 지시 사항은 명백했다. 여러 신에게 보속 제사를 바쳐야 했다. 그중 대표적인 신이 케레스와 프로세르피나였다. 아벤티누스 언덕과 도심에 있는 두 여신의 신전에서 의식을 거행해야 했다. 그 의식은 로마라는 도시가 창건된 이래 계속해오던 제사였다. 그런 제의를 가장 먼저 제도로 만든 사람은 로물루스였다. 장차 원로원 건물이 들어설 부지 바로 옆에, 그리고 네로가 대화재 직후에 포파이아의 미라 시신을 두고서 만사를 읽었던 그 지점에, 로물루스는 둥근 참호를 팠다. 그는 그 안에다 수확의 열매들을 집어넣었다. "전통과 자연에 따라서 좋고 필요하다고 여겨지고" 케레스에게 거룩한 모든 것을 그 참호에 투척했다.[24] 로마인들이 문두스mundus("세상")라고 부른 이 참호는 생명과 죽음의 장소였다. 문두스 내에 있는 라피스 니게르의 검은 돌은 조심스럽게 선택되었고, 조달하는 데 엄청난 노력이 투입되었다. 그리스 남단의 타이나론곶(오늘날의 마타판곶)에서 로마로 수송된 그 돌은 명계로 들어가는 동굴에서 캐낸 것이었다. 명계는 유령들이 휙휙 날아다니고 의미 모를 말을 지껄여대는 곳이었다.[25]

그러나 라피스 니게르가 문두스 내에서 유일한 죽음의 상징물은 아니었다. 아주 오래된 삼나무도 있었다. 그 뿌리는 강한 섬유질에다 착근성이 좋아서 멀리 율리우스 카이사르가 건설한 포룸의 지하까지 뻗어 있었다. 그렇다면 문두스가 엘레우시스나 타이나론곶의 동굴처럼 명계의 입구 대접을 받는 것은 그리 놀라운 일도 아니었다. 문두스는 1년 중 대부분 닫혀 있었다. 그러나 그것을 열어놓는, 그림자가 횡행하는 날들도 있었다. 이런 날이면 가게들은 철시하고, 전투를 벌이지 않고, 결혼식은 거행하지 않았다. "문두스가 개방되는 때는, 슬프고 잔인한 신들의 문이 열리는 때였다."[26] 이런 날에는 망자들이 살아 있는 자들의 영역을 방문하는 것을 막을 길이 없었다. 그리하여 대화재에서 죽어간 망자의 유령들이 그들이 불타죽은 장소로 되돌아오는 것이다. 네로는 《시빌라 예언서》가 지시하는 대로 행동하고, 문두스를 개방함으로써 유령들을 위로하려고 했다. 그들을 적절히 매장하지 못한 것에 대해 그런 식으로나마

의례적으로 보상하고, 그들을 불태워서 잿더미로 만들었던 지옥의 재앙과 이승 사이에 경계선을 하나 그으려 했던 것이다.

그러나 경계선은 그어지지 않았다. 명계의 문들은 열려 있었다. 망자의 유령들은 아직 해원解寃되지 않은 도시를 마구 돌아다녔다. 네로의 적들은 닫힌 문 뒤에서 긴장한 채로 웅크려 앉아서 그 대화재를 일으킨 장본인은 황제라거나, 부하들을 시켜서 화재가 널리 퍼지게 했다거나, 황제는 로마가 불타오르고 있는데도 트로이의 멸망에 대해 노래 불렀다거나 하는 말들을 속삭였다. 이는 곧 소문으로 퍼졌고 사람들은 믿기 시작했다. 대화재 직후에 네로는 도시 전역에 불의 신 불카누스에게 바치는 제단을 건설하겠다고 맹세했다. 그러나 그 후 3년이 흘러갔는데도 그 제단은 시내 어디에서도 볼수가 없었다. 그러니 새해 의례 행사 후 몇 주가 지나가고 또 몇 달이 지나가면서 네로에게 새해 선물로 헌상된 반지를 점점 더 불길한 조짐으로 여기는 것은 그리 놀라운 일이 아니었다. 황제는 적이 많았고, 사건들은 그의 통제력을 벗어나고 있었다. 해외의 여러 속주에서, 반란을 사전 제압하려던 황제의 시도는 실패로 돌아갔다. 그림자 전쟁은 끝났다. 3월에 빈덱스는 공개적으로 반란의 기치를 들어올렸다. 4월에 갈바 역시 반란에 나섰다. 그런 사태 발전에 충격을 받고서 마침내 자신의 처지가 위태로움을 깨달은 네로는 이탈리아 내부에 주둔 중인 군단들을 규합하려 나섰다. 동시에 병력 동원령도 내렸다. 발칸반도에 주둔 중인 군단들에 황제의 기치 아래

결집하라는 명령이 내려갔다. 미세눔Misenum 해군 기지의 수병들을 동원해 신규 군단을 편성하기도 했다. 나폴리만에 있는 미세눔 항구는 로마의 최대 해군 기지였다. 그러나 네로가 황급히 취한 조치들은 아무래도 한계가 있었다. 아우구스투스 이래 동전에 군복 입은 모습을 새겨 넣은 최초 황제임에도 불구하고, 네로는 군단의 선두에서 말을 타고 나아가 반란군을 진압하겠다는 의욕은 보이지 않았다. 그는 그 일을 충성스러운 황제파 페트로니우스 투르필리아누스Petronius Turpilianus에게 맡겼다. 페트로니우스는 예전에 집정관을 지냈고 또 브리타니아 총독도 역임한 인물이었다. 페트로니우스는 발칸반도에서 들어오는 군단과 합류하고자 이탈리아 북부의 합류 지점으로 올라갔다. 한편 네로는 로마에서 기다렸다. 갑작스럽게 반란이 터지기는 했지만 그는 사태를 낙관적으로 보고 있었다.

그러다가 6월 초가 되면서 불길한 소식이 전해졌다. 게르마니아 전선에서 동원된 군단들과 벌인 전투에서 빈덱스가 패배해 자살했다는 것까지는 좋았다. 그러나 승전한 게르마니아 군단들이 그 승리를 네로에게 헌상한 것이 아니라 신속하게 그들의 사령관을 황제로 옹립했다는 것이었다. 다만 신중하고 조심스러운 사령관 베르기니우스 루푸스Verginius Rufus는 자신의 옹립을 거부했다. 그러나 네로는 그 충성심을 의심하지 않았던 군단들의 불충에 충격을 받아서 깊은 절망에 빠졌다. 네로가 자신의 황위를 위태롭게 여긴 배경은 무기의 힘이라기보다는 소문과 과장된 소식의 힘이 더 컸다. 심지어 페트로니우스 투르필리아누스마저도 배신했다는 잘못된 소문도 전해졌다. 점점 더 광분하던 네로는 알렉산드리아로 도망칠 궁리를 했다. 그러나 생각만 그럴 뿐 여전히 로마에 머물렀다. 마침내 모든 것이 수포로 돌아갔다는 것을 깨닫고서야 그는 수도를 떠나려 했다. 그러나 이집트로 가려는 것은 아니었다. 그는 포파이아로 변신한 소년과, 가장 신임하는 비서인 해방노예 에파프로디투스와 함께 말을 타고서 도시 외곽에 있는 한 빌라를 향해 달려갔다. 그것은 치명적 실수였다. 원로원이 그를 공공의 적으로 단죄하고 사형을 선언했다는 소식을 듣고서 네로는 자살할 준비를 했다. 그는 한 시간 동안 망설였다. 이어 빌라 바깥에서 들려오는 말발굽 소리를 들었고 근위대 병사들이 그를 체포하려 한다는 것을 알고서, 충실한 비서 에파프로디투스에게 자신의 목을 치게 했다. 빌라 안으로 황급히 들어온 한 백부장이 자신의 겉옷으로 네로의 상처에서 흘러나오는 피를 막아보려 했지만 너무 늦었다. "그의 두 눈알은 안구에서 많이 튀어나온 채 고정되어 있었고, 그 장면을 본 사람들은 공포와 경악을 느꼈다."[27] 네로는 죽어 있었다.

일찍이 네로가 사랑해 천상으로 올렸던 여인을 서투르게 흉내 내며, 신체를 훼손해 소년에서 여자로 변신한 새로운 포파이아 사비나는 자기 가슴을 때리고, 머리카락을 쥐어뜯고, 옷을 마구 찢으면서 죽은 남편을 애도했다. 그 남편은 플루톤처럼 그녀를 능욕해 그림자의 영역(명부)으로 데려간 사람이었다.

미래로 돌아가기

정원에서 무덤을 손보던 여인들은 그들의 주인이 죽었다는 사실을 의심하지 않았다. 그들은 손수 그의 시신을 반짝거리는 하얀 수의에 모셨고, 모든 준비가 끝나자 그의 시신을 편안히 쉬도록 안치했다. 자신의 신하들에게 배신당했고 공공의 적으로 단죄를 받아 지저분하고 치욕스러운 종말을 맞이했으므로 그의 패배는 전면적인 것이었다. 처참한 패배 이후에 무슨 승리가 가능하겠는가?

네로의 첫사랑이었던 악테와 두 유모는 공손하게 황제의 시신을 반암斑岩 석관에 안치한 후에 무덤을 떠났다. 황제의 갑작스러운 죽음에 경악한 것은 이들만이 아니었다. 모든 것이 너무나 신속하게 벌어진 듯 보였다. 수도에 사는 시민들은 해외 속주에서 벌어지고 있는 반란의 먼 북소리는 전혀 듣지 못했다. "네로는 무력보다 보고와 소문에 쓰러졌다."[28] 그리하여 그의 자살 소식을 듣고서 모두들 충격을 받았다. 로마는 지난 100여 년 동안 평화를 누려왔다. 로마 시가에서 내전이 벌어질지 모른다는 전망은 공화정이 붕괴하던 암울한 시절의 악몽을 연상시켰다. 그러나 네로가 죽은 이후에 나타난 조짐은 너무나 음산해 무시해버릴 수가 없었다. 심지어 강들은 거꾸로 흘렀다. 이탈리아의 동쪽 해안에서 올리브숲 전체가 스스로 뿌리 뽑으면서 길을 가로막았다. 로마에서는 벼락이 율리우스 카이사르가 건설한 포룸의 신전을 내리쳐서 거기에 안치된 황제

조각상들의 목이 모두 떨어졌다. 그리고 포룸에서 지난 수 세기 동안 문두스 경내에 잘 서 있던 삼나무들이 갑자기 죽어버렸다. 지하세계의 모든 문이 활짝 열린 것처럼 보였다. 장례식이 끝난 후 조화를 가지고 가서 그의 무덤에 헌화하며 슬퍼하는 사람들은 단지 네로만을 애도하는 것이 아니었다. 그들은 아우구스투스의 가문을 애도하는 것이었다. 창시자의 영원불멸성이 어려 있어서 영원히 지속될 것처럼 보였던 그 가문이, 마지막 후예가 죽음으로써 이제 영원히 소멸된 것이었다. 로마 군중은 미래를 전망하며 두려움을 느꼈다. "그들은 절망에 빠져 있으면서도 새로운 소식을 필사적으로 알아내려 했다."[29] 누가 네로의 자리에 들어서서 통치할 것인가? 누가 지난 100년 동안 제국이 누려왔던 평화를 유지할 것인가? 누가 시민들에게 계속 빵을 공급해줄 것인가?

원로원 건물 안에서 의원들은 이미 그런 질문들에 답변을 가지고 있었다. 네로를 공공의 적으로 단죄한 법령에서 네로의 모든 특권과 지위를 세르비우스 술피키우스 갈바에게 수여한다고 선포했던 것이다. 의원들이 볼 때 이 히스파니아 총독은 너무나 확실한 선택지였다. 당시 로마인 중에서 그처럼 출신 가문의 배경이 뛰어난 사람은 없었다. 그의 조상들은 아우구스투스가 집권하기도 전에 집정관을 지냈다. 그리고 오래된 가문 출신인 원로원 의원들과는 다르게, 갈바는 자신의 영지에 틀어박혀 불만에 가득 찬 시간을 보내거나, 다른 누군가의 황제 등극에 분개하며 못마땅하게 여기는 것을 경멸했다. 공화정 전성기에 야심만만한 귀족들이 그랬듯이, 그는 스스로의 힘으로 명성을 얻으려고 애썼다. 그래서 행정관으로서, 군 장교로서, 여러 주요 속주의 총독으로서 착실히 경력을 쌓아올렸다. 좋은 집안 환경에 훌륭한 경력, 이 둘을 제대로 갖추기는 드문 일이었다. 네로의 무모한 조롱에 피곤함을 느꼈던 원로원 의원들이 볼 때, 불요불굴의 강인한 갈바는 제1인자로 국가에 봉사할 수 있는 최적임자였다. 역사책에서 갑자기 튀어나온 고대의 영웅 같았다. 그래서 귀족 계급의 대표단이 배를 타고 히스파니아로 가서 갈바에게 카이사르의 호칭을 받아들이라고 종용했다.

그러나 그들은 자기 자신을 속이고 있었다. 군대의 무력을 등에 업고 있는 장래의 황제가 집권의 근거를 얻기 위해 원로원의 포고에 의존할 것이라고 생각하다니! 그것은 판타지에 불과했다. 물론 갈바는 의원들에게 자신의 정통성 근거는 원로원이라고 입 발린 말을 해주었다. 하지만 그런 발언을 했다고 해서 그가 황위 찬탈자 신분을 벗어날 수 있는 것은 아니었다. "국가의 비밀이 드러났다. 이제 로마시가 아니라 다른 곳에서 제1인자가 나올 수 있다."[30] 심지어 수도에서도 의원들이 사태를 장악하는 능력에는 한계가 있었다. 클라우디우스의 등극 과정은 이미 시민들에게 그것을 철저히 교육했다. 이제 의원들은 그러한 교육을 다시 한번 받아야 하는 자신들을 발견했다. 원로원만 갈바에게 사절단을 보낸 게 아니었다. 근위대도 고위 장교들을 현지에 파견했다. 황제의 진정한 권력 기반은 로마 북동쪽 변두리에 자리 잡은 이 부대와 그 휘하의 거대한 성채였다. 근위대 사령관은 황제를 옹립하거나 퇴위시킬 무력을 갖고 있었다.

바로 이런 이유로 티베리우스 시절 근위대 사령부를 건설한 이후에 원로원 의원이 근위대 사령관에 임명된 적이 없었다. 기사 계급 출신이면서 재산과 능력을 갖춘 사람이어야 그 자리에 오를 수 있었다. 기사 계급은 오래전, 그러니까 말의 소유가 로마 엘리트를 상징하던 과거 시절부터 있었다. 그러나 여러 세기가 흘러가면서 기사 계급은 아주 다른 존재로 변신했다. 감히 원로원의 권위에 도전하려 하지는 않았지만 그 계급 속에 들어온 사람들을 출세시켰다. 그들은 높은 실적을 올리는 자, 주목할 만한 가치가 있는 인재, 앞날이 창창한 유망주 등으로 평가받았다. 아우구스투스 통치 시기에 기사 계급에는 이름 없는 이탈리아 마을 출신의 귀족, 내전에서 승자 편에 붙은 장교 등이 있었으며, 심지어 존경받는 사회적 지위에 올라간 해방노예 출신의 벼락 출세자도 있었다. 원로원 의원들은 이런 벼락 출세자들을 내심 경멸했겠지만 드러내놓고 티를 내지는 못했다. 그리하여 기사 계급은 모든 황제에게 절실히 필요했던 것을 제공했고, 다양한 행정 보직에서 유능하면서도 냉철한 인재의 공급처로 부상했다. 그들에게 돌아간 일부 행정 보직은 다른 것보다 훨씬 더 중요했다. 중요 보직들 중에서도 가장 중요한 것이 근위대 사령관 자리였다. 근위대 병사들은 아무나 지휘할 수 있는 만만한 군인이 아니었다. 그들은 황제의 신변 안전을 지키는 병사들이었다. 다르게 말하면 로마의 운명을 바꾸어놓을 수도 있는 힘을 가진 병사들이었다.

칼리굴라가 이 사실을 망각했을 때 어떤 일이 벌어졌는지 잘 알았던 네로는 그들의 비위를 맞추려고 정성을 최대한 기울였다. 그들에게 봉급과 보너스를 파격적으로 계속 올려주었고, 또 부대의 지휘권을 두 사람 사이에 갈라놓았다. 그가 사령관으로 앉힌 두 사람은 악명 높기로 유명했는데, 이러한 사실은 별로 놀라울 것도 없었다. 이들이 네로의 지저분한 하명을 철저히 이행했기 때문이다. 두 사람은 무도한 일을 너무 많이 해서 기사 계급의 동료들에게 계급 전체의 오점이라며 경멸당했다. 그중 가이우스 오포니우스 티겔리누스Gaius Ofonius Tigellinus는 네로가 즉위하기 이전에 기둥서방이나 경주마 조련사 등으로 살아왔는데, 그런 경력을 눈여겨본 네로에게 발탁되어 사령관 자리에 올랐다. 다른 한 사람은 가이우스 님피디우스 사비누스Gaius Nympidius Sabinus로, 팔라티누스 언덕의 노예 구역에서 매춘을 했다는 소문이 난 해방노예의 아들이었다. 티겔리누스는 선임이었지만 최근에 동료인 님피디우스에게 밀려났다. 그의 동료는 최근에 발생한 위기를 그냥 흘려보내지 않겠다고 결심하고서 갈리아와 히스파니아의 반란 사태를 활용하기 위해 신속하게 행동에 나섰다. 근위대 병사들에게 네로를 배신하라고 선동한 것이 바로 님피디우스였다. 그는 갈바가 엄청난 부자라는 사실을 강조하면서 병사들에게 네로의 기준에서는 엄청나 보일 만한 보너스를 약속함으로써 그들의 지지를 얻는 데 성공했다. 사령관은 이러한 주사위 도박에 모든 것을 걸었으므로 그 결과에 내심 기뻤을 것이다. 네로는 제거되었고 동료인 티겔리누스는 한직으로 밀려났고 갈바의 호의가 확보되었다. 님피디우스는 사실상 수도의 지배자였다.

그렇지만 그의 지위는 불안정했다. 로마가 전전긍긍하며 새로운 주인이 히스파니아에서 도착하기를 기다리는 동안에, 님피디우스는 자신의 지위를 강화하는 작업에 착수했다. 그는 계속해 갈바의 비위를 맞추며 환심을 샀다. 동시에 더욱 철저히 로마를 자신의 손아귀에 장악하려 했다. 원로원 의원들에게는 구애와 협박의 수법을 번갈아 써먹었다. 님피디우스는 때로는 그들을 저녁 연회에 초대했고 때로는 그의 배후에서 숙덕거리는 태도를 비난했다. 네로의 후원이 없었더라면 아무것도 아니었을 남자의 비열한 근성을 드러내면서 그는 붕괴된 체제의 하수인들을 괴롭히기 시작했다. 린치하는 군중들이 황제의 허물어진 조각상 아래에서 또는 짐이 많이 실린 수레의 바퀴 아래에서 네로 정부의 정보원들을 마구 짓밟을 때, 그는 예전 동료들을 구조하려는 조치를 전혀 취하지 않았다. 그는 시종 고상한 애국자의 태도를 보였다. 저속한 기회주의자로 보이고 싶은 생각이 없었던 것이다.

그러나 배신을 통해 주인의 운명을 재촉했던 님피디우스마저도 네로의 카리스마에서 완전히 벗어나지는 못했다. 그는 죽은 황제가 뒤에 남긴 많은 기념품 중에서도 가장 지독한 선물을 자신의 집에 보관했다. 로마의 가장 아름다운 황후로 변신한 불쌍한 스포루스와 동침한다는 것은 포파이아 사비나와 동침하는 것을 의미했다. 그런 이유로 그는 스포루스가 네로의 유해를 안장하기 위해 여자들을 따라 정원으로 가는 것을 막고, 대신 그를 자신의 집에다 가두어놓았다. 이런 전리품을 자신의 침대 속으로 데려간 남자는 아마 더 큰 꿈을 꾸었을 것이다. 이 벼락출세 사령관은 기존에 알려진바 자신이 해방노예의 아들이 아니라 칼리굴라의 후예라고 주위에 소문을 퍼트리기 시작했다. 즉 그의 혈관에 아우구스투스의 피가 흐르고 있다는 것이었다. 이미 님피디우스는 자신을 로마의 지배자로 만들었다. 그러니 이 대혼란의 와중에 세상의 지배자가 되지 말라는 법도 없지 않은가?

포파이아를 소유하다 보니 그는 약간 머리가 돌아버렸다. 그녀는 네로가 평생토록 헌신해온 저 위대한 확신의 살아 있는 구현체였다. 그 확신이란 무엇인가? 그 어떤 판타지도 불가능하지 않고, 그 어떤 꿈도 황당무계하지 않으며, 그 어떤 욕망도 충격적이지 않다는 것이었다. 그 모든 것이 현실이 될 수 있었다. 확실히 남자를 여자로 변신시키는 프로젝트는 인간보다는 신들에게 더 잘 어울리는 사업이었다. 가장 대담하고 가장 확신에 찬 사람만이 그런 사업을 벌일 수 있었다. 네로는 이미 죽었지만 포파이아를 상대로 해놓은 모범 사례는 아직 지상에 남아 있다. 그는 어린 소년을 죽은 황후로 변신시켰을 뿐만 아니라 세상에서 가장 아름다운 미녀로 소생시켰는데, 이것은 네로의 엄청난 야망을 웅변하는 기념물이었다. 네로의 시신이 화장용 장작더미 위에 누워 있을 때 그녀를 납치한 님피디우스는 자신이 무엇을 훔쳤는지 잘 알았다. 그녀는 제국 권력의 상징일 뿐만 아니라 제국의 권력을 거머쥐기 위해 필요한 대담한 모험의 상징이기도 했다. 소년을 잘 빚어서 황후로 만들어낸 사람들은 그런 엄청난 권력의 상징 이외에 어떤 것도 생각하지 않았을 것이었다.

심지어 여자들도 그러했다. 네로는 자신의 창조물을 그 지위에 어울리는 방식으로 치장할 수 있도록 포파이아의 의상 담당 시녀로 악명 높은 칼비아 크리스피닐라Calvia Crispinilla를 임명했다. 이 귀족 여자는 강탈적인 태도로 유명했을 뿐만 아니라 "성적 타락 측면에서 네로의 스승" 역할을 한 여자로도 유명했다.[31] 이제 후원자가 죽어버리자 그녀는 고향 아프리카로 피신했다.[32] 그곳에서 그녀는 놀라운 재주를 발휘했다. 아프리카 속주 군단 사령관인 루키우스 클로디우스 마케르Lucius Clodius Macer를 구슬려 반란의 기치를 올리게 한 것이다. 먼저 마케르는 속주의 주도인 카르타고를 차지하고서 곡물 수송을 막았다. 이어 그는 동전을 주조해 시칠리아를 점령하겠다는 의도를 대내외에 천명했다. 그는 원로원의 대리인으로서 이를 수행하겠다는 의지를 피력했다. 그 목적은 님피디우스의 로마 내 권위를 무력화하겠다는 것이 분명했다. 현실을 자신의 소망에 맞추어 변화시키는 능력을 가진 여인 칼비아는 자신의 재주가 의상실에만 국한되지 않는다는 것을 널리 드러내 보였다. 일찍이 신체 훼손된 소년을 아름답고 빛나는 매혹적 여성으로 탈바꿈시켰던 칼비아는 이제 더욱 놀라운 변모를 꾸미고 있었다. 로마에 빵을 공급하는 아프리카의 곡창 지대를 님피디우스뿐만 아니라 심지어 갈바에게조차도 심각한 위협의 원천이 되도록 하는 것이었다.

그러나 갈바는 지원을 요청하는 님피디우스의 간절한 호소에도 불구하고 차가운 바위처럼 전혀 반응을 보이지 않았다. 갈바는 로마로 신속하게 행군해 들어가는 것이 아니라, 황제로 선언된 이후 한 달 동안 자신의 배후를 단단하게 다지는 작업을 했다. 그리하여 7월이 되어서야 마침내 히스파니아에서 출발했다. 피레네산맥을 오르면서 그는 로마에서 자신에게 파견한 근위대 병사들의 초라한 체력을 비웃었다. 그들은 행군의 고단함, 보급품 부족, 군기의 가혹함을 계속 불평해댔다. 님피디우스가 황금 궁전에서 가구를 보내왔지만 갈바는 그것을 경멸하며 사용하지 않았다. 갈리아를 통과하면서 갈바는 로마로 들어가는 최단 지름길을 이용하지 않고, 오히려 내륙으로 들어가 베르기니우스 루푸스를 사령관에서 해임했다. 갈리아 현지의 여러 부족장에게서 황제 즉위를 축하받았고, 이어 해안을 타고 가는 길이 아니라 알프스산맥을 넘어감으로써 근위대 병사들에게 또 한 번 산악 행군의 고통을 안겨주었다. 님피디우스의 관점에서 볼 때, 이 모든 조치는 그리 상서로운 것이 아니었다. 그렇다고 해서 최악도 아니었다. 님피디우스의 부하들은 "갈바는 선의를 가진 노인이었지만 분별없는 어리석은 노인이다"라고 본국 사령부에 보고했다. 좋은 집안 환경, 공직 봉사 경력, 군기에 대한 헌신 등에도 불구하고 새 황제는 쓸모없는 측근 부하들이 만들어낸 작품이었다. 측근 중 일부는 해방노예였고, 일부는 출세길에 올라선 원로원 의원들이었다. 그들 중에서 가장 게으르고 가장 돈을 밝히는 측근은 코르넬리우스 라코Cornelius Laco라는 장교였다. 님피디우스의 부하들이 새 황제의 측근을 묘사할 때 라코에게 특히 주목한 이유가 있었다. 갈바가 최근에 이 라코를 근위대 사령관으로 임명했기 때문이었다.

　그것은 좋게 말해서 아주 대담한 인사 조치였다. 로마는 사실상 님피디우스의 손아귀에 있었고 이 현직 사령관은 당연히 그런 교체 소식을 좋게 받아들이지 않았다. 그는 몇 주 전에 네로를 공격하는 쪽에다 주사위를 던졌던 것처럼 이번에는 갈바를 공격하는 쪽에 주사위를 던지기로 결심했다. 원로원 내의 님피디우스 지지자들은 곱절이나 늘어나 있었다. 그중 한 사람인 집정관 지명자 킹고니우스 바로Cingonius Varro는 심지어 그에게 연설문을 써주기까지 했다. 이 연설문을 휴대하고서 님피디우스는 한밤중에 근위대 사령부로 달려갔다. 그의 목적은 연설을 한 후에 병사들을 풀어서 도시를 장악하는 것이었다. 그러나 막상 부대에 도착하니, 출입문이 모두 봉쇄되어 있었다. 근위대 병사들은 어머니를 죽인 일도 없고 연극 배우 노릇을 한 적도 없는 갈바에게 기회를 주어야 한다는 어떤 장교의 말에 이미 설득되어 있었고 그래서 사령관의 말을 끝까지 들어주려고조차 하지 않았다. 마지막에 부대의 문을 열어주기는 했지만 이는 사령관을 좀더 안전하게 구석으로 몰아넣고 찔러 죽이기 위함이었다. 근위대에서 질질 끌려나온 님피디우스의 시신은 노천에 내팽개쳐졌고 행인들은 놀라 입을 벌리고 쳐다볼 뿐이었다.

이 소식을 접수한 갈바는 내심 흡족했을 것이다. 그는 건방진 장교들을 혼내주는 데 오랜 경험을 갖고 있었다. 엄격한 교관이라는 그의 명성은 다 근거가 있었다. 그에게 시선을 돌리고 있는 원로원의 엘리트들은 오랫동안 전통주의자들에게 단련된 로마의 이미지를 머릿속에 떠올리고 있었다. 로마는 그 시민들의 강철 같은 단련으로 위대해진 도시라는 전통을 갖고 있었다. 모든 시민은 그 전통에 관련된 이야기들을 잘 알고 있었다. 예를 들어 공화정 초기 영웅들의 시대에, 만리우스 토르콰투스Manlius Torquatus라는 집정관은 군대의 선두에 서서 말을 달리면서, 휘하 병사들에게 절대로 대열을 이탈해서는 안 되고 그 누구도 전투 대형에서 벗어나면 안 된다는 지시를 내렸다. 그 직후 집정관의 아들이 순찰을 나가게 되었다. 적의 조롱에 자극을 받은 젊은 아들은 적과의 일대일 교전에 응했고, 적을 찔러 죽이고 그 머리를 떼어 말에 매단 채 의기양양하게 진지로 되돌아왔다. 아버지 만리우스는 아들을 칭찬하기는커녕, 군령을 위반했다면서 즉시 처형하라는 명령을 내렸다. 아들은 결국 처형을 당했다. 자식이 없었던 갈바는 이런 엄정한 군기의 기준을 충족시키지는 못하겠지만, 가혹할 정도로 군기를 중시하는 사람으로 명성이 자자했다. 기회만 주어진다면 언제든지 그 기회에 편승해 자신의 엄정한 군기를 과시할 준비가 되어 있었다. 군기 빠진 병사들을 매질해 제대로 군기를 지키게 하는 것이 그의 특기였다. 과거에 갈바는 칼리굴라로부터 라인강 전선에 임명되었는데, 그의 임무는 현지 군단의 군기 수준을 향상시키는 것이었다. 그는 부임 즉시 현지 군단을 상대로 개인적 모범을 보였다. 황제의 전차 옆에서 무려 30킬로미터를 구보로 행군했는데, 시종 방패를 가슴 앞에 들고 있었다. 이제 네로가 그 시민들을 쾌락에 탐닉하게 하고 부패하게 만든 도시를 통치하도록 소환된 갈바는 그때와 비슷한 도전에 직면했다. 하지만 그런 임무를 회피할 생각은 조금도 없었다.

로마인들은 물러져 있었다. 그들은 신체 단련이 필요했다. 그렇기 때문에 갈바가 볼 때 곡물 수송을 끊겠다는 아프리카 진영의 위협은 그리 걱정할 문제가 아니었다. 게다가 그는 곡물 배급을 회복시킬 의도가 전혀 없었다. 로마의 도덕적 심성에 그처럼 해로운 것이 또 있을까? 옛날, 군기에 헌신했던 만리우스 토르콰투스가 강철로 만들어진 사람답게 고집불통이었듯이, 지금 갈바가 그러했다. 갈바는 동료 시민들이 전통적 가치로 되돌아가야 한다는 단호한 입장이었으므로 공포든 혜택이든 시민들에게 보여줄 생각이 없었다. 황제 자격으로 로마에 입성하면서 군기 빠진 병사들 못지않게 가치 없는 원로원 의원들에게도 가차 없이 일벌백계의 시범을 보일 생각이었다. 님피디우스에게 연설문을 써주었던 집정관 지명자 킹고니우스 바로는 재판 없이 곧바로 처형되었다. 네로의 최측근으로 토벌군 사령관에 임명되었던 페트로니우스 투르필리아누스도 동일한 처분을 받았다. 심지어 황제의 가족도 항명을 징벌하겠다는 갈바의 음울한 결정을 피해가지 못했다. 로마를 방문 중이던 흑해 해안의 왕 미트리다테스는 황제의 대머리를 비웃었다는 혐의로 사형을 당했다. 또한 님피디우스가 갈바를 대신해 지불하겠다고 약속한 보너스 이야기도 없던 일이 되었다. 신임 황제는 그들을 빈손 털고 돌아가게 만들었다. 고대의 영웅 노릇을 톡톡히 하면서 자신이 그런 조치를 취한 이유를 간결하게 설명했다. "나는 병사들을 선택할 뿐 매수하지 않는다."[33]

가장 현저한 사례는 갈바가 수병水兵 대원의 반란을 진압한 것이었다. 그의 로마 입성 몇 달 전에 수병 대원들은 네로에 의해 군단병으로 근무하도록 승진 조치되었다. 갈바가 히스파니아에서 시작한 오랜 여행 끝에 로마 외곽을 통과할 때 다수의 수병들이 테베레 강둑의 밀비우스 다리 옆에서 그를 만났다. 그들은 신임 황제에게 자신들의 새로운 지위를 인정해 독수리 군기를 내려달라고 요구했다. "모든 새 중에서 가장 사나운, 새들의 왕"인 독수리의 이미지를 군단기의 상징으로 삼고 있었기 때문이다.[34] 갈바는 그런 귀찮은 요청을 접하게 되자 그들을 옆으로 제치려 했고 그러자 전 수병 대원들은 폭동을 일으키기 시작했다. 일부는 칼을 빼들기도 했다. 갈바는 폭동을 일으킨 자들을 진압하라고 기병대에 신속히 명령을 내렸다. 그리하여 갈바는 피로 미끌미끌거리고 죽어가는 자들의 신음 소리 가득한 거리를 따라서 수도로 입성해야 했다. 한편 그 학살에서 살아남은 자들은 일제 검거되어 투옥되었다. 갈바는 아직 그들에 대한 처분을 끝낸 상태가 아니었다. 고대 로마에서 반란을 일으킨 군단 병사들은 10분의 1형으로 처분하는 것이 하나의 관습이었다. 병사 10명당 1명을 골라서 동료 병사들이 죽이는 형벌이었다. 그렇지만 지난 수십 년 동안 그 누구도 이런 형벌을 부과하지 않았다. 로마 시내에서는 더더욱 없었다. 그러나 그런 수십 년의 전례는 갈바에게 아무것도 아니었다. 징벌은 관습대로 진행되었다. 네로 통치기의 지저분한 모욕으로부터 간신히 살아난 로마 시민들은 예전의 가장 좋았고 가장 고상했던 전통으로 되돌아가는 중이었다.

아니 정말로 그런가? 네로는 빈덱스에 대한 군사 작전을 위해 로마를 떠나갈 준비를 하면서 각종 연기 소품들을 싣고 갈 수레를 준비하도록 하고 그의 첩들을 아마존 여전사로 분장시키라고 지시했다. 이런 사회 전복적인 연극행위를 갈바는 그 무엇보다도 경멸했다. 하지만 진상은 이랬다. 갈바가 앞서의 그런 충격적인 처벌을 가하고 자기 자신이 고대의 영웅이나 되는 양 자의식적으로 행동하는 모습은 네로의 기괴망측한 행동 못지않게 로마의 시민들에게 연극행위로 보였다. 갈바의 적들은 그런 비정한 조치를 내린 의도가 선하다고 보지 않았다. 고대 로마의 고상한 전통을 되살리려는 노력이라기보다는 갈바가 막 찬탈한 그 황제의 독재적 행태를 그대로 빼다 박은 것이라고 여겼다. 저명한 원로원 의원들을 재판 없이 처형한 것은 네로의 최근 숙청 사태들과 아주 비슷했다. 갈바가 아프리카 사령관 클로디우스 마케르를 대응한 태도 또한 수상했다. 갈바는 고대 로마의 영웅처럼 배를 타고 아프리카로 건너가 마케르를 상대로 전면전을 벌여 제압한 것이 아니라, 자객을 보내 암살로 사태를 결말지었다.

태양수레를 탄 전사로 자신을 분장한 네로는 기괴한 복장을 입고 취미를 충족시키려는 목적만 있는 것이 아니었다. 그는 그런 모습과 행동을 통해 아주 진지한 주장을 하려 했다. 황제로서 통치한다는 것은 태양수레를 몰고 가는 것과 비슷했다. 그 수레는 밝은 빛을 세상 사람들에게 나누어주지만, 동시에 세상을 암흑의 위험으로 위협하기도 했다. 네로가 남겨놓은 수레의 고삐를 물려받은 갈바는 그 고삐를 잡으면서 수레의 말들을 힘겹게 통제해야 했다. 그러나 고집 센 말들은 언제든 상궤에서 벗어나겠다고 위협하고 있었다. 아무리 갈바가 자신은 전임 황제와는 다르다고 준엄하게 선언해도 네로의 유업과 어느 정도 타협을 볼 수밖에 없었다. 죽은 황제가 만들어낸 괴물 중 어떤 자는 뭔가 유익한 것을 제공할 수 있으면 갈바의 통치 아래에서도 번창할 수 있었다. 예를 들어 칼비아 크리스피닐라가 좋은 사례다. 이 여자는 마케르와 함께 망해버리기는커녕 승승장구했다. 그녀는 전보다 더 부자가 되었을 뿐만 아니라 전 집정관과 결혼하는 데 성공했다. 사람들은 의아하게 생각했다. 왜 복수심 가득한 갈바가 저 여자는 그대로 내버려두는가? 아마도 그녀가 막후에서 갈바를 상대로 거래를 텄기 때문일 것이다. 그 거래의 내용은 무엇이었을까? 마케르의 죽음에서 그 단서를 찾아볼 수 있다. 자객이 마케르 근처 가까이에 가서 칼로 내리칠 수 있었다는 것은 특기할 만한 일이었다. 그가 믿는 어떤 사람, 그의 거동을 잘 아는 사람만이 그런 술책을 성공시킬 수 있었다. 그렇다면 애초 그에게 반란군 우두머리로 나서라고 격려한 그 사람이 아니었을까?[35]

네로는 사라졌지만 로마 정치판이라는 커다란 게임장에는 그를 알았고, 그에게 봉사했고, 그의 방식에서 영감을 얻었던 사람들이 아직도 남아 있었다. 칼비아 같은 사람들은 막후에서 공작을 펼쳤고 다른 사람들은 공식적으로 전면에 나섰다. 갈바는 그런 사실을 잘 알았다. 반란을 은밀하게 준비하던 시절, 그러니까 네로에게 공개적으로 반기를 들기 이전에 그는 핵심적인 히스파니아 관리 두 명의 지지를 얻는 데 성공했다. 그중 한 사람이 아울루스 카이키나 알리에누스Aulus Caecina Alienus라는 청년이었다. 그는 바이티스강(오늘날의 과달퀴비르강)의 이름을 따서 명명된 히스파니아 남부의 광물이 풍부한 지역인 바이티카의 재정을 담당하는 장교였다. 그는 코르도바라는 부유한 도시에서 통치를 담당하고 있었다. 유서 깊은 가문 출신으로 위압적이면서도 총명한 청년이었고 게다가 엄청난 야망을 갖고 있었다. 그는 이제 세상이라는 무대에서 일약 명성을 드날리고 싶었다. 당연히 그는 선임자들을 옆으로 제치고 승진할 기회에 올라탔다. 그렇게 일약 모험을 걸지 않는다면 앞으로 몇 년을 더 기다려야 할 것이었다. 그는 바이티카의 국고를 통째로 신임 황제의 손에 넘겨준 공로로, 라인강 전선에 주둔 중인 한 군단의 군단장으로 임명되었다. 그것은 내전 시기에 많은 기회가 생겨난다는 구체적 증거였다.

그러나 카이키나는 갈바의 배후에서 영향력을 행사할 수 있는 이베리아반도의 가장 중요한 행정관은 아니었다. 마르쿠스 살비우스 오토Marcus Salvius Otho는 갈바와 마찬가지로 총독이었다. 그는 지난 10년 동안 루시타니아(오늘날의 포르투갈) 속주를 다스려왔는데 상당히 책임감 있게 통치를 잘했다. 이것은 원로원에 근무하는 거만한 동시대인들이 볼 때 상당히 놀라운 일이었다. 그의 선임자들은 오토에게 그 어떤 좋은 결과도 기대하지 않았던 것이다. 과거 로마에 체류하던 시절에, 오토는 유약함과 버릇없음의 대명사 같은 인물이었다. 그가 아름다움을 열심히 추구한 이야기는 하나의 스캔들이었다. 날마다 제모를 할 뿐만 아니라 몰래 가발을 쓰고 다닌다는 소문이 나돌았다. 동시에 그는 네로를 시내의 유곽으로 안내한 동무로 악명이 높았다. 두 사람은 어두운 뒷골목을 돌아다니면서 행인을 구타하고 그 행인을 군복 망토 위에 태워서 높이 들었다 났다 하면서 즐거워했다고 한다. 이런 소문들의 진상이 무엇이었든 간에 오토와 젊은 황제는 단짝 친구가 되었다. 아무튼 그렇게 보였다. 그랬다가 갑자기 두 사람 사이가 틀어졌다. 오토는 황제의 총애를 잃고 짐싸서 내쫓기듯 이베리아로 갔다. 공식적으로는 영전된 것이었지만 오토 본인을 포함해 모든 사람들이 진상을 알고 있었다. 그는 유배를 떠난 것이었고 10년 동안 루시타니아에서 두 손의 엄지손가락을 빙빙 돌리며 하릴없이 허송세월했다.

오토는 로마가 그리운 데다 자신을 그토록 홀대한 네로가 미워서 갈바를 열광적으로 지지했다. 먼저 그는 반란 자금을 지원하기 위해 자신이 갖고 있는 황금과 순은 식기류를 모두 기증했고 로마 입성 길에 오른 새 황제의 대열에 합류했다. 그 길에서 그는 아주 탁월한 분석과 조언을 갈바에게 해주었고 그리하여 두 사람은 한번에 며칠 씩 나란히 말을 달려가기도 했다. 그러나 오토는 갈바에게서 상당한 신임을 얻기는 했지만 그 자신의 성격을 온전히 표변한 것은 아니었다. 그가 과거에 네로와 질탕하게 놀아대던 사람이었음은 누구나 알고 있는 바였다. 그는 새 황제에게 고급 식기류를 제공했을 뿐 아니라 카이사르의 식탁에서 예의 바르게 시중들 줄 아는 잘 교육받은 노예들도 공급했다. 그는 근위대 병사들의 환심을 사기 위해, 그들의 어려운 처지를 동정하는 동시에 은밀히 뇌물을 주기도 하면서 자신이 까다롭고 근엄한 갈바와는 다른 사람이라는 것을 분명하게 보여주었다. 심지어 그가 유배를 떠나게 되어 귀족들 사이에서 악동이라는 명성을 얻게 한 스캔들은 그에게 악당 같은 매력을 안겨주기도 했다. 물론 그런 매력을 느끼는 사람들은 그런 추문을 듣고서 즐거워하는 사람들이었다. 아무도 정확한 세부 사항을 확실히 알지 못하는 이야기가 사람들의 입방아에 올랐는데, 그래도 그 이야기가 포파이아와 관련되었음은 누구나 다 알고 있었다. 네로와 결혼하기 전에 포파이아는 오토와 먼저 결혼을 했었다. 어떤 사람들은 오토가 먼저 포파이아를 유혹해 네로가 아내 옥타비아를 쉽게 속이고 바람을 피울 수 있게 도왔는데 네로가 그만 포파이아와 사랑에 빠졌다고 말했다. 어떤 사람들은 오토가 아내의 성적 매력을 너무 자랑한 나머지 그만 대가를 치르게 되었다고 말했다. 어떤 사람들은 그렇게 잘나가던 3인 드라마가 결국 비틀어졌다고 말했다. 진상이 무엇이었든 간에 오토는 갈바의 반란에 아무리 핵심적 기여를 했다 하더라도 여전히 네로의 방식을 계승한 사람이라는 평가를 받았다. 뭐니뭐니해도 그는 죽은 황제의 아내와 동침한 적이 있었다.

따라서 오토가 로마에 도착한 즉시, 사망한 님피디우스가 무주공산 상태로 남겨놓은 보물을 재빨리 낚아챈 것은 결코 놀라운 일이 아니었다. 그 보물이란 무엇인가? 과거에 해방노예였다가 포파이아 사비나로 변신한 어린 소년이었다.

머리를 베어 가는 사람들

로마에 돌아온 갈바는 그 도시가 괴상하고 낯설다는 느낌이 들었다. 그는 거의 10년 동안 그 도시를 떠나 있었고 그 시간 동안 대화재에다 대형 토목 공사를 좋아하는 네로의 취향이 더해져서 도시의 풍경은 크게 달라져 있었다. 지평선에는 공사용 기중기들이 점점이 자리 잡고 있었다. 지난 4년 동안 로마는 세계에서 가장 큰 건설 현장이었다. 사람들은 네로의 엄청난 사업 규모에 경악하면서 이제 로마를 '네로폴리스'로 개명하려 한다고들 했다. 사실이든 아니든 네로는 도시 구조를 완전 바꾸기를 바랐다. 로마는 오랫동안 죽음의 덫 같은 도시였다. 캄푸스에서 멀찍이 떨어진 그 도시의 거리들은 비좁고, 구불구불하고, 불규칙했다. 대부분의 지역들은 소방 시설이 없었고 주택 단지는 목재 상인방上引枋 위에다 위태롭게 지어 올린 것이었다. 네로는 그것이 지저분하고 초라하다고 생각했다. 그래서 그가 도시를 깡그리 불태우려 했다고 시민들은 주장했다. 로마 대화재에 그가 책임이 있든 없든, 그는 주어진 기회를 잘 활용해 도시를 완전히 새로운 기반 위에 올려놓으려 했다. 열린 공간과 넓은 가로가 있는 좀더 반듯하고 공기가 잘 통하는 도시 계획도를 마련했다. 타운하우스와 주택 단지에는 포르티코(특히 대형 건물 입구에 기둥을 받쳐 만든 현관 지붕)를 추가해 "설사 화재가 발생하더라도 테라스에서부터 막을 수 있게" 했다.[36] 목재 가로대 대신에

아치가 들어섰다. 그 결과 잿더미가 된 도시에서 예전에는 존재하지 않았던 도시의 모습이 생겨났다. 아무리 남루할지라도 콘크리트와 돌로 만들어진 구조물들이 들어선 도시로 다시 태어난 것이다.

모든 사람이 그런 변모를 좋아하는 것은 아니었다. 어떤 사람들은 낯익은 거리들이 사라졌다고 불평했고, 햇빛을 가려줄 쉼터가 너무 없다고 투덜거렸고, 건설 현장이 거리를 소음과 혼란이 먼지로 가득 채운다고 불만이었다. 갈바는 여러 세기 동안 존속해 철거할 필요가 있는 것이 아니라면 주도적으로 나서서 철거 작업을 할 생각이 없었고 그런 만큼 창의적인 도시 설계를 적극 지원해줄 사람이 아니었다. 그렇다고 해서 대안을 내놓는 것도 아니었다. 물론 로마에는 대화재의 불길을 피해 살아남은 구역들도 있었다. 오래된 나무들이 들어서 있고 안뜰 마당에서 돼지들이 여전히 흙속에다 코를 처박고 킁킁거리고, 가구수가 너무 많아 그 무게에 비틀거리는 듯한 판잣집이 많은 동네들이었다. 하지만 갈바는 빈민촌을 돌아다닐 위인은 아니었다. 그는 네로와 오토처럼 도시의 가난한 지역들을 자연스럽게 돌아다닐 만한 친근미가 없었다. 그가 로마 시민들에게 내려준 혜택은 마지못한 것, 인색한 것, 쩨쩨한 것 등으로 인식되었다. 자신이 발행한 동전에다 곡물 공급망이 계속 유지되도록 한 역할을 상기시켰지만, 배급 정책을 복원하는 것은 거부했다. 네로 통치 시기 재정을 방만하게 운영해 국고는 텅 비어 있었다. 근검절약 이외에는 다른 방법이 없다고 갈바는 단호하게 고집했다.

그렇지만 새 황제가 물품 배급을 줄이고 부유한 자들에게서 금전을 강탈하던 시기에, 자금이 완전히 고갈된 것은 아니었다. 그는 아벤티누스 언덕의 남쪽에 있는 가문 소유의 엄청나게 큰 창고 단지에다 투자할 돈은 있었다. 황제는 이제 그 단지를 확대하려 했다. 그 창고들을 곡물 이외에 기름과 와인을 보관하는 데 이용하려고 한다는 사실을 우연의 일치라고 보는 사람은 거의 없었다. 기름과 와인은 갈바가 총독으로 있던 히스파니아 속주의 특산품들이었다.[37] 그리하여 로마 시민들이 황제에 대해 그들 나름의 판결을 내리는 데에는 그리 오랜 시간이 걸리지 않았다. 그가 수도에 도착한 직후인 그해 11월에 여러 스포츠와 오락 행사가 거행되었고 그중에는 배우들이 공연하는 소극도 있었다. 그 연극에는 인색하고, 주름살 많고, 손가락을 흔들어대는 염세주의자 오네시무스라는 역할이 있었다. 관객들은 그를 보면서 크게 웃음을 터트렸고 그 웃음소리가 극장의 지붕을 가라앉힐 기세였다. 한 배우가 오네시무스에 관한 노래를 시작하자, 관중 전원이 그 노래를 따라서 불렀다. "네로의 젊음이 친숙한 사람들에게 갈바의 고령은 웃기면서도 기괴해 보일 수 있었다."[38]

19세에 칼의 힘으로 스스로 집정관에 오른 아우구스투스가 황제의 위엄을 획득하기 훨씬 이전에, 로마 시민들은 까마귀의 발(눈가의 잔주름)과 축 처지는 턱에 프리미엄을 얹어주었다. 원로원 의원senator의 문자적 의미는 "원로"라는 뜻이다. 갈바가 막 집권한 초창기에 그의 고령은 합법성을 보여주는 표시인 것처럼 보였다. 그는 어린 소년이었을 때 아우구스투스를 만난 적이 있을 뿐만 아니라, 제1인자는 어린 갈바의 뺨을 꼬집으며 장래 어느 날 그가 세상을 다스리는 날이 올 것이라고 예언했다. 아폴로가 그와 비슷한 예언을 해주었다는 것은 이제 분명해졌다. 아폴로 신은 이미 네로에게 "73세를 경계하라"라고 말해주지 않았던가. 그리고 갈바의 나이가 바로 73세 아닌가?* 그렇지만 신임 황제의 최측근조차도 갈바가 기껏해야 임시변통에 지나지 않는다는 것을 알았다. 그는 나이가 많았을뿐더러 그때까지 살아 있는 자식이 없었다. 따라서 그가 후계자를 입양하는 것이 아주 중요했다. 갈바는 6개월 동안 결정을 미루었다. 그는 이미 오래 살았기 때문에 저무는 해는 떠오르는 해에게 양보하는 것이 인생의 길임도 알고 있었다. 동시에 그는 애국자였다. 그는 자신의 의무가 무엇인지 명확하게 알았다. 미래를 내다보면서 로마의 안녕을 보살펴야 했다. 날이 점점 짧아지고 1년이 끝나가는 시점이 다가오자 갈바는 후보들을 선별하기 시작했다. 1월 1일에 그는 두 번째 집정관에 취임했다. 그 전에 네로가 했던 것과 똑같이, 그는 카피톨리누스 언덕까지 장엄한 행렬을 이루어 올라갔고 하얀 황소 두 마리를 희생 제물로 바쳤다. 열흘 뒤 그는 최측근

---

* 갈바의 출생 연도에 대한 사료들은 서로 모순적이다. 그러나 갈바가 이 무렵 70대 초반이었던 것은 확실하다.

고문관들을 회의에 소집했다. 결정을 내린 것이었다.

전에 소년이었던 황후 포파이아가 남편에게 프로세르피나의 능욕을 조각한 반지를 헌상한 지 어느덧 1년이 흘러갔다. 그 반지가 아주 불길한 조짐이었다는 것을 사람들은 알게 되었다. 그때 이후에 많은 일이 벌어졌다. 한 황제가 쓰러졌고 다른 황제가 일어나 그 자리에 들어섰다. 예전 아내를 본뜬 소년을 자기 소유물로 차지하면서 오토는 자신이 지금 무슨 행동을 하고 있는지 잘 알았다. 포파이아는 하나의 토템이었다. 그녀를 소유한다는 것은 황제의 역할뿐만 아니라 네로의 역할도 할 수 있다는 표시였다. 갈바의 재위 6개월은 이런 사실을 알려주었다. 황제는 고대의 영웅처럼 세상을 통치하려고 했지만, 그렇게 하는 데 필요한 그동안의 쌓아놓은 영향력이 없었다. 황제를 향한 요구는 너무 많고, 복잡하고, 또 모순적이어서 그런 고대의 전통을 도저히 답습할 수가 없었다. 일반 대중에게는 식량을 제공해야 했고, 평민들에게는 오락 행사를 열어야 했고, 근위대 병사들에게는 비위를 맞춰야 했다. 오토는 로마의 거리에서 네로 식의 과감한 행사를 연출해 갈바의 위신을 떨어트릴 생각은 없었다. 오히려 정반대였다. 그는 황제의 통치를 안정시켜야 한다고 생각했다. 찬탈자를 공공연하게 지원한 최초의 지방 속주 총독이었으므로 오토는 자신의 충성심을 애써 증명해야 할 필요가 없었다. 오토의 유일한 야망은 갈바에게 자신의 다양한 재주를 충분히 증명해 보이는 것이었다. 자신이 갖고 있는 모든 것을 황제를 위해 내놓았다. 그리고 시간이 흘러 갈바가 사망하면, 장차 후계자로 지명될 자신이 순리대로 황제 자리에 올라 로마 시민에게 봉사하게 될 것이었다.

그러나 그의 꿈은 잔인하게 짓밟힐 운명이었다. 갈바가 최측근들에게 자신의 결정을 알리면서 오토를 후계자로 지명하지 않은 것이다. "최악의 사람들만이 언제나 네로를 그리워할 것이다"라고 갈바는 선언했다.[39] 그런 비열한 그리움에 비위 맞추는 일은 없을 것이었다. 로마는 이미 바람둥이 때문에 오랫동안 고통을 받아왔다. 게다가 오토가 유서 깊은 가문 출신인 양 하는 것도 말이 되지 않았다. 그의 가문에서 집정관을 배출한 것은 그의 아버지가 최초였고 원로원 의원은 할아버지가 최초였다. 게다가 그의 어머니는 과거에 노예였다는 어두운 소문도 나돌았다. 분명 이런 벼락출세자가 황제에게 입양된다는 것은 불가능한 일이었다. 로마인들을 곧고 바른 길 위에 올려놓기를 염원하던 갈바는 늘 해오던 일을 했다. 그는 과거를 돌아보았다. 과거 영웅적인 공화정 시대에 대대손손 로마에 행정관들을 배출해 세계 제패의 길로 나아가게 했던 위대한 가문들이 완전히 소멸한 것은 아니었다. 그들이 황제들의 살인적 의심 때문에 많이 위축되기는 했지만 공화정 붕괴 이후 100년이 흘러가는 동안에 근근이 목숨은 부지하고 있었다. 마치 동물원에 보존된 멸종 위기의 짐승들처럼 말이다. 그런 짐승들 비슷한 존재인 갈바는 이런 확고한 생각을 갖고 있었다. 만약 사라져버린 시대의 유산들을 이 도시에 다시 한번 자유롭게 돌아다니도록 풀어놓는다면 로마의 공공질서를 회복하는 데 큰 도움이 될 것이다. 갈바는 이렇게 선언했다. "로마는 왕들이 인민을 다스리는 나라가 되지 않을 것이다. 왕국이란 무엇인가? 한 가문이 영구히 통치하고 그 나머지 사람들은 노예인 나라다."[40] 바로 이런 생각에 입각해 그는 자신의 후계자를 선정했다.

루키우스 칼푸르니우스 피소 프루기 리키니아누스Lucius Calpurnius Piso Frugi Lucinianus(줄여서 "피소")는 아직 서른 살이 안 되었고 일반적인 로마인이 그러하듯이 좋은 가정교육을 받았다. 그는 혈연과 입양으로 로마 역사상 가장 유명한 여러 가문과 연결되어 있었다. 여기에는 율리우스 카이사르가 자신과 동급이라고 인정했던 두 사람도 포함되었다. 한 사람은 그나이우스 폼페이우스 마그누스(일명 '위대한 폼페이우스')인데, 일찍이 지중해에서 해적들을 완전히 소탕했고, 동부 지중해의 넓은 지역을 정복했으며, 로마 최초의 영구 극장을 건설한 인물이었다. 또 한 사람은 마르쿠스 리키니우스 크라수스인데, 엄청난 재산의 소유자인 데다 공화정 역사상 가장 뛰어난 해결사라는 명성을 얻은 인물이었다. 카이사르(황제)의 통치 시기에 이런 조상을 두고 있다는 사실은 엄청나게 위험한 일이었다. 피소는 평생 동안 조상의 그늘 아래에서 살았다. 클라우디우스는 그의 부모와 맏형을 처형했다. 네로는 또 다른 형을 처형했다. 그리고 피소 자신도 성인이 된 이후에 많은 시간을 유배지에서 보냈다. 오토와는 다르게 그는 정치적 급류를 힘들게 헤쳐나간 경험이 없었다. 황제와 술을 마시러 간 적도 없고 해외 속주를 통치한 적도 없고 행정관을 맡아본 적도 없었다. 그렇지만 폼페이우스와 크라수스의 후예라는 점 이외에도 강직한 성품, 단정한 태도, 그리고 그의 지지자는 품위 넘친다고 했지만 적들은 경직되고 시큰둥하다고 비난했던 매너의 소유자였다. 갈바가 볼 때, 이런 특징만으로도 황제 자격이 충분했다. 그래서 황제는 이 젊은이를 자신의 후계자라고 최측근들에게 소개했다.

이 좋은 소식을 그다음으로 누구에게 전해야 할까? 갈바는 잠시 망설이더니 그 명예를 원로원도 로마 민중도 아닌 근위대 병사들에게 알리기로 했다. 머리 위 하늘에서는 천둥 번개가 울리고 진눈깨비가 내리는 가운데, 황제는 새로 입양한 아들과 함께 근위대 사령부로 갔다. 거기서 보너스를 주겠다는 말은 전혀 없이 연설을 짧게 한 후에 갈바는 피소를 집결한 병사들에게 소개했다. 여러 장교는 합당하다는 반응을 보였다. 일반 병사들은 아무 말도 하지 않았다. 갈바는 병사들의 그런 심드렁한 태도가 무엇을 의미하는지 깊이 생각하지도 않은 채 이번에는 원로원 건물로 갔다. 다시 그는 간단한 연설을 했고 이어 피소도 짧은 연설을 했다. 원로원의 반응은 좋았다. 피소를 존경하던 의원들은 진심 어린 축하 인사를 했다. 그를 별로 좋아하지 않았던 의원들도 마찬가지였다. 원로원에서의 만남은 오랫동안 늦게까지 계속되었다. 마침내 그 회의가 끝나자 황제와 아들은 팔라티누스 언덕으로 돌아왔다. 이제 중요한 첫걸음을 뗀 것이다. 로마는 새로운 카이사르를 맞이하게 되었다. 모든 것이 아주 잘 굴러갔다.

그러나 오토에게 피소의 입양은 엄청난 충격이었다. 그를 지원했던 권력 중개인들도 같은 생각이었다. 그들은 엄청난 수익을 기대하고서 오토에게 거액을 빌려주었는데 모두 물거품이 되게 생겼다. 오토가 근위대 병사들에게 약속한 엄청난 보너스도 무망한 이야기가 되어버렸다. 오토는 피소 입양 직후에 이런 자조적인 농담을 했다. "전투에서 적의 칼에 맞아 죽으나 포룸에서 채권자들의 손에 맞아죽으나 죽기는 매한가지야."[41] 하지만 이 농담은 자기 희망의 소멸을 암시했다기보다는 오히려 정반대의 의향을 드러낸 것이었다. 그는 자신의 희망을 실현하기 위해 죽기 살기로 싸우겠다고 결심했던 것이다. 이미 너무 많은 사람들이 그에게 엄청난 투자를 했기 때문에 자신에 대한 희망을 포기할 수가 없을 것이라고 생각했다. 그것은 사실이었다. 그리하여 하수인들을 동원했고, 뇌물을 적절히 분배했고, 엄청난 수의 근위대 병사들을 그의 편으로 돌려놓았다. 오토는 음모에 가담하는 사람이 늘어나는 것에 기쁨을 느꼈지만 동시에 누설될 가능성도 높아져서 걱정했다. 그는 착잡한 마음으로 우호적인 조짐이 나타나기를 초조하게 기다렸다. 그리 오래 기다리지 않아도 되었다. 신들은 1월 15일 그의 모험에 승인의 표시를 내려주었다. 오토는 곧바로 쿠데타를 개시하라는 신호를 주었다. 피소가 카이사르가 된 지 이제 겨우 닷새였다.

그날 아침 갈바도 신들의 뜻을 물어볼 예정이었다. 오토는 팔라티누스 언덕에서 아폴로 신에게 희생 제의를 바칠 예정인 갈바에게 합류했다. 복점관은 희생 제물의 내장을 살펴보고서, 황제에게 조짐이 불길하다고 보고했다. 음모가 신속하게 진행되고 있고 성문 안에 적들이 있다고 해석했다. 오토는 그런 말을 들으면서도 완벽하게 정직하고 무고한 표정을 지었다. 잠시 뒤 해방노예 한 명이 그에게 메시지를 가지고 왔다. "건축가들이 기다리고 있습니다."[42] 오토는 복잡한 부동산 거래를 추진 중이라 자리를 비워야겠다면서 희생 제의 장소를 빠져나왔다. 뒷길로 팔라티누스 언덕을 빠져나와서 언덕의 측면으로 몰래 내려갔다. 언덕 기슭에서 동료 음모꾼들을 만난 그는 여자용 가마에 올라탔다. 이어 그는 초고속으로 근위대 사령부로 갔다. 잠시 뒤 가마꾼들의 다리에 힘이 빠진 것을 보고서 그는 가마에서 내려 달리기 시작했다. 그가 신발 끈을 매기 위해 잠시 멈추어 서자 동료들이 그를 어깨에 둘러메고 카이사르라고 연호했다. 환호하는 병사들이 그를 둘러쌌다. 당직 장교는 깜짝 놀란 나머지 근위대 정문을 닫아야 한다는 생각을 하지 못했고, 정문을 향해 몰려오는 병사들을 해산시키려는 시도조차 하지 않았다. 근위대 사령관 라코가 황제를 수행하기 위해 팔라티누스 언덕에 가 있었기 때문에 오토와 그의 지지자들은 손쉽게 사령부 건물을 장악했다. 사령부 내에서는 목쉰 소리의 환호성이 터져나왔고 갈바의 도금 조각상은 땅바닥에 내팽개쳐져 산산조각이 났다. 오토는 병사들의 거수경례에 응답하고 키스를 불어 날리면서 대중을 선동하는 연설을 했다. 그는 이어 무기고를 개방하라는 명령을 내렸다. 이제 근위대와 제1 아디우트릭스 군단(갈바의 명령으로 10분의 1형을 당한, 예전 수병들로 편성된 군단)이 그에게 전면적인 지지와 열광적인 성원을 보내주고 있기 때문에 그는 안도의 한숨을 내쉴 수 있었다. 그의 도박은 성공했다. 로마는 사실상 그의 수중에 들어왔다.

한편 팔라티누스 언덕에서 쿠데타 소문이 퍼져나가기 시작했다. 그러나 들어오는 보고들은 혼란스러웠다. 황제도 고문들도 그들이 마주한 위기의 규모를 제대로 파악하지 못했다. 피소는 고상한 연설을 했다. 전령을 통해 휘하 부대에 비상 대기하라는 명령이 내려갔으나 그 부대는 이미 오토 편에 붙어버렸다. 일부 원로원 의원들을 포함한 대규모 군중이 집결해 충성을 맹세하면서 반란군 진압을 요구했다. 갈바는 그냥 궁전 안에 꼼짝 말고 있으라는 최측근의 조언을 무시하고서 피소를 근위대 사령부로 보내 상황을 파악하기로 결정했다. 젊은 황제가 출발하자마자 새로운 소문들이 팔라티누스 언덕에 물밀 듯 몰려왔다. 오토는 죽었고 그의 지지자들은 학살되었으며 반란은 시작과 동시에 끝나버렸다는 것이었다. 한 근위대 병사가 피가 뚝뚝 떨어지는 칼을 내보이면서 찬탈자 피소의 목을 자신이 직접 베었다는 뜬소문도 들어왔다. 이제 이런 소문들을 불신하게 된 황제는 몸소 흉갑을 착용했으나 상황을 직접 장악하지는 못하고, 그의 지지자들이 하자는 대로 수동적으로 따라갔다. 그는 의자에 앉은 채, 마치 밀물에 밀리듯이 이리저리 따라가기만 했다. 모든 사람이 환호성을 울리며 노래를 불렀다. 갈바는 의자에 앉은 채 포룸으로 들어서 주위를 돌아보다가 피소를 보았다.

젊은 카이사르는 눈빛에 초점이 없었고 숨을 헐떡이고 있었다. 그가 가지고 온 뉴스 즉, 오토는 멀쩡히 살아 있고 근위대 사령부를 장악했다는 것은 갈바에게 최악의 충격적 소식이었다. 지휘권을 직접 손아귀에 틀어쥐어도 모자랄 판에 그 엄청난 충격 때문에 정신이 나간 것 같았다. 황제는 수동적으로 군중의 밀물과 썰물에 따라 이리저리 내몰릴 뿐이었다. 이어 그는 군중의 저쪽 가장자리에서 터져나오는 비명 소리를 들었다. 그는 주위를 둘러보다가 소규모 기병대가 다가오는 것을 보았다. 기병들은 칼을 뽑아들고 있었다. 그들은 포룸을 가로질러 계속 달려오고 있었다. 그 길에 서 있는 사람들은 설사 원로원 의원일지라도 사정없이 베어 넘겼다. 갈바는 그를 수행하던 근위대 병사들에게 전투 대형을 짜라고 지시했다. 하지만 아무도 그 명령을 따르지 않았다. 오히려 어떤 근위대 병사가 군기에 새겨진 황제의 얼굴을 잡아 뜯더니 땅바닥에 내팽개쳤다. 이제 모든 사람이 황제가 죽을 운명이라는 것을 알아차렸다. 그의 지지자들은 몸을 돌려 달아나기 시작했다. 그런 사람 중에는 그곳까지 황제의 의자를 어깨에 메고 온 사람들도 있었다. 오토의 부하들이 황제를 둘러싸자, 갈바는 포석 위에 내팽개쳐졌다.

황제의 최후에 대해서는 여러 엇갈리는 이야기들이 있다. 그를 미워하는 사람들은 그가 근위대 병사들 앞으로 기어가면서 봉급 인상을 약속했다고 한다. 그러나 대부분의 이야기들은 황제가 용감하게 죽었다는 데 의견이 일치한다. 그의 살해자들은 일단 그가 죽자 계속해 칼로 찌르고 난도질했다. 나머지 병사들은 포룸 일대로 퍼져나가면서 황제의 동조자들을 추적했다. 갈바 체제에 협조한 주요 인물 중에는 그들의 사령관도 있었다. 라코가 부하들의 충성심을 이끌어내는 데 처절하게 실패했으므로 그런 처벌은 어쩔 수 없는 것이라고 생각해볼 수 있다.[43] 포룸의 여러 신전 중 하나에 피신해 있던 피소는 지성소의 문턱에서 발견되어 그 자리에서 난자당했다.

세 사람의 잘린 머리는 새로운 황제에게 전달되었다. 갈바의 머리를 벤 병사는 황제가 대머리여서 머리카락으로 잡을 수가 없자, 엄지손가락을 시체의 입안에다 집어넣어 꽉 잡고서 오토에게 가져갔다. 머리를 베는 것은 로마인들이 끔찍하고 야만적인 관습으로 치부했고 또 문명인의 품위에 어울리지 않는 행위로 여겼다. 그렇지만 병사들은 그런 참수를 수확해 왔다. 그날, 황제가 카피톨리누스 언덕의 그늘, 엄청나게 많은 신전이 들어선 신성한 단지에서 살해당했다. 이런 여러 사건은 도시에 야만적 행위의 기이한 열기를 가져왔다. 세상은 거꾸로 뒤집힌 것 같았다. 로마인은 게르마니아인과 브리타니아인도 부끄러워할 법한 엄청난 야만적 행위에 몰두했다. 오토는 피소의 참수를 보면서 만족한 표정을 지었다. 장창에 꿰인 갈바의 잘린 머리는 동료 군인들이 근위대 사령부 병영들 주위로 내돌려 사람들의 구경거리가 되었다. 해가 져서 어두워지자 비로소 그 머리는 황제의 집사장에게 전달되었다. 그날 밤 개인 정원에서 갈바의 장례식이 거행되었는데 그것은 동시에 로마 공화정의 전통을 장례지내는 것이기도 했다. 유서 깊은 귀족 가문의 후예가 도시를 예전의 방식으로 돌려놓을 기회를 부여받았지만 그는 처참하게 실패했다. 그 기회는 두 번 다시 오지 않을 것이다. "모든 사람이 갈바가 그런 통치에 적임자라는 것은 동의했다. 하지만 그는 아주 짧은 기간만 통치할 수 있었을 뿐이다."[44]

2

네 명의 황제

라인강에서 일어난 반란

갈바가 추락하는 광경에서 로마 시민들이 느꼈던 경악을 설명하는
한 가지 이유로는 이런 것이 있었다. 세계사에서 대규모 변동은 1월
에 벌어지는 일이 거의 없었다. 네로의 죽음, 히스파니아를 떠난 갈
바의 로마 입성, 수도에서의 갈바 체제 확립 등은 지진과 같은 엄
청난 사건들이었지만 그래도 연중 벌어질 수 있는 시기에 벌어졌다.
이와는 대조적으로 겨울은 안도의 숨을 쉬는 계절이었다. 이 계절
에 병사는 병영으로 돌아가고, 배는 항구에 정박하고, 일부 병사는
집으로 돌아갔다. 수도를 둘러싼 일곱 언덕에는 눈이 내렸고 나무
들은 눈의 무게에 짓눌렸다. 사람들이 난롯불을 지피고, 최고급 와
인 항아리를 꺼내오고, 강풍의 비명 소리는 신들에게 맡겨두는 계

절이었다.

이것이 겨울철에 대한 사람들의 일반적 사고방식이었다. 그러나 서기 69년에 사태는 다르게 전개되었다. 오토는 황제의 추락을 면밀히 관찰하면서 그 운명적인 해에 세상의 법칙을 제일 먼저 파악한 사람이었다. 하지만 다른 사람들도 곧 그와 똑같이 행동에 나설 참이었다. 로마는 지난 100년 동안 군벌 간의 싸움으로 고통을 당한 적이 없었다. 로마인들은 평화에 익숙해져 있었다. 아우구스투스를 황제 자리로 밀어올린 내전 동안에 흘린 피는 이미 모두 말랐고, 상처들은 봉합되어 아물었다. 칼리굴라와 네로의 폭정 아래에서 신음하던 원로원 의원들은 그들의 집 대문을 두드리는 근위대 병사들의 망치 소리를 두려워했지만, 그것을 높은 지위에 지불하는 세금 정도로 여겼을 것이다. 그러나 로마, 이탈리아, 해외 속주에 살고 있는 많은 일반 시민은 내전의 시기가 다시 도래했다고 생각할 이유가 없었다. 팍스 로마나가 지금껏 아무 문제없이 유지되어왔던 까닭이다.

따라서 새해가 시작된 지 단 두 주만에 황제의 시신이 로마 시내의 거리에서 나뒹군다는 사실은 그들에게 엄청난 충격이었을 것이다. 야만인들이 아직도 위협적으로 준동하는 제국의 아주 먼 해외 지역에서도, 모든 것이 얼어붙는 추운 겨울에는 칼을 뽑아드는 일이 좀처럼 없었다. 1월의 로마 거리가 비록 춥기는 했지만 해외 북부 지방의 추위와는 비교가 안 되었다. "강물이 얼어붙은 라인강"

의 강둑 지역의 혹한은 아주 악명 높았다.[1] 물론 야만인들도 그런 혹한을 더 잘 견디는 방법을 알고 있는 것은 아니었지만 "그들은 그 추위에 익숙했다."[2] 이탈리아에서 성장한 사람들이 볼 때, 북부 지방의 겨울에 내리는 눈과 진눈깨비는 라인강 건너편까지 뻗은 황무지에 사는 야만인들에게나 어울리는 것이었다. 문명국에 사는 사람들이 부러워하거나 탐낼 만한 것이 게르마니아에는 전혀 없었다. 오로지 울창한 삼림과 냄새나는 습지가 있을 뿐이었다. 야만의 땅은 야만의 인간을 길러냈다.

60년 전인 서기 9년에 퀸틸리우스 바루스Quinctilius Varus라는 장군이 로마 역사상 가장 치욕적인 패배를 당했다. 그와 휘하의 약 2만 명에 달하는 부하들이 거대한 늪의 가장자리를 따라서 행군하다가 매복 중이던 게르만 부대의 습격을 받아서 마지막 한 명까지 몰살을 당했다. 로마인들이 "바루스 대참사"라고 명명한 그 사건 이후에 로마인은 대대적인 복수에 나섰다. 그것은 당연히 가야 할 길이었다. 전투에서는 가끔 패배할 수 있지만 전쟁 패배는 결코 있을 수 없는 일이었다. 그 어떤 로마인도 패전을 인정하지 않았다. 바루스 대참사를 일으킨 게르만 부족에 대한 복수는 살인적이었다. 여름이면 로마 군단들은 라인강 건너편으로 진격해 들어갔다. 그들은 행군 도중에 만나는 모든 집과 사람에게 화재와 학살을 내렸다. 여름마다 게르마니아의 깊은 오지, 아주 침투하기 어려운 지역에 학살의 메아리가 울려 퍼지게 했다. 로마의 분노와 공포가 어떤 것인

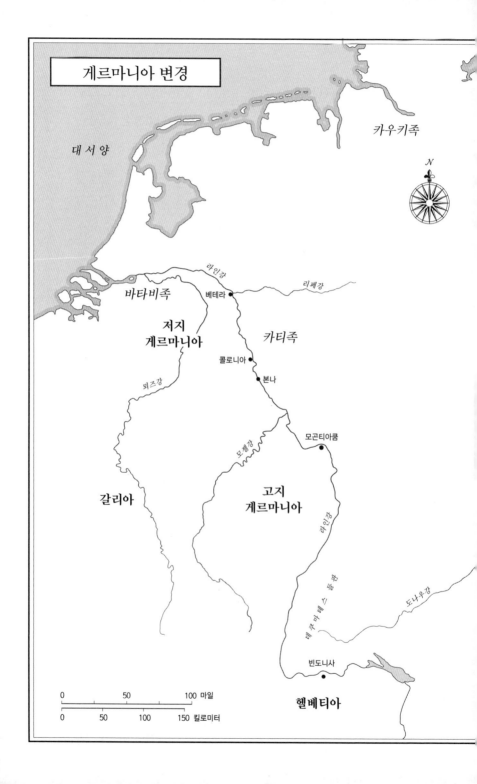

게르마니아 변경

대서양

카우키족

바타비족

베테라

라인강

리페강

저지
게르마니아

카티족

콜로니아

본나

뫼즈강

모젤강

모곤티아쿰

갈리아

고지
게르마니아

라인강

네카메스 돌판

도나우강

빈도니사

헬베티아

0   50   100 마일

0   50   100   150 킬로미터

지 널리 소문이 퍼져나가게 되었다.

　마침내 그 의도가 충분히 전달되자 로마 군단들은 기동 작전을 중지했다. 로마의 적을 멸종시키는 것이 로마인의 정책인 적은 없었다. 아우구스투스 자신도 그의 마지막 유서에서 이 점을 분명히 밝혔다. 그는 우아한 어조로 말했다. "외국인들을 사면하는 것이 안전하다면, 나는 그들을 완전히 소탕하기보다 목숨을 살려주는 것을 더 선호한다."[3] 그의 희망은 게르만인을 길들이고, 그들의 땅 한가운데 도시를 건설하고, 정착 사회의 도시 생활에서 오는 문명의 혜택을 누리도록 하는 것이었다. 바루스 대참사 탓에 그런 희망은 수포로 돌아갔다. 로마의 통치를 받아들이기를 거부함으로써 게르만인은 그런 문명의 과실을 누릴 자격이 없음이 밝혀졌다. 그리하여 후대의 황제들은 거듭해 이런 결론을 내렸다. 그들을 야만의 오수통에 빠져 허우적거리도록 내버려두는 것이 더 낫다는 것이다. 그러나 이 정책 또한 현지의 로마 군단에 까다로운 조건들을 부과했다. 야만인들은 그 본성상 불안정하고, 배신을 잘하고, 온 사방을 돌아다녔다. 그들을 그냥 내버려두면 언제나 이런 위험이 도사렸다. 야만인들은 라인강을 건너 로마 평화의 혜택이 도입된 땅으로 침공해 그곳의 물자를 노략질했다. "게르만인이 갈리아의 여러 속주로 침략해 들어올 때마다 그 목적은 한결같았다. 강간, 재물, 그리고 기분 전환이었다."[4]

　바로 이런 이유 때문에, 게르마니아 대부분의 땅이 정복의 가치가 없다는 것이 판명된 이후에도 라인 강변에 로마 군단들을 상주시켜야 했다. 전통적으로 로마 군대를 상징하는 기동성과 공격성도 훈련으로 단련할 필요가 있었다. 그래서 라인강의 서쪽 둑에 동일한 군사 구역 두 개가 설정되었다. 그 한 구역은 저지 게르마니아인데 북해에서 시작해 라인강이 모젤강*과 합류하는 지점까지였다. 두 번째 지역은 고지 게르마니아인데 라인강 연안의 중부 지대를 가리킨다. 그리고 여기 가느다란 띠 같은 비좁은 지역에 엄청난 규모의 기술적 노력을 투자했다. 야만인들은 이런 군사 시설들을 보지 않을 수가 없었다. 라인강의 둑에 많은 감시탑들이 우뚝 솟아올랐다. 연락 초소들도 라인강을 따라 빼곡히 들어섰다. 강에는 감시선들이 떠다녔다. 게르마니아의 서쪽 지방은 도시는 없을지 몰라도 군사 시설은 많이 들어섰다. 로마의 세계에서 그처럼 군대가 많이 주둔해 있는 곳은 없었다. 주둔 목적은 갈리아와 제국의 핵심부를 침공 불가능한 지역으로 만드는 것이었다.

물론 라인 강안의 요새 강화 작업은 로마군 최고 사령부에서 그들의 능력 범위에 한계가 있다는 것을 인정한다는 뜻은 아니었다. 라틴어에는 '변경'을 뜻하는 단어가 없다. 로마 권력의 구체적 표상으로서 로마의 무력은 소중했으므로, 강은 그 능력의 한계가 될 수

---

* 혹은 아라르강. 저지 게르마니아의 남쪽 경계가 되는 강인 오브링가강의 정체는 결정적으로 밝혀진 바가 없다.

없었다. 물살 거센 강 위로 다리 여러 개가 설치되었다. 라인강 동쪽 강둑의 목초지는 '군단 목초지 prata legionis'로 지정되었다. 그 어떤 게르만인에게도 그 땅 근처에 정착을 허용하지 않았다. 이를 무시하고 정착하려 하는 자들은 무자비하게 축출되었다. 로마군 사령부는 필요하다면 게르만인의 정착촌을 파괴하고, 그 곡식을 불태우고, 전 주민을 강제로 이주시킬 권리를 갖고 있었다. 감시탑에 올라 라인강 동쪽을 멀리 쳐다보면 문명이 갑작스럽게 정지하는 것이 아니라 서서히 사라지는 것을 목격할 수 있었다. 로마군의 주된 임무는 야만인들이 게르마니아의 깊고 어두운 오지에서 나오지 못하게 하는 것이었다. 그 오지에서 게르만인이 야생동물처럼 지내도록 하려는 것이었다.

그 지리적 속성상, 라인강 양안에서 근무한다는 것은 제국의 중심에서 한 단계 벗어나 있음을 의미했다. 바이티카의 금고를 갈바에게 헌상한 후에 군단 사령관으로 승진한 야망 넘치는 청년 장교 아울루스 카이키나가 볼 때, 그의 승진은 오히려 고통이었다. 서기 68년 후반, 오토는 로마 권력 중심부의 통로를 오가며 원로원 의원들과 술을 마시고 만찬을 하면서 고리대금을 빌려와 필요한 곳에다 마구 뇌물을 뿌려대고 있었다. 그러는 동안에 카이키나는 고지 게르마니아에 틀어박혀 손톱이나 물어뜯으면서 하릴없이 허송세월을 하고 있었다. 군단 주둔지인 습지를 포룸과 비교하는 것은, 물이 뚝뚝 떨어지는 게르마니아의 숲을 팔라티누스 언덕과 비교하는 것과 비슷했다. 시대의 동요 상황이 출세지향적인 사람에게 전례 없는 기회를 제공하는 그런 때에 게르마니아 오지에 갇혀 있다니, 그 좌절감은 엄청났다. 카이키나가 자기 입장을 강화하려고 공금을 횡령했을 때, 그는 이미 엄청난 탐욕과 초조감을 드러냈다. 그렇지만 그는 지금껏 갈바에게 이렇다 할 인상을 남기지도 못했다. 황제는 공금 횡령을 언제나 수상한 눈빛으로 쳐다보았다. 그리하여 황제는 이 청년 장교를 재판에 회부하라고 지시했다. 카이키나의 앞날에는 이제 추락만 남아 있는 듯이 보였다.

과연 그런가? 문명의 외곽 지역에 있을지라도 군단을 지휘한다는 것이 겉보기처럼 권력의 중심으로부터 완전히 벗어나 있는 것은 아니었다. 해외 주둔군은 로마인 정신의 정중앙에 서 있는 존재였다. 과거 공화정의 초창기에 군단은 로마 시민 중에서 징집된 병사들로 편성되었다. 로마시는 오로지 전시에만 그런 군대를 편성했다. 이제 캄푸스 마르티우스에는 기념물과 위락 정원들이 가득 들어서 버렸지만 그 이름은 여전히 과거 공화정 초창기 시절의 흔적을 간직하고 있었다. 로마 시민이 캄푸스 마르티우스에 소집되어 군단 병사로 등록된다는 것은 로마 시민 정신에서 다른 차원으로 들어가는 것이었다. 즉 다른 계급의 일원이 된다는 것을 의미했다. 모든 징집병은 사크라멘툼sacramentum〔신성한 충성 맹세〕을 하고서 자신을 무쇠와 같은 존재로 다시 규정해야 했다. "전쟁터에서 도망치지 않고, 비겁하게 탈주하지 않고, 전투 대열에서 결코 이탈하지 않겠다"

는 뜻을 맹세하는 것이었다.[5] 군대는 기율이 전부였다. 이런 엄격한 군율의 전통이 있었기에, 만리우스 토르콰투스와 그의 아들 이야기, 그리고 그와 유사한 철저 복종에 관한 교훈담들이 널리 전해졌던 것이다. 그러한 이야기들은 군대가 곧 단일 국가, 즉 오로지 로마인으로만 무장된 군대였던 때의 전통을 반영하는 것이다.

물론 그런 전통은 오래전에 사라졌다. 국력이 크게 늘어나면서 로마 군대를 단 하나의 민족으로만 편성할 수 없어졌다. 또 군단이 하나만 있는 것이 아니라, 야전에 10개 군단, 15개 군단, 20개 군단이 나가 있는 일이 빈번했다. 한 번에 여러 해 동안 특정 전역戰域에서 활동하는 군단들은 공화정의 마지막 세기(서기전 2세기 후반에서 서기전 1세기 전반)에 이르러서는 지원병이 아니라 직업 군인들로 편성되었다. 군단병들은 로마에 충성을 바치는 것이 아니라 군단 최고 정점에 있는 총사령관에게 충성을 바쳤다. 그리하여 군벌들은 내전이 벌어지는 시기에 그들만을 위한 충성 맹세를 부과했다. 이러한 군벌 중에서 마지막이자 최대 군벌이었던 사람이 바로 아우구스투스였다. 군단을 지휘하도록 내보낸 사람은 군단장이었다. 군단병들이 해마다 1월 1일에 바치는 사크라멘툼은 살벌하면서도 잔인한 제재로 단속되었는데, 그 맹세는 총사령관 한 사람에게 바치는 것이었다. 아우구스투스 이후의 황제들은 이 군령권을 물려받았다. 황제가 된다는 것은 곧 휘하 군단들을 지휘한다는 뜻이었다. 따라서 군단을 잃는다는 것은 네로 자신이 발견했듯이 곧 로마 제국의 통치권을 잃는다는 뜻이었다.

정치적 격변이 일으킨 충격은 수도만 겪는 것이 아니었다. 멀리 떨어진 라인 강변에 주둔한 군단들도 공화정을 영원히 파괴하고 황제들을 권좌에 올린 도시 내의 엄청난 정변에 필연적으로 영향을 받았다. 고지 게르마니아에 도착한 카이키나는 한 군단의 지휘권을 인수하는 것이 아니라, 아우구스투스의 시대로 연결되는 생생한 연결고리를 장악하게 되었다. 율리우스 카이사르를 로마의 실력자로 밀어올린 내전 시대에 그가 직접 동원·편성했던 제4 마케도니카 군단은 카이사르가 암살된 후에 그 양아들에게 충성심을 그대로 유지했다. 이 군단은 여러 차례 그 충성심을 발휘했다. 그리스 북부의 마케도니아에서 이 군단은 유혈 낭자한 영웅적 전투에 참전해 아우구스투스의 승리에 기여했다. 카이사르의 암살범들(브루투스와 카시우스)은 이 전투에서 패배해 영원히 지상에서 사라졌고, 그 전투의 결과, 이 군단에 현재의 이름이 붙었다. 아우구스투스는 내전이 종식되자 이 군단을 해산하지 않고, 잘 확립된 자신의 최고 권력을 이용해 이 군단에 현역으로서 지속적으로 복무할 것을 명령했다. 그 후 10년 동안 이 군단은 히스파니아에 파견되어 계속 싸우면서 200여 년 동안 질질 끌어온 이베리아반도 정복을 완성했다. 그리고 그 후 60년 동안 이 군단은 해외 주둔군으로 존속했다. 이어 클라우디우스 황제 시절에 브리타니아 정복을 위해 고지 게르마니아의 라인강 군단을 동원하자, 그 빈자리에 제4 마케도니카 군단이 대체 주둔하게 되었다. 이 군단의 사령부는 모곤티아쿰(오늘날의 마인츠) 진지에 있었다. 68년 초가을, 카이키나가 이 군단의 부장 임무를 맡게 되었을 때, 제4 마케도니카 군단은 라인강에 주둔한 지 근 30년이 되어가고 있었다. 이 군단에 동원된 같은 세대의 병사들은 다른 군단에 근무한 경력이 없었다.

역사상 상비군의 규모가 이 정도였던 적이 없었다. 제4 마케도니카 군단은 휘하에 5000명 이상의 병사를 거느리고 있었지만 비슷한 규모를 갖춘 30개 군단 중 하나일 뿐이었다. 군단 중 일부는 활동 이력이 카이사르의 갈리아 정복 시절까지 소급하는 것도 있었다. 반면에 네로가 생애 마지막 몇 주 동안에 황급히 편성했고 갈바가 10분의 1형에 처했던 제1 아디우트릭스 군단 같은 것은 창설된 지 겨우 몇 달밖에 되지 않았다. 군단 병사로 근무한다는 것은 상무적인 군인 정신을 느끼는 것일 뿐만 아니라 다른 군단을 우습게 바라보는 것이기도 했다. 경우에 따라 내전 시대로까지 거슬러 올라가는 적개심은 세월이 여러 세대 흘러가면서 다소 희석이 되었을 것이다. 예를 들어 제4 마케도니카 군단은 현역 복무 중인 유일한 제4군단은 아니었다. 안토니우스가 창설한 제4 스키티카 군단은 사령관이 사망한 이후에도 제4군단이라는 숫자를 포기하지 않았다. 아우구스투스는 그 군단의 적개심에 불을 지르기보다는 그 주장을 순순히 받아들였다. 이처럼 타협의 정신을 발휘했기 때문에 제3군단이라는 이름을 가진 군단이 세 개나 있었다. 이렇게 여러 개가 있었기에 그 군단은 별칭을 붙여서 구분해야 할 필요가 있었다. 제3 갈리카 군단은 카이사르가 갈리아 시절에 동원한 것이었고, 제3 키레나이카 군단은 원래 리비아의 도시인 키레네에 주둔했기에 그런 이름이 붙었으며, 제3 아우구스타 군단은 아우구스투스를 기념하는 부대였다. 두 개가 있는 제6군단 중 하나는 페라타(철갑을 두른)라는 별칭이 붙었고 다른 하나는 빅트릭스(승리하는)라는 별칭이 붙었다. 제1 아디우트릭스(도우미) 군단이라는 별칭에서는, 비록 다른 군단들이 무시하기는 했지만 전직 수병들로 구성된 이 군단이 국가에 도움 되는 행동을 해주기를 바라는 희망을 읽을 수 있다.

이처럼 로마군은 단 한 개가 아니라 여러 다양한 부대로 구성되어 있었다. 여러 군단이 하나의 군 기지를 공유하고 있을 때 그들은 고집스럽게 자기들 부대의 특징을 지키려 했다. 제국 내에서 군단이 집중적으로 주둔한 지역인 라인강에는 군단이 총 일곱 개 있었고 사령부는 두 곳이 있었다. 한 사령부는 베테라Vetera에 있었는데 저지 게르마니아에 주둔하면서 경계 업무를 수행했다. 다른 하나는 모곤티아쿰에 있었다. 두 기지는 약 80년 전에 설립되었다. 오랜 세월이 흐르면서 두 기지는 확장·강화·증축되었다. 두 사령부는 함께 힘을 합쳐 로마의 공격력 유지에 핵심적 역할을 했다. 두 곳은 라인강 동쪽 둑과 합류하는 운항 가능한 강 모두를 지배했고 그 강들은 게르마니아의 복부를 깊숙이 찔러대는 단도 같았다. 그 지류인 리페강을 따라서 행군하다가 바루스는 휘하 3개 군단이 전멸하는 운명적 대참사를 맞았다. 바루스 대참사의 파급 효과로 바루스 휘하 군단이 되돌아올 예정이었던 베테라 기지는 엄청나게 강화되었다. 그로부터 60년 뒤 베테라 사령부는 새로 축성한 석조 요새로 단단히 강화되어 있었다. 이 기지는 군단을 한 개가 아니라 두 개까지 수용할 수 있는 광대한 병영을 자랑했다.

여기에 주둔하는 2개 군단 중 선임인 제5 알라우다이 군단은 그 어느 부대보다도 혁혁한 명성을 갖고 있었다. '종달새들'을 뜻하는 알라우다이alaudae는 라틴어가 아니라 갈리아어였다. 율리우스 카이사르는 갈리아 정복이 정점에 도달한 시점에서 자신의 돈으로 이 군단 병사들의 봉급을 줬고, 이 병사들은 제3 갈리카 군단과 마찬가지로 전적으로 갈리아 전사들로만 편성되었다. 제5 알라우다이 군단은 투구 오른쪽 측면에 새 깃털을 꽂고 다니는 관습이 있었는데, 그것이 볏을 올린 종달새와 비슷하다고 하여 그런 군단 이름을 얻었다.[6] 그로부터 100년이 흘러가는 동안에, 이 군단에 속한 병사들은 이런 습관을 아주 소중히 여기게 되었다. 다른 군단과 기지를 공유해야 하는 병사들에게 이런 자랑거리는 아주 중요했다. 베테라 기지에 주둔하는 두 군단 중 어느 군단이 선임이었는지는 의심의 여지가 없었다. 다른 군단은 제15 프리미게니아 군단으로서 운명의 여신(포르투나)의 이름을 따서 이런 별명이 붙었다. 이 군단은 생긴 지 30년밖에 되지 않았고, 그 창설자인 악명 높은 칼리굴라는 명예의 연대기에서 나란히 놓고 보면 율리우스 카이사르와 비교가 되지 않았다. 그래서 종달새 군단은 기지의 더 권위 있는 지역인 오른쪽에 자리 잡았다. 로마 시내든 문명의 변경에서든 군사적 기록의 족보는 결코 무시할 수 없었다.

제4 마케도니카 군단 또한 종달새 군단처럼 자신들의 우위를 주장했다. 제4군단은 칼리굴라가 창설한 제22 프리미게니아 군단과 기지를 함께 사용했다. 이 기지에는 카이키나처럼 미끄러운 승진 사다리를 타고 올라가려 혈안인 자가 매달릴 수 있는 무언가가 있었다. 모곤티아쿰 기지의 선임 군단을 지휘하는 사령관이 된 카이키나는 그 기지를 통틀어서 가장 지위가 높은 선임 장교였다. 하지만 그가 처한 고단한 상황을 아무리 생각하지 않으려 해도 떨쳐낼 수가 없었다. 자신이 한심하게도 게르마니아의 한겨울에 갇혀 있는 것 같았다. 군사 기지의 성벽 위에 서서 저 멀리 라인강을 내려다보고 또 강을 가로지르는 다리들의 초병이 발을 구르며 손을 호호 부는 광경을 보고 있노라면, 그는 자신이 외딴 곳에 떨어져 있다는 것을 절실히 느꼈다. 하지만 다소 위안이 되는 장면을 구경할 수도 있었다. 성채 근처에서 생겨난 정착촌은 강가에까지 뻗어 있었는데 그곳은 완전히 야만적인 장소는 아니었다. 거기에는 죽은 로마 영웅들을 기리는 기념비도 있고, 공중목욕탕도 있고, 높다란 기둥 위에 올려놓아 더욱 장엄한 분위기를 풍기는 유피테르의 도금 조각상도 있었다. 겨울 태양이 우중충한 구름을 뚫고 빛을 뿌려 유피테르 조각상이 밝게 빛나는 모습은 마치 황금의 불로 조각한 것 같았다. 원시적이고 진흙투성이여서 로마의 분위기에 익숙한 사람에게는 아주 촌스러워 보일 테지만, 그래도 로마가 한때 그런 촌스러운 동네였다는 것을 상기시키기에는 충분했다. 비록 지금 온 세상의 주인으로 세계를 다스리고 있지만, 건국 초창기에 로마는 도시의 적들을 상대로 끊임없이 보초를 내보내야 하는 위험한 곳이었다. 지금의 모곤티아쿰 기지가 위험하듯 건국 초창기의 로마 또한 그러했다.

군단장의 지위에 있는 그 장교에게 이런 생각이 자연스럽게 밀려들었을 것이다. 군단은 직업 군인들로 편성되어 있었고, 병사들은 로마를 구경한 적도 없는 동원병으로 구성되어 있기는 했지만, 그래도 도시의 초창기 군인들처럼 강인하고 상무적인 기질을 내보이고 있었다. "농촌 전사들의 용감한 후예이고, 사비니의 삽으로 흙을 일구었던 청년들."[7] 시인들은 로마인의 조상들을 이런 식으로 묘사했다. 하지만 슬프게도 이런 자질을 갖춘 병사들을 로마에서 발견해 군단병으로 동원했던 시절은 사라진 지 이미 오래였다. 평화의 열매는 사람을 무르게 만들었다. 일반 평민이 사비니 삽으로 흙을 뒤적이는 것에 대해 무엇을 아는가? 도시 생활의 쾌락과 특혜로 물러빠진 남자들은 예전 세대 용사들의 기강을 보여줄 수가 없었다. 갈바가 이러한 군기 쇠락을 개탄한 최초의 황제는 아니었다. "전통적인 용기와 기강은 전혀 없다."[8] 이탈리아 전역의 도시에서 소집되어 온 군대에 대해 티베리우스도 같은 평가를 내렸다. 그 결과는 하나의 역설이었다. 도덕주의자들은 이렇게 자문할지 모른다. 로마 건국의 초창기 몇 세기 동안에 도시가 위대한 국가로 일어설 수 있었던 원동력인 치열한 군인 정신을 소유한 장정들을 어디에서 만날 수 있을 것인가? 포룸에서도, 캄푸스 마르티우스에서도 그런 장정들은 만날 수가 없다. 그래서 로마에서 아주 멀리 떨어진 곳에서 그런 남자들을 차출해야 하는데, 아마도 만리우스 트로콰투스는 이런 먼 지방의 이름은 들어본 적도 없었을 것이다. 가령 라인강 연안의 지방 말이다.

"군인의 엄정한 군기. 이것이 로마라는 국가를 뒷받침했다."[9] 이렇게 준엄한 말을 했던 사람은 만리우스 토르콰투스였다. 그가 명령 불복종으로 자기 아들을 기소했던 시절로부터 400여 년이 흘러갔다. 그리하여 대도시 로마에서는 호감을 주지 못하고 또 아주 우스꽝스럽게 보이는 것이 게르마니아에서는 그리 우습게 보이지 않았다. 철저한 복종심이 어떤 결과를 갖고 오는지 그곳의 모든 사람이 잘 알았다. 갈리아인은 로마인보다 수가 많았고, 게르만인은 키가 컸고, 히스파니아인은 신체적으로 강인했고, 아프리카인은 배신과 뇌물의 기술이 뛰어났고, 그리스인은 교활하고 영리했다. 그런데 오로지 로마 군단만이 로마의 기강disciplina Romana을 유지하고 있었다.[10] 바로 이것 덕분에 로마 군단들이 세계를 정복할 수 있었다. 만리우스의 시대로부터 400년이 흘러갔지만, 현재의 로마 군단병들이 전투에서 보여주는 강철 같은 투지는 근엄한 만리우스도 놀라게 할 법한 군기였다. 이제 군단병들은 과거 그들의 조상이 그랬던 것처럼 느슨한 대형으로 전진하면서 노래를 부르거나 무기로 방패를 두드리는 짓은 하지 않았다. 그런 거친 행동은 이제 야만인이나 하는 것으로 치부되었다. 군단병들은 톱날 같은 밀집대형을 유지하고 정숙을 유지하면서 천천히, 그러면서도 꾸준히 적을 향해 나아갔다. 그리고 마지막 순간, 적의 모습이 시야에 들어오면 군단병들은 커다란 전투 함성을 내지르며 정숙을 깨트렸고, 장창을 투척하면서 적을 향해 질주했다. 이런 질서정연한 자기 통제는 수년에 걸친 엄격한 훈련을 거치지 않고서는 발휘할 수가 없다. 그런 절제는 오로지 로마 군대만이 습득할 수 있었다.

그렇지만 군단은 단지 살인 기계에 그치지 않았다. 로마군의 장교는 부하 병사들이 기계적인 복종심만 바치기를 바라지 않는다. 물론 병사들에 대한 징벌은 아주 가혹하고 그런 처분을 받은 병사는 항소권이 없었다. 그렇지만 많은 병사가 등에 상처 자국과 매질 당한 후의 부어오른 자국을 갖고 있다 해서 그들을 노예와 비교할 수는 없는 노릇이었다. 오히려 정반대였다. 오로지 시민만이 군단병으로 복무할 수 있었다. 만약 노예들이 징집에 응소한 것으로 밝혀지면 그들은 예외 없이 광산으로 보내졌다. 군단병은 군기에 적응하기 위해 말이나 사냥개처럼 단련해야 하는 동시에, 비르투스virtus(용기)를 발휘할 것을 요구받았다. 이러한 기질은 오로지 시민에게서만 얻을 수 있는 것이었다. 군단병은 복종심과 함께 선도적 결단력도 보여주어야 했다. 자기 절제를 발휘하면서도 영예에 대한 열망을 과시해야 했다. 이것은 역설적 상황이지만, 사실 공화정 창설 초창기부터 그러했다. 로마인의 역사에서 천재는 두 모순적인 본능을 조화시키는 능력을 갖추어야 했다. 그들은 남들보다 뛰어나고 싶다는 열망을 갖고 있었지만 동시에 허영심을 아주 경계했다. 공화정은 사라진 지 오래되었지만, 모곤티아쿰 같은 사령부에는 아직도 과거의 역설들이 유령처럼 살아남아 있었다.

"진지는 병사들에게 무엇인가? 그것은 제2의 로마와 같다."[11] 이러한 확신은 여러 세기 동안 변함없는 상수로 여겨졌다. 로마 군단은 심지어 행군 도중이어도 단 하룻밤이라도 한데에서 잠을 자서는 안 되며, 그 하루만을 위해서라도 반드시 진지를 설치해야 했다. 이것은 시민군이라는 그들의 위엄에 부합하는 행동으로서 병사들은 이를 철저히 지켰다. 그리스인에게 로마인은 여느 야만인과는 다르다는 사실을 각인시킨 것도 바로 이것이었다. 외국인 관찰자들과 심지어 군단의 활동을 잘 아는 사람들도 경탄을 금치 못했다. 로마군은 단 몇 시간 내에 보루, 질서정연한 천막, 중앙의 포룸 등을 갖춘 진지를 세울 수 있었다. "마치 허허벌판에 마을이 하나 생겨난 것처럼 보였다."[12] 이동 중인 진지와, 라인강 연안을 따라 들어선 대형 군사 기지의 차이점은 종류의 차이가 아니라 정도의 차이일 뿐이었다. 게르마니아에 주둔 중인 모든 군단은 원래 겨울 숙영지로 시작된 것이었다. 로마인은 자신을 벌통에 비유했다. 진지는 정연한 기하학적 질서를 구축하고 있어서 누구나 자신의 기지 내 위치를 알고 있었고 집단의 질서가 곧 로마군의 전부였다.

진지는 제2의 로마로 그치는 것이 아니라, 이상적인 세상이었다면 로마가 되었을 법한 도시의 모델이었다. 로마인은 사회적 사다리에서 자신이 서 있는 현재 위치를 평가하고 측정하는 일을 아주 좋아했다. 로마 건국의 초창기에, 시민들이 군복무를 위해 캄푸스 마르티우스에 집결하면, 각 시민은 그의 부와 지위에 따라 계급이 매겨졌고, 그러면 이 계급을 바탕으로 '켄투리아'(100명 단위의 군 조직 겸 선거인 회합)에서 임무가 배정되었다. 시민들은 이런 제도를 아주 흡족하게 여겨서 켄투리아는 군대 구조뿐만 아니라 선거 단위의 기능을 겸하게 되었다. 공화정이 존속하는 내내 로마인들은 켄투리아에서 투표를 했다. 아우구스투스가 집권하면서 이런 정치 제도는 마침내 폐지되었다. 고위 행정관으로 나서려는 사람들이 더 이상 동료 시민들의 투표에 의존하지 않고 황제의 호의를 얻기 위해 경쟁했기 때문이다. 사정이 그렇게 되었다 하더라도 오래된 습관은 잘 사라지지 않았다. 시민권의 자격을 엄격하게 유지할 때 비로소 로마는 로마답다는 인식이 아주 뿌리 깊었다. 이 때문에 클라우디우스는 서기 47년에 인구조사(켄수스)를 실시하게 되었다. 제국의 한쪽 끝에서 다른 쪽 끝까지 관련 증거가 수집되었다. 총 시민의 수는 아주 인상적일 정도로 구체적이었는데 총 598만 4072명으로 기록되었다. 클라우디우스는 이런 정확한 수치를 얻기까지 아주 힘든 과정을 거쳐야 했다고 시인했다. 실제로 로마는 너무나 광대무변한 제국으로 팽창해 있었기 때문에 시민의 수를 즉각 파악할 수가 없었다. 그러나 군사 기지에서는 이야기가 달랐다. 사령부 내에서는 총 인원수 파악이 예전의 전통에 따라 철저하게 이루어졌다.

그 결과 군단은 세상에서 가장 관료적인 조직이 되었다. 징집병은 저마다 개인 병사 기록을 갖고 있었다. 성격, 특징적 용모, 군대 내 실적 등을 문서에 기재해 항구적으로 보관했다. "병사로서 지위를 인정받으려면 먼저 병적 기록부에 등재되어야 했다."[13] 이것은 아주 간단한 상식이었다. 병적 기록부가 없다면 군단 병사가 어떻게 자신의 정위치를 알 수 있겠는가? 각 켄투리아는 백부장centurio이라는 장교가 통솔했는데 백부장의 임무는 휘하 병사의 군기를 잘 단속하는 것이었다. 백부장 자신도 병사로 시작해 그 자리까지 올라온 사람이었다. 6개 켄투리아(중대)는 1개 코호르스(대대)를 형성했고 10개 코호르스가 1개 군단을 형성했다. 각 군단에서 제1코호르스가 언제나 가장 선임 대대였다. 각 중대와 대대는 로마인의 고상하고 존경받는 전통에 따라 모든 병사에게 명예에 대한 열망을 주입했다. 군단 병사는 누구나 백부장이 되기를 원했고, 백부장은 천부장이 되어 더 큰 부대를 지휘하고 싶어 했다. 모든 병사들의 최고 야망은 군단 내에서 가장 명예로운 제1 대대의 제1 중대를 지휘하는 것이었다. 이 중대를 지휘하는 백부장을 가리켜 프리무스

필루스primus pilus, 즉 수석 백부장이라고 했다. 로마인의 도덕성 추락을 개탄하는 사람들은 라인강 주둔 군단들을 바라보면, 고대의 전통이 아직도 위력을 발휘하고 있다는 확신을 얻을 수 있었다. "군단의 존경받는 관습과 병사들의 높은 훈련 수준이 로마 제국을 지속하게 하는 힘이다."[14]

복종심은 모든 병사의 첫 번째 의무였다. 로마의 전통과 국익에 대한 충성도 그에 못지않게 중요했다. 사크라멘툼은 황제에게 바친 것이었지만 동시에 로마 국가에 바친 것이기도 했다. 이 두 의무가 서로 충돌하면 어떻게 할 것인가? 이러한 질문은 라인강 연안에 주둔하고 있는 군단 병사들에게는 그저 추상적 질문으로 그치는 것이 아니었다. 갈바의 황제 등극은 이 질문을 아주 긴급한 문제로 만들었다. 새 황제는 아우구스투스의 혈통을 이어받은 사람이 아니었다. 그는 자신이 신의 후예라고 주장할 근거가 없었다. 게다가 라인강에 주둔한 병사들은 그를 우호적으로 기억하지 않았다. 그는 사령관 재직 시에 아주 야만적으로 지휘했었다. 장군은 훈련 교관으로는 충분하지 않고 병사들의 사랑을 얻어야만 했는데, 갈바는 눈에 띌 정도로 이것을 해내지 못했다. 지난해에 일어난 여러 사건은 벼락출세한 황제에 대한 게르마니아 주둔 군단들의 의심을 더욱 굳혀놓았다. 갈바는 빈덱스의 반란을 진압한 군단병들에게 충분한 포상을 내리지 않았다. 그는 병사들이 무척 존경하는 군단장인 베르기니우스 루푸스를 지휘관에서 해임했다. 그는 지속적으로 병사들을 무시해왔다. 그래서 1월 1일, 라인강 주둔 군단들의 병사들은 황제에게 충성 맹세하는 것을 망설였다. 베테라 진지에서 이런 적개심은 노골적 반란으로까지 번지지는 않았다. 저지 게르마니아의 병사들은 장교들의 설득을 받아들여 의심을 억누르고 충성을 맹세했다. 그러나 모곤티아쿰 사령부에서는 이야기가 달랐다. 이곳에서 갈바에 대한 반기를 드는 일에 앞장선 것은 병사들이 아니라 그들의 군단장이었다.

카이키나는 총사령부를 반란의 무대로 삼았다. 안뜰과 건물들로 이루어진 이 복잡한 단지는 진지의 정중앙에 자리 잡았고, 동시에 카이키나 군단의 사령부를 겸했다. 단지 내 건물 중에서 가장 인상적인 건물은 여러 개의 기둥으로 떠받쳐진 엄청나게 큰 홀이었다. 그 홀의 절반은 제4 마케도니카 군단이 지었고, 나머지 절반은 제22 프리미게니아 군단이 건설했다.[15] 각 홀에는 사당이 있었고 그 사당에는 도금 독수리 군기가 모셔져 있었다. 모든 군단이 이런 군단기를 갖고 있었다. 만약 바루스 대참사에서 3개 군단이 그랬던 것처럼 그 군기를 잃어버린다면 그것은 최악의 치욕이 될 것이다. 갈바는 로마 입성했을 때 제1 아디우트릭스 군단에 군단기를 내려주기를 거부함으로써 그 군단의 전면적인 폭동을 촉발했다. 아무튼 군단병들은 사당에 모셔진 군단기 옆에 세워진 황제의 동상을 아주 진귀하고 막강한 힘을 갖고 있는 것으로 여겼다. 따라서 황제에게 충성 맹세를 바친 군단병이 황제 동상을 박살내버린다는 것

은 너무나 엄청난 신성 모독이어서 감히 생각조차 할 수 없는 행동
이었다. 모곤티아쿰에 주둔 중인 병사들이 갈바에게 충성 맹세를
거부한 것은 그 새해 아침에 하나의 신호였다. 즉 사당 안으로 들어
가서 황제의 동상을 바닥으로 내팽개치라는 신호였던 것이다. 카이
키나의 사주를 받은 제4 마케도니카 군단이 반란에 앞장섰다. 제
22 프리미게니아 군단도 잠시 망설이다가 그 반란에 합류했다. 반
란을 제지하려던 백부장 네 명은 체포되었다. 운명적인 발걸음이
내디뎌졌고 이제 주사위는 던져졌다.

군단 병사들이 새해 아침에 바치는 충성 맹세는 황제 개인을 향
한 것이 아니라, 원로원과 로마 시민에게 바치는 것이었다. 그렇다
고 해서 공화제 정부 형태를 회복하겠다는 야망을 드러내는 것은
아니었다. 반란 군단들은 아직 황제 후보를 결정하지 못한 채 어정
쩡한 상태를 보여주고 있었다. 카이키나는 엄청난 야망과 모험심을
갖고 있었지만 그 자신이 갈바의 지위를 차지해야겠다고 상상할 정
도로 대담하지는 못했다. 카이키나와 동료 음모꾼들이 선택한 최선
의 후보는 고지 게르마니아의 총독이면서 전에 집정관을 역임한 호
르데오니우스 플라쿠스Hordeonius Flaccus였다. 그러나 그는 사람들에
게 경멸을 받고 있었고 심지어 가장 낙관적인 반란 병사조차도 그
를 황제 후보라고 진지하게 생각할 수가 없었다. 다행히도 라인 강
안에 주둔 중인 고위 행정관은 플라쿠스만이 아니었다. 그 이웃 지
역 또한 군사 지역이었다. 그 지역의 위수 사령관은 엄청나게 많은

병력을 휘하에 거느리고 있었다. 그래서 카이키나는 부하 사병들에게 반란을 일으킬 것을 사주하는 그 순간에도 이미, 저지 게르마니아의 여러 군단을 자기편으로 포섭해 그 사령관에게 세계의 통치자로 등극한다는 운명적 결단을 내리도록 설득한다는 계획을 세워놓고 있었다.

저지 게르마니아의 사령부는 모곤티아쿰에서 강 하류 쪽으로 약 150킬로미터 떨어진 지점에 자리 잡고 있었다. 기지 주변의 정착촌은 지난 100여 년 동안 점점 커져서 라인강 연안 일대에서는 가장 규모가 큰 도시가 되어 있었다. 원래 이 도시는 한 게르만 부족의 이름을 따서 '우비인의 제단Altar of the Ubians'이라는 이름을 갖고 있었다. 우비인들은 일찍이 아우구스투스 시절에 라인강의 동쪽에서 이곳으로 이주해 와 그 일대에 정착했다. 이 우비인들은 그 후에 네로의 어머니를 기념하기 위해 부족의 명칭을 아그리피넨세스로 개명했다. 그러자 클라우디우스는 후원의 표시로 그 정착촌에 식민도시colonia의 지위를 부여했다. 그것은 해외의 도시가 바랄 수 있는 최고의 영예였다. 식민도시가 된다는 것은 저 먼 왕정 시대로까지 거슬러 올라가는 전통 속으로 편입된다는 뜻이었다. 점령 지역에 이런 정착촌을 둔다는 것은 로마인들이 그 지역을 계속 점령 지역으로 묶어두기 위해 사용하는 전형적 방법이었다. 식민도시의 주민들은 퇴역 군단병이든 총애를 받는 원주민이든 그 주위의 시골 지방 사람들이 상상할 수도 없는 특혜를 누렸다. 그런 배타성이 특혜의 핵심이었다. 클라우디우스의 콜로니아(나중에 쾰른이 되었다) 겸 아그리피넨세스의 제단은 북부 지방의 사실상 수도 역할을 했다. 바로 여기에서 저지 게르마니아의 총독은 4개 군단을 지휘했다. 그 중 2개 군단은 베테라에 주둔했고 나머지 2개 군단은 제1 게르마니카 군단과 제16 갈리카 군단이었다. 콜로니아는 상무적 분위기를 풍기기 위해 꼭 군단의 존재가 필요하진 않았다. 그 인근에 막강한 해군 전단이 있을뿐더러 귀중한 유물인 율리우스 카이사르의 칼을 보관하고 있었다. 그러니 자칭 황제를 선포한 자가 머무를 만한 도시였다. 카이키나도 그렇게 생각했다. 갈바의 동상이 모곤티아쿰의 땅바닥에 떨어져 산산조각이 나자마자 그는 신임하는 장교를 저지 게르마니아에 파견했다. 장교는 전속력으로 달려갔다. 얼마나 빠르게 말을 달렸는지 그날 저녁으로 콜로니아에 도착했다. 그는 직접 사령관이 있는 본부로 달려갔다. 거기서 그는 아침이 올 때까지 기다리지 않고 화려하게 장식된 홀을 빨리 통과했다. 그의 임무는 반란 소식을 전하는 것만이 아니라 저지 게르마니아의 사령관을 황제로 옹립하고 싶다고 알리는 것이었다.

아울루스 비텔리우스Aulus Vitellius는 만찬 중이었다.[16] 로마의 호사가들이 보았더라면 전혀 놀라운 일이 아니었을 것이다. 비텔리우스는 탐식가로 악명이 높았다. 그는 오토처럼 사악함과 타락으로 명성이 자자한 사람이었는데 그런 버릇은 멀리 청년 시절까지 거슬러 올라간다. 칼리굴라와 네로의 총신이었던 비텔리우스는 두 황제와 마찬가지로 맹렬한 속도로 달리는 전차 경주를 열광적으로 좋아했다. 그러다가 어느 날 큰 추락 사고를 당해 영구히 발을 저는 신세가 되었다. 그는 또한 미친 듯이 도박을 했고 자신의 몸을 팔았다는 어두운 소문도 나돌았다. 하지만 그가 침대에 드러누워 승진을 했을 거라고 추정할 필요는 없다. 비텔리우스의 가계家系 기록은 그의 적들이 중상모략 하는 것에 비해 훨씬 더 인상적이었다. 그의 아버지는 원로원에 늦게 입성했지만 선임 원로원 의원의 기준에 비추어 보아도 대단하다고 할 수 있는 고위직에까지 올라갔으니, 집정관을 세 차례 역임하고 인구조사 때 클라우디우스의 감찰관 동료로도 일했다. 사망 시에는 공공 장례식을 수여받고 로마 중앙 광장에 조각상이 세워지는 영예도 하사받았다. 이러한 공적의 위엄은 대단한 것이었다. 비텔리우스의 족보는 네로나 갈바에게 비할 바는 못되어도 형편없진 않았던 것이다. 그 자신의 공직 경력도 결코 하찮다고 할 수 없었다. 아프리카 총독으로 근무할 때에는 그 성실성을 높이 평가받았다. 갈바의 후임으로 저지 게르마니아의 사령관으로 임명되고서는 불과 몇 달 사이에 유능하고 사교성 높은 장군으로 명망을 얻었다. 그는 불공정한 사항들을 폐지했고, 개혁을 실시했으며, 상식적으로 일을 처리했다. 동료 원로원 의원들은 그것을 저속한 일처리라고 못마땅하게 여겼지만 휘하 병사들의 환심을 샀다. 그는 분명 수상한 구석이 있었지만, 갈바가 사령관이었던 시절을 겪은 사람들은 그보다 더 형편없는 성격의 소유자도 황제가 되었음을 떠올렸다.

그렇지만 비텔리우스는 망설였다. 반란자들이 그에게 재촉하는 행동 노선에 대해 그는 깊은 의심을 품고 있었다. 그는 로마 시민들을 내전으로 몰아넣고 싶은 생각이 없었고 자신이 세상을 통치할 정도의 자질을 갖고 있는지도 확신이 서지 않았다. 그러나 황제 옹립을 거부하는 것 또한 참사를 불러올 수 있었다. 거부한다면 도리 없이 반란군 진압에 나서야만 했는데, 휘하 병사들이 그런 진압 작전에 동의할지 확신할 수가 없었다. 그 대답이 나오기까지는 그리 오래 걸리지 않았다. 1월 2일, 제1 게르마니카 군단의 나이 든 군단장 파비우스 발렌스Fabius Valens가 말을 달려 콜로니아로 들어왔다. 그는 소속 군단의 주둔지인 본나(오늘날의 본)에서 황급히 달려왔다. 어두운 정치적 술수에 능한 것으로 악명 높은 그는 카이키나처럼 야심만만하고 승진에 목마른 사람이었다. 하지만 두 군단장은 서로 싫어했고, 이는 그리 놀라운 일도 아니었다. 카이키나가 그랬던 것처럼 발렌스는 비텔리우스에게 반란을 권했다. 이튿날 라인강 연안, 저지 게르마니아와 고지 게르마니아에 주둔 중인 모든 군단이 비텔리우스를 황제로 옹립했다. 그들은 원로원에 보고함으로써 기존의 정치 제도를 존중하려는 태도를 보이는 것이 아니라, 곧바로 로마로 진격할 준비를 서둘렀다. 전통적으로 군사 작전에 나서는 계절이 아직 몇 달 남아 있다는 사실은 카이키나에게 전혀 고려 사항이 아니었다. 언제나 조급한 그는 봄이 될 때까지 자신의 주도적 행동을 늦출 생각이 없었다. 발렌스 또한 출발선에서 한 발 뒤처질 생각은 조금도 없었다. 두 군단장은 가능한 한 이탈리아로 빨리 들어가서 결판을 내야 한다고 보았다.

그래서 게르마니아에 눈과 진눈깨비가 내리는 1월에, 라인강 연안의 모든 군대는 전쟁 준비에 돌입했다. 한편 갑자기 닥쳐와 그를 압도하는 위기를 생각하기 싫은 듯 또는 그 후 몇 달 동안의 결과를 상상하기 너무 두려운 듯, 장차 세상의 통치자가 되려는 자는 대취의 혼몽 속으로 빠져들었다. "사치스럽고 호화로운 만찬 분위기에 허우적거리다가 한낮이 되어 배 속에는 음식이 가득한 채로 그는 술에 취해 잠에 빠져들었다. 황제가 되기 위한 비텔리우스의 준비는 이런 식이었다."[17]

아주 독특한 민족

라인 강변에서 반란이 발생했다는 소식은 로마에 큰 공포를 불러일으켰다. 경악한 사람은 황제 오토만이 아니었다. 도시의 엘리트들도 마찬가지였다. 그들은 비텔리우스가 그들에게 상황 변화를 보고하지 않았다는 사실에 대해서도 분개했다. 하지만 그런 모욕은 최악의 것은 아니었다. 이제 내전의 먹구름이 눈앞에서 어른거리고 있었다. 테베레강이 범람해 곡물 시장을 망쳐놓고 그 홍수가 로마의 가장 오래된 다리를 파괴한 사실은 장차 닥쳐올 패망의 음울한 조짐이었다. 겨울철인데도 불구하고 오토와 비텔리우스가 다가오는 사투를 준비하는 동안, 원로원 의원 다수는 비록 마음속으로 중얼거리는 것이지만 둘 다 망해버리기를 바라고 있었다. 그들이 보기에 참으로 얄궂은 운명의 변덕이었다. 네로가 거꾸러지자 황제 자리를 놓고 그의 심복 부하 두 명이 쟁투를 벌이다니. "그 두 사람은 이 세상에서 뻔뻔함, 게으름, 사치스러움 등으로 가장 악명이 높은 자들이었다."[18]

물론 오토는 그런 평가에 동의하지 않았다. 비판자들이 조롱할수록 그는 그들이 잘못 봤다는 것을 증명하고 싶어 했다. 그는 유혈 낭자한 과정을 통해 황제 자리에 올랐지만, 그래도 유혈을 별로 좋아하지 않았다. 그는 갈바의 추종자들에게도 아주 관대하게 대했고 갈등이 벌어지던 초기 몇 주 동안에 비텔리우스와 타협을 보려고 애를 썼다. 그는 또 원로원의 환심을 사려고 노력했다. 네로가 유배 조치를 했던 저명한 의원들을 소환했고, 집정관 임명 절차를 존중했다. 자신이 기존의 정치 제도를 최대한 존중하겠다는 뜻도 밝혔다. 그렇지만 오토는 아주 아슬아슬한 고공 줄타기를 해야만 했다. 갈바가 단명 황제로 끝나자 전임 황제에 대한 동경이 생겨났다. 오토는 어떻게든 자신을 아우구스투스 가문의 후예로 내세우고 싶은 마음이 있었다. 청년 시절 자신이 네로의 친구였다는 사실이 일부 의원에게는 좋게 받아들여진다는 점을 최대한 활용하려

했다. 황금 궁전을 완공할 수 있는 자금도 적시에 마련했다. 포파이아의 조각상들은 원래의 대좌 위에 다시 올려졌다. 스포루스는 화려한 옷차림을 유지했다. 오토는 턱을 주억거리고 윙크하는 재주가 있었다. 평민들과 근위대 병사들이 그를 "네로 오토"라고 부르자, 신임 황제는 그 호칭을 승인하지 않았지만 그렇다고 반박하지도 않았다.

그러는 동안에 네로가 죽음의 세계로부터 소생했다는 소식이 그리스 전역을 휩쓸었다. 에게해의 작은 섬 키트노스에 네로를 닮았을 뿐만 아니라 하프를 켜면서 노래를 부르는 모습이 영락없이 네로인 남자가 등장해 그리스인 사이에서 엄청난 흥분을 불러일으켰다. 황제의 이름은 여전히 강력한 마법을 구사했다. "변화를 열망하고 현재 세상을 증오하던 많은 사람들이 그 매력을 느꼈다."[19] 총독이 지방 속주에 부임하러 가던 길에 그 섬에 우연히 들른 일로 반란은 미연에 방지할 수 있었다. 총독의 경호원들은 그 가짜 네로를 붙잡아 처형하고, 그 시신을 에게해 일대에 효수했다. 시신의 툭 튀어나온 눈과 사나운 표정은 사람들의 경악을 자아냈다. 그리스의 모든 사람이 네로가 정말로 죽었고, 그가 슬프고도 잔인한 신들을 속이지 않았다는 사실이 분명해지자, 그제서야 그 시신을 로마로 보냈다.

그러나 이 사건은 수도의 많은 사람들이 신경 쓴 것보다는 훨씬 더 음울한 조짐이었다. 그리스인들이 네로를 열광적으로 지지한다는 것은 결코 놀라운 일이 아니었다. 아무튼 그는 그들의 세금을 면제해주었다. 이 특혜가 곧 취소될 것이라는 불안이 널리 퍼져 있었고 충분히 그럴 만했다. 그러나 그리스인들의 네로 동경은 양날의 검이었다. 그들의 세금 부담을 덜어준 것이 네로였다면, 애초 그들을 중과세의 커다란 부담 아래 짓눌리게 만들었던 것도 네로였다. 황금의 시간은 결코 공짜로 찾아오는 것이 아니었다. 수도를 전체적으로 재건해야 했다. 네로의 관대한 조치가 내려지지 않은 속주들의 세리들은 고깃덩이를 향해 파리 떼처럼 달려들었다. 무자비한 가렴주구 속의 비참함이, 더 좋은 날에 대한 동경과 융합했다. 제국의 동부 지역 일대에서는 다가오는 새로운 정의의 세상에 대한 각종 예언이 난무하고 빛을 발하고 그러다가 서로 합쳐졌다. 이러한 예언들 속에서 네로는 스타 역할을 했다. 일부 예언에서 그는 인간이 아니라 신이며, 박해자들을 피해 잠시 물러갔으나 곧 되돌아와서 그 장엄한 통치를 속개할 것이라고 내다보았다. 반대로 어떤 예언에서 그는 괴물로 등장했는데, "도망 노예처럼 보이지도 들리지도 않는 상태로 도망쳤다"라고 매도되었다.[20] 그러나 이런 판타지들 속에서 공통적으로 반짝거리는 비전이 있었다. 그것은 세상이 산산조각이 났으며 로마 제국은 피의 홍수 속에 빠져 있다는 환시幻視였다.

그러나 오토는 다른 우선 사항들이 있었다. 그는 라인강의 위협에 집중하고 있는 상태였으므로 불만이 설설 끓는 동방 속주들에 신경 쓸 시간이 없었다. 지난 오랜 세월 동안 그리스 세계는 군사적 위협이 되지 못했다. 인도까지 정복했던 알렉산드로스 대왕의 정복 사업은 이미 4세기 전의 일이었다. 과거 알렉산드로스의 부장들이 세운 다양한 왕조의 지배를 받았던 지중해 동부는 이제 로마의 호수가 되어 있었다. 시리아의 안티오케이아나 이집트의 알렉산드리아 같은 유명 도시들은 과거에 왕국의 수도였지만 지금은 속주 총독의 사령부가 되었다. 그 도시들의 부, 규모, 화려함은 로마의 엘리트들을 위협하기는커녕 그들의 마음에 가벼운 경멸감을 일으킬 뿐이었다. 아시아인들은 화려한 업적을 많이 달성하기는 했지만 원래 노예가 되기에 적절한 사람들이었다. 이것은 결코 근거 없는 편견이 아니었다. 기후가 인간의 성격에 미치는 영향을 잘 알았던 그리스 철학자들은 오래전에 그 사실을 증명해 모든 사람을 흡족하게 했다. 북유럽의 차가운 날씨가 활기차지만 어리석은 사람을 만들어내듯이, 시리아와 이집트의 짜증나는 무더위는 그곳 사람들을 똑똑하지만 무르게 만들었다. 한대도 열대도 아닌 중간 지역에 사는 행복한 사람들은 활기차면서 똑똑한데 "지리적으로 중간 지대"를 차지하기 때문에 그렇다.[21] 늘 자부심 넘치던 그리스인은 자신들의 도시야말로 그런 중간 지대라고 말했다. 그것은 우스운 오류였다. 역사는 거짓말을 하지 않는다. "지리적으로 중간 지대"는 로마를 가리키는 것이 너무나 분명하다.

이렇게 통치에 알맞은 본성을 가진 로마인은 북부의 야만인을 정복하는 것보다 동방 사람들을 복속시키는 것이 더 이로운 사업임을 발견했다. 게르마니아와 브리타니아에서는 피정복민으로부터 세금을 거둘 수 있는 하부 시설을 맨땅에서 구축한 반면에, 이집트와 시리아에는 그런 시설이 이미 오래전부터 있었다. 양 떼로부터 양털을 깎아내는 방법은 많다. 직접 통치만이 양털을 깎는 유일한 방법은 아니었다. 로마에서 동방의 이런 대도시들에 임명한 총독들은 붕괴된 왕조의 후계자로서 그 도시들을 다스렸다. 알렉산드리아든 안티오케이아든 그들은 왕궁에서 살았고, 기존에 정착되어 있던 관료제도에 의존했고, 마케도니아 왕들에게서 물려받은 후원의 구조들을 지휘했다. 로마 당국은 현지의 기존 왕조들을 후원하는 것을 원칙적으로 반대하지 않았다. 언제나 중요한 것은 실용주의였다.

군사적 위협이 되지 않으면서 세금을 잘 거두어들이는 세리들을 거느린 지방 소군주는 아주 귀중한 하인이었다. 그 결과 근동의 로마 통치 구조는 언제나 여러 가지 요소를 종합한 구조였다. 속주들 속에 왕국이 존재했고, 로마 총독은 순종적인 현지 소군주들을 상대했다. 이 모두가 황제에게 의존했다. 금도를 넘어섰거나 의무 사항을 게을리한 로마 총독이 본국으로 소환되듯이, 로마 속국으로서 왕국을 다스리는 왕의 머리 위에는 폐위의 위협이라는 칼이 매달려 있었다. 아우구스투스는 상황의 필요에 따라 속주와 왕국의 경계를 다시 그음으로써 통치의 모범을 보였고 그 후의 황제들은 모두 이 선례를 따랐다. 정책의 일관성은 중요하지 않았고 국고를 더 가득 채울 수 있는 정책이 훨씬 더 중요했다. 네로가 그 국고를 탕진해버렸기 때문에 그것을 다시 채우는 일이 무엇보다도 시급했다. 모든 것이 그 일에 달려 있었다. 세금이 안 들어온다면 어떻게 병사들에게 봉급을 주겠는가? 봉급이 없다면 어떻게 군단을 유지하겠는가? 군단이 없다면 무슨 수로 세상의 평화를 유지하겠는가?

더 많은 세수를 바라는 로마의 탐욕에는 그와 유사한 위험이 그림자처럼 따르고 있었다. 만약 세리들이 지나치게 가렴주구를 해댄다면 결국에는 로마의 국력을 강화하는 것이 아니라 훼손할 것이다. 네로의 통치는 이러한 사태에 대한 극적인 증거였다. 최근에 침공해 불안정하게 속주로 편입한 브리타니아에서, 원주민들은 과도한 세금을 못 견뎌 노골적인 반란을 일으켰다. 부디카Boudicca라는 전사 여왕의 지휘 아래 그들은 살육적 폭동을 자행했다. 로마 정착촌 세 곳이 잿더미로 변해 검은 연기만 피워 올렸다. 그러나 속주 총독은 짧은 시간 내에 엄청나게 불리한 상황에서도 혁혁한 승리를 거둠으로써 절벽 아래로 추락할 뻔한 상황을 가까스로 수습했다. 브리타니아인의 성품을 감안한다면 그 반란은 그리 놀라운 일이 아니었는지도 모른다. 그들은 야만인이었고 최근에 정복되기는 했지만 돈을 걷어가는 세리의 존재가 익숙하지 않았다. 하지만 네로의 시기에 반란을 일으킨 또 다른 민족은 세리가 무엇인지 모르는 사람들이 아니었다. 그들은 오래된 땅 이집트와 시리아 사이에 있는 작은 땅이지만 전략적 요충인 지역에 사는 주민들이었다. 그들이 외세에 침탈당한 역사는 여러 세기 전으로 소급한다. 이 민족의 이름은 유대인이었다.

그들의 수도인 예루살렘을 폼페이우스가 공격한 이래 100여 년의 세월 동안에, 유대인은 로마의 지배를 받아왔다. 근동의 다른 많은 민족들과 마찬가지로 그들은 돈, 세리, 강대국의 요구 사항 등에 익숙해져 있었다. 실제로 폼페이우스가 도착하기 이전에, 그들은 제국 같은 행태를 보였다. 그들은 남쪽 이웃 부족들을 유대의 생활 방식으로 편입했고, 북쪽의 사마리아인을 상대로 무자비한 멸절 정책을 수행했다. 그들의 정책 이행은 너무나 완벽해, 폼페이우스가 도착하기 50년 전인 서기전 112년에 유대인은 사마리아의 신성한 사당과 그 수도를 점령해 "그 나라를 완전히 파괴했고 또 그 주민들을 노예로 만들었다."[22] 두 대참사에도 불구하고 사마리아인들은 유대의 잔인한 말살 정책에 맞서 자신들의 정체성을 보존하는 데 성공했다. 그리고 로마인이 침공해 옴에 따라, 이 두 라이벌 민족은 마지못해 교전 상태를 중지했다. 그렇지만 두 민족 사이의 증오심은 조금도 수그러들지 않았다. 그들의 새 영주에게 느끼는 것보다 더 큰 적개심을 느끼고 있었다. 분할 통치에 익숙한 로마는 당연히 이런 상황을 적극 활용하면서 어부지리를 노렸다.

특히 유대인 엘리트들은 즉각적으로 협조하겠다고 나섰다. 로마 당국이 예루살렘의 지역적 존엄성을 훼손하는 것이 아니라 적극적으로 지지했기 때문이었다. 그래서 로마인은 이 지역에서는 별 문제 없이 가벼운 마음으로 유대인을 통치할 수 있을 것이라고 생각했다. 유대 땅에는 군단이 주둔하지 않았다. 현지에 주둔하는 위수 부대는 아주 소규모였다. 로마 당국은 원래 속주민의 대규모 집결을 꺼렸지만 유대인의 독특한 관습에 따라 예루살렘에 엄청나게 많은 유대인이 몰려들 때에도 그것을 단속하지 않았다. 그런 조치를 취할 필요가 없다고 본 것이다. 그 시기에는 물론이고 그 후 로마가 유대인과 거래할 때 문제가 일어난 적이 없었다. 유대인은 정해진 규칙에 따라 행동하는 민족처럼 보였다. 세금을 꼬박꼬박 잘 내고 어리석은 짓은 하지 않았다. 그러다가 이러한 인식이 갑자기 거꾸로 뒤집히는 사태가 발생했다. 서기 66년 네로가 그리스를 방문해 그 나라의 축제들에 참가하면서 군중들의 찬양 소리에 흠뻑 취해 있을 때, 놀라운 소식이 그에게 전해졌다. 유대인들이 반란을 일으켰다는 것이었다.

그 폭발의 불씨는 아주 먼 곳에 떨어진 불에서 촉발되었다. 로마에 대화재가 발생한 서기 64년에 네로는 유대를 다스릴 새로운 행정관으로 게시우스 플로루스Gessius Florus를 내보냈다. 항간의 소문을 떠들어대는 수다꾼들은 새 행정관의 아내가 포파이아와 친하기 때문에 그 자리를 따냈다고 수군거렸다. 하지만 얼마 지나지 않아 그는 능력을 발휘하기 시작했고 네로의 환심을 더욱 사게 되었다. "그는 도시들을 깡그리 털었고 마을들을 빈털터리로 만들었다."[23] 강

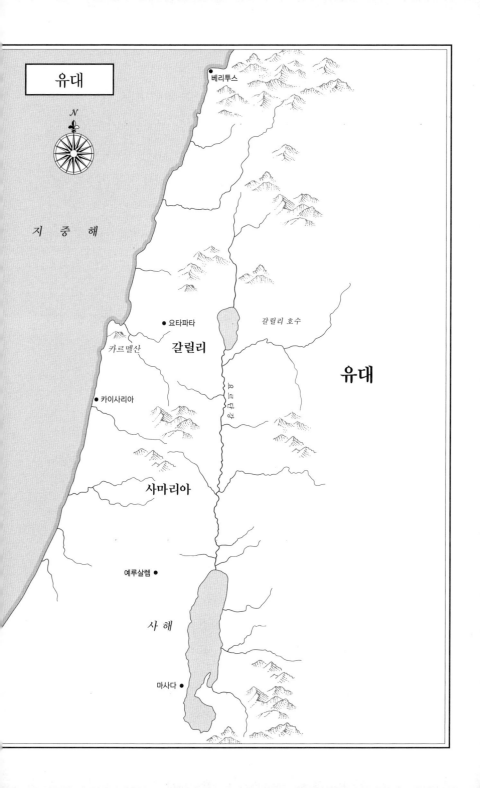

탈할 자금이 있다고 판단하면 플로루스는 막무가내로 빼앗아갔다. 이런 대규모 악덕은 아주 새로운 것이었다. 플로루스가 부임한 지 1년도 채 안 되어 그에게 반발하는 대규모 시위가 예루살렘에서 발생했다. 시위대는 플로루스의 직속상관인 시리아 총독 케스티우스 갈루스Cestius Gallus가 근무하는 도시를 찾아갔다. 케스티우스는 그들의 말을 경청하고서 플로루스의 가렴주구는 완화될 것이라고 엄숙히 약속했다. 하지만 케스티우스는 약속을 지킬 수 있는 위치에 있지 않았다. 플로루스의 진짜 직속상관은 총독이 아니라 네로였다. 네로는 자신이 원하는 것을 얻고 싶어 했다. 로마 대화재 이후에 네로가 원하는 것은 거액의 돈이었다. 그래서 플로루스는 그런 시위에 아랑곳하지 않고 강탈을 계속했다. 그리하여 그가 총독으로 부임한 지 겨우 두 해만에 유대인들이 폭발해버렸다.

그러나 이게 이야기의 전부는 아니다. 유대인들이 학대당했다는 것과 "그 압박을 끈질기게 잘 참아냈다"는 것을 아는 분석가들도 유대인이 아주 특별한 민족이라는 것을 알아보았다.[24] 유대인들은 분명 이집트인이나 시리아인처럼 여러 왕국의 속국으로 지낸 경험이 있었다. 하지만 그들의 많은 관습은 유럽 북부 야만인의 관습과 상당히 닮았다. 유대인은 게르만인과 마찬가지로 원하지 않는 아이를 내다버리는 것을 범죄로 여겼다. 게르만인처럼 외국인을 의심의 눈초리로 보았고, 신들을 위해 신상을 세우는 것을 거부했다. 그러나 이런 비교 사항들도 유대인의 진정한 특징을 잘 드러내주지는 못했다. "우리가 신성하게 여기는 것을 그들은 미신이라고 경멸하고, 우리가 혐오하는 관습을 그들은 철저히 지킨다."[25] 유대인의 생활방식이 근원이 아주 오래되었고 또 로마의 그것보다 훨씬 오래되었다는 사실은 가장 적대적인 목격자들도 동의하는 바였다. 유대 역사의 가장 기이한 세부 사항들은 널리 알려져 있었다. 아주 오래 전 그들의 조상은 이집트에 살았다. 그들은 모세라는 남자의 인도 아래 그들의 고국이 된 곳으로 왔다. 이 모세라는 사람은 그들에게 아주 새로운 형태의 신앙을 지시했다. 그 자세한 내막은 너무 애매모호해서 자세히 연구할 만한 가치가 없다. 그러나 개요는 아주 분명했다. 유대인은 유일신을 믿었고 그 신은 "전능하고 영원하며, 비길 데 없으며 끝이 없다."[26] 이 신은 모세에게 여러 가지 율법을 주었다. 유대인들은 반드시 할례를 해야 했다. 이레마다 하루씩 아무것도 하지 말고 놀아야 한다. 그들은 그날을 '안식일'이라고 불렀다. 그들은 돼지고기도 먹지 않는다. 유대 땅이든 알렉산드리아든 로마든 이 세상 어디에 살든, 유대인은 반드시 이 율법을 지켜야 했다. 물론 기이한 관습이었지만, 모세 율법에 대한 철저한 복종 덕분에 유대인은 더 강성한 민족으로 둘러싸인 세상에서 그들의 정체성을 지켜올 수 있었다. "식사 자리에서든 침실에서든 그들은 별도의 민족으로 존재한다."[27]

이처럼 여러 까다로운 특징을 갖고 있음에도 불구하고, 그들은 비슷한 시기에 비슷한 방식으로 로마의 통치를 받아온 다른 많은 부족들보다 유독 더 낯설거나 괴상하지는 않았다. 예를 들어 그들은 브리타니아인처럼 인신 제물human sacrifice을 바치지는 않았다. 이집트인처럼 동물 형상의 신들을 예배하지도 않았다. 시리아인처럼 자신을 거세하지도 않았다. 소수 로마인은 유대인이 그들의 신을 숭배하는 방식을 우행과 미신이라고 경멸한 것이 아니라 그런 신앙을 존중했다. 박식한 학자들은 그 하느님을 유피테르와 같은 존재라고 말했다. 철학자들은 모세의 지혜를 칭찬했고, 유대인을 "집단적 철학자들"이라고 칭송했다.[28] 도시의 한량들은 기도하는 집으로 유대인이 로마에 지은 예배당('유대교 공회당synagogue'으로 알려졌다)을 권장했는데, 그곳에 가면 좋은 여자들을 만날 수 있기 때문이라고 말했다. 유행의 표상이라고 할 수 있는 포파이아도 유대인 사이에서는 테오세베스theosebes, 즉 유대인의 하느님을 존경하는 사람으로 알려졌다. 로마의 첨단 유행을 걷는 사람들이 유대의 관습과 신앙에서 아주 반문화적인 것, 아주 경쟁력 있고 세련된 것을 알아보기 위해 공회당에 참석하거나 돼지고기를 안 먹거나, 안식일을 지켜야할 필요는 없었다.

"이 혐오스러운 민족의 관습이 세계 전역에서 채택되고 있다."[29] 이는 로마의 보수주의자들이 도시에 유입된 외래 종교를 공격할 때마다 내뱉는 불평인데, 지나치게 과장되었다. 유대 땅은 너무 멀리 떨어져 있고 너무 하찮은 곳이기 때문에 대중적 인지도가 낮았다. 하지만 유대인들은 자기 체중 이상의 주먹을 날리는 재주가 있었다. 공회당은 로마 제국 내의 대도시들에 건립되었다. 로마, 알렉산드리아, 안티오케이아, 그 외의 도시에 빠짐없이 세워졌다. 유대인은 아주 오래된 민족이었다. 로마인은 언제나 고대 세계를 존중해야 한다고 생각했다. 클라우디우스는 아우구스투스를 증인으로 내세우면서 이와 다른 생각을 하는 사람들에게 경고했다. "유대인들이 그들의 하느님을 위해 올린 예식에서 채택하는 관습은 존중받아야 한다."[30]

이러한 선언은 황제 자신이 직접 내놓은 것이기 때문에 일체 반박을 할 수가 없었다. 알렉산드리아 내의 유대 공동체를 공격하고 싶은 군중들은 유대인이 그 도시만큼이나 오래된 민족이라는 것을 기억해야 했다. 모세의 저서를 찢어버리거나 그것을 불구덩이에다 던지는 유대 땅에 주둔하는 로마 병사들은 참수당할 각오를 해야 했다. 황제의 환심을 사기 위해 예루살렘에 황제 동상을 세우거나 황제 초상을 새긴 동전을 발행하려고 하는 로마 행정관들은 폰티우스 필라투스가 당했던 역풍을 상기해야 했다. "괴상한 성품에 보복하기를 좋아하는 이 남자"는 군단기를 도시 안으로 가지고 들어오는 것을 허용했다.[31] 그러나 유대인들이 땅에 쓰러져서 율법을 위반하느니 차라리 죽어버리겠다고 목청껏 소리치자 필라투스는 군단기를 철수하라고 명령을 내릴 수밖에 없었다. 로마 당국은 이 교훈을 단단히 명심했다. 괜히 유대인의 감수성을 건드려서 일을 그르치는 것은 무의미했다. 그래서 장기간 지사로 재직하는 동안에 필라투스는 유대인들의 이해관계를 지속적으로 옹호했다. 그는 유대인 사제들과 긴밀하게 협력했다. 예루살렘에 수도교도 지어주었고, 사마리아인을 괴롭히고 못살게 굴었다. 오히려 그게 너무 심했던 나머지 결국 시리아 총독은 그를 본국으로 보내버렸다.

로마인은 무력으로 세상을 제패했을 뿐만 아니라 평화의 기술을 터득함으로써 세상을 다스리게 되었다. 예루살렘은 유대인이 볼 때 세상에서 가장 오래된 도시이고 또 가장 성스러운 곳이다. 이 도시는 황제들의 통치 때 번창했고, "동방의 가장 유명한 도시"라고 로마 관보에서 스스럼없이 인정했다.[32] 과거에는 초라하고 보잘것없던 신전은 거창하게 증축되었다. 하얗게 빛나는 거대한 돌들로 만들었고, 엄청나게 사치스러운 장식물들로 치장했으며 그 안뜰은 아주 넓어서 날마다 수천 건의 희생 제물을 바칠 수 있을 정도였다. 그것은 일대 장관이었고 유대인이 아닌 방문자들도 이곳이 제국의 장엄한 지형지물 중 하나라고 순순히 인정했다. 유대인이 자신의 신에게 바치는 봉헌의 기념물인 그 신전은 로마의 치안질서에 대한 기념물이기도 했다. 엄청난 조공과 희생의 공물을 가지고 세계 전역에서 예루살렘을 찾아오는 순례자들이 없었더라면 그 도시는 비참한 그림자에 지나지 않았을 것이다. 로마의 무기로 유지되는 치안질서도 중요했다. 그 덕분에 공공 도로에 산적이 없고 해로에는 해적이 없어서 순례자 무리는 안전하게 예루살렘을 찾아올 수 있었다. 만약 그런 치안질서가 없었다면 그 순례자들은 점차 줄어들어

없는 것이나 마찬가지가 되었을 것이다. 유대인 대다수와 특히 유대 지역 이외의 장소에 사는 사람들은 이를 고맙게 여겼다. "그처럼 판도가 광대무변한 제국은 하느님의 도움 없이는 생겨날 수 없다."[33] 로마와 알렉산드리아에 사는 유대인이 볼 때 이것은 너무나 분명한 사실이었다. 그래서 유대인의 공회당에서 황제에게 공물을 바치는 것을 조금도 망설이지 않았다. 신전에 봉사하는 유대의 전통적인 사제 계급 겸 통치 계급은 황제를 위해 정기적으로 봉헌을 바치는 것에 대해 아무런 불평도 하지 않았다. 속주에 나가 있는 로마의 당국자들이 볼 때, 이것은 완벽한 충성심의 표시였다. 황제에게 바치는 것과 유대의 하느님에게 바치는 것 사이에 아무런 갈등이 없다는 사실을 확증해주는 것이었다.

그러다가 플로루스가 유대 행정관으로 부임해 왔다. 서기 66년에 그는 재정 적자를 보전하기 위해 신전으로부터 거금을 몰수했다. 그것은 도발적인 조치였다. 게다가 행정관을 배후에서 지원하는 경비군이 유대인의 철천지원수인 사마리아인 중에서 차출한 병사로 이루어졌다는 것도 엄청나게 도발적이었다. 도시 전역에서 분노의 불길이 솟구쳤다. 폭동꾼들이 거리로 몰려나와 소리쳤다. 플로루스는 야만적인 보복 작전으로 응수했다. 거리를 유대인들의 피로 흥건하게 만들어도 좋다는 허가를 받았으므로, 사마리아 경비대는 좌고우면하지 않았다. 남녀노소를 불문하고 3000명이 넘는 시민이 참살되었다. 저명한 유대인들은 체포되어 매질과 고문으로 죽었다.

유대인 사회의 모든 사람이 심각한 상처를 입었다. 어떻게 하면 이 고문 기술자를 제거할 수 있을 것인가? 불쌍한 군중이 행동에 나서라고 울부짖어도, 사제 계급에는 전통과 같이 신중히 접근해야 한다는 사람이 많았다. 케스티우스를 찾아가 호소하고 황제에게 호소하자는 것이었다. 하지만 어떤 사람들은 그런 신중함을 유약함과 비겁함의 증거라며 경멸을 표시했다. 반란 세력 중에서 호전적인 한 무리는 도시에 팽배한 폭동 분위기에 편승해 신전 건물을 장악했다. 거기서 대담하고 카리스마 넘치고 충동적인 젊은 사제 엘르아살이 운명적인 조치를 선언했다. 외국인들이 신전에 바치는 모든 봉헌물을 거부하겠다는 것이었다. 그 선언의 속뜻은 굳이 자세히 설명할 필요조차 없었다. 더 이상 로마 황제를 위해 봉헌물을 바치지 않겠다는 것이었고 따라서 로마에 충성을 바치지 않겠다는 표시였다. 그것은 선전 포고였다.

　세계 최강국에 도전하는 것은 공포스러운 일이었다. 많은 유대인이 자살 행위라고 생각했다. "당신은 지금 이집트인이나 아랍인을 공격하고 있다고 생각하는가? 로마 제국의 거대한 판도를 생각해보라. 그에 비해 우리는 허약한 민족에 지나지 않는다."[34] 이에 대해 반란자들은 이런 반론을 폈다. 만약 하느님이 우리 편에 계시다면? 물론 그들의 초기 행동들이 엄청난 성공을 거둔 것은 사실이었다. 엘르아살과 그의 부하들은 효율적이고 무자비하게 그들의 도시 통치를 반대하는 두 주요 세력인 유대인의 평화당과 사마리아에서 로마인이 동원한 수도 경비대를 제거했다. 사마리아 병사들은 안전 통행의 약속을 받고서 그들의 요새에서 나왔으나 그 직후 학살당했다. 평화당의 지도자들은 그들의 호화판 저택에서 불태워졌고, 도망친 자는 끝까지 추적받고 참살되었다. 희생자 중에는 엘르아살의 아버지도 있었다. 몇 주 뒤 당연한 수순으로 시리아 총독 케스티우스가 진압군을 이끌고 현장에 도착했으나 일련의 기적적인 사건들은 반란군에게 하느님이 그들 편이라는 확신을 더욱 굳건하게 만들었다. 첫째, 신전을 함락하기 일보 직전에 케스티우스는 공성전을 포기했다. 이어 질서정연하게 퇴각을 시도하던 중에 그는 예루살렘을 빠져나가는 비좁은 길에서 매복 작전에 걸려들었다. 그리하여 철수는 곧 패주로 이어졌다. 5000명이 넘는 로마인들의 시체가 도로에 나뒹굴었다. 투석기, 파성추, 대포 등을 모두 상실했다. 군단기마저도 잃어버렸다.[35] 그보다 더 심한 치욕은 있을 수 없었다.

군단기를 잃어버린 것은 제12 풀미나타(천둥벼락) 군단이었는데 원래 율리우스 카이사르가 동원한 유명한 부대였고 혁혁한 전공을 많이 올린 역전의 부대였다. 그런 군대가 어떻게 유대인 반란자들로 구성된 오합지졸 민병대에게 패배할 수 있단 말인가? 도덕주의자들은 그 원인에 대해 조금도 의심하지 않았다. 아우구스투스 치세 이래 수십 년 동안 제12 풀미나타 군단은 시리아에 계속 주둔했다. 로마군 최고 사령부 내에서는, 동방에서의 장기간 근무가 병사들에게 미치는 나쁜 영향에 대한 우려가 계속 제기되었다. 군기를 중요시하는 자들은 이런 걱정을 했다. 아시아인을 유약하게 만드는 기후가 군단 병사들 또한 무르게 만들 것이다. 문명의 오락에서 멀리 떨어져서 근무해야 하는 라인강 연안의 군단들과는 다르게, 동방 속주들에 나가 있는 군단 병사들은 번잡한 도시 근처에서 근무했다. 이집트에서는 2개 군단이 알렉산드리아 교외에 설치한 사령부를 공유하고 있었다. 시리아 주둔 병사들은 안티오케이아 근처 마을에서 민가 숙박을 했다. 사정이 이러하니 동방의 군 기지에 부임한 역전의 장군들이 휘하 병사들의 느슨한 군기에 절망한 것은 그리 놀라운 일이 아니었다. 유대인 반란이 발발하기 10년 전에 가장 근엄하고 카리스마 넘치고 아주 유능한 장군 그나이우스 도미티우스 코르불로Gnaeus Domitius Corbulo가 동방 변경에 주둔하는 군단들의 허약한 군기를 바싹 단련시켜서 제대로 잡아놓은 바 있었다. 안티오케이아의 유곽에서 잡혀 온 군단병들은 아르메니아의 산악 지대를 행군하는 훈련을 했고 천막에서 겨울 한 철을 보내야 했다. 초소에서 경계를 서던 초병들은 거의 얼어 죽을 지경이었다. 실제로 "한 병사는 화목 더미를 들어가다가 손가락들이 뚝 잘려나갔다. 그 손가락들은 화목에 붙어 있었다."[36] 이것이 로마인이었고 로마 병사였다. 코르불로의 훈련 방식은 아주 효과적이었다. 그가 지휘했던 제10 프레텐시스 군단이 거둔 군사적 성공 기록이 이를 가장 잘 보여준다.* 이 군단도 제12 풀미나타 군단과 마찬가지로 수십 년 동안 시리아에 주둔했으나, 제12군단과는 다르게 코르불로의 강력한 단련을 받아서 놀라울 정도의 군사력을 갖추게 되었다. 이 군단은 전투에서 승리를 거두었고, 도시들을 점령했으며, 거만한 외국인들이 무릎을 꿇고 평화를 호소하게 만들었다. 이 군단의 맹렬함은 그 군기에 그린 야생곰보다 더 사나운 것으로 판명되었다. 제10군단은 과거에 카이사르에게 훌륭하게 봉사했고, 코르불로에게도 마찬가지였다.

그러나 서기 67년에 네로는 이 위대한 장군을 그리스로 불러서 반역죄 혐의를 뒤집어씌우며 자결을 명령했다. 황제의 지시에 늘 순응했던 코르불로는 자신의 칼 위로 몸을 던졌다. 그의 몰락은 세계 도처에 나가 있는 야심만만한 남자들에게 경고로 여겨졌다. 로마 제국 같은 전제 국가에서 고도로 탁월한 업적에 내려지는 보상은 죽음일 수도 있었다. 그러나 케스티우스 갈루스 같은 사람은 비록 의심 많고 복수심이 강한 황제에게 여러 군단의 군단장으로 임명을 받기는 했지만 그런 교훈이 필요하지 않았다. 그는 왜 예루살렘 함락 일보 직전에 비참한 퇴각을 결정했을까? 신전을 점령했더라면 반란의 봉오리를 초창기에 따버릴 수 있었을 것이고, 그것은 케스티우스 자신에게 큰 영광이었을 것이다. 하지만 그는 모험을 걸기보다 반란자들에게 로마의 위력을 보여주어 겁먹게 하는 것

• 아우구스투스를 최종 승자로 등극시킨 내전 동안에, 이 군단은 메사나(메시나) 해협을 경비함으로써 미래의 황제에게 봉사했다. 그래서 이 군단은 해협의 군단이라는 명칭을 얻게 되었다.

만으로도 충분하다고 생각했을지 모른다. 그리하여 자신이 생각했던 소기의 목적이 달성되었다고 판단해 신중하게 철수를 결정했을 수 있다. 만약 이것이 그 퇴각의 실제 이유였다면, 그 작전은 크게 실패했다. 군단기를 상실함으로써 치욕은 최고조에 달했고 보복에 나서는 것 이외에는 달리 대안이 없었다. 바루스 대참사 이후에 게르마니아에서 그랬던 것처럼, 이제 유대 땅에서도 같은 일이 벌어졌다. 로마의 명예를 지키기 위해서는 무자비하고 파괴적인 보복을 감행해야 했다.

네로의 체제가 내파하고, 갈바가 황제 자리에 등극했다가 쓰러지고, 이어 오토와 비텔리우스가 내전을 준비하는 상황이었지만 무자비한 보복이 로마인들에게 부과된 신성한 의무였다. 유대 반란이 터지고 3년이 지난 후에 반란의 기세는 현저하게 꺾였다. 예루살렘과 인근의 몇 개 성채들은 여전히 무장한 상태였으나, 유대의 다른 지방들에는 평화가 찾아왔다. 그 군사 작전은 네로의 사람 보는 안목을 증명했다. 그는 장군들에게 위협을 받는다고 느끼면 그들을 즉각 제거했고 마찬가지로 아무런 위협이 되지 않는다고 생각하면 장군들을 즉각 승진시켰다. 티투스 플라비우스 베스파시아누스는 유대 지방을 다스리기에 아주 적합한 인물이었다. 라인강 주둔과 브리타니아 정복을 모두 겪은 이 베테랑 장군은 능력이 매우 뛰어났다. 용감하고, 전략적으로 명민하고, 자신이 지휘하는 병사들 사이에 인기가 높았다. 그러면서도 집안의 족보가 별로 좋지 않아 네로의 목적에는 너무 잘 들어맞는 사람이었다. 로마에서 약 80킬로미터 떨어진 사비니족 마을에서 성장한 그는 플라비우스 가문 출신이었는데, 로마 상류 사회의 의견에 따르면 그 집안은 "이렇다 할 명성이 전혀 없었다."[37]

그렇지만 이 가문 사람들은 계속 출세하고 있었다. 베스파시아누스의 큰형 사비누스는 뛰어난 명망가였다. 그는 집정관과 속주 총독을 역임했고 마지막으로 로마의 치안을 맡는 고위 행정관인 로마 시장이 되었다. 베스파시아누스는 형의 발자국을 따라서 집정관에도 오르고 지방 속주의 총독도 역임했다. 하지만 권력의 사다리에서 계속 승진한 그의 형이 볼 때 동생은 좀 난처한 인물이었다. 그의 말투는 사투리가 심했고 유머 감각도 투박했다. 그의 얼굴은 햇빛 속에 너무 오래 있어서 타버린 듯했고 표정은 한 농담가가 말했듯이 "똥을 누려고 애쓰는 사람 같았다."[38] 늘 돈이 부족했던 그는 유대 사령관을 맡기 전에 자신의 부동산을 모두 사비누스에게 저당 잡혀서 마련한 돈으로 노새 거래업에 뛰어들었다. 이것은 하나의 굴욕이었고 그에게 '노새꾼'이라는 별명을 가져다주었다. 그렇지만 전쟁은 수익이 나는 장사였다. 그리고 유대인의 정복자가 된 베스파시아누스는 장밋빛 미래를 내다볼 수 있게 되었다. 그는 이제 역전의 용사들로 구성된 3개 군단을 휘하에 거느렸다. 그중 하나가 바이티카 출신 원로원 의원인 마르쿠스 울피우스 트라야누스Marcus Ulpius Trajanus가 지휘하는 제10 프레텐시스 군단이었다. 나머지 두 군단도 막강한 전투 기록을 갖고 있었다. 이런 군대를 휘하에 거느린다는 것은 그 어느 때든 아주 근사한 일이었다. 특히 내전의 위협이 먹구름처럼 드리우고 온 세상이 게임을 하고 있는 것처럼 보일 때에는 막강한 군사력이 최고였다.

그렇다고 해서 베스파시아누스가 사령관 임기 동안에 모범적이지 않은 행동을 보였다는 뜻은 아니었다. 네로가 사망해 자신의 지휘권이 일시 중지되었다고 판단한 그는 유대인을 상대로 한 군사 행동을 잠시 유보했다. 그는 유대에서 자신의 부사령관으로 근무해 온 과감한 맏아들 티투스를 자신의 대사로 삼아 갈바에게 보냈다. 그러나 여행 중에 갈바의 암살 소식이 전해지자 티투스는 어떻게 조치를 취해야 할지 막연한 상태에서 오토와 함께하기로 결정을 내렸다. 베스파시아누스는 자신이 "어떤 개인적 희망들"을 품고 있다는 공식적 암시를 전혀 내놓지 않았다.[39] 그러나 초자연적인 차원(견자見者들이 미래의 모습을 해독하는 곳)에서, 베스파시아누스는 높은 야망을 꿈꿀 만한 좋은 근거를 발견했다. 그가 시골 출신임에도 불구하고 좋은 행운의 조짐들이 오래전부터 그를 따라다녔다. 한 황소가 그의 앞에 무릎을 꿇더니 고개를 숙였다. 길 잃은 개가 사람의 손을 물어 와 그의 발 앞에 떨어트렸다. 사람들 생각에, 그가 위대한 사업을 감당할 운명이라는 증거가 아닐 수 없었다.

그런 예언들은 좀더 있었다. 베스파시아누스는 유대 사령관에 임명되어, 전 세계적으로 멋진 예언의 땅이라고 알려진 곳에 부임하게 되었다. 포파이아가 유대 민담에 매혹된 것은 대체로 이런 예언의 명성 때문이었다. 과거에 이런 예언들도 있지 않았는가. 네로의 재림과 관련된 이야기 중에, 그가 예루살렘에 나타나 신전의 옥좌에 앉아서 "자신을 신이라고 선포할 것"이라는 이야기 말이다.[40] 베스파시아누스가 이런 황당한 이야기에 넘어갈 사람은 아니었다. 그렇지만 그는 그 자신이 직접 접수한 두 가지 예언에 대해서는 깊이 생각하지 않을 수 없었다. 온 세상이 그 기반부터 뿌리째 흔들리면 흔들릴수록, 그는 그런 예언들에 더욱 매혹되었다. 그리고 그렇게 매혹될수록 점점 더 많은 꿈을 꾸게 되었다.

과거 68년 초 여름, 네로의 암운이 점점 분명해지던 무렵에 베스파시아누스는 유대와 시리아의 접경 지역을 여행한 바 있었다. 여기에는 카르멜이라는 산이 우뚝 솟아 있었다. 거기 산꼭대기에, "그림도 신전도 없이 오로지 제단만 있는" 오래된 사당에 바실리데스Basilides라는 사제가 살고 있었다.[41] 그는 미래를 내다보는 신통력을 갖춘 사람이었는데 방문객이 바친 희생 제물의 내장을 살피다가 그 속에서 놀라운 사실을 읽어냈다. 베스파시아누스의 모든 꿈은 아무리 황당무계한 것이라도 반드시 실현되리라는 예언이었다. 바실리데스는 그 사실을 방문자에게 알려주었다. 그 소식은 유대에 숙박하고 있는 군단들 사이에서 요원의 들불처럼 퍼져나갔다. 그러나 동물의 내장 상태만이 베스파시아누스의 운명을 읽을 수 있는 유일한 근거는 아니었다. 유대인의 성경도 있었다. 고대의 예언자들이 기록한 미래 비전은 이제 성취 일보 직전에 와 있는 것처럼 보였다. "잘 확립되어 동방 전역에 널리 알려졌고 존중받는 믿음에 따르면 세상을 지배할 사람이 유대 땅에서 나올 순간이 되었다."[42]

로마에 저항하며 반란을 일으킨 유대인 반란꾼들은 이 예언이 자신들을 가리킨다고 생각했다. 그러나 로마인에게 잡혀서 사슬에 묶인 채 베스피아누스 앞에 끌려온 한 유대인 반란자는 그의 행동 방식이 잘못되었음을 시인했다. 그 포로 요세프 벤 마티야후Yosef ben Mattityahu는 유대 사회 내에서 저명한 가문 출신이었다. 예루살렘에서 태어난 그는 사제였고 유대인의 성경에 박통했으며 젊은 시절 여행했던 로마 사정에 대해서도 소상했다. 그는 로마 체류 시에 "카이사르(황제)의 아내 포파이아를 만난 적이 있다"라고 널리 이야기를 퍼트렸다.[43] 케스티우스가 패퇴한 후에 그는 반란자들에게서 갈릴리 사령관으로 임명되었다. 사마리아 북쪽에 있는 이 지방은 유대인과 이웃 민족, 부자와 빈자, 도시와 농촌 사이의 갈등으로 오래 시달려온 곳이었다. 베스파시아누스의 군사 기지는 시리아에 있었으므로 그는 갈릴리를 제일 먼저 침공해 요세프의 지휘권을 먼저 분쇄하려 했다. 요타파타라는 요새로 내몰린 요세프는 그곳에서 두 달 동안이나 버텼다. 그러나 성벽이라는 것이 대개 그렇듯 결국에는 점령당하고 말았다. 요세프를 포함해 유대인 무리가 수조 안에 숨었다. 거기서 그들은 모두 자결하기로 동의했다. 그러나 요세프는 그 집단 자살극에서 살아남았다. "그게 좋은 행운 때문인지

신의 섭리 때문인지 누가 알겠는가?" 포로로 잡힌 그는 베스파시아누스, 티투스, 로마 고위 장교들 앞으로 끌려갔다. 요세프는 그 자리에서 처형될지 로마에 포로로 압송될지 모른다는 것을 잘 알았으므로, 베스파시아누스의 귀에다 비밀리에 하고 싶은 말이 있다고 말했다. 발언을 허용하자 그는 자신이 예언자, 하느님의 전령 자격으로 말하는 것이라고 선언했다. "당신, 베스파시아누스는 카이사르 겸 황제입니다. 당신과 당신 아들이 그렇게 될 것입니다. 그러나 나에게 가장 무거운 쇠사슬을 채워서 나를 여기에 포로로 가두어 두십시오. 당신은 나의 주인이시지만, 모든 땅, 모든 바다, 모든 인간의 주인이기도 합니다."[44]

이런 극적인 계시를 선언한 이후에 거의 2년이 흘러갔다. 그동안에 베스파시아누스는 그 자칭 유대 예언자를 자신의 곁에 두면서 여자와 옷 등 몇 가지 혜택을 내려주었으나 동시에 요세프에게 쇠사슬을 채우는 것도 잊지 않았다. 결국 개인의 희망은 개인의 희망일 뿐이었다. 베스파시아누스는 오토에 대한 충성을 맹세했으므로 자신의 약속을 지키겠다고 결심했다. 그러나 비텔리우스가 이탈리아로 진격해 오고 온 세상이 아슬아슬하게 균형을 잡고 있는 마당에 다음에 무슨 일이 벌어질지 누가 확실하게 말할 수 있겠는가?

그래서 베스파아누스는 자신의 앞날을 깊이 생각하면서 자기 생각을 혼자 간직했고 로마에서 어떤 새로운 소식이 들려오는지 기다렸다.

가장 달콤한 냄새

한편 유대에서 멀리 떨어진 라인강 연안 지역에서, 발렌스와 카이키나는 무엇도 기다리지 않았다. 그들의 전략은 아주 간단했다. 가능한 한 일찍 로마를 점령하는 것이었다. 바로 이런 판단이 그들의 출발 날짜를 결정했다. 이탈리아의 고갯길들은 보통 4월에 통행 가능했고, 라인강에서 알프스 산록까지는 먼 행군길이었다. 별도의 두 부대가 겨울 군사 작전에 나섰다. 첫 번째 부대는 발렌스가 지휘를 맡았는데 저지 게르마니아, 주로 제5 알라우다이 군단에서 차출한 병사들이었다. 베테라에 주둔하는 두 군단에서도 병력을 일부 뽑았다. 그들이 콜로니아에서 출발하는 날, 도로를 따라 내려가는 부대 맨 앞의 독수리 깃발에 엄청난 흥분과 환호의 격려가 쏟아졌다. 틀림없는 성공의 조짐이었다. 한편 카이키나는 고지 게르마니아의 군사 기지들로부터 휘하 부대를 편성하느라고 바쁘게 돌아쳤다. 모곤티아쿰에서 라인강 하류로 내려가면서 그는 게르마니아 최남단 군단 사령부에 도착했다. 큰 강의 수원지 근처에 자리 잡은 석축石築 정착촌인 빈도니사라는 곳이었다. 그곳은 사나운 별칭을 가진 제21 라팍스(약탈자) 군단의 사령부로, 요충지에 자리 잡고 있었다. 라인강뿐만 아니라 도나우강의 접근로까지 통제하는 까닭이었다. 그러나 카이키나의 현재 목적에 더 어울리게도 그곳은 로마로 들어가는 관문이었다. 그곳 바로 앞에는 알프스의 높은 봉우리

두 개가 솟아 있는데 그 두 봉우리 사이로 난 길이 곧 통행 가능해지면 그들은 그 도로를 타고 이탈리아로 들어갈 계획이었다.

한편 카이키나는 눈이 녹기를 기다리면서 무료하게 기다리기만 하는 것이 아니라, 현지의 갈리아족과 전투를 벌이기로 결정했다. 헬베티아Helvetia는 로마의 혁혁한 군사 기록에서 자주 언급되는 땅이다. 알프스 계곡 지대의 원주민인 헬베티Helvetii족은 과거에 공격적이고 불안정한 부족이었다. 과거 율리우스 카이사르 시절에, 이 부족은 그들의 고향인 산간 지대에서 이동해 서쪽의 비옥한 땅을 차지하려 했고, 갈리아의 정복자(율리우스 카이사르)는 그들을 물리치면서 첫 번째 군사적 영광을 맛보았다. 야만인들은 갑자기 불청객이 되어 비옥한 땅으로 불쑥 쳐들어오는 경향이 있었는데, 그것은 로마인들에게는 오랜 악몽이었다. 과거 공화정 초창기에 갈리아족 한 무리가 알프스를 넘어 남쪽으로 내려와 로마를 잠시 점령한적이 있었다. 그때 이래 로마는 그런 모욕을 다시는 겪지 않겠다고 강철 같은 의지를 다졌다. 이 때문에 율리우스 카이사르는 갈리아 정복을 방어를 위한 군사 활동으로 규정할 수 있었다. 현지 원주민들에게는 로마 지배의 열매를 가져다줄 필요가 있었다. 그리하여 전 부족이 마차에 짐을 싣고서 대규모 이동을 떠나던 나날은 성공리에 끝이 났다. 이것은 로마인의 혜택에 기여하는 것이면서 동시에 갈리아 부족들에게도 이로운 일이었다.

"당신들이 로마의 지배를 받아들이기 전까지는 전쟁이 만연했

고, 당신의 나라는 여러 소부족으로 분할되어 있었다."[45] 어떤 갈리
아인이 이런 사실을 반박할 수 있겠는가? 처음의 정복은 잔인했지
만 그 열매는 평화로웠다. 카이사르의 군단들이 수많은 원주민을
참살하면서 흐른 피가 이제 새로운 문명의 거름이 된 것이다. 과거
에 갈리아의 통치자들은 바지에 체크무늬의 겉옷을 입고서, 잘린
머리들을 걸어둔 목책 뒤의 언덕 법정에서 재판을 했다. 그들의 기
다란 턱수염에서는 국물이 뚝뚝 떨어졌다. 이제 그런 일은 더 이상
없었다. 갈리아 왕들의 후예들은 이제 원로원에 어울리는 장중한
의복을 입었다. 그들은 이제 모자이크 방바닥과 중앙난방이 되는
석조 궁전에서 살았다. 그들은 로마 세계 전역에서 조달해 온 사치
품들을 즐겼고 사람의 머리를 베는 짓을 혐오스러운 야만 행위로
경멸했으며, 아주 말끔하게 면도를 했다. 물론 모든 사람이 귀족 대
접을 받는 것은 아니었다. 내륙 오지나 대양의 가장 자리 같은 아
주 후미진 갈리아 지역이라고 할지라도, 로마 지배의 표시들은 그
리 멀리 떨어지지 않은 곳에서 찾을 수 있었다. 그런 표시는 "무기
를 내려놓고 영농을 선택한" 조상들의 농업 노동에서,[46] 또는 이탈
리아 전역에 퍼져 있는 값싼 도자기의 양식에서, 또는 서투른 라틴
어로 신들의 이름을 새긴 제단에서도 확인할 수 있었다. 전에는 진
흙길이었던 곳에 포석을 깔아서 부설한 도로는 갈리아 전 지역을
지방 속주 관리와 세리들이 찾아갈 수 있는 곳으로 만들었다. 세상
의 가장 변방이라고 알려진 아르모리카(오늘날의 브르타뉴)에도 반

듯한 사각 패턴으로 조성된 정착촌이 있었다. 그곳 건물들의 지붕은 붉은 타일을 썼고 저 멀리 떨어진 로마의 기념물을 흉내 낸 기념물들을 건립했다. 이런 마을에 사는 사람들은 카이사르의 두상이 새겨진 동전을 사용했고, 올리브기름으로 요리를 했으며, 공중목욕탕에서 몸을 씻었다. 세련된 문화라고 할 수는 없었지만 그렇다고 야만도 아니었다.

그런 식으로 평정했다고는 하지만 갈리아인에 대한 로마인의 공포가 완전히 사라진 것은 아니었다. 과거 티베리우스 치세 시에 아이두이Aedui라는 갈리아 부족은 오늘날의 부르고뉴 지역에 살았는데, 자신들의 옛 영광과 독립을 되찾겠다며 노골적인 반란을 일으켰다. 로마군은 아주 힘겹게 반란을 진압했다. 로마 당국은 그 어떤 반란의 기미도 용납하지 않았고 로마의 지배가 결코 영원한 것이 아니라고 주장하는 자들을 무자비하게 탄압했다. 그런데 유대에서도 그런 것처럼, 갈리아에서도 예언의 전통은 존중되었고 또 소중한 것으로 떠받들어졌다. 로마의 총독들이 특별한 존경심을 발휘하며 유대인의 사제 계급을 우대했던 것과는 다르게, 갈리아 지방의 총독들은 예언자들을 점점 더 심하게 박해했다. 갈리아의 예언자들은 '드루이드'라 불렸다. 어두운 숲속 깊은 곳에서 겨우살이를 수확하고, 커다란 고리버들 우리에 넣어서 인신을 희생물로 바치고, 사람의 살을 먹는다는 마법사들이었다. 아우구스투스와 티베리우스는 이들을 철저히 견제했다. 그러다가 클라우디우스 치세 시에 대대적으로 박해하기 시작했다. "이 괴물 같은 의식들을 종료시킨 로마인들에게 진 신세는 아무리 강조해도 지나치지 않는다."⁴⁷ 문명사회의 사람들은 이 점에 의견이 일치했다. 습지가 질병을 만들어내듯이 갈리아의 황무지들은 미신, 야만, 반란을 만들어냈다. 로마인이 그들에게 가져다준 평화는 결코 당연한 것이 아니었다. 라인강 너머의 야만인들을 철저히 경계하던 라인강 로마 군단들은 배후에 있는 갈리아인들에 대한 경계도 늦추지 않았다.

카이키나는 헬베티인을 상대로 신속하면서도 피비린내 나는 군사 활동에 착수함으로써 휘하 병사들의 머릿속에 뿌리 깊게 남아 있는 생각을 적절히 자극한 것이었다. 갈리아인은 아무리 문명화한 것처럼 보이고 또 아무리 로마에 충성하는 듯하더라도, 결코 온전히 믿을 수 없는 족속이었다. 헬베티인은 비텔리우스를 황제로 인정하지 않았을뿐더러 그의 휘하 백부장 한 사람을 구금하기까지 했다. 라인강 군단으로서는 모욕이 아닐 수 없었다. 이런 정당한 근거가 없었더라도 라인강 군단들은 알프스 전쟁을 벌일 마음이 가득했다. 그들은 지난해 여름 네로를 상대로 첫 반란을 일으킨 갈리아 총독 율리우스 빈덱스를 패배시킨 바 있었는데, 그에 대한 보상을 충분히 받지 못했다고 생각했다. 빈덱스는 스스로 로마의 애국자라고 생각했으나 그들은 그저 무수히 많이 나타난 갈리아 지방의 골칫거리 중 하나에 불과하다는 경멸의 시선을 보냈다. 빈덱스의 반란에 아이두이족이 합류했다는 사실은 라인강 군단의 평소 신념을 확인해주었을 뿐이었다. 갈리아에서 벌어지는 전면적인 반란을 진압하는 주인공은 라인강 군단이라는 것 말이다. 갈바가 반란군의 고향을 약탈하지 못하게 한 것은 물론이고 이런 전공을 인정해주지 않았다는 것은, 군단이 반란을 일으킨 주된 요인이었다. 발렌스가 군대를 인솔해 아이두이 영토를 지나갈 때 그 부족민들이 군단에 공격의 빌미를 주지 않으려고 엄청나게 신경 쓴 것은 그리 놀라운 일이 아니었다. 돈이나 무기에 대한 요구는 신속하게 이행했고 재촉하지 않았는데도 식량 공급을 미리 해주었다. 헬베티족의 운명은 아이두이족의 이런 신중한 처사가 얼마나 현명한 것이었는지를 증명했다. 알프스 계곡에서 벌어진 전쟁은 단시간에 끝났지만 수천 명이 노예로 잡혀 갔다. 과거에 율리우스 카이사르가 헬베티족을 엄히 다스렸던 것처럼 지금은 카이키나가 그 역할을 맡았다. 로마인은 여전히 로마인이었다. 그리고 갈리아인도 여전히 갈리아인이었다.

과연 정말 그런가? 사실을 말해보자면 헬베티족이 당한 약탈과 파괴는 두 민족이 얼마나 다른지 뚜렷하게 보여주었다기보다는 그와는 다른 어떤 것을 증명해 보였다. 무엇이냐면 두 민족 사이의 경계가 이제 아주 흐릿해졌다는 것이다. 로마 속주 갈리아 내에서 정체성은 변화하는 것, 기만적인 것, 그리고 배신적인 것이었다. 보는 관점에 따라서 율리우스 빈덱스가 원로원 의원 혹은 반란자로 보이는 것처럼, 비록 카이키나의 군단이 야만인 헬베티족을 학살하

고 노예로 잡았지만, 두 민족의 구분이 그리 명확하지는 않았다. 알프스의 부족민이 로마의 가장 완고한 적들 중 하나였던 시절은 오래전에 지나갔다. 갈리아인이 고지 게르마니아의 군대에 미약한 저항이나마 해본 적이 없다는 사실은, 오랜 태평연월 탓에 로마인 못지않게 갈리아인도 물러졌던 것을 보여준다. 이제 갈리아인은 자신을 지켜주는 것이 무기가 아니라 라틴어 습득이라고 생각했다. 카이키나는 한 헬베티 지도자를 붙잡아서 비텔리우스의 재판대 앞으로 보냈는데, 이 부족민은 라틴어 연설을 너무도 잘해 군단 병사들마저 눈물을 흘리게 함으로써 무죄 방면 판결을 얻어냈다. 그리고 이제 전사들을 이끌고 라인강 하류 지역으로 내려와 무방비 상태인 현지 정주민들을 약탈하고 알프스를 넘어 이탈리아로 들어가려 하는 사람은 유서 깊은 로마 가문 출신의 로마군 장교였다. 그의 행동은 몇 세기 전에 야만인 침략자들이 로마로 쳐들어간 것과 별반 다를 바 없었다. 그해 봄은 일찍 찾아왔다. 카이키나는 뒤로 처지기보다는 3월 초에 산간 도로로 행군함으로써 오토와 발렌스보다 더 빨리 결전지로 다가가기로 결심했다. 눈이 아직 깊이 쌓여 있었지만 그는 고갯길을 올라가 정상에 도달했고 이어 포 계곡의 비옥한 평야를 향해 쏜살같이 내려갔다. 부대의 선두에 선 그는 갈리아 족장처럼 바지에 무늬 섞인 겉옷을 입고 있었다. 그의 옆에서 전마戰馬에 올라탄 그의 아내가 함께 달렸다. 그는 로마 행정관이라기보다 야만인 군벌의 모습이었다. 아무튼 그의 적들에게는 그렇게 보였다.

그가 알프스를 넘어서 하산하고 있다는 소식은 아주 오래된 이야기의 메아리처럼 로마 전역에 울려 퍼졌다. 포강 일대에서 전쟁이 벌어질 것 같다는 보고를 받은 오토는 전통적인 로마 영웅의 역할을 충분히 수행하겠다는 강철 같은 의지를 다졌다. 공화정 초창기에 야만인들이 침공해 오면 집정관들이 신속히 병력을 동원했던 것처럼, 오토도 여러 음울한 조짐을 일축하면서 아주 신속하게 움직였다. 이제 아름답게 치장할 시간도 없었다. 그는 면도도 안 한 채 군단 병사의 평범한 갑옷을 입고서 로마를 떠나 도보로 행군했다. 그에 앞서 오토는 주력 부대를 이미 먼저 출발시켰다. 그 부대는 고대의 미덕을 연상시키는 인물이 지휘했다. 그는 과거에 집정관을 역임했고 부사령관을 지냈으며 장군이 되어 브리타니아의 여전사 부디카를 패배시켰다. 작전 회의에서 이 장군은 그들이 맞서 싸워야 할 군대를 '게르만' 군대라고 하면서 경멸감을 표시했다. 그는 오토에게 지연 전략을 선택하라고 조언했다. 라인강 출신 군단 병사들이 이탈리아 여름의 무더위에 취약하리라는 생각에서였다. "우리가 전쟁을 지연시킬 수만 있다면 저들은 신체적으로 로마 날씨를 견디지 못할 것입니다. 뜨거운 태양은 그들로서는 감당하기 어려울 겁니다."[48]

그러나 오토는 그런 막연한 기대에 기댈 정도로 어리석지 않았다. 그도 비텔리우스 못지않게 제국의 야만지역에서 동원한 군단 병사들에게 의존하고 있었다. 그는 로마에서 출발했지만 배후에서 근위대와 제1 아디우트릭스 군단이 떠받치고 있었으며, 병력의 상당 부분은 발칸반도에서 동원한 병사들로 구성되어 있었다. 이제 군단 병사가 군단 병사를 상대로, 시민이 시민을 상대로 싸워야 했다. 죽음의 땅에서 돌아온 인육에 굶주린 시체처럼 내전의 유령, 즉 역사책 속으로 완전히 사라진 줄 알았던 유령이 이탈리아로 되돌아와 온 나라를 어둠 속으로 몰아넣고 있었다. 이제 전쟁이 속주들에서만 벌어진다고 볼 수도 없었다. 카이키나는 알프스를 넘어온 이래 몇몇 좌절을 겪기도 했지만 일차적 목표는 달성했다. 그는 대규모 교두보를 확보하고 강화했다. 300여 년 전에 포강 유역에 건설된 식민도시인 크레모나는 당초 알프스산맥 너머에서 침공해 들어오는 외적들을 막아내는 요새 역할을 했다. 그러다가 갈리아 정복에 나서는 전진 기지가 되었다. 그 후 발전해 이탈리아 북부에서 가장 크고 가장 번창한 도시가 되었다. 이제 오토가 포강의 강안 동쪽을 따라 약 40킬로미터에 걸쳐서 병력을 전개했고, 발렌스가 서쪽에서 신속하게 행군해 오면서 그 일대는 군사 요새의 역할을 회복했다. 그 도시를 장악하는 자가 곧 이탈리아의 열쇠를 장악하는 자였다.

오토는 카이키나 못지않게 이 사실을 잘 알았다. 4월 10일 발렌스와 휘하 군대가 마침내 그 도시에 도착하자, 세 사람은 이제 심판의 날이 닥쳤다고 생각했다. 휘하 장군들이 무슨 건의를 하건 간에 오토는 손 놓고 앉아 있을 수가 없었다. 그는 비텔리우스가 대규모 증원군을 거느리고 라인강에서 행군해 오고 있다는 것을 알았다. 곧 오토와 휘하 병사들은 중과부적 상태가 될 것이다. 기동성 뛰어난 부대는 오토의 군대를 우회해 아무런 방비가 없는 수도로 들어갈 것이다. 오토는 신속하게 싸움을 거는 것 이외에는 다른 수가 없었다. 나흘 뒤 발렌스 부대는 카이키나 부대와 합류했다. 오토는 휘하 군단들에 크레모나로 행군하라고 명령했다. 이틀 뒤에 포도원과 관개 수로를 통과해 천천히 행군하던 오토 부대는 적들과 조우했다. 두 부대는 우세한 진지를 확보하려고 필사적으로 병력을 집결했다. 그리고 천천히 그렇지만 점점 치열하게 전투를 수행했다.

그날 저녁, 전투 결과 소식이 오토에게 전해졌다. 그는 전투에 직접 참가하지는 않고 후방의 사령부에 남아 있었다. 이러한 결정은 비겁한 소치가 아니라 상식적 판단에 따른 것이었다. 만약 오토 군단들이 승리를 거두더라도 그가 전사한다면 그 승리는 아무런 가치도 없기 때문이었다. 하지만 오토 부대는 승리를 쟁취하지 못했다. 그들은 오랫동안 치열하게 싸웠지만 라인강 군단의 강철 같은 군기와 훨씬 많은 병력의 상대가 되지 못했다. 학살은 끔찍했다. 수천 명에 달하는 병사의 시체가 크레모나 들판에 산처럼 쌓였다. 전장에서 간신히 살아서 나온 오토 부대의 병사들은 피곤했고 사기가 떨어져 있었다. 사정이 어렵기는 했지만 황제군의 대의가 완전히 사라진 것은 아니었다. 예비군과 패잔병은 여전히 그에게 충성을 바쳤고 발칸반도에서 추가 증원군이 도착하리라는 전망도 있었다. 진지에서 대기하던 근위대 병사들도 오토에게 충성했고, 그들이 황제로 옹립한 사람에게 계속 싸울 것을 권유했다. "전쟁은 잔인하고 엄청난 비참함의 원인이기는 하지만 그 전쟁을 계속하는 것이 불가능하다고 생각하는 사람은 없었다. 아직 승리가 어느 쪽으로 돌아갈지 확실하지 않았기 때문이다."[49]

그러나 오토는 근위대의 호소에도 불구하고 더 이상 싸울 의사가 없었다. 패배를 당한 이 순간이야말로 좋은 기회라고 보았다. 그는 온 세상을 향해, 그가 황제 등극 후 주로 해온 역할놀이가 단지 역할놀이에 그치는 것이 아님을 보여주고 싶었다. 그는 평범한 시민이었을 때에도 공화정을 파괴한 내전에 대해 깊은 공포감을 느꼈다. 이제 수천 명에 달하는 병사의 시체가 이탈리아 땅에 널브러져 있는 상태에서, 더 이상 유혈 학살의 원인을 제공하고 싶지 않았다. "내가 로마의 꽃다운 용사들이 죽어가고, 저 유명한 군대들이 서로 학살하며 국가에는 전혀 봉사하지 않는 상황을 방관하며 허용해야 하는가?"[50] 그날 밤 그 질문에 답하기 위해 오토는 자신의 막사로 물러갔다. 그는 편지를 두 통 썼다. 한 통은 여동생에게 보내는 것이었고, 다른 한 통은 네로의 미망인 스타틸리아 메살리나에게 보내는 것이었다. 그는 거창한 저녁 식사를 하지도 않았고 와인으로 자신의 슬픔을 달래지도 않았으며, 그저 물 한 잔을 마시는 것으로 만족했다. 이어 침실에 들었다. 잠에서 깨어났을 때 그는 베개 밑에서 단도를 꺼내 자신의 가슴을 향해 똑바로 세워놓고 단 한번 몸을 던져 칼끝으로 자신의 심장을 관통시켰다. 그는 무구한 로마 시민들이 죽지 않게 하려고 자신이 죽었다.

그의 죽음처럼 그의 한평생과 어울리지 않는 사건도 없었다. 오토의 부하들은 자결 소식을 듣고서 매우 슬퍼했다. 그들은 시신에 입을 맞추었다. 몇몇은 화장하는 장작불 주위에 모여 있다가 불길 속으로 뛰어들어 타 죽었다. 패배한 군단들은 대부분 비텔리우스에게 사크라멘툼을 바쳤다. 그러나 승리를 거둔 황제의 입장에서 볼 때, 그것은 겉보기처럼 완벽한 승리가 아니었다. 오토가 내전의 상처를 봉합하기 위해 죽었다는 사실은 모두가 알고 있었다. 그래서 오토의 부하들이 무기를 내려놓는 광경은 비텔리우스의 영광에 기여한 것 못지않게 죽은 황제의 명예도 높여주었다. 오토는 후임 황제에게 치명적인 덫을 놓았던 것이다. 살아 있을 때에는 유약하고 이기적이고 방탕한 남자로 보였던 사람이, 기꺼이 죽음으로써 남자답고 애국적이고 진지한 인물로 평가되었다. 그를 황위에 올린 그 끔찍한 범죄도 막상 자결을 하고 나니 더 좋은 쪽으로 해석되기 시작했다. "그가 갈바를 쓰러트린 것은 그 자신의 권력을 얻으려 한 것이 아니라, 로마 시민에게 자유를 주어 공화정을 회복하려는 뜻이었다는 주장이 널리 퍼져나갔다."[51] 오토는 동료 시민들의 시선을 고정시킨 채 최고로 중대한 마지막 시험을 통과했다. 이제 그가 세계라는 무대를 독차지했으니 비텔리우스는 어떤 행동을 보일 것인가?

휘하 군단들이 승리를 거두었다는 소식은 비텔리우스가 콜로니아를 떠난 직후에 신임 황제에게 전해졌다. 이제 공개된 길 위로 나서기는 했지만, 그는 자신의 새로운 지위에 걸맞은 제단을 아직 만나지 못했다. 다행히 그런 제단에 도달하기까지 오랜 시간이 걸리지는 않았다. 루그두눔(오늘날의 리옹)은 갈리아의 대도시였다. 알프스 이북의 행정 수도치고 루그두눔보다 더 많은 인구와 기념물을 자랑하는 도시는 없었다. 그 도시로부터 바퀴살처럼 도로들이 모든 방향을 향해 사통팔달로 퍼져나갔다. 로마와 아우구스투스에게 바친 이곳의 제단은 지난 8년 동안 모든 갈리아 부족이 찾아와 충성심을 맹세하는 성소였다. 그 도시에 거처를 정하면서 비텔리우스는 자신이 친구들 사이에 와 있다는 것을 자신했다. 과거 루그두눔의 시민들은 카이사르 가문에게는 열렬한 충성을 바쳤으나 빈덱스가 그 도시 안으로 들어오려 하자 출입을 가로막았다. 그랬던 도시가 게르만 주둔 군단들을 따뜻하게 환영한다는 것은 희소식이 아닐 수 없었다. 그 결과에 무척 고양된 비텔리우스는 큰 자신감을 얻어서 새로운 황조의 창건을 선언했다. 콜로니아에 있을 때 그는 '카이사르'의 호칭을 거부한 바 있었다. 이제 군단 병사들 앞에서 좌우에 카이키나와 발렌스를 거느린 채 그의 6세 아들을 후계자로 선언했다. 아들에게 수여한 이름은 '게르마니쿠스'였다.

하지만 새 황제의 황조가 단단한 반석 위에 올라가려면 라인강 군단들의 지지만으로는 충분하지 않았다. 그의 지지 기반은 위험스러울 정도로 협소했다. 어떻게 하면 그것을 강화할 수 있을까? 비텔리우스는 관대함과 엄격함이라는 두 선택지 사이에서 우왕좌왕했다. 오토의 쿠데타를 지원했던 근위대 병사들은 연금을 주어 제대시켰고, 오토 군대의 중추 역할을 담당했던 백부장들은 처형했다. 크레모나에서 카이키나와 발렌스에게 대적했던 장군들은 사면했으나, 오토가 로마에서 추방한 후 내버려두었던 오토의 가장 가까운 친척은 도로 옆 술집에서 멱을 따서 죽였다. 그 결과 새 황제가 너무 무르고 절제심이 없어서 일관된 정책을 펴지 못할 것이라는 소문이 널리 퍼졌다. 황제가 내놓는 이런 혼란스러운 메시지의 효과는 일련의 홍보 대참사 탓에 더욱 악화되었다. 루그두눔에서 로마에 이르는 비텔리우스의 여행길은 새 황제의 위신을 드높인 것이 아니라 오토의 사후 명성만 더 빛나게 하는 꼴이 되고 말았다. 오토가 자결 전에 마신 물 한 잔은 비텔리우스에게 엄청난 근신의 경고가 되었다. 비텔리우스는 식탐자라는 악평을 떨쳐내기 위해 과도할 정도로 금주를 실행해야 마땅했다. 그러나 그는 그런 과시적 외양을 꾸밀 기분이 전혀 아니었다. 그 결과 그가 엄청난 대식가라는 이야기가 널리 퍼져나갔다. 황제의 식도는 아무리 집어넣어도 채워지지 않으며, 온 도시들이 그가 먹을 음식물을 제공하느라 망할 지경이고, 황제에게 가는 각종 진상품과 희귀품을 실은 마차

행렬이 온 이탈리아를 뒤흔들고 있다는 것이었다. 비텔리우스는 네로의 친한 친구이기는 했지만 군중의 마음을 읽는 기술은 터득하지 못했다. 오토와는 다르게, 그는 자신의 이미지를 좋게 만들어내는 방법을 배우지 못했다. 어떤 멋진 자세를 취하려는 그의 시도는 모두 실패작이었다. 들판에 아직도 시체들이 널려 있어서 여름 땡볕 아래 썩어가고 있는 크레모나에 도착했을 때 그는 악취에 욕지기를 느끼기를 거부했다. 그는 이렇게 선언했다. "죽은 적의 냄새는 향기롭다. 내전에서 죽은 적의 냄새는 더 향기롭다." 멋진 잠언이기는 하지만 시민들의 혐오감을 더욱 깊게 만드는 현명치 못한 언사였다. 비텔리우스는 오토의 무덤을 방문하고서 너무 누추하다고 경멸했다. 오토가 자결할 때 사용한 단도를 헌상받자 그것을 콜로니아로 보내 마르스 군신에게 바치도록 했다. 옹졸하면서도 보복적인 이러한 행동은 그가 민중의 마음을 얻는 데 전혀 도움이 되지 못했다.

어느 쪽이 되었든 로마의 시민들이 그것을 그리 신경 썼다는 뜻은 아니다. 네로가 죽고 후임 황제 두 명이 연달아 거꾸러지자, 비텔리우스가 선언한 새 황조에 심정적으로 동조하는 로마 시민은 거의 없었다. 로마 시민들이 볼 때 최근에 벌어진 살육과 전투의 어지러운 장면들은 새로운 형태의 오락에 지나지 않았다. 마침 그들이 키르쿠스 막시무스에서 케레알리아 축제를 거행하는 중에 오토가 크레모나에서 패배했다는 소식이 전해졌다. 베스파시아누스의 형인 플라비우스 사비누스가 자리에서 일어나 비텔리우스를 새로운 황제로 선포하자, 그의 선언에 민중이 보여준 반응은 마치 전차 경주 우승자의 이름을 대할 때와 비슷했다. 비텔리우스가 과거에 유명한 전차 경주자였다는 사실은, 황제 등극이 갑작스러우면서도 놀라운 경기 결과 같다는 사람들의 느낌을 더욱 강화했다. 확실히 그의 로마 입성은 기교와 위험, 새로움과 화려함의 혼합이라는 점에서 키르쿠스 막시무스에서 얼마든지 볼 수 있는 행렬을 연상시켰다. 군단들의 독수리 깃발, 백부장들의 훈장, 병사들의 밀집대형 등은 "화려한 무대"였다는 말에 모두들 동의했다.[52]

하지만 겉으로 보이는 것이 다가 아니라고 사람들은 수군덕거렸다. 수도의 거리를 행진하는 비텔리우스는 시의적절하게도 로마 고위 행정관의 복장을 하고 있었다. 그가 갑옷을 입고 허리에 칼을 찬 채 밀비우스 다리를 건너오는 광경을 본 친구들이, 도시의 정복자처럼 보인다고 조언하면서 황급히 옷을 갈아입으라고 했기 때문이다. 또한 주목할 사실은, 황제보다 앞서서 로마에 들어온 비텔리우스의 전위 부대는 행군 갑옷이 아니라 동물 가죽으로 만든 겉옷을 입고 있었다는 점이다. 그 병사들은 마치 늑대 떼처럼 보였다. 한편 이런 병사들이 도시를 돌아다니는 동안에, 비텔리우스는 사람들에게 야생동물들을 보여주느라고 충분하지도 못한 돈을 마구 낭비했다. 곰이나 사자에게 물어뜯기는 범죄자와, 좌석에 앉아서 그런 유혈 사태를 보며 환호하는 군중들 사이의 경계는 평소 아주 엄격했다. 하지만 그해 여름은 사정이 아주 달랐다. 로마의 모든 사람이 약탈자들에게 넘어간 듯 보였다.

비록 어색하고 촌스러운 방식이기는 했지만 비텔리우스는 자신이 누구의 모범을 따라가는지 잘 알았다. 캄푸스 마르티우스에서 그는 네로의 유령에 공적인 희생 제물을 바쳤다. 만찬 행사에서 그는 음악가들에게 자신이 "주인"이라고 부르는 사람이 작곡한 곡을 연주하게 했다.[53] 그러나 그런 비텔리우스조차도 때로는 다른 네로 찬양자들이 걸어갔던 길을 따라가기를 망설였다. 포파이아 사비나의 모습으로 둔갑한 저 불쌍한 소년은 오토가 죽으면서 하나의 전리품으로서 비텔리우스에게 돌아갔다. 그는 이 전리품을 님피디우스와 오토가 했던 것처럼 개인적 특혜로 생각하지 않고, 좀 이색적이면서 많은 사람에게 혜택이 돌아가는 방식을 제안했다. 그는 그 방법을 써서 군중의 즐거움을 헤아리는 친구 같은 황제라는 이미지를 만들려고 했다. 그 방법이란 프로세르피나의 초상이 새겨진 반지를 네로에게 헌정했던 포파이아에게 이제 프로세르피나 역할을 하게 하는 것이었다. 대중의 오락을 위해 그녀를 공공 무대에 출연시켜, "프로세르피나가 강간당했던 것처럼 그녀 또한 강간당하게 하자"는 것이었다.[54] 비텔리우스는 마침내 자신의 공로로 온전히 돌아올 멋진 제스처를 생각해냈다고 여겼을 것이다. 그것이야말로 대중 홍보의 대승리가 될 터였다. 하지만 그런 승리는 벌어지지 않았다. 그 치욕스러운 제안을 받은 포파이아가 그 수치를 받아들이

지 않고 자결했기 때문이다. 그 구경거리는 취소해야 했다. 슬프고 잔인한 신들은 또 다른 황제의 희망을 비웃었다.

네 번째 짐승

비텔리우스가 로마에 다가가고 있고, 또 다른 세상의 동요가 임박했다는 소문이 나돌던 그해 7월, 한 장교가 요세프 벤 마티야후를 찾아왔다. 2년 전 요타파타에서 포로로 잡혔을 때처럼 쇠사슬을 몸에 감고 있던 그 유대인은 베스파시아누스와 그 참모들 앞으로 인도되었다. 사령관은 그 포로를 따뜻하게 환영했다. 그는 명령을 내렸고 한 남자가 도끼를 들고 앞으로 나서더니 그 쇠사슬을 내리쳐서 단번에 부숴버렸다. 베스파시아누스는 이미 동료들에게 요세프를 석방해야 하는 합리적 이유를 설명했다. "하느님의 대변자로서 내가 황위에 등극할 것을 예언한 사람을 포로 취급하는 것은 합당하지 않다."[55]

지난 여러 달 동안 베스파시아누스는 어떤 운명이 자기 앞에 놓여 있는지 또 그것을 받아들이려면 어떻게 해야 하는지 깊이 생각했다. 조심스럽고 깐깐한 그는 결정적 조치를 취하는 것을 망설였다. 만약 실패한다면 그 자신뿐만 아니라 가족 전체가 몰살당한다는 것을 잘 알았다. 그렇지만 그는 막후에서 계획을 세우고 있었다.

그는 갈바, 오토, 비텔리우스 등 일련의 황제들에게 공개적으로 충성 맹세를 바쳤음에도 불구하고, 로마 제국 동부 지역의 핵심 권력자 두 명과 은밀한 협상을 벌였다. 한 사람은 집정관을 역임한 가이우스 리키니우스 무키아누스Gaius Licinius Mucianus로 신임 시리아 총독이었다. 그는 불운한 케스티우스의 후임으로 온 사람이었다. 아주 성격이 사납고, 거만함과 우아함을 동시에 갖추었으며, 난폭한 성향 못지않게 문학적 재주로도 명성이 높았고, 행정관으로서 또 군단장으로서도 경력을 충분히 갖춘 인물이었다. 처음에 그와 베스파시아누스의 관계는 껄끄러웠다. 아르메니아에서 코르불로 사령관 밑에서 근무했던 무키아누스는 자신의 군사적 능력을 높이 평가했고 사비누스 가문의 촌놈에게 명예로운 지위를 양보하고 싶은 마음이 조금도 없었다. 하지만 시리아 총독은 명민한 사람이었고 사람들의 성격을 잘 판단했으므로 곧 베스파시아누스의 인품을 높이 평가했다. 시대의 혼란상이 그들 앞에 열어준 기회의 문을 알아본 두 사람은 예전의 불화를 깨끗이 잊어버렸다. 젊은 티투스의 카리스마에 매혹당하고 베스파시아누스의 황제 재목에 깊은 인상을 받은 무키아누스는 자신의 휘하 3개 군단과 자신의 운명마저도 플라비우스의 대의에 바쳤다. 그것은 공화정 말기에 원로원 의원들이 높이 평가했을 법한 동맹이었다. 두 군벌은 세상의 운명을 결정하겠다는 각오 아래 협약을 맺은 것이다.

이제 시대는 카이사르, 폼페이우스, 크라수스가 국정을 담당했던 때로부터 멀리 지나와 있었다. 그리하여 베스파시아누스가 비텔리우스에게 도전하려는 계획에서 아주 엉뚱한 핵심 인물이 등장했다. 그 인물은 원로원 의원도 아니었고 심지어 이탈리아 출신도 아니었다. 그는 티베리우스 율리우스 알렉산데르Tiberius Julius Alexander로 알렉산드리아 출신의 유대인으로서 이집트 장관이었다. 그의 집안은 백성에게 오랫동안 봉사해온 유수한 가문이었다. 아버지는 아주 부유한 사업가였는데 예루살렘 신전의 출입문들을 황금과 순은으로 장식하는 비용을 지원했다. 그의 삼촌은 그리스 지식인들도 존경하는 철학자인데 유대법에 대해 선구적인 책을 저술했다. 알렉산데르는 좀더 로마인다운 경력을 선택했다. 야망과 능력을 발휘해 그는 속주민임에도 불구하고 이집트가 로마에 정복된 지 100여 년 만에 권력의 사다리를 얼마나 높이 오를 수 있는지 보여주었다. 그는 전에 유대 행정관을 역임했다. 코르불로 밑에서 장교로 근무했고 야만국 왕의 궁정에 대사로 파견되기도 했다. 원로원 입성은 아직 멀리 떨어진 권력의 사다리였다. 하지만 원로원 의원이라는 경력이 없었기 때문에 알렉산데르는 유대 지방에 반란이 요원의 불길처럼 번져나가는 중에도 이웃 이집트의 통치자(장관)라는 권력의 정점에 올라서게 되었다.

어떤 보직은 너무 민감한 자리라서 원로원 의원들에게 줄 수가 없었다. 이집트는 너무나 풍요한 지방이어서 아우구스투스 시절 이래 원로원 의원들은 그 속주에 발을 내디딜 수가 없었다. 최고위 기사 계급으로서 알렉산데르의 라이벌이 될 수 있는 사람은 근위대 사령관뿐이었다. 휘하에 2개 군단을 거느린 데다 로마의 식량 수급을 책임졌으므로, 이집트 장관은 베스파시아누스가 펼치려는 커다란 게임에서 핵심 플레이어가 될 수밖에 없었다. 알렉산데르의 지지가 없으면 그 누구도 황제가 되겠다는 희망을 품을 수 없었다. 하지만 이집트 장관은 어느 쪽에 붙을 것인가? 7월 1일 그는 자신이 결정한 사항을 선포했다. 알렉산드리아 교외에 있는 군 기지를 방문해 그는 휘하 2개 군단에 비텔리우스에 대한 충성 맹세를 거두어들이라고 지시했다. 알렉산데르, 휘하 2개 군단, 알렉산드리아의 군중은 모두 열광적으로 환호하며 새 황제에게 충성을 바치겠다고 선언했다. 베스파시아누스라는 이름이 모든 사람의 입에서 회자되었다.

이틀 뒤 이집트의 결정 사항이 유대에 전해지고 유대 주둔 군단들이 베스파시아누스 옹립에 합류하자, 이제 요세프 벤 마티야후를 더 이상 쇠사슬에 묶어둘 필요가 없어졌다. 그가 유대 성경에서 발견한 예언, 베스파시아누스가 지난 2년 동안 깊이 생각해온 그 예언을 마침내 온 세상을 상대로 선언할 수 있게 되었다. 한때 로마에 항거하던 반란자가 이제는 황제의 신하가 되었다. 역사의 흐름에서 하느님의 계획을 능숙하게 읽어낸 요세프는 자신이 어떤 예언자의 발자취를 따라가는지 잘 알고 있었다. 과거 거대도성 바빌론에는 다니엘이라는 예언자가 살고 있었다. 그는 미래를 읽는 능력이 너무나 탁월했기 때문에 포로 상태에서 해방되었을 뿐만 아니라 바빌론 왕의 귀를 사로잡았다. 그가 예언한 내용은 유대인의 성경에 기록되어 있다. 그는 꿈을 꾸면서 풍랑으로 파도가 심하게 치는 바다에서 뿔 달린 짐승이 솟아오르는 것을 보았다. 그 짐승은 "커다란 쇠 이빨을 가지고 있었고 먹이를 먹고 으스러뜨리며 남은 것은 발로 짓밟았다." 그 짐승의 뿔은 총 열 개였다. 다니엘이 그 뿔을 응시하고 있는데, "그 뿔들 사이에서 또 다른 자그마한 뿔이 올라왔다. 그리고 먼저 나온 뿔 가운데서 세 개가 그 앞에서 뽑혀나갔다."[56] 정말로 무시무시한 광경이다. 그런데 이 비전이 로마 제국이 현재 겪고 있는 위기를 상징하는 것이 아니라면 무엇이겠는가? 제국은 세상의 모든 왕국들을 먹어치우고 짓밟은 저 거대한 괴물인 것이다. 폼페이우스 시절 이래 열 명이 그 세계의 주인이라고 주장하고 나섰다. 그리고 이중에서 세 명은 1년 사이에 자리를 내주고 말았다. 그렇다면 베스파시아누스가 모든 적을 물리치고 승리를 거둔다는 사실이 이 예언서에 이미 쓰여 있는 것이 아닌가? 그는 다름 아닌 열한 번째 뿔이고 "먼저 나온 뿔 가운데서 세 개가 그 앞에서 뽑혀나갔"지 않은가?

그해 여름 내내, 인간의 세계와 신들의 세계에서 대대적인 심판이 내릴 것이라는 예감이 널리 퍼져 있었다. 7월 중순에 베스파시아누스는 작전 회의를 하기 위해 무키아누스와 만났다. 그들이 만난 장소는 식민도시 베리투스(오늘날의 베이루트)였는데 동방 지역에서 가장 로마풍이 강한 도시였다. 은퇴한 군단 병사들이 여러 세대에 걸쳐 정착한 이 도시는 공중목욕탕, 원형경기장, 라틴어를 사용하는 주민 등 로마에서 온 방문객이라면 편안함을 느낄 법한 요소를 모두 갖추고 있었다. 자칭 황제가 수도로 진군하는 것을 논의하는 장소로 이보다 더 좋은 곳이 어디에 있겠는가? 그해 7월에 베리투스에서 계획한 것은 아주 거대한 군사 작전이었다. 로마 세계 전역에 퍼져 있는 군단들에 전쟁에 참여하라고 촉구할 예정이었다. 무키아누스는 시리아에서 기동 타격대를 결성해 그가 행군하며 지나가는 모든 속주 전역에 "선박, 군대, 무기를 준비하도록" 촉구할 것이었다.[57] 그는 또 각 속주들에 자금을 아낌없이 뿌리기로 했다. 그리하여 이듬해에 모든 속주가 이탈리아 침공 준비를 완료하도록 할 계획이었다. 한편 베스파시아누스는 동방에 그대로 머무르기로 했다. 구체적으로 그는 이집트에서 겨울을 날 계획이었다. 여기서 그는 봄에 일어날 비텔리우스와의 최종 결전을 준비하려 했다. 냉정하고 절제된 전략가인 베스파시아누스는 세상의 통치권을 급속히 혹은 무모하게 탈취하려 하는 것은 무의미하다고 생각했다.

제국 내에서 로마 다음으로 큰 도시인 알렉산드리아는 베스파시아누스의 야망을 실현하기에 적절한 도시였다. 부유하고 세련되며 창건자 알렉산드로스 대왕의 매력이 지속적으로 어른거리는 그 도시는 의심할 나위 없는 동방의 수도였다. 베스파시아누스는 이 도시를 기반으로 곡물 수송선들이 로마로 가지 못하게 단속하고, 야만인들이 시리아를 공격하지 못하게 예방하고, 유대에서 반란꾼들이 말썽을 일으키지 않도록 감시할 계획이었다. 그는 이런 실용적 목적 이외의 성과도 거둘 수 있었다. 알렉산드리아에 머무르면서 그는 자신이 거의 신적인 존재라는 명성을 더욱 갈고 닦을 수가 있었다. 베스파시아누스는 개인적으로는 투박하고 세속적인 사람처럼 보였지만 자신에게 모여드는 신성의 후광을 경멸할 사람도 아니었다. 그가 혼자서 도시의 최대 신전을 참배하면 신들은 그에게 장차 이룩하게 될 번영의 비전을 보여주었다. 이집트 주민들은 그가 운명에 따라 알렉산드로스의 후계자가 될 사람으로 점지되었다고 찬양했다. 그의 수행원으로서 이집트까지 따라온 요세프는 복음을 계속 설교했다. 유대 성경의 예언이 실현되고 있고, 유대에서 나온 사람이 이제 세상을 다스리게 될 것이었다.

그렇다고 자신의 대의가 신들의 초현실적 의도와 일치한다고 믿는 사람이 베스파시아누스뿐이라는 이야기는 아니다. 로마 제국이 계속 요동치면서 위기의 국면으로 들어갈수록 새로운 질서를 말하는 예언들은 베스파시아누스의 세계 장악을 좌초시키려고 더욱 적극적으로 위협을 가했다. 오랫동안 로마인에게 축복을 내려왔던 신들이 이제 그 호의를 거두어들이려 한다고 사람들은 나지막하게 수군거렸다. 로마인에게는 제국의 패망이 아주 끔찍한 일이겠지만, 해외 속주나 기타 지역들에 사는 많은 사람들은 그런 전망에 환호하면서 황당하면서도 공상적인 꿈들을 꾸기 시작했다. 예를 들어

지난 4월에 루그두눔에 사는 비천한 집안 출신의 갈리아인 마리쿠스Mariccus는 자신이 신이라고 주장하면서 수천 명의 추종자를 끌어모았다. 그 도시에 비텔리우스가 와 있어서 침묵을 지킬 만도 한데, 자칭 하느님은 아랑곳하지 않고 더욱 열을 내어 로마 통치의 시대가 이제 종말을 맞이했다고 설교했다. 자기들 부족 사이에 그런 메시지가 확산되는 것에 경악한 아이두이족은 그를 체포해 로마 제국의 당국자에게 넘겨주었다. 마리쿠스는 야생동물에게 산 채로 뜯어 먹히는 형벌을 선고받았으나 동물들은 그의 몸을 건드리려 하지 않았다. 그래서 비텔리우스는 자신이 직접 보는 데서 자칭 갈리아의 왕을 처형하도록 지시했다. 하지만 많은 속주민들이 마리쿠스가 신이고 그리하여 죽음을 정복했다고 믿었다는 사실은 바람에 불어오는 불길한 소식이 아닐 수 없었다.

로마의 권력이 직접적으로 미치는 곳 이외의 지역에서, 바람은 더욱 거세게 불어오고 있었다. 예를 들어 게르마니아에서 광풍처럼 몰아치는 예언들을 통제할 길이 없었다. 이런 예언들은 대부분 내전의 폭풍에 실려서 더욱 넓게 퍼져나갔다. 라인강 저너머 동쪽에서는 로마의 소요사태에 주목하지 않은 적이 없었다. 라인강 서안에 주둔하던 다수의 로마 군단 병사들이 철수한 사실 역시 놓치지 않았다. 리페 강둑에, 그러니까 베테라에서 동쪽으로 뻗어 있는 계곡에 탑이 하나 서 있었다. 이 탑에는 여성 견자가 살고 있었다. 그녀의 명성은 너무나 잘 알려져 많은 원주민이 그녀를 신으로 여겼다. 그녀를 벨레다Veleda라고 부르는 로마인들조차도 그녀의 초현실적 위력을 두려워할 정도였다. 그녀는 지상에서 우뚝 올라간 탑 속에서 살고 있었지만, 강풍과 미풍에 섞여서 들려오는 미래의 소리를 들을 줄 알았다. 이제 그녀의 민족이 겪어온 오랜 굴욕의 세월이 끝나간다는 것이었다. 라인강에 전쟁이 찾아올 것이며, 로마 군단의 군사 기지들은 모두 지상에서 존재도 없이 소탕될 운명이라고 벨레다는 예언했다. 그녀를 직접 찾아가 만난 사람은 거의 없었고 이것이 그녀의 신비성을 더욱 증폭시켰다. 그녀의 말들은 널리 그리고 멀리 퍼져나갔다. 게르마니아의 동쪽 깊은 숲속에서, 로마의 멍에를 내던진 사실을 자랑스럽게 여기는 사람들에게 열렬하게 받아들여졌다. 그리고 라인 강변에서도 울려 퍼졌다. 그곳에는 원주민들이 오래전부터 로마의 방식에 익숙해진 상태로 거주하고 있었다. 그 주민들이 생산한 물건들은 모두 로마인의 시장으로 출하되었고, 젊은이들은 로마의 병사로 징집되었다.

이러한 원주민 병사들을 가리켜 보조병Auxilia이라고 했다. 아무리 막강한 보병 부대라고 할지라도 기병, 궁수병, 경무장의 기동 타격부대가 없으면 제대로 작전을 펼치기가 어렵다. 그래서 로마의 사령관들은 오래전부터 동맹 원주민들로부터 이런 보조 부대를 동원해왔다. 이러한 임시 특별 조치에 불만을 느낀 아우구스투스는 행정의 천재성을 발휘해 이런 병력들을 정규군으로 조직하는 수완을 보였다. 그의 업적은 참으로 은밀한 것이었다. 보조 부대는 정규 부대와 경쟁하지 않은 상태에서 로마 군단을 보조하는 전투력으로 편입되었다. 그들도 군단 병사들처럼 직업 군인이었다. 그러나 봉급은 3분의 1 수준이었다. 군단 병사들처럼 독립 부대로 편성되었으나 그 규모는 군단의 10분의 1 수준이었다. 군단 병사들처럼 그들도 잘 훈련을 받기는 했지만 전쟁 상황이 위태로워져 군단의 보존을 위해 투입할 수 있을 정도로 그렇게 막강한 병력은 못 되었다. 보조 병사로 근무하면 언제나 자신의 열등한 지위를 의식하게 되었고, 이는 불평불만의 원인이 되었다. 로마의 당국자들은 그런 적개심을 잊어본 적이 없었다. 바루스 휘하 3개 군단이 전멸했던 대참사는 한때 보조 부대의 지휘관이었던 현지 게르마니아인의 소행이었다. 그러나 이런 선례의 그림자는 사실 그렇게 짙게 드리운 것은 아니었다. 보조 부대가 반란을 일으키는 일은 아주 드물었다. 로마 정부는 다양한 민족 사이에 존재하는 증오심을 잘 알았고 그런 심리 상태를 적극 이용했다. 이런 작전 배경에서, 플로루스가 예루살렘 공격 시에 인솔했던 대대들은 사마리아인으로 구성되었던 것이다. 보조 부대의 병사가 되면 그 특혜는 어느 정도 영향력을 행사하는 데 그치지 않았다. 만기 제대의 보상은 상당히 소중했는데, 로마 시민권이 주어졌고 이 권리는 대대로 물려줄 수 있었다. 보조 병사로 근무하면서 문명세계에 적응한 야만인의 아들은 군단의 병사로 근무할 수 있는 자격이 주어졌다. 이들은 승진해 백부장이 될 수도 있었고 그럴 경우 상당한 명성을 지닌 채 은퇴할 수 있었다.

그 아들들은 차례로 더 높은 관직을 노려볼 수도 있었다. 계급의 특혜와 재물의 쾌락이 모두 그들의 것이 될 수 있었다. 그러니 감히 어떤 보조병이 이런 장래의 전망을 위태롭게 할 짓을 하겠는가?

평화 시기에, 로마의 지배를 받게 된 속주민들은 정복자들과 자신을 동일시해야 할 동기를 많이 갖고 있었다. 세계 제국의 지평선은 아주 넓었다. 그래서 세리의 요구 사항에 부응하기 위해 들판에서 열심히 일하는 농부가 있는가 하면, 지나가는 병사들이 자신의 역축을 몰수해 가지나 않을까 걱정하는 농부가 있었다. 또 로마가 곧 멸망할 것이며 꼴찌가 첫째 되고 첫째가 꼴찌 되는 세상이 올 것이라고 설교하는 예언자들도 있을 수 있었다. 그러나 이러한 사실들은 로마 통치 아래 번성했고 그 번성이 제국의 존속에 달려 있는 계급 구성원들에게 무시당하기 일쑤였다. 그러나 이제 혼란과 동요의 시기에, 이야기는 달라진다. 황제에게 복종해야 한다는 것은 옳은 말이다. 그러나 여러 황제가 나와서 서로 자기가 진짜 황제라고 하면 어떻게 해야 하는가? 그러면 모든 것이 도박이 되고 만다. 결국 어떤 사람에게 충성을 바치는 자는 다른 사람에게는 반란자가 된다. 바야흐로 암살과 자결의 시절이었다. 단 1년 사이에 여러 황제가 비명횡사하고 군단과 군단이 서로 학살했으며, 로마 제국의 기반이 동요하며 신음 소리를 내지르고 있었다. 이런 대혼란이 모든 것을 뒤흔들어놓아 방향을 상실할지 모른다는 가능성이 여러 가지 제기되었다. 결국 제국이 영원히 존속하는 것이 아니라면 어떻게 해야 할 것인가? "군단들은 지상에서 일소될 운명이다."[58] 벨레다는 그녀의 높은 탑에서 이런 메시지를 내놓고 있었다. 이런 음울한 전망을 내놓는 사람은 그녀만이 아니었다. 제국의 동부 지역들에서는 지난 수십 년 동안 그와 비슷한 예언들이 많이 나돌아 다녔다. 그런데 이제 그런 예언들이 임박한 것처럼 보였다. 사람들이 그런 예언을 믿으면 믿을수록 노골적 반란의 기미는 더욱 강해졌다. 노골적 반란의 가능성이 높아질수록 현지 엘리트들은 분열된 충성심을 상대로 힘겹게 씨름해야 했다. 이제까지 오랫동안 우리의 재산을 지켜온 로마의 질서에 계속 충성을 바칠 것인가? 아니면 그런 조심성을 다 내팽개치고 우리 자신의 새로운 지위를 찾아나설 것인가? 판돈의 크기는 점점 커졌다. 어느 쪽이든 아주 두려운 선택이었다.

이를 의심하는 자는 유대 지방을 한번 쳐다보기만 하면 되었다. 그곳에서는 대규모 반란이 일어난 지 3년이 지나가고 있는데, 많은 사람들이 유대인의 정체성과 로마에 대한 충성심을 서로 일치시킬 수 있다고 생각하고 있었다. 무키아누스와 작전 회의를 하기 위해 베리투스로 가던 베스파시아누스는 유대 고위 인사들을 모두 그 회의에 소집했다. 마르쿠스 율리우스 아그리파Marcus Julius Agrippa는 이름이 로마식이지만 유대인이었고, 유명한 헤롯 대왕의 증손이었다. 일찍이 헤롯 대왕은 잔인하면서도 수완 좋은 왕으로 안토니우스와 아우구스투스의 존경을 받은 인물로서 충분히 대왕 호칭을 들을 만했다. 헤롯 대왕이 사망한 지 70년 후에 유대는 화려하고 사치스러운 건물을 좋아하는 대왕의 취미가 곳곳에 남아 있었다. 예루살렘 신전을 재건한 인물도 헤롯 대왕이었다. 이 신전은 수십 년에 걸쳐 지어진 건물로 헤롯 대왕의 신앙심을 만천하에 과시하고, 그의 체제에 대한 유대인의 지지를 결집하고, 그의 명성을 항구적으로 만들기 위해 지은 것이었다. 그는 건축 취미 이외에 로마 당국에 협조하는 진귀한 재주도 보여주었다. 그는 아우구스투스에게 바치는 신전을 여러 개 건설했다. 예루살렘에 극장, 타원형경기장, 다양한 기념물을 세워서 유대 지방을 찾아오는 로마인들에게 깊은 인상을 안겨주었다. 또 아주 큰 항구를 건설해 평소의 수완을 발휘하면서 그 항구에 카이사리아라는 이름을 붙였다. 유대와 로마를 서로 타협시키려는 헤롯 대왕의 흔적이 없는 곳을 유대 지방에서는 찾아보기 어려웠다. 예를 들어, 예루살렘 남쪽의 악지惡地 깊숙한 곳에는, 어떤 황무지 산의 꼭대기에 마사다라는 이름의 요새가 서 있었다. 헤롯은 이 요새 안에다 두 개의 궁전을 건설했다. 이 쌍둥이 단지의 내부 장식은 아주 절묘한 조화를 이루고 있었다. 과일과 꽃들로 장식된 모자이크는 유대인들에게 유대 땅을 내려준 하느님의 은총을 상징하는 것인가 하면, 거기에 멋진 벽화들을 곁들여서 팔라티누스 언덕에 있는 황제의 비위를 맞추려고 했다. 그래서 마사다를 방문한 사람은 유대 통치자가 자신의 하느님과 로마의 황제를 동시에 섬길 수 있었겠구나 하고 생각할 만했다.

이처럼 헤롯은 아주 능수능란하게 고공 줄타기 같은 양다리 걸치기를 교묘히 잘해나갔다. 헤롯이 사망한 이후에 그 어떤 왕도 그런 교묘한 솜씨를 보여줄 수가 없었다. 로마 당국은 헤롯의 땅을 이리저리 갈라놓아 왕들을 분봉하기는 했지만, 과연 잘 다스려질지는 확신이 서질 않았다. 유대 지방의 핵심 지역은 로마 속주로 재편성하는 한편, 나머지 지역들은 헤롯의 후계자들 사이에 분할 수여했다. 유대 북쪽과 동쪽의 변방 땅들을 다스리게 된 아그리파는 증조부와 비교해볼 때, 왕이라기보다는 왕의 그림자 같은 인물이었다. 그는 클라우디우스에게 예루살렘 신전 관리의 책임을 부여받기는 했지만, 그의 휘하 군대가 예루살렘에 주둔한 적이 없었고 그 도시를 왕국의 일부로 소유해본 적도 없었다. 그 결과 명령 계통이 아주 복잡하게 뒤엉켰다. 그처럼 지휘 체계가 엉망인 지역은 제국 내의 다른 곳에서는 찾아보기 어려웠다. 오래전부터 예루살렘에는 주인이 두 명 있는 것처럼 보였다. 한 명은 로마 총독이었고 다른 한 명은 유대인의 왕 아그리파였다.

유대가 노골적인 반란을 일으키기 직전의 무덥고 운명적인 여러 달 동안, 플로루스와 반란을 재촉하는 과격파 사이에서 타협하게 하려고 애쓴 이는 유대 왕 아그리파였다. 또 그의 누나 베레니케Berenice도 적극 도왔다. 이 여인은 여러 번 결혼한 유대 공주로서 아그리파의 정부였다는 어두운 소문도 나돌고 있었다. 하지만 그녀가 예루살렘에 모습을 드러냈다는 것은 유대 민족의 하느님에 대한 신앙심과 존경심을 잘 보여준다. 그녀는 맨발로 자신의 목숨조차 아랑곳하지 않고 플로루스 앞에 서서 자제해달라고 호소했으나 아무 소용이 없었다. 아그리파는 그 직후에 예루살렘의 누나에게 합류해 유대인과 로마 통치 사이에서 접점을 찾으려고 애썼다. 하지만 유대인들은 그에게 돌을 던지며 그의 추방을 선언했다. 도시를 떠나면서 아그리파는 마지막으로 눈물로 호소했다. "하느님의 도움이 있어야만 당신들은 이길 수가 있습니다. 하지만 그런 일은 벌어지지 않을 것입니다. 로마 제국의 엄청난 규모를 볼 때 하느님께서 이미 로마인의 편이라는 것이 너무나 분명하기 때문입니다."[59]

이 예언은 네로가 자살한 지 1년 뒤에 나온 것으로서 많은 유대인이 의심스러워할 만한 내용이었다. 기적을 내려달라고 기도를 올리는 사람들이 볼 때, 세상의 통치자라는 사람들이 자중지란을 일으켜 서로 공격하며 죽이는 광경은 특별한 공명을 울리는 것이었다. 초기에 폭동 진압에 무자비하게 나섰던 베스파시아누스는 진압 작전을 중지했을 뿐만 아니라 유대 땅을 떠나 이집트로 갔다. 예루살렘에서, 반란의 초창기에 피난민들이 몰려갔던 마사다에서, 그리고 아직 반란자들이 장악한 다른 두 요새에서, 유대인들은 기도를 올리면서 희망의 불꽃을 계속 살려나갔다. 하늘에서는 유령 군대가 그들이 들고 있는 무기의 불꽃으로 방관자들을 현혹했다. 예루살렘 신전은 하늘의 불에 의해 규칙적으로 번쩍거리는 것처럼 보였다. 이러한 이적들은 장엄한 심판이 임박했음을 보여주는 전조라고 유대인들은 믿어 의심치 않았다. 요세프 벤 마티야후가 베스파시아누스에게 해당한다고 해석했던 예언들을 반란자들은 아주 다르게 해석했다. 유대인들은 거듭해 그들의 성경에서 정의의 왕국이 곧 나타나게 되어 있는 시대에 대해서 읽었고, 그 시대가 오면 거만한 외국의 통치자들은 모두 도공이 잘못된 질그릇을 땅바닥에 내버리듯이 흙처럼 무너질 것이라고 생각했다. 하느님의 기름 부음을 받은 군주가 지상에 나타나게 되어 있었다. 이 "메시아", 이 크리스토스(그리스어를 쓰는 유대인은 메시아를 이렇게 번역했다)는 황제 같은 사람은 결코 아닐 것이다. 메시아는 예루살렘을 저 오래된 시대의 영광을 누렸던 그 도시로 회복시킬 것이다. 그 시대는 신전이 처음 건설되었을 때, 예루살렘이 막강한 왕국 이스라엘의 수도였을 때를 말한다. "그는 지상의 가난한 사람들을 위해 정의로운 결정을 내려줄 것이다. 그는 자신의 입에서 나오는 말을 몽둥이 삼아 이 지상을 때릴 것이다. 그의 입술에서 나오는 숨결로 사악한 자들을 죽일 것이다."[60]

이런 예언들의 확신은 오랫동안 유대인들에게 희망을 주었다. 그래서 많은 사람들이 그런 희망의 실현이 가까이 왔다고 믿은 것은 그리 놀라운 일도 아니었다. 갈리아에서 벌어진 것처럼 유대에서도 벌어지리라. 자칭 예언자들이 많이 나와서 제자들을 다수 거느렸다. '테우다스(드다)라는 한 사기꾼'은 제자들에게 그를 따라 요르단 강으로 갈 것을 권했다. 그곳에 가면 그 강물을 갈라 걸어서 강 건너편으로 가게 해주겠다고 약속했다. '이집트인'이라는 별명을 가진 또 다른 예언자는 지지자 수천 명을 거느리고 맨 앞에 서서 등장했는데, 단 한 마디의 명령으로 예루살렘 성벽을 무너트릴 수 있다고 호언장담했다. 하지만 이 두 예언자는 속주 당국에 그리 큰 경계심을 불러일으키지 않았다. 둘 다 쉽게 패퇴시킬 수 있었고 결국 사형당했다. 로마인만이 이런 사기꾼들을 경멸한 것은 아니었다. 많은 유대인도 그런 자들을 경멸했다. 특히 사제 계급은 그들 바로 밑의 계급 출신 사람들을 특히 의심했다. 그런 자들은 고대의 예언자들을 자기들의 모델로 내세웠고, 로마의 통치에 저항했으며, 자신들이 특별히 하느님과 더 가까운 존재라고 주장했다. 그들은 허풍선이, 마술사, 사기꾼이었다. 그러나 결국 따지고 보면, 로마에 저항하는 반란, 그러니까 거대한 쇠 이빨을 가진 무시무시한 짐승을 상대로 하는 봉기는, 테우다스나 '이집트인' 같은 예언자들이 내놓은 것과 비슷한 신념의 표출이 아니고 무엇이겠는가? 아그리파는 처음부터 하느님의 도움이 없으면 반란은 실패하고 말 것이라고 진심을 말해왔다. 최후의 심판이 닥쳐온다면 온 세상 사람들이 이스라엘의 하느님 앞에 나아가 심판을 받을 것이고, 새 와인은 메말라버리고, 표범은 염소와 함께 뛰어놀게 될 것이었다. 하지만 그런 최종적 사태가 아니라면, 예루살렘을 파괴로부터 구제해줄 수 있는 것은 없었다.

바로 이 때문에 요세프는 옛 동지들이 자신을 배신자라고 비난하는데도 불구하고 로마인의 대의에 봉사하는 것이 곧 유대인의 대의에 봉사하는 것이라고 철저하게 믿었다. 갈릴리 반군 사령관을 지내던 시절에, 그는 몸소 그곳 주민들이 얼마나 철저하게 분열되어 있는지 체험했다. 전원 지방의 황무지에는 외국인을 혐오하는 사람들이 많았다. 그들은 외국인의 통치에 정말로 분개했고, 낯선 관습들이 정착하는 것을 두려워했으며, 심지어 로마의 식기류, 그릇, 램프 등을 사용하는 것도 거부했다. 하지만 갈릴리의 최대 도시인 세포리스에는 베스파시아누스의 군대가 작전에 나서기도 전에 베스파시아누스에게 항복하겠다고 의사 표시를 한 사람들도 있었다. 혼란한 시대를 잘 이용하려는 마음이 강한 현지 지주들은 사병을 양성해, 마치 로마인들을 공격하듯이 서로를 공격하려 들었다. 자유 전사들과 산적들 사이의 경계는 점점 흐릿해져갔다.

갈릴리에 베스파시아누스의 군대가 도착하기도 전에 들판에는 시체들이 나뒹굴었다. 불타오르는 농가들 위로는 연기가 흘러갔다. 이어 로마인들이 왔다. 그때의 공포는 아직도 생생하게 요세프의 머릿속에 남아 있었다. 시골 지방에서 보낸 시간은 아주 비참했지만 그곳의 아름다움을 전혀 알아보지 못한 것은 아니었다. 그는 갈릴리 호수 양안의 둑이 정말 아름답다고 경탄했다. "이곳의 땅은 너무나 비옥해 식물들은 모두 번창했다."[61] 호두나무와 종려나무, 무화과와 올리브, 포도와 야생화가 난만하게 자라났다. 그러나 로마 군대의 침공으로 갈릴리 호수마저도 푸줏간의 도살장이 되고 말았다. 군단에서 탈주한 병사들은 고깃배와 뗏목을 타고서 도망치려 했으나 로마인들에게 끝까지 추격당했다. 학살은 대대적으로 자행되었고 그 규모가 얼마나 심각했는지 학살당한 자의 피와 내장이 호수 전체를 벌겋게 물들였다. 호반에는 부어오른 시신들이 널려 있었고 내리쬐는 태양열 아래에서 끈적끈적하게 부패했다. 그 악취는 하늘 끝까지 닿았다.

이런 운명이 신전에도 들이닥칠지 모른다는 사실은 유대인들로 서는 정말 견디기 어려운 것이었다. 베스파시아누스는 시선이 온통 이탈리아에 고정되어 있었으나 그래도 유대는 잊지 않았다. 유대인을 상대로 하는 전쟁은 유능하고 야심차고 카리스마 넘치는 그의 아들 티투스에게 일임했다. 티투스가 거느린 병력은 막강했다. 아버지 베스파시아누스가 전에 지휘했던 병력에 더해, 티투스는 제12 풀미나타 군단도 함께 지휘하게 되었다. "이 군단은 전에 유대인에게 당한 패배를 설욕하려고 벼르고 있는 부대"였다.[62] 다른 병력도 있었다. 만약 예루살렘의 반란군들이 항복하지 않는다면 갈릴리의 반군을 처치했던 것과 똑같은 방식으로 예루살렘 반도들을 처치할 것은 너무나 분명했다.

그렇다고 해서 신전마저도 불태워버린다는 이야기는 아니었다. 티투스를 수행해 행군하던 요세프는 여전히 유대의 하느님을 돈독하게 예배하면서 자신을 하나의 살아 있는 증거로 제시했다. 무슨 말이냐 하면 유대인이면서 로마 황제에게 복종하는 것이 반드시 모순은 아니라는 것이 그의 확고한 생각이었다. 그는 또한 로마 고위 사령부와 아그리파 왕 사이의 친밀한 관계도 지적했다. 티투스의 부관으로 임명된 율리우스 알렉산데르도 한때 베레니케의 시숙이었다. 베레니케도 이미 티투스와 열정적인 연애를 하고 있는 상황이었다. 유대인과 로마인이 서로 정을 통하는 것은 가능한 일이었다. 요세프는 이런 확신에 매달리면서 자신이 로마인의 협력자라는 사실에 부끄러움을 느끼지 않았다. 그것은 오히려 유대인이 할 수 있는 경건하고, 애국적이고, 적절한 행동이었다. 이제 반란군이 항복을 해야만 신전을 보전하고 나아가 예루살렘을 파괴에서 구제할 수 있을 듯했다. 제국은 일견 붕괴할 것처럼 비틀거리기는 했지만, 갈릴리 전쟁에 참가한 역전의 용사 요세프는 그럼에도 불구하고 유대 반란이 실패할 운명이라고 믿어 의심치 않았다. 이 세상 민족들 사이의 관계를 지배해온 근본 법칙은 아직도 유효했다. 로마가 조건을 제시하는 평화 이외에 다른 평화는 없었다.

3

전쟁 중인 세계

곧 죽음을 앞둔 우리 인간들

이탈리아의 가을은 휴식기다. 들판에서 수확이 끝나고 과수원에서 사과도 모두 땄으며, 커다란 통에 가득 담긴 잘 익은 포도의 과즙은 거품을 내뿜는다. "원숙하고 부드러워진 계절은 더 이상 청춘의 정열로 불타오르지 않는다. 바야흐로 가을이 왔고 계절은 청춘에서 노년으로 넘어가는 과정에 접어든다. 머리에는 회색빛이 감돌기 시작한다."[1] 농부들은 노래를 부르고 춤을 추면서 노동의 열매를 즐기고, 황소는 외양간에서 쉰다. 저녁이 찾아오고 남풍이 비를 거느리고 들판과 언덕을 건너오면 병사들도 휴식을 취한다. 군사 활동을 벌이지 않는 시기가 시작되는 것이다.

아니 과연 끝났는가? 비텔리우스가 자신을 황제라고 처음 선포한 그 순간에도, 시대는 이미 대혼란에 빠져 있었다. 계절의 리듬은 원래의 흐름대로 진행되지 않았다. 카이키나는 서기 69년 1월 1일에 반란의 기치를 높이 쳐들어 올리고서, 한겨울에 병력을 이끌고서 아직 눈이 덮인 알프스 고갯길을 넘었다. 그는 아주 주목할 만한 새로운 길을 닦고 있었다. 비텔리우스를 싫어하는 발칸반도의 군단들은 베스파시아누스의 권고에 따라 무키아누스와 기동 타격대의 도착을 기다리면서 다가오는 봄에 이탈리아로 쳐들어갈 준비를 했다. 그러나 한 군단장은 이 권고를 답답하게 여기면서 카이키나 식으로 겨울 군사 활동에 나설 생각이었다. 마르쿠스 안토니우스 프리무스Marcus Antonius Primus는 갈바에게 제7 갈비아나 군단의 군단장으로 임명되었다. 제7군단은 바로 전해에 갈바가 동원해 만든 군단이었다. 황제의 후원에 열렬하게 헌신한 군단 병사들은 히스파니아에서 갈바를 따라 나서 로마 입성 과정에 대부분의 살육을 담당했고, 한 달 후에는 도나우강의 중요 지역에 배치되었다. 그러므로 그들이 갈바의 후임 황제에게 별로 충성심이 없는 것은 그리 놀라운 일이 아니었다. 그리고 제7군단장은 병사들의 그런 적개심을 잘 활용하면서 반란의 길로 나서자고 재촉했다.

위엄 넘치는 분위기에 체격이 당당하고 매부리코인 귀족 안토니우스는 그 재주가 위기의 시대에 딱 어울리는 인물이었다. 평화 시에 그는 사기꾼으로 유죄 판결을 받아 유배를 간 적도 있었다. 전쟁이 터지자 갈바는 그에게 도나우강 연안에 주둔한 군단의 장으로 임명했는데 그곳은 로마인에게 판노니아라고 알려진 지역이었다. 그는 카이키나와 아주 비슷한 사람이었다. 매우 야심만만했고, 빙 둘러가기보다 직선코스로 내달리는 것을 좋아했으며, 세상이라는 무대에 화려하게 등장하고 싶어 했고, 멀리 떨어져 있는 오지의 강둑에 처박혀 곰팡이처럼 썩어가고 싶은 생각은 조금도 없었다. 타고난 선동가인 그에게 동료 군단장들의 유보적인 태도를 무시해버리는 것은 그리 어렵지 않았다. 8월 말이 되자 그는 발칸 전역에서 병사들을 모집한 군단 병사들의 맨 앞에 우뚝 섰다. 9월이 되어 전면적인 이탈리아 침공에 나섰고 10월 초에는 베로나를 점령했다. 이 도시는 크레모나와 마찬가지로 이탈리아 북부의 핵심 요충이었다. 발칸 군단의 침공을 막기 위해 북쪽으로 파견된 카이키나는 그런 신속한 기동 작전에 감탄하지 않을 수 없었다. 로마에서 북부로 진군하면서 여러 보고서를 받아본 카이키나는 안토니우스가 자신과 비슷한 기질의 지휘관이라는 것을 알아보았다.

확실히 그런 기질에서 비텔리우스와는 크게 대조되었다. 그가 황제로 옹립한 인물 주위에서 여러 달을 보낸 카이키나는 황제 스스로 내린 자기 평가에 공감하게 되었다. 비텔리우스는 너무 무기력하고 우유부단해 황제 노릇을 제대로 해낼 인물이 못 되었다. 그의 정부는 아무런 목적이나 지향도 없이 부패가 만연했다. 각종 총신들이 후안무치하게 황제의 욕구에 비위 맞추며 국고가 감당할 수 없을 정도로 재물을 마구 탕진했다. 비텔리우스를 황위에 올린 반란

동지이며 최대의 라이벌인 발렌스는 병이 나서 누워 있는 상태였다. 안토니우스와 대적하기 위해 북쪽으로 진군하는 군단 병사들도 라인강 주둔 시절의 상징인 강철 같은 군기가 사라지고 없었다. 도시 전역에 흩어져서 여름 한철을 보낸 나머지 그들의 단결력과 사기는 크게 떨어져버렸다. 카이키나는 베로나를 공격하러 가던 중 도시 남쪽에서 적을 만나 교전했으나 승부가 나지 않았다. 카이키나가 볼 때, 자신과 기질이 똑같은 적장을 만났고 적군은 자신이 몇 달 전에 인솔해 로마로 입성했던 그 부대처럼 군기가 왕성했다. 이런 생각을 하게 되자 그는 절망에 빠졌다. 그 결과 그는 운명적인 방향 전환을 하기로 결심했다. 그는 이미 두 번이나 카이사르를 배신했다. 기존의 충성심을 내던져버리고 싶고 또 로마에 두고 온 황제를 경멸하고 있었으므로 그는 다시 한번 배신하기로 결정했다.

10월 18일 카이키나는 휘하의 여러 군단을 진지 밖으로 내보내 기동 작전을 하도록 지시하고, 수석 백부장들과 손수 지명한 몇 명의 병사들만 영내에 그대로 남게 했다. 카이키나의 군단장 막사에 소환된 그 병사들은 지휘관의 놀라운 말을 들어야 했다. 비텔리우스에 대한 충성을 취소하고 배를 갈아타서 플라비우스 군대 편에 붙자는 것이었다. 카이키나 진지는 양옆에 습지가 보호막이 되어주었고 그 배후에는 강이 흐르고 있었다. 게다가 야전에는 8개 군단이 나와 있었고 아직 국지전을 제대로 벌이지 않아 병력을 잃은 것도 아니었다. 그렇지만 카이키나는 소수 병사들의 의견을 돌리는 데 성공했다. 비텔리우스의 초상화를 모두 땅바닥에 내팽개치고, 베스파시아누스의 이름을 군단기에 새겼다. 저녁 무렵에 제5 알라우다이 군단이 돌아왔다. 종달새 군단은 자신들에게 맞서는 군대를 우습게 보았고, 또 오랫동안 쌓아온 훌륭한 복무 기록을 자랑스럽게 여겼다. 그래서 군단병들은 적에게 투항하자는 이야기를 듣고서 극도로 분노했다. 그래도 그들은 카이키나의 지위를 생각해 즉결 처분하지 않고 그들은 그를 쇠사슬로 감아서 가두었다. 이어 다른 군단들의 지원을 받아서 종달새 군단은 임시로 새 군단장을 선출했고 진지에서 퇴각할 준비를 했다. 우선 크레모나로 후퇴하려는 계획이었다. 그곳은 그들의 대의를 지지해주는 막강한 요새였고, 카이키나는 선발대로 2개 군단을 미리 그곳에 보내놓은 바 있었다. 거기서 그들은 발렌스의 증원군이 도착하기를 기다리려고 했다. 카이키나의 최대 라이벌인 발렌스가 과거 동료의 배신 소식을 듣고서 병석에서 일어나 증원군을 이끌고 로마를 떠났다는 소문이 전해졌기 때문이다. 그래서 배후의 다리를 모두 파괴하면서 비텔리우스 부대는 자신들의 사기를 높여줄 목적지를 향해 떠났다. 그곳은 그들이 반년 전에 대승을 거둔 곳이기도 했다.

한편 안토니우스의 진지에서, 자신들의 전투 경험에서 영감을 얻는 병사들이 있었다. 제13 게미나 군단의 병사들은 특별한 불평거리가 하나 있었다. 그들의 군단기에는 가장 사나운 백수의 왕인 사자가 그려져 있었다. 그 군단의 복무 기록은 무려 카이사르의 갈리아 정복 시기까지 거슬러 올라갈 정도로 오래되었다. 하지만 오토가 패배하면서 그들은 굴욕스러운 징벌을 당했다. 사자가 당나귀 취급을 당한 것이다. 카이키나는 그들을 해고하거나 판노니아로 돌려보내지 않고 건설 현장의 노무자로 일하게 했다. 군단이 그런 건설 공사를 하는 것이 그 자체로 치욕스러운 일은 아니었다. 병사들은 각종 도구를 잘 다루리라 기대되었다. 코르불로는 이렇게 말한 바 있었다. "곡괭이가 전쟁을 이긴다."[2] 진지와 도로는 저절로 생겨나는 것이 아니니까 말이다. 아무튼 제13 게미나 군대의 병사들은 진지나 도로를 건설하는 데 투입된 것이 아니라 도시의 후생 복지 시설을 보수하는 일에 투입되었다. 크레모나의 시민들은 그런 일을 하는 병사들을 비웃었고 그런 지적을 하면서 묘한 쾌감을 느꼈다. 그들이 투입된 곳은 구체적으로 원형경기장 공사 현장이었다.

이른바 대도시라고 하는 로마 도시는 반드시 그런 극장을 하나씩 갖고 있었다. 원형경기장은 '양쪽에서 관람할 수 있는 공간'이라는 뜻을 가진 그리스어에서 왔는데, 설계는 이탈리아인의 것이었다. 이 건물처럼 로마 건축의 특징을 뚜렷하게 보여주는 것도 없다. 그런 극장을 갖고 있다는 것은 황제가 등장할 수 있는 무대를 갖추고 있다는 뜻이었다. 비텔리우스가 라인강에서 출발해 갈리아를 통과할 때, 루그두눔이 원형경기장을 갖추지 못했더라면 그는 그 도시에서 멈춰 서서 황조를 건설하겠다는 야망을 선언하지 못했을 것이다. 원래 이런 구조물을 가리키는 라틴어는 스펙타쿨라spectacula였다. 멋진 장관을 연출하는 무대라는 뜻이었다. 그 장관은 두 가지가 있었다. 하나는 경기장에서 연출되는 행사이고, 다른 하나는 오락 행사의 후원자들이 보여주는 것이었다. 이것은 화려함과 선심의 구경거리로서 그 무대를 보는 관중들을 매혹하려는 목적을 갖고 있었다. 장관을 연출하는 하부 시설들이 값비쌌으므로, 거기서 연출되는 장관 또한 값비쌌다. 그래서 갈리아 전역에서 원형경기장이 설치된 곳은 드물었다. 또 그런 이유 때문에 부족들의 통치자들은 갈리아 속주들의 수도라 할 수 있는 루그두눔에 원형경기장을 꼭 짓고 싶어 했던 것이다. 그 건설비용을 댄 사람은 아퀴타니아(오늘날의 아키텐) 출신의 귀족이었는데 로마와 아우구스투스 제단의 사제로 활동해온 인물이었다. 그 원형경기장이 낙성된 서기 19년에 그는 자신이 건설의 후원자였다는 사실을 모든 사람에게 철저히 알렸다. 갈리아 전역을 통해 그 건물은 전혀 속주 티가 나지 않았고 온전하게 로마의 분위기를 갖추고 있었다. 비텔리우스는 루그두눔에 도착했을 때 아직 로마까지 가려면 여러 날을 가야 했지만 그 도시의 경기장에서 무대를 연출할 수 있었고, 그렇게 함으로써 자신을 온 세상에 소개한다고 생각했다. 이는 하나의 거대한 장관이었다.

하지만 실시간 행사의 성격상 원형경기장의 장관은 종종 잘못될 수 있었다. 가령 맹수들은 갈리아 반란 무리가 경기장에 처넣은 자칭 신 마리쿠스를 건드리지 않으려 했다. 그 사건은 아주 당혹스러웠다. 불확실성은 관중들로 하여금 원형경기장 관람을 아주 매혹적으로 느끼게 만드는 요소였다. 어떤 무대에 사전 각본이 없을수록 관중들은 그 광경을 더욱 흥미진진하게 느꼈다. 일벌백계의 교훈을 위해 경기장에서 시행되는 처형은 행사 중에서 가장 인기가 없었다. 죄수 처형은 아무런 깜짝 반전이 없었기 때문이다. 사자와 곰이 쇠사슬에 묶인 죄수를 물어뜯는 광경을 보는 것도 물론 흥분되는 일이었지만, 그런 맹수들을 사냥꾼과 대결시키는 것은 더욱 흥분되는 구경거리였다. 그러나 이것도 최고의 무대는 되지 못했다. 오락 행사 중에서 가장 인기 높은 것은 전사들의 일대일 대결이었다. 그처럼 짜릿한 드라마와 자극적인 흥분은 없었다. 관중들이 원형경기장으로 몰려드는 것은 잘 훈련된 유능한 전사들의 싸움을 보기 위해서였다. 그 전사들은 그 게임의 최정상급에 있는 사람들이었고 그 나름 불, 쇠사슬, 채찍, 칼 등을 견디겠다고 사크라멘툼을 바친 사람들이었는데 이름하여 검투사라 했다.

이처럼 사람들을 열광시키는 행사의 기원은 경건한 것이었다. 무장 전사들의 싸움은 원래 로마에서 무네라munera로서 연출되었다. 무네라는 죽은 사람들의 넋에 바치는 봉헌물이라는 뜻이다. 그 후 수 세기가 흘러가면서 저명인사의 장례식에는 최상위급 전사 간 무장 싸움이 등장하게 되었다. 이런 무네라를 실시하기 위해 포룸에 건설된 원형경기장은 크기와 사치의 규모가 점점 커져갔다. 율리우스 카이사르는 아버지의 넋을 달래기 위해 검투사 320쌍이 서로 싸우게 했는데 이들은 모두 은빛 갑옷을 입고 있었다. 이런 행사가 그의 인기를 높인다는 사실을 잘 아는 그의 정적들은 이런 호화로운 행사를 엄격하게 규제하려 했으나 그런 노력은 무망한 것이었다. 공화정이 붕괴하고 그런 규제 행위는 아예 없던 것이 되었다. 아우구스투스가 황위에 등극하자 그는 그런 호화로운 행사를 예전 세대들은 상상조차 할 수 없는 규모로 아주 자유롭게 거행했다. "로마 시민들의 마음과 눈을 잊지 못할 장관으로 채우기 위해" 비용을 아끼지 않은 것이다.[3] 어떤 행사는 입이 떡 벌어질 정도로 거창했는데 검투사가 무려 1만 명이나 출연했다. 한때 망자의 넋을 위무하기 위해 연출되었던 무네라가 이제 새로운 정부 체제를 떠받치는 핵심 기둥 노릇을 하게 되었다. 언제나 눈알이 튀어나올 정도로 화끈한 오락에 목말라 있던 로마인들은 황제가 더 많은 구경거리를 제공해주기를 바랐다. 황제 역시 동료 시민들에게 혜택을 내려주는 역할을 충실히 이행하기 위해 그런 요구에 기꺼이 응했다. 네로는 오락의 수준을 한층 높여 놓았다. "나이가 들어서 비틀거리고 머리가 허연 로마의 노인들"도 그가 연출하는 무대에 경탄했다고 고백했다.[4] 바로 이런 이유로, 비텔리우스는 자신의 새로운 지위를 만천하에 드러내기 위해서, 루그두눔의 무네라를 상승 군단의 열병식이나 새로운 황조의 선언 못지않게 중요하게 여겼던 것이다. 검투사 경기를 보여주지 않고서 로마의 지배권을 장악했다고 선언할 수 있는 사람은 아무도 없었다.

사정이 그렇다고는 해도 황제는 조심스럽게 움직여야 했다. 온 세상 사람들의 눈앞에 무대를 연출하는 것은 잠재적으로 위험한 일이었다. 도처에 함정이 도사리고 있었다. 내전의 시기에는 더욱 그러해서 어디서 무엇이 튀어나올지 알 수가 없었다. 루그두눔에서 크레모나로 여행하던 비텔리우스는 그곳에 도착해 그 도시의 원형경기장이 최근에 완공된 것을 발견했다. 자연히 그는 낙성식을 올려주려 했다. 그것은 검투사들을 제공한 크레모나 주민들과 카이키나에 대한 감사 표시였다. 아주 여러 세기 전의 최초 무네라가 그러했듯이 그 주위에는 망자들의 넋이 우글거리고 있었다. 일반적으로 시합은 군단병들의 시체가 널브러져 있는 전장 옆에서는 개최되지 않았다. 그러나 사기를 중시하는 도덕론자들은 바로 그 이유 때문에라도 검투사들의 싸움을 승인했다. 평화에 의해 유약해지고, 무기를 다룰 줄 모르고, 전쟁의 실제 장면으로부터 멀리 떨어진 시민들에게, 로마가 세계를 다스리기 위해서는 어떤 대가를 치러야 하는지 알려줄 필요가 있다는 것이었다. 사람들을 타락시키고 허약하게 만드는 오락 드라마와는 다르게, 무네라는 그것을 관람하는 사람들의 마음을 단단하게 만들어주었다. 그러나 비텔리우스는 관중들의 함성을 듣고 그들의 흥분에 동참하면서 잘못된 결론을 내렸다. 그는 원형경기장의 행사를 주관하면서 도시 외곽의 살육 현장을 한번 둘러보아야겠다고 생각했다. 그곳에서 그는 여름 뙤약볕에 썩어가고 있는 많은 동료 시민들의 죽음에 대해 슬픔을 느끼기는

커녕, 원형경기장의 시합에 도취한 관람자인 양 그 살육 현장에 즐거움을 느끼며 환호했다. 그리하여 비텔리우스는 망자들의 넋을 달래는 데 결정적으로 실패했을뿐더러 그들에게 모욕을 가했다.

그리고 그 쓰러진 시민들이 슬프고 잔인한 신들의 영역으로 돌아간 지 반년 만에, 그들이 복수를 하겠다고 돌아오는 시간이 되었다. 비텔리우스 부대에게는 알려지지 않은 채로, 플라비우스 부대도 크레모나 쪽으로 행군하고 있었다. 베로나 남쪽에 쳤던 적군 진지가 소개疏開되었는데 어디로 갔는지 알 수 없다는 보고를 받고서, 그 부대를 찾아 이탈리아 북부 지역을 헤매기보다는 다른 적을 목표물로 삼기로 했다. 카이키나가 일찍이 크레모나에 보낸 2개 군단은 너무나 매혹적인 사냥감이어서 반드시 추격해 고립시킨 다음에 제거해야 마땅했다. 따라서 4000기의 기병대, 5개 군단, 여러 보조군 대대 등을 이끌고서 안토니우스는 베로나에서 출발했다. 그는 카이키나와 마찬가지로 언제나 바쁘게 움직이는 사람이었다. 그는 맹렬한 속도로 행군하라고 주문했다. 이틀간의 강행군 끝에 그와 휘하 부대는 크레모나에서 동쪽으로 약 30킬로미터 떨어진 베드리아쿰이라는 마을에 도착했다. 이곳은 반년 전에 오토의 군단들이 진지를 설치했던 곳이었다. 그리고 이제 플라비우스 부대가 나타나 진지를 설치했다. 군단병들은 도랑을 굴착하고, 보루를 세우고, 목책을 세웠다. 이어 잠시 휴식을 취했다. 하지만 안토니우스는 잠시도 쉬지 않았다. 그는 기병대를 이끌고 크레모나로 들어가는 길을 정찰했다. 그런데 여기서 그는 비텔리우스 부대와 우연히 조우했고 양군은 크게 놀랐다. 플라비우스 부대와 마찬가지로 적군은 놀라운 기동력을 보였다. 또 그동안 내내 그들이 달리기 경주를 했다는 사실을 알고서 깜짝 놀랐다. 그리고 마침내 양군은 서로 마주보게 되었다. 오랫동안 불을 지펴오던 전투가 마침내 벌어지게 되었다.

10월 24일 오전, 태양이 하늘에 높게 솟아오르자 양군의 선발대는 격돌했다. 전투의 행운은 한 번은 이쪽으로 또 한 번은 저쪽으로 기울었다. 먼저 안토니우스와 휘하 기병대는 베드리아쿰 쪽으로 격퇴당했다. 그러나 그곳 강가에서 다시 전투 대형을 꾸리고서 적의 선봉대를 격파하는 데 성공해 플라비우스 기병대는 무사히 후퇴할 수 있었다. 한편 양군은 증원군을 계속 소환했다. 늦은 오후가 되자, 당초 크레모나에 파견했던 두 군단을 포함한 비텔리우스 부대는 도시 외곽의 들판에 전투 대형을 꾸렸다. 그들 맞은편에서, 플라비우스 부대도 베드리아쿰에서 나오는 길을 따라 행군하며 점차 병력을 증강했다. 그중에는 제13 게미나 군단이 있었다. 과거 크레모나 시민들을 위해 원형경기장을 지어주었던 바로 그 군단병들이 자신들을 고문했던 자들을 상대로 창과 칼을 들고서 전투 준비를 완료했다. 크레모나 사람들은 대규모 살육을 연출하고 싶어 했다. 이제 그들은 소원을 성취하게 되었다. 그런데 이번에는 상대 전투병뿐만 아니라 관중도 위험할 수 있었다.

예리한 관찰자들이 볼 때, 내전 시기의 병사와 검투사들은 그 경계가 불분명했다. 지난 봄 크레모나에서 전투의 1회전이 벌어졌을 때, 오토군에 가담한 어떤 부대는 검투사 2000명을 카이키나의 군단에 맞세웠다. 그때 승리한 군단들을 앞세우고 로마로 접근했던 비텔리우스는 "그들이 경기장 안의 전사들인 양 그 병력 규모를 늘리려고" 애를 썼다.[5] 그런데 그 10월 크레모나의 주민들이 볼 때, 검투사와 군단병, 경기장과 전장, 흥분되는 오락과 살육적인 전투, 이 두 가지 사이의 경계는 아주 불분명했다. 그들은 모두 거기에 걸린 판돈의 규모를 잘 알았다. 크레모나 주민들은 도시의 성벽 위에 서서 적군의 봉화를 볼 수가 있었다. 이제 온 세상이 원형경기장이 된 것 같았다. 그리고 그 주민들 역시 전투를 준비하는 병사들과 마찬가지로 경기장 안에 갇혀 있었다.

해가 졌다. 두 시간이 지나갔다. 처음에는 다소 소강상태였지만 점점 야만성을 발휘하더니 두 부대는 교전에 들어갔다. 검투사들은 전투를 거부할 수 없었다. 비텔리우스 부대도 밤이 왔으니 크레모나로 일시 퇴각하는 현명한 선택을 할 수가 없었다. 만약 그렇게 했더라면 플라비우스 부대는 노지에서 밤새 떨어야 했을 것이다. 하지만 그런 상황은 벌어지지 않았고 전투와 도주의 일대 혼란 속에서 도시 너머의 들판은 살육이 벌어지는 지옥 같은 현장이 되어버렸다. 단 한 번의 교전으로 끝난 것이 아니라 산발적이고 살육적인 전투가 계속 이어졌다. 비텔리우스 부대는 여러 가지 이점이 있었다. 플라비우스 부대보다 병력이 많았고 치명적인 대포(투석기)가 있었고 크레모나 여인들이 밤새 그들에게 가져다주는 보급품이 있었다. 그러나 플라비우스 부대는 항복을 거부했다. 그들의 배후에서 달빛이 환하게 빛나면서 그들의 그림자를 크게 확대해 적들의 간담을 서늘하게 만들었다. 한 자살 특공대가 비텔리우스 부대의 대포를 탈취했다. 이 군단에서 저 군단으로 돌아다니며 싸움을 독려하는 안토니우스는 적군의 임시 장군들보다 훨씬 유능한 지휘관이었다. 여러 시간이 흘러갔다. 동쪽 하늘이 밝아오기 시작했다. 적군의 사기를 예민하게 관찰하던 안토니우스는 저들의 사기가 저하되고 있다는 것을 직감했다. 해가 떠오르자 소문도 따라왔다. 무키아누스와 그의 군단들이 전장 가까이 다가오고 있다는 것이었다. 안토니우스는 승기를 잡았다. 그는 마지막 예비 부대까지 전투에 모조리 투입하면서 전 부대의 공격력을 동원해 적군을 강타했다. 마침내 비텔리우스 부대는 대열이 흐트러졌다.

하지만 그 순간에도 그들의 패주는 전면적인 것이 아니었다. 많은 도망병들이 크레모나로 돌아가는 길 위에 올라섰으나 다른 많은 병사들은 그렇지 못했다. 일부는 도시의 동쪽 측면에 있는 군단 기지에 도착했다. 다른 일부는 도시 안으로 들어가 숨었다. 무릎을 꿇었으나 목을 적에게 드러내 보이기를 거부하는 검투사들처럼, 비텔리우스에게 사크라멘툼을 바쳤고 그를 황위에 옹립하기 위해 치열하게 싸웠던 군단병들은 황제를 배신하기를 거부했다. 그러나 장교들은 그들의 충성 맹세를 그리 철저하게 지키려 하지 않았다. 여러 차례 치열하지만 절망적인 교전 끝에 마침내 군단 사령부가 적에게 함락되고, 플라비우스 부대의 대포가 성벽을 두드려대자 그들은 전투가 끝났다는 것을 알았다. 만약 항복하지 않는다면 적병은 교전 규칙에 따라 도시 안으로 들어가 모든 건물을 파괴하고 그 주민들을 살육할 허가를 얻은 양 행동할 것이다. 그렇게 하는 것이 무슨 소용인가? 치열한 교전을 벌이고 있는 양측의 병사들은 따지고 보면 모두 동포 시민이었다. 평화 시의 이상이 여전히 중요한 개념으로 작동했다. 혼란스러운 전투 상황 속에서도 그런 이상이 실천되었다. 크레모나 여인들로부터 식량을 전달받은 일부 비텔리우스 부대원들은 그것을 플라비우스 부대의 병사들과 나눠 먹었다. 그러면서 그들은 괴로운 듯이 소리쳤다. "우리는 여기서 무엇을 하고 있는가? 왜 싸우고 있는가?"⁶

고위 사령부의 장교들이 항복을 결심하자 그들이 먼저 찾아간 사람은 카이키나였다. 그들은 그의 쇠사슬을 풀어주고 플라비우스 부대와 협상하는 데 도움을 달라고 요청했다. 하지만 자신이 결국 옳았음을 증명한 사람으로서 느긋한 태도를 견지하던 카이키나는 그 요청을 거부했다. 무조건 항복 이외에는 선택 방안이 없어진 비텔리우스 부대의 지휘관들은 성벽에 올리브 가지를 내걸었다. 대포 소리가 그치자 그들은 도시의 성문을 통과해 우울한 모습으로 적의 진지를 향해 걸어갔다. 처음에 그들은 플라비우스 부대의 병사들로부터 야유와 조롱을 받았다. 그러나 동료 의식이 발동되는 데에는 그리 오랜 시간이 걸리지 않았다. 전선에서 끔찍한 보고가 들어왔다. 가장 최악의 것은 제7 갈비아나 군단 소속 병사의 이야기였다. 그는 전투 후 패주 중에 제21 라팍스 군단의 병사를 칼로 베어 넘어트렸는데 그 죽어가는 병사를 자세히 살펴보니 자신의 아버지였다. 플라비우스 부대원들 사이에서 슬픔과 저주를 불러일으킨 이 소식은 그렇다고 해서 전투의 치열함을 억제하지는 못했다. 이제 항복이 공식화되면서 양측은 내전의 깊은 상처를 봉합하고 싶은 소망이 너무나 간절했다. 심지어 최근의 학살 사태에서 일정한 역할을 했던 카이키나 자신도 이러한 치유 과정에 기여했다. 그가 플라비우스 부대를 위해 큰일을 했다는 자신감 속에서 화려한 군단장 정복을 입고 크레모나에서 나서자, 양측의 병사들은 그를 커다란 목소리로 야유했다. 안토니우스는 그가 린치당하는 것을 막기 위해 앞으로 나서면서 그를 알렉산드리아로 파견했다. 그곳에 가서 베스파시아누스에게 전투 소식을 전하는 한편 지지하는 편을 바꾼 공로에 대해서 보상을 얻도록 하라는 것이었다. 도박사 기질이 농후한 카이키나는 이번에도 이기는 쪽에 판돈을 걸고서 승리했다.

형제간의 갈등이 거기서 이익을 보려는 과감하고 무자비한 자에게만 유리하다는 사실은 결코 망각되지 않았다. 아우구스투스의 등극으로 내전이 종식하기는 했지만 그것 또한 내전의 결과였다. 지난 한 해 동안 벌어진 극심한 사회적 동요와, 한 황제에 이어 다른 황제가 나타나는 현상과, 크레모나의 들판이 시산혈하屍山血河가 된 것을 두고서 불길한 질문이 등장했다. 새로운 아우구스투스가 영원히 나타나지 않으면 어떻게 할 것인가? 일단 타오르기 시작한 불은 좀처럼 꺼지지 않을 것이다. 이러한 가능성에 대한 두려움, 로마가 잿더미가 될 것이며 기병들이 말발굽으로 도시를 마구 짓밟을지 모른다는 우려는 오래전부터 포룸 그 자체에 각인되어 있었다. 카피톨리누스의 기단에는 '애도의 계단'으로 알려진 계단이 우뚝 솟아 있고, 그 계단 옆에는 콩코르디아(조화) 여신에게 바친 신전이 있었다. 로마인들이 서로 화합해 제국을 형성하고 더 나아가 세계를 지배할 수 있도록 해준 것이 이 여신이었다. 하지만 로마인들은 이 여신에게 그림자가 있다는 사실도 잘 알고 있었다. 불화의 여신은 오로지 파괴하기 위해 존재하기 때문에 신전이 없다. 이 여신은 기회만 주어진다면 갈등을 가두어둔 무쇠 문을 부숴버리고, 거리에 폭력이 넘쳐나게 하며, 내전을 풀어놓는다. 이미 과거에, 그러니까 아우구스투스 통치가 정립되기 이전 무시무시한 수십 년 동안에 그녀는 그렇게 했다. 그리고 로마인들은 엄청난 노력을 기울여서 그 무쇠 문을 다시 닫을 수가 있었다. 이제 불화의 여신이 다시금 등장한 마당에 황제 자리를 두고서 다투는 군벌 중에 승리를 거두는 자, 내전의 불길을 모두 꺼트릴 수 있는 최종 승자가 더욱 절실히 필요했다. 그렇지 않으면 온 세상이 불타버릴지도 몰랐다.

안토니우스는 비텔리우스 부대의 항복을 받은 후에 전쟁의 오물과 유혈을 씻어내려는 듯 공중목욕탕에 갔다. 그는 탕 안에 들어가면서 물이 미지근하다고 불평했다. "하지만 걱정하지 마. 곧 뜨거워질 테니까."[7] 실제로 그렇게 되었다. 안토니우스를 수행하던 병사들은 그의 말을 듣고서 그들의 뜻을 그 말에 명확하게 새겨넣었다. 크레모나를 불 질러 전소하라는 뜻으로 알아들은 것이었다. 그 말이곧 퍼져나갔고 군단은 도시 안으로 강제 진입했다. 안토니우스도다른 장교들도 그들을 말릴 수가 없었다. 황금, 성욕, 복수에 대한갈증이 너무나 컸던 것이다. 군단병들은 나흘 동안 약탈, 강간, 학살을 자행하고 나서야 비로소 포만감을 느꼈다. 나흘 후 크레모나에는 단 하나의 신전을 제외하고는 아무것도 남지 않았다. 286년동안 존속하면서 로마인에게 적들을 가로막는 방패로 봉사해온 도시가 지상에서 아예 사라져버렸다. 그 땅은 너무 오염되어서 군단들은 그 부지를 사용할 수가 없었다. 안토니우스와 플라비우스 부대의 고위 장교들은 수치심을 느꼈으나 그렇다고 해서 도시의 멸망을 막을 수는 없었다. 그것은 로마와 황제에게 지금 닥친 치명적 위험을 잘 보여주는 구체적 사례였다. 군 사령관이 휘하 병사들에게칼을 칼집에 넣으라고 명령을 내릴 수 있을지 모르나, 칼들은 여전히 칼집 밖으로 나와 번쩍거렸던 것이다.

바타비 거품

그 시대의 충격은 로마 제국 전역에 구석구석 퍼져나갔다. 아무리 멀리 떨어진 오지라고 해도 그 충격파에서 벗어날 수가 없었다. 모든 것이 진흙에 불과한 북해의 바닷가에서도 그 충격파가 느껴졌다. 그것은 날마다 라인강 삼각주의 하구에서 뒤로 물러나는 조수처럼 강한 흡인력을 갖고 있었다. 강안江岸이 문명과 야만이 만나서 뒤섞이는 지점을 표시하듯이, 강 하류에 면한 들판들은 땅도 물도 아닌, 그 둘을 모두 포섭하는 불특정 차원이었다. 소 떼는 너무 넓어서 바다처럼 보이는 하구 근처의 풀을 뜯어먹었다. 호수들에는 홍수 중에 그 해안으로부터 뜯겨나간 참나무들이 점점이 박혀 있었는데 "그 뿌리 뽑힌 나무들은 뿌리 사이에 엄청난 흙들을 가둔 채 물 위로 거슬러 올라갔다."[8] 여기에 대기의 원소들이 흩어지기 직전에 존재했었던 카오스가 흘낏 엿보였다. 그것은 문명이 붕괴할 때 인간에게 벌어지는 대혼란을 미리 보여주는 예고편이었다.

이 야만적인 물의 고장을 다스리려는 로마인들의 노력은 엄청났다. 코르불로가 이를 주도했다. 그는 아르메니아 사령관으로 임명되기 전에 저지 게르마니아의 총독으로 근무했었다. 게르마니아 시절 그는 휘하 병사들에게 굴착 작업을 시켰다. 운하를 파서 라인강을 남쪽으로 30킬로미터 떨어진 뫼즈강과 합류시켰다. "그리하여 사람들이 바다로 항해해야 하는 위험을 제거해주었다."[9] 새로운 도로, 새로운 요새가 건설되었다. 황량한 평지를 길들여야 할 필요가 있듯이, 거기에 준동하는 야만인들도 문명으로 다스려야 할 필요가 있었다. 라인강 북쪽, 커다란 내륙의 호수 주변에 카우키라는 부족이 살고 있었다. 이 부족은 노련한 관찰자들도 놀랄 정도로 사람이라기보다는 바다 생물에 더 가까워 보였다. 그들은 고수위선高水位線 위에 조성한 죽마 혹은 인공 둔덕 위에서 살았다. "그래서 밀물이 그 둔덕 위를 휩쓸 때에는 바다 항해자들처럼 보였고, 썰물일 때에는 난파선처럼 보였다."[10] 그들은 맨손으로 흙을 퍼냈고 빗물 이외에는 아무것도 마시지 않았고 물개와 바닷새의 알만 먹고 살았다. 그들은 땅에서 파낸 나무줄기로 만든 배를 타고서 갈리아 해안을 정기적으로 공격했다. 그러다가 코르불로가 무장 공격과 선별 암살의 양면 작전을 사용해 그 부족이 거주하는 지역을 평정했다. 그는 부족에 따끔하게 교훈을 주고서 다시 라인강 쪽으로 병력을 철수했다. 아무튼 진흙으로 된 황무지를 다스린다는 것은 로마에 별 이득이 아니었다.

하지만 북해의 부족들이 이용 가치가 없는 것은 아니었다. 라인강 삼각주의 커다란 섬에 정착한 부족으로 바타비족이 있었다. 이 게르만 부족은 로마 통치 초창기에 그 섬으로 이주한 이후에 특별한 명성을 누렸다. 부분적으로는 그들이 만들어내는 모발 제품의 인기 덕분이었다. 재와 기름으로 만든 '바타비 거품Batavian foam'이라는 비누는 머리카락을 깨끗이 씻어줄 뿐만 아니라 금발로 만들어주어 당시 로마의 패션 주도자들을 만족시켰다. 그러나 바타비의 주된 명성은 그와는 아주 다른 수출품, 즉 젊은 청년으로부터 나왔다. 그 덕분에 바타비족은 세금 납부를 면제받았다. 라인강 서안에 사는 여러 게르만 부족들 사이에서 다소 독특하다고 할 정도로 바타비인은 호전적이었다. 로마 당국은 그들의 호전성을 격려하면서 하나의 무기 혹은 갑옷이 되어 로마인에게 봉사할 것을 유도했다. 그러니까 "전쟁의 도구, 바로 그것이었다."[11] 바타비인은 보조병과는 다르게 자신들 족장의 지휘를 받았다. 그리하여 그들은 로마 시민이 되고 로마식 이름을 쓰면서도 예전의 고유한 전통을 그대로 유지했고, 거기에서 큰 자부심을 느꼈다. 그런 전통은 갈리아의 귀족들 사이에서는 오래전에 사라졌던 것이다. 경기장에 들어선 황소처럼, 바타비인은 거친 용맹함의 기질을 보였다. 로마인 후원자들이 볼 때, 그런 기질이야말로 그들을 뚜렷하게 남다른 가치의 소유자로 만들었다.

그들은 황제의 신변을 보호하기에 아주 알맞은 병력이었다. 아우구스투스와 그 후임 황제들이 바타비인들을 경호원으로 고용했다는 사실은 그러한 용맹의 명성을 보여주는 구체적 사례였다. 그런데 네로가 사망하면서 이 전통은 끝이 났다. 망해버린 지난 왕조에 대한 바타비족의 충성을 의심스럽게 여긴 갈바가 그들을 해산해 고향으로 돌려보냈기 때문이다. 하지만 그들이 자신들의 가치를 입증해온 것은 수도首都 근무만이 아니었다. 그들의 전투 참전 기록은 군단병들도 경탄의 눈초리로 바라볼 정도였다. 완전 군장을 하고서 말에 올라탄 상태로 불어난 강을 건너가는 기술은 바타비족을 따라갈 수가 없었다. 최근에 브리타니아를 침공했을 때 베스파시아누스는 그들이 보여준 용맹에 경탄했다. 그들은 대단한 수영 실력을 발휘해 강 건너편 둑에서 원주민 군대를 매복해 공격했고, 교두보를 형성했으며, 군단장이 획기적인 승리를 거두는 데 크게 기여했다. 그들이 가진 재주는 이것으로 끝이 아니었다. 그들이 즐겨 자랑하는 기술은 화살을 한 발 공중에 쏘아올리고 "화살이 공중에 머무는 동안 또 다른 화살로 그것을 맞히는 것"이었다.[12] 상무적 용맹함, 개구리처럼 헤엄치는 능력, 무기를 잘 다루는 재주 등을 모두 겸비한 병사라는 존재는 무척 희귀한 것이었다. 그러니 바타비족은 모든 로마 지휘관이 자기 부대에 보조병으로 편입시키고 싶어 하는 자원이었다.

이런 모든 사실이 내전 초기 몇 달 동안에 비텔리우스에게는 좋은 소식이었다. 갈바에게 홀대당했던 바타비족은 비텔리우스의 대의를 위해 뭉쳤다. 그해 봄 바타비 8개 대대는 우익을 맡아서 제1 아디우트릭스 군단의 측면을 돌파함으로써, 크레모나에서 오토 군대를 패배시키는 데 핵심 역할을 했다. 이런 공로에도 불구하고 그들은 동료 병사들에게 인기가 없었다. 비텔리우스를 황제로 만들기 위해 군사 활동을 벌인 이래 바타비족은 정규 군단들의 비위에 거슬리게 행동해왔고, 보조병을 군단병에게 복종시키는 명령 체계가 흔들리기 시작했다. 과시하기를 좋아하는 바타비 대대들은 점점 소란스러워지기 시작했다. 원래 그들을 로마로 데려가려 했던 비텔리우스는 제멋대로 행동해 다루기 어려운 그들의 까다로운 습성이 엄청난 장애라는 것을 발견하고 경악했다. 마침 라인강 주둔 병력의 증강을 걱정하던 그는 바타비 부대를 라인강으로 송환했다. 현명한 결정이었고 타우리노룸(오늘날의 토리노)에서 벌어진 사건들은 그것을 증명했다. 그 도시에서 바타비 부대가 제14군단과 싸움을 일으켰고 도시는 전소되는 운명을 가까스로 피했던 것이다. 바타비 대대가 모곤티아쿰에 도착했다는 보고가 올라오자 비텔리우스군 사령부에서는 안도의 한숨을 내쉬었다. 이제 세상의 변방으로 안치되었으니 그들이 별 피해를 입힐 일도 없을 것이었다.

그러나 이제 플라비우스 부대가 쳐들어왔고 비텔리우스는 경악하면서 바타비 대대들에 급보를 보내어 빨리 이탈리아로 돌아오라고 지시했다. 그들은 출발했으나 도착할 운명은 아니었다. 라인강의 전령들이 수도에 가져온 소식은 비텔리우스와 고위 군 당국자를 경악하게 했다. 바타비족이 반란을 일으켰다는 것이었다. 그들은 라인강 하구의 요새들을 불태웠다. 바타비 노수들로 편성된 함대가 몽땅 반군 편에 붙었다. 그해 초 이탈리아 진군에 가담하지 않고 베테라에 머무르던 제5 알라우다이 군단과 제15 프리미게니아 군단의 잔여 병력은 바타비 대대를 상대로 벌인 전면전에서 패배했다. 이제 베테라 기지에서도 공방전을 벌이고 있었다. 어떻게 반군은 군단 기지 전체를 궁지로 몰아넣을 정도의 병력을 확보할 수 있었을까? 이 질문에 대한 답은 비텔리우스의 튀어나온 배에 강타를 먹였다. 베테라 주위에 포진한 군대 중에서 특히 눈에 띈 부대는, 당초 비텔리우스가 구원 요청을 했던 바로 그 군대, 즉 바타비 보조병 8개 대대였던 것이다.

문명이 가라앉아 그 위대한 싸움이 수포로 돌아갈 것을 우려하던 사람이 볼 때 이는 또 다른 위기였다. 바타비의 무미건조한 스카이라인을 장식했던 요새, 망루탑, 해군 정박지 등이 모두 사라져버렸다. 지난 수십 년 동안 황제의 진귀한 혜택과, 군단과 함께 근무할 때만 얻을 수 있는 군기를 누려왔던 바타비족은 야만인 본연의 야만적 행위로 돌아갔다. 반군의 지도자는 율리우스 키빌리스Julius Civilis라는 로마식 이름을 가진 귀족이었는데, 그는 핏빛으로 자신의 머리카락을 염색한 후에 제5 종달새 군단과 제15 프리미게니아 군단을 전멸시키지 않는 한 그 머리카락을 자르지 않겠다고 선언했다고 한다. 제방이 튼튼하지 못하면 범람하는 바다의 파도 앞에서 터져버리듯이, 라인강과 도나우강에 주둔한 군단들이 전멸하면 그 인근의 해외 속주들도 무방비 상태에 노출될 수밖에 없었다. 발칸반도에서는 다키아족이라는 위협적인 부족민이 도나우강 저지대를 통과해, 흑해에 면한 속주 모이시아Moesia 쪽으로 흘러들기 시작했다. 이때 기동 타격대를 이끌고 현지에 도착한 무키아누스가 그들의 범람을 간신히 막아냈다. 한편 라인강에서는 카누를 타고서 강을 건너오는 게르만 군대의 병력이 점점 늘어났다. 그들의 주된 목적은 약탈이었다. 그러나 로마 군단의 기지들이 파괴될 것이라고 선언한 벨레다의 예언도 그들의 염두에 있었다. 그들은 모곤티아쿰을 건성으로 공격해보았으나 곧 격퇴당했다. 그러나 바타비 부대가 이미 장기 공방전을 벌이고 있는 베테라에서, 키빌리스 휘하의 병력이 점점 늘어났고 그리하여 바타비 군대를 격퇴하는 것은 그리 쉽지가 않았다. 군단병들도 벨레다의 예언을 들어 알고 있었다. 보루 뒤에 웅크리고 앉아 점점 길어지는 밤중에 몸을 떨던 군단병들은 모닥불 주위에 둘러앉아 게르만 부족민들이 불러대는 노랫소리를 들었다. 그들은 예언자의 말이 맞는 것은 아닐까 두려워했다. 세상을 야만으로부터 구제하려는 로마의 노력, 그 야만에 맞서 전선을 지켜왔던 군단병들의 노력이 모두 물거품이 되어버리지 않을까 우려했다.

이러한 관점은 라인강 주둔 부대에서 군 경력을 쌓아온 병사들이 볼 때 아주 자연스러운 것이었다. 하지만 키빌리스의 목적을 이해하는 아주 다른 관점도 있었다. 베테라 기지를 상대로 반군 대대들을 이끌고 나서기 전, 바타비 지도자는 그들에게 로마 전복이라는 대의를 맹세시키지 않았다. 오히려 그 반대였다. 바타비 군대는 황제의 군대 자격으로 제5 알라우다이 군단과 제15 프리미게니아 군단을 향해 진군했다. 물론 비텔리우스의 군대가 아니라 베스파시아누스의 군대로서였다. 초가을 발칸 군단들을 이탈리아로 진군시키던 때에 플라비우스 부대의 사령관 안토니우스는 키빌리스에게 편지를 보내 브리타니아에서 베스파시아누스 밑에서 함께 근무했던 시절을 상기시키면서, 라인강 주둔 군대가 비텔리우스 증원군으로 나서는 것을 미리 막아달라고 요청했다. 격정적이고 야심만만한 키빌리스는 더 이상 설득이 필요하지 않았다. 그가 사크라멘툼을 바친 사람을 배신했다는 것은 사실이었다. 하지만 그의 진정한 충성 맹세는 로마에게 바친 것이었지, 황위 찬탈자에게 바친 것은 아니었다.

이것은 내전 시기에 많은 배신 장교들이 자신의 행동을 정당화하는 논리였다. 등 뒤에서 비텔리우스의 등에 칼을 찌른 장교는 키빌리스뿐만이 아니었다. 카이키나는 노골적으로 배신을 저지른 대표적 사례였다. 하지만 그와 유사한 사례가 또 있는데 좀더 은밀했고, 그래서 좀더 효과적이었다. 호르데오니우스 플라쿠스Hordeonius Flaccus는 고지 게르마니아의 사령관이었는데 비텔리우스가 로마로 진군할 때 함께 따라가지 않았다. 카이키나가 무모함의 화신이라면 나이 많고 병약한 플라쿠스는 무기력의 상징이었다. 바타비 반란이 일어나고 초기 몇 주 동안에 이런 병약하다는 인상은 그가 키빌리스와 막후에서 협조하는 것을 완벽하게 가려주는 연막이 되었다. 게다가 그는 그동안 죽 베스파시아누스와 통신을 해왔다. 여러 주가 지나도 플라쿠스가 반군에 맞서 적극적으로 싸우지 않자 휘하 병사들은 의심을 품었다. 카이키나와 발렌스의 지휘 아래 로마로 진군해 들어간 라인 군단들의 많은 병사와 마찬가지로, 게르마니아에 남은 군단병들도 비텔리우스에게 단단한 충성을 바치고 있었다. 키빌리스는 베테라로 진군하기 전에 기존의 비텔리우스 지지를 버리고 베스파시아누스 쪽으로 동맹을 바꾸라고 요구했는데, 병사들은 분노와 경멸 속에서 그것을 일축했다. 베테라 공방전이 오래 지속되면서 플라쿠스를 향한 의심은 점점 강해졌다. 베스파시아누스에게서 온 편지가 발각되자, 플라쿠스는 자신의 정체를 들키지 않기 위해 그 편지를 가져온 전령들을 체포해 비텔리우스에게 보냄으로써 가까스로 부대 내 폭동을 막을 수 있었다. 베테라에서 기지를 방어하고 있던 군단병들은 적의 진지에 우뚝 솟은 토템상들(게르만인들이 숲에서 가져온 짐승 조각상들)과 바타비 대대들의 군기를 쳐다보면서 이것이 대체 어떤 성격의 공방전인지 의문이 들었다. 야만인들을 상대로 하는 싸움인가, 아니면 내전인가? "그들은 마음의 결정을 내리지 못했다."[13]

이런 혼란한 감정에 빠져든 것은 라인강 주둔 부대들만이 아니었다. 날이 짧아지고 가을을 지나 겨울이 되면서 사물들의 그림자가 온 세상에 길게 뻗쳤다. 북해의 연안에서 포 계곡의 들판에 이르기까지 혼란스럽지 않은 곳이 없었다. 한때 로마의 요새들이 서 있던 곳에는 불에 그을린 나무 덩어리들만 남아 있었다. 어느 유명하던 이탈리아 도시에 남은 것이라곤 돌덩이들뿐이었다. 그 혼란이 어디에서 끝날지 누가 알겠는가? 불화의 여신 디스코르디아는 여신 중에서 가장 무서운 신이었다. 오랜 세월 평화에 익숙해져 있던 사람들이 볼 때, 여신이 제국의 통치에 시비를 걸고 나오는 속도는 놀라울 정도로 너무나 빨랐다. "중심은 버티지 못한다. 양식은 사라졌다. 무력이 시대를 지배한다."[14] 문명과 야만의 경계가 사라져가는 속도에 당황스러움을 느끼는 사람들은 베테라 기지에 갇힌 군단병들만이 아니었다. 라인강에서 벌어지는 일들은 수도의 시민들에게는 잘 알려지지 않았는데, 겨울의 심한 추위에 대비해 외투를 단단히 몸에 두른 시민들은 수도 근처에서 벌어지는 위협에 더 신경 썼기 때문이다. 크레모나 소식은 내전의 격정이 어떻게 걷잡을 수 없을 정도로 불타오르는지 보여줌으로써 로마 시민들에게 최악의 사태를 우려하게 만들었다. 그들은 로마의 한복판에서 화재와 학살이 벌어질지 모르는 상황에 직면해 있었다.

그런 사태를 피하기 위해 오토는 자결을 선택했다. 그러나 비텔리우스는 다른 기질의 소유자였다. 이탈리아 북부와 라인강 소식을 보고받자 그는 자결은 하지 않으리라 결심했다. 그는 본능적으로 언제나 나쁜 소식에 귀를 닫았다. 게다가 그는 아직 사태를 낙관할 만한 이유가 있었다. 너무 늦게 떠나 크레모나 전투에 참가하지 못했던 발렌스가 이제 병에서 회복해 자유로운 몸이 되었고 그래서 게르마니아로 가서 바타비 부대를 굴복시키고 증원군을 모병해서 데리고 올 예정이었다. 근위대의 신규 대대도 편성했지만, 그 병사들이 황제에게 바치는 충성의 강도는 목구멍으로 넘어가는 황금의 크기에 따라서 결정되었다. 또 제1 아디우트릭스 군단처럼, 수병들을 동원해 새로운 군단을 편성하기도 했다. 따라서 비텔리우스는 크레모나의 패배 소식을 인정하기보다는 감추려고 했다. 처음에 그는 플라비우스 진영에서 그 소식을 가지고 온 첩자들을 심문했고 그다음에는 처형하려 했다. 그러자 안토니우스의 안내로 크레모나의 전장을 둘러본 한 근위대 장교는 로마로 복귀해 현장 보고를 했는데 의심을 받자 장렬히 자결했다. 그 장교는 자결하기 전에 이런 말을 남겼다. "나의 현장 보고를 사람들이 믿게 하기 위함이다."15

11월 중순이 되어 안토니우스가 계속 남하하자 비텔리우스도 분명히 깨달았다. 로마에 끈질기게 앉아 대기하면서 발렌스가 증원군을 이끌고 나타나리라 희망하는 것은 더 이상 상책이 아니었다. 그래서 황제는 무력을 과시하기로 결정했다. 그는 가능한 한 많은 병력을 소집해 플라미니우스 가도 봉쇄하라고 지시했다. 그 길은 아드리아해에서 로마로 들어오는 길인데, 안토니우스는 그곳으로 오리라 예상되었다. 황제는 황제군의 진영을 몸소 시찰하기도 했다. 그러나 황제의 순찰은 병사들의 사기를 크게 높이지는 못했다. 신경질적이고 우유부단한 비텔리우스는 경악할 만한 소식을 들을 때마다 술에 취해버리는 것으로 반응했다. 그가 부대 병사들에게 연설할 때 괴기한 새 한 무리가 그를 위협했다. 그가 희생 제물을 바치려 하자 황소는 달아나더니 세워둔 창 위에 몸을 던져 죽었다.

그 직후 나폴리만의 최대 해군 기지인 미세눔에서 반란이 일어났다는 보고가 들어오자 그는 경악하면서 황급히 로마로 돌아왔다. 수도에서 그는, 이제 그 호칭이 앞으로 그의 것이 되지 않을 듯한 느낌이 들어서 마침내 '카이사르'라는 호칭을 받았다. 한편 그의 정권에 대한 지지는 계속 빠져나갔다. 원로원 의원들은 이제 그를 노골적으로 무시하기 시작했다. 이탈리아 전역에서 전보다 더 많은 도시들이 베스파시아누스 지지를 선언하고 나섰다. 마침내 비텔리우스는 가장 잔인하고 치명적인 타격을 입었다. 플라미니우스 가도를 내려다보는 언덕 마을 나르니아(황제의 부대는 로마로 황급히 돌아가는 황제를 따라 이 마을로 철수했었다)에서, 초병들은 그 아래 들판을 통과하는 플라비우스 부대의 척후대를 발견했다. 그들은 기다란 창 위에 어떤 물체를 꽂은 채로 행진하고 있었다. 비텔리우스 부대가 그 물체가 무엇인지 알아보는 데에는 그리 오랜 시간이 걸리지 않았다. 그들은 이제 희망이 사라졌고, 증원군은 오지 않을 것이며, 전쟁은 사실상 끝났다는 것을 알았다. 그 물체는 발렌스의 참수된 머리였다. 비텔리우스 부대는 이제 싸움은 끝났음을 인정하면서 평화 조약을 호소했다. 그 직후 그들은 완전 무장에 전투 대형을 갖추고서 나르니아에서 걸어 내려왔다. 안토니우스는 그들의 항복을 받아들였다. 그는 그들에게 다정하게 말을 건넸고 모두 동원 근무를 해제하고 제대시켰다. 이제 로마로 가는 길이 활짝 열렸다.

하지만 로마 자체가 열린 것은 아니었다. 비텔리우스는 여전히 도시 내에 군대를 보유하고 있었다. 이제 그의 행운이 바닥나고 있었지만, 그래도 이 부대는 그에게 어느 정도의 협상력을 안겨주었다. 세계의 수도에 크레모나의 운명이 재현되는 것을 피하고 싶은 양측은 상대방의 조건을 탐색하기 시작했다. 처음부터 마지못해 황제 자리에 올랐던 비텔리우스는 영웅다운 최후의 결전을 해볼 생각은 조금도 없었다. "그는 엄청난 절망 상태에 빠져 있었고 그래서 측근들이 그가 황제라는 사실을 상기시켜주지 않았더라면 그 사실조차 잊었을 것이다."[16] 그러나 이런 비판은 가혹한 것이다. 비텔리우스는 무기력하고 우유부단하기는 했지만 있는 힘을 다 짜내어 협상에 임했다. 그가 평소 깊이 공경하던 어머니의 갑작스러운 죽음은, 플라비우스 군대와 연락망을 더욱 굳건히 가동해야겠다는 그의 결심을 굳혔다. 왜냐하면 그는 아내와 자식들만큼은 살려야겠다는 희망을 품고 있었기 때문이다.* 물론 그 연락망은 뒤엉킬 가능성이 있었다. 안토니우스는 전쟁 게임에 뛰어든 유일한 고위 플라비우스 장교는 아니었다. 그가 로마를 향해 접근해 오듯이, 무키아누스가 그의 뒤를 바싹 쫓아 왔다. 당연히 자신이 차지했어야 할 영광을 안토니우스에게 빼앗긴 이 베스파시아누스의 전권 대사는 더 이상 자신의

---

* 수에토니우스는 어머니의 죽음에 대해 두 가지 경우를 보고한다. 첫 번째 것은 좀 믿기 어려운데 비텔리우스가 어머니를 굶겨 죽였다는 것이다. 두 번째 것은 이보다는 좀더 믿을 만하다. "그녀는 사태가 이 지경에 이른 것을 너무 울적해하고 또 일이 어떻게 결말날지 너무나 불안해하다가 아들에게 독약을 요구했다. 그는 그 요구를 즉각 들어주었다."(갈바: 14)

권위가 훼손되는 일을 방치할 생각이 없었다. 크레모나 전투의 승자가 비텔리우스의 항복이라는 공로까지 차지하는 것은 안 될 말이었다. 따라서 무기력한 황제가 양위하는 대신 명예로운 은퇴를 약속하자는 건의서를 안토니우스가 올렸을 때, 무키아누스는 자신의 주도하에 그런 일이 벌어지도록 신경 썼다. 그러나 비텔리우스 측근들은 플라비우스 군대가 황제의 목숨을 살려준다는 발상 자체를 경멸했다. 그 때문에 비텔리우스의 우유부단함은 더욱 악화되었고 그는 온몸이 마비될 정도였다. 그의 딜레마는 아주 실제적인 것이었다. 이런 무시무시한 위기의 순간, 자신과 가족과 로마의 운명이 경각에 달린 이 순간에, 비텔리우스의 입장에서 베스파시아누스의 진정한 대변자가 누구인지 어떻게 알겠는가?

다행스럽게도 가까이에 그런 대변자 역할을 해줄 만한 사람이 있었다. 다름 아닌 베스파시아누스의 맏형이었다. 비텔리우스가 엄중하게 감시하라고 경계병들을 붙여놓기는 했지만 플라비우스 사비누스는 여전히 로마 시장이었다. 그가 그 자리에서 해임되지 않은 것은 부분적으로 황제가 그를 높이 평가한 이유도 있었다. 동시에 사비누스의 실제적 지위가 인질이라는 것을 은폐하려는 황제의 속셈도 있었다. 베스파시아누스의 둘째 아들이며 당시 18세였던 도미티아누스 또한 로마에 있었다. 이 아들 또한 큰아버지와 마찬가지로 도망치기보다는 감시자의 관용에 기대는 쪽을 선택했다. 따라서 비텔리우스는 모든 희망이 허물어지고 제국의 외곽 세력이 그의 목을 조여 오는 동안에, 그는 로마 시내에 있는 플라비우스 일당과 협상을 벌일 수 있었다. 이미 12월 초에 황제와 사비누스는 여러 차례 사적인 만남을 가졌다. 마지막 만남은 아우구스투스가 팔라티누스 언덕에 세운 신전의 삼엄한 분위기 속에서 진행되었는데, 양측의 조건을 마침내 합의했다. 단 두 명의 증인만 입회해 그 조건을 청취했다. 증인들은 비텔리우스가 겁먹고 우울한 모습이었고, 사비누스는 의기양양하기보다는 연민이 가득한 표정이었다고 보고했다. 12월 17일, 나르니아에서 온 소식이 로마에 도착했다. 그날 저녁 팔라티누스 언덕에서 자신을 호위하는 근위대에 연설하면서 비텔리우스는 세상의 통치권을 내려놓겠다고 말했다. 내전은 마침내 끝난 것처럼 보였다.

그러나 황제는 사비누스와 협상하면서 그를 지지하는 군대의 이해관계를 고려하지 않았다. 자신들의 후원자를 잃어서 결국 살육되고 말 것이라는 전망에 경악한 근위대 병사들은 비텔리우스의 계획에 분노했다. 그들의 항의가 너무 거셌으므로 황제는 잠시 마음이 흔들렸으나 그런 동요는 그리 오래가지 않았다. 이튿날 아침 황제는 검은 옷을 입고 포룸으로 나갔다. 그와 함께 황궁 내의 측근들과 어린 아들이 따라왔는데 작은 가마를 타고 오는 그 아들은 "장례식에 가는 것 같았다."[17] 군중은 그에게 환호를 보내며 환영했으나 근위대 병사들은 음울하게 침묵을 지켰다. 비텔리우스는 이미 정해진 노선에서 벗어나지 않기 위해 로마 시민들에게 내전은 끝났다고 선언했다. 로마시의 행정은 앞으로 사비누스가 맡게 될 것이라고 알렸다. 플라미니우스 가도를 따라 진군해 오는 플라비우스 군단에는 아무런 저항도 하지 않을 것이라는 생각도 밝혔다. 앞으로 베스파시아누스가 황제로서 다스리게 될 것이라는 말도 했다. "나는 평화를 위하여 그리고 국가를 위하여 양위합니다."[18]

그러나 사납고 피에 굶주린 불화의 여신 디스코르디아는 자신의 먹잇감을 그리 순순히 내놓으려 하지 않았다. 조화의 여신 콩코르디아의 신전은 카피톨리누스 기슭, 원로원 건물 뒤에 있었는데 민간 사회의 조화를 기념하는 로마 최대의 건물이었다. 비텔리우스는 먼저 자신의 자녀들과 포옹했고 그들을 로마 시민들에게 부탁했다. 이어 눈물을 터트리며 조화의 신전 앞으로 나아가려 했다. 그의 의도는 자신이 이미 양위의 상징으로 풀어놓은 칼을 여신에게 바침으로써 로마 시민들에게 마침내 민간의 평화가 회복되었다는 사실을 널리 알리려는 것이었다. 하지만 불화의 여신은 그가 조화의 여신을 찾아가도록 내버려둘 의사가 없었다. 이미 비텔리우스가 칼을 건네주려 한 집정관은 이를 수령하기를 거부했다. 군중들은 황제가 양위 절차를 계속 밟아나가는 것을 방해하기 위해 그의 앞길을 가로막았다. 그래서 그는 팔라티누스 언덕으로 되돌아가는 수밖에 없었다. 한편 비텔리우스가 포룸에서 물러나고 있을 때, 사비누스는 그곳으로 가려고 애를 쓰고 있었다. 사비누스는 포룸에서 벌어진 일을 보고받고 분노하면서 자신이 나서서 상황을 장악하고 이미 황제와 합의한 바를 군중들에게 일방적으로 강요해야겠다고 결심했다. 하지만 그는 현장에서 벌어지고 있는 폭력적 분위기를 감안하지 못했다. 그와 그의 지지자들이 포룸으로 가려고 하는 순간, 근위대의 일부로부터 습격을 받았다. 그 공격은 격퇴되었다. 사비누스는 당초의 계획을 수정하면서 가장 안전한 행동은 근처의 든든한 진지로 퇴각하는 것이라 판단해 실행에 옮겼다. 그와 지지자들은 카피톨리누스 언덕으로 올라갔다.

그곳처럼 애국심을 고취하는 곳도 없었다. 로마는 세계의 머리였고, 카피톨리누스는 로마의 머리였다. 그 꼭대기에 있는 거대한 신전은 황금으로 도금한 지붕을 자랑했고 옆면은 하늘을 배경으로 날카로운 모습을 보였다. 이 신전은 천상에 있는 유피테르의 통치를 지상에 있는 로마인들의 통치와 연결하는 통로였다. 그 신전은 온 세상을 로마가 지배하라는 신들의 축복을 선언했다. 카피톨리누스를 장악함으로써 사비누스는 자신의 대의가 정통성을 확보한 것임을 도전적으로 또 공개적으로 선언한 것이다. 그날 밤 얼음처럼 차가운 비를 동반한 강풍이 도시에 불었는데, 그는 자기 자식들과 도미티아누스를 그곳으로 오라고 불렀다. 언덕 주위의 경계 업무를 느슨히 하고 있던 근위대 병사들은 그들이 언덕으로 슬며시 들어가는 것을 막지 못했다. 사비누스는 안토니우스에게 편지를 써서 보내 포룸에서 벌어진 일을 알리는 한편, 백부장 한 사람을 팔라티누스 언덕으로 보내 비텔리우스를 질책하면서 그의 지지자들을 단속하라고 요구했다. 하지만 아무 소용이 없었다. 하늘이 밝아오면서 사비누스는 자신이 덫에 빠졌다는 것을 분명하게 깨달았다. 안토니우스는 아직도 하루 행군을 해야 하는 거리에 떨어져 있었다. 비텔리우스는 도와줄 힘이 없는 것으로 판명되었다. "더 이상 황제가 아닌 비텔리우스는 부하들에게 전쟁을 계속할 수 있는 구실을 제공하는 자에 지나지 않았다."[19] 새 황제가 자신들에게 가할 보복을 너무나 잘 아는 근위대 병사들은 라이벌 황제의 군대에 항복할 의사가 조금도 없었다. 불화의 여신은 라이벌 여신에게 승리를 거두었다.

갈바의 피살 이후 근 1년이 흘러갔다. 다시 한번 로마의 도심은 갈등의 현장이 되었다. 야만인들의 성채를 공격하는 것처럼, 완고한 반군들이 점령한 저 먼 나라의 수도로 쳐들어가는 것처럼, 근위대 병사들은 로마의 가장 신성한 언덕을 향해 진군했다. 사비누스와 그 지지자들은 근위대를 향해 타일을 집어던지고 쓰러진 조각상들의 파편을 투척하면서 그들을 물리치려 했으나 아무 소용이 없었다. 방어 세력은 너무 소수였고 공격자들은 단호했다. 양측은 자신들이 짓밟고 있는 신성한 땅은 전혀 아랑곳하지 않았다. 누가 먼저 카피톨리누스에 불을 질렀는지는 후에 많은 논쟁의 대상이 되었지만 그 결과에 대해서는 아무런 이의도 없다. 불길은 곧 로마의 가장 성스러운 건물을 뜨거운 혀로 핥기 시작했고 먼저 기둥을 먹어버린 후 박공까지 치밀고 올라가서 지붕을 침하시켰다. "그리하여 유피테르의 신전은 무방비 상태로 약탈도 없이 출입문이 꼭 닫힌 채로 전소하여 땅으로 허물어져내렸다."[20]

비텔리우스를 황제로 선언하던 지난 4월, 사비누스는 세계에서 가장 크고 가장 유명한 경기장인 키르쿠스 막시무스에서 그 선언을 직접 읽어 내려갔다. 그리고 8개월이 흘러간 지금, 그는 키르쿠스에서 벌어진 것 중에서 가장 끔찍하고 가장 가슴 아프고 가장 경악할 만한 광경의 주인공이 된 자기 자신을 발견했다. 지난달에 벌어진 학살이 충격적이기는 했지만 유피테르 신전의 전소만큼 엄청난 공포는 아니었다. 혼란이 그의 최대 걸작을 만들어냈다. 그러나 이 걸작은 크레모나의 파괴와는 다르게 그 구경꾼들을 희생 제물로 삼지는 않았다. 카피톨리누스의 불구경을 위해 모여든 군중들은 관람석에 앉아서 떨어져나가는 전차 바퀴와 찢어진 팔다리를 구경하는 듯한 기분이 들었을 것이다. 전투의 소음이 화재의 불길과 뒤섞였다. 이어 학살이 시작되었다. 도미티아누스를 포함해 일부 방어자들은 간신히 그 지옥을 빠져나갈 수 있었지만 대다수는 칼에 맞고 쓰러졌다. 저항하는 것을 포기한 사비누스는 포로로 잡혀 쇠사슬을 찬 채 팔라티누스 언덕의 기슭으로 끌려갔다. 그는 거기서 비텔리우스의 영접을 받았고 황제는 그의 목숨을 구해주려 했으나 아무 소용이 없었다. 황제는 상황 판단을 잘못했던 것이다. 군중은 피를 원했다. 야유와 조롱이 터져나왔다. 이어 여러 자루의 단검이 번쩍거렸다. 사비누스의 몸은 난자되어 절단이 났고 잘린 머리는 트로피처럼 번쩍 들어올려졌다. 마침내 신체 훼손자들이 난도질을 끝냈을 때, 남은 시체는 포룸을 가로질러 질질 끌려가서 애도의 계단 위에 내버려졌다. 그 계단 위, 카피톨리누스의 꼭대기는 계속 불타오르고 있었고, 그 아래 계단 초입에는 뭉게뭉게 밀려오는 연기가 만들어낸 음울한 짙은 그림자 속에서 조화의 여신의 신전이 서 있었다.

사비누스의 살해는 앞으로 계속될 오락을 위한 식전 요리에 불과했다. 그날 저녁 로마는 평화로워 보였으나 다들 알고 있는 바와 같이 그 평온은 기만적인 것이었다. 도시는 두려움과 기대의 중간 지점에 놓여 있었다. 그리고 새벽이 오기도 전에 안토니우스와 휘하 군단들은 로마 외곽에 도착했다. 사비누스의 급박한 메시지를 받아 카피톨리누스 공방전을 알고 있던 그들은 밤낮 없이 달려와 그를 구하려 했다. 하지만 너무 늦었다는 것을 알아버린 안토니우스는 행군 중지를 명령했다. 그는 비텔리우스가 보낸 협상 사절을 차갑게 거절하면서 앞으로 더 이상의 협상은 없다고 사절에게 통보했다. 이어 휘하 병사들에게 집결할 것을 지시하면서 밀비우스 다리 바로 옆에 진영을 설치하고 새벽이 오기를 기다리라고 명령했다. 그러나 그의 병사들은 멈춰 서기를 거부했다. 먼저 도시의 성벽에 면한 거리들에서, 그다음에는 캄푸스 마르티우스에서 양측이 교전하는 소리가 났고 그 요란스러운 소음은 로마 시민들에게까지 들려왔다. "관중의 즐거움을 위해 격돌하는 검투사 시합을 구경하는 것처럼, 떼 지어 그 전투를 구경하면서 한 번은 이편을, 다른 한 번은 저편을 격려하며 환호를 보냈다."²¹ 이처럼 전투의 소란과 유혈을 즐겁게 구경한다는 것은 군중들의 무책임함을 보여준다기보다는, 전투 결과가 이미 결정되었다는 날카로운 판단을 반영하는 것이었다. 사태는 결국 그렇게 되었다. 비텔리우스 부대는 근위대 진영의 담장 뒤에서만 제한적인 저항을 할 뿐이었다. 그러나 그들마저도 안토니우스가 엄청난 병력을 그곳에 투입하자 제압당하고 말았다. 근위대 병사들이 늘 두려워했던 것처럼 학살은 전면적이었다. 근위대 진영은 푸줏간의 도살장이 되어버렸다. 전투의 소음은 잦아들었다. 로마는 평온을 회복했다.

비텔리우스가 볼 때 그 평온은 죽음의 예고편 같았다. 황제는 휘하 병사들과 함께 마지막 저항을 한 것이 아니라 불안에 떨며 동요하면서 우왕좌왕했다. 먼저 그는 아벤티누스 언덕에 있는 아내의 집으로 달려갔다. 그러다가 안토니우스와의 협상 조건이 체결되었다는 소문을 듣고서 팔라티누스로 돌아왔다. 평소 황제가 거주했던 그 단지는 버려져 있었다. 황궁 소속의 관리, 군인, 노예는 모두 달아났다. 비텔리우스가 텅 빈 복도를 돌아다니며 잠긴 문들을 열어보려 하고 또 밖에서 나는 소리에 깜짝 놀라면서 얼마나 거기 머물렀는지, 아무도 본 사람이 없었다. 전하는 바에 따르면, 그는 수위의 숙소에 몸을 숨기고 자신이 들어간 방에 침대와 매트리스로 바리케이드를 치고 입구 옆에다 개를 한 마리 묶어두었다.* 아우구스투스의 후계자인 비텔리우스 카이사르, 세상을 통치하겠다고 나선 사람이 그런 신세로 전락했다. 곧 승리를 거둔 적병들이 팔라티누스 언덕으로 올라와 그 단지를 접수하고 부챗살처럼 복도들로 퍼져서 수색에 나섰고 그를 찾아냈다.

후대에 어떤 사람들은 이렇게 보고했다. 피신처에서 그를 끌어낸 병사들은 처음엔 그를 알아보지 못했다. 그렇다 해도 그의 정체를 오래 숨길 수는 없었다. 그의 옷은 찢겨져나갔고 양손을 뒤로 돌려 결박당했으며, 그의 목에는 밧줄이 걸렸다. 그는 황궁에서 나와서 포룸으로 끌려갔다. 그곳은 이틀 전만 해도 수많은 군중이 집결해 그에게 환호를 보내며 양위를 말리던 곳이었다. 그는 야유를 하고 침을 뱉는 군중들과 마주쳤다. 어떤 사람은 그의 턱수염을 잡고 흔들어댔다. 다른 사람들은 그의 배를 툭툭 건드리면서 먹보라고 조롱했다. 다른 사람들은 그에게 오물을 던졌다. 그가 수치스러워서 눈을 내리깔자 한 병사가 그의 턱에 칼끝을 들이댔고 그는 할 수 없이 턱을 쳐들어 박해자들의 시선을 마주 보고 자신의 조각상들이 대좌에서 끌어내려져 내팽개쳐지는 광경을 보아야 했다. 그는 애도의 계단 위로 끌려갔다. 거기서 그는 잠시 자신의 위엄을 회복하려는 듯, 그를 끌고 가는 장교에게 이렇게 말했다. "그래도 나

• 이 보고는 수에토니우스(비텔리우스: 16)에서 나온 것이다. 디오에 따르면(64.20), 비텔리우스는 개집 안에 숨었는데 거기 웅크리고 있으니 개들에게 무자비한 공격을 받았다.

는 너의 황제였는데."²² 그의 마지막 말이었다. 전날 사비누스가 당했던 것처럼 그는 무수한 칼날 세례를 받았다. 그리고 마치 황제의 식탁에 올린 은제 그릇 위의 고깃덩어리인 양, 그의 살은 뼈에서 예리하게 발라졌다. 마침내 그들은 그의 입천장에 갈고리를 집어넣어 그때까지 남아 있던 얼마 안 되는 그의 시신을 질질 끌고 가 테베레 강에다 내버렸다.

이제 저녁이었다. 군중들이 흩어지자 도미티아누스는 은신처에서 나왔다. 그는 안토니우스와 플라비우스 부대의 고위 장교들을 찾아가 자신을 소개했다. 군단들은 그를 '카이사르'라고 호칭하며 환영했다. 이어 그들은 도미티아누스를 어두운 거리로 호위해 아버지 집으로 데려갔다. 곧 로마의 황제 베스파시아누스의 집이었다.

단 하나의 돌도 남겨두지 않으리라

비텔리우스 전복 공작에 관한 이탈리아 소식이 들어오던 때, 알렉산드리아에서는 놀랍고 경이로운 일이 벌어졌다. 어느 날 베스파시아누스가 공공 재판석에 앉아서 그 도시의 사람들을 재판하고 있을 때 두 남자가 그를 찾아왔다. 한 사람은 맹인이고 다른 사람은 절름발이였다.²³ 두 사람은 꿈속에서 하느님의 방문을 받았는데 이런 말을 들었다고 주장했다. 눈먼 사람에게는 "황제에게 네 눈에 침을 뱉어 달라고 하라", 절름발이에게는 "황제에게 그의 발꿈치로 네 발을 건드려달라고 하라"라는 것이었다. 그래서 두 사람은 하느님의 명령에 따라 베스파시아누스 앞에 와서 섰다. 황제는 그 말을 듣고 망설였다. 무엇보다도 산전수전 다 거친 로마 장군으로서 이집트 사람들의 황당무계한 소리를 듣고 보니 의심이 들었다. 그러나 그들의 말을 확인해보고 싶기도 했다. 황제가 하느님의 명령대로 행동한다고 해서 비난할 사람은 없을 것이라고 측근들이 조언했다. 그래서 부탁한 대로 해주자, 그 즉시 맹인은 눈을 떴고 절름발이는 걸을 수 있었다. 그런 기적의 소식은 온 도시를 휩쓸었다. 알렉산드리아는 비록 경이를 숭상하는 도시이기는 했지만 이런 치유의 기적을 본 적은 일찍이 없었다.

그러나 새 황제라면 그보다 훨씬 큰 기적을 행해야 할 필요가 있었다. 세상은 북쪽의 바다에서 동쪽의 사막에 이르기까지 피를 흘리고 있었다. 로마의 통치권은 반란과 내전으로 큰 상처를 입었고 아주 위태로운 상황이었다. 예루살렘은 아직 적의 손에 들어가 있었다. 브리타니아에서 흑해에 이르기까지 여러 속주가 반란과 야만적 침략으로 신음했다. 그중에서도 가장 불길한 것은 라인강 연안 전역에서 벌어지는 대혼란이었다. 그곳에서 내전이 종식되기는커녕 군단들은 새 황제를 받아들이기를 거부했다.[24] 플라쿠스는 베스파시아누스의 이름으로 사크라멘툼을 강요하려고 하다가 침실에서 끌려나와 살해되었다. 비텔리우스의 기억에 지속적으로 충성을 바치고 있는 세력은 반군들만이 아니었다. 다양한 고위 보직에서 비텔리우스에게 봉사했던 갈리아의 일부 저명한 원로원 의원들도 새 체제를 받아들이길 거부했다. 하지만 이것은 그들 스스로에게 골치 아픈 문제를 제기했다. 베스파시아누스를 받아들일 수 없다면 누구를 황제로 옹립하겠다는 말인가? 비텔리우스 지지파의 일원인 갈리아 원로원 의원 율리우스 사비누스는 아주 과격한 해결안을 제시했다. 그의 할아버지는 다름 아닌 율리우스 카이사르의 사생아였다는 것이다. 자신이 벼락출세한 노새꾼보다 황제의 자리에 오를 자격이 더 충분하다는 뜻이었다. 갈리아에서 이런 이야기가 알프스 이남 지역에서 잘 먹히리라고 생각하는 사람은 없었지만, 완강한 비텔리우스 지지자들 사이에서 그들이 말하는 임페리움 갈리아룸Imperium Galliarum, 즉 갈리아 제국의 지지를 굳히는 데에는 충분한 근거가 되었다. 이것은 로마로부터 독립하겠다는 선언은 아니고, 좀 역설적인 의미를 지녔다. 로마보다 더 정통성 높은 합법성을 갖추고 있다는 주장이었다.

플라비우스 진영의 고위 사령부가 볼 때 이런 주장은 기괴하기 짝이 없는 발상이었지만, 그것을 밑받침하는 전제는 그리 간단히 물리칠 수 없었다. 로마의 중심부에 저 먼 왕정 시대부터 서 있었던 신전은 불타서 사라져버렸다. 그 신전이 영원히 거기 서 있으리라는 믿음이 너무나 뿌리 깊었기 때문에 그 건물의 전소는 로마뿐만 아니라 모든 지역에서 아주 큰 충격으로 받아들여졌다. 그 참사가 신들의 분노가 아니라면 달리 무엇을 표시하는 것이겠는가? 베스파시아누스에게 도전하고 나선 갈리아 원로원 의원들의 의지를 더욱 굳건하게 만든 이런 확신은 수도의 많은 사람을 괴롭히는 것이기도 했다. 검게 그을린 카피톨리누스 언덕을 올려다보는 것은 그들이 가진 두려움을 확인하는 것이었다. 어쩌면 비텔리우스의 죽음은 무자비한 학살이 벌어지는 내전의 전개 과정에서 한 단계일지 모르고, 로마인들의 제국은 회복 불능 상태로 완전히 망가질 운명일지도 몰랐다. 그들의 가장 신성한 신전이 완전히 폐허가 되어버렸듯이 로마 제국도 그런 상태가 되어야 한다는 예시일지도 몰랐다. 확실히 북부에서 들려오는 소식은 그러한 결과를 암시하고 있었다. 로마의 입장에서 볼 때, 갈리아 원로원 의원들은 노골적인 반란자로 보일 뿐이었다. 라인강 군단들은 율리우스 사비누스와 그 측근들에게 동조하고 "베스파시아누스의 통치가 아니라 외국의 지배자들에게 복종하기를 선택"함으로써 그들 자신을 치욕스러운 존재로 만들어버렸다.[25] 그리고 베테라의 외곽 지대에는 바타비족이 준동하고 있었다. 라인강 동쪽의 게르만인들은 그 수가 늘어난 것으로 보고되었다. 군단장들과 속주 행정관들이 여러 세대에 걸쳐 구축한 질서와 혼란, 문명과 야만 사이의 경계는 전면적인 붕괴 일보 직전인 것처럼 보였다. 배신이 충성의 외피를 뒤집어썼고 반란이 로마적 가치를 옹호하는 것인 양 행세했다. 한마디로 대혼란이었다.

그러나 1년 이상 나머지 세상이 부패하는 동안에 세상의 머리 역할을 한 로마에서는 희망의 표시들이 나타났다. 칼은 칼집에 넣었고 병사들은 거리에서 철수했다. 애도의 계단을 물들였던 피의 흔적은 깨끗이 씻겼다. 이 모두가 결코 필연적인 것은 아니었다. 비텔리우스가 피살당한 이후에 계속된 폭력의 규모도 상당했다. 플라비우스 부대는 이미 크레모나 시민들을 칼로 참살한 바가 있었고 그들의 사령관인 안토니우스는 자신의 야망을 성취하기 위해 인정사정 봐주지 않는 사람으로 악명이 높았다. 그러나 그와 그 주위의 다른 사냥개들은 무키아누스의 상대가 되지 못했다. 비텔리우스가 살해당한 후의 어느 날, 로마에 약탈을 일삼는 병사들이 가득하고 거리에는 시체가 산 같이 쌓여 있는 상황에서, 원로원 의원들이 조심스럽게 피신처에서 나오기 시작했다. 그들은 원로원 건물에 모여서 베스파시아누스와 무키아누스의 편지들을 낭독하는 것을 들었다. 그들은 이어 투표를 해서 베스파시아누스에게 권력과 직위의 꾸러미를 안겨주었다. 바로 지난 100여 년 동안에 여러 황제가 누렸던 그 권력과 직위였다. 그러나 한 가지 조항은 새로웠다. 베스파시아누스가 로마 현지에 없는 상황에서, 원로원은 "그의 의지와 권위에 따라" 행동해야 한다는 것이었다.[26] 여기서 말하는 그는 베스파시아누스의 커다란 협력자이며 전권 대사인 무키아누스를 가리켰다. 그는 군단들을 이끌고 수도에 도착하자마자 원로원이 부여한 권한을 마음껏 행사했다. 그는 황제의 직인을 갖고 있어서 "황제의 직접적 승인이 없어도 자기 마음대로 일을 처리할 수 있었다."[27] 그는 팔라티누스 언덕에 자리 잡고서 로마의 지배자로 통치했다.

그러나 무키아누스는 오만한 사람이었지만 동시에 이타심도 갖고 있었다. 아주 복잡미묘하면서도 세련된 사람인 그는 베스파시아누스를 위해 새로운 체제의 공식적 얼굴 노릇을 하는 것으로 만족했다. 그는 아주 합리적인 베스파시아누스에게서 로마인들이 동경하는 본능적이면서도 완강한 보수주의의 기질을 발견한 바 있었다. 지난 1년 동안 엄청난 사회적 동요에 시달려온 로마인들은 그런 안정적 보수주의를 간절히 바라고 있었다. 전통의 존중, 합당한 예의에 대한 복종, 로마의 원시적 미덕들에 대한 철저한 헌신 등이 시대가 요구하는 덕목이었다. 물론 시대 상황에 따라 다른 것들도 함께 요구되었다. 그리고 바로 이 지점에서 무키아누스는 개입할 준비가 되어 있었다. 황조를 수립하려면 어느 정도의 무자비함은 불가피했다. 내전의 승자는 때때로 시민적 규범을 무시하고, 도와준 동맹을 배신하고, 때때로 범죄행위를 사주하지 않고서는 황조를 수립할 수가 없었다. 무키아누스의 고답적인 행동에 반대하는 원로원 의원들은 내면 가득한 적개심을 억누르면서 과거에 네로에게 그랬던 것처럼 무키아누스에게 아첨할 수밖에 없었다. 공허한 명예만 수여받은 안토니우스는 그가 친히 지휘한 제7 갈비아나 군단이 도나우강의 진지로 퇴각하는 것을 무기력하게 지켜볼 수밖에 없었다. 갈바가 후계자로 지정했던 귀족 피소의 여러 친척들은 신중하게 숙청했다. 타살된 황제가 그토록 소중하게 여겼던 어린 아들 게르마니쿠스와 비텔리우스의 형제들 또한 숙청했다. 업무 처리의 손익을 철저히 계산하는 무키아누스는 그런 처사가 자신의 명성에 가져올 오점 따위는 관심도 없었다. 황조의 단단한 기반 위에다 새로운 질서를 확립하는 임무만이 그가 신경 쓰는 것이었다.

한편 수도에서 멀리 떨어진 곳에서, 베스파시아누스는 자신이 정직한 사람이라는 명성을 유지하면서 때를 기다렸다. 그는 온 세상이 질서를 되찾을 때까지는 로마를 향해 항해할 생각이 없었다. 그는 티투스가 유대인을 결국 굴복시킬 것이라고 확신했지만, 유대인 정복이 거의 임박할 때까지는 이집트를 떠나지 않으려 했다. 아무튼 예루살렘은 그가 당초 점령하라고 명령받은 도시였다. 그 일을 완수해야만 그는 영광의 구름을 후광 삼아 금의환향할수 있을 것이다. 그러나 또한, 이와 정반대되는 이유들로 그는 알프스 북쪽의 진압 작전이 완료될 때까지는 로마를 향해 출발할 생각이 별로 없었다. 베스파시아누스가 로마에 들어가면 난처한 일만 기다리고 있을 것이 분명했다. 게르마니아의 군단들이 그에게 사크라멘툼 바치기를 거부한 사태는 자신이 모든 로마인에게 보편적 승인을 받았다는 주장을 한갓 웃음거리로 만들어버렸다. 분명, 라인강 연안 지역에서는 진압 작전을 벌이는 것 이외에는 다른 수가 없었다. 그렇지만 아주 신중하게 접근해야 했다. 그렇지 않으면 아주 난처한 사실을 각인시킬 뿐이었다. 플라비우스 선동가들이 아무리 보편적 통치를 주장해본들, 실제로 내전은 끝나지 않았음을 널리 홍보하는 꼴밖에 되지 않았다.

시대의 혼란이 가져온 역설이라고나 할까, 마침내 게르만족이 베스파시아누스를 도와주는 일이 벌어졌다. 이른 봄, 굶주린 베테라 주둔군이 야만인들에게 성문을 열었을 때, 라인강 연안의 로마 군단들이 망해버릴 운명이라는 벨레다의 예언이 이루어지는 것처럼 보였다. 베테라 공방전은 산발적으로 여러 달 끌었으나 제5 알라우다이 군단과 제15 프리미게니아 군단의 병사들은 이제 풀을 먹는 지경에 이르렀다. 이제 키빌리스와 협의한 조건에 따라, 바타비족은 그 기지와 그 안에 있는 모든 시설을 접수했다. 군단병들은 그들의 목숨 이외에 모든 것을 다 빼앗기고 안전 통행을 보장받았다. 그러나 그 목숨마저도 곧 빼앗겨버릴 운명이었다. 베테라에서 12킬로미터 정도 떨어진 지점에서 키빌리스의 기치로 모여든 게르만 군대가 로마 병사들을 공격하려고 매복하고 있었다. 두 군단장 중 한 사람이 포로로 잡혀서 벨레다에게 인간 전리품으로 보내졌다.* 일부 다른 장교들은 인질로 붙잡혔다. 그 나머지 모든 병사들은 까마귀밥이 되고 말았다. 키빌리스는 게르만족이 자신의 개인적 약속을 저버린 것에 화를 냈지만 그렇다고 해서 그 부족의 도움을 내칠 정도는 아니었다. 그 대신, 베테라를 지키려는 군단병을 몰살하겠다는 지난여름의 맹세를 다시 꺼내들면서 그동안 길게 길러왔던 머리카

---

* 그 군단장은 벨레다에게 가는 길에 살해당했는데 오히려 행운이었다.

락을 공개적으로 짧게 깎았다. 저지 게르마니아에 남아 있던 비텔리우스 지지 군단병들은 베테라 군대에 주어진 것과 비슷한 안전 통행을 약속받았고, 그래서 성공리에 철수 작전을 마쳤으나 공개적으로 아주 깊은 모욕을 당했다. 두 기지는 군단병들이 떠나자 완전히 약탈당한 후에 불태워졌다. 모곤티아쿰과 빈도니사 기지만 아직 로마인의 손에 남아 있었다. 그 외에 오랜 세월 꾸준하고 줄기차게 세워온 라인 강안의 요새는 단 하나도 남지 않고 모두 파괴당했다.

이러한 사태 발전은 플라비우스 고위 사령부에게 신이 보내주신 선물처럼 느껴졌다. 게르만족에게 당한 로마 군대의 파괴와 군 기지의 전소는 로마인들의 악몽 중에서 가장 고통스러운 것이었다. 베테라 소식이 수도에 전해지자 알프스 북쪽 지대는 로마인의 머릿속에 아주 음울하고 살벌한 지역으로 남게 되었다. 그리하여 키빌리스가 베스파시아누스의 이름으로 기지를 공격한 것, 사비누스가 황제의 이름으로 제국의 소유권을 주장한 것, 로마 제국의 대의를 위해 갈리아 원로원 의원들이 군단장 복장을 하고서 실제 군단을 지휘하려 한 것 등은 모두 사람들의 기억에서 완전히 추방되어 시인되지 않았다. 비텔리우스의 대의를 완전히 끝장내고 싶어 했던 무키아누스는 라인 강변의 위기를 질서와 무질서, 문명과 야만, 로마와 미개 사회 사이에서 언제나 벌어지는 갈등 중 하나로 치부해버렸다. 상황을 해결하려면 바루스 대참사 이후에 그랬던 것처럼 엄청난 노력을 기울여야 했다. 이제 이탈리아의 내전 상태가 종식되었으므로 그런 노력을 기울일 수 있게 되었다. 이 문제를 해결하려면 엄청나게 강력한 병력을 투입해야 했다.

여러 달이 흘러가면서 더 많은 군단이 평정의 대업에 투입되었다. 여름에 이르러 라인 강안에 9개 군단이 주둔하게 되었다. 또 상당수의 보조병도 함께 근무했다. 보조병 부대 중에는 키빌리스의 조카가 지휘하는 기병대도 있었다. 그 조카는 브리타니아 전선에 여러 번 참전했다고 하여 율리우스 브리간티쿠스라는 이름을 썼다. 8월에 이르러, 브리간티쿠스가 키빌리스에 맞서서 라인 강변의 한 요새를 지키다가 전사하자 전쟁은 사실상 끝났다. 자칭 황제였던 사비누스는 이미 현장에서 사라지고 없었다. 그는 전투에서 패배하자 시골 별장으로 은퇴했다가 자살했는데 그의 노예들이 시신을 화장하기 위해 그 별장을 태워버렸다. 좀더 고집스러운 키빌리스는 가을 초입이 될 때까지 계속 싸웠다. 적의 진군을 막기 위해 제방을 파괴했고, 주둔군을 상대로 게릴라전을 벌였으며 그 군대의 기함을 포획해 리페강 위로 끌고 가서 벨레다에게 또 다른 전리품으로 바쳤다. 모두 그가 협상에서 입지를 강화하기 위한 것이었다. 그러나 겨울이 닥쳐오고 엄청난 로마 증원군이 투입되어 그의 고국을 파괴할 태세를 보이자 키빌리스는 결국 평화를 호소했다. 그와 그의 적들은 바타비아의 어느 강둑에서 만났다. 그들이 도착하기 직전에 강을 건너는 다리의 중간 부분을 인부들이 파괴해버렸다. 양측 협상단은 다리의 남아 있는 부분에 올라서서 파괴된 다리 위로 소리를 질러댔다. 키빌리스는 이렇게 선언했다. "나는 언제나 베스파시아누스에게 존경을 바쳐왔고 또 그의 친구로 알려져왔소." 로마군은 그의 주장을 인정하면서 그의 목숨을 살려주기로 했고 또 로마군이 전에 누렸던 것과 똑같은 조건을 게르만족에게 수여하겠다고 말했다.* 플라비우스 홍보자들이 바타비족을 로마에 저항하는 반군으로 나쁘게 각인하려고 많이 애를 쓰기는 했지만, 이 게르만 부족에게 이처럼 관대한 조치를 내렸다는 것은 이 싸움에서 그 부족의 역할이 얼마나 복잡하고 규정하기 어려웠는지 잘 보여준다.

베스파시아누스는 자신의 전권 대사에게 엄청난 신세를 졌다. 무키아누스는 어려운 일도 아주 영리하게 잘 처리했다. 그런 영광스러운 처사는 로마뿐만 아니라 새로운 황실에도 큰 혜택을 안겨주었다. 무키아누스가 라인강 평정 작전을 맡긴 퀸투스 페틸리우스 케리알리스Quintus Petillius Cerialis는 베스파시아누스의 집안으로 장가들어서 플라비우스 일가로 간주되었다. 사비누스 및 도미티아누스와 마찬가지로 그는 비텔리우스에 의해 로마에 인질로 붙잡혀 있었다. 그러나 그는 그 둘과는 다르게, 농부로 변장하고서 로마에서 도망쳤다. 모험을 좋아하는 그의 욕구는 거의 무한정에 가까웠다. 어떤 경우에 모험심은 참사로 끝나버릴 수도 있었다. 가령 부디카의 반란 때 그는 1개 군단의 선두에 서서 반군을 향해 조급하게 행군했

---

* 키빌리스의 최종 운명이 어떻게 되었는지는 알려져 있지 않다.

던 적이 있다. 하지만 전반적으로 볼 때 그런 용맹한 태도는 그에게 훌륭한 명성을 안겨주었다. 그가 라인 강변에서 보내온 보고들은 생생하고 다채로웠고 로마인을 안심시켰다. 로마인들은 플라비우스 사람들이 단지 권력 찬탈자에 그치는 것이 아니라 도시에 평화와 영광을 동시에 가져다줄 법한 사람이라고 느끼게 되었다.

이 때문에 무키아누스는 케리알리스의 성공을 전혀 질시하지 않았을 뿐만 아니라, 전쟁이 거의 끝날 때를 기다려서 무키아누스 자신이 증원군을 이끌고 갈리아에 도착했던 것이다. 무키아누스는 우울하고 변덕스럽고 야심 많은 도미티아누스를 카이사르 자격으로 증원군의 선두에서 말을 달릴 수 있게 해주었다. 그런 대우는 베스파시아누스의 아들이니까 해주었을 뿐, 상황이 요구한 것은 전혀 아니었다. 무키아누스는 젊은 왕자를 홀대하지 않고 그를 따뜻하게 껴안아주었던 것이다. 그는 도미티아누스에게 이 원정은 노력을 기울여야 할 정도로 가치가 있지 않다고 말했다. "이런 사소한 원정은 자제하여 나중에 대규모 원정이 있을 때 실력을 발휘하도록 하십시오."[28] 그래서 무키아누스는 그를 전방이 아니라 루그두눔으로 보냈다. 도미티아누스는 그곳에서 환호하는 관중들 앞에 나섰다. 1년 전만 해도 비텔리우스를 열렬하게 환영했던 바로 그 사람들이었다. 도미티아누스는 갈리아 사람들을 베스파시아누스 황실과 화해시키는 중요한 역할을 했다. 베스파시아누스는 둘째 아들의 역할에 대해 보고를 받고서 깊은 인상을 받은 나머지 이런 농담의 편지를 써서 보냈다. "고맙구나, 얘야. 내가 권력에 남을 수 있도록 해줘서. 또 내가 권좌 위에 좀더 오래 머물 수 있도록 해줘서."[29]

그 농담은 도미티아누스가 아버지의 후계자가 아니라는 사실 때문에 더 의미심장했다. 베스파시아누스의 둘째 아들은 자신의 권력 서열이 어떻게 되는지를 명확히 알고 있었다. 특히 그해 여름에는 잊어버릴 수 없는 중요한 사건이 일어났다. 알프스 북부에서 이룬 전공들이 혁혁하기는 하지만 유대에서 벌어지고 있는 복수 혈전에 비하면 아무것도 아니었다. 유대인이 반란을 벌인 지 4년이 흘러간 그 시점에서, 복수전은 이제 예수살렘 성벽에 이르렀다. 로마인이 볼 때, 남자다움의 진정한 기준은 기진맥진과 유혈의 음울한 시련을 얼마나 잘 참아내느냐에 달려 있었다. 티투스는 그 기준으로 볼 때 로마의 과거 영웅들 그 누구와 견주어도 손색이 없는 영웅의 자질을 보여주었다. 유대인들은 바타비족처럼 늪지와 습지에 사는 부족이 아니었다. 그들은 아주 오래된 민족이었고 그들의 오래된 가계에 오만할 정도의 자부심을 느꼈으며, 질투하고 까다로운 하느님이 선택하신 유일한 민족이 자신들이라고 확신했다. 알프스 북부의 야만인들과는 다르게, 유대의 반란자들은 단지 로마의 구속을 벗어버리려는 데서 그치지 않았다. 그들은 로마의 모든 문물로부터 완전히 자유로워지기를 원했다.

유대의 지도자들은 미래를 내다보면서 과거 또한 되돌아보았다. 그들이 발행하는 주화는 그들의 성경과 예언 속에 나오는 고대의 영토인 이스라엘을 되살려야 한다고 주장했다. 환전상들이 사용하는 문자는 고대의 것이어서 신전이 처음 지어졌던 저 먼 시대를 연상시켰다. 필경사들이 사용하는 연대는 어떤 한 해를 카이사르가 등극한 해로부터 따지는 것이 아니라 그들이 예루살렘을 수복한 해로부터 따졌다. 그 어떤 반란자들도 이처럼 철저하게 로마의 세계 지배권을 부정한 적이 없었다. 베스파시아누스가 도시면 도시, 마을이면 마을을 철저히 수색하면서 유대 속주의 반란자들을 소탕했지만, 반란자들은 수도 예루살렘을 점령 불가능한 도시로 여기며 이스라엘의 미래를 믿었다. 유대인들은 로마 군대의 공세가 잠시 멈춘 것을 그냥 흘려보내지 않았다. 예전에도 단단했던 성벽은 이제 전보다 더 튼튼해졌다. 그 도시는 여러 경쟁 파당이 거주하고 있었지만, 로마 항쟁에서만큼은 철저하게 단결해 무장했다. 서기 70년 봄 예루살렘 성벽 앞에 도착한 티투스는, 지난 200여 년 동안 그 어떤 사령관도 직면해보지 못한 엄청난 어려움과 마주하게 되었다. 그것은 로마 군단의 능력을 극한까지 시험하는 처절한 공방전이었다.

"로마인이 온 세상 사람을 다스리는 것이 영원불멸한 신들의 의지이다."[30] 군단 병사들은 이런 잠언을 믿었기 때문에 지난 여러 세대 동안 결코 항복하지 마라, 패배는 반드시 설욕하라는 가르침을 받아들여왔다. 하지만 그런 믿음이 근년에 들어와서는 크게 흔들렸다. 제국이 붕괴해 내전이 벌어졌고 카피톨리누스 언덕의 유피테르 신전이 전소했다. 그래서 많은 로마인이 과연 영원불멸한 신들의 의지가 예전 그대로인지 회의하기 시작했다. 갈리아에서처럼 유대에서도 로마인의 자신감이 입은 손상을 회복시키는 것은 플라비우스 가문의 책임이었다. 이런 사명을 띠고 있었기 때문에 티투스는 개전 초기부터 공방전을 아주 용맹하게 전개했다. 그는 예루살렘 성안 주민들을 굶겨 항복하게 하는 작전보다는 그 성을 급습해 점령할 계획을 세웠다. 그의 첫 번째 공격 목표는 도시의 북쪽 교외를 보호하는 성벽이었다. 그 벽은 암석투성이인 다른 성벽들과는 달리 평지에서 접근 가능한 공격 목표였다. 군단 병사들은 흰개미처럼 인근 숲으로 퍼져나갔다. 그 숲에서 벌목한 나무들로 커다란 탑을 세 개 건설했다. 무쇠로 외피를 장식하고 맨 꼭대기에 보루를 설치한 이 괴물 같은 구조물 덕분에 로마 병사들은 반대편 성벽의 방어자들에게 무자비한 죽음을 내릴 수 있었다. 한편 성벽의 기슭에 높은 대 위에다 로마 병사들은 살인 기계들을 설치했다. 시간마다 날마다 들려오는 투석기 소리는 공포 그 자체였다. 발사체를 날리는 날카로운 소리, 그 발사체가 돌이나 사람의 살을 때리는 소리, 그리고 "보루에서 하나둘 떨어져내리는 방어 병사들의 둔탁한 추락 소리."[31] 굵은 화살은 너무나 강력한 속도로 날아가서 한 병사의 몸을 꿰뚫고 다른 병사의 몸마저 관통할 정도였다. 머리를 맞히기 위해 발사한 커다란 돌덩이는 새총에서 날아가는 돌멩이처럼 가볍게 날아갔다. 발사체에 배를 맞은 임신부의 배 속에 든 태아는 공중으로

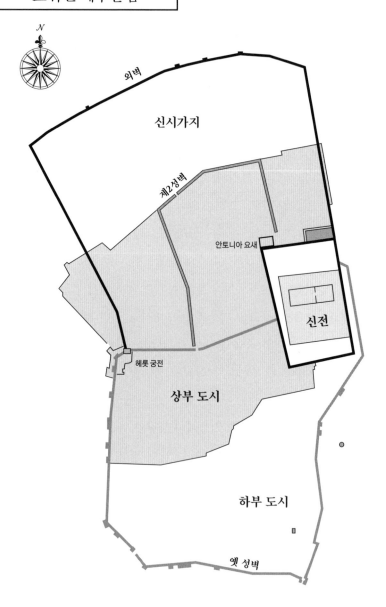

포위된 예루살렘

N

외벽

신시가지

제2성벽

안토니아 요새

신전

헤롯 궁전

상부 도시

하부 도시

옛 성벽

0   200 미터

수십 미터를 날아갔다.[32] 무자비하고, 마구 죽이고, 가루를 내버리고, 악몽을 연출하는 그 포격은 결코 멈추는 법이 없었다. 성벽의 방어병들이 볼 때 그 공격은 사람의 소행이라기보다 악마들의 짐승 같은 짓거리처럼 보였다.

공방전 15일차에 로마의 공성퇴가 마침내 성벽에 큰 구멍을 뚫는 데 성공했다. 그 빈 구멍을 통해 로마 병사들이 성안으로 난입하는 데에는 그리 오랜 시간이 필요하지 않았다. 휘하 병사들이 성벽 주위의 교외 지역을 점령하고 있음에도 티투스는 공방전이 상당히 오래 걸릴 것임을 알았다. 예루살렘 성의 외벽 안쪽에는 두 개의 내벽이 있었다. 이 내벽을 통과하면 예루살렘 중심부에 궁전, 저택, 탑으로 이루어진 멋진 도시 풍경이 펼쳐졌다. 그리고 건물 중에서 가장 장중한 신전이 서 있었다. 그 신전은 유대인들이 볼 때 우주의 모습을 축소해 놓은 것이었고 또 그 신전 터는 하느님이 직접 고른 땅이므로 하느님이 와서 쉴 수 있는 유일한 성소였다. 그 신전의 경이는 유대 이외의 지역에서도 경배했다. 신전은 신비한 장소였고 유사한 다른 곳들과는 다르게 그 안에서 거행하는 의례는 철저하게 외부인이 볼 수 없게 되어 있었다. 신전은 형언할 수 없는 아름다움을 가진 곳이기도 했다. "멀리에서 이 신전을 향해 다가가는 낯선 사람들에게 그것은 눈에 덮인 산처럼 보인다. 왜냐하면 황금으로 장식되지 않은 부분은 모두 눈부신 흰색이기 때문이다."[33] 이러한 전리품은 카이사르가 손에 넣을 만한 가치가 있었다.

티투스가 이 유명한 건물을 소유하려는 이유는 단지 자존심만은 아니었다. 이미 그는 미래를 내다보고 있었다. 유대인들 사이의 반란자들이 일단 모두 숙청당하면 유대인들은 아버지 베스파시아누스의 통치에 복종해야 했다. 신전은 과거에 그런 역할을 했던 것처럼, 로마의 질서를 상징하는 건물이 되어야 했다. 티투스를 따라 충성스럽게 전쟁에 나선 아그리파는 로마의 질서를 후원하는 인물이었다. 왕의 감독하에 들어온 사제 계급은 다시 한번 황제를 위해 기꺼이 희생 제물을 바칠 수 있는 사제 계급이 되어야 했다. 예루살렘을 정복하고 필요한 후속 조치를 완료하면 모두 정상으로 되돌아올 것이다. 하지만 이렇게 되자면 먼저 도시가 신속하게 굴복해야 했다. 그렇게 되지 않을 경우, 위험이 너무나 컸다. 카피톨리누스가 전소한 때로부터 다섯 달이 흘러갔다. 만약 반군들이 저런 무익한 저항을 계속한다면 다른 저명한 신전에서 참사가 벌어지지 않으리라고 누가 자신 있게 말할 수 있겠는가? 로마 군단이 두 번째 성벽에 구멍을 내고 그 성벽과 세 번째 성벽 사이의 도시 공간을 점령하자, 티투스는 잠시 공성전을 멈추었다. 대포들은 잠잠해졌다. 반군에게 항복할 기회를 주기 위해서였다.

"일과 평화의 방식을 부과하라. 정복된 자들을 살려주고 오만한 자들은 전쟁의 수단으로 전복하라."[34] 이것이 로마인들의 특별한 정신이었다. 티투스는 많은 유대인이 로마의 전 세계적 임무에서 어떤 특정한 역할을 열렬히 수행하려고 한다는 것을 알았다. 그들 중 일부, 아그리파, 율리우스 알렉산데르, 요세프 벤 마티야후 같은 사람들은 그의 수행원으로 따라와 있었다. 그런 유대인 중 한 사람인 베레니케는 그의 침대를 같이 사용했다. 그러나 다른 유대인들은 예루살렘에 갇혀 있었다. 물론 도시의 모든 시민이 반란자는 아니었다. 남녀노소 할 것 없이 많은 사람들이 항복하기를 간절히 바랐다. 반군조차도 여러 파당으로 분열되어 있어서 단일 전선을 구축하지 못했다. 그들의 분열과 의심을 적절히 활용할 기회가 있을 것이라고 티투스는 생각했다. 이제 열병식을 거행할 시간이었다.

위엄과 위협을 두루 보여주는 그 열병식은 로마인들에게는 아주 자연스러운 행사였다. 타고난 연출자인 티투스는 그 행사를 어떻게 거행해야 상대방에게 큰 인상을 안겨줄 수 있는지 잘 알았다. 미점령 성벽의 방어 병사들이 성위 보루에서 입을 떡 벌리고 그 장관을 내려다보았다. 4개 군단, 20개 보조병 대대, 8개 기병대가 일목요연하게 행진하여 그 위력과 무용을 유대인들에게 강하게 각인시켰다. 미늘 갑옷을 입고 밀집 대형으로 행군하는 세계 최강의 군대가 대규모 열병식을 벌였다. "갑옷은 눈부시게 번쩍거리고 병사들의 군기는 하늘을 찔렀다. 가장 대담한 반군조차 공포심을 가지지 않을 수 없었다."[35] 그러나 성문은 계속 열리지 않았다. 여러 날이 흘러갔다. 도시는 절망과 도발이 마구 뒤섞인 채 끓어오르고 있었다. 밤이 되면 초병들의 눈을 피해 탈주자들이 도시에서 도망치기 시작했다. 그들은 도시 너머의 숲속으로 들어가면 쪼그리고 앉아 똥을 눈 뒤에 그 속에서 도망치기 직전 삼켰던 황금 주화를 건져냈다.

이 달아난 병사들은 대對로마 반란이 결국 실패작으로 끝나고 말 것이라고 우려하는 사람들이었다. 그렇지 않은 병사들은 하느님을 철저하게 믿으며 마음 바꾸기를 거부했다. 이런 사정은 도시 내 다른 반란자들도 마찬가지였다. 자신이 용서받을 가능성이 전혀 없다고 생각한 군벌들은 로마의 복수에 굴복하느니 싸우다가 죽는 것이 낫다고 생각했다. 이 사람들은 도시의 지휘 계통에서 고위층이었고 그런 지위를 포기할 의사가 조금도 없었다. 유대인들의 사기를 꺾어놓고 싶던 티투스는 요세프를 파견해 안전거리를 두고서 유대인들에게 연설을 하게 했다. 요세프는 먼저 로마의 군사력이 아주 막강하다는 사실을 위협적인 어조로 설명한 후에, 반군이 로마 군단을 상대로 싸우고 있을 뿐만 아니라 유대인의 하느님을 상대로 싸우는 것이라고 비난했다. 하느님은 유대인의 범죄 행위를 단죄해 로마 황제의 편을 들었다고 주장했다. 하지만 이런 연설을 들은 유대인들의 결의는 더욱 단단해졌다. 누군가 갑작스럽게 요세프에게 벽돌을 던져 그는 의식을 잃고 쓰러졌다. 황제가 인정한 바 있는 그의 예언자 자격은 그 후에 벌어진 사건들에 의해 입증이 되었는데도 불구하고 유대인들의 욕설 세례를 받을 뿐이었다.

카이사르의 친구를 욕한다는 것은 곧 카이사르를 욕하는 것이었다. 휘하 병사들에게 공성전을 재개하라고 명령을 내린 티투스는 병사들의 분전을 재촉할 필요도 없었다. 유대인들이 로마인에게 가한 모욕은 다양하면서도 심각했다. 분명 그런 태도는 응징해야 했다. 한 군단은 그런 모욕적인 반응에 대해 아주 노골적이면서 강렬한 고통을 표시했다. 제12 풀미나타 군단의 병사들은 케스티우스가 예루살렘에서 퇴각할 때 군단의 독수리 깃발을 빼앗긴 바 있는데, 이제 티투스의 지휘 아래 명예를 회복할 수 있는 기회가 주어졌다. 패배의 수치를 강철 같은 용기, 초인적 노력, 무자비한 테러 등으로 설욕해야 한다는 것은 로마의 역사에서 지속적으로 등장하는 주제였다. 예루살렘 함락을 명령받은 제12군단 병사들은 자신들이 전설의 차원에서 이 전쟁에 참여하고 있다고 느꼈다. 그들의 노고는 엄청났고 그 결단은 영웅적이었다. 무수히 많은 나무가 남벌되었고 그리하여 주위 반경 15킬로미터 지역 내에는 아름다운 숲과 초원이 더 이상 존재하지 않게 되었다. 한때 도시의 외곽을 형성했던 그 숲과 초원에는 잘려나간 나무들의 그루터기만 앙상하게 남았다. 거대한 대臺, 거대한 경사로, 거대한 탑이 건설되었다. 유대인들이 그것들 밑으로 터널을 파서 불을 질러 파괴하면 제12군단의 병사들은 다시 그런 구조물들을 끈덕지게 건설했다. 처음에 그들은 다른 군단의 병사들과 함께 예루살렘 성벽 근처에다 약 8킬로미터 길이의 성벽을 조성했다. 이런 구조물을 단 사흘 만에 완공함으로써 방어하는 유대인들을 놀라게 하고 또 겁먹게 했다. 이어 그들은 도시로 가서 최근에 참사를 겪었던 현장으로 갔다. 로마 병사들이 노리는 곳은 안토니아라는 커다란 요새였다. 그것은 헤롯

대왕이 건설하고 마르쿠스 안토니우스의 이름을 따다 붙인 요새였
는데 티투스는 이 요새를 반드시 점령해야 했다. 그 요새가 신전으
로 들어가는 핵심 요충이었기 때문이다. 그래서 로마 병사답게 행
동해야 한다는 단호한 결단 속에서 제12 풀미나타 군단 병사들은
한여름 뙤약볕 아래에서 땀을 뻘뻘 흘리며 계속해서 일을 했다. 그
리하여 대는 하루하루 높아져 갔다.

　4개 군단이 모두 공성용 건설 작업을 하고 있었기 때문에 안토
니아 요새 주위의 전쟁 소음은 귀를 찢을 듯이 요란했다. 망치질과
톱질만이 아니라 대포가 계속 발사되는 소음도 있었다. 그 요란한
소리는 티투스가 예루살렘에 막 도착했을 때보다 훨씬 더 컸다. 유
대인들은 케스티우스의 원정군을 패주시켰을 때 상당히 많은 공성
기계들을 포획했다. 하지만 그런 낯선 기계들의 사용 요령을 익히
는 것은 상당히 어려운 일이었다. 이제 공성전이 시작한 지 두 달이
흘러갔다. 따라서 유대인 방어 병사들이 그 기계의 사용법을 충분
히 익힐 정도의 시간이었다. 로마 병사들이 안토니아 요새의 성벽
을 허물려고 애쓰는 동안에, 유대인들은 그들 밑에서 작업하고 있
는 군단병들을 향해 대포를 쏘아댔다. 서로 분노하며 절망적으로
쏘아대는 양군의 대포는 도시의 심장 박동인 양 쿵쾅거렸다. 그러
나 포위된 성채 안쪽의 거리, 궁정 안뜰, 시장 등지에는 가보면 죽
음 같은 깊은 정적이 모든 것을 감싸고 있었다. 그러나 이 또한 공
성전의 소리였다. 기근이 살금살금 도시에 다가왔다. 남은 보급품

은 이런저런 전사들의 부대가 강제 징발해 갔다. 나머지 주민들은 달리 방법이 없었으므로 굶기 시작했다. "아무도 울지 않았고 아무도 슬퍼하지 않았다. 배고픔이 그들의 감정을 모두 고갈시켰다. 살아 있는 자들은 벌어진 입과 메마른 두 눈으로 이미 죽어버린 자들을 응시했다."[36] 배가 기이할 정도로 튀어나온 굶주린 자들은 유령처럼 빈 공간을 찾아다녔고 그러다 쓰러져 죽으면 아무도 돌보지 않아서 거리에 쓰레기 더미처럼 쌓였다. 시체가 계속 쌓였다. 그 시체를 치우려고 해봐야 아무런 소용도 없는 일이었으므로 전사들은 그냥 그 시체 더미를 밟고 다녔다.

그런 신성 모독은 티투스에게 충격을 안겨주었다. 계곡에 내던져진 엄청난 시체 더미를 보고서 그는 신음 소리를 내지르고 두 손을 치켜 올리면서 신들에게 자신이 그런 광경에 공포를 느낀다는 것을 표했다. 몇몇 로마군 보조병이 배 속에 숨긴 황금을 찾아내기 위해 도피한 자들의 배를 칼로 갈라본다는 보고를 받은 티투스는 화를 벌컥 내며 그것을 범죄 행위로 단죄했다. 로마의 위대함이 신들과 인간의 법률을 짓밟음으로써 위태로워져서는 안 되는 것이었다. 하지만 이런 양심적 망설임이 반군들에 대한 동정심을 내포하는 것은 아니었다. 주인을 상대로 반란을 일으킨 노예들은 가장 잔인한 탄압 이외에는 얻을 것이 없었다. 그들을 처벌하는 것만으로는 충분하지 않았다. 그 처벌이 온 세상 사람들에게 하나의 교훈이 되어야 했다. 이 때문에 경기장에서는 범죄자들을 맹수들에게 던져주거나 다양한 방식으로 굴욕적인 죽음을 맞게 하여 일반 대중의 구경 거리가 되게 하는 것이었다. 하지만 그보다 더 값싸고 손쉬운 방법 은 반항적인 노예를 십자가에 매다는 것이었다. 공성전 초창기에, 유대인 반군이 성벽에서 달려 나와 습격을 가하거나 보급품을 조 달하려다가 포로로 잡히면, 모두 십자가에 매달았다. 그리하여 성 벽 바로 앞에는 거대한 십자가 숲이 생겼다. "로마 병사들은 유대인 에 대한 분노와 증오를 배출하기 위해 그 포로들을 다양한 자세로 십자가에 매닮으로써 그들을 조롱했다."[37] 반군뿐만 아니라 예루살 렘 자체가 하나의 구경거리로 변해버렸다.

그리고 곧 그 도시는 좀더 거대한 장관이 될 운명이었다. 당초 이 공성전을 신속하게 끝내려던 티투스의 희망은 사라져버렸다. 유대 반란군이 항복하지 않으려 했기 때문에 티투스는 그들의 최후 근 거지를 가루로 만들어버리는 것 외에는 달리 도리가 없었다. 공성 전이 개시된 지 10주가 흘러갔다. 이제 유대의 방어선은 허물어져 내리기 시작했다. 7월 3일 안토니아 요새의 전면 벽이 갑자기 허물 어져내렸다. 그 빈틈에 가한 최초의 공격은 격퇴되었다. 그러나 이 틀 뒤 소수의 군단병들이 야음을 틈타 그 허물어진 잔해 위로 올 라가서 유대인 경계병들의 목을 따버리고 보루 위에 올라가 트럼 펫을 불었다. 유대인들은 경악하면서 요새와 신전을 이어주는 출 입로를 통해 퇴각했다. 로마인들은 허물어진 성벽을 급습해 안토 니아 요새를 점령하고 이어 퇴각하는 적을 추격했다. 하지만 아주 잔인한 시가전 끝에 로마 병사들은 격퇴되었다. 그리하여 유대인들은 출입로를 봉쇄함으로써 신전 경내의 벽들을 온전하게 확보할 수 있었다. 신전의 외곽 벽은 아주 거대하고 그 신전을 건설하는 데 사용한 벽돌은 아주 단단했기 때문에, 신전 자체가 하나의 요새나 다름없었다. "그 어떤 요새보다도 더 많은 정성과 노력이 들어간 성채였다."[38]

그렇다고 해서 티투스가 좌절했다는 이야기는 아니다. 원래 위대한 업적은 위대한 노력을 필요로 하는 법. 또다시 그는 병사들에게 있는 힘을 다해 성벽을 공격하라고 명령했다. 무더위와 싸우고 지독한 악취와 먼지에 시달리면서 그들은 단 1주 사이에 안토니아 요새를 허물어버리는 데 성공했다. 이어 그들은 신전 벽에 기대어 세울 경사로를 건설하기 시작했다. 안토니아의 기반에서부터 경사로를 네 군데 세웠고, 또 신전의 밑바닥에서부터 힘들게 추가로 네 개를 더 건설했다. 유대인의 저항은 절망적인 상태에서 나오는 것이니만큼 아주 치열했다. 유대인들이 설치한 함정에 빠져 많은 군단병이 불타 죽었다. 성벽을 기어오르는 시도도 여러 차례 격퇴되었고 그 결과 로마 병사들의 희생이 막대했다. 아무리 강력한 공성추를 들이대도 신전 성벽은 허물어지지 않았다. 그렇지만 단호하고 물러설 줄 모르는 티투스는 성벽 공격을 멈추지 않았다. 여러 차례 좌절을 겪기는 했지만 성벽이 이미 손안에 들어와 있다고 확신했고, 일은 결국 그렇게 돌아갔다.

공성전이 시작된 이후 석 달이 흘러갔고 티투스의 예루살렘 계획은 당초 의도했던 대로 흘러가지 않았다. 지금이라도 가능하다면 티투스는 신전 파괴만큼은 피하고 싶었다. 그러나 더 이상 로마 병사들을 잃어가면서까지 신전을 지켜주겠다는 생각은 없었다. 신전 외곽 벽에 대한 정면 공격이 실패로 돌아간 후에 그는 신전의 출입문들을 불태우라는 지시를 내렸다. 율리우스 알렉산데르의 아버지가 기증한 황금과 순은의 장식판이 녹아서 식식거리는 소리를 내며 땅으로 흘러내렸다. 곧 장식판 밑의 나무에 불이 붙었다. 유대인 병사들은 거대한 화벽에 휩싸이자 안쪽 깊숙한 곳의 안뜰로 퇴각했다. 그곳에는 지성소의 거대한 건물이 서 있었다. 그 뒤에는 아직까지 살아남은 기둥들이 우뚝 서 있었다. 그리고 여기에 수천 명에 달하는 남녀노소가 "유대인의 하느님이 기적적인 구원을 해주실 것"이라는 예언자의 확언을 믿고서 피신해 있었다.[39] 하지만 예언자는 그들을 속였다. 신전이 서 있는 고지 주위에 있던 사람들은 구원을 받을 수 없는 곳에 서 있었다. 그리고 이제 심판이 가까이 다가왔다.

그날은 8월 10일이었다. 신전 출입문들을 불태운 지 이틀이 지나갔다. 많은 수의 군단병들이 안뜰 벽 바로 앞에다 진영을 쳐놓고 있었다. 그 전날 유대 전사들은 적을 바깥뜰에서부터 몰아내려 했으나 실패했다. 이제 동쪽 언덕에 해가 떠오르자 유대인은 다시 공격에 나섰으나 이번에도 격퇴되었다. 유대인들을 쫓아 안뜰의 담장까지 달려간 한 군단병은 불타는 나무 조각을 집어들고 동료 병사의 어깨 위로 올라서서 담장의 빈 공간을 통해 안쪽으로 던져 넣었다. 창문 맞은편에는 내측 안뜰을 구성하는 여러 방 중 하나가 있었는데 그 방의 나무 들보와 양탄자는 바싹 말라 있었다. 이 방에 불이 붙었고, 유대 전사들은 그 광경을 보자 양손을 쳐들면서 고뇌의 비명을 내질렀다. 그들은 더 이상 진지를 사수할 생각을 할 수 없었다. 그들의 유일한 관심사는 그 불을 끄는 것이었다. 하지만 너무 늦었다. 불길은 이제 걷잡을 수가 없었다. 불길에서 올라오는 검은 연기가 이미 신전 지붕 너머로 솟구치더니 예루살렘 쪽으로 흘러가서 굶고 있는 시민들에게 그 끔찍한 소식을 전하고 있었다. 그것은 그들로서는 상상조차 할 수 없는 엄청난 공포였다. 그들이 지상에서 가장 거룩한 곳이라고 여기는 지성소가 불타고 있는 것이었다.

그리고 그 소식은 곧 온 세상으로 퍼져나갔다. 신전의 화재는 명확한 결론을 내려주고 말았다. 길고 끔찍했던 여름 내내 티투스를 빤히 쳐다보고 있던 결론이기도 했다. 이제 반란이 터지기 전에 존재했던 기존 질서로 되돌아가는 것은 불가능해졌다. 로마가 하나의 특혜로서 인정해주던, 예루살렘이 유대 지역에서 누리던 최고의 지위는 이제 영원히 끝장났다. 이제 그 도시는 온 세상을 향해 로마의 권능, 공포, 불패를 널리 알리는 상징으로서 봉사해야 했다. 지난 200여 년 동안 로마 군단은 유명한 도시를 상대로 이렇게 철저한 파괴를 자행한 적이 없었다. 불길이 신전 벽을 마구 핥아가는 순간에, 티투스는 신전 관할권을 아그리파에게 돌려준다는 선택지가 완전히 사라졌음을 아쉽게 생각했다. 하지만 그렇다고 해서 그런 운명에 눈물을 흘린 것은 아니었다.[40] 반항적인 적에게 테러를 가하는 것은 부끄러운 행동이 아니었다. 오히려 정반대였다. 파괴와 살육은 군단병들이 가하도록 훈련받은 행위였다. 신전의 안뜰로 뛰어든 군단병들은 야생동물처럼 싸운 것이 아니라 시민권을 가진 전사의 자격으로 싸웠다. 그들은 유혈 사태에 대해 아무런 연민이나 혐오감을 느끼지 않도록 철저하게 단련된 사람들이었다. 수천 명의 유대인이 칼을 맞고 쓰러졌다. 로마 병사의 칼에 찢긴 배에서 흘러나온 것들이 제단 주위를 감돌다가 지성소 계단 밑으로 흘러내렸다. "신전이 서 있던 고지는 커다란 화염에 휩싸여 그 근본부터 끓어오르는 것처럼 보였다. 그러나 화염의 바다는 유혈의 대양에 비하면 아무것도 아니었고 군단의 처형대는 망자의 군단들에 비하면 또 아무것도 아니었다."[41] 살육이 끝나자 신전 단지는 모든 보물을 약탈당했고 신전 자체는 폭삭 가라앉아 폐허가 되었다. 군단들은 동쪽 출입문 맞은편의 안뜰에다 군단기를 집결시키고, 독수리 막대기를 우뚝 세우고, 희생 제물을 바쳤다. 그리고 우레와 같은 환호와 함께 티투스를 임페라토르로 칭송했다.

유대인들은 그 습속과 예언의 힘으로 악명이 높았지만 로마인들은 그들을 군사적 위협으로 진지하게 생각해본 적이 없었다. 유대가 독립국이던 과거 시절에 그들의 왕국은 언제나 이류 국가였고,

그들이 반란을 일으켜도 속주의 봉기 정도로 여겨지는 흔히 볼 수 있는 종류의 반란이었다. 그리고 이제 4년이 흘러간 후, 그들의 수도를 점령한 것은 황제와 그 아들에게 아주 영광스러운 전적이었다. 그런 영광은 갈바, 오토, 비텔리우스 등은 결코 과시하지 못할 대단한 업적이었다. 신전이 전소되고 한 달 뒤에, 티투스는 예루살렘 반군의 마지막 보루인 헤롯이 지은 거대한 궁전을 점령했다. 로마 병사들이 약탈, 강간, 노예화, 살육을 할 수 있는 시민이 더는 없었기에 티투스는 도시를 전소하라고 명령했다. 오로지 자그마한 담장 하나와 탑 세 곳만 건드리지 않았다. "그 담장은 현장에 주둔하는 병사들을 보호하기 위한 것이었고, 탑들은 후세 사람들에게 경종을 울리기 위한 것이었다. 로마의 용맹한 무력에 정복되기 전에, 이 도시가 얼마나 막강하고 오만했는지 보여주려는 것이었다."[42] 유대인은 이제 더 이상 경멸받는 민족이 아닌 황제에게 맞설 수 있는 적수로 변모했다. 그들의 수도는 전쟁의 역사에서 언급할 만한 가치가 있는 곳으로 여겨지게 되었다. 이제 완전히 파괴되었기 때문에 예루살렘은 예전에 그대로 서 있었을 때와는 다르게, 황제에게 아주 중요한 곳이 되었다. 베스파시아누스는 유대의 수도에서 점령 작전을 마지막으로 끝내기 직전에 이집트를 떠나 로마로 가면서, 예전에 별 볼 일 없던 자기 가문의 명성이 아주 명예롭게 빛날 수 있는 기회를 잡았다는 것을 알았다.

이 새로운 황제의 황조는 유대인 반란자들에게 크게 신세를 졌다.

평화의 군주

로마인만큼 승리를 축하하는 법을 잘 아는 사람은 없다. 그 길을
보여준 사람은 로물루스였다. 직접 사비니족의 왕을 죽이고 귀국
한 후, 그는 자신의 전리품들을 과시해 거리 행진을 했다. 다양한
하위 부대로 편성된 그의 군대는 로물루스 옆에서 행군하면서 무
례한 노래들을 불러댔다. 로물루스는 "보라색 옷을 입고 월계수
왕관을 쓰고서" 말 네 필이 끄는 화려한 전차를 타고 갔다.[43] 그 개
선 행렬은 도시의 구석구석을 누볐다. 그리고 개선식이 끝나자 로
물루스는 카피톨리누스 언덕으로 올라가 신들에게 희생 제물을
바쳤다. 이런 식으로 그가 닦아놓은 길을 그 후 여러 세대의 군벌
들이 따라갔다. 폼페이우스, 카이사르, 아우구스투스 등은 로마인
들이 개선식triumphus이라고 명명한 의식을 장대하게 거행했다.

그러나 아우구스투스 이래 이 의식은 점점 더 뒷전으로 밀려났
다. 개선식이 그 수혜자에게 부여하는 영광을 의심스럽게 여긴 황
제들은 그런 영예를 독식했다. 가장 최근에 거행한 개선식은 클라
우디우스의 브리타니아 정복을 기념하는 것이었는데 예전의 유사
의식에 비해 덜 영광스러운 것이었다. 그가 브리타니아에 머무른
기간이 2주밖에 안 되기 때문이었다. 그러나 신임 황제와 아들이
영웅적 전공이 부족하다고 비난하는 사람은 아무도 없었다. 부자
는 야전에서 지속적으로 부상을 당했다. 티투스는 실제로 타고 가

던 말이 죽기도 했고 어깨에 고질적 부상을 달고 다녔다. 이런 문제에 대해 판정하는 원로원은 부자가 개선식을 거행할 자격이 충분하다고 결정했다. 베스파시아누스와 티투스는 전통에서 벗어나서, 그렇지만 전통주의자들의 마음을 따뜻하게 하는 방식으로 그 영예를 나누어갖기로 결정했다. 그 결과는 로마 시민들이 오랫동안 보지 못한 아주 장대한 개선식이었다. 시민들에게 과거의 한 시대로 돌아가는 경험을 안겨주었다. 그 시대는 해마다 새로운 승리, 새로운 정복, 새로운 개선식 소식이 들려왔었다. 젊은 세대는 역사책에서나 보았을 저 오래된 명예로운 의식이 아주 멋지고 화려하게 부활했다. 마치 고대사가 되살아난 것 같았다.

베스파시아누스와 티투스는 과거 로물루스가 그랬던 것처럼 화려한 전차를 탔고, 도미티아누스는 그 옆에서 역시 화려한 말을 탔다. 연도에서 환호하는 관중들에게 황금, 순은, 상아, 진귀한 보라색으로 염색하고 생생한 광경을 묘사한 카펫, 눈부신 왕관에 상감된 진주와 황옥, 각종 이색적인 동물 등 엄청나게 많은 전리품을 전시했다. 또 포로 700명도 대동했다. 그들은 예루살렘 함락 때 붙잡은 포로 중에서 "가장 키가 크고 잘생긴 자들"이었다.[44] 그들을 지휘했던 유명한 장군 두 명도 함께 데려왔다. 개선식 행렬이 포룸에 도착하자 경비병들은 그 장군들 중 한 명을 따로 떼어내어 그를 지하 감옥으로 질질 끌고 가면서 그의 뼈에서 살점이 다 떨어져나가도록 매질을 했다. 그러는 동안에 베스파시아누스와 티투스는 카피톨리누스로 올라갔다. 정상에 도착하자 그들은 기다렸다. 부자가 기다리던 소식은 곧 도착했다. 아까 매질한 유대인 장군은 죽었다. 포룸 전역에서 엄청난 기쁨의 소음이 솟구쳐 올랐다. 이제 그날의 축하 행사를 마무리 지으면서, 유피테르에게 희생 제물을 바치고 최고신에게 가야할 공물을 올려야 할 때가 왔다. 도부수들이 도끼를 휘둘러 무릎을 꿇고 있는 황소의 목을 땄고 그 피가 카피톨리누스의 바위를 적셨다. 복점을 위해 그 소의 내장은 면밀히 검토되었다. 조짐은 아주 좋았다. 연기가 하늘 높이 올라갔고, 고기 굽는 냄새가 도시 전역에 퍼져나갔다. 로마인들을 위해 화려한 연회가 준비되었다. 승리의 축하 의식이 끝난 것이다.

전쟁이 끝나고 평화가 찾아왔다. 베스파시아누스가 거둔 승리는 오로지 유대인만을 상대로 거둔 것이 아니었다. 모든 사람이 그것을 알고 있었지만 언급하지는 않았다. 로마인이 같은 로마인을 상대로 거둔 승리를 축하한다는 생각은 혐오스러운 것이었다. 베스파시아누스는 자신이 황제로 등극한 수단에 대해 사람들의 이목을 집중시키는 일을 하고 싶지 않았다. 비록 야만인을 상대로 거둔 승리이기는 하지만 내전을 연상시키지 않을 수 없었다. 그것은 구경꾼들에게 최근에 수도에서 벌어졌던 전투를 연상시켰고, 그런 폭력이 이제 영원히 거리에서 사라졌다고 안심시켰다. 개선식 바로 전날 밤에 황제와 티투스는 로마의 전통적 경계 밖에 있는 캄푸스 마르티우스에서 만났고 거기서 하룻밤을 보냈다. 개선식 당일이 되어야 장군과 그의 군대가 도시로 입성할 수 있다는 것이 로마인들의 오랜 법률이었기 때문이다. 과거 개선식 때처럼 군단병들이 개선식의 행진로를 걸어갈 때 대혼란을 일으켜서는 안 된다고 공식적으로 선언된 것은 아니었지만, 군단병들은 그런 혼란은 일절 피하고 개선식의 행진로를 따라 힘차게 걸어갔다. 마찬가지로, 베스파시아누스가 개선식의 절정에 이르러 희생 제물을 바칠 때, 다들 최근에 카피톨리누스에서 연출되었던 지옥의 광경을 연상하지 않을 수 없었다. 로마의 가장 신성한 언덕은 화염의 상흔을 아직도 간직하고 있었던 까닭이다.

그러나 황제는 이미 그 상흔을 치유하는 일에 착수했다. 그는 몸소 청소 작업을 실천했다. 그을린 검은 돌 조각과 다른 쓰레기를 나무 용기에다 집어넣고 날랐다. 그는 카피톨리누스가 전소될 때 함께 불타버린 문서보관소의 청동판, 즉 로마 초창기로 소급되는 3000개의 청동 기록판을 대체할 서류를 만들어보라고 지시했다. 그는 이미 불타버린 유피테르 신전의 기초 위에 예전만큼 화려하고 장엄한 유피테르 신전을 새롭게 건설하라고 지시했다. 그가 발행한 주화에는 "로마가 돌아왔다Roma resurgens"라는 글귀가 새겨졌다.

네로 또한 로마 대화재 직후에 그와 똑같은 메시지를 선언했다. 베스파시아누스는 그런 비교를 해서 사람들의 이목을 집중시킬 생각은 없었다. 오토나 비텔리우스와는 다르게, 그는 네로를 흉내내서 이득 될 것이 없었다. 오히려 그 반대였다. 거침없고, 합리적이고, 사치와 허장성세를 싫어하는 베스파시아누스의 이미지는 이미 플라비우스 황조 건설이라는 커다란 목표에 큰 기여를 했다. 그는 자신의 족보가 빈약한 것을 변명하지 않고 오히려 자랑으로 삼았다. "사비니 딸기를 먹고 자란 전사의 가계."[45] 한 시인은 이렇다 할 만큼 자랑할 만한 족보가 안 나오자 베스파시아누스의 선조들을 그런 식으로 칭송했다. 자신의 겸손함을 만천하에 과시하기 위해 그는 평생 로마의 교외에 살면서 팔라티누스의 메아리 울리는 커다란 홀들을 피했으며, 한여름 무더울 때에는 사비니족 농장에서 기거했다. 그는 황금 궁전에 들어갈 생각이 조금도 없었다. 이 화려한 저택 단지를 짓기 위해 네로 시절에 고용했던 노무자들은 이제 대규모 해체 작업에 투입되었다. 주택 단지의 외곽 지역은 원래의 용도로 되돌렸다. 발주한 지 10년 만에 콜로수스가 완공되어 포룸으로 이어지는 도로 옆에 자리를 잡자, 그 건물은 네로의 얼굴이 아니라 태양의 얼굴을 전면에 내걸었다. 가장 극적인 것은 공원의 정중앙에 자리 잡은 장식 호수의 운명이었다. 물을 퍼내고 콘크리트로 덮어버린 호수는 없는 것이나 마찬가지가 되었다. 그러나 베스파시아누스는 무언가를 없애버리는 것 못지않게 무언가를 짓고 싶어 했다. 언제나 총기가 많은 그는 도시 간 기반 시설들에 서로 격차가 많다는 것을 발견했다. 다른 소규모 도시들은 석조 원형경기장을 자랑하는 반면에, 로마는 그렇지 못했다. 캄푸스 마르티우스의 비좁고 오래된 유일한 원형경기장은 대화재 때 소실되었다.* 이에 대한 해결 방안은 명확했다. 단 한 사람만의 쾌락 정원으로 악명 높은 터를 전 로마 시민의 즐거움을 위한 위락 장소로 바꾸어라. 그 터에 원형경기장을 지어라. "로마의 원래 모습을 회복하라."[46]

이 플라비우스 원형경기장(콜로세움) 건설 공사 덕분에 베스파시아누스는 임페라토르의 모습을 이중으로 부각시킬 수 있었다. 시민들은 측량사들이 아주 넓은 지역을 관측해 원형경기장 터로 지정하는 것을 보았고, 그 엄청난 관객 수용 시설, 각종 설비들의 사치스러운 아름다움 등에 감탄하지 않을 수 없었다. 그리하여 새 황제가 예전 황제들과는 비교가 안 될 정도로 거대한 건물을 구상하고 있다고 생각했다. 위대한 흥행사인 네로의 기억조차도 이런 대규모 사업에 비하면 그저 희미한 그림자에 지나지 않았다. 좌석의 열이 계속 높아지고, 원형경기장의 층이 계속 올라갈수록 베스파시아누스의 야망이 얼마나 거대한 규모인지 분명해졌다. 바로 모든 로마 시민들이 들어와 구경할 수 있는 공간을 만들자는 것이었다. 그러나 베스파시아누스는 오로지 일반 대중에게 오락거리를 제공하기 위해 원형경기장을 짓는 것은 아니었다. 그의 목적은 그들을 교육하면서 임페라토르의 원래 의미가 무엇인지 상기시키자는 것이었다. 로마의 역사상 많은 장군들이 야전에서 임페라토르라는

• 네로도 캄푸스 마르티우스에다 또 다른 목조 원형경기장을 지었다. 이 건물 역시 대화재 때 사라졌을 수 있지만, 살아남아 플라비우스 원형경기장 공사가 시작할 때에도 여전히 남아 있었을 수도 있다. 어느 쪽이든 증거가 명확하지 않다.

호칭을 부여받았다. 예루살렘의 폐허에서 병사들로부터 그런 호칭으로 칭송받았던 티투스가 가장 최근의 사례였다. 이 호칭을 아우구스투스가 독점하기 전까지 이 단어는 주로 전쟁에서 승리를 거둔 사령관을 가리키는 것이었다. 플라비우스 원형경기장처럼 규모가 거대한 건물은 여러 면에서 승리를 거둔 도시만이 재정 지원을 할 수 있었다. 네로는 전투 경험이 전혀 없었지만 베스파시아누스는 그런 사람이 아니었다. 그는 맨땅에서 자는 것이 무엇인지, 야만인들의 배를 가르고, 파리 떼가 그 상처에 달라붙는 광경을 본다는 것이 무엇인지 잘 알았다. 그는 이런 야전 경험이 있는 황제로서 공사를 시작한 것이다. 그는 그 원형경기장을 로마의 세계 통치권을 기념하는 건물로 만들 생각이었다.

베스파시아누스는 또한 네로 못지않게 로마를 하나의 연극 무대로 만들 수 있는 연출자였다. 그의 원형경기장은 거대하면서도 동시에 연기煙氣와 거울로 된 구조물이었다. 황제와 아들은 개선식을 거행함으로써 로마 시민들에게 이런 점을 각인시켰다. 그들은 플라비우스 가문의 로마 재건 사업을 보면서 그 자금원이 무엇인지를 충분히 알 수 있었을 것이다. 로마 시민들은 유대의 보물이 거리를 통해 행진하는 광경을 직접 보았다. 그뿐만 아니었다. 개선식에는 거대한 입간판들도 등장했는데 유대 밀집대형의 파괴, 부유한 도시들의 습격 등 전쟁 장면을 묘사하고 "엄청난 수의 배"도 보여주었다.[47] 군중들은 그런 보여주기에 현혹되어 현장의 진실을 제대로 알아볼 수가 없었다. 가령 유대인들은 인원이 너무 적어서 성벽 안의 공간 이외에서는 로마 군단을 상대할 수가 없다. 전쟁 중에 급습해 들어간 부유한 도시는 예루살렘 하나뿐이었다. 이렇다 할 본격적인 해전은 없었고, 호수를 건너서 달아난 도망병들의 추적이나 해적들을 상대로 한 사소한 싸움이 전부였다. 새로운 황제와 그의 아들은 전차를 타고 로마의 거리를 달리면서 개선식을 거행하는 동시에 기만극을 연출한 것이다.

개선식 광경을 쳐다본 사람들은 아무도 이런 진실을 지적하려 들지 않았다. 그러나 그 사실은 유대 반란의 배경을 희미하게나마 파악하고 있는 사람이라면 분명하게 알 수 있는 것이었다. 아주 오래된 거룩한 전통에 따르면 새로운 땅을 정복한 장군만이 개선식을 올릴 수 있었다. 반란을 진압한 것은 충분한 사유가 되지 못했다. 티투스가 예루살렘에 머무르는 동안에 그 지방이 최근에 병합한 영토인 양 행동했던 것은 사실이었다. 유대의 수도에 가장 막강한 제10 프레텐시스 군단을 주둔시키고서 그 지역을 하나의 속주로 편성하기도 했다. 이 때문에 개선식은 그런 형태를 취할 수 있었다. 베스파시아누스는 진주, 상아, 장식 카펫이 풍부한 미정복지를 새롭게 정복한 것처럼 연기할 수밖에 없었다. 티투스는 그보다 더욱 판타지에 몰두하면서 역사상 단 한 번도 급습당해 본 적이 없는 수도를 급습해 점령했다고 과도한 선전을 했다. "예루살렘은 전에 각종 통치자, 왕, 국가가 공격을 했다가 실패로 그쳤거나 아니면 아예 공격하지 않은 도시인데, 티투스는 직접 공격하여 파괴했다."48 키르쿠스 막시무스에 세운 거대한 아치에는 그런 선언이 들어갔다. 이와 유사한 메시지가 도시 전역의 기념물에 새겨져서 널리 발견되거나 찬양을 바치는 시인들이 노래해 자주 들렸다. 연년세세 발행되는 주화에는 애도하며 고개를 숙인 여인과 '유대 함락IUDAEA CAPTA'이라는 슬로건이 새겨졌다. 그 메시지는 분명했다. 베스파시아누스와 티투스는 전에 로마의 통치 밖에 있었던 야만인의 땅을 정복했다는 것이었다.* 아우구스투스의 시절 이래로 이런 정복 사업을 완수한 적이 없었다. 그 위업의 영광이 플라비우스 가문과 로마시를 순수한 황금의 후광으로 덮고 있는 것이다.

위대한 배우는 자신이 연기를 하고 있다는 사실을 사람들이 알기를 바라지 않는다. 네로는 결코 이것을 체득하지 못했지만 그 원리를 깨달은 황제가 있었다. 전제군주정의 창건자인 아우구스투스는 로마인들의 피를 밟고서 권좌에 올라선 사람이었다. 그는 자신이 황위에 등극한 과정을 은밀하면서도 매력적인 방식으로 감추려고 애썼다. 그를 로마 최고의 지배자로 올려놓은 내전에 집중하는 것이 아니라, 외국의 적들을 물리친 자신의 멋지고 화려한 승리로 동료 시민들을 매혹하려 했다. 자기가 확보한 통치권의 진정한 기

---

* 흥미롭게도 '유대 수복(IUDAEA RECEPTA)'이라는 메시지가 적힌 주화가 딱 하나 발견되기도 했다. 이것은 조폐국이 정확한 선전 지시를 받지 못한 탓으로 보인다.

반(군단)에 주의가 집중되는 것을 피하기 위해 그 군단들을 수도의 로마인들이 볼 수 없는 제국의 변방에 배치했다. 베스파시아누스는 아우구스투스의 치세를 아주 면밀히 연구했다. 유대를 무한한 보물의 원천으로 선전할수록, 진정한 부의 원천을 더 잘 감출 수 있었다. 플라비우스 군대가 예루살렘 함락의 공로를 자랑할수록, 크레모나 학살의 기억을 더 잘 희석할 수 있었다. 베스파시아누스와 티투스가 유대를 상대로 벌인 전쟁은 원래 일상적인 치안 감독 작전에 불과했고 반란 진압은 그와 유사한 사례와 별반 다를 바가 없었다. 그런 유대 전쟁이 이제 뭔가 획기적으로 다른 것으로 바뀌었고, 플라비우스 가문이 그들의 정통성을 주장할 수 있는 굳건한 반석이 되었다. 그런 놀라운 이미지 강화 작업은 지하의 아우구스투스조차도 감탄할 만했다.

베스파시아누스가 개선식에서 보여준 막대한 재물과 원형경기장에 쏟아부은 막대한 돈은 대체로 말해서 유대에서 나온 것이 아니었다. 내전에서 승리를 거둔 두 군벌인 그와 무키아누스는 동방의 여러 속주로부터 그 돈을 강탈했다. 비텔리우스가 죽었고 내전이 종식되었는데도 새 황제는 계속해 나사를 죄어댔다. 알렉산드리아에서 바닷길로 귀국하면서 그는 에게해를 유유히 항해하면서 동시에 엄청난 세금 납부 고지서를 발송했다. 어떤 민족은 기존 세금의 두 배를 납부해야 했고 또 어떤 민족은 면제받았던 혜택이 취소되었다. 이런 부류 중에 그리스가 있었다. 예전에 네로가 하사했던 세금 면제 혜택이 취소되었는데, 그들은 벌컥 화만 낼 뿐 아무런 대책이 없었다. 베스파시아누스는 다시 세금을 부과한 이유로 "그들은 자유로워지는 방법을 잊어버렸다"라고 건조하게 말했다.[49]

다른 곳에서 새 황제는 좀더 조심스럽게 처신해야 했다. 갈리아와 게르마니아에서는 비텔리우스에 대한 지지세가 아직도 남아 있었다. 대부분의 군사 시설이 불탄 나무토막이 된 라인강 일대에는 그 상흔이 눈에 보일 정도로 뚜렷했다. 그렇지만 베스파시아누스는 아무 이유 없이 군인 중의 군인이 된 것이 아니었다. 그는 반란 가능성이 있는 군대를 단련시켜 복종심을 이끌어내는 방법을 알고 있었다. 그는 제4 마케도니카 군단을 포함해 여러 군단을 해산했다. 제5 종달새 군단은 도나우강 오지에 배치했다. 제21 라팍스 군단과 제22 프리미게니아 군단은 고지 게르마니아에서 라인강 연안의 위수지로 옮겼다. 제대시킨 비텔리우스 지지 군단의 병사 중에 뽑아서 '플라비아'라는 별칭이 붙은 2개 군단을 새롭게 편성했다. 바타비족이 파괴한 여러 군단 기지를 재건했다. 베테라 기지는 아예 주둔지를 다른 곳으로 바꾸었다. 기지 재건 작업을 완료하자 저지 게르마니아에 주둔한 군단들은 라인강 동쪽으로 건너가 일련의 보복 작전에 나섰다. 베테라 기지를 습격했을 것으로 짐작되는 야만인들에 대한 보복은 아주 무자비했다. 유대인의 범죄에 대해 그들의 신전을 파괴한 것으로 대응한 것처럼, 게르만인들은 그들의 위대한 여성 예언자를 납치당하는 모욕을 겪어야 했다. 로마의 적인 게르만인 못지않게 로마인도 벨레다를 두려워했다. "라인강 거주자들은 그 키 큰 처녀 예언자를 경외했고 그 황금 같은 목소리를 들으면 몸을 떨었다."[50] 그래서 그들은 그녀를 처형함으로써 그녀가 봉사하는 신들의 분노를 자초할 필요는 없다고 생각했다. 로마인들은 그녀를 포로로 잡자 이탈리아로 보내버렸다. 그녀는 로마에서 남쪽으로 약 30킬로미터 떨어진 지점에 있는 신전의 신녀로 배치되었다. 외로운 탑 위에서 로마 군단의 종말을 예언하던 그 여자는, 이제 신들과 로마인 사이를 중재하면서 정복자들의 이해관계에 봉사하게 되었다.

한편 고지 게르마니아에서는 군사적 통제가 회복되었을 뿐만 아니라 더욱 강해졌다. 라인강 방어선과 도나우강 방어선을 통합하고 싶어 했던 황제는 흑림 지역을 병합하라고 지시했다. 흑림 지역은 로마인들에게 데쿠마테스 들판으로 알려진 곳으로, 두 강의 상류 지역을 서로 연결해주는 지점에 있었다. 그리하여 베스파시아누스는 아주 신속하면서도 효율적으로 알프스 북쪽 지역의 제국 점령지를 재편성할 수 있었다. 그렇지만 그는 장차 벌어질지도 모르는 문제를 언제나 경계했다. 그래서 스스로 '갈리아 제국'의 황제라고 선언했던 율리우스 사비누스가 자기 시골 별장에서 불타죽은 것이 아니라 아내의 보살핌 아래 아직도 은둔하고 있다는 사실이 알려져서 모두가 감탄하며 놀랐을 때, 황제는 이런 놀라운 부부애에 감동해 관용을 베풀어야 한다는 분위기가 있음에도 불구하고 사면에 동의하지 않았다. 사비누스가 한번은 황제의 사면을 얻기 위해 아내의 노예로 변장하고 아내를 따라 로마로 들어가기까지 했다는 사실이 알려졌지만 그들의 목숨을 구하는 데에는 아무 소용이 없었다. 황제는 전혀 마음이 흔들리지 않았고 부부를 처형하라는 지시를 내렸다. 수십 년이 흘러간 후, 사람들은 이처럼 서로 헌신적이고 사랑하는 부부를 죽인 베스파시아누스의 처사를 불명예스러운 일이라고 기억했다. "그의 통치 내내 그보다 더 잔인하고 야만적인 행위는 없었다."[51]

하지만 잔인 운운하는 그런 주장은 어떻게 보면 칭찬일 수도 있었다. 이전 황제들의 기준으로 볼 때 베스파시아누스는 잔인하거나 야만적인 행위를 그리 좋아하는 사람이 아니었다. 무키아누스가 그런 지저분한 일을 대신해줌으로써 베스파시아누스의 두 손을 깨끗하게 지켜주었다. 베스파시아누스가 아직 동방에 있을 때 무키아누스가 비텔리우스의 어린 아들을 제거해 앞길을 깨끗이 닦아주었기에 베스파시아누스는 로마에 도착한 직후에 인상적인 관면 조치를 할 수 있었다. 죽은 비텔리우스의 딸에게 성대한 결혼식을 베풀었던 것이다. 이것은 자비로운 행동의 과시일 뿐만 아니라 로마 시민들에게 새 황제가 구원舊怨을 그대로 간직하는 속 좁은 사람이 아님을 보여주는 표시가 되었다. 동료 시민들도 베스파시아누스에게서 새로운 황제를 발견하게 되어 기뻤다. 황제는 자신에게 아무리 심한 비판을 퍼붓더라도 그것을 그리 심각한 공격으로 여기지 않았다. 농담, 자유로운 말, 모욕 등은 두터운 방패 앞에서 튕겨져 나가는 화살에 불과했다. 베스파시아누스는 전투 중에 많은 부상을 당해보았기 때문에 사소한 조롱 따위는 별로 신경 쓰지 않았다. 그는 칼리굴라와 네로 밑에서 근무한 장군답게 편집증이 어떤 결과를 가져오는지 잘 알았다. 그래서 어떤 원로원 의원이 황제가 될 것이라는 점성술사의 예언이 나왔다고 친구들이 알려주었을 때, 황제는 즉시 그 의원을 집정관으로 임명하고 친구들에게 이렇게 말했다. "그는 이런 특혜를 잊지 않을 걸세."[52] 황제 앞으로 다가가는 사람들은 몸수색을 하는 것이 클라우디우스 황제 이래의 관습이었는데, 베스파시아누스는 그 절차를 폐지했다. 황제는 평생 동안 아첨을 싫어하는 것 못지않게 불굴의 의지를 보여왔다. 그런 만큼 그림자에 놀랄 사람은 결코 아니었다.

그렇다고 해서 그가 예전 황제에 비해 전제군주로서 면모가 약했다는 이야기는 아니다. 절대 권력은 절대 권력일 뿐 베스파시아누스는 그에 대해 아무런 변명도 하지 않았다. 그는 로마라는 국가는 황제 마음대로 하는 것이 아니라는 주장을 하면서 그의 체제를 깔보는 원로원 의원들은 의도적으로 또 날카롭게 콧대를 꺾어놓았다. 그가 황제로 통치한 기간은 10년이었는데 그동안 여덟 번 집정관에 올랐다. 티투스는 일곱 번, 무키아누스는 세 번이었다. 베스파시아누스는 아주 신경 써서 보안 관련 부대의 통제를 완전히 장악했다. 그는 근위대 사령관으로 기사 계급 출신을 임명하던 기존의 선례를 모두 무시하고 그 자리를 티투스에게 주었다. 그러한 인사 발령은 예리하면서도 냉소적인 처사였다. 이미 적수를 쳐부수는 능력을 입증한 예루살렘의 정복자는 새로운 정부 체제를 하나의 가족 사업으로 운영한 것이다. 아무튼 그 가업을 그가 이어받을 것이니까 별 문제는 없었다.

베스파시아누스는가 편집증적 태도를 내보이는 것을 경멸했을지 몰라도, 아버지의 뒤를 이어 세계 통치권을 갖게 될 티투스는 그렇게 느긋하게 사태를 바라볼 수는 없었다. 예루살렘 승리 이후에 그의 개인적 매력은 다소 기괴한 오점으로 빛이 바랬다. 특히 다음 두 가지 범죄에서 그의 흔적을 발견할 수 있다. 헬베디우스 프리스쿠스Helvedius Priscus는 공화주의적 미덕을 갖춘 원로원 의원으로 명성이 높았는데 처형당했다. 티투스가 연 어느 만찬 연회에서는 카이키나가 살해당했다. 두 건의 살인 사건과 관련해서 정상 참작의 상황도 있었다. 헬베디우스는 카이사르의 몫이 당연한 여러 호칭을 베스파시아누스에게 부여하는 것을 거부했고, 세상이 바뀌었다는 것을 도외시한 채 공화정의 전통에 너무 철저하게 헌신함으로써 자신의 처형을 자초한 측면도 있었다. 카이키나는 플라비우스 황조를 위해 10년 가까이 충실히 봉사해오기는 했지만 충성한 후 배신한 것으로 악명이 높은 사람이었다. 베스파시아누스는 황제로서 그 두 사람의 죽음에 최종적인 책임이 있었지만 세간의 비난 여론은 그를 향하지 않았다. 심지어 가장 철저한 도덕론자들도 그가 앞으로 통치를 잘해나갈 것이라는 기대감을 내비쳤다. 그리하여 "황제가 된 사람 중에 즉위 이후에 더 좋은 쪽으로 변한 사람은 그가 유일하다."[53]

권좌에 오른 지 10년이 지난 후에 베스파시아누스는 자신이 로마인들을 위해 성취한 모든 업적에 대해 만족할 만했다. 로마 제국은 새롭게 만든 기반 위에 반듯하게 섰다. 그들의 수도는 아우구스투스 시대 이래 비교가 되지 않을 정도로 찬란하고 아름다워졌다. 카피톨리누스 언덕에 다시 세워지고 있는 유피테르 신전의 낯익은 실루엣은 잘 회복하는 중이었고 곧 스카이라인을 제압할 것이었다. 포룸 바로 뒤, 황금 궁전이 지어지던 터에 들어선 플라비우스 원형 경기장은 이미 3층이나 올라갔다. 그러나 이 두 가지 업적보다 베스파시아누스의 놀라운 성취에 대한 더욱 진정한 기념물이 있었으니, 그것은 카이사르의 위대한 대리석 포룸 너머에 있는 지역에서 찾아볼 수 있었다. 대화재 전만 해도 그곳은 로마의 중앙 정육시장 터였는데, 이제는 도시 재개발 사업에 따라 평화의 신 팍스_Pax_에게 바치는 거대한 신전이 들어서 있었다.

그러나 이 건물은 많은 역설의 산실이었다. 평화에 바친 건물이지만 전쟁의 전리품이 가득 전시되어 번쩍거리고 있었다. 무수한 전시 보물 중에서 가장 핵심적인 물품은 예루살렘 신전에서 약탈해온 것들이었다. 베스파시아누스와 티투스의 개선식 때, 함께 선보인 여러 전리품 중에서 유대에서 온 것임을 노골적으로 밝힌 물품들이었다. 한때 유대인들의 미신과 자부심을 한껏 돋워주었던 황금 장식물들, 거대한 식탁, 팔이 일곱 개인 독특한 촛대(메노라)는 이제 황제의 영광에 기여하고 있었다. 물론 예루살렘의 전리품들만 그런 역할을 수행한 건 아니다. 네로가 그리스 세계 전역에서 약탈해 와서 원래 황금 궁전에 전시했던 조각상과 그림들도 이제 평화의 신전을 방문하는 로마인이라면 누구나 관람할 수 있었다. 전 세계 여러 속주에서 수집해 온 걸작들의 장관은 또 다른 역설을 자아냈다. 세계의 주인이라고 스스로 자랑하는 로마는 이제 더 이상 로마인의 도시가 아니었던 것이다.

"이 세상 그 어떤 건물보다 아름다운 건물."⁵⁴ 베스파시아누스의 동시대인들은 평화의 신전에 대해 이런 평가를 내렸다. 과거에 노새꾼이라는 별명으로 불렸던 사람이 이런 놀라운 유업을 만들어낸 것이다. 사비니 농부라고 하면, 로마 상류 계급은 투박함과 날카로움을 겸비한 사람들이라고 생각했는데, 베스파시아누스 자신은 그런 특징을 조금도 부끄럽게 여기지 않았다. 평화의 신전은 그의 뛰어난 전쟁 기술에 대한 기념물이면서 동시에 재정 상태에 대한 빈틈없는 안목을 보여주는 건물이기도 하다. 어느 날 아들 티투스가 오줌에 세금을 매기는 아버지의 정책에 대해 불평하자 베스파시아누스는 동전을 하나 집어들어 아들 코밑으로 내밀면서 동전에서 냄새가 나느냐고 물었다. 티투스가 고개를 가로젓자 황제가 말했다. "그렇지만 이 돈은 오줌에서 나왔지."⁵⁵ 이 사례가 사실인지 아

닌지 알 수 없으나 황제의 특별한 성품을 잘 보여준다. 베스파시아
누스의 오만한 동시대인들은 이 벼락출세 황제를 아무리 깔보더라
도 내심 존경하지 않을 수 없었다. 황제의 재치, 꾸밈없음, 로마인들
의 복지를 증진하려는 철저한 헌신 등은 의문의 여지가 없었다.

　의무는 베스파시아누스가 늘 소중하게 여겼던 덕목이었다. 서기
79년 여름에 그가 갑자기 병석에 드러누웠을 때, 황제의 의무를 다
하기 위해 침대에 누운 채로 사절을 접견한 것은 그리 놀라운 일
도 아니었다. 이제 그가 오래 가지 못하리라는 것은 분명했다. 하
늘에는 꼬리에 불 달린 혜성이 나타나는 등 변화의 표시가 완연했
다. 임종 순간에 이르러 베스파시아누스는 군인답게 선 채로 죽음
을 맞이하기를 고집했다. 하인들의 부축을 받고 일어선 그는 그들
의 소매에다 마지막 숨을 내쉬었다. 그는 발병 초기에 이렇게 중얼
거렸다. "안됐군, 이제 나는 신이 되려나봐."[56] 그의 예상은 그리 빗
나가지 않았다. 카이사르, 아우구스투스, 클라우디우스와 마찬가
지로 베스파시아누스는 사후에 하늘 높이 들어올려졌다. 그의 업적
은 많고 그의 유업은 지속될 터였다. 네 명의 황제가 우후죽순처
럼 들어서고 문명이 혼란의 나락으로 빠졌던 그해는 결국 로마인의
제국이 종식을 맞이하는 해가 아니었다. 동방의 예언자들이 예언한
것처럼 베스파시아누스는 세상을 새롭고 단단한 반석 위에 올려놓
았다. 그는 자신이 평화의 군주임을 온 천하에 증명해 보였다.

1. 슬프고 잔인한 신들. 왼쪽부터 프로세르피나, 명부의 왕인 플루톤, 프로세르피나의 어머니 케레스. 플루톤은 프로세르피나를 강간하고서 명계로 납치했다.

2. 수도에 주둔하는 경비 사령부인 근위대의 병사들. 황제(카이사르)의 신변 안전을 책임지는 그들은 로마의 운명을 결정하는 권력을 반복적으로 행사했다.

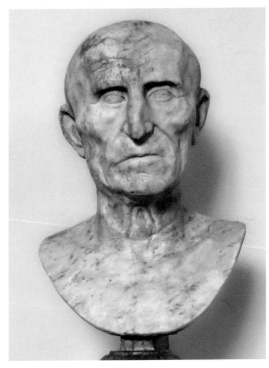

3. 서기 69년이라는 운명적 한 해에 로마를 통치했던 네 황제. 갈바 황제.

4. 오토 황제.

5. 비텔리우스 황제.

6. 베스파시아누스 황제.

7. 어느 백부장의 비석. 그가 들고 있는 포도 넝쿨 막대기는 휘하 병사 지휘권을 상징한다. 로마인들은 로마군이 엄정한 군기 넉분에 세계를 정복할 수 있었음을 알았다.

8. 오토가 발행한 주화. 그의 사후에 베스파시아누스의 얼굴이 덧씌워졌다.

9. 전투 중인 군단병을 묘사한 이 부조는 플라비우스 왕조 시대의 것으로 모곤티아쿰(오늘날의 마인츠)의 군 사령부 기지에 세워진 받침대 측면에 붙인 것이다.

10. 비텔리우스가 로마 군중들의 손에 죽어 가는 장면. 조르주 앙투안 로슈그로스가 1883년에 그렸다.

11. 예루살렘 신전. 서기 70년에 로마군의 공격을 받아 파괴당한 도시의 축소 모형 중 일부다.

12. 예루살렘 신전에서 약탈한 대형 촛대(메노라). 베스파시아누스와 티투스의 개선식을 위해 로마 시내로 옮겨 전시되었다.

13. '유대 함락(IUDAEA CAPTA)'을 새긴 주화. 플라비우스 왕조의 선전꾼들은 베스파시아누스와 티투스가 유대인들을 거둔 승리를 지속적으로 노래했다.

14. 폼페이 유적. 베수비우스산이 저 멀리 우뚝 솟아 있다.

15. 폼페이 정계의 거물급 인사였던 그나이우스 알레이우스 니기디우스 마이우스의 무덤. 도시의 성문 밖에 건설되었다. 비문에는 그가 생전에 이룬 업적과 베푼 선행이 아주 자세하게 기록되어 있다.

16. 경기 중인 검투사들. 마이우스의 무덤을 장식하는 부조들 중에서.

17. 가룸(어즙). 아울루스 움브리키우스 스카우루스의 제품이다.

18. 주화에 새긴 티투스 황제.

19. 주화에 새긴 도미티아누스 황제.

20. 코끼리가 뒷걸음질 치는 장면. 베스파시아누스의 위대한 전권 대사인 무키아누스가 푸테올리의 부두에서 보았을 법한 광경이다.

21. 플라비우스 원형경기장(콜로세움).

22. 아치와 신전으로 이루어진 로마의 도시 풍경. 왼쪽에서 두 번째가 플라비우스 원형경기장이다.

23. 자연이 로마 시민에게 선사한 코끼리를 기념하기 위해 도미티아누스와 티투스가 각각 발행한 주화들.

24. 로마 군단이 건설한 최북단 군사 기지인 잉크투틸 기지. 오늘날 스코틀랜드에 있다.

25. 주화에 새긴 네르바 황제.

26. 최고의 황제 트라야누스.

27. 다키아 원정에 참여한 보조 부대
의 병사들이 트라야누스에게 적의
수급을 선물로 바치고 있다.

28. 다키아 왕 데케발루스가 사르미제게투사에 설치한 요새.

29. 하드리아누스 황제.

30. 하드리아누스 성벽. 바위에 붙어 있고 초소들로 가득하며 해안에서 반대편 해안까지 계속 이어져 있다.

31. 안티노오스.

32. 로마 외곽에 지은 하드리아누스의 거대한 별장. "기가 막히게 멋진 건축 양식으로 지은 건물이었고, 그 부지가 아주 넓었으므로 다양한 속주와 장소의 명칭을 가져와 별장의 여러 부분에 이름을 붙여주었다."

33. 하드리아누스가 재건한 만신전(판테온)의 꼭대기를 장식한 거대 돔.

제2부

평화

4

잠자는 거인들

구체적 사실들

로마인들 사이에서 인기가 높았던 이야기에 따르면, 고대 시대에 그리스 영웅 중 가장 위대한 이가 이탈리아를 방문했다. 헤르쿨레스(헤라클레스)는 유피테르의 아들이었다. 하지만 그 사실은 신들의 여왕인 유노를 크게 분노하게 만들었다. 여신은 남편의 간통 사실에 너무나 분노해 광기의 안개를 헤르쿨레스에게 내려 보냈다. 그는 광인이 되어 끔찍한 범죄를 저질렀다. 아내와 자식들을 살해한 것이다. 이 행위를 벌하기 위해 신들은 그에게 완수 불가능해 보이는 열 가지 과업을 부과했다. 그러나 그는 영웅이자 모든 시대를 통틀어서 가장 힘센 사람이었으므로 그 과업들을 모두 완벽하게 달성했다. 첫 번째 과업은 그를 상징하는 외모를 결정하는 계기가 되었다. 그는 맨손으로 사나운 사자를 목졸라 죽였는데, 그 후 그 가죽을 자신의 겉옷으로 입고 다녔다.* 열 번째 과업은 가장 까다로웠다. 헤르쿨레스는 먼저 해가 지는 곳 너머에 있는 아주 먼 섬으로 여행해야 했다. 그곳에서 머리 셋 달린 거인을 죽인 다음에 그 괴물의 소 떼를 몰고서 그리스로 돌아와야 했다. 이 열 번째 과업을 수행하는 과정에서 그는 이탈리아에 왔고, 나중에 로마가 되는 곳에 도착해 테베레강 위에다 다리를 세우고 현지의 거인을 죽였다. 이어 남쪽으로 가서 캄파니아에 도착했는데 그곳은 나폴리만이 내륙으로 들어오면서 형성된 부유하고 비옥한 땅이었다. 여기서 그는 한 명이 아니라 떼로 몰려온 거인종種을 만났다. 도전을 피하는 사람이 아닌 헤르쿨레스는 그 거인 무리를 동시에 상대했다. 그 싸움으로 땅이 진동했다. 헤르쿨레스는 아버지 유피테르의 도움을 받아서 그들을 물리치고 승자가 되었다. 패배한 거인들은 유피테르의 천둥을 맞아 입은 화상이 아직도 뜨거운 상태로 헤르쿨레스에게 쇠사슬이 감기고 포로가 된 채로 커다란 산 밑에 감금되었다. 그 산은 캄파니아 평원 위에 우뚝 솟은 베수비우스산이었다.

헤르쿨레스의 위대한 업적은 시인과 학자들에게 널리 칭송받았다. 이들의 기록에 따르면 승리를 축하하기 위해 헤르쿨레스는

---

* 어떤 사람들은 이 가죽이 다른 사자의 가죽이라고 주장한다. 헤르쿨레스가 십대 시절에 죽인 사자의 가죽이라는 것이다.

캄파니아

캄파니아

아피아 가도

플레그레이
들판

쿠마이 ●

푸테올리

네아폴리스

베수비우스 화산

바이아누스

미세눔

헤르쿨라네움

● 폼페이

나폴리만

● 스타비아이

N

카프리

살레르노만

티 레 니 아 해

| 0 | 5 | 10 | 15 마일 |

| 0 | 5 | 10 | 15 | 20 | 25 킬로미터 |

베수비우스 산기슭의 낮은 산등성이를 따라 개선식(그리스어로 폼페pompe)을 거행했다. 이어 그는 도시를 두 군데 건설했다. 하나는 베수비우스 산기슭에 있는 폼페이인데 영웅의 개선식을 기념해 이런 이름이 붙었다. 다른 하나는 헤르쿨라네움인데 바다로 내뻗은 곳에 위치한 도시로 시원한 바닷바람으로 유명했다. 과연 헤르쿨레스가 이 두 도시를 건설했는지, 회의론자들은 의심한다. 설사 그가 짓지 않았고 그가 캄파니아 근처에 와본 적이 없다고 하더라도, 그가 거인들을 상대로 싸운 전설은 폼페이와 헤르쿨라네움에 대해 하나의 진실한 정보는 제공한다. 이 두 도시가 전설에 등장할 만큼 아주 오래되었다는 것이다.

이곳들이 그리스 분위기를 갖춘 아주 오래된 도시라는 사실은 로마의 활동가들이 나폴리만 일대를 특히 좋아하는 이유이기도 하다. "저 축복받은 들판" 캄파니아는 신화의 후광으로 거룩해진 땅이다.[1] 한때 이 수역에서 님프들이 헤엄쳤고 사이렌들은 섬에서 노래를 불렀다. 예언자 시빌라는 예언서를 휴대하고서 이 해역에서 출발해 로마 왕 타르퀴니우스를 만나러 갔었다. 시빌라의 고향 쿠마이Cumae는 지하 세계로 들어가는 입구가 있는 지역이었다. 해안을 따라 몇 킬로미터 동쪽으로 가면 나오는 네아폴리스는 역사의 초창기에 그리스 정착자들이 세운 도시였다. 그리고 여러 세기가 흘러가면서 로마로부터 찾아온 관광객들에게 그들이 상상하기 좋아하는 고대 그리스의 분위기를 안겨주었다. 캄파니아는 향기가 나는 거리, 넝쿨이 무성한 산기슭, 야생화가 만발한 들판, 뛰어난 굴 양식장 등을 자랑하는 고장이었다. 그런 고장에 판타지까지 더해졌으므로 재력가들은 기꺼이 돈을 투자했다. 로마의 최고급 동네를 제외하면 나폴리만 일대는 세상에서 가장 높은 부동산 가격을 자랑했다.

바다 경치는 특히 높게 평가받았다. 바위투성이 곶이나 자연 풍경이 뛰어난 곳은 원래 공화정의 마지막 세기[서기전 1세기]에 개발되기 시작했고 아우구스투스의 시대에 이르러서 해안을 따라 수많은 빌라가 들어서서 "하나의 도시 같은 인상을 주었다."² 이 땅은 폼페이 외곽에 있는 땅처럼 농사를 짓는 농지가 아니었으며, 대저택 단지를 형성했다. 기둥이 여러 개 세워진 현관, 조경이 잘된 정원, 그림과 청동 조각으로 장식된 멋진 서재 등을 자랑하는 저택들이었다. 예를 들어, 헤르쿨라네움 외곽에는 율리우스 카이사르의 장인이 최초로 세운 멋진 빌라가 서 있었다. 이 저택의 서재는 온갖 철학책과 그리스 세계로부터 약탈해 온 조각상들로 장식되어 있어서 마치 알렉산드리아에 있는 건물을 그대로 가져온 듯한 느낌을 주었다. 네로는 황금 궁전을 지을 때 의식적으로 이런 빌라의 분위기를 창출하려고 애썼다. 그처럼 멋진 예술성을 갖추는 것이 궁전 건설의 주안점이었다. 나폴리만의 빌라들은 오래전부터 저택의 담장 밖에 있는 마을이나 농가에서 생필품을 조달하는 것을 그만두었다. 엄청난 부자들을 캄파니아로 유인했던 신화, 문화, 아름다움

등은 이제 개인 소유가 되었다. 네로 시절에 황명에 따라 자살해야 했던 원로원 의원 페트로니우스Petronius는 유행의 창조자 겸 데카당스의 탐구자로 명성이 높았는데 그런 복고적 추세를 비웃었다. "나는 내 눈으로 항아리에 매달린 쿠마이의 시빌라를 직접 보았다. 소년들이 그녀에게 '시빌라, 당신은 무엇을 원하세요?' 하고 묻자 그녀는 이렇게 대답했다. '나는 죽고 싶어.'"³

그러나 그 해안선은 엄청난 부자들의 독점적 놀이터만은 아니었다. 거기에는 유명한 채석장들도 있었다. 네아폴리스와 쿠마이 사이에 있는 땅은 독특한 지형적 특성을 갖고 있었다. 왜냐하면 여기에다 헤르쿨레스가 포로로 잡은 거인들을 매장해버렸기 때문이다. 하지만 지표에서 가까운 지하에 묻었으므로 그들의 불타는 상처가 지표를 그을리고 물을 펄펄 끓게 하는 것이다. 거기서 올라오는 증기는 때때로 유해하다. 그러나 이곳의 땅은 너무나 비옥해, 봄이 되면 이 플레그레이 들판에서 저절로 자라는 들장미는 정원에서 핀 장미보다 훨씬 향기가 좋다. 이러한 현상을 어떻게 과학적으로 설명할 수 있을까? 학자들은 다음과 같은 결론에 대해 거의 합의에 이른 듯하다. 오래전에 이 일대에 큰불이 났다. 이것은 플레그레이 들판과 베수비우스 산기슭을 대충 살펴봐도 분명히 알 수 있는 사실이다. 이 두 지역에서 바위는 "이미 오랜 세월 냉각되었는데도" 검고 구멍이 숭숭 뚫려 있다.⁴ 완전히 불타버린 바위만 이렇게 될 수 있는데 이를 "폼페이 경석輕石"이라고 한다. 지표를 뚫고 들어간 비가 이 바위 속에 갇혀서 "일종의 따뜻한 주스처럼 간직된 것이다."[5] 이 주스는 엄청난 생명력을 갖고 있어서 세상에서 가장 좋은 향기를 풍기는 장미를 키워내고, 가장 아름다운 과수원과 포도원을 조성하고, 일 년에 세 번이나 수확할 수 있게 해준다. 캄파니아는 항상 꽃 피는 고장이다.

하지만 이러한 비옥함도 플레그레이 들판과 베수비우스 산기슭이 이 일대에 부여한 최고의 선물은 아니다. 한때 이 땅을 불태워 초토화했던 화염은 또한 "멋진 특성을 가진 일종의 모래 같은 흙"을 생산하도록 도와주었다.[6] 엔지니어들이 발견한바, 이 흙을 석회와 함께 섞으면 세상에서 가장 단단하고 신축성 높은 콘크리트를 만들 수 있다. 이 콘크리트는 심지어 물속에서도 계속 단단해진다. 이런 특성 때문에 세계 곳곳으로 수출되어, 히스파니아에서 유대에 이르기까지 많은 도시에서 건설 재료로 사용했다. 따라서 도시 계획의 테두리가 가장 창의적인 방식으로 크게 확대된 곳이 바로 캄파니아라는 사실은 그리 놀라운 일이 아니다. 나폴리만에서 벌어진 일이 세계의 겉모습을 결정한 것이다.

100여 년 동안, 미래의 모습을 흘낏 엿보고 싶은 사람은 플레그레이 들판 남쪽의 해안선을 한번 살펴보면 되었다. 여기에는 아주 세련된 도시인 바이아누스(오늘날의 바이아)가 있었는데, 그 환락 시설이 너무나 유명해서, 이 휴양지를 근 10년간 거부했던 베스파시아누스도 생애 만년에 그 유혹에 이기지 못하고 굴복해버렸다. 해변 파티, 요트 파티, 해산물, 화류계 여성, 스캔들, 이 모든 것을 바이아누스는 갖고 있었다. 이런 환락의 도시라는 명성에 걸맞은 도시 풍경을 설계하기 위해 건축가들은 재 같은 모래를 최대한 많이 활용했다. 콘크리트 방파제를 너무나 많이 만 속으로 투입해서, 물고기들마저도 비좁음을 느낀다는 농담이 생겨날 정도였다. 이보다 더 눈에 띄는 것은, 바이아누스의 대표적 상징이 된 건물들의 돔이었다. 이런 대담한 혁신은 이 지방에서만 가능했다. 왜냐하면 다른 곳에서는 돔을 실용적 건축 구조로 만들 수 있을 정도로 충분한 콘크리트를 확보할 수가 없기 때문이었다. 해변 위쪽의 테라스형 정원에 설치된 바이아누스의 돔 구조물은 주로 유황 목욕탕이나 수영장의 지붕으로 많이 활용했고 아주 독특한 거리 풍경을 만들어냈다. 시인들이 이 도시를 해변 휴양지의 으뜸으로 여길 만했다. 환락을 평생 추구해온 네로도 이 돔 구조물에 너무 매혹된 나머지 모든 건설 관행에서 벗어나 자신의 저택인 황금 궁전에다 돔을 설치하라고 지시했다. 그것은 진정한 의미의 찬사였고, 건설된 지 100년이 지나갔는데도 바이아누스의 돔이 여전히 높은 경쟁력을 갖추고 있다는 방증이기도 했다. 한 방문객은 이 휴양지를 이렇게 묘사했다. "행복한 베누스의 황금 해안가."[7] 베누스 여신 또한 이 일대에서 생산하는 콘크리트를 좋아했을 게 틀림없다.

그렇다고 해서 돔이 캄파니아의 기적적 물질로 성취할 수 있는 한계라는 이야기는 아니다. 오히려 그 반대다. 노래 가락과 웃음소리가 바이아누스 거리에 넘쳐흐르고, 시중꾼들이 황금 접시에 담긴 굴을 들고서 회랑 기둥들 사이를 바쁘게 걸어가고 억만장자들이 그늘에 앉아 한가한 이야기를 나누는 동안에도, 바다에서는 배들이 분주하게 오가고 있었다. 반짝거리는 황금 부두 너머에서 노수들이 열심히 노를 젓는 가운데 배들이 이리저리 움직이고 있었다. 바이아누스에서 해안을 따라 3킬로미터 정도 내려가면 나오는 푸테올리는 이미 오래전부터 항구로 존재해왔다. 클라우디우스와 네로가 오스티아 항구를 개발하기 훨씬 오래전부터 항구의 기능을 다하면서 곡물 배급의 여신인 안노나에게 필수불가결한 사당 역할을 해왔다. 물기 많은 콘크리트를 만들어내는 재투성이 모래는 이곳에서 '푸테올리 가루'로 알려졌다. 항구 덕분에 푸테올리는 유명한 시장이 되었는데 그것은 순전히 인간의 노력으로 조성한 시장이었다.[8] 해마다 여름에 저 수평선에서 알렉산드리아의 곡물 수송선을 처음 발견하면, 도시의 주민들은 부두로 달려나갔고, 거기서 인공으로 조성된 방파제에 집결해 로마가 앞으로 1년간 굶는 일은 없겠구나, 하면서 안도의 한숨을 내쉬었다.

나폴리만은 환락 지대이면서 동시에 수도 보안에 필수적인 곳이었다. 내전 중에 벌어진 사건들은 이 사실을 명확하게 각인시켜주었다. 베스파시아누스는 이집트를 점령하면서 푸테올리로 가는 곡물 수송선을 얼마나 손쉽게 통제할 수 있었는지 보여주었다. 마찬가지로 바이아누스 바로 인근의 도시이며 대규모 해군 기지인 미세눔이 내전에서 수행한 역할도 하나의 경고 나팔이 되었다. 네로가 군단병으로 동원한 것이든 비텔리우스와 맞서서 봉기한 반란의 경우든 수병들은 내전에서 핵심 역할을 했다. 베스파시아누스는 제1 아디우트릭스 군단을 해산해 그 병력을 미세눔으로 돌려보낸 것이 아니라, 이 군단을 그대로 유지한 채 라인 강변으로 파견했다. 그는 이러한 조치를 취함으로써 미세눔 기지에 근무하는 다른 수병들이 자기들도 군단병이 될 수 있다는 생각을 하지 못하게 하려 했다. 그리하여 함대 지휘는 아주 중요한 보직이 되었다. 아주 단단한 손이 배의 키를 잡아야 할 필요가 있었다. 키를 잡고서 멋대로 이리 저리 흔들어대지 않는 믿을 만한 손을 임명해야 되었다. 다시 말해 장악력 높은 손이어야 했다.

가이우스 플리니우스 세쿤두스Gaius Plinius Secundus는 평생 그런 장악력을 과시해온 인물이었다. 친절하고, 강건하고, 천식 기운이 있는 그는 요령이 좋은 기사 계급의 전형적 모델이었다. 베스파시아누스가 그를 미세눔 함대의 제독으로 임명한 것은 모범적으로 공직생활을 해온 그에게 당연한 결과였다. 알프스 산록의 아름다운 호수 옆 마을인 코뭄(오늘날의 코모)에서 태어난 플리니우스는 한 군데에 오래 머무르는 사람이 아니었다. 청년 장교 시절에 그는 라인 강변에서 다양한 보직을 맡았고 활발하고 적극적으로 군대 생활을 했으며 아주 유익한 친구들과 사귀었다. 그는 첫 임지에서 코르불로 밑에서 근무했다. 마지막 보직은 십대 청년이었던 티투스 옆에서 수행했다. 하지만 이런 인간관계가 열매를 맺기까지는 시간이 조금 걸렸다. 네로 시절에 플리니우스의 경력은 정체되었다. 그는 코뭄으로 은퇴해 역사, 웅변, 그리고 라틴어의 파생어들에 대한 저서를 집필하는 데 전념했다. 그러다가 베스파시아누스가 예기치 않게 황위에 등극하면서 그의 상황은 극적으로 개선되었다. 현역 시절에 코르불로 밑에서 근무한 것, 위대한 무키아누스의 친구이며 피보호자, 티투스와 같은 막사를 사용한 것 등은 자연스럽게 플라비우스 가문에서 그를 선호하게 했다. 그리하여 플리니우스는 새 황조에서 일련의 지체 높은 보직에 임명되었다. 그는 이 속주에서 저 속주로 옮겨다니면서 뛰어난 능력과 근면으로 재정 업무를 처리해 베스파시아누스의 마음에 딱 들었다. 미세눔 제독에 임명된 후에도 플리니우스는 계속해 황제의 환심을 샀다. 그가 나폴리만에서 근무했다고 해서 그 시절에 후원의 원천에서 아예 멀어진 것은 아니었다. 그는 상부의 지시에 따라 자주 로마로 여행해야 했다. 그곳에서 그는 자신에게 유리한 상황을 적극 활용했다. 그와 베스파시아누스는 보통 아침에 일찍 일어났고 그래서 그는 새벽에 정기적으로 황제를 알현했다. 네로 시절, 시골에서 무명인사로 일생을 마칠 것 같았던 사람이 내전의 동요 덕분에 황제의 측근이 된 것이다. 베스파시아누스의 치세 시에 플리니우스는 기사 계급 출신이 올라갈 수 있는 최고 자리까지 올라갔다.

그의 의무와 책임은 피곤할 정도로 아주 많았지만, 그래도 플리니우스 자신의 생각에는 그리 많은 게 아니었다. 그는 공직 생활에 복귀했지만 펜을 내려놓지 않았다. 그의 동료 중에 아주 강건하다고 하는 사람들도 그의 타고난 체력에 혀를 내둘렀다. "그의 정력과 절륜함은 믿기 어려울 정도이고, 그의 집중력은 이례적이다."[9] 이것은 플리니우스의 예전 사령관이었던 코르불로가 성공의 필수요건이라고 생각했던 특징이었다. 로마 제국이 그 위력을 온 세상에 알리려면 로마인은 반드시 그런 자질을 갖추고 있어야 했다. 강철을 벼리는 듯한 군기를 몸에 익혀야만 로마 군단은 세계의 지배권을 유지할 수 있었다. 학자는 줄기차게 연구조사 계획을 수행함으로써 이 세상의 모든 사물을 분류할 수 있다. 플리니우스는 단지 글을 계속 쓰는 데 그치는 것이 아니라 서사시적 규모의 책을 쓰고 싶어 했다. 그는 독자들이 평생 교육을 할 수 있게 하는 백과사전을 쓰려 했다. 그가 자랑스럽게 말했듯이 일찍이 그 누구도 시도해보지 못한 엄청난 일이었다. "심지어 그리스인조차도 단독으로 이런 대규모 계획을 시도해본 적이 없었다."[10] 로마인이기 때문에 이런 거대한 구상을 할 수 있었다. 또한 로마인이 양손에 온 세상을 장악했기 때문에 가능했다.

미세눔에서 나폴리만을 내다보고, 곡물 운송선이 푸테올리로 들어오는 광경을 바라보고, 이 해안에서 전시된 부와 아름다움을 경탄하는 것은 곧 온 세상이 단일한 질서 아래에 연결되어 있다는 사실을 시인하는 것이었다. 플리니우스는 이렇게 물었다. "위대한 로마 제국 덕분에 지구의 정반대 두 끝이 서로 연결되었고, 상품들의 교환으로 생활이 더 부유해졌고, 평화의 축복을 나누는 협력 관계가 이루어졌으며, 전에는 볼 수 없었던 물품들을 우리가 누릴 수 있게 되었다. 그 누가 이런 사실을 부인할 수 있겠는가?"[11] 로마의 통치가 세상의 거리를 좁혔다는 사실에 감탄하는 사람은 플리니우스만이 아니었다. 베스파시아누스와 티투스의 개선식을 구경하기 위해 수도에 모인 군중도 같은 생각이었다. 원로원 의원들의 정원을 장식하기 위해 옮겨 온 외국산 꽃이든, 먼 바다의 조개에서 채취한 염료든, 지구의 내장에서 캐낸 진귀한 금속이든, 로마의 소비자들이 얻지 못하는 것은 없었다. 물론 이런 물품을 사들이려면 부자가 되어야 했다. 하지만 근엄한 도덕론자들이 볼 때에도, 바로 이런 높은 값어치 때문에 보라색 염료나 황금 같은 사치품이 명예의 표시가 되는 것은 당연한 일이었다. 그러나 그런 물품을 사용할 자격이 없는 자, 가령 벼락출세자, 벼락부자, 사회적 출세만 바라는 자의 손에 그것이 들어갈 위험은 언제나 있었다. 더 나쁜 것은 그런 사치품이 그것을 누릴 자격이 충분한 사람들의 강건한 품성을 망치는 것이었다. 플리니우스는 로마의 평화가 가져온 열매를 칭송하면서도 그것이 로마인들의 기강을 흐트러뜨릴지도 모르는 위험을 의식했다. 사치가 "지구상에 있는 모든 민족 중 가장 고상하고 가장 모범적인 민족인 로마인"을 도덕적 해이에 빠트릴 수도 있었다.[12]

이런 사치의 위험이 가장 잘 드러나는 곳이 주방이었다. 공화정 초창기, 영웅의 시대에는 원로원 의원들조차도 쟁기를 직접 다루어야 했다. 당시 로마인은 스스로가 땀 흘리며 비료를 준 밭에서 생산한, 단순하고 검소한 식단으로 만족했다. 그러면서 그들은 그리스인에 대해 요리책을 가지고 소란을 떠는 유약한 자들이라며 비웃었다. 하지만 로마가 세상을 정복하면서 이 모든 것은 바뀌었다. 이국적인 식재료, 환상적인 조리법, 유명한 주방장이 로마인의 도시로 수입되었다. 이제 황제의 시대에 들어와 "사치스럽고 즉흥적인" 이탈리아의 만찬 연회는 그리스인에게 부러움을 불러일으켰다.[13] 사정이 이랬지만 로마인의 마음 깊숙한 곳에는 호화 요리에 대한 불신감이 어른거리고 있었다. 비텔리우스는 대식가일 뿐만 아니라 미식가였기 때문에 경멸당했다. 그의 악명을 높여준 식기로는 커다란 접시가 있었는데 너무 넓어서 방패와 비슷했으며, 거기에 동방과 서방의 변방지대에서 수입한 온갖 사치 식품이 진열되었다. "비늘돔의 간, 꿩과 공작새의 뇌, 플라밍고 새의 혀, 칠성장어의 내장."[14] 좋은 음식의 매력을 모르지 않는 플리니우스조차도 이런 극단적 사치스러움은 혐오스러운 눈빛으로 바라보았다. 코끼리 몸통의 가죽을 먹는 미식가들이 그게 맛있어서 먹는 것이 아니라 가죽을 먹어보았다는 말을 하기 위해서 그런 행동을 한다고 여겼기 때문이다. 세상의 경이들은 존경받아 마땅했다. 플리니우스는 이러한 확신을 초인적 노력으로 지켜냈다. 로마 제국의 진정한 가치는 이익을 얻을 기회, 접근하기 어려운 오지 정복, 떨어진 입맛을 높여주는 연회 등에 있는 것이 아니었다. 진정한 가치는 그보다 더 고상한 것, 그러니까 전보다 한결 더 높고 넓게 지식의 경계를 확대하는 데에 있었다.

풍요와 경이를 자랑하는 이 세상을 온전하게 이해하기 위해서는 널리 여행할 필요가 있었다. 세상의 모든 것을 로마에다 이식할 킬 수는 없었다. 어떤 특정한 토양에서만 뿌리를 내릴 수 있는 식물이 있었다. 어떤 특정한 환경에서만 목숨을 부지할 수 있는 동물도 있었다. 이탈리아에서는 유사한 사례를 찾아볼 수 없는 강, 호수, 사막, 산이 있었다. 이보다 더 주목할 만한 것은 인간 사회의 관습이 아주 다양하다는 사실이었다. "그 넓은 범위는 이루 다 계산해낼 수가 없다. 다양한 인간 집단의 범위만큼이나 다양하다."[15] 플리니우스는 여러 속주에서 근무했고 또 미세눔 함대의 제독으로서 지중해 전역에서 온 수병들을 지휘했다. 그런 만큼 플리니우스는 로마의 지배를 받는 민족이 얼마나 다양한지 직접 체험으로 깨달았다. 이탈리아가 온 세상의 물품을 수입하지만 새끼들을 잘 품어 안는 어머니처럼 저 먼 땅에 있는 나라들이 이 공통의 집을 공유할 수 있도록 돕는 것을 직접 볼 수 있었다. "로마는 서로 흩어진 제국들을 연결했고, 야만적 관습을 완화했으며, 아주 많은 민족(그들은 서로 다른 야만어를 사용했다)을 라틴어라는 공통어로 말하게 했고, 그 결과 로마는 전 세계 모든 나라에서 온 사람들의 고국 같은

곳이 되었다."¹⁶

이러한 통합의 내적 의미는 엄청난 것이었다. 결국에는 제국 내의 모든 사람이 일종의 로마인이 될 운명이었다. 그뿐만이 아니었다. 로마의 정복으로, 황제의 통치권 밖에 살아서 문명의 온화한 영향으로부터 전혀 혜택을 받지 못하는 야만인들은 전보다 더 야만적인 민족이 되었다. 플리니우스는 라인강 연안에서 근무하던 시절에 직접 목격했던 카우키족에 대해 목격자의 입장에서 서술했다. 그러니 그가 어떻게 직접 듣고 보지 못한 이야기들에 대해서 의심하지 않을 수 있겠는가? 가령 북해의 섬들에는 아이들이 말발굽이나 거대한 귀를 가지고 태어나는 민족이 있다라거나, 아틀라스산맥 너머 아프리카에는 동굴에 사는 부족이 있는데 뱀을 잡아먹고 또 언어는 찍찍거리는 소리에 불과하다는 이야기들 말이다. 심지어 세상의 가장 멀리 떨어진 오지도 그의 시야에서 벗어나지 못했다. 그는 여행자들의 보고서를 연구해, 페르시아만에서 남쪽으로 항해하면 히스파니아에 도착할 수 있고, 또 브리타니아의 북쪽, 즉 툴레라는 신비한 섬 너머에는 얼음 바다가 있다는 것도 추측해냈다. 로마 문명의 횃불이 밝게 빛날수록 그 불빛은 전에는 어둠 속에 잠겨 있던 지역들을 비추어주었다. 이러한 로마 문명의 힘 덕분에 플리니우스는 놀라운 계획을 수립할 수 있었다. "이 세상의 모든 사물을 알아낸다"라는 것이었다.¹⁷

지식은 권력이었다. 이 세상을 온전히 이해하겠다는 사명감은 기괴한 공상의 소치도 아니고 한가한 오락도 아니었다. 로마인의 위엄에 아주 걸맞은 영웅적 사업이었다. 플라비우스 가문은 플리니우스 못지않게 이런 원칙에 헌신했다. 황위 등극 직후에 베스파시아누스와 티투스가 인구조사를 실시했고 그 결과는 황제가 재정 개혁을 실시하는 밑바탕이 되었다. 그것은 하나의 공적 신호로 작용했다. 이제 내전의 시절은 끝났고, 무정부 상태는 일소되었으며, 모든 것이 질서를 되찾았다는 신호였다. 자연 세계의 운율과 양상을 측정하는 것은 제국이 마땅히 수행해야 할 의무였고, 만약 황제가 그것을 일축해버린다면 엄청나게 무책임한 처사가 될 것이었다. 플라비우스 체제의 단단한 대들보였던 무키아누스는 먼 오지에 근무하던 시절에 자신이 발견한 모든 경이로운 것, 자신이 직접 보았던 예기치 못한 것을 모두 기록했다. 그와 동료 병사 열두 명이 그 그늘에 앉아서 휴식을 취하던 거대한 플라타너스 나무, 유프라테스 강의 수원, 장기 놀이를 하는 원숭이, 104세까지 살아선 이빨이 완전히 새로 난 노인 등을 무키아누스는 목격하고 기록해두었다. 플리니우스는 무키아누스의 회상을 좀더 자세히 부연하면서 그 자신의 회고로 그 정보를 좀더 보충하려고 애썼다. 무키아누스는 그리스를 방문했을 때 원래는 여자였던, 턱수염을 기르고 단단한 근육을 키운 남자를 만났다. 비슷하게, 플리니우스는 아프리카에 있었을 때 결혼식 당일에 어떤 신부가 남자로 변신한 것을 목격했다. 믿기 힘든 사실들에서도 보편적 질서의 암시를 발견할 수 있었다. 그렇지만 이런 것들은 세계 제국의 판도 내에서만 추적 가능했다. 제국의 판도를 완성하고 우주의 근본적인 사항들을 알아내어 인류에게 드러내준 것. 바로 이것이 로마인의 최고 업적이었다.

이러한 근본적 사항들은 플라비우스 가문을 황위에 등극시킨 내전의 동요 속에서는 잘 드러나지 않다가, 이 새로운 황조가 세상에 가져온 평화 속에서 비로소 그 모습을 드러냈다. 그렇다고 해서 예기치 못한 참사가 앞으로 벌어지지 않을 것이라는 뜻은 아니었다. 플리니우스는 천체의 여러 변양들을 열거하다가, 100여 년 전에 폼페이의 어떤 남자가 마른하늘에서 내린 벼락을 맞아 죽었다는 사실을 기록했다. 그는 자신의 백과사전을 통해 최근에 파괴된 도시들을 지나가듯이 묘사했다. 그는 예루살렘이라는 도시가 더 이상 존재하지 않으며, 크레모나가 완전히 파괴되기 직전에 찌르레기 비슷한 새로운 종의 새가 그곳에 나타났다고 기록했다. 플리니우스는 그 새가 "맛있다"라고 적기도 했다.[18] 여기에 전 세계를 누비는 배로 가득한 항구, 포도원·과수원·올리브밭이 가득한 내륙 지방, 콘크리트 건물로 장식된 해안가를 자랑하는 고장이 있다. 나폴리만의 멋진 장관을 구경한 사람이라면 호시절이 여기에서 오래 펼쳐지리라는 사실을 의심할 수 있겠는가? 우주의 방향키가 번영을 향해 방향을 바꾸었다는 것을 어떻게 회의할 수 있겠는가?

큰 물고기, 작은 연못

로마인이 도착하기 이전에, 캄파니아 동쪽에 솟아 있는 산들은 나폴리만에 사는 사람들이 경멸하고 두려워하는 자들의 고향이었다. 삼니움족은 강인한 전사였다. 그들은 무쇠 목걸이를 차고, 사람들이 보는 앞에서 자신의 음모를 면도했으며, 적에게는 그들이 생계를 일구는 땅만큼이나 단단하고 완강한 전사였다. 로마인은 삼니움족을 정복하는 과정에서 세 차례에 걸쳐 아주 고통스러운 전쟁을 치러야 했다. 그리고 삼니움족을 최종적으로 굴복시킨 이래 400여 년이 흘러간 지금, 그들은 아주 모범적인 농부가 되어 나폴리만에 거주하는 재력가들에게 봉사했다. 삼니움족이 산중 요새에서 내려와 산 아래 부드러운 땅에 방화와 살육을 자행하던 시절은 오래전에 지나갔다. 그들이 이미 150여 년 전에 로마의 시민권을 얻었기 때문이다. 하지만 그들이 자유롭고 독립적인 부족으로 살았던 시절의 기억이 캄파니아에서 완전히 사라진 것은 아니었다. 한때 나폴리만 일대에서 널리 사용한 바 있었던 그들의 언어인 오스크어는 아직도 푸테올리나 폼페이의 거리에서 들려왔고, 빛바랜 기념물에 새겨져 있는 것도 보였고, 건물 벽에 낙서로 휘갈겨 쓴 것도 목격되었다. 삼니움족의 지속적인 영향은 경기장의 연기에서 더욱 뚜렷하게 드러났다. 반짝거리는 헬멧, 가볍게 움직이는 깃털, 짧은 단검 등 고대 삼니움 전사로 분장한 투사들은 오래전부터 관객들이 좋아하는 대상이었다. 삼니움족이 이제 로마 시민 자격을 취득했으므로 이런 검투사들을 가리켜 삼니움족이라고 부르는 것은 무례한 일이었지만, 아무튼 그들의 싸움 방식은 관객들 사이에서 무척 인기가 높아서 좀처럼 사라지지 않았다. 무네라에 참석해 중무장한 전사들을 바라보는 것은 곧 이 검투사 경기가 얼마나 오래되었는지를 상기시키는 것은 물론이고, 그 기원이 캄파니아였다는 놀라운 사실 또한 떠올리게 했다.

캄파니아 사람들은 로마인이 그들의 대표적인 문화 수출품을 독점해버린 것에 대해 불평하지 않았다. 그것은 오히려 그들에게 혜택을 가져다주었다. 그들의 검투사 학교는 국제적으로 유명했고, 그 시설은 다른 지역에서는 감히 상상조차 할 수 없었다. 삼니움에 면한 고대 도시 카푸아는 엘리트 검투사 학교의 고향일 뿐만 아니라 100여 년 동안 세계 최대 규모라고 알려진 원형경기장의 소재지였다. 베스파시아누스는 이미 운영 중인 원형경기장이 있는데도 푸테올리에다 카푸아의 것만큼 큰 두 번째 원형경기장을 지으라고 지시했다. 이 지방의 다른 도시들도 캄파니아가 무네라에 중독되었음을 보여준다. 예를 들어 폼페이의 원형경기장은 돌로 지은 것으로는 세계에서 가장 오래되었다. 하지만 네로 통치기의 상당 기간 동안, 이 경기장에는 검투사들이 아예 없었다는 사실은 많은 것을 말해준다. 폼페이 사람들이 이 유혈 스포츠에 대해 무관심했다는 이야기가 아니다. 오히려 정반대다. 이 스포츠에 대한 열기가 너무

지나쳐서 서기 59년에 폼페이 사람들은 이웃 도시에서 온 관중들과 싸움을 벌였을 정도였다. 원로원은 이런 무법 행위를 철저히 탄압하기 위해 그 싸움에 가담한 유지급 시민들을 유배형에 처하고 향후 10년간 검투사 시합을 금지했다. 그들이 열광적으로 좋아하는 스포츠를 금지하고 이런 처벌까지 내린 조치는 폼페이 사람들의 자존심에 커다란 상처를 입혔다. 그로부터 20년이 지난 후에도 여전히 그 수치스러운 조치는 아주 쓰라린 고통으로 남아 있었다.

폼페이는 콜로니아, 크레모나, 베리투스 같은 도시와 마찬가지로 식민도시였다. 폼페이 시민들의 자존심을 떠받치는 것은 헤르쿨레스가 건설한 도시였다는 사실이 아니라, 로마와 특별한 관계를 맺고 있다는 사실이었다. 물론 식민도시가 되는 과정은 무자비했다. 은퇴한 군단병 2000명에게 이곳의 땅을 불하해 이주하게 했고 또한 오스크 문화를 조직적으로 말살했다. 하지만 이제는 모두 지나간 이야기였다. 폼페이 사람들은 독특한 유형의 로마 시민이었다. 식민도시에 거주하는 사람들은 수도의 생활 리듬의 변화, 유행, 긴장 상태, 동요 등을 예민하게 신경 써야 했는데, 이는 바다가 달의 상태에 따라 반응하는 것과 비슷했다. 그런 만큼 원로원이 폼페이에 가한 처벌은 아주 고통스러웠고, 그래서 그런 처분을 아무런 불평 없이 견디기보다는 사태를 역전시키려 애썼다. 폼페이는 수도에서 며칠 걸리는 거리에 있었지만 그래도 폼페이 사람들에게는 고위직에서 근무하는 친구들이 있었다. 가장 유명한 후원자인 포파이아 사비나는 이 일대 출신이고 부동산을 갖고 있었다. 그래서 사망 1년 전에 그녀는 네로를 설득해 검투사 시합 금지 조치를 해제하게 했다. 황제는 직접 폼페이를 방문하면서 아내가 준 호화 봉헌물, 즉 도시의 수호신인 베누스에게 바칠 보석과 진주를 가지고 와서 열렬한 환영을 받았다. '네로 지지자' 혹은 '포파이아 지지자'라고 자처하는 당파들이 도시를 지배했다. 노래를 부를 기회가 있다거나 낙서를 휘갈길 공간이 있다거나 하면 이 당파들은 서슴없이 황제 부부에게 헌신을 표현했다. 현지의 여러 정치가는 좋은 기회의 냄새를 맡고 이런 시류에 재빨리 올라탔다. 해마다 폼페이에서는 시정을 책임질 사람을 투표로 뽑았는데, 네로가 검투사 시합 금지를 해제해준 후에 열린 선거에서 자신의 당파를 크게 선전한 후보들이 당선되었다. 이런 후보들은 네로포파이안스Neropoppaeenses, 즉 '네로와 포파이아 지지자'라고 불렸다.[19]

당시 로마에서와 마찬가지로 폼페이에서도 네로의 몰락은 지진과 같은 충격이었다. 그 후과가 캄파니아에서는 이탈리아 북부에서만큼 심각하지는 않았지만, 그렇다고 무시할 수준도 아니었다. 로마의 최대 해군 기지와 최대 항구가 있는 이 일대는 핵심 요충이었다. 비텔리우스가 살해당한 다음에 플라비우스 최고 사령부는 이 일대를 장악하기 위해 가장 유능한 기병대를 파견했다. 비텔리우스 지지자들의 중심지인 카푸아에는 그해 겨울 내내 시리아에서 온 군단이 주둔했다. 무키아누스의 부하들은 폼페이를 방문해 원형경기장의 경기를 즐기고, 현지 여자들을 희롱하고, 여러 벽에다 자기 이름을 휘갈겨 썼다. 대개 라틴어로 낙서를 했으나 일부는 해독하기 어려운 특이한 문자인 아랍어를 썼다.* 이 낙서를 본 폼페이 사람들은 내전이 얼마나 격렬했는지를 짐작할 수 있었다. 세상의 오지에서 도시 한가운데로 병사들이 몰려왔으니 말이다.

직접적인 군사 점령의 시대가 지나갔어도 위기 의식은 여전히 남아 있었다. 로마의 정부 변화는 캄파니아의 정부 변화를 촉발했다. 폼페이에서는 네로포파이안스들이 정부 요직에서 쫓겨났다. 베스파시아누스가 도시의 치안질서를 확립하라고 손수 임명한 군단장 티투스 수에디우스 클레멘스Titus Suedius Clemens는 그들이 축출되었는지 철저히 확인했다. 수에디우스는 폼페이에 대해서 정말로 아무것도 모르는 사람이었다. 백부장 자격으로 도나우 강안에서 우수한 근무 성적을 올린 그는 곧 수석 백부장으로 승진했다. 그 후 오토의 핵심 장교로 근무했고 잠시 미세눔 함대를 지휘하기도 했다. 내전 동안에 그의 역할은 그리 혁혁하진 않았지만 베스파시아누스의 천거를 받을 정도는 되었다. 그는 호전적이고 무자비하다는 명성이 나 있었다. 새 황제는 폼페이에 그런 기질을 가진 군단장을 보내야 할 필요가 있었다. 폼페이 정계의 특징인 복잡 미묘함과 위장

---

* 구체적으로, 하라 지역에서 사용하던 아랍어 방언을 기록한 사파이 문자다. 하라는 오늘날의 시리아 남부에서 사우디아라비아 북부에 이르는 사막 지대다. Helms(2021) 참조.

한 허세를 단숨에 깔아뭉갤 사람, 플라비우스 황조에 충성하는 후보들을 당선시켜줄 사람, 필요하다면 몽둥이를 마구 휘두를 사람. 폼페이 같은 도시들에서 멀리 떨어진 로마의 고관대작들은 그런 도시들을 시골이라고 비웃었을지 모르지만 베스파시아누스는 그렇지 않았다. 황제는 사비니 농촌에서 성장한 사람이었고 이탈리아 전역의 지지를 받지 않으면 수도에서 제대로 통치하기가 어렵다는 것을 잘 알았다. 수에디우스 같은 싸움닭이 일을 제대로 해내고, 전복된 질서의 잔해를 싹 청소해줄 것이다. 쓰레기를 치우고 고장난 데를 고치고 시간이 어느 정도 흘러가면 아무도 지진이 발생했다는 사실을 모를 것이다.

그러나 폼페이라는 도시를 단단한 반석 위에 올려놓는 것은 상당히 어려운 일이었다. 믿을 만한 행정관들을 선거로 뽑는 것만으로는 충분하지 않았다. 캄파니아의 지진은 단지 비유적으로 사용한 것이 아니었다. 서기 62년에 지진이 너무나 강력하게 그 일대를 흔들어놓아 폼페이와 헤르쿨라네움의 상당 지역이 붕괴해버렸다는 보고가 로마로 올라왔다. 아마도 과장된 보고였겠지만 그 피해는 상당했다. 폼페이에서 유피테르 신전(로마에서와 마찬가지로 포룸 위에 우뚝 솟아 내려다보는 신전)이 붕괴되어 완전히 폐허가 되었다. 도시 여러 곳에 있는 공중목욕탕 단지는 고장이 나서 쓸 수 없게 되었다. 도시의 북쪽 성벽 뒤에는 거리에서 쓸어낸 엄청난 쓰레기 더미가 산처럼 솟았다. 벽토 작업과 페인트 작업은 멈출 새가 없었다.

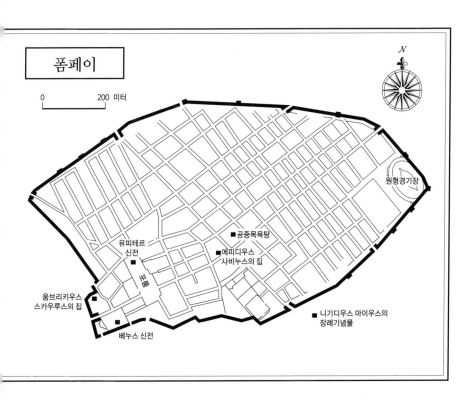

폼페이

0   200 미터

N

원형경기장

공중목욕탕

유피테르
신전

에피디우스
사비누스의 집

포룸

움브리키우스
스카우루스의 집

베누스 신전

니기디우스 마이우스의
장례기념물

대지진이 일어난 지 10년 후에 그 도시에 온 수에디우스는 도시가 여전히 재건 공사로 여념이 없음을 발견했다. 이런 건설 열풍은 투기꾼의 좋은 놀이터였다. 시민, 황제, 신들의 소유인 폼페이 공유지들을 투기꾼들이 야금야금 먹어 들어가고 있다는 보고가 베스파시아누스에게 올라갔다. 공공선에 기여하지 않는 탐욕을 아주 못마땅하게 생각하는 베스파시아누스는 이런 무절제한 투기 행위를 용납할 수 없었다. 황제는 수에디우스에게 이런 범죄 행위를 엄단하라고 공식적으로 지시했다. 과거 명령을 거부한 군단병들을 다스린 것처럼 약탈적 개발업자들을 다스리라고 특별 주문했다. 일종의 계엄령이 내린 것이다.

그러나 형식만 그럴 뿐이었다. 군인 정신, 싸움닭, 국외자 신분 등 베스파시아누스가 높이 평가한 수에디우스의 특징은 동시에 그의 유용성을 제한했다. 황제는 통치 초창기에 무키아누스를 시켜서 반대파를 제거하고 원로원을 위협하게 했다. 이처럼 황제는 자신이 해야 할 지저분한 일을 부하들에게 위임해 해내는 재주가 있었다. 하지만 동시에 위임해준 부하들이 너무 철저하게 그 일을 완수하는 것도 바라지 않았다. 수에디우스의 공식 임무, 즉 "투기꾼들이 차지한 땅을 폼페이 공화정 소유로 돌리는 것"은 도시 주변에 새운 돌들에 새겨 넣을 수는 있을지 몰라도 그 이상의 효과는 없었다.[20] 수에디우스가 완력을 행사해 로마 정부가 원하는 후보를 당선시킬 수 있을지는 몰라도, 도시를 원래대로 복원하는 책임은 수에디우스가 아니라 당선된 후보들의 몫이었다.

폼페이의 정치는 그야말로 정치적이었다. 베스파시아누스처럼 의무감이 충만한 황제가 지방 선거를 미세 관리하면서 시간을 보낸다는 생각은 그야말로 우스운 발상이었다. 무엇보다도 그는 공직에 출마한 후보들을 불필요하게 모욕할 생각이 없었다. 아우구스투스 이래 그 어떤 황제보다도 베스파시아누스는 이탈리아 통치 계급의 이상, 야망, 감수성을 아주 면밀하게 살폈다. 내전을 통해 황위에 오른 사람으로서 그가 부여받은 균형추 역할은 아주 까다로웠다. 이탈리아 전역의 엘리트들을 매질해 기강을 잡는 한편, 그들을 국정의 동반자로 영입해야 했다. 다행스럽게도 그런 문제에 베스파시아누스는 평소 잘 단련된 적임자였다. 그는 농촌 출신이었기 때문에 농촌 지역에 급속한 변화를 일으키는 가장 확실한 방법을 알고 있었다. 바로 농촌 지역이 전통으로 돌아가게 하는 것이었다.

폼페이는 로마의 복사판이자 과거에 존재했던 로마의 또 다른 형태였다. 군단 기지들은 나름대로 사라진 공화정 시대의 전통과 행동 양식을 보존하고 있었다. 식민도시들도 마찬가지였다. 아우구스투스가 황위에 등극하기 50년 전에 이미 식민도시로 설립된 폼페이는 로마에서는 오래전에 사라진 전통의 연속성을 보존하고 있었다. 수도에서는 그 누구도 황제의 승인이 없으면 집정관 자리에 오르지 못했다. 또 황제의 승인이 없으면 원로원의 의결 사항도 법으로 통과되지 못했다. 그러나 폼페이에서는 달랐다. 수에디우스의 개입은 성공을 거두기는 했지만 예외적이었다. 왜냐하면 그도 자신의 뜻을 관철하려면 일방적으로 명령하는 것이 아니라 선거의 형식을 거쳐야 했기 때문이다.

두움비리 duumviri (양두兩頭, 도시의 행정을 책임지는 임기 1년의 최고행정관 두 명 중 한 명으로 과거 로마의 집정관에 해당)가 되려면 투표에서 승리해야 한다. 표를 얻으려면 유능한 후보자들은 동료 시민들을 상대로 유세를 벌이고, 영향력 높은 유지들을 줄 세우고, 가옥의 벽에다 선거 벽보를 붙여야 한다. 이런 행위들은 당초 공화정 시절에 집정관 선거에서 흔히 볼 수 있는 풍경이었다. 물론 두움비리는 집정관들처럼 군대를 지휘하거나 국가의 운명을 결정하지는 않았다. 그들의 책임은 제한적이었다. 동상 건립을 포고하고, 공공 장례식을 감독하고, 신전을 보수할 건설업자들을 임명했다. 그에 더해 5년마다 마지막 해에는 아주 저명한 시민 두 사람을 두움비리로 선출했다. 이 행정관은 로마의 감찰관(켄소르)처럼 동료 시민들의 도덕적·재정적 현황을 파악하고 그에 따라 지위를 부여하는 임무를 맡았다. 바로 이 행정관이 폼페이 시민들에게 연례 선거의 투표 자격을 부여하는 사람이었다. 또한 데쿠리오 Decurio라는 시의회 구성원을 결정하는 것도 이 사람이었다. 데쿠리오로 등록된다는 것은 도시를 움직이는 유력자 100인 중 한 사람이 된다는 뜻이었다. 이러한 지위는 로마에서 본다면 그리 대단한 것이 아닐지 모른다. 그러나 명예에 대한 열망이 있는 시민들의 관심은 치열했고 그만큼 그 자리가 더욱 크게 보였다. 두움비리는 취임 초기부터 자신들이 시민의 직접 선거로 뽑힌 사람이라는 것을 명확하게 인식했다. 로마에 있는 현역 집정관은 그런 인식이 없었다. 두움비리가 누리는 권한은 비록 도시 내에 국한되었지만 사소하지 않았다. 작은 연못 속에 있더라도 큰 물고기는 여전히 큰 물고기인 것이다.

"그 어느 민족보다도 로마인은 영광을 추구했고 칭송에 목말랐다."[21] 로마의 가장 저명한 웅변가인 키케로는 공화정 말기에 이렇게 선언했다. 그 자신이 칭송에 목말랐기 때문에, 사회의 출세 사다리를 잘 타고 올라간 로마의 가장 모범적인 출세자로 높이 평가받았다. 키케로는 수도 남쪽에 있는 빈한한 마을 아르피눔(오늘날의 아르피노)의 무명인사로 출발해 그의 가문 내에서 최초로 집정관에 오른 인물이 되었다. 그가 법정과 원로원에서 행한 연설은 그 이래 라틴어를 공부하는 학생들에게 교재이자 영감의 원천이었다. "그의 명성, 그의 웅변 능력을 얻기를 학생들은 열렬히 기도했다."[22] 플리니우스가 그의 백과사전에서 키케로에게 아낌없는 칭찬을 퍼부은 것은 그리 놀라운 일이 아니다. 아르피눔의 기사 계급 출신(키케로)은 코뭄의 기사 계급(플리니우스)에게 명확한 역할 모델이었던 것이다. 플리니우스가 출세의 사다리를 많이 타고 올라갔어도 최고 정상에 도달하지는 못했는데, 자신의 후계자에게 희망을 걸어볼 수 있었다. 그는 아들이 없었지만 아들과 다름없이 여기는 조카가 있었다. 베스파시아누스가 사망하던 해에 열여덟 학생이었던 소小 플리니우스는 숙부가 도달하지 못한 출세 사다리의 정상에 올라간다는 꿈을 꾸었다. 재담가와 웅변가로 명성을 얻고 원로원 의원과 집정관으로 올라가는 것이 이 젊은 청년의 꿈이었다. 그 조카는 막 학교를 졸업했으나 세상을 바라다보는 지평선은 이미 세계적 규모를 갖추고 있었다. 그는 코뭄에서 평생을 보내는 것도 싫었고 그에 못지않게 폼페이에 정착하는 것도 그리 마땅치 않았다. 한 도시의 정치는 이미 그에게 너무 범위가 협소해 폐소공포증을 불러일으킬 정도였다. 소 플리니우스에게 작은 연못은 감옥에 지나지 않았다.

키케로가 하나의 모델이었다면 또한 하나의 경고이기도 했다. 그의 천재성은 영원한 명성을 가져다주었지만 동시에 그의 몰락을 가져왔다. 키케로가 연설에서 무자비하게 비판한 정적 마르쿠스 안토니우스는 카이사르 암살 사건 후에 키케로를 무자비하게 살해했다. 키케로는 가뭇없이 사라져가는 자유의 대의를 위해 순교자다운 죽음을 맞이했다. 아우구스투스의 후계자들 통치 아래에서, 키케로가 로마인의 타고난 권리라고 칭송했던 칭찬에 대한 탐욕은, 업적의 최정상에 있는 사람들에게는 위태로운 것이 되었다. 황제보다 빛나는 존재가 되는 것은 영광스러운 일이지만 동시에 죽음을 자초하는 일이었다. 로마 공화정 역사 내내 집정관을 계속해 배출하고 그들의 이름을 도시의 역사에 새겨넣었던 유서 깊은 가문들은 무자비하게 숙청당했다. 그들은 이제 시간 바깥에서 사는 환상 속 괴물들처럼 보였다. 내전의 격변하는 상황은 그 가문들을 더욱 멸문

지화로 밀어넣었다. 그 유혈 사태에서 멸족해버린 유서 깊은 집안이 갈바 집안만은 아니었다. 베스파시아누스가 황위에 등극한 무렵에, 귀족 중에서 가장 저명한 집안이라 할지라도 가문 사람들이 고위직에 부임하기 시작한 시기는 빨라야 아우구스투스 치세 시 정도였다. 가령 마르쿠스 코케이우스 네르바Marcus Cocceius Nerva 같은 원로원 의원도 증조부가 집정관, 조부가 티베리우스의 친구, 네르바 자신은 네로의 문학 선생 정도에 그쳤다. 전통을 중시하는 황제 베스파시아누스는 네르바를 자신의 측근으로 영입했고 서기 71년에 두 사람은 함께 집정관에 올랐다.[23] 그러나 플라비우스 황조 시절의 원로원은 더 이상 로마 역사의 유구한 전통을 구현하는 기관이 아니었다. 오래전의 과거로 소급하는 그런 연결고리는 영원히 사라졌다.

게다가 많은 원로원 의원들이 이제 이탈리아 출신도 아니었다. 대표적 인사가 마르쿠스 울피우스 트라야누스였다. 히스파니아 바이티카 출신으로 뛰어난 업적을 쌓은 이 원로원 의원은 갈릴리에서 한 차례 임기를 마친 후에 예전 사령관으로부터 시리아 총독으로 임명받았다. 그 자리는 제국 내 어느 총독 자리 못지않게 중요한 보직이었다. 어떤 사람들은 인재를 발탁하는 베스파시아누스에 의해 속주에서 원로원으로 고속 승진을 했다. 인구조사의 결과인 경우도 있고 바로 승진한 경우도 있었다. 이런 출세자들은 대개 히스파니아나 갈리아 남부 지역 출신이었다. 그곳에 있는 식민도시들(가령 트라야누스의 고향 도시인 이탈리카)은 벌써 건설된 지 수백 년이 지난 곳들이었다. 그러나 이제 동부 속주 출신의 원로원 의원들도 나왔다. 완고한 보수주의자들이 볼 때, 이러한 사태 발전은 아주 곤란했다. 키케로, 카이사르, 아우구스투스가 연설했던 수도의 오래된 국무 회의장에 그리스어를 모국어로 사용하는 사람이 등원한다는 것은 보수주의자들의 심기를 크게 건드리는 일이었다. 로마의 행정관은 로마 출신이어야 한다고 믿는 사람들에게는 이 모든 변화가 매우 혼란스러웠다. 불만 많은 보수반동 세력의 눈에, 도시는 점점 더 외국인들 손에 넘어가는 것처럼 보였다. 실제로 그 도시는 사실상 로마인의 도시라고 볼 수 없었다.

하지만 폼페이는 사정이 아주 달랐다. 그곳에선 그 누구도 카이사르에게서 의심 섞인 질시를 촉발하지 않았다. 폭동을 일으켰거나 네로에 대한 충성을 노골적으로 표시하는 등 문제를 일으킨 폼페이 시민들에게 내린 최대 형벌이 유배형이었다. 이 도시의 유지급 가문이어도 너무 하찮아서 처형당할 정도는 아니었다. 그 결과 어떤 가문들은 아주 여러 세대 전까지 가계가 소급되었다. 수에디우스의 노골적인 지원에 힘입어 서기 77년 선거에서 대승을 거둔 두움비리, 마르쿠스 에피디우스 사비누스Marcus Epidius Sabinus는 아주 유서 깊은 가문의 후손이었다. 도시의 최초 공중목욕탕 단지 바로 옆에 있는 그의 대저택은 폼페이에서 가장 오래된 집 중 하나였고 오스크인* 시대로까지 거슬러 올라가는 여러 특징을 갖추고 있었다. 에피디우스는 시대의 흐름에 잘 적응하는 방법을 알고 있었다. 그의 집 가내 사당 벽에 걸려 있는 그림은 토가를 차려입고 황소를 베스파시아누스에게 희생 제물로 바치려는 그와 아버지의 모습을 그린 것이었다.[24] 오래된 가문의 내력에다가 과도할 정도의 충성심 과시는 황제의 은총을 사기에 충분했다. 두움비리 선거에서 승리한 것으로는 성에 차지 않았던 에피디우스는 이제 그보다 더 높은 곳들에 시선을 고정했다. 물론 5년마다 뽑는 두움비리 선거도 있었으나 그조차도 그의 최종 목표는 아니었다. 폼페이의 가장 신분 높은 저명한 인사이면서 도시의 원로로 인정받기 위해서는 베스파시아누스의 사제flamen Vespaisani로 복무해야 했다. 이 자리에 선출된 사람은 동료 시민, 황제, 초자연의 차원을 서로 중재하는 일을 맡았다. 정말 위엄 넘치는 자리였다. 베스파시아누스가 캄파니아 여행에서 돌아와 사비니 별장으로 내려가 임종을 맞이하려는 순간에도, 에피디우스는 그 보직을 맡을 준비를 하고 있었다. 그는 자신이 수에디우스의 지지를 받고 있고 또 그 사제 자리가 곧 빈다는 사실도 알았다. 79년 여름에 임종 침상에 누운 사람은 베스파시아누스만이 아니었다.

"로마에서 고위직을 얻으려 한다면 차지할 수 있다. 그러나 폼페

• 이탈리아 역사 초창기에 캄파니아를 중심으로 남부 지역에 살았던 아주 오래된 민족의 총칭.—옮긴이

이에서는 훨씬 어렵다."[25] 한미한 마을에서 출세해 원로원 의원과 집정관이 된 키케로가 한 말인데 물론 농담이었다. 하지만 엄밀히 따지면 농담만은 아니었다. 로마의 보수주의자들이 인정한 바와 같이, 지방 정계에서는 위엄을 지켜야 하고 또 그 나름 큰 영광을 얻을 수 있는 봉사의 기회도 있었다. 이러한 현상은 키케로의 시대보다는 아우구스투스와 그 후계자들의 시대에 더욱 두드러졌다. 로마에서는 야심찬 귀족들이 과거 조상들처럼 행동하며 많은 돈을 써서 도시를 미화한다거나 경기를 개최해 사람들을 즐겁게 하는 기회는 더 이상 존재하지 않았다. 두 행위는 모두 황제의 특권이었다. 그러나 폼페이에서는 달랐다. 이 도시의 행정관들은 관대한 행위를 많이 하는 모범을 보이도록 허용되었고 또 기대를 받았다. 폼페이에서는 선거로 공직에 선출되면 공공선을 위해 개인 재산을 사용하는 것을 허용했다. 두움비리 임기 중에 공적 혜택을 마련해준 사람은 동료 시민들에게 봉사를 잘한 사람으로 평가받았다. 폼페이에서는 관대한 기부 행위를, 칭찬받고 기억할 만한 일로 인식했다.

이에 대한 좋은 사례는 지난 수십 년 동안 도시의 가장 저명하고 영향력 높은 시민이었던 그나이우스 알레이우스 니기디우스 마이우스Gnaeus Alleius Nigidius Maius가 있다. 유서 깊은 가문 출신에 엄청난 거부이고 고급 임대 주택들을 소유한 마이우스는 엄청난 업적을 올린 한평생 동안에 79년 여름을 가장 만족스럽게 회고했다. 그는 폼페이 시민이 얻을 수 있는 공직은 모두 얻었다. 두움비리, 5년차 두움비리, 카이사르의 사제 등을 모두 역임한 것이다. 그의 딸 역시 그 도시의 가장 저명한 여사제로 복무했다. 폼페이 시의회에 들어간 마이우스의 동료들도 기꺼이 그를 식민도시의 제1인자princeps coloniae로 인정했다.[26] 이러한 존경은 그가 엄청난 기부를 했을 뿐만 아니라 그가 보여준 엄청난 지도자 정신 덕분에 생겨난 것이었다. 그는 동료 시민들이 아주 어려운 시기를 잘 헤쳐나가도록 은근하면서도 관대한 마음을 최대한 발휘해 도왔다. 기근이 퍼졌을 때, 마이우스는 4년간 빵 공급을 재정 지원했다. 검투사 시합 금지령이 내려진 후에, 그는 사냥 경기, 운동 경기, 야수들과의 싸움 등 오락 행사를 많이 개최해 폼페이 시민들의 사기를 북돋우려고 애썼다. 지진이 났을 때에는 공공건물을 보수하는 데 필요한 재정을 지원했다. 네로가 몰락한 후에는 네로와 포파이아 지지자들 때문에 잠시 은거하던 그늘에서 나와 노골적으로 플라비우스 가문을 칭송했고, 붕괴된 네로 체제에 대해 도시 내에 아직도 남아 있는 동정심이 자연스럽게 사라지도록 감독했다. 마이우스는 베스파시아누스의 사제로 취임해서는 아주 독특한 방식으로 의례를 거행해 커다란 명성을 얻었다. 대규모 무네라를 연출한 것이다. 도시의 온 시민들이 그 행사를 기뻐하며 즐겼다. 경기장에는 차양을 설치해 객석에 그늘이 드리우게 했다. 물에는 향수를 탔다. 검투사들은 군중을 매혹했다. 시민들을 즐겁게 만드는 최고의 행사였다. 에피디우스가 마이우스를 자신의 모델로 삼은 것은 그리 놀라운 일이 아니었다.

그러나 이제 폼페이 정계의 나이 든 거인은 생의 마지막 장에 직면하고 있었다. 도시 주민들이 베스파시아누스의 사망 소식을 듣고서 황제의 업적을 지금 병들어 죽어가는 도시 제1인자의 업적과 비교해보는 것은 자연스러운 일이었다. 두 사람은 참사로 산산조각이 난 도시를 치유하려고 애썼다. 또한 대중의 오락 행사에 엄청난 투자를 했다. 마이우스가 마지막 숨을 내쉬었을 때 베스파시아누스처럼 하늘로 들어올려지지는 못했지만, 동료 시민들은 그의 죽음을 깊이 애도했다. 도시의 출입문 바로 옆, 폼페이에서 남쪽으로 내려가 스타비아이라는 해변 휴양지로 가는 도로 옆, 아주 화려한 무덤에 그의 유해가 안장되었다. 대리석 석관에 아치형 지붕을 두른 그 무덤은 마이우스의 업적을 영원히 기리기 위한 기념물이었다. 무덤의 프리즈에는 경기장에 들어서서 전투하는 검투사의 모습, 경기 후 무릎을 꿇은 모습 등 다양한 장면을 묘사했다. 거기에 새겨 넣은 비문에는 "416명의 검투사가 참전했다!"며 그가 로마에서나 볼 법한 엄청난 장관을 연출했다고 기록했다.[27] 마이우스의 한평생을 아름답게 서술한 이런 세부 사항들은 사람들의 마음속에 오래 남도록 새긴 것이었다. 폼페이는 로마가 아니었지만 그래도 나름의 명성을 자랑했다. 도시가 계속 번창하고 여행자들이 스타비아이의 도로를 계속 이용한다면, 그나이우스 알레이우스 니기디우스 마이우스의 이름은 기억될 것이고 그의 자선 기록도 다시금 상기될 것이다. 폼페이 사람들은 이를 일종의 영원불멸이라고 여겼다.

뱀과 사다리

생애 말년에 이르러 의무를 완수하고 야망을 달성한, 동료 시민들의 존경을 받는 로마인이라면 자신의 비르투스를 증명한 로마인이라 할 수 있다. 비르투스는 비르vir, 즉 '남자'로서의 가치를 말한다. 그러나 그때나 지금이나 남들의 업적은 존경을 일으키는가 하면 질투를 불러온다. 플리니우스는 어린 조카가 출세하고 싶어 한다는 것을 알았다. 그 조카는 기사 계급에서 최대한 출세하여 원로원 의원이 되고 또 공직의 최고위 직급에 올라가기를 열망했다. 하지만 플리니우스는 그런 야망에 동반되는 잠재적인 뱀들과 함정에 대해 특별한 이야기로 설명해주기를 좋아했다. 그 사례는 그가 미세눔 함대의 제독으로 임명되기 직전, 히스파니아의 한 속주에서 재정 업무를 담당할 때 벌어진 일이었다. 이미 그때 당시에도 그는 100명의 저자들로부터 2만 건에 이르는 가치 있는 사실들을 수집해 향후 백과사전 편집의 기초자료를 축적해두고 있었다. 그 속주의 총독은 라르키우스 리키누스Larcius Licinus라는 사람이었는데 부하 장교가 축적한 지식 노트들을 사들이기를 원했다. 그는 플리니우스에게 상당한 돈을 주겠다고 말했지만, 플리니우스는 내심 불쾌해하면서 그 제안을 거절했다. 그는 평생에 걸쳐 쌓아온 결과물을 결코 팔 수 없었다. 손상된 자존심을 회복해야겠다고 결심한 그는 때를 기다렸다. 이윽고 자신의 히스파니아 임기가 끝나자 백과사전에다 흥미로우면서도 난처한 이야기를 적어넣었다. 리키누스가 송로버섯을 먹다가 동전을 씹어서 어금니가 휘었다는 이야기였다. 거기에 더해 두 번째 이야기도 기록했다. 리키누스가 히스파니아 북부의 수원水源을 점검하러 갔는데 그곳의 물은 이미 말라 있었다. 그것은 "아주 나쁜 조짐"이라고 플리니우스는 흐뭇한 마음으로 적어넣었다.[28]

　　플리니우스의 명예는 총독에게서 두 가지 모욕을 당했다. 첫째, 총독이 기사 계급이 되려는 사람이 갖추어야 할 최소한의 재산 규모에 상응한 금액을 제시한 것이었다. 리키누스는 그리하여 자신이 원로원 의원 후보로 등록했을 때의 더 큰 재산을 상대방에게 과시했다. 둘째, 플리니우스가 상업적 목적으로 자료를 축적했다고 생각한 것이었다. 총독은 부하 장교를 학자 겸 애국자로 본 것이 아니라 상인과 별반 다를 바 없는 돈 밝히는 사람으로 여겼다. 이런 수치스러운 모욕은 가볍게 참아 넘길 수 있는 것이 아니었다. 키케로는 "소규모로 이루어지는 상업적 교환은 어떤 형태이든 저속한 것으로 보아야 한다"라고 말했다.[29] 상업적 이해관계가 온 세상 사람을 상대로 한 것일 때에만 수입의 원천으로 가치가 있다는 말이었다. 하지만 심지어 그럴 때에도 토지의 위엄에는 결코 미치지 못했다. 임차 농가들의 지붕에서 흘러나오는 연기, 과즙 풍부한 과일로 가득한 포도원과 과수원, 점점 어두워지는 황혼의 들판에서 낮게 우는 소 떼, 이런 것들이야말로 영원한 것이며 로마식 부富에 가장 어울리는 표시였다. "자유민에게는 이것보다 더 좋은 수입 원천, 더 소득을 많이 올리고 더 즐겁고 더 적절한 원천은 있을 수 없다."[30]

이러한 기준들이 배타적인 것이라는 사실이 특히 중요하다. 로마 제국 내에는 수백만 명이 살고 있지만, 넓은 농토를 소유하거나 국제적 사업을 운영해 원로원 의원 후보 자격을 획득할 수 있는 사람은 1000명에 지나지 않았다.* 그들 밑에는 약 1만 명에 달하는 거부가 있었는데 이들은 그 재산과 지위로 기사 계급에 들어갈 수 있는 사람들이었다. 아주 먼 과거로 소급되는 이런 신분 등급은 로마의 엘리트들에게 이런 확신을 심어주었다. 비록 여러 가지 균열이 발생해 현재의 로마인들이 고대의 조상과 많이 달라졌지만 그래도 사회 계급의 전통적 가치만은 그대로 유지하고 있다는 것이다. 하지만 이제 많은 도시로 이루어진 제국의 주인이 되었으므로, 그들은 사회 내 계급을 다변화할 필요를 느꼈다. 이 때문에 원로원 의원(귀족 계급)과 기사 계급에 대해 상류 계급에 준하는 제3계급(지방하위 행정관)을 받아들였다. 성인 남자가 데쿠리오[시의회 의원]가 되는 것이 폼페이에서만 가능한 일은 아니었다. 마이우스나 에피디우스 같은 사람들은 제국 전역의 도시에서 발견할 수 있었다. 갈리아와 그리스, 히스파니아와 시리아에서 고위 행정관들은 동료 로마인

---

* 원로원 의원의 수는 약 600명이었다. 재산이나 지위로 보아 원로원에 들어갈 수 있는 나머지 400명은 기사 계급으로 남는 것을 선택했다.

과 로마의 속물근성에 부응하는 엄격한 기준에 따라 행동해야 했다. 황제의 사절이나 지사와 같이 지방 도시를 방문하는 원로원 의원급 인사들의 빛이 반드시 이런 지방관들의 눈을 현혹한 것은 아니었다. 황제가 다스리는 세상의 높은 하늘에서, 데쿠리오들이 가장 멋지게 빛나는 천체라고 할 수는 없었다. 아무도 그들을 태양, 달, 행성, 혹은 혜성에 비유하지 않을 것이다. 지방 도시 의회의 구성원들은 원로원 의원과 비교해보면 아주 자그마한 은 덩어리에 지나지 않을 것이다. 별처럼 빛나지 않을 바에야 차라리 아예 빛나지 않는 것이 나을지 모른다. 이 3대 지배 계급과 다른 사회 계급 사이의 차이는 비유적으로 말해보자면 은하수와 그것을 둘러싸고 있는 어둠의 차이였다. 부자와 빈자, 명예로운 자와 경멸스러운 자, 저명한 자와 보이지 않는 자, 결국에 이런 것이 사회 내에서 진정으로 중요하게 여기는 구분이었다.

이것은 사실 제국 엘리트들의 사상일 뿐, 여기에 모든 사람이 동의하는 것은 아니었다. 많은 시민은 상류 계급 사람이 하류 계급을 "저속하고 지저분하다"라고 경멸하면서 자신들의 가치를 정의한다는 개념을 거부했다.[31] 키케로는 많은 사회 계급 중에서 상인과 어물상에 대해 이런("저속하고 지저분하다는") 오싹한 견해를 갖고 있었다. 그러나 해산물 판매상들 중에는 자기 직업을 부끄러워하는 것이 아니라 오히려 영광스럽게 생각하는 사람이 많았다. 폼페이 가룸garum(어즙魚汁, 물고기 내장으로 만들어 향이 강한 소스)의 명성은 민간인들이 큰 자부심을 느끼는 원천이었다. 플리니우스는 그 소스가 악어에게 물린 상처에 특효약이며, 유대인들은 특정한 물고기로 만든 소스만 먹는다는 사실을 기록하면서, 폼페이가 세상에서 특산물 생산으로 유명한 도시라고 말했다. 장사를 해서 부자가 된 사람들은 즐거운 마음으로 부의 원천을 기념했다. 이러한 자존심을 보여주는 대표적 사례가 그 도시에서 가룸을 거래해서 크게 성공한 사람이 소유한 저택이었다. 아울루스 움브리키우스 스카우루스Aulus Umbricius Scaurus는 가룸을 캄파니아 전역, 그리고 멀리 갈리아 남부에까지 판매해 큰돈을 벌었다. 두 개의 별도 부지를 합친 땅에 세운 그의 저택은 도시의 가장 고급스러운 동네에 서 있었고 아름다운 바다 풍경을 내다보고 있었다. 그 집에는 또한 아주 멋진 모자이크도 설치되어 있었다. 이 집에 들어오는 방문객들은 홀에서 아주 노골적인 홍보 전시물을 만나게 된다. 각 층의 네 구석에는 가룸이 가득 든 항아리가 놓여 있었다. 한 항아리에는 '최고급'이란 글씨가 새겨져 있었고 또 어떤 항아리에는 '가룸의 꽃'이라고 적혀 있었다.[32] 그중 세 항아리에는 스카우루스의 이름이 들어갔다. 그는 여느 원로원 의원 못지않게 자신의 가치를 잘 알았다. 그는 자신의 사업이 저속하고 지저분하다는 생각을 틀림없이 경멸했을 것이다.

어떤 사람이 엘리트들의 속물근성에 도전할 때에는 자신이 부자라는 사실이 도움이 되었다. 그렇지만 그것이 필수는 아니었다. 유급 노동은 원로원 의원들에게는 생각만 해도 얼굴을 크게 찡그리게 했지만, 사회 계급의 밑바닥에 있는 사람들에게는 정체성을 부여해주었다. 로마든 폼페이든 화재 혹은 지진으로 망가진 도시 풍경을 보수하기 위해서는 장인들의 역할이 아주 중요하다는 것을 모르는 사람은 없었다. 건설업자들은 끌, 망치, 흙손 등 자신의 작업 도구를 보여주는 간판을 내걸고 작업장을 선전했다. 아무리 비천한 직업일지라도 충분히 위엄의 원천이 될 수 있었다. 폼페이에서 클로디아 니겔라Clodia Nigella라는 여인은 '공공 돼지 사육사'라는 직업명이 비석에 명예로운 훈장으로 새겨졌다.[33] 가난한 사람들도 부자 못지않게 그들 나름의 자존심을 갖고 있었다. "너무 비천하여 달콤한 영광의 혜택을 받지 못하는 직업은 있을 수 없다."[34]

엘리트들도 이를 자신들의 마음속에서 인정해주려고 했다. 상급자에게 모욕을 당한 플리니우스가 복수할 때를 기다렸던 것처럼, 목수나 도공도 귀족으로부터 수치를 당했다면 신전 벽에다 그를 욕하는 낙서를 휘갈길 수 있고, 경기장에서 그에게 야유를 보낼 수 있으며, 그의 동상 앞에서 똥을 눌 수도 있었다. 로마에서는 이제 원로원 의원들이 승진할 때 민중의 투표가 필요 없어졌지만, 여전히 투표가 남아 있는 폼페이에서는 민중을 의식하지 않을 수 없었다. 이 도시에서 마이우스가 얻은 행정관직과 사제직은 민중 사이에서 인기가 높아야만 획득할 수 있었다. 수도에는 아직도 엘리트 중에 대중의 변덕에 신경 쓰고, 그들을 달래고, 그들의 비위를 맞추고, 그들에게 관심이 높다는 것을 보여주는 단 한 사람이 있었으니 바로 황제였다. 카피톨리누스의 쓰레기 더미를 지게에 둘러맨 베스파시아누스는 신들뿐만 아니라 도시의 노동자들에게도 존경심을 보였다. 그가 그들의 노동을 높이 평가하고 노동의 위엄을 중시했다는 사실은 널리 회자되는 이야기로 증명된다. 한 기술자가 기둥을 아주 적은 비용으로 카피톨리누스 꼭대기까지 수송할 수 있는 기구를 발명했다고 한다. 베스파시아누스는 그 발명품에 흥미를 느끼기는 했지만 사용하기는 거부했다. 그의 설명은 의미심장했다. "나에게는 대중을 먹여 살려야 하는 의무가 있어."[35]

베스파시아누스가 로마의 가난한 사람들에게 인기가 높다는 것을 칭송하려고 나온 이야기일 텐데, 실제 그랬을 가능성은 별로 없다. 황제에게는 실제로 도시의 빈민들을 먹여 살려야 할 의무가 있었다(그것이 곡물 배급의 목적이었다). 하지만 그 어떤 황제도 그들의 고용에 대해서 의무감을 느끼지는 않았다. 심지어 로마에서도 빵무료 배급이 실업자들을 기아에서 구제하기에는 충분하지 않았다. 도시의 다리 밑에 쭈그리고 앉아 넝마를 맹금猛禽과 굶주린 개들을 향해 휘둘러대야 했던 비참한 사람들이 너무 흔해서 시인들은 그들의 경쟁 상대가 그런 신세가 되기를 빌었을 정도였다. 빵이 무료로 배급되지 않은 수도 이외의 지역에서 실업은 더욱더 두려운 현상이었다. 때때로 야심만만한 거부가 동료 시민들의 환심을 사기위해 폼페이의 마이우스가 했던 것처럼 자선 행위에 나서기도 했으나 정기적으로 베푼 경우는 없었다. 계절의 리듬과 노동의 수요가 너무나 심하게 변동하기 때문이었다. 심지어 철학자들, 즉 "본성에 의해 인간에게 선행을 해야 한다고 명령받았다"라고 느낀 자들조차도 소규모 단위의 가난 구제에 나서려 하지 않았다.[36] 왜 그래야 한단 말인가? 가난한 사람들은 아주 비참한 생활을 하기는커녕 오히려 더 행복해 보였다. 현명한 사람들의 의견은 이랬다. "가난이 불편한 것이기는 하지만, 아무도 가난을 심각한 부담이라고 생각하지 않는다. 일부러 심술궂게 그렇게 생각하지 않는 한."[37] 이는 기아 상태인 사람들의 불평을 단지 엄살이라고 치부하기 위한 것으로 철학자라는 사람이 견지할 만한 사상은 못 되었지만, 아무튼 사회 사다리의 맨 밑바닥에 있는 시민들은 스스로 그런 불행을 불러온 것으로 여겨졌다. 가난은 각 개인의 도덕적 흠결 때문에 발생하는 것이었다. 로마인이라면 엄격하고 무자비한 단련 과정에 따라 도야해야 한다고 믿는 사회에서, 이것은 빈곤선을 극복한 사람들에게 확신의 원천이 되었다. 자기가 성공하는 것만으로는 충분하지 않고 남들이 실패해야 속이 시원했다. 그것만이 아니었다. 실패한 사람들은 그것을 내보여야 했다. 폼페이의 벽에 익명으로 휘갈겨 쓴 낙서는 많은 사람들의 심정을 대변했다. "나는 가난한 자들을 증오한다. 뭔가 공짜를 요구하는 자는 미친 자다. 물건을 얻고 싶으면 값을 지불하라."[38]

동료 시민들의 판단은 자기 자신을 진정으로 측정할 수 있는 기준이었다. 로마의 건국 이래 로마 사회에 영감을 불어넣어온 명예로운 경쟁에서, 승자가 있으면 반드시 패자가 있었다. 모든 사람이 전리품을 가져갈 수는 없었다. 가난한 자들은 그 상급자들에게 거울 역할을 했다. 성공과 영광은 반면교사로서 가난과 수치의 거울 속 영상이 없다면 아무것도 아니었다. 십장에게 일거리를 거부당하는 일용 노동자든 메마른 땅을 쓸데없이 계속 파헤치는 농부든 아무리 가난한 사람일지라도 자신이 여전히 로마 시민이라는 사실에 로마인의 영광이 있었다. 자유의 정신은 그들에게 영감을 부여했고 적어도 위엄의 한 조각을 보장했다. 기아보다 더 나쁜 운명도 있었다. 가령 가족이나 고국이 없는 것, 구타나 성적 학대를 당했지만 법의 보호를 받지 못하는 것, 사악함과 타락의 살아 있는 표본으로 제시되는 것, 인간 사회의 가장 낮은 계급으로 떨어지는 것 등등. 로마인들은 어렵지 않게 이런 인생을 상상할 수 있었다. 그런 사람들은 위대한 도시의 그림자 노릇을 하면서 어디에서나 쉽게 발견할 수 있었기 때문이다.

"민법의 가장 기본적 구분은 이런 것이다. 모든 사람은 자유민이거나 노예다."[39] 로마 사회는 언제나 그러했다. 밤이 없는 낮은 없듯이, 노예 없는 자유는 없었다. 로마인들이 볼 때 자유는 그들의 생득권이었다. 로마가 위대한 국가로 발돋움하는 과정에서 이런 확신 덕분에 로마인들은 모든 장애를 극복하고, 모든 좌절을 이겨내고, 무슨 일이 있더라도 승리의 과정을 추구할 수 있었다. 그 결과 그들은 도시의 운명을 성취할 수 있었다. 그것은 온 세상의 주인으로서 온 민족을 다스리라는, 신들이 부여한 운명이었다. 반대로 죽을 때까지 싸우지 않고 파괴보다 항복을 선호한 민족들은 로마의 지배를 인정함으로써 자신들이 노예로 적합한 사람이라는 것을 시인했다. 티투스는 예루살렘을 점령한 후에 시리아를 순행하면서 구경꾼들을 위해 포로들에게 그들의 패배를 연기하라고 지시했다. 위대한 로마의 백절불굴의 용기와 유대인들이 자유의 권리를 몰수당한 과정을 연극으로 보여주라는 것이었다. 그것은 도덕적 교훈이기도 했다.

유대에서 포로로 잡혀온 많은 사람이 이탈리아의 노예 시장에 매물로 나왔다. 그들이 수입품임을 원매자에게 보여주기 위해 발에다 하얀 백묵으로 칠했고, 경매가 진행되는 단상_{castata} 위에 세워야 했다. 이미 그 전 여러 세대 동안 군단들이 잡은, 브리타니아인과 갈리아인, 시리아인과 그리스인, 히스파니아인과 카르타고인 등 각종 포로가 그 단상 위에 선 채 경매로 팔린 바 있었다. 세상 어느 곳보다 이탈리아에서 훨씬 많은 노예를 거래한다는 사실은 로마의 정복 판도가 어느 정도인지 여실하게 보여주는 구체적 사례였다. 노예는 도시 인구의 약 4분의 1을 차지했다.[40] 다른 제국의 수입품, 가령 이국적인 취사 재료, 진귀한 대리석, 환상적인 식물 못지않게 노예는 로마가 지배하는 판도의 넓이와 깊이를 보여주었다. 그리고 노예는 민간 미덕의 살아 있는 교훈으로서, 자유의 가치를 널리 알려주는 존재였다.

그것만이 노예제를 유지하는 유일한 목적은 아니었다. 노예는 주인이 원하는 것이라면 언제 어디서든 해내야 했다. 많은 노예에게 주인의 요구는 과도한 노동으로 나타났다. 이탈리아 노예의 대다수가 살고 있는 농가와 농장에서, 노예들은 중노동에 시달렸다. 많은 경우 들판에 나가 아침부터 저녁까지 일을 하고 나면 음식과 수면 이외에는 아무것도 떠올릴 수 없었다. 어떤 노예들은 광산에서 일했다. "그들은 지하 깊숙한 곳에서 밤낮없이 일해 육체가 피폐해졌다."[41] 또 어떤 노예들은 석산, 항구 건설 공사, 터널 공사, 기타 사회 기반 시설 구축사업에서 중노동에 시달렸다. 베스파시아누스는 갈릴리를 정복한 직후에 튼튼한 포로 6000명을 네로에게 보냈고, 네로는 이들을 즉시 운하 준설 작업에 투입했다. 그러나 이런 일은 노예에게 적합한 것이기는 했지만 노예들의 고유한 노동 영역은 아니었다. 자유민도 들판과 건설 현장에서 노동을 했다. 광부와 도제는 현장에서 떠날 수 있는 권리를 명시한 계약서의 권리를 누렸다. 엘리트들은 그들을 노동자operae라고 불렀다. 실업은 아주 심각한 문제였다. 이탈리아 전역에 고용되어 허리를 숙이고, 근육에 힘을 주고, 햇볕 속에서 땀 흘리며 일하고 싶은 사람은 아주 많았다. 노예제는 값싼 노동력 부족에 대한 해결안이 아니라 오히려 그 반대였다. 한 철학자가 말한 것처럼 노예는 "평생 고용된 자들"이었다.[42] 주인의 관점에서 보면 일은 노예의 정체를 규정하는 기준이 아니었다. 그들의 신분은 상품으로 규정되었다. 자유민으로 죽기보다는 가내재산家內財産인 신분으로 살기에 동의하면서, 소유주의 명예, 위엄, 지배에 복종하는 사람이었다.

'카베아트 엠프토르Caveat emptor(구매자는 주의하라).' 인간 계급 중 최하층에 해당하는 노예의 열등성으로 인해 소유주가 피해를 입을 수 있는 위험이 늘 따랐다. 로마인이 보기에, 노예 상태와 다를 바 없이 살아가는 일반인은 거짓말쟁이, 도둑, 부랑자일 가능성이 높았다. 반대로 자신의 처지를 받아들이고 주인이 허용하는 것 이외에 다른 신분은 가지지 못하는 운명을 인정하고 충성심 이외에 다른 미덕은 없는 노예는 보물일 가능성이 높았다. 노예에게 잘 투자한다는 것은 때때로 행운의 문제였다. 하지만 순전히 행운의 문제만으로 볼 수도 없었다. 노예 거래인들이 사기를 잘 친다는 것을 아는 행정관들은 노예 거래 시장을 규제하려고 최대한의 노력을 기울였다. 신체의 흠결을 은폐하려는 행위는 특히 엄격하게 금지했다. 마찬가지 맥락에서 노예 상인들은 노예의 성격 중 매매가를 낮출 가능성이 있는 결점은 반드시 신고해야 할 의무가 있었다. 가령 야뇨증이 있다든지, 도망치는 버릇이 있다든지, 자살을 하려는 경향이 있다든지 하는 것을 밝혀야 했다. 물론 성격적 흠결만이 다가 아니었다. 말의 거래 조건이나 노예의 거래 조건이나 상당히 비슷했다. 우선 체격이 굉장히 중요했다. 예를 들어 비천한 일이 아닌 조금 중요한 일을 시키려고 브리타니아인 노예를 사들이는 사람은 바보였다. 갈리아인들은 목동으로 최고였다. 의사, 교사, 비서 등은 그리스인 노예에게 가장 잘 어울렸다. 당연히 이런 고려 사항들이 가격에 영향을 미쳤다. 언제나 가격 흥정이 벌어졌다. 그러나 잠재 구매자가 사회 엘리트인 노예 시장의 최고 상층부에서는 품질이 언제나 중요했다.

부유한 가정에서 노예는 신분 상징의 효과가 컸다. 노예들의 가정 내 역할이 세분되어 있을수록 소유주의 위상이 높아졌기 때문이다. 술 취한 원로원 의원의 성기를 요강에다 들이대는 업무를 맡은 젊은 남성 노예가 주인의 성기를 깨끗이 닦아야 한다거나, 마사지와 이발이라는 이중 역할을 맡는 것 등은 성적 음란함의 극치라 할 수 있다. 로마 거물들의 경쟁 심리는 아주 치열했기 때문에 남들보다 한발 앞서가려는 심리가 패션을 주도했다. 수도의 한 노예 시장은 유행의 변화에 아주 민감했는데, "다리 없거나 팔 없는 노예, 눈이 세 개인 노예, 머리가 아주 작은 노예" 등 기형인 노예들만 전문적으로 거래했다.[43] 시장에 난쟁이 열풍이 불었을 때는 노예 거래상들이 어린아이의 성장을 멈추게 할 목적으로 아이를 비좁은 우리 안에다 한동안 가두어놓는다는 소문도 나돌았다.[44]

하지만 이러한 것들은 언제나 예외적인 취향이었다. 가장 큰 가치는 아름다움이었다. 법률에 따라 소유주의 요구 사항을 모두 들어주어야 하는 인간 가재도구는 주인의 성적 요구에도 응해야 했다. 실내 장식자들 사이에서는 프레스코 벽화에 강간 장면을 묘사하는 것이 유행이었다. 이러한 그림은 각종 연령의 남녀 노예들에게 그들의 몸은 자신의 것이 아님을 상기시켰다. 노예 소유주는 자기 마음대로 그들의 몸을 사용할 수 있었다. 그리하여 매력적인 가내 노예는 경주마나 오래된 동상 못지않게 신분 상징의 역할을 담당했다. 저녁 연회의 성공은 음식 맛 못지않게 시중드는 자의 좋은 용모에 달려 있었다. 못생긴 노예를 배정받은 손님들은 불평을 했다. 식도락가, 잘난 체하는 속물, 유행 창시자 등은 동료들의 부러움을 사는 것을 인생 최대의 즐거움으로 여겼는데, 그러기 위한 수단으로 신체적 용모가 아름다운 하인만 한 것이 없었다.

가장 절대적인 경쟁력은 스포루스를 포파이아 사비나로 성전환한 것에서 볼 수 있듯이 아름다운 소녀만큼이나 용모가 빼어난 소년이었다. 네로는 이 유행을 다른 사람들이 감히 경쟁하지 못할 수준으로 밀어붙였다. 그러나 그런 과격한 조치에도 불구하고 기본 원칙은 새롭지 않았다. 모든 로마인이 노예제도를 바라보는 시각, 즉 노예제란 그 속성상 노예가 된 모든 소년을 여성화하는 것이라는 시각과 일치했다. 나이 든 노예도 주인이 '소년'이라고 부르는 판국에, 잘생긴 소년의 피부를 매끄럽게 하고, 화장을 시키고, 기다란 머리를 지지고 볶아서 파마를 시키는 것은 조금도 이상한 일이 아니었다. 나폴리만 연안 일대에 들어선 대저택에서 델리카투스Delicatus(미소년. 복수형은 델리카티 Delicati)는 아주 흔히 볼 수 있었다. 하지만 그런 소년들은 비독점적인 환경에서도 발견되었다. 폼페이의 저녁 손님들에게 깊은 인상을 심어주기 위해 동원된 델리카투스는, 비록 바이아누스의 더 부유한 거부들이 소유한 소년들에 비해 아름다움이 떨어졌지만, 그렇다고 해도 그의 주인을 위해 야망을 대신 선언해주는 존재였다. 엘리트들의 생활스타일은 신분 상승을 노리는 사람들의 판타지에 기름을 부었다. 다만 환관 열풍만은 다소 비뚤어진 눈으로 바라보았다. 환관은 유지하는 비용이 너무나 엄청나기 때문에 소수의 거벌巨閥만이 소유할 수 있었다. 삐딱하게 보는 이유는 거세용 칼 아래에 놓이는 희생자들의 인권을 특히 우려해서가 아니라 오히려 정반대의 것을 우려하기 때문이었다. 환관들이 권력자에게 엄청난 영향력을 행사하면 어쩌나 하는 불안감이 높았던 것이다. 이런 세부 사항들을 놓치는 법이 없는 플리니우스는 노예 중 가장 값비싼 노예는 환관이며, 엄청난 돈 낭비라고 기록했다. 티투스를 두려워했던 전통주의자들도 이 황제가 환관들을 특별히 좋아한 사실을 기록했다. 이런 성적 기호가 황제의 통치에 어떤 암초가 될지 우려하는 것은 당연한 일이었다. 로마가 동양 군주의 궁중처럼 될지 모른다는 공포를 느낀 것이다.

사실 환관을 향한 두려움에는 눈에 보이는 것 이상의 의미가 있었다. 도덕론자들은 그런 두려움을 기이한 외국 관습에 대한 남성적 거부 현상이라고 간단히 해석해버렸지만 이는 그보다 훨씬 더 깊은 불안을 드러내는 것이었다. 노예는 단지 하나의 재산에 불과하고 그 소유주의 우월함을 확증해주는 존재다. 하지만 그게 전부인가? 반드시 그렇지는 않았다. 델리카투스는 재치, 매력, 영리함 등을 갖추고 있으면 그 소유주에게 신체적 욕망 이상의 무언가를 불러일으킬 수 있다. 이에 대한 좋은 사례가 비텔리우스가 소유했던 어느 노예의 한평생이다. 장래에 황제가 될 비텔리우스는 환관이 아니라 한 소년을 미친 듯이 좋아했다. 그 둘의 관계는 (주로 비텔리우스가) 열정적이었는가 하면 소란스럽기도 했다. 그 노예 소년의 이름은 아시아티쿠스Asiaticus였는데, 로마인들이 관습적으로 세상에서 가장 순종적인 노예가 많이 나오는 지역이라 생각해 이런 이름을 붙였다. 하지만 그 소년은 순종적이기는커녕 정반대였다. 오만했을 뿐만 아니라 못 말리는 소년이었다. 언제나 도둑질하고, 느닷없이 사라지고, 소유주의 인내를 한계까지 밀어붙였다. 비텔리우스는 그 관계를 영구히 끝내기 위해 아시아티쿠스를 검투사 학교에 팔아넘겼다. 그랬다가 그 노예가 검투사로 싸우는 경기를 겨우 한 번 보고서는 마음이 아파서 그 노예를 다시 사들였다. 과연 누가 노예이고 누가 주인인가? 세월이 흘러 갈바가 비텔리우스를 저지 게르마니아의 사령관으로 임명했을 때 비텔리우스는 그 사랑하는 소년을 해방시켜주었다. 그리고 황제로 칭송된 바로 그날에 아시아티쿠스를 기사 계급으로 승진시켰다. 이 승진은 너무나 충격적인 불법 행위였는데 비텔리우스의 정적들은 그것이 황제의 명예에 대한 오점일 뿐만 아니라 로마인 전체를 모욕하는 행위라고 생각했다. 이 문제는 황제가 아시아티쿠스를 자신의 최측근 고문으로 임명하기를 고집함으로써 더욱 악화되었다. 그 후 비텔리우스 체제가 무너지면서 무키아누스는 그런 혼란을 어떻게 정리해야 하는지 잘 알았다. 아시아티쿠스는 기사 계급도 해방노예도 아닌 노예로서 처형당했다. 그는 십자가 위에서 죽었다.

아무튼 플라비우스 가문의 선전꾼들은 이런 식으로 비텔리우스의 비행을 설명했다. 비텔리우스는 탐식으로 악명 높았다. 하지만 이처럼 쓰러진 황제를 맹렬하게 비난하는 행위에는 위선 이상의 무언가가 있었다. 베스파시아누스 또한 한때 노예였던 여자에게 아주 헌신적으로 대했다. 안토니아 카이니스Antonia Caenis는 뛰어난 총기, 엄청난 기억력, 황궁 내의 각종 절차에 대한 지식 등으로 유명한 여자인데 클라우디우스의 어머니를 모시는 비서로 일했었다. 그녀는 예전에 노예였으므로 로마 시민과 결혼이 금지되어 있었지만 사실상 베스파시아누스의 아내나 다름없는 생활을 했다. 많은 동시대 사람들은 그러한 관계가 황제에게 좋은 일이며 동시에 카이니스에게도 좋은 일이라고 생각했다. 그녀는 수많은 시신들이 어디에 묻혀 있는지 아는 여인이었다.

황제들은 공식석상에서는 무슨 말을 하든, 오래전부터 황궁에서 성장한 노예들의 필수불가결한 가치를 알고 있었다. 그들은 원로원 의원들보다 제국이 어떻게 돌아가는지에 대해서 더 잘 알았고 대개 아주 똑똑했다. 이런 노예들을 해방해주면 그들은 황제의 대리인 자격으로 공공연하게 황제에게 복무했다. 어떤 노예들은 승진의 사다리에 올라타 놀라울 정도로 높은 곳까지 올라갔다. 가장 악명 높은 사례가 안토니우스 펠릭스Antonius Felix였다. 그도 카이니스처럼 처음에는 클라우디우스의 어머니가 소유한 노예였다. 유대의 지사로 임명되어 나갔다가 그는 헤롯 아그리파의 여동생과 결혼하는 놀라운 일을 해냈다.* 이런 노골적인 사회적 승진에 대해 책임이 있는 클라우디우스는 해방노예의 노리개라는 조롱을 받았지만 베스파시아누스는 그보다는 요령이 좋았다. 그는 클라우디우스가 예전 노예들을 후원함으로써 제국 행정이 크게 향상되었다는 것을 잘 알았다. 베스파시아누스는 경력 초기에도 그들의 도움을 받았다. 이제 벼락출세한 황제가 되어 그들의 조언과 근무에 노골적으로 의존했다. 그가 국정의 부담을 잘 이겨내도록 도와준 사람은 카이니스는 물론이고 다른 사람도 많이 있었다. 그중 몇몇에게는 기사계급의 지위를 수여하기도 했다. 하지만 이렇게 했다고 해서 예전에 똑같은 조치를 취했던 비텔리우스의 오명이 지워지지는 않았다.

이 조치에는 모든 사회 계층을 분노하게 만드는 구석이 있었다. 평민들은 한때 노예였던 열등한 외국인이 그들로서는 꿈도 꾸지 못할 사회적 지위를 누리는 것에 분노했다. 엘리트들은 국정이 개판이 되어가고 있다며 화를 냈다. 심지어 네로조차도 로마의 가장 세

---

* 이보다 더 놀라운 것은 그가 이미 한 공주와 결혼한 신분이었다는 것이다. 그 공주는 옛 마우레타니아 왕의 딸이었다.

련된 사람이라고 인정했던 원로원 의원 페트로니우스 아르비테르는 아주 영악한 총기를 발휘하면서 이런 세태를 풍자했다. 패션의 창조자이면서 소설 작가이기도 했던 페트로니우스는 속물적인 로마 사회의 커다란 소용돌이로부터 신흥부자들에 대한 맹렬한 풍자 글을 써냈다. 그는 소설 《사티리콘》에서 주인공을 억만장자 해방노예로 정하고 '트리말키오'라는 이름을 부여했다.* 이런 인물을 만들어낸 배경은 많은 것을 암시한다. 트리말키오는 아시아티쿠스와 마찬가지로 원래 델리카투스 출신이었다. 주인의 성노리개였을 뿐만 아니라 여주인을 위해서도 그런 역할을 했다. 그러나 아시아티쿠스와는 다르게 그는 자유를 얻은 후에 사업을 해서 큰돈을 벌었다. "한 번의 여행에서 나는 무려 1천만을 벌었다. 나는 즉시 옛 주인의 땅을 사들였다. 나는 큰 저택을 지었고, 노예와 역축을 사들였다. 나는 만지는 것마다 모두 황금으로 변하게 했다."[45]

실제로 누군가 이런 자랑을 할 만한 도시가 있다면 그건 푸테올리였다. 아시아티쿠스는 처음 가출했을 때 이 도시로 와서 술집에서 일했다. 그 어떤 곳도, 심지어 로마를 포함해도 그 시대의 흐름과 동요를 푸테올리처럼 잘 보여주는 도시는 없었다. 오로지 푸테올리에서만 맨주먹으로 시작해 큰돈을 벌 수가 있었다. 푸테올리

---

* 이 트리말키오는 20세기 미국의 신흥 부자를 풍자하는 상징적 인물로 자주 언급되는데, 특히 피츠제럴드가 쓴 《위대한 개츠비》의 원래 제목이 트리말키오였다고 한다.—옮긴이

에서만 그렇게 번 돈을 트리말키오식으로 사치스럽게 써버릴 기회가 있었다. 온 세상으로부터 수입한 사치품들을 그 어떤 격식이나 예의를 차리지 않고 한데 모아놓고 즐길 기회가 있었던 것이다. 만 건너편에서 플리니우스는 태양 아래의 모든 사물을 수집해 일목요연한 범주로 정리하느라 바빴지만, 그의 노력은 이 위대한 항구의 부두에서는 조롱을 받았다. 이곳에서는 진귀한 식품, 보물, 그리고 온갖 잡다한 사람들이 한데 모여들어 인생을 즐기기에 바빴다. 노예가 기사 계급으로 올라가고 시리아인이 로마인이 되는 시대에 푸테올리는 로마 엘리트들에게 미래의 무서운 모습을 흘깃 보여주는 도시였다. 각종 신분을 구분하는 위계질서가 소멸해 사라지고 오로지 중요한 것은 돈뿐인 세상 말이다.

해방노예들이 높은 지위로 올라가는 현상을 해석하는 또 다른 방법이 있었다. 이를 전통에 대한 위협이 아니라, 전통의 영속화라고 보는 것이다. 로마인들이 노예를 해방노예로 풀어준다는 사실은 언제나 외부인들을 놀라게 했다. 과거 아우구스투스 시절에 한 그리스 역사가는 놀라운 어조로 "이것은 그들의 가장 신성하고 변하지 않은 습속 중 하나다"라고 기록했다.[46] 전설에 따르면 로물루스가 원래 목동, 불법자, 도망자 등으로부터 충원해 온 로마인들은 어떤 뚜렷한 혈통을 자랑하지도 않고 로마라는 도시의 토양에서 생겨났다고 주장하지도 않았다. "자기가 데리고 있는 노예를 그런 혜택을 받을 자격이 있다고 면천시켜준 다음에, 그들이 시민권을 얻는 것을 못마땅해한다면 참으로 어리석은 일이다."[47] 과거 왕정 시대에 자신도 노예 출신이었던 어느 왕은 신하들에게 그렇게 말했다고 한다. 로마인들은 결코 이 교훈을 잊지 않았다. 비록 들판이나 광산에서 일하는 노예들은 해방될 가능성이 거의 없었지만, 회계사로 주인의 재정 상태를 관리하고 여주인의 머리를 매만져주는 하녀는 장기간 충실하게 복무한 공로를 인정받아 언젠가 자유를 얻으리라는 희망을 품을 수 있었다. 하지만 과거에 노예로 일했다는 수치가 완전히 사라지지는 않았다. 노예 신분을 표시하기 위해 한때 발에다 칠했던 백묵은 완전히 지워지는 법이 없었다. 다른 사람의 성적 욕구를 만족시켜주었던 육체를 가진 시민은 지워지지 않는 오점이 몸에 묻어 있는 것이나 마찬가지였다. 이 때문에 해방노예는 법률에 따라 공직 출마가 금지되었다. 하지만 해방노예의 아들들에게는 이런 제한을 가하지 않았다. 자신들의 출신 배경을 대단하게 여기는 원로원 의원들이 "해방노예의 돈과 정신"이라는 냄새를 풍기는 것에 대해 코를 찡그리는 것은 그리 놀라운 일이 아니었다.[48] 그들은 그것이 어디서 나왔는지 잘 알고 있었다.

이미 캄파니아의 도시들에서는, 조상이 아우구스투스 시대에 노예였던 자의 후손이 데쿠리오로 승진한 사례들이 있었다. 이런 조상들은 대개 페트로니우스의 트리말키오처럼 사업으로 큰돈을 벌어서 신속하게 땅에 투자했다. 이런 배경을 가진 푸테올리나 폼페이의 행정관들은 여전히 명문가들이 구시렁거리는 대상이 되었지만, 그런 불리한 사정에도 불구하고 그들이 데쿠리오로 봉사하는 것은 사회적으로 출세한 사람이 과거의 명성을 세탁하고 집안의 비밀을 벽장 속으로 숨기는 좋은 방법이었다. 움브리키우스 스카우루스의 아들이 두움비리 선거에 출마했을 때, 그는 자신이 가룸 제국의 후예라는 사실을 그리 강조하지 않음으로써 당선될 수 있었다. 마찬가지 방식으로 해방노예의 후손이 그들의 가계에 베일을 두르는 것도 가능했다. 노예 시절을 연상시키는 이름은 가능한 한 사용하지 않거나 그런 이름을 아예 내버리고 개명하기도 했다. 그러나 이것은 대개 해방노예들이 추구한 노선은 아니었다. 해방노예는 법률에 따르면 원주인의 가계 소속이었다. 이러한 가정 관계는 장기적으로 그의 후손들에게 기회를 제공했다. 폼페이 같은 도시에서 인생은 불안정했다. 엘리트들에게도 죽음은 언제나 존재하는 위협이었다. 에피디우스의 가문은 그 가계가 수백 년 전으로 소급되었지만 이것은 이례적인 경우다. 폼페이에 서너 세대에 걸쳐서 행정관을 배출한 가문도 어느 날 후계자가 아예 없을 수도 있다. 인생의 변덕이란 언제나 예측할 수 없는 것이었다. 이런 경우에는 가문의 이름을 완전히 소멸시키는 것보다는 해방노예의 후손들이 그 이름, 그 재산, 그 지위를 물려받는 것이 더 좋았다. 이런 가문은 이렇게 그들 자신을 안심시킬 수 있었다. 모든 것이 변한다. 하지만 그 모든 것이 예전 그대로 머무를 수 있다.

황제들은 왔다가 가고 지진은 신전들을 붕괴시키고 노예의 후손들은 엘리트 계급에 들어갈 수도 있었다. 하지만 여러 세기 전 헤르쿨레스가 창건한 도시 폼페이는 언제나 폼페이 그대로였다.

거인들이 깨어나다

나폴리만은 여러 날 동안 지진으로 고통을 받았다. 자기 어머니와 함께 플리니우스의 미세눔 빌라에 머물던 플리니우스의 조카는 지진의 경과를 면밀하게 추적했다. 겨우 열여덟 살밖에 되지 않았지만 소 플리니우스는 삼촌에게서 자연세계의 경이에 대한 매혹과 그것을 기록하는 집념을 물려받았다. 진지하고 근면한 청년인 소 플리니우스는 대 플리니우스에게 가마를 타지 않고 걸어 다니는 것을 그만두라는 조언을 들었다. 가마를 타면 책을 읽을 수 있는 기회가 생긴다는 것이었다. "공부에 바치지 않은 시간은 낭비된 것이다."[49] 이것이 플리니우스의 격언이었다.

그의 백과사전은 놀라운 원칙에 바친 기념물이었다. 아무리 특이한 사건, 아무리 황당한 경이라 할지라도 로마인이 연구 대상으로 삼지 못할 것은 없었다. 지진은 비록 무서운 자연 현상이기는 하지만 그가 철저히 연구한 다른 대상들과 마찬가지로 얼마든지 체계적인 연구 대상이 될 수 있었다. 플리니우스는 세상을 뒤흔든 여러 차례의 지진을 자세히 기록하면서 그것이 땅속에 묻힌 거인들

탓이라거나 일부 학자들처럼 땅속에 갇힌 공기 때문이라고 주장하지 않았다. 그는 지진을 바람 탓으로 보면서 이렇게 썼다. "땅은 바다가 아주 조용할 때에만 흔들린다. 하늘은 너무 조용해 바람 한 점 없어서 새들은 날개를 펴지 못한다. 이런 현상은 바람이 특히 강하게 분 이후에 나타난다. 왜냐하면 모든 바람이 하늘의 정맥과 동굴 속에 갇혀버렸기 때문이다."[50] 플리니우스는 현실적 사항들에도 많은 주의를 기울였다. 그가 기록한 관찰 사항들은 많다. 지진은 봄가을에 더 빈번하게 발생한다. 지진은 종종 조수의 파도를 동반한다. 많은 무기들이 부딪치는 듯한 엄청난 소음이 발생한다. 흔들리는 건물에서 가장 안전하게 서 있을 수 있는 곳은 아치 바로 밑이다. 플리니우스에게 캄파니아를 며칠 동안 뒤흔든 지진은 아주 불편한 자연 현상이 아니라, 이 세상을 좀더 잘 이해하게 해주는 현상이었다.

하지만 다른 곳에서는 이와 다른 견해들을 갖고 있었다. 무수한 건물을 도괴한 대지진이 벌어진 지 17년이 지나간 폼페이에서, 복구 작업은 여전히 미완이었다. 바다를 통해 이 도시에 도착해 항구에서 도시로 들어가는 출입문을 통과하면, 도시의 살벌한 풍경을 곧바로 직면하게 되었다. 스카우루스 저택에서 대로 맞은편에 높게 조성한 축대 위에 세운 베누스 신전은 멀리 난바다에서도 보이는 도시의 최대 건축물이었다. 원래 식민도시 발족을 기념하기 위해 도시의 수호신에게 바친 것으로 지난 200년간 폼페이의 역사를 증언하는 기념물이기도 했다. 지진으로 허물어진 신전 단지를 부분적으로 복원하기는 했으나 대부분은 거대한 건물 부지에 불과했다. 안뜰에는 깊은 고랑이 패었고 커다란 건축용 벽돌이 그 옆에 쌓여 있었다. 쓰레기와 돌 파편이 여기저기 나뒹굴었다. 신전에서 일하고 있는 사람들이 애써 플리니우스에게 말해주지 않아도, 지진 피해가 어느 정도로 심각했는지 한눈에 알 수 있었다. 하지만 규모가 엄청난 이 복원 공사가 오로지 폼페이의 취약성만 증언하는 것은 아니었다. 그것은 동시에 도시의 미래에 대한 믿음을 증언했다. 포파이아 사비나가 헌정했던 황금과 보석으로 치장한 베누스 여신은 도시를 버리지 않았다. 여신의 신전을 복원하려고 열심히 일하는 노동자들 또한 도시를 떠나지 않았다. 그들은 기부와 노동을 제공하면서 신전을 전보다 더 크고 더 화려하게 짓는 작업에 헌신적으로 매달렸다. 신전 복원 공사는 폼페이의 재탄생을 널리 알릴 것이었다.

진동이 며칠에 걸쳐서 도시를 흔들어대자 시민들은 이 지진이 그 복원 공사에 어떤 의미를 부여하는 것인지 걱정했다. 폼페이 위쪽 산등성이들의 샘물이 말라버렸다는 보고를 듣고서 시민들은 경악했다. 또 "거인이라고 보아도 될 법한" 엄청나게 덩치 큰 사람들이 여러 곳에서 산견되었다.[51] 어떤 때는 베수비우스에서, 어떤 때는 시골 지방에서, 어떤 때는 폼페이에서 목격되었는데 땅 위로 성큼성큼 걷는가 하면 하늘을 가로질러 걸어가기도 했다. 그렇지만 일상생활은 계속되었다. 어떤 사람들은 최악의 사태를 우려하며 짐을 싸서 도시에서 철수했으나 많은 사람들은 도시를 떠날 생각을 조금도 하지 않았다.

복원 공사를 하느라 갈라진 틈을 메우고, 손상된 부분을 복원하고, 프레스코 벽화를 손질하는 데 이골이 난 도시의 실내 장식가들은 일거리가 계속 밀려들어 아주 바빴다. 다른 사람들은 지위 고하를 막론하고 일상생활을 계속했다. 데쿠리오들은 고객을 만나고, 자기 사업체를 돌보고, 동료와 상담했다. 주인의 요구와 주문에 온순하게 복종하며 살아가던 노예들은 자신에게 강제 부과된 삶을 그대로 살아갔다. 도시에는 사람들의 갈증을 풀어줄 수 있는 샘물이 아직 많이 남아 있었다. 포룸 근처 도시의 주요 상업 지구에서는, 풍요의 여신 포르투나 조각상의 입에서 물이 계속 흘러나왔다. 적절하게도 그 샘물은 에피디우스 사비누스의 저택에서 그리 멀리 떨어지지 않은 곳에 있었다. 이제 마이우스가 사망했으므로 에피디우스의 출세 전망은 도시의 그 누구보다 유망했다. 포르투나의 축복이 에피디우스에게만 국한되었다는 이야기는 아니다. 그의 집 너머에 있는 멋진 공중목욕탕 단지는 대지진 때 크게 훼손되었으나 그 후 멋지게 복구되었고 방문객들은 이곳을 찾아와 온열 바닥, 늘 물이 나오는 샘물, 수영장 등 최신식 설비를 즐길 수 있었다. 다른 거리에 사는 사람들은 할 일이 있었다. 물건을 배달해야 했고, 가게 직원을 채용해야 했고, 여관과 술집에 납품할 음식을 준비해야 했다. 공중목욕탕에서 두 블록 내려가면 나오는 제과점에는 당나귀 두 마리가 제분기를 돌렸다. 개들이 짖어댔고, 도마뱀들은 돌 위에서 혀를 날름거렸다. 거리 저쪽 끝에 있는 포도원의 포도는 햇볕을 받아 익으면서 달콤해졌다.

그러다가 모든 것이 갑자기 완전히, 그리고 영원히 바뀌어버렸다. 정오 지나 오후 한 시였다. 폼페이에서 만을 건너 30킬로미터 떨어진 미세눔에서, 플리니우스는 소파에 누워 책을 읽으며 방금 먹은 점심을 소화시키고 있었다. 그의 여동생이 하늘에 갑자기 나타난 검은 구름의 소식을 알려왔을 때 신발을 가져오라고 해서 황급히 신고는 가장 잘 관찰할 수 있는 지점으로 달려갔다. 나폴리만 너머 폼페이 쪽을 쳐다보면서 플리니우스는 여동생이 과장해서 알린 것이 아님을 즉각 알아보았다. 일찍이 그가 본 적이 없는 희귀한 구름이었다. 그의 조카는 나중에 그 구름의 형상을 생생하게 회상했다. "겉모습과 형태가 소나무를 아주 닮았다. 마치 나무줄기인 양 아주 길고 높은 기둥이 있었고 그 위에는 여러 갈래로 뻗치고 있었다."[52] 누군가는 그것을 버섯 모양의 구름이라고 묘사할 법했다. 이 세상 누구보다도 자연의 작동에 대해 깊이 연구할 기회를 잘 포착하는 플리니우스는 이보다 더 흥분할 수가 없었다. 그 현상을 좀더 면밀히 살펴보기로 결심하고서 그는 갤리선을 준비하라고 지시했다. 배를 탄 그는 버섯구름 쪽으로 운항하라고 지시했다.

미세눔에서는 그 구름이 솟아오르는 산의 정체를 파악하기가 불가능했다. 그러나 나폴리만 건너편에 사는 사람들은 그렇지 않았다. 베수비우스산의 기슭에서는 화산 분출의 맹렬함이 엄청난 진동으로 느껴졌고, 건물의 벽들은 17년 전 대지진 때 그랬던 것처럼 허물어지면서 붕괴하고 있었다. 그 산 전체가 "내파하여 폐허가 될 듯한" 기세였다.[53] 베수비우스산의 서쪽인 헤르쿨라네움에서, 사람들은 공중으로 솟아오르는 재와 돌의 기둥을 망연자실한 눈빛으로 올려다보았다. 엄청난 굉음과 함께 화산 분출물이 터져나오고 몇 분이 지난 후에 구름은 이미 하늘을 까마득히 덮어서 태양을 소거해버렸다. 이어 약 30분 뒤에 경석과 재가 가랑비처럼 내리기 시작했다. 트럼펫 같은 소리가 들렸고, 사람들이 소리치기 시작했다. 산 아래 오래 묻혀 있던 거인들이 반란을 일으켰는데 그 모습이 연기 가운데 흘낏흘낏 보인다는 것이었다. 거리에 나와 있던 사람들은 집으로 도망쳤고, 집에 있던 사람들은 의아해하며 거리로 나왔다. 헤르쿨라네움에서 필사적으로 달아나려고 많은 사람들이 항구 쪽으로 내달리거나 네아폴리스로 가는 길 쪽으로 달려갔다. 그 길로 가야 등 뒤에 있는 베수비우스산에서 멀어질 수 있었으나 그들은 맞바람을 안고 달려야 했다. 맹렬한 바람에 실려 오는 경석과 재는 천천히 네아폴리스에서 방향을 틀어 폼페이 쪽으로 갔다.

아직 이른 오후였으나 마치 밤이 찾아온 것 같았다. 오로지 남쪽과 동쪽에 수평선을 따라서 희미하게 햇빛이 남아 있었는데 아주 희붐하고 희미한 새벽이 오는 듯했다. 그렇지만 여전히 주위는 칠흑처럼 깜깜했다. 폼페이 시민들은 도시를 덮친 패망을 목격하려면 램프를 켜거나 횃불에 불을 붙여야 했다. 그들이 램프와 횃불을 치켜들고서, 벌써 땅 위에 덮이기 시작하는 경석 더미를 힘들게 나아갈 때, 경석 더미에 짓눌리는 지붕들이 힘겹게 버티다가 마침내 그 무게에 붕괴하는 것을 보았다. 이런 현상이 점점 심해지자 사람들은 집에 들어가 대피하는 것을 더욱 불안하게 여겼고 그리하여 어떻게든 달아날 궁리를 했다. 걸어가는 사람들과 귀중품을 실은 역축 무리가 흐름을 이루어 도시 성문을 빠져나가 대로 위로 올라섰다. 그러나 여기에서도 위험이 있었다. "불의 열기에 그을리고 깨진" 돌조각 파편이 연석과 함께 뒤섞여 있던 것이다.[54] 화산 분출의 힘에 베수비우스산 꼭대기에서 찢겨나온 이 돌파편들은 하늘 높이 솟구쳤다가 이제 불규칙적이지만 치명적으로 우박처럼 땅을 향해 빠르게 떨어졌다. 아주 단단한 비처럼 말이다. 연석은 너무 가벼워서 사람들에게 피해를 주지는 못했지만 엄청난 양으로 쏟아져내려, 폼페이에서 나가는 길의 통행을 아주 어렵게 했다. 마차는 아예 통행이 불가능했다. 항구를 통해 달아나려던 사람들은 항구 근처의 바다가 연석으로 뒤덮인 것을 발견했다. 경석이 수면에서 아주 두꺼운 층을 형성하고 있어서 난바다로 나아갈 수가 없었다. "산에서 날아온 돌들 때문에 해안선 근처의 바다는 곧 통행이 불가능한 뻘밭같이 되어버렸다."[55]

이들과 같은 어려움을 겪는 것은 미세눔 제독도 마찬가지였다.

플리니우스는 당초 버섯구름을 관찰하기 위해 배를 바다에 띄웠으나 탐구의 범위를 신속하게 확대했다. 그는 출항하기 직전에 편지를 한 통 받고 나서 그 마음을 굳혔다. 베수비우스산 바로 밑의 해안 빌라에 사는 여자가 보내온 편지였다. 화산 분출 몇 시간 전의 현지 상황에 대한 묘사가 담겨 있었다. 현지 주민들이 볼 때, 지진에서 거인들의 판타지에 이르기까지 다가오는 대재앙의 조짐이 너무나 끔찍하다는 내용이었다. 그 편지를 읽고서 플리니우스는 화급한 문제 해결에 눈을 떴다. 사람들의 대규모 대피를 즉시 조직적으로 준비해야 했다. 바로 이런 임무 때문에 그는 미세눔에서 출항하면서 함대의 맨 앞에 서서 지휘를 했다. 돛에 바람을 가득 받아서 그와 그의 갤리선들은 신속히 목적지에 접근할 수 있었다. 그러나 베수비우스 바로 밑의 해역에 도착했을 때 그들은 더 이상 항구 안쪽으로 들어갈 수가 없었다. 해안에 갇힌 사람들이 그곳을 떠나지 못하는 상황과 비슷했다. 플리니우스는 잠시 회항할까 생각했으나, 불어오는 바람이 맞바람이었고 부하들이 그것을 겁먹은 행동으로 오해할까 우려했다. 따라서 그는 선수를 동쪽으로 돌려서 스타비아이로 향해 나아갔다. 그곳에는 베수비우스 기슭 지역보다 경석 비가 약하게 내렸기 때문에 그와 함대는 마침내 상륙할 수 있었다. 항구에서 플리니우스는 한 친구를 만났는데 폼포니아누스라는 원로원 의원이었다. 그 의원은 필사적으로 달아나려 했으나 맞바람에 절망하고 있었다. 플리니우스는 친구를 포옹하면서 위로했다.

이어 현 상황을 별로 우려하지 않는다는 것을 보여주기 위해, 재로 덮인 자신의 몸을 씻기 위해 친구에게 목욕을 하자고 제안했다. 항구 위쪽에 빌라를 갖고 있던 폼포니아누스는 노예들에게 제독을 공중목욕탕으로 모시고 가라고 지시했다. 플리니우스는 목욕을 마치자 아주 좋은 기분으로 친구가 준비한 식사 자리에 참석했다. "적어도 그 상황에서 최대한 좋은 기분을 내보인 것이었을지 모르나, 어쨌든 진짜 기분이 좋았을 때와 별반 다름없는 표정이었다."56

그러는 사이에 플리니우스가 폼포니아누스의 환대를 받고 있는 곳에서 해안선을 따라 25킬로미터 떨어진 곳에서는, 죽음이 헤르쿨라네움을 덮칠 준비를 하고 있었다. 오후 내내 그리고 저녁때까지 그 도시에 그대로 머무르고 있던 주민들은 이제 최악의 사태는 모면했나 보다 생각하고 있었다. 바람이 북서쪽에서 계속 불어왔고 하늘에서 떨어지는 경석도 아주 가벼웠다. 그러다가 자정 지나 서너 시간이 지났을 무렵에 오랫동안 지하에 포로로 갇혀 있던 거인들의 분노가 새로운 공포의 수준으로 솟구쳤다. 붉은 불의 제트 기류가 베수비우스산의 꼭대기에서 분출하기 시작했다. 그 기류를 감추고 있는 물결구름들도 산기슭에 모여 있는 사람들의 시야에서 그 무시무시한 흐름을 가리지 못했다. 번개가 통째로 재 사이로 번쩍거리면서 화염의 번갯불을 내리쏘았다. "밤이 아주 어두웠기 때문에 그 화염은 더욱 선명하게 보였다."57 자정이 왔다가 갔다. 그리고 최초 분출이 시작된 지 12시간이 지난 후에 번개가 머리 위에서 번쩍거리는 것을 올려다보던 헤르쿨라네움 주민들은 완전히 새로운 것을 보게 되었다. 그들은 그 광경을 오래 쳐다볼 수가 없었다. 재의 기둥에서 나온 번쩍거리는 붉은 구름이 베수비우스산의 측면을 타고 흘러내려 그들 쪽으로 다가오고 있었다. 사람들은 무서워하며 흩어져서 도망쳤다. 바다로 뛰어든 사람들, 바다로 뛰어들지 못해 집 안의 지하실에서 웅크려 아기를 꼭 안은 어머니들, 어린이들, 노인들 모두 사망했다. 재, 경석, 가스의 산사태는 맹렬한 속도로 움직이면서 몇 분 사이에 온 도시를 덮쳐버렸다. 살아 있는 생물은 그 끔찍한 열기에서 살아남을 수가 없었다. 피부는 기화해버렸고 내장은 펄펄 끓었다. 두개골이 터져서 두뇌의 뇌수가 불 구름의 행로 위에서 증발했다. 조각상들의 머리 부분은 떨어져나갔다. 들보, 타일, 벽이 모두 하늘 높이 날아올랐다. 도시 전체가 땅속에 묻혀버렸다. 헤르쿨라네움의 매장이 막 시작되었다.

뭔가 무서운 일이 벌어졌다는 사실은 나폴리만 연안에 사는 모든 사람들에게 분명해졌다. 여전히 밤이었고 이제 하늘 끝에 도달한 것처럼 보이는 버섯구름은 달과 별을 가렸다. 베수비우스산의 변화는 공기 중에서도 느껴졌다. 스타비아이에 머물던 플리니우스는 베수비우스산 위의 번개를 대단치 않은 것으로 평가하면서 침대에 누워 취침하려 했다. 하지만 그를 따라서 잠자러 가려는 사람들은 거의 없었다. 폼포니아누스의 빌라에 있는 사람들은 25킬로미터 떨어진 곳에서 벌어진 일의 정확한 세부 사항을 파악할 수는 없었지만 시작부터 대단히 위협적이었던 화산 분출이 완전히 새롭고 무서운 단계에 접어들었다는 것만큼은 분명했다. 경석 낙하는 이제 너무 심해져서 만약 걱정하던 하인이 잠자는 플리니우스를 깨우지 않았더라면 그는 침실에 갇혀버렸을 것이다. 땅의 진동은 너무 심해서 빌라 전체가 그들의 머리 위에서 땅으로 폭삭 가라앉을 것 같았다. 빌라 사람들은 긴급히 논의하기 시작했다. 지하실로 들어가는 것이 안전할까, 아니면 항구로 내려가서 바다로 나가는 것이 안전할까? 이제 그 빌라는 너무 흔들려서 뿌리째 뜯겨나갈 것 같았기 때문에 플리니우스와 폼포니아누스는 배들이 있는 곳으로 가는 방법이 그나마 가장 낫다고 결론지었다. 점점 더 거세게 내리퍼붓는 돌에 대비하기 위해 그들과 하인들은 머리에다 베개를 단단히 묶었다. 이어 횃불을 켜고서 빌라 아래의 등성이를 내려가기 시작했다. 이제 해가 떴지만 새벽은 마치 어두운 황혼처럼 보였다. 맞바람이어서 해안에서는 기다리는 것 외에 다른 방법이 없었다. 한 하인이 플리니우스를 위해 요를 폈다. 플리니우스는 힘겹게 숨을 내쉬더니 그 위에 누웠다. 그는 물 한 잔을 청했고 이어 한 잔 더 달라고 했다. 바람은 여전히 그의 얼굴 쪽으로 불어왔다. 재와 경석이 계속해서 떨어졌다.

사람들은 갇힐지 모른다고 우려했는데 분출된 용암이 아래쪽으로 흐르는 것만이 원인은 아니었다. 나폴리만 맞은편 네아폴리스, 푸테올리, 바이아누스에서도 공포는 점점 심해지고 있었다. 헤르쿨

4 | 잠자는 거인들　375

라네움을 완전히 파괴한 후에 터져나온 무시무시한 땅의 진동은 베수비우스산 서쪽 해안에 살고 있는 사람들에게 최초로 그들 또한 위험에 빠질지 모른다는 인식을 생생하게 각인시켰다. 지진은 경석 구름과는 다르게 바람에 의존해 혼란과 죽음을 퍼트리는 자연 현상이 아니었다. 플리니우스로 하여금 폼포니아누스의 빌라를 나서게 만들었던 땅의 진동은 미세눔에서도 그의 여동생과 조카를 잠에서 깨웠다. 모자는 어떻게 대응할지 막연해 집의 안뜰로 나가보았다. 그곳에서는 적어도 그들 머리 위로 지붕이 가라앉을 염려는 없었다. 모자는 마당에 쪼그리고 앉았다. 삼촌을 그대로 빼다 박은 소 플리니우스는 역사책을 펴들고 기록하기 시작했다.

하지만 새벽이 오면서 지진의 강도는 더욱 거세졌다. 소 플리니우스조차도 이제 연구할 시간은 지나갔다는 사실을 받아들여야 했다. 그는 수레에다 필요한 짐을 실으라고 지시했다. 그런 다음 모자는 집을 떠나 소란스러운 거리로 나갔다. 다른 사람들도 그들을 따르기 시작했고 곧 도시의 모든 주민이 피난길에 오른 것 같았다. 모자가 일단 개활지에 도달하자 소 플리니우스는 수레들을 안정시켜보려 했으나 소용이 없었고, 전보다 더 심하게 앞뒤로 흔들렸다. 그는 노예들을 감독하느라 정신이 없는 상태였으면서도 등 뒤로 고개를 돌려 넓은 만을 계속 쳐다보았다. 거기에는 아주 경이로운 장면이 펼쳐져 있었다. 전에 바다였던 곳에 메마른 땅이 펼쳐져 있었다. 썰물에 전신이 노출된 해양 생물들은 모래 더미 위에서 널브러져 있었다. 저 멀리, 커다란 버섯구름은 아직도 몇 킬로미터 높이로 솟아 있었지만 그래도 하늘 끝까지 덮을 정도는 아니었다. 이 무서운 광경의 원천지인 베수비우스산은 꼭대기에 화염을 뒤집어쓰고 있었다. 플리니우스는 백과사전에 이렇게 썼다. "세상의 넓은 지역에서 엄청나게 다양한 방식으로 불이 땅으로부터 자연스럽게 솟아오른다."[58] 삼촌의 안위를 걱정하던 청년 소 플리니우스는 삼촌이 돌아올 때까지 나폴리만에서 도망치지 않기로 결심했다. 아무튼 현재 이 순간 소 플리니우스는 위대한 백과사전 편찬자의 견해가 옳았다는 것을 확인하고 약간이나마 위안을 느꼈다.

"지진은 도시를 통째로 삼키고 땅 밑으로 매장시켜서 도시의 흔적이 아예 남지 않게 한다."[59] 플리니우스는 지진에 대해 이렇게 묘사했다. 만약 그가 새벽의 첫 빛에 헤르쿨라네움의 폐허를 살펴볼 수 있었다면 그는 경석의 희미한 진눈깨비 사이로 아주 무서운 장면을 목격했을 것이고 이는 백과사전의 한 장을 이루었을 것이다. 나중에 밝혀진 것처럼 지진만이 도시를 통째로 매장시킬 수 있는 유일한 자연 현상은 아니었다. 시시각각 베수비우스산 꼭대기에서 공중으로 솟구치는 재와 돌의 기둥은 한때 하늘 끝에 닿을 듯한 기세이더니 마침내 쏟아져내리기 시작했다. 최초로 화산재가 산사태처럼 헤르쿨라네움을 뒤덮은 뒤에, 더 많은 화산재가 주기적으로 날아와 도시를 제압했다. 재, 경석, 돌, 산등성이에서 뿌리가 뽑혀나온 나무, 도괴된 벽들에서 나온 잔해, 지붕에서 떨어져내린 타일

등이 거듭해 거대한 파도가 되어 도시를 완전히 매장하고 이어 여세를 몰아 바다 쪽으로 내달렸다. 그리하여 새벽이 되자 주거지의 마지막 흔적이 거의 30미터 두께의 화산재에 덮여 사라지고 말았다. 해안은 알아볼 수 없을 정도로 풍경이 바뀌었다. 헤르쿨라네움에는 아무것도 남지 않았다. 수백 년 전에 승리를 거두어 의기양양한 헤르쿨레스가 창건했던 도시는 이제 사막이 되었다. 헤르쿨레스에게 당한 거인들이 복수하겠다고 나섰던 것이다.

이와는 대조적으로 폼페이에서는, 비록 흐릿하긴 했지만 해가 뜨면서 지난밤의 악몽은 다소 완화되는 듯했다. 최초의 화산 분출 이래로 내리는 파편의 양이 줄어들기 시작했다. 밖으로 달아나는 것이 아니라 집에 그대로 피신해 있기를 선택한 사람들은 모두 죽었다. 엄청난 양의 경석 더미에 짓눌려서 질식사했거나 붕괴된 돌 더미에 짓눌려서 압사했다. 그래도 많은 사람이 살아남았다. 어떤 사람들은 돌 더미에 갇혀서 흐느껴 울며 살려달라고 소리쳤다. 또 어떤 사람들은 밖으로 나가기가 두려워서 그들이 있는 곳에 그대로 위축된 채 남아 있었다. 개들은 배고픔과 공포 때문에 마구 울부짖었다. 도시 전체가 부상당한 짐승처럼 고통 속에서 신음을 내지르는 것 같았다. 은신처에서 나와 음산한 빛 아래에서 돌 더미 사이를 헤쳐나가려고 마음먹은 사람들은 신속히 행동에 나섰다. 건물들의 꼭대기 층을 빼놓고 모두 경석 더미에 파묻혔지만, 대피자들은 옛 거리의 빈 틈새를 이용해 가까스로 도망칠 수 있었다. 그들은 도시의 출입구를 향해 나아갔다. 남자들은 가족을 인도했고, 노예들은 무거운 짐을 졌으며, 아이들은 손을 잡고 달렸다. 한 의사는 의료 도구함을 꼭 쥔 채 원형경기장 옆의 은신처에서 나섰다. 신전의 하인은 사당 내 보물을 잘 챙겨서 길을 나섰고 그 보물들을 땅바닥에 흘리지 않으려고 애썼다. 다른 도망자 스무 명과 함께 달아나던 한 여인은 자그마한 포르투나 조각상을 가슴에 꼭 껴안고 있었다.

하지만 신들에게서는 아무런 도움도 얻을 수 없었다. 복수심에 찬 거인들은 헤르쿨레스가 창건한 두 도시 중 하나를 이미 해치워버린 뒤에 못 말리는 기세로 다음 목표물을 노렸다. 가스와 녹은 돌로 이루어진 검은 구름이 폼페이에 너무나 빠르게 내려서 아무도 도망치지 못했다. 그 구름이 내리는 길에 있던 사람들은 모두 죽었다. 무릎을 꿇고 있는 한 여자는 속절없이 천 조각을 자기 입속에 밀어 넣었다. 도시 외곽의 빌라에서 생활하던 족쇄 달린 노예는 그 족쇄의 쇠가 뼈와 함께 녹았다. 목줄을 채운 개는 주인집 입구에서 콘크리트 공기로 폐가 가득 차서 죽음의 단말마 속에 온몸을 비틀었다. 화산재가 내리면서 그 모든 사람이 죽었다. 모든 사람과 모든 사물이 화산재에 파묻혔다. 에피디우스는 마이우스 사후에 자신의 것이 되리라고 생각했던 명예를 누리지 못할 것이었다. 베누스 신전의 보수 공사도 결코 완공되지 못할 것이었다. 제과점의 당나귀는 영원히 제분기에 연결되어 있어야 할 것이었다. "모든

것이 화염과 검은 재 밑으로 가라앉았다."⁶⁰

폼페이를 매장해버린 화산재의 파도는 무시무시할 정도로 대규모였다. 헤르쿨라네움에 내린 화산재의 산사태도 엄청났지만, 그것은 두 고대 도시가 서 있는 터에 내린 마지막 화산재의 흐름, 검은 불 구름에는 비할 바가 아니었다. 자정 이후에 단속적으로 불어왔던 거대한 화산재의 기둥은 거의 20시간 동안 불규칙적으로 도시를 덮쳐 오더니 이제는 최종 단계에 접어들어 끝나가고 있었다. 그것은 거대한 파도처럼 나폴리만 일대를 덮쳤다. 소 플리니우스는 미세눔에서 그 기둥이 바다 위로 흘러넘치면서 모든 지형지물을 삼켜버리는 광경을 지켜보았다. 그는 어머니의 손을 잡고서 그 구름보다 앞서서 빨리 걸으려고 애썼다. 그러나 구름이 너무 빠르게 움직이고 있었다. 화산재의 폭풍과 함께 "앞으로 내달리는 짙은 어둠, 거대한 홍수처럼 대지를 뒤덮는 어둠"이 들이닥쳤다.⁶¹ 지상에 내린 그 어둠은 평생 빛이 들지 않은 깊은 감옥 같았다. 어린아이들은 흐느껴 울었다. 부모들은 잃어버린 아들과 딸의 이름을 소리쳐 불렀다. 어떤 사람은 자기 자신이 처량해서, 어떤 사람은 세상이 너무 암울해 울었다. "많은 사람이 두 손을 하늘 높이 쳐들면서 신들에게 호소했다. 반면에 신은 더 이상 존재하지 않는다며 어둠이 영원히 지속될 것이고 세상은 종말을 맞이했다고 말하는 사람도 많았다."⁶² 먼 곳에서는 불빛이 가물거렸다. 어둠이 다시 돌아왔고 화산재가 다시 두텁게 내렸다. 소 플리니우스와 그 어머니는 질식사의 위험을 느끼면서 그 화산재를 필사적으로 털어냈다. 두 사람은 물론이고, 미세눔과 캄파니아, 그리고 그 너머의 모든 곳이 영원한 밤을 맞은 것 같았다. 그러다가 희미한 반짝거림, 빛의 암시가 보였다. 어둠이 옅어지기 시작했고 연기가 듬성해졌다. 아주 붉은 태양은 검은 구름의 베일을 통해 흐릿하게 빛났다. 미세눔은 허물어지지 않고 버텼고, 그 너머의 바이아누스, 푸테올리, 네아폴리스도 그대로 서 있었다. 그 도시들은 화산재를 뒤집어썼고, 주민이 수천명 죽었지만 그래도 헤르쿨레스가 창건한 두 도시처럼 완전히 붕괴할 운명은 모면했다. 아무튼 세상은 종말을 맞이하지 않았다.

그러는 사이에 만의 저 먼 쪽에서, 미세눔을 휩쌌던 검은 구름이 스타비아이에 도착했다. 플리니우스와 그 일행은 떨어지는 경석의 비를 맞으며 앉아 있었기에 그 구름이 다가오는 것을 보지 못했다. 하지만 그들은 베수비우스 쪽에서 다가오는 희미하게 빛나는 무언가를 보았다. 바로 화염이었다. 이어 바람결에 유황 냄새가 심하게 났다. 플리니우스의 일행은 경악하며 벌떡 일어섰다. 대부분은 등을 돌려 달아났다. 두 명의 노예는 이제 숨을 헐떡거리는 플리니우스를 내버릴 수가 없어서 그를 일으켜 세웠다. 하지만 노인은 그 즉시 다시 쓰러졌다. 유황 같은 냄새는 더 심해졌다. 화산재 구름은 더 짙어졌다. 그 구름은 점점 더 짙어지며 플리니우스 쪽으로 불어왔다. 곧 주위는 총체적 어둠에 휩싸였다.

그로부터 이틀이 지나가자 하늘은 다시 맑게 개었고 캄파니아

일대에 들이닥친 대참사의 규모가 낱낱이 드러났다. 수색대는 플리니우스가 마지막으로 목격된 장소를 찾아왔다. 그는 빌라에서 탈출하던 날 아침에 입었던 옷차림 그대로였다. 동물들이 시신을 물어뜯은 흔적은 없었다. 그렇게 누워 있는 동안에 돌의 파편이 날아오지도 않았다. 그의 몸은 전혀 시신 같지 않았다. 꿈도 꾸지 않고 아주 깊이 잠든 사람 같았다.

5

거대한 거미줄의 중심에 자리 잡은 거미

지상 최대의 무대

어느 날 푸테올리 부두에 서서 화물선이 화물을 내리는 모습을 지켜보던 무키아누스는 극히 드문 광경을 보게 되었다. 코끼리 한 무리가 건널 판자에서 뒷걸음질치며 걷고 있었던 것이다. 그가 코끼리들이 그런 이상한 행동을 보이는 이유를 헤아리기까지는 그리 오래 걸리지 않았다. 배와 땅 사이의 간격에 불안을 느낀 이 거대한 짐승들은 "거리를 잘못 짐작하고" 이렇게 몸을 돌리고 있었던 것이다.[1] 무키아누스는 늘 코끼리를 크게 찬미해온 사람이었다. 그는 자연의 경이를 잘 아는 사람이었기에 그런 반응은 당연했다. 지구상에서 가장 큰 이 동물은 지적인 동물로도 유명했다. 무키아누스는 특별히 교육받은 코끼리는 그리스어로 글을 쓸 수 있다고 직접 말하기도 했다. 플리니우스에 따르면, 학습의 발전이 더딘 또 다른 어떤 코끼리는 낮 동안 사육사가 내준 숙제를 밤에 진지하게 복습했다. 신체 크기와 지능 수준, 이 두 가지로 사람의 마음을 코끼리만큼 사로잡는 동물은 없었다.

당연하게도 코끼리는 로마인에게 큰 사랑을 받았다. 코끼리가 그리스어를 쓰는 것을 지켜보려는 열의는 그리 높지 않다 할지라도, 이 거대한 동물은 관중을 즐겁게 하는 기술을 두루 학습할 수 있었다. 곡예용 줄을 걸고, 검투사처럼 공연하고, 코로 무기를 던질 수 있었다. 티투스는 황제가 되고 1년 뒤 플라비우스 원형경기장 완공을 전례 없이 화려한 공연으로 기념하려 했고, 세상에서 가장 크고 가장 똑똑한 네 발 짐승은 자연스레 공연의 핵심 동물로 떠올랐다. 이 행사를 기념하기 위해 황금과 은으로 주조한 주화에는 특히 호전적으로 보이는 코끼리의 이미지가 찍혀 있었다. 거대하고, 경이롭고, 경외심을 불러일으키는 코끼리는 플라비우스 원형경기장의 상징이 되었다.

경기장에 모습을 드러낸 대다수 짐승처럼 코끼리는 황제의 통치가 미치지 않는 곳에서 더욱 빛나는 경향을 보였다. 야만인과 마찬가지로 이 짐승은 로마의 용기를 존중하는 법을 배워야 했고, 불필요한 곳에 멋대로 들어가면 받게 되는 처벌을 두려워해야 했다. 이는 확실히 검증된 원칙이었다. 로마가 아프리카 정복에 나섰을 때 새로운 속주의 여러 도시를 위협한다고 여긴 짐승인 사자들을 십자가에 매달아 죽인 이유도 바로 엄정한 기강 확립 때문이었다. 몇 세기가 지나고 플라비우스 원형경기장에 풀어놓은 그런 흉포한 짐 승들은 세계 수도에 바치는 자연의 공물로 여겨졌다. 아프리카 깊 숙한 곳에서 데려온 코뿔소든 인도에서 "황금 우리에 가둬 수송해 온 소리 안 나게 걷는 호랑이"든 영국 최북단 자연에서 데려온 곰 이든, 이 기이하고 무시무시하고 이국적인 동물들은 모두 로마 제 국의 세계적인 영향력을 증언했다.[2]

하지만 여흥과 오락을 제공하는 능력에 필연적으로 높은 부가가 치가 붙던 짐승들은 단순히 흉포함의 본성을 드러내는 표본으로 만 활용되지는 않았다. 플리니우스가 언급한 것처럼 사자는 "간청 하는 자에게 자비를 보이는 유일한 동물"이었다.[3] 마우레타니아 아 틀라스산맥 가장자리에 있는 숲에서 코끼리는 보름달이 떠오를 때 마다 강으로 내려와 강물을 뿌려 몸을 적시면서 정화 의식을 수행 했다. 동물 세계에서 이와 같은 감탄할 만한 행동이 많이 발견되었 다. 천랑성天狼星을 볼 때마다 마치 숭배하듯 그것을 바라보며 벌떡 일어서는 가젤, 흉악한 강도에게서 소년을 구해냈다는 뱀도 있었 다. 원형경기장 관중은 여흥을 위해 짐승이 창에 찔릴 때 환호했지 만 그런 비장한 광경에 눈물을 흘리기도 했다. 검투사의 담력과 기 술이 로마인에게 선조의 기량을 떠올리게 한 것과 마찬가지로, 세 상 저 끝에서 그들의 도시로 건너온 짐승은 로마인들의 마음을 움 직이고 자극을 주어 그들의 가장 고귀한 자질을 깊이 생각하게 만들었다. 플라비우스 원형경기장의 개장을 기념하기 위한 동물 공연 중 하나가 진행되는 동안에 어떤 코끼리가 티투스 앞에 무릎을 꿇고 황제에게 존경심을 표시했다. 이것을 보고서 로마인들은 황제, 로마, 그리고 자연계가 모두 하나의 커다란 조화 속에 서로 단단하게 연결되어 있다고 확신하게 되었다. "믿어야 하네, 그 독실하게 탄원하는 코끼리는 우리가 그런 것처럼 똑같은 신의 숨결을 호흡하고 있다네."[4]

그렇게 믿는다는 것은 하나의 위안이었다. 당시는 베수비우스 화산 폭발이 있고서 불과 몇 달이 지나갔고, 제국 자체가 붕괴 직전인 것처럼 보였던 때로부터 고작 몇 년이 지났을 뿐이었다. 이런 재난들이 우주적 격변의 표출이 아닌가 하며 두려움을 품는 것은 아주 자연스러운 일이었다. 하늘이 어떻게든 땅의 일에 해로운 영향을 미치려고 한다는 두려움이 로마인들 사이에 널리 퍼져 있었다. 달이 차고 기우는 일이 조류潮流의 움직임에 영향을 미친다는 것은 널리 알려진 지식이었다. 마찬가지로 뾰족뒤쥐의 내장, 굴껍질의 두꺼운 정도, 개미가 부지런하게 일하는 능력, 미치광이들이 내보이는 행동, 티투스의 즉위를 예고했던 혜성 등은 온 세상을 혼란 속으로 몰아넣는 운명적 흐름의 예고편이었다. 로마의 역사를 기록한 연대기들은 일찍이 많은 자연재해와 우주의 다양한 분노를 서술했으나, 베수비우스 화산 가장 깊은 곳에서 뿜어져나온 불과 비교될 만한 그 어떤 참사도 기록한 바가 없었다. 나폴리만은 농부와 강도가 혼재하는 그저 그런 곳이 아니라, 어찌 됐든 세계 엘리트들이 거주하는 고급 휴양지였다. 플리니우스 함대 제독은 화산 분출 때 비명횡사했다. 안토니우스 펠릭스의 아들, 즉 헤롯 아그리파 2세의 조카도 마찬가지로 비명에 갔다. 그러는 사이 캄파니아 해안 지대를 따라 들어선 휴양지, 즉 네아폴리스, 푸테올리, 쿠마이에는 난민이 가득했다.[5] 폼페이와 헤르쿨라네움에서 도망친 또 다른 사람들은 오스티아로 이주했고, 그들이 직접 겪은 재난 이야기를 수도의 가가호호에 전달했다. 증인들이 도착하기 전부터 지중해 전역 사람들은 하늘을 쳐다보며 자신이 본 광경을 믿지 못하겠다는 듯이 부르르 몸을 떨었다. 화산재 구름이 미풍에 실려 로마는 말할 것도 없고 그보다 훨씬 더 멀리 떨어진 곳들, 가령 아프리카, 이집트, 시리아에도 깊은 어둠의 장막을 드리웠다. "이런 장소들에 있던 사람들은 대재앙에 무지했고, 어떤 일이 벌어졌는지 상상할 수도 없어 그런 일을 직접 경험했던 사람들만큼 믿을 준비가 되어 있지는 않았지만, 온 세상이 발칵 뒤집혀 태양이 빛을 잃고 땅이 하늘로 솟았다고는 믿었다."[6]

티투스는 그런 불길한 징후가 얼마나 나쁜 영향을 미칠 수 있는지 잘 알았다. 베수비우스 화산이 분화하기 10년 전, 네 황제가 차례로 죽어나가던 시절에 카피톨리누스 언덕이 타오르던 모습을 보고서 제국 전역이 경악했다. 로마에서는 정권이 미처 확립하기도 전에 플라비우스 황조의 적법성이 당장 문제 될 것 같았고, 갈리아에서는 내전의 불길이 더욱 크게 타올랐다. 당연한 일로서, 대재앙이 그렇게 캄파니아에 들이닥친 결과 티투스는 고통받는 백성에게 아버지 같은 존재가 되고자 자신이 할 수 있는 일을 다했다. 경석과 화산재의 무덤이 되어버린 폼페이와 헤르쿨라네움에는 국가의 지원이 없었지만, 해당 지역 다른 도시들은 상당한 구호품을 받았다. 전직 집정관들의 감독 아래, 구호 기금은 시민들이 손상된 건물을 수리하고, 베수비우스 화산이 남긴 폐기물을 치우고, 밀어닥친 난민들을 대처하기에 충분한 사회 기반 시설을 구축하는 데 사용되었다. 캄파니아가 질식하는 동안 티투스가 아무것도 하지 않고 빈둥거렸다고 말하는 사람은 아무도 없었다.

하지만 재난 이후에 뒤처리를 하는 정리 작업만으로는 충분하지 않았다. 하늘을 달래야 했다. 실용적인 민족인 로마인은 자연 질서에 어떤 장애가 생기거나 일상을 벗어나는 사고가 발생하면 그것을 빚 독촉과 비슷하게 여겼다. 신들에게 진 빚이 있으면 곧바로 갚는 것 외에 대안이 없었다. 그것은 세상을 다시 바로잡으라는 신들의 요청이었다. 분열된 질서를 바로잡고, 무시해온 관습을 재개하고, 사물의 질서를 고대에 그랬듯이 정연한 것으로 회복시키라는 뜻이었다. 티투스는 환관 애호로 악명이 높았고, 보수주의자들은 잠재적으로 그가 제2의 네로가 될지 모른다고 깊이 의심했다. 티투스는 그런 질서 회복 계획의 지도자로 어울리지 않아 보였다. 하지만 막상 일이 닥치니 그의 재능은 위기 극복에 무척 적합하다는 것

이 증명되었다. 그는 내심 이렇게 말했을 법하다. '나는 이제 예전의 내가 아니다.'

황제의 보위에 오른 그는 자신에게 요구하는 것이 무엇인지 분명하게 알았다. 완고하고, 냉소적이고, 훌륭한 매력을 지닌 티투스는 사람들의 예상을 뒤엎고 모범적인 시민의 모습을 보였고 이전에는 전혀 예측하지 못한 재능을 보였다. 보란듯이, 폭넓은 승인을 받은 그는 원로원과 로마 시민에게 동반자의 모습을 탁월하게 보여주었다. 그는 자신이 즉위 직전까지 지휘했던 근위대의 전횡을 완화해 통치의 관대함을 보였고, 반역으로 고발하는 일을 허용하지 않음으로써 원로원에게 지지를 호소했으며, 평민들에겐 그들과 함께하고 그들의 취미를 즐기는 것에서 큰 기쁨을 얻음을 분명히 보여주었다. 그리하여 그는 세상의 인심을 샀다. 하늘이 분노해 자신이 진지하게 사태를 해결해야 한다는 것을 깨달은 티투스는 의무라고 생각하는 일을 모두 해냈다. 로마시에서 가장 위엄 있는 사제직인 대제관pontifex maximus에 취임한 그는 자신이 오로지 한 가지 사안에 따라서만 동기를 부여받는다고 선언했는데, 자신의 손에 절대로 피를 묻히지 않겠다는 다짐이 바로 그것이었다. 어느 날 저녁 누워서 낮 동안 아무도 돕지 못했음을 깨달은 그는 고대 영웅처럼 하루 일과의 실패를 크게 한탄했다. "친구들, 나는 오늘 하루를 낭비했네."[7] 이와 같은 태도는 티투스의 평판을 크게 높여주었지만 실은 황제 측에서 철저히 계산한 것이었다. 로마를 이토록 위대한 지위에 올라서게 한, 고대로부터 내려온 마땅히 지켜야 할 시민의 책무를 로마 시민들에게 상기시키기 위한 것이었다. 로마인이 진정으로 번창하고 계속 신들의 가호를 받으려면 최선을 다하는 모습을 반드시 보여야 한다는 것이었다.

플라비우스 원형경기장은 로마 제국의 광대함에 충분히 부합할 만큼 어마어마한 규모였고, 다른 모든 경이를 퇴색시킬 정도로 경탄스러운 구조물이었다. 그것은 로마 제국에 대한 확신을 각인시키는 깜짝 놀랄 만한 기념물이었다. 그리고 그 거대한 모습은 사람들을 압도했다. 경기장에서 펼치는 무네라의 개장식 공연에 몰려든 군중은 자신이 단순한 관중보다 훨씬 더 큰 의미를 지닌 존재라는 것을 깨달았다. 고대에 켄투리아 투표로 행정장관을 선출하거나 병력 동원에 집결했을 때처럼, 로마인들은 경기장의 계단을 올라와 착석한 그 순간에도 과거에서 그때까지 내려온 제국 운영의 일정한 리듬에 맞춰 움직였다. 플라비우스 황조 시대에 들어와, 모든 시민이 부와 지위에 따라 서열이 결정되었고 이러한 원칙은 공화정 초창기와 똑같았다. 난잡하게 부자와 빈자, 원로원 의원과 평민이 마구 뒤섞이는 황금 궁전의 대정원과는 다르게, 플라비우스 원형경기장은 바위로 만든 위계제의 거대한 구조물로 우뚝 서 있었다. 불과 6년 전에 감찰관을 맡았던 티투스는 계급 질서가 없는 사람들은 어중이떠중이에 지나지 않는다는 것을 잘 알았다. 원형경기장에서 자리에 앉은 그는 무질서한 군중이 아닌 동료 시민들의 시선을 받았다. 그의 옆엔 원로원 의원들이 있었고, 그의 위쪽 관람석에는 재산, 직업, 부족, 의상, 성별 등 모든 사항에 따라 꼼꼼하게 평가한 계급 서열에 따라 사람들이 앉아 있었다. 로마인이 예로부터 내려오는 시민의 단결력이라는 자질을 잃어버렸다고 걱정하던 사람에게는 아주 만족스럽게 위계질서가 확립된 광경이었다. 경기장의 그런 질서정연함은 로마인이 하나의 단결된 공동체로 남아 있다는 생생하고 활기 넘치는 실증 사례였다. "로마는 본래의 모습을 회복했다."[8]

티투스가 엄청난 규모의 원형경기장을 개장하면서 준비한 100일간의 화려한 볼거리가 진행되는 가운데 이런 장관은 사람들에게 전례 없는 공명을 불러일으켰다. 확실히 군중은 즐거워했다. 하지만 그들이 마냥 즐겁기만 했던 것은 아니었다. 관중은 하늘에 맞닿을 것처럼 보이는 거대한 건물에 자기 자리를 차지하고 앉는 경험을 이전엔 한 번도 해본 적이 없었다. 그 경기장에 들어가는 것은 말하자면 신화의 차원으로 들어가는 것이었다. 캄파니아의 장례 의식에서 무네라의 기원은 이제 거의 흐릿해져 아무도 잘 기억하지 못했지만 검투사들이 세상에서 가장 큰 경기장을 그들의 피로 더럽히는 것을 보는 순간, 관중들은 사자死者를 위한 의식을 거부당한 채 나폴리만 이곳저곳에 흩어져서 죽은 화산 폭발 피해자들이 얼마나 많은지 되돌아보지 않을 수 없었다. 하지만 제대로 영면하지 못하는 망자들의 영혼을 달래는 것만으로는 충분하지 않았다. 거기서 한발 더 나아가 신들 역시 달래야 했다. 여기서 티투스는 신의 아들로서 특별히 수행해야 하는 역할이 있었다. 티투스가 근위대의 사령관으로 있었을 때 개인적으로 고용했던 정보원들이 그 경기장으로 끌려왔고, 모두가 지켜보는 가운데 곤봉과 채찍으로 매질을 당했다. 그런 징벌 하나만으로도 수많은 연설보다 더 효과적인 정책 선언이 이뤄졌다. 그는 과거에 공공연하게 자행하던 비행에 등을 돌렸을 뿐만 아니라 관중들에게 그들 각자의 고유한 의무를 돌이켜보라고 요청했다. 이제 통합된 도시는 시민들을 서로 이간질하려는 자는 발붙일 수 없는 곳이 되었다. 황제, 원로원, 시민은 모두 공동 목적을 향해 힘차게 나아가는 한 몸이 되었다.

하지만 보편적 부조화에 휘말린 듯한 시대에서 이 모든 조치들은 여전히 부족한 느낌을 주었다. 티투스 앞에 무릎 꿇은 코끼리는 황제에게 절하려고 온 다른 경기장 짐승들과 마찬가지로 로마인에게 일상을 넘어 존재하는 보편 질서를 깨닫게 하는 역할을 했다. 그 보편 질서 속에서 신들의 분노, 자연계의 리듬, 그리고 보편 정의에 대한 요구가 최근에 섬뜩한 결과로 그 모습을 드러냈다. 그런 것들이 또다시 그런 섬뜩한 모습으로 나타날까? 고대의 전설이 가르치는 바에 따르면, 자연 이변과 기적은 신들의 분노를 표시하는 것이므로 인간은 신들을 달래기 위해 인간의 피를 희생 제물로 바쳐야 했다. 로마 시민들은 내전의 소용돌이와 혼란 가운데서 신성한 권능의 그림자를 이미 느꼈고 그런 만큼 그 분노의 표시를 또 다시 우려하는 것은 당연한 일이었다. 네로가 잘 알고 있었듯이 이 것은 시민들에게 흥분은 물론이고 두려움의 배출구를 제공했다. 비극의 영웅인 체하던 네로 황제는 말 그대로 무대 중앙을 장악했 다. 하지만 그런 화려한 조명을 받는 것은 티투스의 전략이 아니었 다. 티투스의 목적은 무척 달랐다. 그는 신에게 거역하는 것이 아니 라 자신과 모든 로마인을 천상의 주문에 일치시키려고 했다. 경이 와 신화의 두려움을 되살리려는 경기장 안에서의 기회는 무대 위 에서의 기회보다 한없이 더 중요했다. 네로 치하에서 비극적 영웅의 역할은 황제가 담당했지만, 티투스 치하에서 그 역할은 범죄자들에 게로 돌려졌다. 비할 데 없는 세련됨과 정교함을 갖춘 연출 방식은 온 세상에서 들여온 야생동물과 결합해 장관의 효과를 더욱더 높 였다. 그 결과 어떤 군중도 일단 관람하면 신성하다고 느낄 법한 장 관이 연출되었다. 사나운 곰이 손목에 사슬을 채운 남자의 창자를 물어뜯거나, 육중한 황소가 어떤 여자의 몸 위에 올라탔다. 그리스 신화의 단골 주제였던 끔찍한 사건들이 마치 재현되듯 생생하게 사 람들의 눈앞에 펼쳐졌다. "이제 낡아버린 고대 시대가 그들의 자랑 을 마음껏 뽐내도록 하라. 노래 속에서 기억되는 유명한 사건들은 무엇이든, 황제여, 그대를 위해 이 경기장에서 재현될 것입니다."9

하지만 황제가 최선을 다해 오락 행사를 개최했음에도 불구하 고 사태는 계속해 황제의 손아귀에서 벗어났다. 신화의 공포, 신성 한 권위의 발현, 이해하기 어려운 변덕스러운 힘에 지배되는 우주에 대한 느낌이 계속 생겨났다. 이런 것은 경기장 안에다 모두 몰아 넣을 수 없다는 것이 로마인의 최종 판단이었다. 플라비우스 원형 경기장 벽은 너무나 거대해 이전 세대의 엉뚱한 상상력을 아득히 넘어서는 규모였지만 그런 변덕스러운 힘들을 제어하기엔 부적합하다는 것이 드러났다. 등극 한 해 뒤 캄파니아 파괴 현장을 방문 중이던 티투스는 엄청나게 충격적인 소식을 들었다. 겨우 10년이 지났을 뿐인데 카피톨리누스가 또 화재로 초토화된 것이다. 그와 그의 아버지가 온 정성과 노력을 다해 복원한 유피테르 신전이 또다시 불길에 휩싸여 연기 나는 폐허가 되어버렸다. 폐허가 된 기념물은 이뿐만이 아니었다. 불길은 사흘 밤낮을 가리지 않고 캄푸스를 휩쓸었고, 신전, 극장, 대중목욕탕을 포함해 화재에 휩싸인 모든 건물을 파괴했다. 아우구스투스가 패권을 행사하던 제국 초창기에 모든 신을 위해 지은 유명한 성소인 만신전도 불길에 휩싸여 사라졌다. 화재에 뒤이어 역병이 돌았다. 인구가 조밀한 도시에 나도는 전염병은 지속적인 위험 요소였지만, 티투스 통치기에 로마를 휩쓴 역병은 "이전에도 거의 목격되지 않은 아주 심각한 것"이었다.[10] 황제는 절망하기 시작했다. 권좌에 오르고 2년 뒤 플라비우스 원형경기장 관중석에 있던 사람들은 황제가 국정의 난맥으로 엄청난 스트레스를 받아 비통하게 우는 광경을 목격했다. 이후 아버지가 숨을 거둔 사비니 사유지로 향하던 중에 티투스는 열병으로 쓰러졌다. 청명한 하늘에서 느닷없이 내려친 천둥은 로마인에게 최악을 두려워하라고 경고했다. 아니나 다를까 병에 걸리고 하루가 지나자 티투스는 숨을 거두었다. 고작 2년이 조금 넘는 짧은 기간을 통치했지만 동포 시민들은 재위 중의 티투스를 가리켜 "온 인류가 흠모하고 애지중지할" 사람으로 높이 평가했다.[11] 그런데 지금 이 세상의 총아는 죽고 말았다.

많은 사람들이 볼 때 그 일은 커다란 충격이었다. 후계자 없는 황조는 오래 버틸 가망이 없었는데 불행하게도 티투스는 아들이 없었다. 젊은 시절 결혼한 두 부인은 사별하거나 이혼했다. 두 번째 부인은 훌륭한 가문 출신으로 그 여동생이 나중에 트라야누스와 결혼하기도 했는데, 그 아버지가 네로에게 냉대를 받자 티투스에게 이혼을 당했다. 이런 헤어짐이 그에게 어떤 특별한 후회를 남기지는 않았다. 그는 냉소적이었으나 동시에 과감했다. 타고난 바람둥이이기도 했다. 실제로 세상을 지배하는 황위에 오르기 전에 여자들과 염문을 뿌리는 방면에서 악명이 높았다. 유대 공주 베레니케와의 연애는 유대에서 시작해 로마에서도 계속했고, 세간에 엄청난 물의를 일으켰다. 카이사르가 될 사람은 외국 공주를 아내로 삼아서는 안 된다는 세간의 인식이 확고했기 때문이었다. 이게 바로 아버지가 사망했을 때 티투스가 정부 베레니케를 쫓아내며 자신의 입장을 만천하에 밝힐 수밖에 없던 이유였다. 그것은 로마인들에게 책임감 있는 선정을 펼치겠다는 자신의 의도를 공개적으로 밝힌 신호였다. 티투스가 계속 살아남았더라면 다른 여자를 정식으로 맞아들여 후계자를 낳고 황조 혈통을 굳건히 하려고 했을 것이다. 하지만 베스파시아누스가 정확히 해낸 그 일을 그는 해내지 못했다. 이제 티투스는 숨을 거뒀고, 그가 전장에서, 근위대에서, 원로원에서 보여줬던 것만큼 강철 같은 굳건한 통치력을 가지고 권좌에 오를 사람은 아무도 없었다. 많은 로마인은 황제가 세상을 떠난 순간 얼마나 제국의 국정이 위태로워지는지 잘 알았고, 그리하여 두려움에 서로를 끌어안고 예측할 수 없는 미래를 기다리며 최악의 상황이 닥쳐오지 않을까 두려워했다.

하지만 플라비우스 황조가 완전히 사라진 것은 아니었다. 줄곧 그들 곁에는 도미티아누스가 있었다. 이 티투스의 동생은 아버지 베스파시아누스로부터 엄청난 특권을 부여받았지만, 단 한 번도 국정의 중요한 책무를 담당하지 않았다. 직접 병역 의무를 체험하려는 여러 시도는 계속 퇴짜를 맞았고, 중요한 공직을 맡고 싶다는 희망은 멀찍이 차단되었다. 그가 독자적으로 구축할 수 있었던 출세의 길이 딱 하나 있었는데, 아버지 베스파시아누스의 통치 초기에 부황의 허락도 없이 코르불로의 딸이며 유부녀인 도미티아 롱기나를 유혹해 남편과 이혼하도록 설득한 것이었다. 도미티아는 전쟁 영웅 코르불로에게 다가갈 수 있는 인척 관계뿐만 아니라 유용한 연줄을 대단히 많이 제공했다. 확실히 티투스가 해냈던 그 무엇보다도 플라비우스 황조의 입장에서 볼 때 도움이 되는 좋은 결합이었다. 하지만 도미티아누스는 영원히 가문의 잉여 인간으로 남을 것처럼 보였고, 티투스가 살아 있을 때는 더욱 그러했다. 그가 느끼던 분노와 좌절은 곪아터져서 밖으로 흘러내렸다. 악명 높은 외톨이였던 그는 형과 다르게 개인적 매력으로 손쉽게 주위 사람들을 사로잡지 못했다. 따라서 그에 관해서는 이런 말이 있었다. "항상 그늘에 살고, 비밀스럽게 행동한다."[12]

도미티아누스는 중요한 책무를 맡지 못해 조금 부당하다는 생각이 드는 로마에 머무르기보다는 수도에서 30킬로미터 정도 남쪽으로 떨어진 아름다운 알바누스 언덕 가운데 있는 호숫가 별장에 틀어박히기를 선호했다. 여기서 그는 남의 여자인 도미티아를 유혹하고, 시를 쓰고, 소년 노예의 쭉 편 손가락 사이로 화살을 쏘며 궁술 연습을 했다. 로마라는 도시에서, 고독을 원하는 도미티아누스의 열망은 기껏해야 기벽으로 보였고 최악의 경우에는 비밀스러운 일탈의 증거로 받아들여졌다. 수도 사람들 사이에서 소문이 제철을 만난 듯 활개를 쳤다. 그의 사교적이지 못한 기질에 대해 온갖 음침한 소문이 나돌았다. 도미티아누스에 관한 소문은 이랬다. 아무런 악의 없이 대머리라고 언급하는 것조차 자신의 벗겨진 머리를 조롱하는 것처럼 생각하고 이를 치명적인 모욕으로 받아들인다. 식사를 마치고 손님들과 함께 머무는 것보다 홀로 산책 나가기를 선호한다. 서재에 틀어박혀 펜으로 날벌레를 찔러대면서 심심풀이를 한다.

마지막 소문의 잔인하면서도 동시에 입증할 수도 없는 악의적인 특성은 알바누스 언덕에 격리되어 있음에도 불구하고 도미티아누스가 얼마든지 두려운 일을 벌일 수 있는 사람임을 말해주는 것이었다. 그렇지만 그는 티투스 황제를 계승할 명백하고도 유일한 선택지였다. 물론 이를 누구보다 잘 아는 것은 도미티아누스 본인이었다. 그는 심지어 원로원이 죽은 형의 직함과 특권을 공식화하기도 전에 근위대 진영을 방문했고, 그곳에서 후하게 기부금을 주어 군인들의 지지를 확보했다. 베스파시아누스와 티투스 부자는 그에게 중요한 직책을 맡기지 않았지만, 도미티아누스는 제국 궁정의 핵심부에서 12년 동안 허송세월만 하지 않았다. 그는 궁정 기능의 핵심을 꿰뚫어봤다. 그가 생각하기에 로마에서 권력은 혹독하고 몰인정하게 작동했다. 원로원 의원 자리에서 약진해 위대한 황제의 보위에 오른 베스파시아누스, 그리고 평생 사랑받기를 쉽게 생각했던 티투스와 달리 도미티아누스는 타고난 국외자, 외로운 늑대였다. 원로원 의원들이 자신을 어떻게 생각하는지는 그에게 전혀 관심사가 아니었다. 그는 전제군주로서 통치하기로 마음먹었고, 그렇지 않을 것처럼 위장할 생각은 털끝만큼도 없었다. 제국 초창기에, 공화정의 잔해 가운데서 파편을 주워모아 자신의 통치 구조를 확립한 아우구스투스는 폐허 사이로 조심스럽게 나아갔고, 자기 밑에서 무엇이 무너질지, 어떤 불안정하게 선 건물이 갑자기 무너지지나 않을지 늘 우려했다. 하지만 그가 군주제를 확립한 지 이미 100여 년이 지나갔고, 폐허는 안정화된 지 오래였다. 원로원의 허세에 대한 도미티아누스의 분노에는 나름 이유가 있었다. 허울만 그럴듯한 과장스러운 언사에 대한 경멸, 그리고 그런 위선에 대한 적나라하고 노골적인 솔직함이 있었던 것이다. 그는 시민들이 자신을 "주인" 혹은 "신"이라고 칭할 때 아우구스투스가 그랬던 것처럼 그런 명예로운 호칭에 반대하지 않고 그냥 내버려두었다.[13] 왜 애써 겸양을 떨어야 하나? 비록 외교적 방식이 아닐 수도 있겠지만, 도미티아누스가 볼 때 그렇게 반응하는 것이 자신의 역할에 관해 정확한 신호를 보내는 것이었다.

시인들이 그를 유피테르의 대리인이라고 하며 "신을 대신하여 행복한 지상의 통치권을 받았다"라고 칭송했을 때 그들이 단지 문학적 상상력에 탐닉한 것만은 아니었다.[14] 엄격하고 경건한 심성의 소유자였던 새로운 황제는 자신이 하늘의 신들이 신성하게 명령한 임무를 실제로 받았다고 확신했다. 티투스 못지않게 그도 자신이 우주적 위기의 그늘 속에 들어와 있다고 절감했다. 2년 동안 제국의 심장부는 연달아 터진 엄청난 재난으로 큰 피해를 보았다. 처음엔 거대한 화산재 구름, 다음엔 대규모 화재, 그다음엔 무서운 역병. 이처럼 참사의 연속이었으니 신들을 달래지 않고 그대로 놔둔다면 그보다 더 지독한 재앙이 세상에 닥치지 않을 것이라고 누가 장담할 수 있겠는가? 도미티아누스는 원로원을 말만 많은 수다꾼들의 한심한 집합소라며 경멸했는데, 그렇다고 해서 로마 민족의 전통적인 가치를 경멸하지는 않았다. 오히려 그 반대였다. 그것이 정확히 자신이 감당해야 할 부담이자 전적인 책임으로서 신들이 내린 의무라고 보았고 다만 그런 의무를 원로원과 공유할 생각은 없었다. 젊은 시절에 그는 하릴없이 시간을 죽이면서 유명 도시의 폐허에 관한 시를 여러 편 썼다. 예루살렘 소멸과 카피톨리누스 언덕의 전소 등이 단골 주제였다. 이제 황제가 된 이상 이야기는 달라졌고 그의 목적은 파괴가 아닌 건설이 되었다. 자신에게 주어진 위대한 과업에 성공하고 더 나아가 재앙의 위협으로부터 인류를 구원하려면 로마 제국 행정의 모든 측면에 정밀한 주의를 기울일 수밖에 없었다. 만기친람하면서 사소한 것까지 꼼꼼하게 관리할 필요가 있었다. 그의 적들은 그를 대머리 네로라고 조롱했을지 모르지만, 도미티아누스는 결코 제2의 네로가 아니었다. 실제로 아우구스투스 이래로 이렇게 철저한 도덕적 사명 의식을 지닌 황제는 없었다. 도미티아누스는 신들과 로마인 모두를 향한 자신의 의무를 아주 진지하게 생각했고 이를 철저히 이행할 생각이었다.

물론 그를 도덕의 중재자로 바라보는 시각에 대해 많은 사람들이 조롱하며 코웃음 쳤다. 당초 아우구스투스가 제정한 법률의 묵은 때를 털어내면서 황제는 간통을 더 엄격히 처벌하려고 했는데, 이를 황제 본인에게 적용해보면 어떤가? 그가 도미티아 롱기나와 함께 근엄한 혼인 의식을 주재하는 모습은 그 자체로 하나의 풍자극이 아닐 수 없었다. 사악한 행위, 특히 타락한 성적 행위를 규제하려는 그의 시도 또한 마찬가지였다. 도미티아누스는 형과 마찬가지로 값비싼 남성 노예를 애호하는 성적 경향이 있었다. 각종 운동 경기에 참석할 때면 그는 변함없이 진홍색 옷을 입은 미소년을 동반했고, "종종 그 아이와 무척 진지한 어조로 잡담을 나눴다."[15] 이 시동은 로마의 최고급 노예 시장에서 사들인 미소년으로서, 작은 머리가 아주 두드러졌다. 도미티아누스의 마음은 또 다른 소년에게도 기울어졌는데, 이 소년은 에아리누스라는 굉장히 아름다운 환관으로 황제에게 술을 따라주는 일을 맡았다. 그는 "비할 곳 없는 아름다움을 지닌 밝은 별"과 같았다.[16] 남자아이들의 거세를 금지하는 법을 통과시켰을 때, 그리고 심지어 그 특유의 예리한 눈으로 세부적인 내용을 파고들며 상인이 공급 축소를 통해 득을 보려는 것을 막고자 이미 환관이 된 노예의 판매가격을 통제했을 때, 많은 사람은 황제의 위선이 너무 뻔뻔하다고 여겼다. 하지만 이런 생각이 전적으로 정당한 것은 아니었다. 에아리누스가 성인이 되자 황제는 계속 데리고 있지 않고 해방노예로 풀어줬다. 이런 식으로 도미티아누스는 어린아이에게 술을 따르게 한 잘못을 보상했을 뿐만 아니라 공화정 시대부터 요구되어온 도덕성을 지키려고 나름 노력했다. 그를 증오하는 자들은 계속해서 증오했겠지만, 어떤 의원이 춤을 춘 일로 원로원에서 제명하거나, 이혼하고 정부로 지내던 여자와 재혼한 기사 계급의 남자를 강등하거나, 창녀가 가마를 쓰는 것을 금지할 때에도, 도미티아누스는 전제군주처럼 행동하지 않았다. 그는 감찰관 같은 행동을 했을 뿐이었다.

도미티아누스가 볼 때, 개별 시민의 명예 혹은 수치는 자신의 통치자 기록상 가장 확실한 평가 기준이었다. 하지만 마찬가지로 더 공적인 것이 있었는데, 바로 로마 자체의 외관이었다. 수도를 훼손하는 흉터만큼 신들의 분노를 심각하게 보여주는 증거는 따로 없었다. 늘 그렇듯 도미티아누스가 세부적인 부분에 보이는 관심은 아주 치열했다. 가장 중요한 것은 사회 질서였다. 마지막 하나까지 의무는 반드시 완수해야 했다. 도미티아누스는 연출 방법의 경이로움을 더욱 촉진하고자 플라비우스 원형경기장 밑에 추가 통로 건설 작업을 후원했을 때 각 시민 계급이 어디에 앉을 수 있는지 분명한 규정을 확립했다. 대화재 발생 이후 네로는 불의 신 불카누스를 위한 제단을 세우겠다고 맹세했는데, 이 약속은 "오랜 세월 방치되어 실현되지 않았다."[17] 그러나 이 사실을 갑자기 떠올린 도미티아누스는 공들여 제단 건설 계획을 실행하기 시작했다. 온전한 국고 지원 없이는 보수 작업을 완료할 수 없고 새로운 계획도 착수할 수 없다는 것을 안 그는 아버지의 신중한 건전 재정 정책이 고리타분하고 강박적인 조심성이 낳은 결과라고 여겼다. 이전 황제들과 달리 도미티아누스는 옛적에 일부러라도 그랬던 것처럼 화폐 주조가 원로원의 책임이라는 시늉조차 하려 들지 않았다. 그는 국고 운영의 자율권을 보장해주기는커녕, 아버지와 형의 2대에 걸쳐 재정담당관을 지낸 해방노예를 해임해버렸다. 티베리우스 시대 이후 모든 황제 통치기의 특징이 된 통화 가치의 하락을 반전시키길 갈망했던 그는 마침내 아우구스투스 통치기 수준으로 은화의 은 함유량을 회복시켰다. 어느 황제의 정책 덕분에 그런 결과가 나왔는지 아무도 의심하지 않았다. 동전의 생김새, 즉 순도, 초상, 동전의 앞면을 장식할 신의 선정 등은 다음과 같은 진실을 분명하게 보여줬다. '세부 사항이 너무 사소하여 도미티아누스 황제가 무시해버릴 법한 정책이란 없다.'

"내가 우주의 삼라만상을 다루려고 서둘렀다는 것을 독자가 기억하길 간청한다."[18] 백과사전을 집필하던 중에 플리니우스는 독자에게 사과하듯 말했다. 하지만 도미티아누스는 자신의 만기친람을 결코 사과할 사람이 아니었다. 그 역시 자신이 통치하는 제국의 광대함과 복잡함에 신경 과민일 정도로 민감했기에 세계 군주에게 주어지는 심리적 압박을 피해갈 수 없었다. 세계적 관점을 지녀야 한다는 것은 카이사르의 영광이면서 동시에 부담이었다. 황제가 아무리 졸속으로 시행하는 정책이라 하더라도 온 세상에 널리 반향을 일으키기 때문이었다. 로마 제국 내 여러 세원에서 징수 가능한 세금을 징수하지 않으면 곧 세상을 관리하는 그의 능력이 약해지는 결과로 이어진다. 그래서 그는 수도의 수도세 관리를 황제의 격에 맞지 않는 일이라고 보지 않았다. 오히려 도미티아누스는 모든 다른 중요한 정책에 보여줬던 것과 똑같은 강도로 수도세 징수에도 신경을 썼다. 수도세를 더 많이 징수할수록 국고는 더욱 차고, 국고가 가득할수록 자신의 엄청난 책무를 더욱 잘 완수할 수 있었다.

불에 타버린 신전들을 복구하기 위해, 로마를 재건해 그 아름다움과 화려함을 천상의 신들에게 전달하기 위해, 문명을 호위하는 용맹하고 벼린 무쇠 같은 군단병의 봉급을 3분의 1 인상하기 위해 황제는 그렇게 만기친람하며 제국 행정에 신경을 썼다. 로마 전역의 비문에 황제의 이름을 새김으로써, 수도의 상처를 치유함으로써, 그리고 군단병들의 변함없는 충성심을 확보함으로써 도미티아누스는 자신의 통치를 더욱 튼튼하고 확고한 반석 위에 올려놓을 수 있었다. 그리고 당연한 말이지만 그 모두는 오로지 로마인을 위한 것이었다. 팔라티누스 언덕에 초대받아 도미티아누스와 함께 식사를 하던 어떤 시인은 경이로운 눈빛을 반짝거리며 이렇게 외쳤다. "비스듬히 누운 내 눈에 보이는 이 사람은 누구인가?" 그가 할 수 있는 대답은 딱 하나뿐이었다. "모든 땅의 군주이자 정복된 세상의 위대한 어버이, 인류의 희망, 신들의 총아 아니겠는가!"[19]

극북 지방의 조류

서기 83년 늦여름, 제국 수도에서 1000킬로미터 이상 떨어진 최북단 어딘가. 이곳에서 로마군이 승리를 거두자 그 지역에는 시체들이 이리저리 나뒹굴었다. 불과 10년 전 백과사전을 집필했던 플리니우스는 브리타니아의 가장 먼 외곽은 장대한 숲이 보호하고 있어 군단이 뚫고 들어간 적이 단 한 번도 없다고 서술했다. 이 멀리 떨어진 땅에 거주하는 칼레도니아인들은 다른 브리타니아인의 기준으로 보아도 야만스럽다고 알려졌다. 뼈대가 굵고 주황빛깔 머리카락을 가진 그들은 문명이 제공하는 와인, 난방 장치, 욕탕 등의 즐거움을 전혀 모르고 살았다. 그들의 정착지 주위는 한편으로는 황량한 산맥이 뻗어 있었고, 다른 한편으로는 요동치는 대양이 펼쳐졌다. 플라비우스 원형경기장이 개장해 칼레도니아에서 데려온 곰이 죄수를 포식하는 장면을 연출했을 때 그 광경은 로마인에게 중대하고 시의적절한 교훈을 가르쳤다. 무시무시한 발톱과 피로 끈적이는 턱을 드러낸 이 괴물을 조련하기란 쉬운 일이 아니지만 문명의 힘은 그 일을 해냈다는 것이다.

그런 괴물을 조련하겠다는 도전이야말로 정확히 로마의 용기에 어울리는 것이었다. 브리타니아는 플라비우스 황조가 사적으로 이해관계가 걸려 있는 전장이었다. 브리타니아를 정복하고자 클라우디우스가 파견한 3개 군단 중 한 군단을 맡았던 군단장 베스파시아누스는 침공에서 핵심적인 역할을 맡았고, 적과 치른 서른 번의 교전에서 모두 승리했으며 그들의 근거지 스무 곳을 습격했다. 티투스는 당시에 게르마니아에서 첫 복무를 마치고 아버지 밑에서 하급 장교로 복무했다. 내전에서 승리를 거둔 이후에 베스파시아누스는 브리타니아를 사위인 케리알리스Cerialis에게 맡겼다. 라인강 지역을 안정시키고 바타비인을 진정시키자마자 케리알리스는 권한

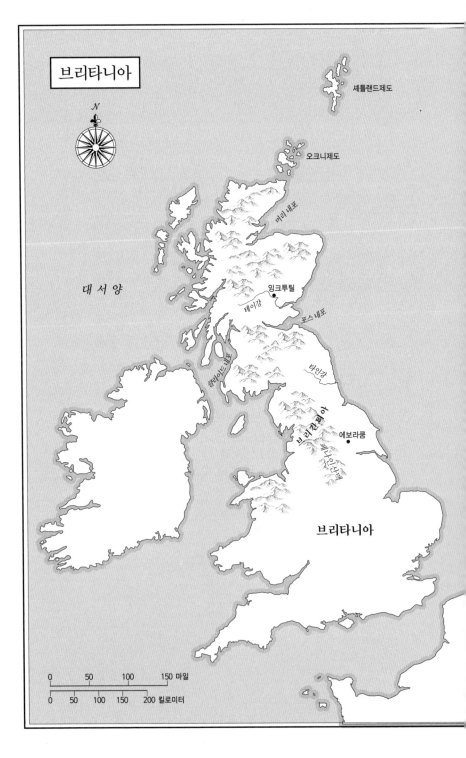

브리타니아

N

셰틀랜드제도

오크니제도

머리 내포

잉크투틸

테이강

포스 내포

클라이드 내포

타인강

대 서 양

브리간테아

에보라쿰

페나인산맥

브리타니아

0   50   100   150 마일
0   50   100   150   200 킬로미터

을 위임받아 해당 지역에 도착했고 곧바로 로마군의 북진을 재개했다. 이런 책임을 확실히 이행하겠다는 징표로 그는 하나의 군단을 추가로 데리고 왔고, 그리하여 휘하의 군단 수를 네 개로 늘렸다. 그야말로 위협적인 무력을 집중한 것이다. 이로써 브리타니아가 플라비우스 황조만의 독특한 트로피가 될 것이라는 점은 명백해졌다.

케리알리스의 첫 목표는 브리간테스족Brigantes이었는데, 이들은 페나인산맥 양쪽에 사는 강성한 부족으로 여왕 카르티만두아Cartimandua의 지도를 받아 그동안 로마인의 충실한 동맹으로 지내왔다. 하지만 부족 내 여러 파벌이 이런 종속 상태에 염증을 냈고, 주기적으로 여왕의 정책을 전복하려 했다. 브리간티아 접경에 배치된 바타비 보조 부대는 떠돌이 무장 집단을 상대로 거듭 소규모 접전에 휘말렸다. 키빌리스의 조카는 로마의 충실한 종이었고, 그들과 맞서 얻은 훈장, 즉 자신의 이름 브리간티쿠스에 관한 기억도 간직하고 있었다. 네 황제 시기 동안에 카르티만두아는 권좌에서 축출당했고, 이에 그녀를 구하러 로마 군단과 보조 부대가 뒤섞인 병력을 파견했는데, 그들은 곧 전면전에 휘말렸다. 브리타니아에 도착한 케리알리스는 이런 충돌에서 승리를 거두기 위해 정력적으로 움직였다. 그는 무자비하게 무장 집단들을 추적해 박살냈다. 새로 자리 잡은 군단 본부는 에보라쿰(오늘날의 요크)이었는데, 브리간티아 중심부에 있는 곳이었다. 여러 요새를 페나인산맥에 산발적으로 세웠고, 도로는 마치 그물을 구성하는 끈처럼 황무지와 언덕들 사이로 뻗어나갔다. 하지만 여전히 정복해야 할 대상이 더 많이 남아 있었다. 처음에는 케리알리스, 그리고 이후로는 총독으로 부임한 후임자들의 지휘 아래 로마 군단들은 계속 칼레도니아를 향해 나아갔다. 도미티아누스가 권좌에 오르던 때 그들은 완벽한 전투 태세를 갖춘 채 칼레도니아 접경까지 와 있었다. 이곳은 오늘날 우리가 클라이드 내포Firth of Clyde와 포스 내포Firth of Forth라고 부르는 곳을 가르는 "비좁은 지협"이었다.[20] 로마로 돌아간 황제가 "동서를 응시하고 남풍과 쌀쌀한 겨울을 살피며" 세상의 극한 오지를 지켜보는 권력의 방에서는 아주 멋진 승리, 즉 브리타니아 전역의 정복이 아주 가까이 있는 것처럼 보였다.[21] 흥분된 분위기가 무르익는 가운데 시인들은 기민하게 플라비우스 황조에 주어진 특유한 운명이 곧 완수되리라고 짐작했다. 시인 중 한 사람은 칼레도니아 정복에 만족하지 않고 더 나아가 베스파시아누스가 두 아들에게 더욱 기막히게 좋은 승리, 즉 "미지의 극북Thule 지역 정복"을 선사하는 것을 묘사하기까지 했다.[22]

그런 모험에서 로마군을 이끄는 기회는 장군이라면 아주 드물고 귀중한 것이었다. 고대 연대기들에 따르면 이와 같은 원정전은 승리를 거둘 다시없는 좋은 기회였다. 원정을 맡은 장군은 더없이 적합한 사람이었다. 그나이우스 율리우스 아그리콜라Gnaeus Julius Agricola는 갈리아 남부 출신의 원로원 의원으로서 고대 그리스 식민지였던 마실리아에서 학문을 배웠다. 이곳 항구에서 400여 년 전 피테아스Pytheas라는 탐험가가 대양을 향해 나섰다. 그는 브리타니아를 한참 넘어 나아갔고 엿새를 항해해 안개에 싸여 있고 얼음이 군데군데 뜬 바다에서 신비로운 극북의 섬을 봤다. 아그리콜라는 피테아스만큼 과감하게 멀리 항해한 적은 없었지만, 그래도 대양의 깊은 부분까지 나아간 일로 명성을 떨쳤다. 그는 여러 번 브리타니아에 배치되었다. 부디카와의 전쟁에 복무했고, 케리알리스 휘하에서는 한 군단을 맡아 군단장 경력을 쌓았다. 그러다가 결국 베스파시아누스에게 현지 총독으로 임명받아 브리타니아 경력의 정점에 도달하게 되었다. 82년에 그는 마침내 포스 내포 전역을 목표로 한 원정을 지휘했는데, 이때 이미 총독 5년 차였다. 이는 놀라울 정도로 긴 임기였다. 여러 군사 작전을 치르면서 브리타니아 전역을 누빈 그의 부하들은 전투에서 잔뼈가 굵었고, 게다가 그의 충성스러운 사명감마저도 열정적으로 공유했다. 아그리콜라에게 명령을 받은 함대 해병들은 지상군이 진군할 때 그림자처럼 그들의 뒤를 따라다녔고, 상륙했을 때에는 귀에 들려오는 쌩쌩 부는 돌풍 소리, 눈앞에 드러난 번들거리는 검은 바위를 무대 삼아 그동안의 경험을 사람들에게 들려주며 대양을 정복한 일을 자랑했다. 군단병들은 적에게 매복 공격을 당할 때에도 허둥지둥하는 것이 아니라 마음을 단단히 먹으면서 야만인들을 완패시켰다. 그들은 퇴각하자는 이야기를 아주 경멸했다. "바로 그것이 그들이 보여주는 불굴의 용기였으며, 그들은 무엇도 자신을 막을 수 없다고 선언했다. 그들은 칼레도니아 더욱 깊은 곳까지 진격할 것이고, 브리타니아의 가장 바깥쪽 경계에 다다를 때까지 싸움을 멈추지 않을 것이다."[23]

그리고 그들은 자신들이 말한 대로 행동했다. 아그리콜라가 총독 7년 차인 83년 늦여름에 거둔 대승은 그저 야만인만이 아니라 외진 위치, 야만성, 끔찍한 날씨 등 칼레도니아 자체를 상대로 거둔 승리였다. 로마의 무력에 반복적으로 대항했던 칼레도니아인들은 차츰 늪지와 숲속으로 사라져서 모습을 감추었다. 로마인 침략자들에게 그들은 고지대 봉우리를 가린 구름처럼 실체가 없는 존재같이 보였을 것이다. 하지만 이제 마침내 그들은 전투로 끌려나오지 않을 수 없었다. 아그리콜라의 함대는 해안을 따라 습격에 나섰고, 야만인들을 자극해 복수에 나서도록 하는 데 성공했다. 로마 육군은 그라우피우스라고 하는 산의 기슭으로 나아갔고, 그곳에서 떠들썩한 소리를 내는 대규모 무장 집단을 발견했다. 족장들이 마차를 타고 이리저리 덜컹거리면서 나타나자 야만인들은 소리치고, 연호하고, 환호했다. 야만인들에 맞서 선두에 나선 것은 바타비인들이었는데, 그들은 최근 반역한 키빌리스가 더럽힌 충실한 로마의 우방이라는 평판에 새롭게 윤을 내고자 했다. 이튿날 동이 트자 아그리콜라는 기병을 보내 오랜 세월 야만인들의 근거지이자 도피처였던 미개척지를 정찰하게 했다. 하지만 그는 더 이상 매복을 걱정할 필요가 없었다. "황폐한 상태에서 오는 침묵이 사방에 군림했다. 언덕은 포기되었고, 멀리 떨어진 농장엔 불이 붙었고, 우리 정찰병

들은 단 한 사람도 발견하지 못했다."²⁴

그래도 아그리콜라가 총독으로 지내는 동안에 해내야 할 커다란 임무는 아직 완수되지 않았다. 어려운 상황에서도 분투하고, 시도하고, 발견하고, 굴복하지 않는 것이 바로 그가 할 일이었다. 여름이 저무는 중이었고, 가는 곳마다 인질을 붙잡으면서 아그리콜라는 남쪽으로 내려가려고 준비했다. 하지만 남쪽으로 떠나기 전에 우선 그는 병력 대부분에 칼레도니아에서 월동하라고 지시했다. 그런 지시가 떨어지자 로마 군단병들은 고지대 동쪽 측면에서 머리내포까지 뻗은 거대한 요새 네트워크를 구축했다. 하지만 그가 가장 까다롭고 영웅적인 임무를 맡긴 부대는 해상의 함대였다. 그들이 받은 임무는 브리타니아 일주였다. 여태껏 그 어떤 로마인도 해본 적 없는 일이었다. 따라서 아그리콜라 함대의 선원들에게는 미지로의 여정이었다. 바다의 난폭함, 해안의 야만성, 더욱 맹렬하게 변한 가을 돌풍 등이 모두 합쳐져서 아주 무시무시한 항해가 될 것이었다. 이 임무를 성공적으로 완수하면 그라우피우스산에서 거둔 승리와 거의 동등한 업적으로 평가될 터였다.

한 해 군사 작전에 관한 소식을 담은 아그리콜라의 보고서가 로마에 도착했을 때 일반 대중의 상상력을 가장 생생하게 사로잡은 것은 이런 공적들이 아니라 오히려 그보다 더 서사시 같은 항해의 업적이었다. 로마 함대는 브리타니아 최북단 지점을 지나 항해하여 본섬 바로 북쪽에 있는 여러 섬에 멈춰 그곳을 정복했다. 이곳이 바로 오크니Orkney제도다. 그들은 차례로 그곳을 넘어 훨씬 멀리 위협적인 바다로 나아갔고, 일군의 섬을 발견하게 되었다. 이곳이 오늘날 셰틀랜드Shetland로 알려진 군도이며, 플리니우스는 자신의 세계 지리 설명에서 이곳을 아크모다이Acmodae라고 명명했다. 도미티아누스가 직접 내린 지시에 따라 로마 함대는 머나먼 수평선을 언뜻 볼 수 있을 정도로 충분히 멀리까지 항해했고, 이어 겨울이 다가오고 있었기에 섬에 상륙하지 말고 배를 돌려 남쪽으로 내려오라는 지시를 받았다. 물론 놀랄 만한 업적이기는 했지만, 목적지 아크모다이는 로마를 상상으로 가득 채울 만큼 신비하거나 잊을 수 없는 장소는 아니었다. 이게 바로 아그리콜라가 보고서에서 목격담을 전할 때 전혀 다른 이름으로 그 섬들을 부르게 된 이유다. 그에게 진정한 영감을 주는 사람은 피테아스였다. 이 고대 뱃사람은 브리타니아 경계 한참 너머로 항해해 얼음의 대양에 도달했으며, 그곳에서 그 이후로 모든 문명인의 생각 속에서 도달할 수 없을 정도로 먼 곳의 대명사가 되는 땅을 봤던 것이다. 그러나 로마 함대는 거기까지 나아가지 못했다. 아그리콜라의 보고에 따르면 황제의 명령에 복종하는 함대는 진정한 불가사의 중의 불가사의, 즉 극북의 섬the island of Thule을 흘낏 보는 데 그쳤다.

"서서히 빠지는 밀물이 포효하는 곳에서 세상의 가장 먼 경계는 우리에게 굴복했다."[25] 칼레도니아인과 대양을 상대로 로마군이 얻은 여러 승리는 곧 도미티아누스의 승리로 여겨졌고, 의기양양한 로마 시인들은 그것을 칭송해 마지않았다. 브리타니아 소식은 새로운 황제가 무척 성공적인 업적을 이뤄낸 한 해라는 영광을 안겨주었다. 13년 전 플라비우스 황조가 설립된 직후 갈리아로 여행한 젊은 왕자(도미티아누스)는 군사적인 영광을 얻고자 하는 자신의 희망이 무키아누스에게 차단되었지만, 이젠 아무도 그의 야심을 방해하지 못했다. 게르마니아 깊숙한 곳 로마군의 무력이 닿지 않는 곳에 카티Chatti라는 매우 호전적인 부족의 활동이 점점 더 커지고 있다는 것을 기민하게 알아챘던 도미티아누스는 모범적인 군사 작전을 실행했다. 우선 그는 갈리아로 돌아와 인구조사를 하는 척하며 야만인들이 안심해 경계심을 풀도록 했다. 이어 그는 모곤티아쿰에서 라인강을 건너 진군해 그들에게 기습 공격을 가했다. 카티족이 저항에 나서면서 관습적인 유격전 전술을 펼치자 도미티아누스는 기병대에게 그들을 쫓도록 지시했고, 이어 야만인들이 숲으로 물러나게 놔두지 않고 로마 기병들더러 말에서 내려 도보로 그들의 뒤를 쫓도록 했다. 이후 벌어진 학살은 가공할 만한 규모였다.

이 눈부신 승리로 로마군의 영향권이 80킬로미터 정도 확장되었고, 도미티아누스는 아버지가 라인강 오른편 강둑에 개발하기 시작했던 사업의 기반 시설을 더욱 튼튼하게 다져놓을 수 있었다. 모곤티아쿰 너머엔 특히 비옥하고 넓은 농지가 펼쳐져 있었다. 그리고 이 농지 너머엔 별로 높지 않고 요새화하기에 좋은 타우누스산맥이 있었다. 도미티아누스는 자신이 공연히 코르불로의 사위가 된 것이 아님을 입증하듯 군단병들에게 곡괭이와 삽을 들고 작업에 나갈 것을 지시했다. 모곤티아쿰에서 뻗어나온 도로들은 타우누스 산맥으로 향하는 진입로가 되어주었다. 요새와 감시탑은 산맥 산마루를 따라 늘어섰다. 그러는 사이에 도미티아누스는 영광의 구름을 등 뒤로 길게 나부끼며 로마로 돌아왔고, 승리를 기념하며 새로운 별호인 '게르마니쿠스Germanicus'를 자취했다. 아그리콜라의 보고서가 도착했을 때 그는 승전 기록은커녕 전쟁 경험조차 전혀 없는 갓 즉위한 황제가 아닌, 마침내 아버지 및 형과 어깨를 겨루며 나란히 서기에 적합한 진정한 임페라토르로서 그 보고서를 접수했다.

어쩌면 부황과 선제, 두 사람을 능가할 수도 있었다. 84년이 시작되고 몇 달 동안 도미티아누스는 새로운 주화를 발행함으로써 카티족을 자신이 물리쳤음을 만천하에 과시했다. 한쪽 면엔 대머리를 알아볼 수 없게 월계관을 쓴 황제 자신의 우아한 흉상이 찍혀 있었고, 반대쪽 면엔 야만인들의 긴 방패에 앉아 슬퍼하며 고개를 숙인 한 여자의 이미지가 새겨져 있었다. 적힌 구호는 '게르마니아 함락GERMANIA CAPTA'이었다. 플라비우스 황조의 공식 화폐 주조자들이야 14년 전에 예루살렘을 함락한 일을 기념하려고 주화에 새겼던 '유대 함락IUDAEA CAPTA'이라는 구호를 재활용했겠지만, 도미티아누스는 전임자들의 반사 영광을 계속 이어받을 생각은 전혀 없었다. 유대인과 달리 카티족은 진정으로 제국 경계 너머에 있는 자들이었다. 유대 지역과는 대조적으로, 그 부족의 패배를 통해 도미티아누스는 이전에 단 한 번도 로마의 직접 통치를 받지 않았던 지역에 대한 장악력을 단단히 다질 수 있었다. 그에 걸맞게, 게르마니아 함락을 선언하는 주화는 베스파시아누스나 티투스가 주조했던 다른 어떤 주화보다도 더 무거웠다. 손바닥에 쥐고 있으면 그것이 얼마나 견고한지, 그 무게가 얼마나 사람을 안심시키는지, 은 함유량이 얼마나 높은지 따위를 느낄 수 있었다. 세부 사항에 민감한 도미티아누스는 이를 통해 로마인에게 어떤 메시지가 널리 알려질지 정확하게 파악했다. 이제 신들의 분노는 가라앉았다, 번영이 돌아왔다, 게르마니아는 영구히 정복되었다, 이렇게 선언하고 싶은 것이었다.

브리타니아에 관해서도 당연히 마찬가지였다. 도미티아누스는 섬 전체가 이제 "평화롭고 안전하다"는 아그리콜라의 확실한 보고를 받고서 그것을 의심할 이유가 없다고 생각했다.[26] 임무를 완수한 총독은 로마로 복귀해 엄청난 영광과 명예 속에서 환영받을 것이고, 치하 작업에는 아우구스투스 포룸에 놓인 도시의 가장 훌륭한 영웅들의 조각상과 나란히 본인의 조각상이 배치되는 일도 포함될 것이다. 하지만 로마의 세계 통치는 전투의 승리에만 달려 있지 않았다. 정복한 땅이 야만스러울수록 치안 확보라는 장기 사업은 그만큼 더 힘들었다. 칼레도니아에서도 타우누스산맥에서처럼 군인들은 나무를 베고, 삽으로 땅을 파고, 돌을 배치했다. 그들은 헤더가 무성한 황야 사이로 도로 작업을 했다. 테이강 옆에 있는 계곡

기슭에서 현재 잉크투틸Inchtuthil로 알려진 곳에 병사 5000명이 지낼 수 있을 정도로 거대한 군단 본거지를 세웠다. 이렇게 깊숙한 곳에 위치한 야만인의 땅에 로마의 질서와 규율을 확립하는 표시들을 세운 것은 예전에 단 한 번도 없던 일이었다.

이 사업에 들어가는 인적·물적 투자는 막대했고 비용 또한 만만치 않았다. 브리타니아 전역을 제대로 통제하려면 4개 군단이 필요했다. 군단병도 값싸게 쓸 수는 없었다. 도미티아누스가 칼레도니아의 평화를 위해 기꺼이 자금을 대려는 모습은 로마 군대에 대한 신뢰를 잘 표현한다. 이런 신뢰는 단순히 총독으로서 아그리콜라가 남긴 기록이 아니라, 황제로서 자신이 남긴 기록을 널리 과시하려는 것이었다. 거대한 거미줄의 중심에 자리 잡은 거미처럼 그는 지치지 않고 능숙하게 세상으로 뻗어나가는 거미줄을 짰다. 그 어떤 실도 아주 멀리 있지 않으며 결국 자신에게 돌아온다는 것을 그는 잘 알았다. 모든 것이 서로 연결되었다. 칼레도니아 이슬비 속에서 배수로를 파는 군인은 제대로 된 믿을 수 있는 동전을 봉급으로 받아야 했다. 광산, 도로, 항구, 포도원, 저택, 기타 팍스 로마나를 지탱하는 모든 것이 군단의 보호에 의지했고, 그것이 없다면 평화는 사라질 터였다. 군단의 성공, 제국의 번영은 신들의 총애에 달렸다. 권좌에 오르고 3년 동안 도미티아누스가 이뤄낸 업적은 대단한 성취였다. 그는 이전에 신들의 분노가 몇 번이고 분명하게 표출되는 가운데 크게 흔들리던 제국을 다시 견고한 토대 위로 올려놓았다. 그렇지만 제국 경영은 지루한 일이었다. 제국의 기능에 관련된 세부 사항에 대해서는, 마지막 하나까지도 꼼꼼히 관심을 보여야 했기 때문이다. 대리석이 덮인 카피톨리누스 언덕의 비탈에서부터 게르마니아의 지독한 습지까지 그의 존재가 필요하지 않은 곳이 없었다. 도미티아누스를 찬미하는 사람들은 황제와 그의 행정관들에게 요구되는 일이 아주 중압적이라고 생각했을 것이다. 그야말로 "인내력을 넘어서는 부담"이었다.[27] 다른 사람들은 모르지만, 황제는 마음대로 잠들 수도 없었다. 그의 시선은 준엄했고 깜빡거리지도 않았고 모든 것을 꿰뚫을 듯했다. 그래야만 황제 노릇을 제대로 할 수 있었다.

하지만 도미티아누스도 그 방대한 제국의 모든 곳을 감시할 수는 없었다. 라인강을 따라 있는 방어 시설들의 재정비에 몰두한 나머지, 두 번째로 장대한 강인 도나우강 너머 지역에서 오랫동안 쌓인 위협을 제대로 살피지 못했다. 16년 전 네 황제가 한 해 동안에 모두 사라진 내전 중에 로마의 방위 체제가 약화되어 제국 전역에 배치된 군단들 사이에 반목이 있음이 만천하에 드러났다. 그처럼 체제가 약해진 곳은 장차 침략자가 될 세력의 위협이 가장 긴급하게 터져나올 법한 장소였다. 로마의 주의가 산만한 때를 이용하려는 야만인은 게르마니아인만이 아니었다. 다키아인도 그러했다. 무키아누스는 시리아에서 이탈리아 내전을 진압하기 위해 진군해 오던 중에 잠시 멈추고서 모이시아에서 온 침략자를 몰아냈다. 하지만 발칸반도에 있는 로마 속주들을 향한 위협은 예전 그대로 남아 있었다. 이제 막 세상이 평화와 질서를 되찾아가는 것처럼 보이는 때에 다키아 무장 집단이 다시 한번 도나우강을 건너 밀어닥치기 시작했다. 그들을 상대하기 위해 급히 진군한 2개 군단은 괴멸당했다. 전사자 중엔 모이시아 총독도 있었다. 이는 로마 제국으로서는 바루스 참사에 버금가는 수치였다.

언제나 실무를 강조하는 도미티아누스는 즉시 낭패의 현장으로 떠났다. 상황이 얼마나 우려스러운지 잘 알아야 하므로 그는 가장 신뢰하는 군사 분야의 심복을 대동했다. 코르넬리우스 푸스쿠스Cornelius Fuscus는 플라비우스 황조의 충신으로 도미티아누스가 근위대 사령관으로 임명한 바 있고, 이전엔 발칸반도 총독을 지냈다. 이런 복무 기록이 있었기에 그는 불안감에 휩싸인 황제가 볼 때, 다키아인들을 길들이는 임무를 맡을 이상적인 적임자였다. 아니나 다를까, 푸스쿠스의 지원을 받은 도미티아누스는 빠르게 상황을 안정시키는 데 성공했다. 고작 몇 달 군사 작전을 펼친 뒤 황제는 도나우강 방위 상태에 충분한 자신감을 얻고 로마로 돌아와 두 번째 개선식을 열었다. 그러는 사이에 푸스쿠스는 주인을 따라 수도로 돌아오지 않고 다키아 침공을 준비했다. 무례한 야만인을 벌하지 않고 떠나는 것은 결코 로마의 방식이 아니었고, 자신과 제국의 위엄에 민감했던 도미티아누스는 다키아인을 반드시 따끔하게 혼내주어야 한다고 마음먹었다. 따라서 푸스쿠스는 도나우강을 넘어

나아갔다. 하지만 막상 닥치고 나니 회초리를 맞는 것은 야만인이 아니었다. 푸스쿠스와 휘하 장병이 도나우강을 건너자마자 다키아인들은 그들에게 몰래 접근하기 시작했다. 적절한 때가 되자 그들은 습격을 가했고, 그 파괴력은 아주 살벌했다. 원정 병력은 괴멸당했다. 근위대는 군기를 잃었다. "다키아 독수리들은 푸스쿠스의 내장으로 배를 채웠다."[28]

온 세상에 뻗친 거미줄에 구멍이 뚫렸고, 그 충격파는 마지막 가느다란 실까지 전달될 것이었다. 푸스쿠스의 패배 소식이 로마에 전달되었고, 이 충격파로 도미티아누스는 불안을 느끼고 황급히 모이시아로 출발하면서 속주의 방위를 수습하는 지루한 작업에 나섰다. 패전의 여파는 수도에서 한참 떨어진 곳에서도 느껴졌고, 저 멀리 떨어진 제국의 최북단 칼레도니아도 충격의 파도를 피해가지 못했다. 그라우피우스산에서 승리한 이후 그곳에선 엄청난 효율로 군사 기반 시설을 건축하고 있었지만, 황제의 명령으로 아그리콜라의 정복은 이제 곧 중단될 터였다. 칼레도니아 합병의 업적은 아주 뛰어났지만, 계속 그 일을 진행하는 것은 로마가 더 이상 감당할 수 없는 사치스러운 일이었다. 도나우강 전선을 지탱하는 군사적 능력은 이제 극히 불안정한 상태였고, 제국의 안보 자체가 위협받았다. 다키아인에게 2개 군단을 잃은 틈을 메우기 위해 필사적이었던 도미티아누스에겐 브리타니아에서 병력을 뽑아내어 다키아로 데려오는 것 외에 다른 선택지가 없었다. 그는 브리타니아에 주둔하는 군단들을 4분의 1로 줄였다. 잉크투틸에 그토록 신경을 쓰며 힘들게 공들여 세운 거대한 군 사령부는 임시 방치된 것이 아니라 아예 해체되었다. 건물들을 철거했고, 욕탕의 판석들을 파냈다. 못을 두던 창고는 통째로 파묻었는데, 야만인들이 못을 녹여 칼과 창으로 만들지 못하도록 사전에 방지하기 위해서였다. 아그리콜라의 북진을 통해 얻은 영토 전역에 세운 요새들은 완전히 철거하고 불태웠다. 칼레도니아에서의 철수는 전면적이었다.

아그리콜라는 이제 로마 시민들이 볼 때, 비록 승리했으나 아무 쓸모가 없어진 정복 사업을 연상시키는 사람이 되었다. 하지만 그는 그러한 사태 발전에 불평할 정도로 어리석지는 않았다. 황제는 남들의 비판을 가벼이 받아들이는 사람이 아니었다. 도미티아누스는 자신의 특권을 감히 침해할지도 모르는 모든 사람에게 시기심을 드러냈고, 이런 보복적 마음가짐은 무서우면서도 잠재적으로 아주 위험했다. 형 티투스처럼 그는 처음에는 밀고자를 멀리하며 추방하는 조치를 공공연하게 과시하면서 자신의 관대함을 자랑했었다. "그런 자들을 처벌하지 못하는 원수는 그들을 격려하는 것일 뿐이다"라고 선언한 적도 있었다.[29] 하지만 도미티아누스가 마음을 바꾸기까지는 그리 오래 걸리지 않았다. 피해망상증으로 인한 심리적 압박이 자연스럽게 그에게 생겨났다. 어떤 계급이든 상관없이 일단 반역은 반역이었다. 그러므로 철저히 색출할 필요가 있었다. 그것이 도미티아누스가 갖고 있는 굳건한 생각이었다. 티투스에게서 세상의 통치권을 물려받고 고작 몇 년이 지나가지 않았을 때 그는 언제든지 역모를 꾸몄다고 유죄 판결을 받은 원로원 의원을 처형할 준비가 되어 있었다. 황제가 그런 식으로 살벌하게 나오다 보니 아그리콜라는 입을 굳게 다물기로 했다.

그렇다고 해도 아그리콜라를 찬양하는 사람들이 볼 때, 발칸반도 소식이 온통 군사적 참사로 가득하던 때에 로마에서 가장 위대한 장군이 어떻게든 남의 눈에 띄지 않으려고 전전긍긍하는 모습은 극도의 모욕이나 다름없었다. 이런 감정을 느끼던 사람 중에 걸출한 사람으로는 그의 사위가 있었는데, 그는 기사 계급 출신이지만 뛰어난 웅변가이자 학자로 이미 원로원 의원이 되었고 출세의 사다리를 오르려는 야망이 가득한 청년이었다. 푸블리우스 코르넬리우스 타키투스Publius Cornelius Tacitus라는 이름을 가진 이 청년은 현명한 사람이었고, 밀고자들의 관심을 받는 걸 꺼렸으나 그래도 일부러 아그리콜라를 비난하는 모습을 보이려고 하지는 않았다. 과도한 독립성을 드러내면 목숨이 위태롭고 또 그래봐야 아무 소용이 없다는 것을 타키투스는 잘 알았다. 아그리콜라는 진정으로 로마의 가장 고귀한 전통에 걸맞은 진정한 시민이었다. "사악한 원수 밑에서도 위대한 사람이 될 수 있다"는 말의 살아 있는 증거이기도 했다.[30] 하지만 야전에서 칼레도니아 야만인들에게 패배를 안기고 저 먼 극북의 해역을 보고자 함대를 보냈던 장군은 협상을 하기엔 세상의 극단보다도 로마가 비교가 안 될 정도로 위험한 곳이라고 생각했다. 도미티아누스가 아그리콜라를 모이시아에 쓰길 꺼리는 이유는 그가 이미 확립한 위대한 이름을 두려워했기 때문이라는 것이 타키투스의 생각이었다. "브리타니아는 정복되자마자 포기됐다."[31] 타키투스는 칼레도니아 철수에 대해 이렇게 비판적으로 바라봤다. 사실 그 지역의 상황을 전체적으로 보면 이는 부정확할 뿐만 아니라 부당하기까지 한 판단이었다. 그렇지만 타키투스의 이런 발언에서 드러나는 분노와 비통은 아그리콜라의 정복 업적들을 포기한 일을 원로원 다수가 어떻게 바라봤는지를 잘 보여준다. 그들은 황제의 그러한 결정을 로마의 명예를 깎아내리는 지독한 모욕이자 오점으로 받아들였다.

하지만 사실 도미티아누스만큼 포기 결정의 고통을 크게 느끼는 사람은 원로원 의원 중에 아무도 없었다. 칼레도니아 합병을 직접 승인했던 황제가 휘하 군단들이 브리타니아에서 물러나기를 바라지 않았음은 말할 필요조차 없다. 브리타니아는 단순히 로마의 전리품을 넘어 플라비우스 황조의 전리품이기도 했다. 그러나 다키아 위기는 황제가 지닌 권위와 특권의 근간을 뒤흔들었다. 이제 그가 유능하다는 평판이 여러 모로 불확실한 상태에 놓이게 되었다. 예를 들어 도미티아누스는 로마의 화폐 주조소들을 엄격하게 통제하고 있다는 사실에서 엄청난 자부심을 느꼈다. 자신이 권력을 잡을 때까지 계속해 평가절하 되던 것처럼 보이던 금화와 은화를 황제 자신이 구제했다는 것이었다. 간단히 말해 그는 아우구스투스 때

통용되던 기준으로 화폐 순도를 원상 회복했다. 하지만 이제 다키아 침공이라는 참사가 끼어들었다. 한때 키케로가 했던 명언을 빌리자면 "전쟁의 원동력은 무한한 자금이다." 그렇지만 자금 공급원이 다 말랐을 때는 어떻게 해야 하나? 신병 소집 비용을 마련하려면 황제는 자신이 주조한 화폐의 평가절하를 허가하는 것 외엔 달리 방법이 없었다. 실제로 주화의 가치 하락은 폭이 가파르지 않았다. 도미티아누스의 화폐는 아버지나 형이 주조한 것보다 훨씬 더 신용도가 높았다. 그렇기는 해도 도나우강에서 겪은 큰 낭패로 인한 재정적 후퇴는 저 먼 칼레도니아에서 소수의 요새와 감시탑에서 군단 장병들이 물러나는 것보다 훨씬 더 로마인들의 눈에 잘 띄었다. 그들은 주머니 사정으로, 또 손바닥의 느낌으로 인플레이션을 느낄 수 있었다. 황금이나 은을 사용할 때 황제의 다키아 패배가 어느 정도 심각한지 체감할 수 있었다.

당연히 도미티아누스는 화폐 가치가 더 떨어져서 곤란한 상황을 무릅쓰는 것보다 주조 화폐의 순도를 도나우강이나 라인강의 방어 지역만큼 단호하게 지키려고 애썼다. 군인들의 봉급을 깎거나 로마시의 보수 비용을 아끼는 것은 상상도 할 수 없는 일이었으므로 그 대신 그는 과세 기반을 더욱 강화·확대하기로 결정했다. 아프리카 부족 나사모네스는 도미티아누스의 강제 징수에 심한 압박을 느끼고 반란을 일으키려고 했지만, 애써 노력한 보람도 없이 미수에 그치고 철저히 학살당했다. 황제는 원로원에서 사악한 만족감을 드러내며 이렇게 선언했다. "나사모네스족의 존재를 아예 없애버렸소."[32] 험악하기 짝이 없는 이 농담에 의원들은 희미한 미소만을 내보였을 뿐이었다. 원로원 의원들은 나사모네스족에게 닥쳤던 운명이 몇몇 동료들에게 닥친 파멸과 별반 다르지 않다는 데에 주목했다. 반역죄는 그들 모두가 뼈저리게 잘 알고 있었던 것처럼 사형뿐만 아니라 사유 재산 몰수도 동시에 진행되는 무서운 범죄였다. 재정 위기라는 어려움에 시달리는 황제에게 부자들의 재산 몰수는 거부할 수 없는 유혹이었다. 따라서 반역죄 처벌은 돈 많은 갑부에게 집중될 수밖에 없었다. 다키아인과의 전쟁이 발발한 이래로 목숨을 잃는 원로원 의원의 수는 점점 늘어났고, 여기엔 전직 브리타니아 총독, 오토의 조카, 여러 전직 집정관 등이 포함되었다. 제국 내 어디에나 첩자가 심어져 있는 것처럼 보였다. 시민은 자신이 부자일수록 더욱더 황제에 대한 경계심을 풀어서는 안 되었다.

도미티아누스의 사냥개들이 색출에 혈안이 된 죄는 반역만이 아니었다. 다키아인들과의 전쟁 첫해에, 전쟁 결과 못지않게 화폐 가치가 더 나빠지자, 황제는 자신을 종신감찰관Censor Perpetuus이라고 대내외에 선포했다. 예전의 관행과는 다르게 이제 더 이상 인구 조사를 일정한 시간 간격으로 두고서 정기적으로 수행하지 않게 되었다. 그런 한편 아무 때나 실시할 수 있고 또 절대 끝나지 않는 과정이 되었다. 로마인은 황제의 눈이 영구히 자신들에게 고정된 채집 안의 가장 내밀한 구석진 곳을 샅샅이 뚫어지듯 살펴보고, 시민들의 개인적 행동들도 철저히 감시하고 있다고 상상해야 했다. 도미티아누스는 이전의 모든 노력에도 불구하고 신들이 로마인들에게 여전히 분노한 상태라는 반박할 수 없는 증거에 직면했고, 이에 신들을 달래려는 결의를 더욱 단단하게 굳혔다. 이전 어느 때보다도 더욱 시민을 향한 간섭이 심해졌고 아주 오래전부터 내려오는 로마의 도덕성을 위반하는 자를 규제하고 처벌하는 데 혈안이 되었다. "그는 인류의 앞날을 우려하여 가혹한 징벌을 가하게 되었다. 그런 징벌이 없다면 우리가 신들을 위해 적절히 수행해야 하는 의무, 즉 모든 악에 대한 두려움의 의무가 세상에서 사라질 것이기 때문이었다."[33]

그리하여 도미티아누스는 엘리트들에 대한 옥죄기를 더욱 강력하게 실천해나갔다. 이제 그는 마음 내킬 때마다 원로원에서 아무나 제명할 수 있는 권리를 손에 넣었다. "감찰관이자 주인"에 대해 그들이 느끼는 적개심은 강렬했고, 조용한 말투로 그의 위선에 대해 숨죽이며 주고받는 이야기는 점점 더 신랄해졌다.[34] 구체적 면면을 살펴보면, 황제가 직접 첩들의 내밀한 곳에 난 음모를 잡아 뽑기를 즐긴다거나, 가장 화대가 싼 창녀들과 수영장에서 노닥거리는 취향이 있다거나, 여자 조카와 불륜을 저지르다 그녀가 덜컥 임신해 낙태를 여러 차례 강요해 마침내 그녀를 죽음에 이르게 했다는 등의 내용이었다. 이런 이야기는 도미티아누스의 강박적인 까다로움이 실은 그의 부패를 감추려는 수단에 불과했음을 암시하기 위한 것이었다. 그렇지만 그런 이야기는 그의 기질을 한심할 정도로 오판한 것이었다. 그의 개인적 결함이 무엇이든 간에 도미티아누스 는 결코 표리부동한 사람이 아니었다. 게다가 그에 대해 속삭이는 풍문의 진실을 밝힐 증거는 누가 댈 수 있단 말인가? 어쨌든 그는 엘리트들이 자신에 대해 어떻게 생각하는지 거의 신경 쓰지 않았 다. 황제는 로마인의 도덕성 단속을 위해서라면 가장 저명한 원로 원 의원들의 비위를 건드리는 것조차도 망설이지 않았다. 황제의 이 런 단호한 태도는 결코 위축되지 않았고 뒤로 물러설 기세도 보이 지 않았다. 그의 의무는 원로원이 아닌 제국 전체를 위한 것이었다. 그의 책임은 바로 세상을 평화롭게 유지하는 것이라고 확신했다.

그리고 대다수 사람들, 심지어 그를 가장 지독히 증오하던 사람 들조차도 그런 확고부동한 태도를 높이 평가했다. 모곤티아쿰에서 카이키나가 반란을 일으킨 지 20년이 지난 89년 1월 1일, 거대한 군단 사령부에서 다시 반란이 일어났다. 반란의 지도자는 고지 게 르마니아 총독이었고, 전에 집정관을 지낸 안토니우스 사투르니누 스Antonius Satruninus였다. 안보 기구를 그처럼 효율적으로 운용했음 에도 불구하고 안보에 구멍이 발생해 도미티아누스는 불의의 일격 을 당했다. 푸스쿠스의 패배 이후 2년 반 동안 그는 다키아인을 크 게 신경 쓰지 않아도 될 때까지 몰아붙이는 일에 집중했다. 황제는 이 목적을 달성하고자 칭찬받을 만한 엄청난 인내심을 보였다. 그 는 저돌적으로 적진을 공격해 들어가 불운을 당한 푸스쿠스와 달리 때를 기다리기로 했다. 그는 병력을 모으고, 파괴된 기반 시설을 수리하고, 야만인들 사이에서 좀더 로마에 순종적인 세력을 매수했다. 88년 여름이 되자 적어도 6개 군단이 모이시아에 집결했다. 모이시아 총독은 마침내 도미티아누스의 허락을 받아 도나우강을 건넜고, 다키아인에게 절망적인 패배를 안겼다. 도미티아누스는 이득을 최대한 보길 간절히 바랐고, 언제든 직접 군사 작전을 재개하려고 준비했다.

하지만 그러는 와중에 사투르니누스의 반란 소식이 전해졌다. 당연히 황제는 크게 당황했다. 로마에 그와 함께 있는 병력은 근위대뿐이었는데, 이들은 예전에 비하면 허깨비 수준이었다. 다키아인들의 손에 압도당한 상처가 여전히 아물지 않은 상태여서 근위대의 무력은 이렇다 할 것이 없었다. 위기 상황에 맞서서 운용할 수 있는 가장 가까운 군단은 제7 게미나 군단으로서 당시 히스파니아에 주둔하고 있었다. 실제로 제7군단장은 혼인을 통해 플라비우스 황조의 먼 친척이 된, 우리에겐 줄여서 트라야누스로 알려진 마르쿠스 울피우스 트라야누스였고, 동명의 아버지는 티투스 황제의 두 번째 부인의 언니와 결혼했다. 이런 이유로 도미티아누스는 그가 믿을 만한 장군이라고 느꼈고, 또 그래야 마땅했다. 하지만 히스파니아에서 라인강까지는 아주 멀었다. 황제는 트라야누스를 간절하게 소환하긴 했지만, 제7 게미나 군단이 자신과 제때 합류하길 기대할 수 없다는 것도 알았다. 사투르니누스와 맞서고자 북쪽으로 향하면서 그는 최악의 상황, 즉 네로와 오토의 운명이 자신에게 들이닥칠 것을 두려워했다.

하지만 막상 닥치고 보니 그렇게 크게 걱정할 필요는 없었다. 제국에는 황제에게 충성을 입증하려고 하는 사람들이 많았다. 그래서 도미티아누스와 합류하려고 최대한 빠르게 진군한 장군은 트라야누스만이 아니었다. 저지 게르마니아의 총독 라피우스 막시무스도 충성심이 높았고, 빈도니사 지휘관을 포함한 다른 군단장들도 사투르니누스의 반란에 가담하지 않았다. 황제가 모곤티아쿰에 도착했을 때 반란은 이미 진압된 뒤였다. 도미티아누스 통치기에 로마 엘리트 다수가 황제로부터 압제를 당했지만, 그들은 황제를 갈아치우는 대안은 더 나쁘다는 것을 잘 알았다. 사투르니누스는 황제가 되기 위해 카티족을 동맹으로 영입했는데, 불운하게도 라인강이 해빙되는 바람에, 언 강을 건너 갈리아로 쏟아져 들어오려던 카티족의 계획은 수포로 돌아갔다. 정말 구사일생이었다. 이를 통해 내전이 제국의 평화에 유일한 위협이 아니고, 외적이 언제든지 제국을 쳐들어올 수 있다는 것을 모두가 상기하게 되었다. 도미티아누스가 폭군처럼 군림하면서 지나치게 트집을 잡기는 했지만, 라인강이나 도나우강, 그리고 그 너머 도사리는 부족들을 경험한 사람이라면 누구든 방어 시설을 강화하려는 그의 노력을 인정할 수밖에 없었다. 속주가 야만인들의 약탈에 무방비한 상태로 노출되는 것보다는 차라리 독재적인 황제가 더 나았다. 플라비우스 황조 이

전 혼돈보다 그들이 세상에 회복시킨 안정을 로마인들은 더 바랐던 것이다. 그러니 요약하자면 황제가 아무것도 못하는 무정부 상태보다는 차라리 정부에 안정을 가져온 폭정이 더 나았다.

확실히 도미티아누스는 의무감이 결여된 사람은 아니었다. 모곤티아쿰에 도착하자마자 그는 도나우강으로 돌아가는 대신 그곳의 상황을 확실히 단속하는 일에 나섰다. 그는 거사에 설득되어 반란에 참가한 사령관 사투르니누스 휘하의 2개 군단 중 하나를 인수했다. 다시는 2개 군단 각각에 독립 사령부를 두지 않겠다고 결심했기 때문이다. 이 조치의 기대효과는 게르마니아 상부와 하부에서 반란이 일어날 가능성을 항구적으로 줄이는 것이었다. 카티족에 이미 적용한 가혹한 조치에 더해, 이 조치는 라인강에 새롭고 오래 지속되는 안정성을 제공했다. 도나우강이 라인강보다 더 불안정한 상태로 남은 것은 사실이었다. 도미티아누스는 자신이 갈리아에 가져온 안정감과 비슷한 것을 발칸반도의 국경에 가져다줄 의무가 있었다. 황제의 치열한 노력으로 다키아인들은 무기를 내려놓았다. 그들은 공식적으로 로마의 우위를 인정했다. 다키아 군주는 로마 황제가 직접 내려주는 왕관을 받았다.

그러나 도미티아누스의 승리가 응당 그랬어야 할 만큼 영광스러운 것은 아니었다. 평화 협정을 맺으면서 그는 다키아인들에게서 보조금을 받지 못했고, 그들의 난공불락 요새이자 수도인 사르미제게투사Sarmizegetusa에 장인들을 제공해 도시의 시설 개선에 도움을 주었기 때문이다. 황제는 이런 구차한 세부 사항을 의식해 로마에서 개선식을 하지 않기로 했다. 그럼에도 불구하고 그가 달성한 업적은 상당했다. 그를 비판하는 자들은 야만인과 협상할 정도로 비굴해졌다며 등 뒤에서 비웃었지만, 도미티아누스는 다키아인들로 하여금 로마의 뜻에 복종시키는 것치고는 이 협상에 쓴 비용이 아주 적다는 결론을 내렸다. 다키아인을 완전히 제압하기 위해 로마의 생명과 재산을 들이면 제국의 고혈까지 짜낼 것이고, 제국은 다시 혼돈에 빠져들게 될 것이었다. 도미티아누스가 볼 때 타협은 결코 입에 올려서는 안 되는 불순한 용어는 아니었다. 다키아인과의 협상으로 그가 얻어낸 보상은 무척 컸다. 대서양에서 시작해 흑해에까지 이르는 제국의 북부 영토 전역은 마침내 평화로워졌다.

신들의 분노로 암울해진 세상에서 사회의 질서는 쉽게 지켜지는 것이 아니었다. 도미티아누스는 그 사실을 누구보다도 잘 알았다. 황제는 질서 유지를 위해서는 단단히 각오해야 하고, 방심하지 않고, 눈도 깜빡이지 않을 만큼 인정사정없어야 하며, 무자비할 정도로 세부 사항에 확고한 주의를 보여야 했다. 이것이 신들이 황제에게 기대하는 자질이라면 도미티아누스는 이를 거부하지 않았다. 그의 임무는 인간 세상의 질서 그 이상의 것이었다. 실제로 그 임무는 시인들이 언급했듯이 주인과 신들의 질서를 지키는 것이었다.

세계 도시

가이우스 수에토니우스 트란퀼루스Gaius Suetonius Tranquillus가 충격적인 현장을 증언하기 위해 법정에 출석했어야 했던 것도 놀라운 일은 아니었다. 젊은 그는 연설가이자 문인으로 유명해지려는 야심이 있었고, 완벽한 교육을 받고자 로마로 왔지만 수사학 강의로는 절대 그런 기회를 잡기 어려우리라는 것을 알았다. 수사적 방식을 실천하는 현장만이 선사할 수 있는 기회였다. 경쟁 변호사에게 간청하고, 재담을 통해 활발하게 의견을 교환하고, 특히 인상적인 고발, 특히 현란한 변호를 듣고 감탄하는 군중이 웅성거리는 모습을 경험해야만 연설가로 나설 수 있었다. 로마에서 법률은 여전히 키케로 시절에도 관중에게 제공했던 것, 즉 당장이라도 주어질 드라마와 흥분의 원천을 여전히 제공했다. 경쟁 상대를 법정에 세울 수 있는 기회는 수도 로마에서 공화정 시절부터 살아남은 마지막 시민적 자유 중 하나로서 오랜 세월 존속해왔다. 수에토니우스는 아프리카 북부 해안에 있는 속주 식민도시 히포레기우스Hippo Regius 출신이지만 로마에서 영향력이 전혀 없는 가문은 아니었다.[35] 그의 조부는 칼리굴라 시절 황실 주변부와 접촉하며 좋은 유대 관계를 누린 사람이었고, 오토 시절엔 장교로 지냈는데 크레모나 외곽 지대에서 오토 군대의 치명적인 패배 소식을 들었을 때 황제와 함께 있기도 했다. 수에토니우스는 갓 스물이었지만 권력의 작용에 관해서는 이미 무척 잘 알고 있어 권력이 어느 곳에서 갑작스럽게 작용할 것인지 예의주시하고 있었다. 그리고 사람들이 가득한 법정에서 그는 전혀 예기치 못한 광경을 목격하고 너무 놀라 입을 크게 벌리고 바라보게 되었다. 어떤 재무관이 아흔 살 노인의 성기가 할례가 되었는지 여부를 검사하고 있었던 것이다.

도미티아누스가 아무리 세부 사항에 꼼꼼히 주의를 기울이는 황제라 할지라도 이런 비인간적 행동은 수에토니우스가 볼 때 과도한 강박증세가 아닐 수 없었다. 세금 탈루자로 의심되는 사람의 생식기를 재무관이 검사해 세입 증가를 독려하는 황제는 이전엔 듣지도 보지도 못했다. 이런 독창적 생각의 뿌리는 플라비우스 황조의 독창력이 종종 그랬듯 새로운 정권의 토대가 된 업적에 있었는데, 바로 유대인을 패배시킨 것이었다. 카피톨리누스 언덕이 전소되고 얼마 되지 않아 예루살렘 대사원이 전소된 것에 경각심을 지녔던 베스파시아누스는 이런 우연의 일치에서 명백한 운명의 손길을 알아보았다. 그런 심오한 판단에 따라 유대인들에게 이전에 그들의 신에게 바쳤던 공물을 로마의 주신 유피테르에게도 반드시 바치도록 하는 법률이 통과되었다. 경건한 것 못지않게 욕심도 많았던 도미티아누스는 이런 조치에서 절묘하게 세금을 착취할 기회를 보았다. 베스파시아누스는 카피톨리누스 언덕을 화려하게 복원했지만, 티투스 통치기에 발생한 대화재로 고작 10여 년이 지난 뒤에 웅장한 신전은 두 번째로 완전히 불타버렸고, 그리하여 더욱 화려하게 신전을 재단장할 기회가 생겨났다. 도미티아누스가 유피테르에게 바친 새로운 신전은 무척 반짝거렸고, 무척 화려하게 장식했으며, 무척 거창하고, 무척 저속해 비판자들은 황제를 미다스와 비교했다. 전설에 따르면 황금의 손을 가진 미다스가 만지는 것은 전부 황금으로 변했다. 한때 로마인에게 민족의 과거를 보여주는 위대한 성소였던 언덕은 이제 도미티아누스 통치기에 뭔가 굉장히 다른 곳, 즉 황제의 기념물로 바뀌었다. 이것이 바로 그의 등 뒤에서 사람들이 그의 건축 계획을 가리켜 신들을 향한 의무를 실천한 것이 아니라, 치명적 질병 즉 "뭔가 지으려고 하는 광적인 욕구"라고 폄훼한 이유였다.[36] 그리하여 젊은 수에토니우스는 사람들이 가득한 법정에서 세금 포탈의 혐의를 받는 유대인 노인이 발가벗겨졌을 때 경멸감보단 동정을 느끼고, 황제의 부당한 요구가 어디까지 뻗을 수 있는지를 확인해 충격을 받았다.

당연한 일이지만 유대인을 향한 로마인들의 동료 의식에는 한계가 있었다. 그들을 향한 적개심, 로마인이 유대교를 무신론적 관습으로 치부하는 시각은 이전 30년간 벌어졌던 사건들, 즉 유대 반란, 예루살렘 파괴, 플라비우스 황조의 가차 없는 과시 등으로 더욱 격해졌다. 조국이 파멸을 맞은 뒤 유대인 다수는 로마로 와서 생계를 근근이 이어가거나 수도 여러 거리에 바글바글한 거지 떼에 합류했다. 도시가 외국인으로 들끓는다는 불평은 로마가 세계 제국으로 발돋움하기 시작했을 때 이래로 전통주의자들이 투덜거리는 것이었으며, 이는 플라비우스 황조의 통치기에 들어와서는 그 시대를 규정하는 특징이 되었다. 많은 사람들이 볼 때, 베스파시아누스와 티투스가 거둔 대승 이후에 발생한 유대인의 로마 유입은 동전의 한쪽 면이었다. 다른 면엔 대리석을 잔뜩 실은 수레가 내는 요란한 소음, 수도 전역 건설 현장에서 들려오는 망치와 끌의 소리, 그리고 도미티아누스의 건축 계획을 떠들썩하게 알리는 모든 다양한 표시가 있었다. 이런 것들에서 완전히 벗어나 평화롭거나 고색창연한 분위기를 풍기는 곳은 그 어디에도 없어 보였다. 고대에 로마의 제2대 국왕인 누마 폼필리우스가 님프와 함께 어울렸다는 포르타 카페나 옆의 샘물조차도 더 이상 예전 모습이 아니었다. 그 지역을 수리하기 위해 도미티아누스가 고용한 노동자들은 풀을 돌로 덮었고, 이제는 유대인 불법 거주자들이 분수 주변의 수풀을 가득 채웠다. 불만 가득한 보수주의자들이 볼 때 대리석의 화려함과 판자촌의 추악함은 모두 똑같이 로마의 영원한 신성함에 대한 배신, 그야말로 "신성 모독"이었다.[37]

하지만 로마인이 경멸하는 대상은 유대인만이 아니었다. 더욱 고약한 국수주의자 계층은 모든 외국인을 혐오했다. 율리우스 알렉산데르의 동상에 똥을 눠야 한다고 로마인들에게 촉구했던("오줌을 싸는 정도로도 충분치 않다!"[38]) 한 풍자 작가는 과거에 이집트 행정 장관을 맡았던 율리우스를 유대인이어서가 아니라 이집트인이어서 맹렬히 비난했다. 머릿기름을 과도하게 사용하는 것은 물론이거니와 아첨과 탐욕이 뒤섞인 것으로 악명 높은 민족인 시리아인은 특히 혹평의 대상이 되었다. 모든 외국인 중에서도 그리스인은 가장 부러운 대상이었기에 가장 괘씸하게 여겨졌다. 로마의 지배를 받는 민족인데도 불구하고 그들은 플라톤과 아리스토텔레스의 시대에 머물러 있었다. 그들은 수상쩍게도 놀랄 만큼 영리했다. "훈련된 연설가보다도 더욱 완성된 예리한 기지, 뻔뻔한 신경, 능변을 보였다."[39] 이런 자질은 그리스인임을 나타내는 전형적 표시처럼 보였다. 정직한 로마인이 어떻게 이들과 경쟁하겠는가? 이 문제는 사회의 상부에서 시작해 하부에 이르기까지 모든 로마인을 괴롭혔다. 자신들이 로마의 전통에 깊게 뿌리내리고 있음을 자랑스럽게 여기는 원로원 의원들은 도미티아누스가 그리스어를 말하는 소아시아의 쾌락 추구로 악명 높은 도시들(사르디스, 페르가몬, 그리고 다른 환락 도시들)에서 거물을 키워내 집정관에 앉히고, 핵심 속주 총독으로 임명하는 것을 그냥 지켜보는 수밖에 없었다. 그러는 사이 로마의 가장 수치스러운 직업, 즉 매춘과 연극에 종사하며 근근이 살아가는 사람들, 즉 사회 하류 사회에서도 그리스인과 경쟁해야 하는 것을 괴롭게 여겼다. 그리스 창녀가 더 아름답고 재기도 발랄했다. 그리스 배우들은 더욱 설득력 있는 여자 연기를 펼쳤다. "어릴 때부터 아벤티누스 언덕의 공기를 맡으며 사비니 올리브를 먹고 자란 사람이 그런 자들 때문에 보잘것없는 처지로 추락하다니 참으로 난처하구나!"[40]

하지만 그런 불평은 그런 분야에 종사하는 로마인들의 자질이 심각하게 뒤떨어졌다는 것을 보여주었다. 로마인의 정체성은 평생 아벤티누스 언덕의 공기로 숨 쉬거나 사비니 농장의 담백한 생산물로 주전부리를 하는 사람으로 인식되지 않았다. 그것은 이미 오래전의 일이 되어버렸다. 도미티아누스가 모곤티아쿰에서 일어난 반란으로부터 자신을 구해내고자 급하게 소환한 트라야누스는 히스파니아에서 태어났다. 칼레도니아를 정복한 아그리콜라는 갈리아 남부 해안 태생이었다. 심지어 아벤티누스 언덕에서 태어났을 법한 사람조차도 선조의 장구한 혈통이 오랫동안 이어져 왔다고 말하기가 어려웠다. 로마인들이 다른 민족에게 시민권을 후하게 제공했기 때문에 늘 도시는 여러 인종이 뒤섞인 용광로의 특징을 띠게 되었다. 로마 건국 이래 성벽 너머 이주민(처음은 이탈리아, 이어 지중해, 이어 전 세계)은 꾸준히 로마 군중의 소용돌이 속에 추가되었다. 몇몇은 선물이나 보상으로 시민권을 부여받았다. 다른 절대 다수는 노예 상태에서 자유를 얻은 해방노예였다. 역설적이게도 많은 사람들에게 노예 상태가 되는 것은 로마인으로 거듭 나는 길이 되었다. 시리아든 그리스든 히스파니아든 로마가 세계를 통치하게 되는 동안 이탈리아로 오게 된 포로들의 후손이 세대가 흘러가며 로마인이 되었고 그들이 이탈리아 토착민과 구별되는 일은 별로 없었다. 모두가 똑같이 로마 시민으로 분류되었고, 모두가 똑같이 로마인 대접을 받았다.

이런 변화 과정은 별로 비판을 일으키지 않았다. 보통 이주민이 섞이면서 나타나는 인구통계적 변화는 거의 눈에 보이지 않았다. 물론 눈에 띄는 사람도 있었다. 규칙을 증명하는 예외들이 그렇다. 그들은 로마에서 남쪽 혹은 북쪽으로 먼 지역에서 태어나 지중해 해안에 사는 사람의 머리카락이나 피부와는 크게 다른 고향의 기후학적 사례를 분명하게 증명하는 머리카락과 피부를 갖고 있었다. 플리니우스가 자신의 백과사전에서 언급한 것처럼 "에티오피아인들은 태양에 무척 가까운 곳에 살고 있기에 햇볕에 그을리고, 따라서 동그랗게 말린 수염과 꼬불꼬불한 머리털을 가진 채, 그을린 사람처럼 보이는 모습으로 태어난다. 반면 세상 정반대의 끝에서 온 사람들의 피부는 서리처럼 하얗고, 머리카락은 노란색이며 꼬불꼬불하지만 곧바르다."[41] 이것이 도미티아누스가 브리타니아인들에게 카피톨리누스의 유피테르 신전을 세우는 자금을 대야 한다고 주장한 이유였다. 그들은 도저히 자신의 모습을 위장할 수가 없다. 창백한 안색과 금발을 기른 북쪽 야만인들은 로마인과 전혀 닮지 않았다. 하지만 유대인은 지중해 해안에 거주하는 다른 모든 민족들과 유사한 외모를 지녔기에 자신의 정체성을 부정하는 것은 아주 쉬운 일이었다. 유대인의 신분을 폭로하는 것은 오직 하나였다. 아랍인이 예외 없이 귀에 구멍을 뚫었다고 인식되는 것처럼, 유대인은 예외 없이 귀두의 포피를 잘라냈다. 도미티아누스의 세무조사원들이 볼 때, 이것이야말로 그들의 원래 신분을 밝혀주는 명백한 증거였다.

로마의 유대인 중에는 유대에 들이닥친 참사와 굴욕에 엄청난 충격을 받아 믿던 유일신을 단념하고 자신의 독특한 민족성을 거부하고 로마인으로 살아갈 방법을 찾던 이들이 있었다. 반면에 정통파 유대인을 자처하면서, 유대인과 로마인이라는 두 정체성이 서로 배척한다고 보지 않는 유대인들도 있었다. "관용이라는 놀라운 자질을 갖춘 로마인들은 거의 모두가 로마인이라는 명칭을 널리 공유하도록 조치했다. 개인은 물론 나라 전체까지."[42] 이런 글을 남긴 이는 한때 반란군 지휘관이자 본래 요세프 벤 마티야후로 알려졌지만, 티투스와 함께 유대에서 배를 타고 온 이후 베스파시아누스로부터 시민권을 부여받고 로마 이름으로 개명한 플라비우스 요세푸스Flavius Josephus였다. 수도 로마에서 그는 중요한 인물로 여겨졌다. 장차 플라비우스 가문이 로마의 권력을 잡게 되리라고 미래를 내다본 예언자였기 때문이었다. 팔라티누스 언덕에 머무르도록 초대받지는 못했지만, 요세푸스는 베스파시아누스 황제가 야인 시절에 소유했던 저택 중 하나에서 여러 개의 방을 하사받았다. 자신의 이름 요세푸스를 널리 알리려 하고, "황제로부터 모든 식료품을 제공받는 것"을 자랑하는 이 남자에게 그것은 대단한 자유였다.[43] 그가 플라비우스 가문의 호의를 받고 있다는 여러 표시가 계속 나왔다. 요세푸스가 당연히 자신을 주역으로 내세운 《유대 전쟁사》 집필은 티투스에게 직접 허가를 받았다. 로마 공공 도서관에는 이 책의 사본이 비치되었고, 이 책의 지은이는 조각상이 세워지는 영예를 얻었다. 요세푸스는 수도의 그 누구보다도 이런 증언을 할 자격이 충분한 사람이었고, 즉, 유대인은 충실한 로마 시민이면서 동시에 경건하고 당당한 유대인으로 남을 수 있다는 것이었다.

그런 주장에도 불구하고 그의 동포 다수는 요세푸스를 완벽한 배신자로 여겼다. 티투스가 그의 조국 유대 땅에 요세푸스 사유지를 하사했지만 그는 로마를 떠나 조국으로 돌아갈 권리를 주장하지 않았다. 유대에서 그를 향한 적개심은 용광로의 쇳물처럼 부글거릴 정도였기에 귀국은 너무 위험했다. 고국에 들이닥친 파멸의 엄청난 규모에 심히 슬퍼하던 유대인들에게 요세푸스의 주장은 신성 모독이나 다름없었다. 신의 성소를 파괴하고 그들의 저주받은 수도에서 환호하는 군중들이 훤히 보는 가운데 하느님의 보물들을 앞세워 시가행진하던 로마인을, 하느님의 대리인일지도 모른다고 말하는 것은 있을 수 없는 일이었다. 하지만 그는 이러한 유대인들의 비판에 대해 즉각적인 응답을 내놓을 수 있었다. 요세푸스는 로마를 상대로 반란을 일으킨 자들이 실은 동포 유대인들에게 재앙을 불러왔다는 사실을 지적한 것뿐이었다. 하느님에 대한 믿음을 전적으로 포기하지 않는 한, 예루살렘 파괴를 타락한 민족에게 내리는 하느님의 처벌로 해석하는 것은 너무나 당연하고, 그 외에 다른 해석은 있을 수 없다는 말이었다. 로마에서 요세푸스가 실제로 유일신 신앙을 포기한 동포들에게 둘러싸여 있었음에도 불구하고 그는 이것 아니면 저것이라는 태도를 거부했다. 그는 더 나아가 유대인이 경멸당할 민족이 전혀 아니며, 경건함·용기·전쟁 기량 측면에서 로마인과 다르지 않다는 것을 로마 청중에게 설명해야 한다고 결심했다. 그가 볼 때 유대인은 로마인 못지않게 존중받아야 하는 민족이었다.

동그라미 속에 네모를 집어넣고 서로 일치시키기는 불가능했고, 그런 일을 실제로 해 보이기는 결코 쉽지 않았다. 요세푸스는 하느님이 내려주신 로마의 패권에 대한 경외감과 자랑스러운 유대인으로서의 정체성을 조화시키려고 분투했지만, 그러한 모순과 갈등은 극복하기 어려웠다. 이러한 모순과 갈등은 유대 전쟁의 가장 중요한 사건에 관한 설명 부분에서 가장 명백하게 드러난다. 그가 이탈리아로 떠난 지 2년 이상이 흘러간 후에 발생한 사건이었다. 티투스의 명령에 따라 예루살렘 폐허에 주둔하고자 뒤에 남은 제10 프레텐시스 군단은 마침내 기지에서 움직여 남쪽으로 진군해 사막으로 나아갔다. 그들의 임무는 도적들의 요새 세 군데를 파괴하는 것이었다. 이는 본질적으로는 일상적인 치안 유지 활동의 일환이었다. 사막으로 도망친 유대인들은 남녀노소를 가리지 않고 피난민들이었을 뿐, 반체제 투사가 아니었다.[44] 전쟁이 시작되고 7년, 혹은 8년 동안 그들은 황야에서 로마인의 눈을 피해 숨어 살아왔다. 그들은 속주 당국에 위협이 되지 않았지만, 로마의 통치에서 도망친 자들이었고 따라서 그런 도피처에 무한정 남게 놔둘 수는 없었다. 따라서 제10 프레텐시스 군단은 소탕 임무에 나섰고, 사막을 삳삳이 뒤져 그런 요새들을 정리할 생각이었다.

세 군데 요새 중 마지막으로 습격을 받은 곳은 마사다였는데, 헤롯 대왕이 산꼭대기에 지은 외진 곳에 있었다. 소탕 작전은 순조롭게 실행되었다. 포위, 토루 건설, 주민 제거 등이 차례로 진행되었다. 그럼에도 불구하고 총독이 베스파시아누스에게 보낸 보고서에는 모든 것이 예상만큼 매끄럽게 진행되지는 않았다는 암시가 들어 있었다. 로마인이 요새를 습격해 방어 시설을 돌파하기 직전에 몇몇 도적들은 정복자의 손에 죽지 않으려고 서로 찔러 죽인 것으로 알려졌다. 하지만 이 이야기의 진상은 산발적이고 또 단편적이다. 로마인 중 누구도 실제로 그 현장을 목격하지 못했기 때문이다. 그러니 전선에서 올라온 보고서도 액면 그대로 받아들일 수 없었다. 결국 로마군의 포위 공격이 아주 잔인하고 비열한 상황 속에서 종료되었다면, 가령 유대인 도적들에게 안전을 보장하겠다는 약속을 해놓고서 배신해 대학살을 벌였다면 그런 세부적인 내용은 조심스럽게 감춰지게 마련이었다.[45] 하지만 마사다에서 어떤 일이 벌어졌든 간에 총독이 보낸 보고서의 요지는 요세푸스에게 감동적인 이야기를 만들 완벽한 기회를 제공했다. 유대 반란의 위대한 역사는 그 절정 부분에 이르러 정확히 그가 의도한 대로 서술되었다.

요세푸스의 마사다 포위 작전 설명은 이러하다. 마사다가 로마군에 포위되었을 때 언덕의 정상 부분은 난민들이 아니라, 이미 예루살렘을 폐허로 만든 무장 반란군이 점거했다. 정상에 로마군이 최후의 공격을 가하기 몇 시간 전, 정상에 있던 유대인들은 동반 자살 합의와 같은 행위 등으로 남녀노소 가리지 않고 모두 스스로 목숨을 끊었다. "우리는 절대 노예가 되지 않을 것이다. 그래서 우리는 죽음을 택한다."[46] 마사다 반란군의 지휘관이 말했다고 요세푸스가 전한 이 말은, 정작 요세푸스 본인은 전혀 따르지 않은 행동 방침이었다. 실제로 이 행동 방침은 파괴적이고, 광적이며, 자멸을 초래했다. 요세푸스는 이런 행동 방식을 경멸했음에도 불구하고 그 행위에 그윽한 영광의 느낌을 부여하지 않을 수 없었다. 이런 상반되는 감정은 다른 사람들 또한 인식할 수 있는 것이었다. 바타비인으로 구성된 보조 부대는 로마에 대한 맹세에 충실해 키빌리스 반란의 진압을 도왔다. 브리간테스 귀족들은 여왕의 정책에 순종해 로마 군단에 맞서 무기를 들지 않았다. 로마 황제의 무력에 알아서 적응하는 것은 분별 있는 방침이었다. 하지만 그럼에도 불구하고 이를 이해하고 로마에 대한 저항을 미치광이의 방책이라고 경멸했던 사람들의 마음속 깊은 곳엔 가장 분별 있는 방침이 늘 가장 영웅적이지는 않다는 어두운 그늘 같은 인식이 어른거렸다.

하지만 요세푸스는 분명 겁쟁이가 아니었다. 그는 방대한 저술에서 유대인과 유대 관습의 위엄을 역설했다. 이는 정확히 제국 엘리트들을 겨냥한 것이라서 엄청난 용기를 내지 않으면 할 수 없는 일이었다. 베스파시아누스와 두 아들의 로마가 모든 유대인에게 편안한 장소는 아니었다. 로마에 정복당한 민족 전체가 이처럼 심한 비난의 대상이 된 적은 없었다. 플라비우스 황조의 우월감은 지난 20년 이상 다음과 같은 주장을 증폭해왔는데, 요세푸스가 볼 때 아주 당황스러운 광경이었다. '유대인의 관습은 야만적이다.' '야훼 신앙은 미신에 불과하니 망신을 주고 타도해야 한다.' '경건한 유대인으로 사는 것은 로마인과 양립할 수 없다.' 요세푸스는 이러한 주장을 모두 공공연하게 거부함으로써 플라비우스 황조의 선전에 은근하게 저항했을뿐더러 동포들에게 그런 저항이 가능하다고 확신을 심어주기까지 했다. 로마사에 전례가 없는 세금으로 건축 자금을 댄 반짝반짝 빛나는 유피테르 신전이 그 거대한 모습으로 도시를 내려다보는 수도에서 그는 의도적으로 유대 민족의 신이 모욕을 당했다는 잔혹한 사실을 들이대며 모든 유대인의 상처를 새롭게 들쑤셔댔다. 요세푸스의 그러한 용기는 유대인들에게 영감의 원천이 될 수밖에 없었다.

요세푸스의 용기는 유대인에게만 영감을 준 것은 아니었다. "우리의 법률은 문서상의 보호를 필요로 하지 않는다." 요세푸스는 강력히 주장했다. "법률은 그것에 따라 사는 사람들의 행동으로 드러나기 때문이다. 이것이야말로 경건함의 증명이며, 세상 어디에서든 볼 수 있는 가장 진지한 독실함의 입증이다."[47] 유대 관습의 매력은 로마 사회의 정상까지 도달했고, 청년 시절 포파이아 사비나를 직접 만났던 요세푸스는 이런 사실을 잘 알고 있었다. 플라비우스 황조 아래 유대인들을 압도했던 모든 재난이 발생한 이후에도 이런 매력은 사라지지 않았다. 이는 95년 여름, 황제의 가장 가까운 친척 두 사람이 무신론 혐의로("유대교에 빠진 많은 사람을 규탄하던 방식"[48]) 고발당했을 때 아주 분명해졌다. 티투스 플라비우스 클레멘스Titus Flavius Clemens는 베스파시아누스의 형 플라비우스 사비누스의 손자였고, 고발당해 유죄를 선고받았을 때 도미티아누스와 함께 집정관에 취임해 4개월 차였다. 클레멘스의 부인 플라비아 도미틸라Flavia Domitilla는 도미티아누스의 조카였다. 이들 부부의 몰락은 청천벽력처럼 제국 황실에 파문을 일으켰다. 클레멘스는 사형당했고, 도미틸라는 이탈리아 해안에서 떨어진 작은 섬에 추방되었다. 이 사건만큼 도미티아누스가 로마의 전통적인 도덕성의 수호자 역할을 진지하게 수행한다는 것을 잘 보여주는 사건은 없었다. 그런 도덕성을 위반하는 범죄는 범인의 계급이나 지위 고하를 불문하고 처벌당했다. 도미티아누스의 주된 책무는 가족이나 귀족이 아닌 신의 질서를 책임지는 것이었다. 그는 감찰관이자 대제관이자 국가의 아버지였다. 그가 임무를 제대로 수행하지 못해 로마인이 그를 의지할 수 없게 된다면 그들에게 무슨 희망이 있겠는가?

요세푸스는 유대인들이 조상으로부터 물려받은 유대 법을 옹호하면서, 유대인의 역사가 아주 오래되었음을 쉴 새 없이 강조했다. 그리스인과 로마인조차 유대 민족이 아주 고대부터 존재해온 오래된 민족이기에 그들의 존재를 인정했다고 강력히 주장하기도 했다. 마찬가지로 도미티아누스도 자신의 등 뒤에서 참주라고 목소리를 낮춰 비난하는 자들을 경멸했고, 엄격히 형벌을 선고했다. 이는 황제의 잔혹함을 표출한 것이 아니라 그가 과거의 전통을 존경하는 마음을 나타낸 것이었다. 클레멘스를 처형하기 4년 전인 91년 황제는 가장 엄격했던 공화정 시기를 연상시키는 재판을 진행함으로써 이를 입증했다. 난로의 여신인 베스타 신전에 있는 포룸에서 누마 폼필리우스 시대 이후로 성녀(여제관)들은 영원히 타오르는 불의 수호자로서 자신들의 순결을 바쳤다. 이런 처녀들에게 부여되는 특권은 막대했다. 그들은 이륜마차를 탈 수 있었고, 그들의 손길로 은총을 내리는 것만으로도 노예를 해방하거나 사형수를 석방할 수 있었다. 또한 경기장에서 원로원 의원들과 나란히 앞줄에 앉을 수 있었다. 그들은 어떤 여자보다도 존엄했다. 그들이 지키는 불이 로마 가정의 난롯불이었기 때문이었다. 하지만 이처럼 지엄했기에 베스타 성녀의 순결은 국가 안보의 문제이기도 했다. 그들이 지키지 않으면 난롯불은 꺼질 수도 있었고, 그렇게 되면 국가가 파멸할 수도 있었다. 어쨌든 그게 바로 고대 관습이 명한 바였다.

하지만 황제의 통치기에 들어와 점점 베스타 성녀들에 대해 관대한 처분을 내리면서 이런 엄격한 기준은 완화되었다. 베스파시아누스와 티투스 통치기에는 로마 난롯불의 신성함을 보호하는 규칙을 지키는 것보다 깨는 것이 더 명예로운 일이 되어버렸다. 도미티아누스조차 세 명의 탈선한 성녀를 사형에 처하면서도 처형 방식을 그들이 선택하도록 하는 자비를 보였다. 하지만 그런 자비가 수석 성녀인 코르넬리아에게는 주어지지 않았다. 91년 그녀는 수많은 애인과 동침하는 죄를 범했다. 도미티아누스는 알부스 빌라에서 개인적으로 그녀를 심문한 뒤 미친 듯이 결백을 주장하는 그녀의 호소를 묵살하고 전통적 처벌의 공포를 그대로 느끼게 할 것을 선고했다. 재갈을 물리고 끈으로 묶인 채 가마에 태워진 그녀는 엄숙한 행렬과 함께 포룸을 통과해 나아갔고, 마침내 도시 성벽 옆의 지하 공간에 도착했다. 그녀의 친구들과 가족이 눈물을 흘리는 가운데 그녀는 산 채로 그 공간에 갇혔다. 심문이 시작되기 전 분별 있게 자기 죄를 자백한 남자 한 명을 제외하고 그녀의 나머지 연인들은 모두 라피스 니게르 옆에서 숨이 끊어질 때까지 매질당했다. 이 사건은 무척 충격적이라 도시의 집단 기억에 오래 머물렀다. 구경거리를 제공하는 플라비우스 황조의 재능은 코르넬리아의 생매장으로 섬뜩한 절정에 이르렀다.

4년 뒤 클레멘스가 파멸을 맞이하던 시기에, 황제와 얼마나 가까웠든, 얼마나 높은 계급에 속하든, 얼마나 복무 기록이 헌신적이든 무관하게, 황실의 누구든 자신이 진정 안전하다고 생각하는 이는 아무도 없었다. 원로원에서 도미티아누스는 혐오의 대상이었지만, 황제는 늘 자신이 아주 소중히 여기는 원로원 의원들의 자문위원회를 측근으로 뒀다. 황제는 이들을 친구로 여기면서 무척 아꼈다. 상호 신뢰는 그들 관계의 기본적 토대였다. 코케이우스 네르바

같이 베스파시아누스가 황제가 되기 훨씬 전부터 플라비우스 가문을 위해 몇십 년간 복무한 의원도 있었다. 이 사람은 도미티아누스가 아버지나 형제처럼 늘 의지하는 전형적인 원로원 고문이었다. 하지만 주인어른의 분위기를 주의 깊게 살피는 네르바조차도 어느 정도 황제에게 불안감을 느끼고 있었을 것이다. 뭔가 암운을 보여주는 철썩거리는 조류의 암울한 느낌은 더욱 무시하기 어려워졌다. 95년에 불경죄로 처형당한 저명인사는 클레멘스만이 아니었다. 도미티아누스의 친구 중 저명인사 한 사람도 같은 해 처형당했는데, 이 사람은 유서 깊은 가문 출신에 괴력을 자랑하던 원로원 의원 아킬리우스 글라브리오Acilius Glabrio였다. 알부스 언덕에서 열리는 축제에 참여하라고 도미티아누스에게 소환된 그는 거대한 사자와 싸우며 헤르쿨레스 같은 투사의 자질을 입증했고, 상처 하나 입지 않고 그 짐승을 처치했다. 풍문에 따르면 이런 뛰어난 재주가 도미티아누스의 질투를 사서 파멸에 이르게 되었다는데, 글라브리오의 동료들도 자신이 황제의 질투에서 완전히 자유롭다고 보지 않았다. 불안감을 느낄 이유가 있는 사람은 네르바와 황제의 다른 친구들만이 아니었다. 처형당하기 4년 전 글라브리오는 탁월한 동료 트라야누스와 함께 집정관을 역임했다. 인상적인 군공軍功과 플라비우스 황조와 먼 인척이라는 배경을 가진 이 뛰어난 동료는 어느 때보다도 더욱 위험해보였다. 네르바 못지않게 트라야누스도 도미티아누스 황제가 보여주는 우정이 언제 끝날지 몰라 전전긍긍할 이유가 충분했다.

"원수princeps의 운명이란 얼마나 비참한가." 도미티아누스는 이렇게 말하길 좋아했다. "그가 음모를 폭로했을 때 사람들이 진정으로 믿어주는 때는 실제로 그 음모로 인해 자신이 죽임을 당하는 경우밖에 없으니."⁴⁹ 도미티아누스는 늘 자신을 따라다니는 죽음의 그림자를 의식했다. 이와 관련해 악명 높은 사건이 하나 있었다. 황제는 한번은 식당, 시동, 음식을 모두 검은색으로 맞춘 연회를 개최했다. 손님은 황제 곁에 놓인 작은 돌판을 하나씩 받아갔는데, 각각엔 묘비처럼 초청받은 자의 이름이 새겨져 있었다. 아무도 말을 꺼내지 않는 분위기에서 도미티아누스는 사람을 죽이는 이야기만 했다. 그 결과 "참석자 모두가 이미 죽음의 영역에 들어온 것처럼 보였다."⁵⁰ 그들은 초대한 황제가 자신들 모두를 실제로 저승으로 보내려는 것이 아닌지 두려워했다. 하지만 결국 그들의 주인은 그저 장난을 친 것임이 드러났다. 극도의 공포 속에서 보낸 밤이 지나고 그들은 처형은커녕 후한 선물까지 받았다. 하지만 그 농담은 손님은 물론 황제에게도 해당되었다. 그의 유머 감각은 아주 음울했고 이를 의식하는 도미티아누스는 가끔 자신의 아주 어두운 두려움을 상대로 장난질을 쳤다. 로마가 그의 권력, 패권, 위대함을 드러낼 무대를 더 많이 제공할수록 도리어 민중의 시선에서 벗어져갔고, 그럴수록 황제는 공허한 무용함을 느끼는 듯했다. 도시의 역사를 보여주는 공적 공간 중에서 압권이라 할 수 있는 포룸에, 황제의 거대한 청동 승마상이 우뚝 솟아올랐다. 그를 찬미하는 자들은 그 상이 "하늘과 땅이 존재하는 동안 지속될 것"이라고 아첨했다.[51] 그러는 사이 궁전에서 도미티아누스는 모든 콜로네이드[지붕을 떠받치도록 일렬로 세운 돌기둥]에 반사광을 내뿜는 돌을 덧대도록 지시했다. "그래야 자신의 뒤에서 벌어지는 모든 일을 그 빛나는 표면을 통해 볼 수 있다는 것이었다."[52] 황제 자리에 오르고 15년이 지난 뒤 그의 피해망상증 발병 주기는 더욱 빨라졌다. 그가 느끼는 죽음에 대한 두려움은 지나치게 까다로운 성격과 도덕적 과시를 향한 집착 증세와 서로 완벽하게 결부했다. 그 결과는 언제든지 준비가 된 합법적 살인이었다.

황궁에서 로마인에게 교훈이 될 만한 사람은 플라비우스 가문만이 아니었다. 해방노예 역시 마찬가지였다. 통치 초기에 아버지의 재무관을 파면했던 도미티아누스는 선대 황제를 모셨던 다른 비서들에게도 똑같이 파면 조치를 내리는 것을 주저하지 않았다. 그가 통치하던 시기에 어떤 때는 정부 부처 하나가 통째로 파면 조치되고 그 자리를 기사 계급이 대체했다. 구성원 중에 부적절한 행동이 조금이라도 발견되는 자는 잔인하게 처벌받았다. 한 해방노예가 아들들의 장례 조형물을 세우고자 유피테르 신전 건축에 쓰일 돌들을 가져다 쓰자 도미티아누스는 그 해방노예의 무덤을 뒤집고 망자의 뼈와 재를 바다에 던지라고 명령했다. 그가 해방노예에게 전한 모든 경고 중 가장 매서웠던 것은 95년에 나왔다. 클레멘스에게 무신론 혐의로 유죄 판결을 내렸던 것처럼, 비서 에파프로디투스에게도 아주 오래전의 일을 꼬투리 삼아 고발이 이뤄졌다. 이 사람은 거의 30년 전 네로의 자살을 도왔던 비서였다. 에파프로디투스가 네로의 명령에 복종해 그런 행동을 했음에도 불구하고 네로의 죽음을 도와주는 행위는 도리를 벗어난 범죄라는 것이었다. 도미티아누스는 그의 처형을 지시했다. 이는 황궁의 해방노예들에게 어떤 잘못도 하지 말라는 메시지였다.

하지만 이 비서의 처형, 그리고 클레멘스와 글라브리오의 처형에서 의도했던 것과는 다른 교훈을 읽어볼 수도 있다. 96년 9월 18일 정오 직전에 도미티아누스는 팔라티누스 언덕에 있는 침실에서 살해당했다. 그를 암살한 자들은 해방노예 출신의 황궁 직원들이었다. 그의 사후에 누군가 말한 것처럼 그들은 "황제를 향한 애정을 모조리 잃었고, 몇몇은 여러 고발 건수로 재판에 직면했기에, 또 다른 몇몇은 앞으로 고발당하리라 예상했기에" 황제를 살해했다.[53] 같은 날 네르바는 근위대에 의해 황제로 추대되었다.[54] 한때 네로의 충실한 종복이자 베스파시아누스와 티투스의 열렬한 신봉자였으며 15년 동안 도미티아누스의 최측근 친구였던 네르바만큼 노련한 생존자를 찾아보기란 어려웠다. 네르바는 먼저 관습적으로 후한 뇌물을 돌려서 근위대의 충성심을 확보했고, 군인들이 도미티아누스를 사랑했다는 것을 알기에 자신이 암살된 황제의 계승자이자 복수자임을 자처했다. 이어 그는 원로원으로 나아가서 동료 원로원 의원들에게 순조롭게 연설했다. 그곳에 모인 그리 많지 않은 의원들 앞에서 그는 살해당한 참주에 대한 혐오감을 확실하게 천명했다. 이튿날 기정사실을 인정하듯, 원로원 의원들은 이미 황제 추대를 선언한 근위대에 뒤이어서 옛 동료를 황제로 선포했다. 네르바는 그들의 지지를 얻기 위해 참주의 기억을 완전히 말소하겠다는 신호를 보냈다. 원로원은 승리감에 잔뜩 흥분하며 환호했고 네르바에게 즉위 요청을 거듭할 필요조차 없었다. 포룸에 있는 도미티아누스의 거대한 승마상은 열광적 분위기 속에서 즉시 끌어내려졌고, 도시 전역에서도 마찬가지로 모든 도미티아누스의 조각상을 끌어내려 파괴했다. 황금과 은으로 만든 조각상들은 녹여서 없앴다. 몇몇 원로원 의원은 잔뜩 흥분해 사다리를 가져오라고 지시하고는 신전에 들어가 있는 참주의 흔적도 모조리 치워야 한다고 주장했다. "그 오만한 얼굴을 후려치는 것이 어찌나 즐거운 일인가. 우리가 칼을 들어 그 얼굴에 겨누고, 도끼로 맹렬하게 그 얼굴을 찍는 이 일격이 마치 그자에게 고통을 안기거나 피를 흘리게 하는 것 같구나."[55]

하지만 이런 모든 행위는 네르바가 원로원 동료들을 기쁘게 하는 그 순간 근위대를 화나게 할 위험을 안고 있었다. 새로운 황제는 최선을 다했음에도 불구하고 근위부대 병사들의 적개심이 계속 달아오르는 것을 막을 수 없었다. 로마 시내의 근위대와 야전 군단들과 자신이 잘 조화를 이루고 있음을 선포하는 화폐를 얼마나 많이 발행하건 간에, 네르바는 네로의 몰락과 그 후 1년 사이에 네 황제가 등장한 것을 목격한 사람으로서 자신의 목을 겨누는 칼이 얼마나 날카로운지 잘 알고 있었다. 마침내 네르바가 권좌에 오르고 1년이 지나갔을 때 위기의 순간이 닥쳤다. 근위대가 팔라티누스 언덕으로 진군해 황궁을 포위하고 공포로 벌벌 떨며 구토하던 네르바를 인질로 붙잡은 것이었다. 모욕을 당했지만 아직 해를 입지 않은 황제는 도미티아누스를 암살한 자들의 우두머리를 근위대에 넘겨 간신히 자신의 목을 지켰다. 근위대는 이 해방노예 출신 암살범을 먼저 거세한 뒤 난자했다. 근위대의 분노를 한 몸에 받은 이 불쌍한 해방노예만이 유일한 피해자는 아니었다. 네르바의 위신 역시 극심한 타격을 입었다. 그의 통치 체제가 무력화되고 손발이 다 잘린 것 같았다.

하지만 네르바는 그의 권위에 가한 파괴적 공격에도 불구하고 이로 인해 제국이 무정부 상태로 빠져들게 해서는 안 된다고 결심했다. 약 30년 전에 갈바가 했던 것처럼, 하지만 그보다 훨씬 더 성공적으로 네르바는 후계자를 지명하고 영입했다. 그가 양자로 선택한 사람은 고지 게르마니아의 사령관이었고, 도미티아누스가 암살당하던 때 마흔 번째 생일을 맞이한 트라야누스였다. 이런 굳건한 결심의 증표로서 네르바는 새로 지명한 후계자에게 다이아몬드 반지를 보냈다. 군대와 원로원 모두에게 평판이 좋았던 트라야누스를 후계자로 선택한 것은 내내 네르바의 심중에 있던 계획이었을지 모른다. 그렇다면 트라야누스만 그 선택으로 혜택을 본 것은 아니었다. 도미티아누스가 암살되고 고작 열여섯 달 만에 네르바가 고열로 사망했을 때, 국가 위기도 발생하지 않았고 내전으로 돌입하는 일도 없었다. 새로운 황제는 콜로니아에서 자신의 황제 옹립 소식을 들었고, 이제 로마 권력의 중추가 된 야전 사령관은 서둘러 수도로 돌아갈 필요를 느끼지 못했다. 게르마니아에 주둔하고 있던 그는 제국이 얼마나 안정적인지 직접 확인할 수 있었다. 라인강 방어 시설은 강력했다. 군단들은 전투 경험으로 단련되어 있었다. 국고는 가득 차 있었다. 통화 가치는 굳건한 강세였다. 속주들은 번영하고 있었다. 로마 세계는 평화로웠다.

트라야누스는 결코 인정하지 않겠지만, 그런 제국을 물려받은 신임 황제는 사실 도미티아누스에게 엄청난 빚을 진 것이었다.

6
최고의 황제

빵과 서커스

서기 101년 초겨울 로마는 몇 달 동안 좋은 소식이 들려오길 간절히 바랐다. 모두가 저 먼 기이하고 야만적인 땅에서 엄청난 일이 벌어지고 있음을 알았다. 하지만 모든 로마인은 오로지 소문만을 근거로 삼아야 했다. 이제 마침내 원로원 회의장에 젊은 장교 한 사람이 도착했고, 그들의 호기심은 충족되었다. 하드리아누스는 발칸반도의 미개척지에서 황제의 서신을 가지고 곧장 말을 타고 원로원으로 달려왔다. 다키아에서는 커다란 전쟁이 벌어지는 중이었다. 트라야누스 황제는 직접 3월 25일에 로마를 떠나 그 이후로 도시로 돌아오지 않은 채로 최전선에 남았다. 그는 도나우강 옆에서 겨울을 지내고, 다가오는 봄에 날씨가 허락하는 순간 군사 작전을 재개할 만반의 태세를 갖출 계획이었다. 휘하 군단들은 무척 훌륭한 성과를 냈지만, 아직도 할 일이 많이 남았다. 다키아인들은 강인하고 완강하며 위험한 적이었다. 황제가 직접 그들에게 패배를 안기려고 크게 신경 쓰는 것도 바로 이런 이유에서였다. 이미 새롭게 병력을 보충한 군단들이 라인강, 빈도니사, 동부 속주 등 제국 전역에서 소환되어 왔다. 보조 부대 역시 마찬가지였는데, 먼 브리타니아에서부터 총독의 개인 근위병까지 소환했다. 단일 로마 사령관이 그렇게 거대하고 다양한 부류의 병력을 동원한 것은 전례가 없는 일이었다. 트라야누스는 세상의 주인 자격으로 다키아 전쟁에 나서겠다고 마음먹었다.

지중해 전역에서 뽑혀 온 원로원 의원들도 이러한 움직임의 살아 있는 증인이었다. 하드리아누스도 마찬가지였다. 그는 단순한 전령이 아니라 황제의 사촌의 아들이었으며, 황제의 피후견인이기까지 했다. 속물들은 트라야누스의 뒤에서 황제를 '히스파니아인'이자 '외지인'이라고 비웃으면서 하드리아누스에 대해서도 똑같이 비웃었다.[1] 트라야누스처럼 이 청년 역시 이탈리카 출신이기 때문이었다. 그것은 시대상을 강력히 보여주는 구체적 표시였다. '로마인'이라는 명칭이 세계적으로 통용된 것은 이런 사실에서 알 수 있다. 황제의 가까운 친척인 하드리아누스는 예전부터 황조의 일원도 아니고 사비니 농부의 혈통을 이어받지도 않았다. 그는 바이티카의 숨 막히는 더위에서 몇 세대를 살아온 속주 가문의 일원에 불과했는데 로마인이라는 명칭을 획득한 것이다. 하드리아누스는 분명 자신의 행운을 너무 좋아하지 않고 바짝 경계했다. 그는 자신의 후견인이 최고 권력의 자리에 오르자 그의 앞에 눈부신 가능성이 열리게 되었음을 알았다. 그 때문에 네르바의 사망 소식을 듣자마자, 그 소식을 공식 사절보다 한발 앞서서 트라야누스에게 재빨리 알렸던 것이다. 이미 그는 황제와의 관계를 잘 이용하고 있었고, 인적 관계를 노골적으로 활용해 많은 대출금을 확보했다. 동시에 그는 권력의 작용에 큰 관심을 보이며 자신을 침착하고 명석하고 능숙한 청년으로 보이도록 만전을 다했다. 그는 청중에게 세상이 얼마나 빠르게 변화하는 중인지 알려주는 사람이었다. 즉 온 세상이 로마의 것이 되어가는 순간에도, 로마가 과거의 전통에서 멀어지고 있음을 보여준 것이다. 원로원 앞에 선 하드리아누스는 도시의 미래를 대표하는 얼굴로서 그렇게 장차 다가올 변화를 예고했다.

새로운 현상과 변화를 아주 의심스럽게 바라보던 로마인에게 그러한 태도는 다소 기괴해 보였을 것이다. 하드리아누스는 수도에서 태어나고 자라 로마의 역사에 깊이 빠진 사람이었고, 자신이 어떤 역할을 맡아야 하는지 완벽히 이해하고 있었기에 그런 반응은 별로 문제가 되지 않았다. 그의 역할은 트라야누스를 혁신이 아닌 부흥의 상징으로 만드는 것이었다. 이런 막중한 책임을 다하려는 중에도 하드리아누스는 청중의 희망과 기대를 외면하지 않았고 그점이 연설에 도움을 주었다. 도미티아누스의 과대망상에 겁먹은 원로원 의원들이 볼 때, 트라야누스는 아주 안심이 되는 전통적인 인물로 보였다. 시민들 앞에서 드러낸 그의 특성, 즉 검소하고 자제력 있고 사근사근하며 허세가 없는 트라야누스의 모습은 군주의 전형적 특성과 날카롭게 대비되었다. 새 황제가 보여주는 모든 언행에는 가장 중요한 목적이 한 가지 있었다. 바로 살해당한 전임 황제를 연상시키는 언행을 일절 하지 않겠다는 것이었다. 통치권을 인수하고 3년이 지난 후, 그는 이런 방침이 엄청난 성공을 거뒀다고 생각했다. 원로원 의원들이 토로한 감정이든 감사하는 시민들이 새긴 비문이든 트라야누스는 인간에게 바쳤다기보다는 유피테르에게 바칠 만한 말로 찬양을 받았다. 그는 고대의 영웅다운 겸손과 품위를 더 많이 내보일수록 시민들로부터 최고Optimus라는 칭송을 받았다. 그러한 찬양의 말에는 분노하는 도미티아누스의 유령을 고문하려는 시민들의 숨은 뜻도 깃들어 있었다.

"그는 신도 아니고 신성하지도 않으며, 참주가 아닌 우리 동료 시민이다. 주인이 아닌 우리 어버이이다."[2] 하드리아누스가 다키아에서 원로원 회의장에 도착하기 1년 전에 플리니우스의 조카는 동료들에게 말했다. 삼촌이 죽은 이후 몇십 년 동안 소 플리니우스는 뛰어난 경력을 쌓았다. 영웅으로 삼았던 키케로처럼 그는 가문에서 처음으로 원로원 의원까지 올라갔다. 사투르니누스가 반란을 일으켰던 해인 89년 소 플리니우스(이하 조카는 '플리니우스'로, 삼촌은 '대 플리니우스'로 표기)는 도미티아누스 밑에서 일하면서 지금 하드리아누스가 하는 것처럼 원로원의 의원들에게 황제의 전언을 읽어주는 행정관 업무를 수행했다. 플리니우스는 세간의 이목을 끄는 고발을 여러 건 법정으로 가져가 승소했다. 서기 100년, 그는 원로원에서 트라야누스를 찬양하는 연설을 했고, 이는 그가 장차 집정관으로 승진하는 계기가 되었다. 이렇게 집정관의 명예를 얻자 그는 기뻐하며 친구들에게 이렇게 말했다. "내가 키케로보다 훨씬 어린 나이에 집정관이 되었으니 큰 영예일세."³

플리니우스가 그런 찬양의 연설을 했을 때 여기엔 불편한 사실의 그림자가 살짝 드리워 있었다. 이 새 집정관이 도미티아누스의 대변인으로서 경력을 시작했을 뿐만 아니라 그의 추천으로 계속해서 승진했다는 것이었다. 하지만 모두가 이런 사실을 알고 있다고 하더라도 아무도 깊이 생각하려 들지 않았다. 왜냐하면 원로원 전체가 그와 비슷한 위선을 범했기 때문이었다. 플리니우스는 여섯 시간이나 트라야누스를 향한 찬사를 펼쳤고, 그 연설은 마지막 문장에 이르기까지 진심에서 우러난 것이었다. 미안함 따위는 전혀 없는 전제군주 도미티아누스와는 달리 새로운 황제는 원로원 의원들에게 즐거운 환상을 안겨주었다. 즉 로마는 비록 군주가 통치하지만 동시에 그 군주가 가장 존경할 만한 옛 로마의 전통도 준수하리라고 생각했던 것이다. 그러니 그런 위대한 인물을 찬양하는 것은 애국심의 발로이지 노예처럼 권력자에게 굽실거리는 행동이 전혀 아니었다. 플리니우스는 그렇다 치고, 로마 제국의 대의를 수행

중인 전쟁 상황을 보고하러 원로원 회의장에 등장한 하드리아누스
는 그런 고대 로마의 전통을 그대로 간직한 전령일지도 몰랐다. 이
미 플리니우스는 불과 한 해 전에 적절한 말을 하지 않았던가. "우
리의 적(다키아인)은 이제 로마가 옛 영웅들과 어깨를 나란히 하는
황제를 뒀음을 알았다."[4]

이러한 인상은 다키아인들의 특징 덕분에 더욱 강화되었다. 트
라야누스를 최근에 적으로 상대했던 다키아인들은 마치 고대 공
화국의 연대기에서 불려나온 사람들처럼 보였다. 로마가 이탈리아
를 정복하던 시절 삼니움인이 그랬던 것처럼 다키아인은 농민으로
후진성을 보여주지만 동시에 세련된 군사적 기량을 갖추었으며, 그
리스 문화에 매료되었으면서도 기이하게 야만적 관습을 갖고 있었
고, 장중한 석조 요새를 지으면서도 포식 동물 같은 야만성을 드
러냈다. 고대의 한 그리스 역사가는 도나우강 강둑에 사는 야만인
들에 관해 이런 언급을 남겼다. "그들은 한 사람의 통치자나 공동
의 목적만을 공유한다. 그들은 아무도 꺾을 수 없고, 다른 국가들
에 그들의 그늘을 깊숙이 드리울 것이다."[5] 다키아인들은 데케발루
스Decebalus라는 무척 유능한 왕의 통치 아래 단결했고, 그러한 평가
가 얼마나 정확했는지 스스로 입증했다. 수도 사르미제게투사는 야
만인 오두막의 군집이 아닌 거대한 돌덩어리로 지은 요새였고, 산
정상에 있었으며 요새로 이르는 길은 깎아지른 듯하고 험준한 바
위 위에 지어진 다른 요새들로 굳건히 방어했다. 다키아인은 야만

인일지언정 전쟁 소질은 로마인과 거의 같은 수준이었다.

그들의 무시무시한 평판은 단순히 그들이 무기에 숙달된 민족이라는 사실에만 국한되지 않았다. 데케발루스의 살벌한 수도가 있는 고원에는 여러 사원과 하늘의 이미지를 나타내고자 거대한 목재로 건축한 커다란 원형의 구조물이 있었다. 다키아인이 지닌 초자연적 지혜에 관한 평판은 존경할 만한 것이었고 그런 평판은 상당히 근거 있었다. 고대에 그들에게 여러 의식을 가르쳐준 특히 수수께끼 같은 신, 즉 신격화된 노예인 잘목시스Zalmoxis 덕분에 사후에 그들 자신이 영원불멸할 것이라고 생각했다. 그래서 그들은 아이의 출생을 슬픈 마음으로 지켜보았고 사람들의 죽음을 기쁜 마음으로 바라보았다. 따라서 그들은 "다른 민족들보다 훨씬 기쁜 마음으로 저승의 여정을 기대하면서" 기꺼이 적의 창 앞에 자신의 몸을 던졌다.[6] 요컨대 다키아인은 로마군에 맞상대가 가능한 기이하고 위협적이고 끔찍한 호적수였다. 그들은 마치 들판의 옥수수를 베기라도 할 것처럼 전장에 커다란 낫을 들고 나왔고, 그들의 군기에는 이리같이 생긴 턱에 바람이 불면 괴성을 지르는 것 같은 용의 형상을 새겨 넣었으며, 또 군기에 그려진 거대한 버섯에다 전투를 독려하는 문장을 적어 넣었다. 하드리아누스에게 이 두려운 적에 관한 보고를 듣던 원로원 의원들은 훨씬 더 먼 영웅의 시대로 시간 여행을 한 것 같은 기분이 들었다. 그 소식이 더 널리 전해졌을 때 수도에 있는 많은 시민 또한 그렇게 느꼈다. 지난 오랜 세월 느껴보지 못했던 흥분된 분위기가 도시를 휩쓸었다. "나태한 황제들의 재위 동안에 로마인들은 늙고 쇠약해지는 것 같았지만, 이제 트라야누스 치세에서 그들은 새로워지는 기분이 들었고, 모든 예측과는 정반대로 마치 젊음이 돌아오기라도 한 듯이 활력을 되찾는 중이었다."7

다키아인들을 회유하기 위해 그들에게 보조금을 줬던 도미티아누스와는 다르게, 새 황제는 그들의 본토로 곧장 진군해 야전에서 그들에게 패배를 안기고 약탈한 물건을 가득 실은 채 월동 진지로 돌아왔다. 전장에 나가 있을 때 그는 기꺼이 부하들의 고난에 동참하고 그들이 상처를 입었을 때 망토를 찢어 그 상처를 묶어줬다. 전장에서의 서신은 회의장에 모인 의원들에게 황제의 부하들이 목격한 영웅적인 행위에 관한 생생한 감각뿐만 아니라 그로 인해 생겨나는 짜릿한 흥분감 또한 전달했다. 다키아 전장의 현황은 트라야누스가 동포 시민들에게 흥미롭게 전하고 싶었던 보고 사항이었다. 그 서신은 또한 진정 로마인의 진면목을 로마 시민들에게 널리 알리는 계기가 될 것이었다. 도나우강 요새들은 식량과 우마에게 줄 사료로 가득했다. 감시탑에서는 횃불이 타올랐고, 보급품을 실은 바지선은 세차게 흐르는 강의 물결을 헤치고 힘겹게 나아갔다. 트라야누스가 이끄는 군단병들은 다키아로 진군했다. 부교 두 개로 도나우강을 건넜고, 나무를 베며 숲을 헤치고 나아갔고, 병사들은 머리 위로 갑옷을 지고 얕은 여울을 건넜다. 보조 부대들도 적의 수급을 트라야누스에게 선물로 바쳤다. 전투에서 패배한 야만인 전사들은 황제의 군대를 피해 도망치면서 휴전을 간청했다. 야만인의 요새들 상단에는 용 모양의 군기가 휘날렸고 살육한 도미티아누스 병사들의 해골을 전시했다. 야만인 여자들은 전장에서 잡혀 온 포로들을 고문했다. 로마인들이 볼 때 전쟁은 늘 경이로움, 공포, 서사시, 전설 등이 뒤섞인 세계였다. 그리고 이제 전쟁은 다시 그런 분위기를 회복했다.

이야기가 멋지게 끝나려면 서사에 급박한 속도감이 있어야 한다는 뜻은 아니다. 로마에 있는 트라야누스의 청중은 승전 소식에 굶주렸지만, 영웅적인 과거에 로마시가 벌였던 전쟁 흐름에 충분히 익숙한 터라 그리 심하게 안달하지는 않았다. 예를 들어 그들은 군단을 투입해 삼니움인을 진압하는 데 반세기가 걸렸다는 것을 잘 알았다. 다키아같이 삼니움보다 훨씬 더 야만적이면서 사나운 땅을 평정하려면 황제가 군사적 역량을 모두 쏟아부어야 할 것이라는 점도 충분히 알았다. 그들은 트라야누스가 이 일을 멋지게 마무리할 수 있으리라 믿었고, 실제로 그렇게 결말이 났다. 그렇지만 데케발루스와는 전쟁을 한 번이 아니라 두 번 해야 했다. 다키아인들이 어떻게 완패를 당했는지에 관한 이야기는 로마 역사 속의 다른 이야기들처럼 짜릿한 사건, 영웅적인 위업, 눈부신 업적으로 가득했다. 플리니우스는 이렇게 열변을 토했다. "시적인 소재가 너무 풍부하여 거의 우화처럼 보일 정도다. 하지만 관련된 모든 세부 내용은 사실이다."[8]

많은 보고서가 원로원에 도착했다. 첫 전쟁 기간에 하드리아누스가 전달한 보고에서처럼 이후 도착한 보고서에서도 트라야누스는 세부적인 부분을 또렷하게 전하려고 애썼다. 전투의 여러 상황은 생생한 색채로 묘사되었다. 102년 봄 도나우강을 건넌 황제는 파죽지세로 적진 속으로 들어가, 푸스쿠스가 잃은 군기들을 곧 회수했다. 데케발루스는 트라야누스가 있는 곳으로 와서 겸허하게 협상을 요청했고, 영토를 황제에게 헌납하고 자신이 황제의 봉신임을 인정했다. 전쟁은 일견 승리한 것처럼 보였다. 왜냐하면 옛적 삼니움 전쟁에서 사절들이 했던 것과 무척 비슷하게 다키아 사절들은 원로원 앞에서 항복을 선언하고 "수갑을 찬 죄수처럼 양손을 묶어 앞으로 내밀었기 때문이다."[9] 극도로 자비로웠던 원로원은 그들의 항복을 받아들이고 양팔을 벌려 그들을 품에 안았다. 트라야누스는 도나우강에 질서를 가져오면서 도미티아누스가 지속적으로 실패했던 곳에서 승리를 거둔 것처럼 보였다. 다키아인들은 항복했다. 로마에 의한 평화는 유지되었다.

하지만 오래 지속될 평화를 받아들이는 것은 야만인들의 기질과는 잘 어울리지 않았다. 첫 교전에서 완패하지 않는 한 완전 승복은 결코 없었다. 데케발루스도 예외는 아니었다. 로마에 대한 증오심이 하늘을 찌를 정도로 깊었기 때문에, 기만적인 다키아의 왕은 원로원이 제시한 조건을 준수하길 거부했다. 이렇게 되자 105년 말 황제는 다키아 전선으로 되돌아갔다. 도나우 강둑으로 돌아온 그는 강을 가로지르는 거대한 다리를 세우도록 지시했는데, 이번엔 나무가 아닌 석재를 썼고 이는 로마 패권의 영구성을 드러내는 증거가 될 터였다. 당대 가장 뛰어난 건축가로 명성을 높인 시리아 건축가 아폴로도로스Apollodoros는 두려움과 충격을 안기려는 트라야누스의 의도를 다리 건설에서 아주 놀라울 정도로 충족했다. 겨우내 군단들은 다리를 건설했다. 106년 봄이 되자 데케발루스가 사주한 암살 시도에서 살아남은 트라야누스는 적의 숨통을 끊으려고 가까이 다가갔다. 거대한 석조 다리를 넘어 황제는 기민하게 움직였다. 천천히 공을 들여 무자비하게 다키아의 깊숙한 야만인 영토로 나아갔다. 그는 요새를 마지막 하나까지 점령했고, 저항의 불길을 마지막까지 수색해 짓밟았다. 신성하고도 난공불락이었던 요새 사르미제게투사는 별다른 항전도 해보지 못하고 함락되었다. 다음으로 최후의 일격을 가했다. 왕국의 가장 먼 요새로 도망쳤던 데케발루스는 로마 기병대의 수색 파견대에 쫓겨 궁지로 내몰렸다. 다키아 왕은 정복자의 개선식을 빛내주는 구경거리가 되기보다 스스로 목숨을 끊는 것을 택했다. 그의 머리는 트라야누스에게로 보내졌고, 이어 로마로 보내졌다. 포룸에 모인 시민들은 전시된 다키아 왕의 수급을 봤고, 이어 그것은 애도의 계단으로 내던져졌다. 그러는 동안 원로원 회의장에서 황제의 서신이 의원들에게 전달되었다. 5년 전과 마찬가지로 그 서신은 하드리아누스가 큰 소리로 대독했다.

이처럼 영광스럽고 유혈 낭자하고 실익이 큰 군공은 율리우스 카이사르의 갈리아 정복 이래 최초였다. 다키아 전쟁 마지막 단계 동안 원정군에서 1개 군단을 지휘했던 하드리아누스는 총사령관 트라야누스의 빛나는 업적을 직접 목격했다. 바루스 대참사의 결과로 로마 패권이 위축된 이래, 도나우강과 라인강 너머 미개척지에서 완전히 새로운 속주를 얻어낸 것은 그때가 처음이었다. 트라야누스는 깜짝 놀랄 정도로 대대적 규모로 다키아를 멸망시켰다. 막대한 수의 토착민이 학살되거나 노예가 되었다. 그들의 정착지는 깡그리 불탔다. 귀족들은 몰살되었다. 생존자들은 고향에서 강제로 쫓겨났고 그 빈자리는 모이시아 식민도시 주민들이 들어와 채웠다. 데케발루스의 왕국은 지구상에서 아예 사라졌다. 다키아 영토뿐만 아니라 풍성한 광물도 이젠 트라야누스가 마음대로 처분할 수 있었다. 그는 늘 다키아 정복 사업에 큰 기대를 걸었다. 그 사업에는 엄청난 비용이 들어갔지만 본전을 뽑고도 남을 만한 결과를 얻었다. 그곳 산맥 깊숙한 곳에 광대한 금광과 은광이 있었기 때문이다. 하지만 더욱 장관은 다키아 왕들이 대대로 축적한 굉장한 보물이었고, 데케발루스는 패색 짙은 전쟁 말기에 그 보물을 감추려고 애를 썼다. 그는 로마 포로들을 노동력으로 투입해 강의 흐름을 바꾸고 강바닥의 말라붙은 진흙 속에 구멍을 파서 보물을 묻고는 그 구멍을 돌로 덮은 뒤 강을 원래대로 다시 흐르게 했다. 하지만 데케발루스가 사르미제게투사에서 도망치자 자연히 그 비밀은 폭로

되었다. 황금, 은, 술잔, 접시, 모든 것이 트라야누스의 손에 들어왔다. 아우구스투스 이래로 그만한 황금의 보고를 획득한 황제는 없었다. 이렇게 대규모 전리품을 획득함으로써 선대인 플라비우스 황조가 자랑하던 유대 정복 사업의 빛을 아주 바래게 했다.

107년 여름 트라야누스가 수도로 돌아와 거행된 개선식에서, 그는 다키아에서 생산된 물건만으로도 충분히 대중들에게 보여줄 전리품 목록을 작성할 수 있었다. 개선식은 베스파시아누스와 티투스가 치렀던 행사를 빛바래게 할 정도로 눈부셨다. 환호하는 연도의 시민들은 사르미제게투사에서 싣고 온 황금과 은, 그리고 전쟁 중에 붙잡은 50만여 명의 포로 중 극히 일부만 볼 수 있었다. 거대한 축하의 장이 된 로마는 대화재와 내전의 상처에서 완전히 치유되었다. 로마의 역사를 전부 따져도 로마가 이때보다 더 세계 수도로서 화려한 적은 없었다. 사람들이 주목할 대상은 오로지 하나였다. 복귀하는 영웅, 카이사르 네르바 트라야누스 아우구스투스. 키가 크고 넓은 어깨를 지닌, 하지만 야전의 천막에서 몇 달을 보내 햇볕에 피부가 검게 탄 그는 비르투스, 즉 남자다움의 매력적 분위기를 물씬 풍겼다. 마치 로마시의 아주 초창기에 순무와 도토리를 채취하던 원시 로마인 같은 모습이었고, 그런 순박한 모습은 쉽게 경외의 대상이 되었다. 점점 뒤로 밀려나는 머리카락 경계조차도 존경의 대상이었다. 벗겨지는 머리가 도미티아누스의 신경을 긁었던 것과 다르게, 지금 황제의 신경은 전혀 건드리지 않았고 그를 찬미하는 자들에게 그의 위대함을 드러내는 또 하나의 표시처럼 보일 정도였다. 플리니우스가 정중한 어투로 말했듯이 그것은 분명 "그의 외모에 장엄함을 더하기 위해" 신들이 황제에게 부여한 선물이었다.[10]

트라야누스의 머리스타일, 즉 짧고 곧은 군인 머리는 명백히 그가 어떤 사람인지 잘 보여주었다. 그는 그야말로 비르 밀리타리스vir militaris, 즉 타고난 군인이었다. 이런 머리는 평민들이 아무리 그를 열렬히 응원한다 하더라도 좀 창피해 보일 수밖에 없었다. 로마 군중은 그들의 군주가 멋 부리는 사람이기를 바랐다. 하지만 트라야누스는 대머리인 도미티아누스처럼 다른 사람의 성화에 못 이겨 길고 숱 많은 곱슬머리 가발을 쓰는 것을 경멸했고 그들의 미적 취향을 전혀 신경 쓰지 않았다. 나아가 그런 사실을 분명히 밝혔다. 로마 시민들은 트라야누스가 수도에 머무르기보다 군인의 삶을 더 선호한다는 것을 알았다. 이는 황제가 도시에 머무르는 시간이 무척 적다는 사실로 분명히 드러났다. 황제는 제국의 북부 경계에서 수도로 돌아오기까지 거의 2년이 걸렸다. 그는 통치기의 절반 이상을 도나우강에서 보냈다. 로마 시민들의 요구에 영합하기보다 전투를 즐기고 명예를 추구하는 일이 더 중요했다. 하지만 이제 다키아를 정복하고 세계는 평화를 되찾았으므로 그는 먼 곳에 있는 야만인에게로 가서 싸워야 할 필요가 없었다. 로마는 그가 내치에 신경 써주기를 바랐다. 황제가 정복자로서 비교할 대상이 없을 정도로 탁월하게 자신의 자질을 입증했으니, 이제 칼을 칼집에 집어넣고 시민의 아버지로서 얼마나 선정을 펼칠 수 있는지를 보여줘야 했다. 이젠 다키아의 드넓은 벌판이 아니라 로마시가 황제의 활동 무대가 되었다.

위협적인 야만인이 바글거리는 땅과 세계의 수도 로마를 서로 비교한다는 것은 아주 황당무계한 일은 아니었다. 아무튼 이것이 엘리트들의 의견이었다. 그들은 도시 안에 바글거리는 민중을 내려다보는 계급이었고 특권 의식이 확고한 자들이었다. 엘리트층의 일원으로 로마에 산다는 것은 곧 언덕에 산다는 의미였다. 황제가 로마에서도 가장 특권적인 거주지인 팔라티누스 언덕을 독차지했다고 해도, "거대한 로마의 소란스럽고 부산한 소음"으로부터 도피처를 제공하는 다른 언덕이 많이 있었다.[1] 서늘하고 상쾌한 미풍이 불어오는 언덕 꼭대기 대저택에 사는 원로원 의원의 발굽 아래엔 세상에서 가장 놀라운 도시의 경관이 일망무제하게 펼쳐졌다. 몇 킬로미터에 걸쳐 뻗은 이 경관은 대리석과 벽돌의 거대한 복합체였다. 떠들썩하고 악취가 나고 연기에 둘러싸인 도시의 광경이었다. 당시의 로마만큼 광대한 도시는 그때까지의 인류 역사상 어디에도 없었다.

100만 명 넘는 주민이 그 도시, 몇 제곱킬로미터에 불과한 땅에 쑤셔박힌 것처럼 살았고, 이들은 다키아의 전체 인구보다도 많았다. 원로원 의원처럼 정원, 연못, 그리고 최신 내부 장식에 둘러싸인 채로 하루를 보내는 사람은 극소수였다. 시민들은 주거지를 찾아서 아우성을 쳤고 그런 만큼 도시는 아주 약탈적인 구조의 사회였다. 로마의 부동산 시장은 사람들을 착취하는 투기의 아수라장이었다. "이런 지저분한 방이 이토록 비싼 곳은 이 세상 어디에도 없다."[12] 평민 대다수에게 숙소를 제공하는 공동 주택 건물에서 부과되는 월세는 아주 까다롭고 정확하게 등급이 분류되었다. 다가구 주택의 높은 곳에 살수록 세입자는 그의 방 아래에서 수레가 덜커덩거리며 지나갈 때, 흔들리거나 지진이 일어날 때, 붕괴되거나 화재가 일어날 때 거리로 대피할 가능성이 더 낮아졌다. 붕괴되는 건물이 내는 굉음은 로마의 가장 독특한 소음 중 하나였다. 대성통곡하는 소리도 마찬가지였다. 많은 이웃에게 "가족이 죽어 사람들이 통곡하는 소리는 배경에서 계속 들려오는 소음"이었다.[13] 비할 데 없이 평화로운 제국의 수도라고는 하나, 로마에 산다는 것은 곧 죽음의 그림자 속에서 사는 것이었다.

많은 로마인이 볼 때 도시를 걸어 다니는 것은 곧 목숨을 내놓기를 각오하는 일이었다. 거리는 기름투성이에 미끄러웠고, 네로가 도시 기반 시설을 개선하려고 시도했음에도 불구하고 대다수의 도로는 여태껏 그랬던 것처럼 구불구불하고 비좁았다. 군중의 북새통 위로 가마를 타고 가는 부자들의 모습은 폭풍의 파도 위에서 들썩거리는 배와 비슷했다. 하지만 빈자들은 팔꿈치로 밀리고 대들보에 충돌하면서 몰려 있는 군중 속에서 자칫 미끄러지면 죽을 수도 있었다. 사람들은 카피톨리누스 언덕조차도 짓밟혀 죽을 수 있는 곳이라고 생각했다. 더 불결한 지역에선 수레가 건축 자재를 높이 적재하고 다니면서 구불거리는 거리에서 쉬지도 못하고 어떻게든 거리를 지나가려고 애썼고, 이런 교통 체증으로 인명 사고의 위험이 생겨났다. "차축이 싣고 있는 무게를 견디지 못하고 뚝 하고 부러져 대리석이 산사태처럼 밀집된 군중 위로 쏟아진다고 해보자. 그렇게 되면 시신이 남아 있기는 할까? 사지나 뼈가 서로 구분이 되기는 할까?"[14]

그런 사고를 방지하기 위한 입법은 전혀 없었다. 중량 화물의 운송 수단은 낮 동안 로마에서 운행을 금지한 지 오래됐지만, 건축 자재의 수송 금지는 비현실적인 조치였다. 도시 보수와 평민 고용이 전부 그 수송에 의존하고 있기 때문이었다. 하지만 기존 제정법조차 문제를 일으켰다. 밤새 들려오는 수레의 충돌 소리는 로마가 결코 잠들지 않는 도시임을 확실히 상기시켰다. 이는 결과적으로 위험을 초래했다. 밤이 되어 상점이 출입문을 판자로 막고 개들이 조용해지면 모든 면에서 거리의 리듬은 음울해졌다. 진홍빛 망토를 두른 거물급 인사는 덩치 큰 수행원들이 횃불을 들고 길게 늘어서서 보호하니 걱정할 것이 없지만, 모두가 신변 보호를 받을 수는 없었다. 로마 시내의 분위기는 자주 위협적이었고, 해가 진 뒤에는 특히 더했다. 네로와 오토가 청년 시절에 자주 드나들었다고 하는 수도의 불결한 지역에선 도박과 매춘이 번성했고, 이 우범 지대는 깡패들이 재미 삼아 행인을 두들겨 패는 것으로 악명이 높았다. 노상강도는 어디에나 도사리고 있었고, 길거리 싸움도 술집이나 매음굴에 국한되지 않았다. 동이 트면 변함없이 수도 여러 거리에서는 피 웅덩이에 누워 있는 시신들이 드문드문 드러났다. 그들을 사랑했던 사람들이 시신을 수습하고 비통해하며 화장하기도 했지만, 쓰러진 자리에 그대로 남아 쓰레기와 함께 치워지는 일도 부지기수였다.

일찍이 유피테르는 죽은 사람들의 시신은 배설물과 마찬가지로 도시의 성스러운 경계 너머로 멀리 내보내야 한다고 명했다. 청결은 독실함 다음가는 가치였다. 고대 로마의 왕 누마가 님프 에게리아를 만난 이후 위생과 청결은 로마인의 오래된 교훈이었다. 거리를 청소하고, 도시 전체에 공급할 수 있는 배수관을 갖추고, 물이 절대로 고이지 않으면서도 필요한 곳엔 어디든지 깨끗하게 흐르게 하는 동시에, 샘물에서 끌어와 수도관으로 쏟아내는 것을 감독하는 문제는 결코 간단한 일이 아니었다. 로마의 가장 큰 배수관은 고대 왕정 시대에 건설했고, 가장 상징적인 송수교는 공화정 시절에 세웠다. 하지만 도시의 가장 인상적인 사회 기반 시설은 그보다 더 최근에 지었다. 계속되는 폭발적 인구 증가의 위험에 처한 도시에 대해 여러 황제들은 거대한 규모로 진행되는 여러 토목 공사 계획에 적극적으로 후원했다. "얼마나 많은 물이 공공건물, 목욕탕, 수영장, 운하, 사택, 정원, 교외 사유지로 흘러드는지 정확히 계산하고, 목적지에 도달하기 전에 물이 얼마나 멀리 흘러야 하는지 고려

하고, 아치형 구조물들, 산맥을 통과하는 터널, 깊숙한 골짜기 위로 평평하게 이어지는 다리를 숙고할 때, 우리는 온 세상에 이보다 더 놀랄 만한 것은 없다고 말할 수밖에 없다."[15]

대 플리니우스는 백과사전의 끝부분에서 우주의 모든 경이를 다룬 목록을 만든 사람의 권위를 담아 이런 의견을 표명했다. 하지만 분명 전례가 없는 것이었음에도 송수교가 도시 모든 사람에게 물을 공급하지는 못했다. 붐비는 공동 주택에서 평민들은 물을 떠서 다락방으로 올라가야 했고, 폐기물을 날라 지붕을 덮은 수조로 가져갔다. 축융공이 천을 처리할 때 쓰고자 세심하게 오줌을 병에 옮기든, 농부들의 비료로 쓰고자 공공 노예들이 부지런하게 배설물을 밤에 수도 너머에 있는 밭으로 옮기든, 그 악취는 결코 도시의 경계에서 완전히 사라지지 않았다. 먼지, 땀, 신들에게 바치는 향, 작업장에서 솟아오르는 갈색 연기, 그리고 취사를 위해 피운 무수한 불에서 올라오는 냄새가 뒤섞였다. 이런 고약한 냄새는 거주민들은 거의 알아채지 못하는 로마의 일부였다. 역병과 열병이 돌아 도시가 나쁜 공기에 휩싸였을 때에만 그런 악취는 견딜 수 없는 것이 되었다. 더 많은 이질 환자가 발생하면 시신이 더욱 늘어나고, 그에 따라 나쁜 공기는 더욱 고약해졌다. 그러면 사람들은 황제에게 호소했고, 황제는 신들에게 호소했다. 티투스는 통치 2년 만에 어깨를 짓누르는 책임감의 스트레스를 이기지 못해 일찍 숨을 거뒀고, 또 이런 두려움은 도미티아누스의 통치 기간 내내 그를 짓누르는 울적한 분위기를 형성했다. 광대하고 무한하며 불가해한 로마는 황제 중의 황제라고 하는 트라야누스에게도 위험으로 가득한 곳이었다. 수도로 돌아온 트라야누스는 로마가 자신에게 어떤 까다로운 문제를 내놓을지 잘 알고 있었다. 그러나 위기가 곧 기회였다. 다키아 승전에 못지않게, 황제의 위대함을 만천하에 내보일 수 있는 가치 있는 무대가 바로 로마였다.

그는 도나우강에서와 마찬가지로 로마에서도 궁중의 시종들에게 살해당한 전임 황제의 노력으로 큰 덕을 봤다. "그는 끔찍한 황제였지만, 훌륭한 친우들을 뒀다."[16] 트라야누스는 현명한 재치를 발휘하면서 자신이 도미티아누스에게 진 빚이 있음을 인정했다. 선황 도미티아누스는 신들을 위해 신전을 세워 바치고, 로마인의 도덕성을 보살핌으로써 후계자를 위해 로마에서의 활동 무대를 확실히 준비해뒀다. 또한 다키아에서도 도나우 강변을 따라 요새화를 마침으로써 후계자를 위한 무대를 마련한 바 있었다. 역병과 화재의 위협은 사라졌다. 수도는 안정적인 상태를 회복했다. 물론 그렇다고 해서 트라야누스가 느긋이 쉴 수 있게 되었다는 뜻은 아니었다. 여전히 위험은 구석에서 웅크리고 있었다. 언제나 그랬듯 모든 위험 중에서도 가장 큰 위험은 기근이었다. 트라야누스는 어떤 전임자보다도 더욱 세계적인 관점으로 이 문제에 접근했다. 그는 로마만이 아니라 제국 내의 모든 백성, 그리고 제국 전체를 염려했다. 여섯 시간 동안 황제에게 찬사를 보냈던 플리니우스는 이를 감탄하며 이렇게 말했다. "카이사르께서는 언제든 때와 필요성이 요구하면 기꺼이 세상의 풍요로움을 이곳저곳으로 돌려서 분배하고, 바다 건너에 있는 사람들에게도 도움을 주고 생명을 유지할 수 있게 하셨다. 실제로 그들이 혜택을 입은 바는 거의 로마 평민들과 다를 바 없었다!"[17]

플리니우스의 경탄하는 어조는 수도 사람들을 먹여 살려야 한다는 의무감이 얼마나 무겁게 역대 황제들을 짓눌렀는지를 잘 보여준다. 트라야누스는 아우구스투스, 클라우디우스, 네로에 못지않은 곡물 배급의 여신 안노나의 독실한 탄원자였다. 다키아에서 전리품을 잔뜩 싣고 돌아온 덕분에 그는 이러한 배려를 가장 확실한 방식으로 보여줄 수 있었다. 트라야누스의 개선식 후 얼마 시간이 지나지 않은 때에 플리니우스는 오스티아 북쪽 50여 킬로미터 떨어진 곳에 바지선과 방파제로 가득한 것을 보고 깜짝 놀라 이렇게 적었다. "만이 있던 곳이 항구로 변하는 중이었다."[18] 하지만 이는 특색이 없던 오스티아 해안에 이전부터 진행 중이던 토목 공사 중 하나에 불과했다(단 오스티아 항구 자체와 클라우디우스가 나중에 그 항구를 개선한 공사는 제외). 트라야누스의 목표는 간단하면서도 야심의 측면에서는 아주 굉장한 것이었다. 바로 로마의 곡물 공급을 철저히 보장하는 일이었다. 더는 푸테올리가 수도에서 가장 큰 곡물 수송선에 정박지를 제공하는 유일한 항구가 아니었다. 마침내 테베레 강 입구 옆에 정박지를 마련했다. 이런 사태 발전의 중심은 광대한 계류장이었다. 이 구조물은 클라우디우스 항구로 이어지는 비좁은 수로로 연결되었고 육각형 형태였다. 여기에 들어간 노력은 건설비용만큼 막대했지만, 완공되자 후원자에게 영광이 돌아갔다. 이 복합 단지의 이름은 입구 정반대편에 놓인 거대한 황제 조각상에 의해 방문자 모두에게 알려졌다. 그 항구의 이름은 행운아 트라야누스 항구였다.

그러나 수도 거주민들에게 식량을 공급하는 것만으로는 충분하지 않았다. 노련한 분석가들은 트라야누스가 평민들의 소망 사항을 훤히 꿰뚫어보고 있다는 데 감탄을 금치 못했다. 그들은 식사와 오락만을 바라는 게 아니었다.[19] 로마에서 늘 그랬듯 오락은 진지한 일이었다. 트라야누스는 처음으로 황제로서 수도에 나타났을 때 티투스를 모방해 선언문을 낭독하고, 자신의 진실성을 선포하고, 시민들의 마음과 정신을 사로잡기 위해 플라비우스 원형경기장을 활용했다. 으르렁거리는 군중 앞에 밀고자들이 줄을 지어 걸어갔고, 이어 테베레강으로 끌려가 강제로 배에 탑승된 뒤 그대로 떠내려갔다. "도무지 잊지 못할 광경이었다. 비열한 인간들이 탄 함대가 통째로 바람의 자비에 맡겨졌다."[20] 플리니우스는 이런 식으로 그 일을 흐뭇하게 여겼다. 하지만 진짜 화려한 오락은 8년 뒤에 있었는데, 다키아 전쟁에서 트라야누스가 최후로 승리한 것을 기념하는 무네라 공연이 개최되었다. 온갖 비용이 들어간 온갖 장관이 로마인들의 눈앞에 펼쳐졌다. 다키아 전리품으로 자금을 댈 수 있었던 위대한 정복자의 야심은 전임자들의 공연을 크게 능가하는 것이었다. 도미티아누스가 해상 전투를 보여주고자 특별히 설립한 무대에서 그런 전투를 공연하기보다 트라야누스는 처음부터 자기만의 무대를 짓기로 했다. 황제는 로마시의 대표적인 경기장인 키르쿠스 막시무스를 자기 나름대로 개선하고자 했는데, 해체된 이전 경기장에서 나온 건설 자재를 이 공사 현장에 공급했다. 가장 호화로운 것은 거대한 목욕탕 복합 단지였다. 무척 광대해 오로지 그곳에 물을 대기 위해 새로운 송수교를 개통해야 할 정도였다. 이 단지는 특히 상징적인 토대 위에 지었는데, 천장을 돌무더기로 가득 채웠던 황금 궁전 구역이 바로 그 토대였다. 이는 네로를 완전히 지하에다 묻어버리는 결정이었다.

자기 탐닉에 대한 반감을 공개적으로 과시하면서도 세상에서 가장 큰 목욕탕을 후원한 것은 그야말로 기발한 전략이었다. 절제와 겸손의 모범인 트라야누스는 사치를 절대 참아주지 않았다. 그의 유일한 악덕은 정직한 군인답게 술과 소년뿐이었다. 분명 그의 건축 계획에 궁전이 들어갈 자리는 없었다. 항구, 경기장, 목욕탕 복합 단지, 이런 것들은 전부 황제가 아닌 로마인들을 위한 계획이었다. 진지하고 검소한 모습을 보여주었음에도 불구하고 트라야누스는 건설자의 장구한 계보를 잇는 건설자이자 동시에 흥행사의 장구한 계보를 잇는 흥행사였다. 다키아 전리품으로 주머니가 두둑해지자 그는 아폴로도로스에게 그의 대승을 축하하는 포룸을 설계해달라고 의뢰했고, 그 기념 복합 단지는 아우구스투스, 베스파시아누스, 네르바가 세운 단지를 다 합친 것보다도 규모가 컸다. 여러 도서관이 조각상들과 대조를 이루며 곳곳에 세워졌다. 심지어 프리즈, 아치, 그리고 승리를 기념하는 기둥들을 갖춘 상점가도 있었다.

트라야누스의 포룸이 무척 기념비적이면서 그 영향력마저 압도적이었던 것은 무엇 때문이었을까? 100년도 전에 시작된 건축 계획의 완결편이었기 때문이다. 과거에 도시 중심부는 넓게 벽돌로 구축했으나 이젠 대리석이 그 자리를 차지했다. 아우구스투스가 건축을 시작했고, 도미티아누스는 이를 개선했다. 하지만 최종적으로 결실을 이룬 사람은 엄격하고 다부진 외모의 군단장 출신 트라야누스였다. 그의 포룸 주변엔 장식 없는 벽이 높이 세워졌다. 그 너머엔 연기가 피어오르고 시끄러운 외침이 계속되는 가운데 요강의 내용물이 계속 다락 창문 밖으로 던져지고, 공공노예들이 정화조에서 배설물을 떠서 농장으로 가져지고, 강도에게 불의의 일격을 당한 사람이 불결한 골목에서 피를 흘리며 쓰러지고, 거지들이 다리 옆에 떼 지어 앉아 있고, 테베레강에서 나쁜 공기가 슬금슬금 피어오를 것이었다. 하지만 로마는 그런 모든 공포에도 불구하고 세상 그 어느 도시와도 달랐다. 아니 정반대로 다른 모든 도시와 비슷했다. 최고의 황제 트라야누스는 신들이 내린 시련에 잘 대처했다. 그는 로마인들이 마침내 제국의 위대함에 진정 어울리는 수도를 갖출 수 있게 해주었다.

수준 높이기

올림포스산 기슭에 위치한 도시 프루사Prusa에 사는 사람 중에서 로마에 가본 사람은 극소수였다. 충분한 여비나 연줄이 없는 사람들에게 그 여행은 도전적인 일이었다. 길은 멀고, 바다는 위험하고, 여관은 비쌌다. 승마 경험이 풍부한 총독의 전령들은 일정한 간격으로 배치되어 있는 역참마다 기운이 생생한 말을 제공받을 수 있었는데, 그들조차도 수도에 도착하기까지 무려 두 달이 걸렸다. 물론 프루사 시민들은 막연하게 로마를 세계의 여주인으로 알고 있었다. 그들은 로마가 황제의 거주지라는 것을 알았다. 그들에게 로마는 보라색과 진홍색 옷을 입고 보석과 진주로 반짝반짝 빛나는 모습으로 각인되었다. 웅장한 건물을 떠받치는 기둥이 줄지어 늘어선 로마의 상점가는 가장 순도 높은 황금으로 만들어졌다. 하지만 세상은 수많은 도시로 이루어졌고, 누구도 그것을 다 볼 수 있으리라 기대할 수는 없었다. 프루사 사람들 대다수는 그들의 주거지가 제한된 지평선에 묶이는 것에 만족했다. 그 안에도 고유의 여러 훌륭한 경이와 자원이 풍부하다는 사실을 잘 알고 있었기 때문이었다.

그런 것을 가장 잘 조망할 수 있는 장소는 올림포스산의 정상이었다. 그리스의 같은 명칭을 지닌, 전통적으로 신들의 거주지로 인정된 동명의 산처럼 드높지는 않았지만, 비티니아에 있는 이 산은

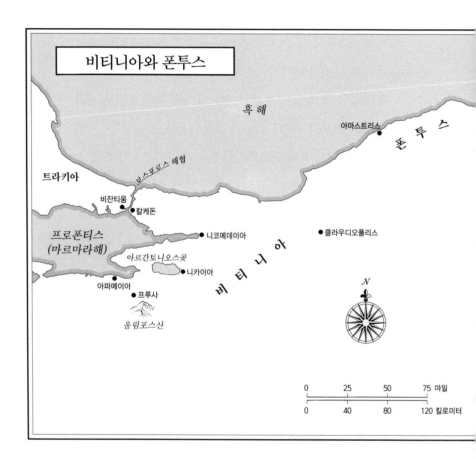

비티니아와 폰투스

흑 해

아마스트리스

폰 투 스

트라키아

보스포로스 해협

비잔티움

칼케돈

니코메데이아

클라우디오폴리스

프로폰티스
(마르마라해)

아르간토니오스곶

비 티 니 아

니카이아

아파메이아

프루사

올림포스산

N

0	25	50	75 마일
0	40	80	120 킬로미터

그런대로 장관을 이루고 있었다. 북쪽을 보면 산기슭에 있는 모험심 강한 등반가들을 볼 수 있었고, 그보다 25킬로미터 정도 북쪽으로 가면 포도원, 과수원, 올리브밭이 풍성한 평원 너머에 프로폰티스Propontis(오늘날의 마르마라해)라는 광활한 바다가 있었다. 이곳의 선박 항로는 로마 세계의 어느 곳 못지않게 분주했다. 아시아와 유럽을 연결하고, 에게해와 흑해로 나아가는 비좁은 수로인 보스포로스 해협을 연결하기 때문이었다. 맑은 날 올림포스산에선 해협 입구에 있는 고대 그리스의 도시 비잔티움을 볼 수 있었다. 비잔티움뿐만 아니라 지역 전체가 어마어마한 전술적 중요성을 지녔다. 아나톨리아와 발칸반도를 연결하는 경첩이었기 때문이다. 이곳 거주민은 황제로부터 아주 멀리 떨어져 있다고 생각할지 모르겠지만, 황제의 눈은 분명 그들에게 고정되어 있었다.

비티니아라고 하는 이 땅은 야만인, 그리스인, 로마인 등 다양한 민족의 특징을 담고 있었다. 지역명은 다키아인과 직접 관련이 있는 부족에서 온 것이지만, 비티니아 엘리트들이 그리스 문화와 언어를 받아들이는 데 무척 열성적이어서 그들의 모국어는 캄파니아에서 오스크인의 모국어가 그랬던 것처럼 아예 소멸해버렸다. 저 멀리 서기전 74년에 상황 판단을 잘했던 그들의 마지막 왕이 유언장에 비티니아를 로마에게 바치겠다고 했을 때 주요 도시 네 곳, 즉 프루사, 니코메데이아Nicomedeia, 아파메이아Apameia, 니카이아Nicaea는 특징이나 외형 모두 그리스와 다를 바 없는 도시였다.

프루사와 니코메데이아는 왕의 이름을 따서 지은 명칭이었고, 아파메이아와 니카이아는 각각 여왕과 거만한 전제군주의 아내 이름에서 따온 것이었다. 이 네 도시는 모두 강력한 자치 요소를 자랑했다. 부유한 자들은 불레boule라는 국무회의에 소속되어 행정장관이 되었다. 군중은 에클레시아ecclesia라는 민회의 일원이 되었고, 아무리 오만한 고위 관리일지라도 이 민회의 의견과 요구를 무시할 수 없었다. 이러한 정치 제도는 모두 그리스를 떠올리게 했다.

하지만 이어 로마인들이 그 지역에 나타났다. 폼페이우스는 로마의 목적을 위해 비티니아 재건을 맡은 전권 대사로 그곳을 찾아왔는데 그는 민주적 제도에 대한 인내심이 전혀 없었다. 그는 민주주의를 로마의 질서를 위협하는 떠들썩하고 불안정한 제도라고 봤다. 폼페이우스가 볼 때, 비티니아 도시들에 필요한 것은 폼페이우스 자신이 대표하는 기관, 즉 원로원에 의한 행정이었다. 그리하여 그는 사실상 그 제도를 그들에게 강제했다. 그로부터 거의 200여 년이 지난 시점에, 프루사의 국무회의는 그리스 명칭인 불레를 보존했지만, 다른 측면으로는 폼페이의 데쿠리오회가 그랬던 것처럼 폼페이우스 시절의 원로원과 상당히 비슷한 모습이었다. 감찰관에 상당하는 티메타이Timetai 의원이 될 자격은 엄격히 제한되었다. 이 명단에 들어갈 수 있는 사람은 행정장관과 최고 가문의 구성원뿐이었다. 반면에 입법을 금지당한 민회는 말만 많고 하는 일은 별로 없는 무력한 곳으로 전락했다. 로마 총독은 임의로 민회 활동을 전면

중단시킬 수 있었다. 나폴리만에서처럼 비티니아에서도 도시 행정을 책임지는 것은 위대하고 선량한 사람들의 몫이었다.

몇몇 도시는 다른 곳보다 운신의 폭이 넓었다. 프루사에서 25킬로미터 떨어진 해안에 있는 아파메이아는 율리우스 카이사르가 식민도시로 다시 설립했는데, 비티니아 거주민들은 이를 절대 잊지 못했다. 다른 도시들, 로마인이 특히 존중하는 도시들은 자유 도시civitates liberae가 되었고, 이런 정착지들은 납세 의무를 면제받았다. 네로는 그리스 전 지역에 이런 자유를 하사했지만, 베스파시아누스는 그 특권을 폐지했다. 면세라는 자유는 무척 소중한 지위였다. 비잔티움은 호의를 누렸고, 칼케돈도 마찬가지였다. 특히 후자는 보스포로스 해협에서 비티니아 쪽에 있는 도시였는데 벽옥과 그곳에 서식하는 작은 악어로 유명했다. 하지만 프루사는 식민도시도 자유 도시도 아니었고, 그래서 불레 의원들은 광대한 로마 세계의 다른 국무회의와 마찬가지로 세율을 높여서 제국에 세금을 납부할 수밖에 없었다. 그들은 이런 상황에 대한 분노를 황제가 아니라, 근처 이웃인 아파메이아에 퍼부었다. 아파메이아는 그들의 항구 역할을 하고 있었고, 프루사보다 더 작고, 부유하지도 않았으며, 올림포스 산비탈에서 획득하는 목재와 다른 원료가 아니었더라면 아무것도 아닌 도시였다. 그럼에도 불구하고 식민도시라는 지위 덕분에 자신들이 우위에 있다며 권리를 뽐냈으니 프루사로서는 화가 치밀어오를 수밖에 없었다.

질투, 경쟁, 야심, 이런 감정이 문제였다. 이 때문에 그리스인의 도시가 들어선 곳이라면 어디든, 더운 여름철에 숲과 들판을 때때로 거칠게 파괴하는 들불처럼 오랜 세월 통제가 불가능한 상태로 확타오를 위험이 있었다. 로마인은 이런 사실을 다른 이들처럼 잘 알고 있었다. 과거에 다양한 그리스 국가가 서로 간의 차이를 받아들이지 못하고 싸우는 바람에 로마는 그 빈틈을 노려 손쉽게 그리스를 정복할 수 있었다. 그러나 그리스가 로마 제국에 흡수되고 몇 세기가 지났고, 프루사 같은 도시들은 이제 경쟁의식을 지나치게 발휘할 정도로 어리석지 않았다. 폼페이 사람들이 이웃 도시에서 온 관중들과 싸운 것을 원로원이 강력히 처벌한 것처럼, 속주에선 행정 당국이 도시에서 소란이 일어날 기미라도 보이면 전혀 참지 않고 무자비하게 처벌했다. 한 그리스 도시의 시민들이 이웃 도시와 의견 충돌에 휩싸였을 때 갑옷을 끈으로 묶고 창을 들고 전쟁에 나가던 시절은 이미 오래전이었다. 팍스 로마나는 무력으로 유지되었다. 로마 총독들은 폭력을 독점적으로 행사했다. 로마의 통치는 그리스인에게서 자유를 빼앗았을지 모르지만, 그들이 자유로웠을 때 절대 누리지 못한 장기적이고 보편적인 평화 상태를 가져다주었다. 그리스인은 황제들의 통치 아래 이런 평화를 누리며 번성할 수 있었다. 그럼에도 불구하고 로마 당국이 그리스 문제에 접근할 때 보이는 특징이 하나 있었는데, 바로 비관적인 실용주의였다. 로마인은 그리스의 독립성을 모두 말소하지는 않았다. 오히려 정반대였다. 비티니아를 책임지는 총독은 프루사 같은 도시에서 국무회의에 크게 의지해 행정 업무 대부분을 그들이 주관하도록 허용했다. 세금 징수도 직접 할 수 있게 했고, 총독이 직접 관심을 보일 만한 사건이 아니면 법의 집행도 위임했고, 도시 거리에서 치안을 유지하게 하고, 길을 유지하고 보수하게 하며, 제국의 역참에 말을 공급하게 했다. 그러나 균형 유지는 미묘한 문제였다. 프루사 같은 도시에 자치권이라는 환상을 허용하는 동시에 그런 환상이 절대로 현실을 지나치게 침해하지 않도록 해야 했다. 팍스 로마나라는 것도 실은 그런 균형 유지에 달려 있었다.

프루사에서 시민들의 야심은 속주 당국에서 허가했을 뿐만 아니라 긍정적으로 권장하기까지 했다. 도시 자체의 야심은 이웃보다 더욱 유명하고 아름답고 존경받는 도시가 되는 것이었다. 도시 지도층의 야심은 경쟁자를 무색하게 만들고 대대로 높이 평가받을 명성을 얻는 것이었다. 명성을 떨치고자 하는 가장 유능한 프루사 시민이 볼 때, 프루사만이 유일한 활동 무대는 아니었다. 크게 성공한 그리스인을 향한 로마인들의 민감한 반응은 그들이 이룬 성공의 범위와 규모를 입증했다. 트라야누스 통치기에 아나톨리아의 가장 유명한 통치자, 가령 베스파시아누스가 폐위한 국왕의 손자라든지, 갈라티아와 킬리키아의 주요 귀족 등이 황제의 선물로서 집정관직이라는 커다란 영예를 얻었다. 비티니아에선 누구도 그런 엄청난 야망을 품지 못했다. 하지만 니코메데이아나 니카이아에서 야심만만한 귀족들은 자신의 미래 경력을 계획하면서 집정관 자리가 결코 불가능한 포부가 아니라고 생각했다. 로마인으로 세울 수 있는 업적의 꼭짓점이 손을 내밀면 얻을 수 있는 곳에 있다고 보았다. 감히 꿈꿀 수 있는 것이었다.

물론 원로원에 들어가는 것은 비티니아 사회의 최상위 인사들만 떠올릴 수 있는 장래희망이었다. 그러나 귀족 출신은 아니어서 고위 관직은 노리지 못하지만 더 넓은 세상에서 황금의 기회를 얻길 바라는 사람들도 있었다. 이들에게는 다른 방법들도 있었다. 이웃 지역인 폰투스 출신의 한 학자는 과거 아우구스투스 시절에 이렇게 말했다. "비티니아는 학식으로 유명한 사람을 무수히 배출했다."[21] 철학자와 의사, 연설가와 수학자 등이 그런 유명 인사였다. 100여 년이 지나고 이런 전통의 가장 전형적 사례가 된 아주 유명한 프루사 출신의 한 남자가 나타났다. '화려한 언변'을 갖춘 디온 크리소스토모스Dion Chrysostomos는 그리스인에 대한 로마인의 온갖 고정관념을 고스란히 구현한 지식인이었다. 철학자이자 역사가, 정치 분석가이자 문학 평론가였다. 또한 황제들에게 왕권의 기술에 관해 조언하고, 장난으로 앵무새나 각다귀에 관한 찬사를 표명하는 일도 능숙하게 잘했다. 그의 웅변은 너무나 강력해 마치 최면을 거는 것 같았다. 그가 하는 말이 무슨 소리인지 잘 알지 못하더라도 청중은 압도당하는 느낌을 받았다. 트라야누스는 한때 그에게 이렇게 말한 적이 있었다. "나는 자네 말을 제대로 이해하지는 못하지만, 나 자신을 사랑하는 것만큼이나 자네를 사랑하네."22

디온은 딱히 유명한 혈통도 아니고, 딱히 세상의 유명한 지역에 있는 아주 유명한 도시 출신도 아니었다. 그런 남자에게 찾아온 이런 유리한 상황은 분명 행운의 축복이었고, 똑똑하고 총명한 사람에게는 로마가 기회를 제공한다는 사실을 잘 보여주는 사례였다. 트라야누스는 매사에 화통하고 현실적인 군인이었다. 그는 디온을 현명한 통치를 하려는 열망을 가진 황제라면 반드시 곁에 두어야 할 고문으로 귀하게 대했고, 심지어 이 철학자에게 개선 마차에 함께 타자는 말까지 했다고 한다. 하지만 마음만 먹으면 로마에서 얼마든지 편안한 은퇴 생활을 할 수 있고, 그리스 세상에서 가장 부유하고 세련된 도심지를 단골처럼 들락거리던 디온은 오로지 한 곳, 자신의 고향만을 아주 사랑했다. 그는 이렇게 말했다. "그렇다. 프루사는 가장 큰 도시가 아니고, 가장 오래된 도시도 아니다. 하지만 외지인조차 인정할 만큼 다른 많은 도시에 비해 더 높은 평가를 받고 있고, 따라서 프루사 시민은 다른 도시 시민과 경쟁하면 꼴찌, 3등, 2등은 철저히 거부한다."23 디온은 국제적으로 활동을 펼쳤지만 자기 고향을 그 무엇보다도 사랑하는 사람이었다.

디온의 경력은 자신과 조국 도시가 더 나아지길 바라는 사람에게 어떤 기회가 생기는지 잘 보여주었다. 동시에 그러한 야심에 따르는 위험 또한 분명히 보여주었다. 유능한 사람의 발목을 잡는 덫은 잠재적으로 어디에든 놓여 있었다. 프루사 내에서 지위가 안정적이지 못했던 디온 같은 사람에게는 특히 더 심했다. 그의 어머니가 로마 시민권자의 딸이자 도시의 주요 가문 출신임에도 불구하고 그의 아버지는 평판이 나쁜 인물이었다. 그는 대금업자이자 부동산 투기꾼이었고, 출세 지상주의자였다. 디온은 그 사실을 아주 민감하게 의식했고, 자신이 도시 엘리트가 갖춰야 할 가치와 포부를 모두 갖춘 사람임을 증명하기 위해 최선을 다했다. 그는 공직에 출마했고, 공공 후원자의 모습을 보이기도 했다. 하지만 아버지의 방식대로 도시의 땅을 한 구역 사서 그 위에 상점가를 지었을 때 그는 폭동의 빌미를 제공했다. 당시 프루사는 기근에 시달리고 있었고, 디온의 상업적 투기는 예상과는 다르게 그가 훨씬 부유하다는 사실을 사람들에게 각인시켰다. 굶주린 군중은 디온이 곡물을 많이 비축해 두었으리라 확신하고 그의 집으로 몰려갔다. 도시 행정관들은 수습에 나서서 디온에게 돌을 던지고 대저택을 불태우려는 군중을 간신히 만류할 수 있었다. 그들은 디온보다도 공화정의 질서가 무너질 것 같은 기미를 로마 당국이 알아채는 것을 더욱 우려했다. 오래전부터 도시 운영의 발언권을 박탈당한 가난한 사람들은 폭동을 일으키더라도 잃을 것이 없었지만, 로마의 전적인 묵인 아래 프루사의 행정을 맡았던 부유한 자들은 총독에게 직접 통치의 구실을 주지 않기 위해 미친 듯이 사태 수습에 나섰다. 도시 원로들의 손에 의해 현지 극장으로 끌려나온 젊은 디온은 시끌벅적한 야유와 조롱 속에서 자신의 행동을 변명해야 했고, 도시 정치의 현실에 관해 끔찍한 특강을 들어야 했다. 그는 가까스로 무죄를 입증했고, 프루사의 곡물 공급에 자금을 대라는 군중의 거친 요구를 간신히 물리치며 그 난처한 상황에서 벗어났다. 이러한 사례에서 볼 수 있듯이 자기 향상과 자기 파멸 사이의 경계는 때로 아주 불분명했다.

그때 당한 시련은 디온에게 영구적인 상처로 남았다. 디온의 반복적인 주장에 따르면, 도시는 벌집, 개밋둑, 새 떼와 비슷한 구조를 갖출 때 가장 안정되고 행복하다. 도시는 마땅히 질서정연하고, 조화롭고, 계층적이어야 했다. 디온이 그리스 세계 전역의 도시들에서 가르쳤던 그런 도시 철학은 디온이 벌집, 개밋둑, 새 떼의 리더라고 칭송했던 도시 엘리트층이 간절히 바라는 것이었다. 이런 철학은 더 나아가 로마 청중에게도 마찬가지로 매력적으로 느껴졌다. "주인과 여주인 사이에 조화가 없고, 노예가 순종하지 않는다면 가정의 안전은 과연 무엇에 의지할 수 있겠는가? 주인과 여주인 사이의 갈등, 그리고 노예의 배반으로 얼마나 많은 가정이 끔찍한 참사를 당했는지 생각해보라!"[24] 로마 황제뿐만 아니라 비티니아 국무회의 의원들도 똑같은 생각이었다. 디온이 황제와 속주 총독에게 인기가 높은 것은 전혀 놀랄 일이 아니었다. 후원자들의 이익을 챙겨주며 그럴듯한 논리를 제공하는 철학자는 반드시 귀한 대접을 받았다. 디온은 그 무엇보다도 팍스 로마나의 정당화 논리를 로마 엘리트층에게 제공할 수 있었다.

하지만 프루사와 마찬가지로 로마도 위험으로 가득했다. 과거에 고향 경기장에서 그랬던 것처럼 디온은 세계 수도에서도 사지가 찢길 뻔한 위험을 간신히 모면했다. 그 일은 도미티아누스 궁정의 주요 인사들과의 친분 때문에 벌어졌는데, 그런 친밀한 관계는 때때로 치명적이었다. 로마에서 명성을 얻고자 하는 속주민들에게 거물급 인사의 후원은 양날의 검임이 쉽게 증명되었다. 디온은 경력을 이어나가던 중에 엄청난 거물 인사 몇몇과 밀접하게 지냈다. 그가 무척 친하게 지내던 사람엔 훗날 황제가 되는 마르쿠스 코케이우스 네르바도 있었는데, 어찌나 친했던지 로마에선 디온이 '코케이아누스'로 알려질 정도였다. 하지만 그의 후원자 모두가 네르바처럼 돌다리도 두들길 정도로 신중한 사람은 아니었다. 그중 한 사람은 도미티아누스에게 반역으로 고발당했고, 법적 절차에 따라 유죄 판결을 받고 처형당했다.[25] 디온은 추문 후폭풍에 휩쓸려 추방형을 당했다. 몇 년 뒤 아테네인들에게 행한 연설에서 그는 자신의 운명이 "야만족 왕이 죽으면 함께 생매장당하는 술 따르는 자, 요리사, 첩"과 다를 바 없다고 자조했다.[26] 이탈리아와 비티니아에서 추방된 그는 이 도시에서 저 도시로 떠돌아다녔고, 재산을 잃어 빈곤해졌고, 끊임없이 이동하는 생활 방식 때문에 몸이 많이 망가졌다. 오랜 세월 그는 고향 프루사를 두 번 다시 보지 못할까 몹시 괴로워했다.

하지만 철학자였던 디온은 절망에 굴복하지 않았다. 젊었을 적

빵 폭동 경험에서 귀중한 교훈을 얻은 것처럼, 세상을 방랑하는 기회에서 혜택을 얻고자 했다. "추방이 전적으로 난처한 일이 아니며, 아무런 이득도 없는 것이 아님을 인식했기 때문이다."[27] 이윽고 도미티아누스가 살해당하고 네르바가 권좌에 올랐다. 새 황제는 과거에 보살펴주었던 디온의 시민권과 재산을 원상 복구해주었으나 그렇다고 해서 디온이 곧바로 방랑을 포기한 것은 아니었다. 대신 전쟁소문에 민감하게 반응했던 그는 다키아로 여러 번 여행해 그곳에서 역사서 집필에 참고가 될 자료를 모았고, 철학자의 사심 없는 시선으로 트라야누스 군단들의 어마어마한 군사력을 직접 목격했다. "나는 군무에 참여할 자격이 없는 사람이었지만 그래도 전장에 도착하여 남의 말에 귀 기울일 시간이 별로 없는 현명한 병사들을 상대로 연설을 하게 되었다. 왜냐하면 그들은 출발선상에 서서 극도로 예민하고 긴장한 나머지, 시간의 지연을 도저히 받아들이지 못하고, 잔뜩 흥분해 당장이라도 발굽으로 땅을 긁고 싶어 하는 경주마 같았기 때문이다. 사방에 칼, 갑옷, 창 등이 보였고 야영지 전체가 말, 무기류, 무장한 병사로 가득했다."[28] 다키아 전쟁에서 돌아온 후에 디온은 직접 목격한 것을 토대로 트라야누스의 업적에 대해 집필할 수 있었다. 방랑을 마치고 승리해 돌아오는 신화 속 영웅처럼, 프루사로 귀향했을 때 그는 로마 황제와 개인적인 친분을 과시할 수 있게 되었다.

이제 많은 부를 축적하고 높은 지위를 누리게 된 디온은 필연적으로 그 같은 지위에 있는 그리스인이라면 했을 법한 일을 했다. 그는 화려한 건물을 다수 짓기 시작했다. 물론 이런 행위는 도시 후원자로 자신을 홍보하려는 것뿐만 아니라 애국심을 드러내는 목적에서 이루어졌다. 세상을 방랑하던 중에 디온은 유명한 도시를 많이 방문했고, 가장 아름답고 인상적이고 문명화한 도시로 우뚝 서기 위해 그 도시들 사이에서 치열한 경쟁이 벌어지는 것을 직접 봤다. 콜로네이드, 신전, 도서관 등은 그리스 세계의 가장 부유하고도 유명한 중심 건물이었고, 이런 구조물들이 맹렬한 속도로 경쟁 도시들에 세워지고 있었다. 디온은 오래전 떠나온 고향 프루사에 다시 돌아와 크게 실망했는데, 자신의 고향이 다른 곳들에 비해 아주 남루하다는 것을 확인했기 때문이다. 공중목욕탕은 낡았고 금방이라도 허물어질 듯했다. 한때 화려하던 대저택들은 산산이 부서져 폐허가 됐다. 가장 기본적인 편의 시설조차 갖추어져 있지 않았다. 트라야누스로부터 자신의 도시 계획에 대한 서면 승인서를 확보한 디온은 전면적인 도시 재개발에 착수했다. 그의 야심은 "콜로네이드와 분수를 갖춰" 프루사를 아름다운 도시로 조성하고, 나아가 도시의 방어 시설을 보수하고 각종 운송·연결 수단을 더욱 확대하려는 것이었다.[29] 이러한 건설 계획은 프루사가 낳은 가장 유명한 아들이 세웠기에 시민들의 폭넓은 열광적 지지를 받았다. 많은 시민이 사재를 털어 계획을 지원했다. 디온은 도시 중 특히 불결했던 구역을 집중 보수 지역으로 결정했고, 폐허와 황폐한 작업장을 정리하고 환히 빛나는 새 포르티코와 도서관을 세울 계획이었다. 그는 도시 재개발에 필요한 대리석을 얻고자 올림포스산을 직접 오르기도 했다. 이제 그 도시의 시민들이 느끼는 흥분감은 손에 잡힐 것처럼 생생했다.

하지만 디온에게 분노를 표출하는 분위기도 있었다. 추방된 영웅의 귀환은 만장일치 찬성으로 받아들여진 것이 아니었다. 도시의 많은 저명인사가 디온의 귀향에 크게 비위가 상했고, 자신이 트라야누스의 총애를 받고 있다는 디온의 주장을 노골적으로 비웃었다. 그들은 정말로 로마 황제와 그렇게 절친하다면 모든 그리스 도시가 가장 갈망하는 자유 도시의 지위가 왜 프루사에 주어지지 않냐고 조롱했다. 날카로운 비판이었다. 디온은 실제로 고향 도시에 면세 혜택을 안겨주고자 노력했지만, 퇴짜를 맞았기 때문이다. 그가 프루사의 사법적 지위를 향상시키고 불레에서 일하는 의원들의 수를 늘리는 등 여러 특권을 확보한 것은 맞지만, 비잔티움이나 칼케돈과 대등한 지위의 도시로 격상하는 데 실패한 일은 그에게 뼈아팠고, 그의 적들도 이를 잘 알았다. 그들은 또한 로마를 떠나온 철학자 디온과 로마 황제 사이에 수많은 속주의 행정 단계가 가로놓여 있다는 것도 잘 알았다. 디온이 트라야누스에게 고민을 털어놓는 것보다 디온의 적들이 현지 속주의 총독에게 고민을 털어놓는 것이 훨씬 더 쉬운 일이기도 했다. 다양한 고발이 사회에 퍼지기 시작했다. 디온이 프루사를 재건하려는 야심에 "그곳의 모든 성소를 무너뜨림으로써" 참주처럼 행동하고 있다는 것, 자신의 사회적 출세를 위해 사업 후원자를 강탈하다시피 하고 있어 협잡과 다를 바 없다는 것, 트라야누스의 조각상을 아내와 아들이 묻힌 곳 옆에 세워 명백한 반역죄를 저질렀다는 것 등이 고발의 구체적 내용이었다.[30] 점차 더욱 파괴적인 중상모략이 더해졌는데, 바로 디온이 프루사를 부정과 불경의 소굴로 바꾸고 있다는 것이었다.

하지만 이런 고발들이 디온에게 골칫거리였다면 고발자들에게도 잠재적으로 말썽의 소지가 될 수 있었다. 그들은 위험한 전술을 채용했다. 그들의 행위는 사회 상류층이 저지르는 폭동 비슷한 것이었다. 도시 문제에 속주 총독을 불러들여 꼬치꼬치 살펴보게 함으로써 오히려 도시의 자치권을 아주 위험한 상황으로 몰아넣은 꼴이 되고 말았다. 실제로 그런 위험은 그들이 예상한 이상으로 파괴력이 컸다. 로마 당국 입장에서 보자면 프루사만이 제국의 혼돈을 가중시키는 도시는 아니었다. 니코메데이아와 니카이아도 금방이라도 도시 내부에 싸움이 벌어질 것 같은 분위기였다. 그 도시들에서 부패와 공금 횡령이 만연했다. 어디에서나 도시의 국무회의는 빚더미에 올라앉아 고통을 겪고 있었다. 비티니아에서 안정적 기반을 자랑하는 도시는 거의 없었다.

만약 속주 당국이 유능한 행정을 편 전력이 있었다면 이 지역의 안정성을 해치는 위험은 충분히 관리할 수 있었을 것이다. 그러나 이 도시를 거쳐 간 일련의 총독들은 이런 위기를 완화하려고 노력하기는커녕 오히려 더 가중시켰다. 100여 년 전에 폼페이우스가 하나의 속주 단위로 통합했던 비티니아와 폰투스는 무능하기로 악명이 높은 행정으로 고통을 받았다. 디온이 귀향한 이후에 속주에 임명된 두 로마 총독은 노골적으로 재물 갈취에 탐닉했다. 원로원에서 재판을 받은 두 총독은 법의 단죄를 가까스로 면했다. 두 사람은 명백한 죄를 저질렀음에도 불구하고 자칭 키케로의 후계자로서 자신을 원칙, 예절, 전통의 대변인으로 내세우며 활약하던 연설가의 변론 덕을 보았다. "고귀한 혈통을 갖추고 공적으로도 저명한" 원로원 의원의 재판에서 그의 혈통을 비롯해 멀리 떨어진 속주에서 발생 여부도 부정확한 사건의 세부 사항을 검토한 결과, 후자는 거의 중요하지 않다는 것이 플리니우스의 견해였다.[31] 사적으로 플리니우스는 때로 사소한 잘못을 범할 수 있음을 인정할 수 있었지만, 변호사로 나선 그의 책무는 이를 못 본 척하는 것이었다. 비티니아 속주 행정의 건전성, 압제당하지 않을 토착민의 권리, 로마 사법의 명성, 이 모든 것이 현지에서 벌어진 어떤 구체적 사건보다 중요했다. 간단히 말해서 현지 사건들은 로마 원로원의 특권보다 더 중요한 안건은 아니라는 이야기였다.

플리니우스는 그렇게 믿어야 할 특별한 이유가 있었다. 20년 전인 93년 그는 바이티카의 부패한 총독을 성공적으로 고발해 원로원에서 처음으로 승소했다. 하지만 이런 승리는 피로스의 승리로 드러났다. 총독에 대한 유죄 선고는 고발과 맞고발로 이어지는 일련의 복잡한 과정으로 확대되었다. 결국 도미티아누스마저 연루시키는 결과를 낳았다. 원로원의 몇몇 저명한 의원은 책을 태우는 불길 속에서 끔찍한 죽음을 맞았다. 플리니우스는 이런 대학살에 연루되지 않았지만, 이 기억은 그의 뇌리에서 떠나지 않았다. "처음 원로원 의원이 되었을 때 우리는 시대의 악이 우리를 더럽혔다고 생각했다. 이후로 오랜 시간이 흘렀고 우리는 과거와 똑같은 악의 방관자이자 희생자가 되었다."[32] 타키투스와 많은 동시대인처럼 플리니우스는 그런 집단적인 소극성이 로마의 가장 위엄 있고 존경받는 원로원에 가져온 수치심을 고통스러울 정도로 의식했다. 이제는 폭군이 처단당하고 더 행복한 시대가 도래해 이적 행위의 고발에 대해 예민한 상황이 되었으니 그는 더욱 단호하게 원로원의 위엄이 회복되기를 바랐다.

하지만 그러는 중에도 트라야누스에게는 다른 우선 사항들이 있었다. 바다 건너 비티니아에서 흘러드는 부패의 악취는 플리니우스보다는 황제에게 더 큰 걱정거리였다. 원로원의 이해관계를 저 멀리 떨어진 속주의 사회 안정성보다 더 우위에 두어야 한다는 것은 특정한 편협성에 좌우되는 관점이었다. 플리니우스는 당대 주요 인사 중에선 특이할 정도로 제국 외부의 지역에 대해서는 경험을 쌓은 바가 거의 없었다. 젊었을 적 그는 시리아에서 군단에 복무했을 뿐 그 외에는 이탈리아에서 경력의 대부분을 보냈다. 원로원, 법정, 최신 문학 작품을 논하는 살롱이 그의 일상적인 출입처였다. 로마 국정에 관해 오래된 조종석에서 말하는 것, 키케로가 갈고닦은 웅변술을 연마하는 것, 타키투스 같은 동료에게 사료史料를 제공하는 것, 혹은 수에토니우스 같은 유망한 젊은 문인에게 후원자 역할을 하는 것, 그런 활동이 바로 플리니우스의 관점에선 고위직 관리에게 적합했다. 그는 단 한 번도 바이티카의 재정을 감독하지 않았고, 도나우강 너머로 위험을 무릅쓰고 나아가지도 않았으며, 칼레도니아의 날벌레들에 씩씩하게 맞서지도 않았다. 하지만 이렇게 말한다고 해서 그가 편협한 사람이라는 이야기는 아니다. 오히려 정반대다. 이탈리아는 가장 부유하고 번영하고 문명화한 땅이었다. 그 문화를 플리니우스처럼 잘 아는 것은 아주 소중한 지식이었다.

그는 로마의 문화에 익숙했다. 하지만 이탈리아에는 로마보다 더 많은 것이 있었다. 플리니우스는 어마어마한 재산 목록을 지닌 사람이 이해할 수 있는 방식으로 그 사실을 인식했다. 그는 해안 별장에 유명한 작가들을 초대했고, 바다가 보이는 호화로운 풍경을 갖춘 식당에서 그들을 접대했으며, 온수 수영장에서 그들과 함께 어울려 헤엄을 쳤다. 그는 자신의 움브리아 사유지를 잘 관리했고, 수확 상황을 끊임없이 파악했으며, 노예들이 사슬에 묶인 채로 노동해서는 안 된다고 강조했으며, 포도 농사가 실패했을 때 현지의 상인들을 도왔다. 그는 고향 코뭄으로도 여행했는데, 건축물의 장관이 자연환경의 아름다움을 멋지게 상호 보완하는 것을 한껏 경험하며 즐거워했고, 어마어마하게 값비싼 도서관을 지어서 기부하기도 했다. 요약하면 그는 취향이 확고한 박식가였고 자신의 체면을 앞세워서 아랫사람들에 대한 친절함과 관용을 모른 체하는 사람도 아니었다. 트라야누스가 혼돈스러운 상황으로 들끓고 있는 비티니아와 폰투스를 안정적인 기반 위에 올려놓을 총독으로 누구를 보내야 할지 숙고할 때 플리니우스를 후보로 떠올린 이유도 바로 이 때문이었다.

"작은 도시의 이 그리스인들을 보게나. 체육관은 또 왜 그렇게 좋아하는지!"[33] 비티니아의 플리니우스에게 지급으로 보낸 서신에서 황제는 이렇게 농을 건넸고, 그는 자신이 직접 총독으로 임명한 남자가 이 농담을 읽고서 입술에 쓴웃음을 지을 것을 알았다. 임명받은 속주로 여행하는 동안 플리니우스는 흥분감에 사로잡혔다. 그리스 최남단 곶을 돌면서 그는 열광하며 그리스에 들어섰다. 아시아의 에게해 해안에 있는 고대 도시 에페소스를 방문한 그는 그곳에 세워진 기념물들이 새롭고 인상적이라서, 이탈리아 도시에 갖다 놓더라도 망신거리가 되지 않을 것 같다고 생각했다. 대조적으로 비티니아와 폰투스는 실망만 안길 뿐이었다. 플리니우스는 그의 속주가 지방이라는 정의定義에 딱 들어맞는다고 생각했다. 자연환경의 축복을 받거나 인상적인 건축물로 장식된 도시들조차 추잡한 면이 있었다. 주요 군용 도로에 있는 작은 도시이자 치즈로 유명한 클라우디오폴리스에서 현지인들은 트라야누스가 후원한 도시개발 사업을 엉망진창으로 만들어버렸다. 플리니우스는 절망하면서 황제에게 편지를 보내 복합 단지 전체를 완전히 무너뜨리고 새로운 단지를 처음부터 다시 지어야 한다고 보고했다. 폰투스에서 가장 멋진 도시인 아마스트리스의 중심가는 노천에 드러나 있는 하수도 때문에 아주 보기 흉했다. 이 하수도는 그야말로 "끔찍한 악취를 풍기는 역겨운 흉물"이었다.[34] 플리니우스는 코를 찡그리며 하수도 복개 공사에 충분한 자금을 배정하도록 조치했다. 하지만 이는 자비의 표현임과 동시에 분명 명백한 비난의 표시이기도 했다. 철학자 디온은 트라야누스에게 고향 프루사에 호의를 베풀어 줄 것을 간청하고, 가장 세련된 방식과 조화를 이뤄 고향을 개조하려고 하면서도, 잘난 체하려는 지방 도시의 가식적 분위기라고 로마인들이 비난할까 두려워했다. 철학자는 한번은 니코메데이아 사람들에게 이렇게 경고했다. "자네들이 명성의 표시라고 여겨 중요시하는 그것들 말일세, 그것이 바로 안목 있는 사람들에게 경멸을 불러일으킨다네. 특히 로마는 더하지. 거기선 사람들이 비웃을 거야. 치욕스럽게도 그게 바로 '그리스인의 결함'으로 알려져 있으니 말이야!"[35] 모범적이고 겁나는 취향을 지닌 것도 모자라 수도 로마의 분위기와 품위를 노골적으로 과시하는 플리니우스 같은 총독을 황제가 직접 임명해 프루사로 오는 것은 디온에게도 하나의 악몽이었다.

하지만 농담의 대상이 된 것은 플리니우스 자신도 마찬가지였다. 트라야누스는 총독을 비티니아에 임명하고 나서, 이탈리아의 화려한 장관과 빛나는 광휘에 익숙한 그가 속주의 벽지에서 또 다른 벽지로 이동하며 다루기 힘든 현지 국무회의에 회계 장부를 요구하고 배수로를 조사하는 모습을 떠올리곤 슬며시 미소를 지었을까? 플리니우스는 맡은 바 임무를 훌륭히 해내리라는 기대를 받으며 임명되었고, 실제로 그 임무를 잘 수행했다. 실정이 발견되는 곳이 있다면 그는 어떻게든 찾아내려고 했다. "도대체 그 많은 돈을 어떻게 이따위로 일을 망치는 데 쓸 수 있단 말인가?" 플리니우스가 니코메데이아인들이 제대로 작동하지 않는 송수교를 연달아 짓고는 세 번째 것을 지으려고 준비 중이라는 보고를 올리자, 황제 트라야누스는 이렇게 분노를 터뜨렸다. 하지만 총독은 분식 회계를 샅샅이 살피고, 가짜 비용 청구를 알아내고, 절도당한 가구를 쫓는 순간조차도 자신에게 얼마나 할 일이 많이 남았는지 고통스러울 정도로 잘 알았다. 비티니아나 폰투스의 누구도 플리니우스에게 감히 무력 저항의 흑심을 품지 않았지만, 아주 충실할 정도로 순종적인 것도 아니었다. 그는 총독 자격으로 조사 대상인 도시의 가장 어두운 구석까지 마음대로 밀고 들어갈 권한이 있었지만, 포괄적인 규모로 그런 일을 해낼 자원은 없었다. 로마의 패권 행사는 결코 무력에만 의존할 수 없었다. 속주 주요 인사의 지원이 없다면 로마 패권의 기능은 모조리 고장이 날 것이었다. 디온이 니카이아와 니코메데이아 사람들에게 총독의 이목을 끌게 될 것이니 옥신각신하거나 폭동을 일으키지 말라고 했을 때, 그는 로마의 막강한 힘은 물론이고 그 이면의 무력함도 꿰뚫어보고 있었다. 그의 조언은 프루사가 제국 당국이 아무것도 모르게 일을 처리하는 것이 제일 좋다는 뜻이었다. 로마의 힘은 눈부시고 위협적이고 두려운 것이었지만, 동시에 연기와 거울 속에 있는 것에 불과하기도 했다.

임지인 프루사에 도착했을 때 플리니우스는 도시에도 도시의 가장 유명한 아들에게도 특별히 호의를 보이지 않았다. "공공 지출, 세입, 이 도시가 진 어마어마한 부채를 검토할 것입니다." 트라야누스에게 전한 보고에서 그는 이렇게 말했다. "회계 장부를 들여다볼수록 조사가 더욱 필요하다는 생각이 듭니다."[36] 프루사를 플리니우스의 재임 기간 중 첫 목적지로 택한 것은 디온의 국제적인 명성에 대한 경의를 표한 것이었다. 그런데 그곳에서의 법적 다툼이 어찌나 복잡했던지, 법률 사건을 다룬 경험이 풍부한 이 신임 총독조차 제대로 이해하기 힘들 정도였다. 처음에 그는 프루사의 사건에 대해 판결을 내렸고, 이어 니카이아에서 같은 일을 마치고는 트라야누스에게 편지를 보내 조언을 구했다. 답장은 사무적이고 간단명료했다. 디온이 반역죄를 저질렀을 수도 있다는 이야기는 고려조차되지 않고 제쳤다. 그가 장부를 은폐하거나 조작했을 가능성도 배제했다. 황제의 눈은 광대한 세상을 영원히 휩쓸고 살피는 강력한 빛줄기처럼 몇 년 동안 그리스인과 로마인이 똑같이 잘 몰랐던 문제의 핵심을 꿰뚫어보았다. 디온이 황제의 판결을 인정하더라도 수치스러울 것이 없었고, 플리니우스도 마찬가지였다. 철학자와 총독

사이엔 엄청난 차이가 있었다. 앞의 사람은 판단을 받았고, 뒤의 사람은 판단을 내렸다. 한 사람은 그리스 문화의 영광과 전통에 동질감을 가졌고, 다른 한 사람은 로마 원로원의 위엄과 자신을 동일시했다. 하지만 두 사람의 차이는 황제 덕분에 조화에 이를 수 있었다. 그리스 세계 전역 모든 곳에서 그랬던 것처럼 비티니아에서 총독은 속주민을 경멸했을 수 있고, 반대로 속주민이 총독을 경멸했을 수 있지만, 총독과 철학자는 제국의 키잡이로부터 그들이 안정된 경로로 항해 중이라는 확답을 받았다. 결론은 "최대 다수의 최대 행복"이었다.[37] 따라서 디온은 트라야누스의 처분을 언급하면서 신 같은 판결을 내리는 통치자라고 규정했다. 황제는 비티니아에서 멀리 떨어져 있지만 그리스와 로마 엘리트들은 똑같이 황제의 따뜻한 시선에 휩싸여 감사를 표시할 수 있었다. 그가 얼마나 위대했는지는 바로 여기서 분명하게 드러난다. 통치자나 피통치자나 그를 최고의 황제로 인정했고, 그 결과 세상이 하나로 조화되어 있다는 느낌을 받았다.

인도로 가는 길

네르바와 트라야누스 두 황제가 호의를 보였음에도 불구하고 디온은 자신을 후원하는 사람들의 도시에는 단 한 번도 큰 관심을 보

이지 않았다. 하지만 그런 무관심이 그리스 학자들의 본질적 특성
은 아니었다. 로마가 위대한 지위에 올라선 이후 자신의 새로운 주
인에 관해 폭넓게 글을 쓴 그리스 학자들은 많았다. 그들은 로마의
정치 제도를 분석했고, 로마사의 진행 과정을 추적했으며, 주요 인
사의 전기도 작성했다. 디온은 그런 덧없는 것에 관심을 보이는 일
이 자신의 위엄과는 어울리지 않는다고 생각했다. 그는 철학자였
기에 로마라는 나라가 실제로 어떻게 돌아가는지 그 일상적 세부
사항보다는 커다란 경향을 추적해 불변의 진리를 명확히 언술하
려 했다. 트라야누스에게 편지를 보내고, 그에게 최고의 통치 방법
을 조언한 디온은 원로원 의원, 기사, 해방노예에 관해서는 일절 언
급하지 않았다. "왕이 자신이 다스리는 땅의 번영을 최고로 유지할
수 있게 하는 것은 무엇인가? 그의 부도, 군대도, 그 외 다른 권력
의 표시도 아니고, 오로지 동료들의 충성이 있을 뿐이다."38 이 격
언은 그리스에 여전히 왕이 존재하던 시절에 철학자들이 당연하게
여기던 것이었다. 디온은 어떤 처방이 로마 군주제의 원활한 작동
에 도움이 되겠는지 분석하는 것이 아니라, 그 군주제가 원래부터
잘 작동하는 것을 당연한 전제로 여겼다. 그는 트라야누스에게 통
치자의 현명함은 곧 참모의 현명함이라면서, 황제는 측근들의 현명
한 조언만큼만 현명해질 수 있다고 진지하게 말했다.

디온은 겸손한 사람이라 황제의 인맥 중 가장 현명한 사람이 누
구인지에 대해서는 말하지 않았다. 그렇다고 해도 그의 청중은 그

의 취지를 어렵지 않게 알아챘을 것이었다. 트라야누스에게 보내는 여러 편지에서 디온은 반복해 황제를 역사상 가장 유명한 정복자와 비교했다. 그리스에서 인도로 향하는 새로운 길을 엶으로써 알렉산드로스 대왕은 거의 500년이 지난 뒤에도 군사 천재의 전형으로 남았다. 디온은 트라야누스에게 말했다. "모두 아는 것처럼 그는 가장 야심 많은 사람이었고, 영광을 가장 철저하게 사랑했습니다."[39] 페르시아에도, 인도에도, 세상 그 어느 곳에도 알렉산드로스가 두려워했던 사람은 없었다. 그의 명성은 그리스인과 야만인뿐만 아니라 하늘을 나는 새와 산속을 방황하는 짐승에게까지도 알려졌다. 로마 역사상 가장 유명한 몇몇이 그를 전례로 삼아 열망을 불태웠다. 폼페이우스는 이 위대한 정복자의 머리 모양에 영감을 받아 앞머리를 비슷하게 다듬었고, 기회만 되면 그를 흉내 내려 했다. 율리우스 카이사르는 정복자가 되기 이전에 알렉산드로스 대왕의 조각상 앞에 서서 부러워하며 뜨거운 눈물을 흘렸다.

갈리아를 평정한 카이사르의 업적에 열렬히 감탄했던 트라야누스가 카이사르의 눈물을 자아낸 영웅에게 매료되었다고 하더라도 전혀 놀랄 일이 아니었다. 디온은 알렉산드로스를 자주 언급함으로써 이러한 선례들을 잘 활용했다. 하지만 그는 거기서 그치지 않았다. 소년 시절 알렉산드로스는 철학자 중의 철학자라고 하는 아리스토텔레스에게서 가르침을 받았다. 대왕은 정복자로서 경력을 쌓는 동안 반복해서 철학자를 동행시켰다. 철학자는 여러 차례 그를 인도하고, 회유하고, 질책했다. 여기에 바로 훌륭한 통치자라면 배울 수 있는 좋은 전례가 있었다. 디온은 트라야누스에게 어떻게 해야 세상을 가장 잘 다스릴 수 있는지에 관해 지도하는 순간조차 황제에게 야심을 위한 야심은 현명한 통치자에게 어울리지 않는 것이라고 상기시켰다. 현명한 왕이 수행해야 하는 진정한 정복의 대상은 야만인이 아니라 자기 자신이 되어야 마땅했다. 그러지 않는다면 진정한 영광은 없다. 디온은 어떤 신랄한 비평 정신을 지닌 철학자가 알렉산드로스 대왕에게 했다는 말을 인용했다. "자기를 극복하지 못한다면 영광이 있을 수 없지요. 설혹 당신이 대양을 헤엄쳐서 건너더라도, 아시아보다 더 광대한 대륙을 정복하더라도 마찬가지입니다."[40]

트라야누스는 이런 말을 들으면서도 전혀 기분 상하지 않았다. 디온은 자신의 주장을 펴면서도 어느 정도 은근하게 말을 해나갔다. 알렉산드로스는 고집불통에 이기적이고 게다가 나이도 젊었다. 반면에 트라야누스는 이런 기질이 전혀 없었다. 이러한 성격 차이는 너무나 명백해 디온은 그런 점을 언급조차 하지 않았다. 로마인들은 그러한 알렉산드로스 비판에 눈살을 찌푸릴 것 같지 않았다. 왜냐하면 그런 비판에 동의하는 경향이 있었기 때문이었다. 공화정 말기의 두 위대한 군사 지도자 폼페이우스와 카이사르는 허영과 야심으로 악명 높은 대왕을 존경했다. 이러한 사실은 오히려 많은 로마인들에게 과거부터 제기된 이 위대한 정복자에 대한 의문을 확인해주는 것이었다. 로마에 전하는 이야기가 있다. 알렉산드로스는 붙잡은 해적에게 판결을 내리던 도중 무슨 동기로 바다로 나와 무고한 사람들에게 강도짓을 하여 그들을 공포에 떨게 했는지를 말하라고 요구했다. 그러자 해적은 이렇게 대답했다. "제가 소수의 사람을 강탈했다면 대왕은 세상을 강탈했으니 똑같은 동기라고 봐야 하지 않을까요?"[41]

디온이 그를 "왕"으로 언급했지만, 트라야누스는 왕이 되어 정복 사업에 나서는 것이 주안점이 아니었다. 그는 초창기 고결한 공화정 시절까지 거슬러 올라가는 많은 장군의 대열에 동참해 임페라토르로서 전쟁에 임하는 것이 더 중요했다. 107년 다키아의 막대한 전리품조차도 로마를 개조하려는 그의 거대한 계획에 불충분하다는 것이 드러나자 그는 도미티아누스가 아주 애를 쓰며 안정적으로 유지하려고 했던 통화의 가치를 떨어뜨릴 수밖에 없었다. 그는 자신의 로마인다운 족보를 만천하에 드러냄으로써 이런 곤란한 상황을 모면하고자 했다. 그래서 그가 발행한 주화 일부에는 칭송받아 마땅한 황제들의 초상을 새겼다. 율리우스 카이사르, 아우구스투스, 티베리우스, 클라우디우스, 갈바, 베스파시아누스, 티투스, 네르바 등이었다. 하지만 다른 조치들은 로마의 더욱 먼 과거를 증언했다. 다키아인에게서 얻은 황금과 은은 주화가 되었는데, 공화정 전성기의 영웅들, 로마의 가장 오래된 건물들, 그리고 도시 설립부터 로마인의 운명에 특별한 관심을 보이며 지켜보는 신들의 이미지를 그 주화에 새겼다. 트라야누스는 알렉산드로스의 정복에 비할 만한 여러 정복을 해냈고 또 도시의 역사상 그 어떤 때보다도 광대한 영토를 확보한 제국의 수장이었지만 결코 왕은 아니었다. 그는 로마인의 어버이이자 몇 세기에 걸쳐 내려온 로마의 위대한 남녀 영웅의 후계자로서 통치했다.

"이제 마침내 우리의 민족정신을 회복했다."[42] 트라야누스 초기에, 타키투스는 자신의 장인 아그리콜라의 추도비에 새길 내용을 적으면서 원로원에 드리웠던 그늘이 이제 사라졌다고 칭송했다. 112년이 되자 타키투스는 총독으로 부임하기 위해 아시아 속주로 갔는데, 당시 제국 전체가 황금기의 광휘로 빛나고 있었다. 네로가 죽고 나라 전체가 내전에 빠지며 네 황제가 등극했던 운명적인 한 해 동안에 생겨났던 사회적 불안은 일시적 동요였을 뿐이었다. 아우구스투스가 온 세상에 확립한 평화는 그리 큰 영향을 받지 않았다. 시장과 시장을 이어주고, 도시와 도시를 연결하며, 속주에서 속주를 서로 소통시키는 경제적 근육은 여전히 건재했다. 나폴리만이든, 프로폰티스든, 혹은 지중해(로마인들이 소유주로서 정확하게 명명했던 "우리의 바다")에서든 해상 항로에는 운송 중인 선박이 바글거렸다. 이전에 세상이 이처럼 긴밀하게 연결된 적은 없었다. 오스티아 옆에 세운 트라야누스의 새로운 항구는 이전에 진흙과 갈대뿐이었던 곳에 나타난 광대하고도 구체적인 복합 단지였다. 이 새로운 항구는 수요와 환상이 있다면 충족해야 한다고 주장하면서, 이미 게걸스러워진 수도의 욕구를 더욱 부채질했다. 로마의 위대함을 깊이 생각하는 사람들에게 이것은 하나의 경이이자 기적으로 보였다. "바다에 선박을 가지고 있는 사람들은 모두 로마의 국부로 점점 더 부유해졌다."[43]

로마의 국력으로 확립한 전례 없는 광대한 시장의 혜택을 로마만 보는 것은 아니었다. 식량, 원료, 사치품 등이 전례 없는 규모로 무척 먼 거리로부터 수입되어 왔으며, 제국 모든 곳의 도시들이 번창했다. 알렉산드리아, 카르타고, 안티오케이아 같은 몇몇 도시는 이전에 상상도 하지 못했을 정도로 고도성장을 이뤘고, 가장 불결하기 짝이 없는 정착지조차 크게 발전해 도서관을 세울 정도였다. 디온이 젊었을 적 프루사에서는 기근이 주민들에게 큰 고통을 줬다. 그러나 기근은 이제 큰 문제가 되지 않았고 오히려 그런 현상이 벌어지는 것을 의아하게 여기게 되었다. 제국 전역으로 운송되고 교역되고 소비되는 상품은 곡물만이 아니었다. 세련된 사법 체계, 중개상 네트워크, 해상 운송, 항구, 창고(이전 세기 동안 생겨난 이 모든 것 덕분에 곡물 배급의 여신 안노나는 로마인에게 축복을 내릴 수 있었다)는 무수한 상인들에게도 이익을 제공했다. 폼페이의 스카우루스 가문은 최상급 가룸 조달업자로 캄파니아뿐만 아니라 저 먼 갈리아 시장까지도 거래선을 넓혔다. 하지만 대양을 자기 호수처럼 취급하는 사람들이 이들만은 아니었다. 상인, 도시, 지역 전체가 모두 전문적 제품이나 서비스를 제공할 수 있었다. 수입할 수 있는 제품엔 제한

이 없어 보였다. "황금, 은, 보석과 진주, 올이 가는 리넨, 자줏빛 조개류, 진홍색 비단, 온갖 향을 내는 나무, 상아로 만든 온갖 제품, 값진 목재로 만든 온갖 제품, 청동, 쇠와 대리석, 계피, 향신료, 향, 몰약, 유향, 와인, 기름, 고운 밀가루와 밀, 소와 양, 말과 마차, 그리고 노예까지."[44]

로마로 수입되는 이 상품 목록은 아시아 속주에 거주하는 어떤 유대인이 작성한 것으로서, 아첨하기 위한 것이 아니었다. 로마를 증오하고 몰락을 열망하는 사람들이 볼 때, 그 도시는 피와 황금으로 몸집이 커진 거대한 기생충처럼 보였다. 세계 통치라는 황제의 권리를 경멸하는 자들 사이에서 나타난 그런 관점은 별로 놀랄 만한 것이 아니었다. 당대의 로마 국부를 미심쩍은 듯 바라본 것은 유대인만이 아니었다. 트라야누스 치하에서 아시아 총독으로 임명된 타키투스는 200년도 전에 합병한 아시아 속주, 로마인들 사이에서 요리사, 성애 서적, 황금 조각상으로 대표되는 호화로움의 대명사인 그곳을 책임지게 되었다. 대 플리니우스는 백과사전에 이렇게 기록했다. "아시아 점령으로 이탈리아에 처음 사치품이 도입되었다."[45] 그 이후로 이러한 사태 발전이 가져온 사악한 영향은 로마 도덕주의자들이 지속적으로 다룬 주제였다. 탁월한 연설가이자 전직 집정관이며 로마를 위해 자신의 경력 대부분을 바친 타키투스도 제국의 번영이 혹시 몰락의 전조가 아닐지 몹시 두려워하는 애국자였다. 도미티아누스가 살해당한 직후 그는 장인 아그리콜라를 추모하는 전기를 썼다. 장인이 비록 모범적인 총독이었지만, 그의 통치가 속주민들에게 이익보다는 손해를 입혔던 것이 아니었을까 하고 그는 생각했다. 장인이 야만적인 브리타니아인에게 로마 제국의 다양하고 세련된 취미 즉 목욕, 질 좋은 식사, 호화로운 건축물 등을 소개함으로써 그들의 정신적 가치를 손상했을 수도 있었다. 로마인이 아시아의 사치품에 의해 타락한 것과 비슷하게 말이다. "소박한 상태의 브리타니아인들이 '문명'이라고 칭한 것은 실은 그들의 예속을 나타내는 표시였다."[46]

로마인이 거둔 정복의 결실은 영광, 권력, 부 등으로 다양했다. 하지만 이런 결실이 결국 예속과 타락으로 이어진다면? 이 문제는 타키투스가 걸출한 경력을 쌓는 동안 한순간도 곱씹지 않은 적이 없던 문제였다. 플리니우스처럼 그 또한 도미티아누스 덕분에 일찍 출세했다. 플리니우스처럼 그 결과 더럽혀지고 타협한 것 같은 기분이 들었다. 원로원이 자유라는 저 오랜 타고난 기질을 잃어버린 것은 무엇 때문인가? 이런 질문을 제대로 이해하기 위해 타키투스는 계속해 시선을 과거로 돌렸고 로마의 초창기부터 제정 시대에 이르기까지의 과정을 깊이 탐구했다. 그는 플리니우스와는 다르게 원로원이 과거의 위업을 회복할 수 있다고 생각하지 않았다. 황제가 휘두르는 전제 정치의 그늘이 너무 어두웠다. 자유는 구호에 불과했다. 공화정에 자유libertas를 회복시켰다고 주장하던 아우구스투스는 실은 자신의 개인적 독재 권력을 위해 그 모든 일을 한 것에 지나지 않았다. 군주정의 기반을 단단하게 확보한 뒤 동전에 자유라고 새겼던 베스파시아누스는 얼마 지나지 않아 그 단어를 삭제했다. 타키투스는 아우구스투스 황조와 플라비우스 황조의 역사를 세심한 주의를 기울여 연구했고, 그들이 이룬 것이 공화정에서 제정으로의 변화였음을 의심하지 않았다. 트라야누스는 베스파시아누스가 그랬던 것처럼 자유라는 구호를 자신이 발행한 동전에다 새겨넣었지만, 이미 바뀌어버린 정치 제도를 예전의 것으로 원상 복구할 수 없었다. "로마인의 오래되고 때 묻지 않은 고상한 특징은 사라졌다."[47]

아니, 정말로 사라진 걸까? 트라야누스 통치 초기에 타키투스는 로마인을 타락시키고 유약하게 만든 사치품이 하나도 없는 게르마니아의 광대한 지역에 주의를 기울였고, 로마에 최악의 사태가 도래하지 않을까 두려워했다. 200여 년 이상 게르마니아인은 로마 군단들의 강력한 무력에 맞서서 그들의 자유를 보존했다. 황제들은 처음엔 그들을 진압하려 했으나 곧 그런 시도를 포기했다. 로마군의 진군에는 한계가 있었다. 타키투스는 이렇게 예리하게 지적한 바 있다. 도미티아누스가 주장한 여러 승리는 "개선식을 치르기 위한 구실에 지나지 않았다."[48] 하지만 트라야누스가 황제가 되고서 상황은 일변했다. 다키아 정복은 로마인이 오래전부터 보여줬던 군인다운 용맹이라는 자질이 아직 완전히 사라지지 않았음을 입증했다. 마침내 용감하고 강대한 최고 사령관 아래 로마가 예전의 정복 사업을 재개하고 신들이 정한 운명을 완수할 수 있을 것인가? 아시아 속주에 부임한 타키투스는 로마에 그대로 있었더라면 감지하지 못했을 법한 사회적 동요를 관찰할 수 있었다. 그는 트라야누스의 사촌인 하드리아누스가 동쪽으로 파견되었음을 알았다. 또한 아르메니아에서 태동 중인 왕위 계승의 위기를 감지했다. 산이 많은 그 왕국은 로마가 독립국으로 용인하기로 한 곳이었지만, 코르불로 사령관의 시대처럼 주기적으로 로마군이 개입해야 했다. 타키투스는 동부 속주 전역에 있던 군단들이 격렬한 훈련을 받고, 강행군으로 새 기지로 움직이는 것을 보고 무척 희미하지만 분명한 지각 변동을 감지할 수 있었다. 이런 움직임이 어떤 일의 전조인지 알아내는 데에는 타키투스처럼 뛰어난 지성이 필요하지도 않았다. 이제 전쟁이 벌어지려고 하는 것이었다. 5년 동안 수도 로마의 요구 사항을 처리하는 데 전념한 트라야누스는 점점 군사 정벌에 나서고 싶어 좀이 쑤셨다. 하지만 그가 장차 로마를 떠날 때 그 목적지가 도나우강이나 라인강은 아닐 것이었다. 알렉산드로스 대왕의 사례가 이미 그의 앞에서 길을 닦아놓았다. 동쪽 말고 새로운 정복과 영광을 찾을 곳이 어디겠는가?

"게르마니아인의 자유는 아르사케스 왕조의 폭정보다 훨씬 더 큰 위협이다."[49] 타키투스는 로마 제국의 경계에 있는 가장 위험한 민족 둘을 비교하고 파르티아인을 다스리는 왕조를 일차적으로 무시해버렸다. 시리아보다 라인강에 더 친숙한 사람만이 그런 정서를 표출할 수 있었다. 게르만 족장들과 달리 아르사케스 왕조는 단순 부족의 수장이 아니었고, 숲과 늪지에 숨어 있지도 않았다. 파르티아인의 지배를 받는 땅은 부유하고, 환상적이며, 게다가 광대했다. 시리아 너머 티그리스와 유프라테스라는 두 개의 큰 강을 양쪽에 끼고 있는 아시리아와 바빌로니아는 로물루스가 태어났던 저 먼 과거에도 이미 유명한 도시가 즐비한 땅이었다. 그리스인들은 이 왕국을 가리켜 '두 강 사이의 땅'이라는 뜻인 메소포타미아로 불렀다. 그리고 여기 음울한 개펄 사이에 아르사케스 왕조의 거대한 중심지인 크테시폰이 있었다. 하지만 파르티아인의 고향은 훨씬 더 동쪽으로 나아가 거대한 산맥을 넘어 이란의 고원에 있었다. 알렉산드로스가 정복했던 이런 땅들엔 궁전도 많고 반짝거리는 보물도 가득했다. 알렉산드로스가 이런 위업을 세운 이후로 메소포타미아와 이란 사람들은 여성적이라는 낙인이 아주 깊숙이 찍혔다. 어쨌든 그것이 바로 그리스인의 생각이었다. 몇 세기 동안 그들은 이 생각을 고수해왔다. 로마 황제의 백성이 된 순간조차 그들은 파르티아인을 계속 비굴하고 여자 같다고 얕봤다.

그리고 로마인은 그런 편견을 선뜻 공유했다. 아르사케스 왕족은 화장품을 써서 눈 윤곽을 그리고, 통굽이 있는 신발을 신고, 고수머리를 했다. 그들의 백성은 왕족을 알현할 때 가까이 다가가서 무릎을 노예처럼 꿇고 바닥에 이마를 댔다. 그들의 전사는 로마 군단병처럼 남자답게 발을 딛고 서서 싸우는 게 아니라 빠르게 달리는 말에 올라타서 계속 적진을 빙빙 돌며 어깨 너머로 적을 향해 화살을 발사했다. 당시 더욱 수치스러운 것은 파르티아인이 로마 침공군을 두 번이나 격퇴했다는 사실이었다. 첫 번째는 로마 공화정 말기에 카르하이Carrhae라고 하는 도시의 외곽에서 완패한 것이었다. 지휘관 크라수스는 장병 3만 명, 군단기 일곱 개, 그리고 자기 머리를 잃었다. 20년 뒤 마르쿠스 안토니우스가 두 번째로 파르티아인을 정복하고자 원정을 지휘했으나, 어깨 위의 머리는 간신히 보존했지만 전투에서 큰 낭패를 겪었다. 안토니우스 또한 장병 3만 명을 잃었다. 아우구스투스는 전쟁보다 외교를 선호해 크라수스가 잃어버린 군단기의 반환과 평화의 오랜 지속을 목표로 협상했고, 뒤를 이은 황제들도 현상을 유지하는 데 동의해 평화 조약은 오랜 세월 유지되었다. 그렇지만 카르하이 전투로 인한 오명은 결코 사라지지 않았다. 아르사케스 왕조는 불편하고 믿을 수 없는 이웃으로 남았다. 네로가 자결한 뒤 몇십 년 동안 파르티아는 자신이 죽은 황제 네로라고 사칭하는 자들을 여럿 받아들여 보살펴주었다. 그들은 집요하게 아르메니아에 참견했다. 로마 황제가 통치하는 영토보다 조금 더 많은 영토를 보유한 파르티아 제국이 존재한다는 것, 이 사실만으로도 세상의 주인임을 주장하는 로마인에게 지속적인 치욕을 안겨주었다. 단호하고 용감한 기질을 지닌 트라야누스에게는 이 모든 사안이 깊이 생각하며 명예 회복을 벼를 수밖에 없는 문제였다.

영광, 복수, 그리고 로마의 유일하고도 진정한 지정학적 경쟁자의 제거, 이 이유만으로도 그가 파르티아와 전쟁을 결정하기에 충분했다. 하지만 깊은 생각의 가장자리에서 희미하게 반짝이는 더욱 환상적인 동기가 있었다. 알렉산드로스의 길을 좇는다는 것은 필연적으로 알렉산드로스처럼 세상의 끝에 도달하겠다는 꿈을 꾸는 것이었다. 파르티아 제국의 국경 너머엔 로마에서 가장 멀면서 태양이 떠오르는 곳과 가장 가까운 땅이 있었다. 로마인이 볼 때, 인도는 이국적이라는 개념의 완벽한 전형이었다. "경이로움으로는 그 어떤 곳과도 비교할 수 없는 땅이다."[50] 대 플리니우스는 엄청난 경이로움을 가진 저 먼 땅, 인도에 매혹된 사람으로서 이런 글을 남겼다. 그런 마음을 가진 사람은 그만이 아니었다. 알렉산드로스의 인도 원정 이후 그리스 학자들은 직접 경험한 인도 이야기를 전했고, 그 환상적인 땅을 상세하게 묘사했다. 그곳이 최상의 영역이라는 데 누구도 의심하지 않았다. 전함보다 두 배는 더 긴 뱀장어가 있었고, 메뚜기의 덩치가 개만큼 컸으며, 나무에서 튀어 내려온 뱀이 황소를 통째로 삼켰다. 그뿐인가. 사람이 아무리 활을 높이 쏴도 그 끝에 도달할 수 없는 숲이 있었다. 모든 왕의 외양간엔 전투용 코끼리가 있었다. 대 플리니우스는 전 세계를 서술하려는 야심이 있었음에도 불구하고 인도의 커다란 땅덩어리 앞에서는 패배감을 느낀다고 시인했다. "헤아릴 수 없을 만큼 많은 사람과 도시가 있다."[51] 그렇지만 그는 인도의 경이로운 사항의 목록을 작성하려는 시도를 고집스레 계속해나갔다. 가령 이런 것이다. "인더스강 옆에는 자성磁性을 띤 산이 있다." "산 채로 자신을 불태우는 철학자들이 있다." "사람들은 오로지 여왕의 통치만 받는다." 그런 이야기를 듣는 사람들은 무척 기이하게 여기며 백과사전에 적합한 세부 사항이라기보다는 시인이 지어낸 이야기처럼 느꼈다. 하지만 트라야누스가 다키아인에게 대승을 거둔 이후에 로마인은 인도 사절들의 모습을 수도 로마에서 직접 목격할 수 있었다. 황제에게 다키아에서 거둔 승리를 축하한다고 전하러 온 이 사절단은 로마 시내에 일대 화제를 일으켰다. 트라야누스의 위대함이 하늘의 천둥과 우레처럼 인도 같은 먼 곳까지 울려 퍼질 정도라면 로마군의 영향권을 벗어나는 곳은 아무 데도 없음이 명백했다. 그렇다면 트라야누스가 알렉산드로스를 능가할 수 없다고 감히 누가 말할 수 있겠는가?

사실 트라야누스가 인도에 관심을 보이는 데에는 세상의 끝까지 과감하게 나아간다는 터무니없는 공상이 필요 없었다. 그보다 먼저 냉정하고 완고한 실용주의가 이를 요구했다. 로마인의 관점에서 보면 인도가 현실감 없을 정도로 멀고 이국적인 땅으로 보일 수 있을지 모르지만, 이집트의 관점에서 보면 그렇지도 않았다. 알렉산드리아와 홍해 연안에 들어선 여러 항구에는 그곳 해안을 내 집처럼 드나드는 선원이 많았고 그들은 인도 소식을 전해주었다. 인도는 경이의 땅이지만 동시에 호화로운 사치품의 땅이기도 했다. 네르바가 트라야누스에게 신임의 표시로 건넨 반지에 상감한 다이아몬드도 인도산이었다. 전문가인 대 플리니우스의 의견에 따르면 세계에서 가장 좋은 진주가 생산되는 곳이 인도였다. 이집트 선장들은 매년 봄에 대양을 가로질러 동쪽으로 부는 계절풍을 타고 암초, 태풍, 해적에 용감히 맞서며 귀중한 물품들을 가져왔다. 대 플리니우스가 인도의 가장 큰 상점이라고 칭송했던 인도 남부의 항구 무지리스Muziris에는 온갖 종류의 상품이 높이 쌓여 있었다. 그곳에서는 돈만 있으면 무슨 물건이든 다 살 수 있을 것 같았다.

　실제로 가장 이국적인 몇몇 상품은 세상의 극지에서 인도로 수입되었다. 신비로운 털실로 짠 희미하게 빛나는 직물인 비단도 쉽게 구할 수 있었는데, 로마의 유행을 선도하는 사람들에게 인기가 높았고, 그만큼 도덕주의자들에게 충격적인 물건이기도 했다. 이 직물은 "황금빛 머리카락과 푸른 눈"으로 유명한 세레스Seres라 불리는 민족이나 모든 측면에서 미지의 땅인 중국이라는 곳에서 생산한 것이었다.[52] 하지만 무지리스에서 판매하는 대다수 상품은 항구에서 아주 가까이에 있는 내륙에서 왔다. 상아, 귀갑, 그리고 최고급 두발 용품에 사용되는 방향성 식물인 말로브라트룸malobrathrum도 있었다. 무엇보다 독사가 우글거리는 덩굴 식물에서 자라는 검은 열매인 후추가 있었는데, 환경이 열악했기에 원숭이만 수확할 수 있었고, 잘 갈아서 음식에 양념으로 썼다. 로마에서 자칭 미식가들은 후추를 높이 평가하지 않는 경향이 있었다. "톡 쏘는 자극 말고는 권할 만한 장점이 없다."[53] 대 플리니우스는 냄새를 맡곤 그렇게 말했다. 하지만 아우구스투스가 이집트를 정복한 뒤 모든 계층의 로마인들이 후추 애호가가 되어 어떻게든 이 향료를 입수하려고 애를 썼다. 수요는 가히 폭발적이었다. 매년 봄 거대한 배들이 홍해의 항구 베레니케에서 항해에 나섰다. 베레니케는 원래 코끼리 수입을 할 수 있도록 지은 큰 항구인데, 해안에 거대한 규모의 배를 정박시킬 수 있는 유일한 항구였다. 이런 배를 타고 이집트에서 상인이 도착하면 무지리스 사람들은 그 광경을 일대 장관이라고 여기면서 찬양했다. 한 인도 시인은 그들의 배를 칭송하며 "흰 파도를 휘저으며 씩씩하게 나아가는 아주 경이로운 구조물"이라고 노래했다.[54] 후추 수천 톤이 호랑이 이미지가 찍힌 부대 자루들에 넣어져, 로마 황금을 가득 채운 상자와 교환되었다. 파는 사람, 사는 사람 할 것 없이 모든 관계자에게 가장 수익성 높은 사업이었다.

수익을 올리는 것은 상인만이 아니었다. 황제도 마찬가지였다. 인도와의 교역에 부과하는 관세는 연간 세입 중 상당한 부분을 차지했다. 이집트에서 수입하는 모든 물품과 제국 나머지 지역으로 수출하는 모든 물품도 마찬가지로 과세 대상이었다. 이런 세금은 로마 제국 정부가 징세 관리관으로 임명한 개인 도급업자가 이 일로 얼마나 많은 수입을 벌어들일 수 있는지 보여주는 척도였다. 그들을 가리켜 아라바르크arabarch라고 했는데, 로마 시내에서 악명 높을 정도로 거부로 알려져 있었다. 이 징세 사업으로 율리우스 알렉산데르의 아버지인 알렉산드리아인이 예루살렘 신전 문들에 전부

금박을 입힐 정도로 막대한 부를 벌어들일 수 있었다. 심지어 율리우스 알렉산데르는 이집트 장관으로 일하고 난 뒤에도 "아라바르크"라는 악명으로 계속 조롱당했다.⁵⁵ 플라비우스 정권이 침몰하지 않도록 도와준 것은, 유대에서 가져온 전리품이 아니라 인도 상품 교역에 부과한 관세였다. 베스파시아누스는 과시적 소비를 잘 파악했지만 동시에 경멸했고, 그 때문에 눈물이 찔끔 날 정도의 높은 수준으로 세율을 높이는 데 전혀 주저하지 않았다. 트라야누스는 '최고의 황제'로서 책임감이 강했고, 어떻게든 후추 가격이 평범한 시민이 감히 쳐다볼 수 없을 정도로 높아지지 않게 하려고 관련 세율을 다시 내렸으며 인도산 상품의 지속적인 공급을 더욱 신속히 처리하려고 애썼다. 제국 동부의 절반에 주둔하는 모든 군단이 파르티아와의 전쟁을 위해 훈련을 받고 있는 것은 아니었다. 하드리아누스가 안티오케이아에서 자신에게 합류할 거대한 원정군을 소집하는 순간에도 알렉산드리아 외곽의 거대한 군사 기지에서 복무하는 군인들은 나일강과 홍해 사이에서 아주 분주하게 운하를 팠다.⁵⁶ 트라야누스가 볼 때, 제국 전역의 엘리트들, 특히 로마의 엘리트들이 동양의 보물에 더욱 쉽게 접근할 수 있도록 운하 공사의 결실을 거두는 것이 중요했다. 진주와 다이아몬드는 쓸모없는 사치품이 아니었고, 세상의 주인에게 어울리는 위엄을 더욱 드높여줄 멋진 트로피였다. 곧 모든 일이 계획대로 진행되면 운명의 여신은 최고의 황제에게 계속 미소 지을 것이고, 로마인이 누릴 수 있는 더 많은 트로피가 세상의 동쪽 경계에 마련될 터였다.

트라야누스는 114년 초 안티오케이아에 도착했다. 하드리아누스는 도시에 3개 군단을 집결시켰다. 이는 파르티아 문제를 완전히 정리하려고 동원한 특수 임무 병력의 규모가 어느 정도인지 넌지시 알려주는 수준일 뿐이었다. 그해 봄, 과거에 시리아 총사령관 코르불로가 그랬던 것처럼 트라야누스는 안티오케이아에서 북진해 아르메니아로 향했다. 본래 과거에 베스파시아누스가 라인강에서 이동시켰던 1개 군단의 국경 주둔 기지인 사탈라에서, 트라야누스는 시리아와 도나우강에서 각각 차출한 대규모 2개 부대 병력과 합류했다. 이어 8만여 명의 선두에 선 황제는 국경을 건넜다. 그는 기세 좋게 진격해 아르메니아 군주를 폐위시키고 아르메니아를 로마의 속주로 삼았으며 현지 귀족들을 소환해 자신에게 충성 맹세를 바치게 했다. 지방 군주들도 이런 명령을 무시할 만큼 어리석지는 않아 황급히 황제에게 달려와 복종했다. 그중 한 명은 트라야누스의 궁극적 본심을 기민하게 알아채고 명마 한 필을 데려왔다. 그 말은 마치 파르티아 왕이 앉아 있는 자리에서 그랬던 것처럼 훈련받은 대로 두 앞다리를 꿇고 머리를 땅바닥까지 숙이면서 황제에게 절을 했다. 원로원은 로마 전통에 더 합당하게 트라야누스에게 최고Optimus라는 칭호를 수여하기로 확정했다. "이 칭호가 그의 무용보다 그의 기질을 더 잘 증명했기에" 황제는 그 호칭을 가장 큰 명예로 여겼다.[57]

일단 트라야누스의 지휘를 받게 되자 로마인들은 과거 조상들이 그랬던 것처럼, 로마군이 야만족을 상대로 대승을 거두었고, 로마군의 군기가 머나먼 땅에서도 크게 휘날렸다는 사실에 엄청난 전율을 느꼈다. 과거 다키아를 상대로 승리의 기쁨을 맛보았고 이제 두 번째로 승리의 환호를 올렸다. 동부 전선에서 황제가 거둔 위업은 화려한 색감의 그림으로 묘사되었다. 서사시로 칭송할 만한 전쟁은 늘 그러하듯이, 커다란 승리 못지않게 엄청난 위험도 있었다. 115년 말 메소포타미아 바로 북쪽의 매우 넓은 산간 지대에서 로마의 패권을 확립한 두 차례의 군사 작전을 마치고 트라야누스는 시리아 수도 안티오케이아에 도착했다. 이어진 겨울 몇 개월 동안 불길한 징후가 나타났다. 폭풍우가 이곳을 강타했다. 거센 바람은 도시의 여러 거리를 윙윙거리며 휩쓸고 지나갔다. 그러다 불쑥 엄청난 포효가 들려왔는데, 마치 고통의 고함이 땅에서 올라오는 듯했고, 지상의 모든 것이 흔들리기 시작했다. 방에 갇혀 있던 트라야누스는 아주 거대한 덩치를 지닌 어떤 신비한 존재의 도움으로 안전한 곳으로 피신했지만, 그처럼 운이 좋은 사람은 도시에 몇 명 없었다. 많은 사람이 죽었다. 어떤 사람은 붕괴하는 석조물에 깔려 으스러졌고, 또 어떤 사람은 떨어진 돌과 목재 밑에서 굶어 죽었다. 사상자 중에는 집정관도 있었다. 지진 피해를 입은 사람들 중 소수만이 구조되었다. 어떤 여자는 자신의 젖을 빨던 아이와 간신히 살아났고, 어떤 어머니는 젖먹이에게 젖을 빨리다가 아이와 함께 죽었다.

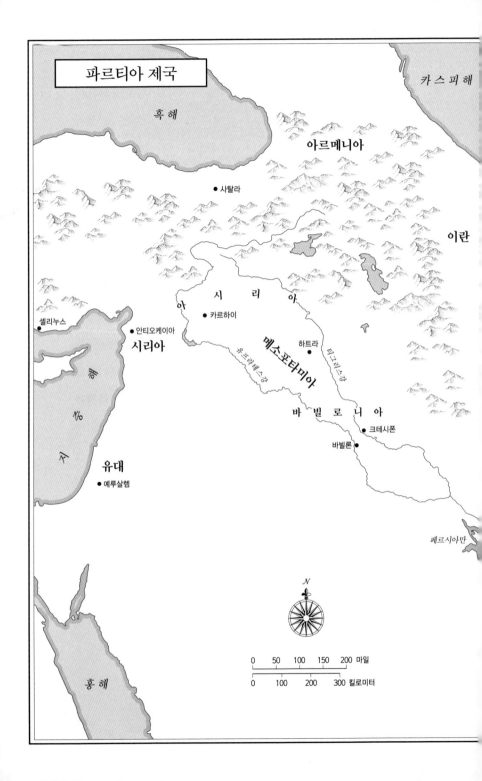

안티오케이아는 시신으로 가득한 도시가 되었다. 도시 너머에 있는 산봉우리조차 전복되었고, 언덕은 평평해졌으며, 강은 완전히 새로운 경로를 따라 흘렀다.

하지만 트라야누스는 안티오케이아에 들이닥친 자연재해를 신들이 보낸 경고라기보다는 하나의 격려로 해석했다. 메소포타미아가 그의 도착을 기다리고 있었고, 위대한 정복자는 결코 자신의 고귀한 목표를 포기하려들지 않았다. 116년 봄 그는 세 번째 군사 작전에 돌입했다. 그는 침공했고, 정복했고, 알렉산드로스가 대승을 거둔 곳이었던 아시리아를 합병했다. 이어 자신의 이름과 직함을 금사로 수놓은 돛이 달린 기함을 타고 바빌로니아 정복에 나섰다. 그의 대함대는 유프라테스강을 따라 운항했다. 하지만 그는 강에서 계속 앞으로 나아가지는 않았다. 알렉산드로스가 숨을 거둔 고대 도시 바빌론으로부터 80여 킬로미터 북쪽으로 떨어진 장소에서 개펄 위에 굴림대를 놓고서 전함들을 티그리스강으로 이동시켰다. 이곳 건너편 둑에는 크테시폰이 있었다. 도시는 버려졌고, 파르티아 왕 오스로이스osroes는 도망쳤다. 그는 수도를 지키기보다 이란의 산이 많은 국경 너머로 물러나는 나약한 선택을 했다. 크테시폰에 아무런 저항 없이 입성한 트라야누스는 마침내 자신의 위대한 정복 사업이 끝났다고 느꼈다. 두 강을 낀 땅은 이제 그의 것이 되었다. 오스로이스는 최대의 굴욕을 당한 것처럼 보였다. 그의 궁전은 로마인의 손에 들어왔다. 딸은 포로가 되었다. 파르티아 백성이 자주 그 앞에서 부복했던 왕의 황금 왕좌는 승리한 로마 황제의 트로피가 되었다. 지난 3년간의 고된 군사 작전이 마침내 완료되었다. 기꺼이 사람들의 축하를 받아들일 마음이었던 트라야누스는 원로원이 한 해 전 그에게 수여한 "파르티쿠스Parthicus"라는 칭호를 받아들였고, 자신의 업적을 선포하는 동전을 주조하라고 명령했다. 화폐에 새길 구호는 파르티아 함락PARTHIA CAPTA이었다.

하지만 아직 그는 메소포타미아의 끝까지 다다르지 못했다. 그가 있는 곳 너머엔 페르시아만이 있었고, 그 만에는 인도로 가는 항로가 있었다. 이미 홍해와 지중해를 연결하는 운하를 착공시킨 트라야누스는 동부 정복을 통해 후추, 다이아몬드, 진주, 귀갑, 말로브라트룸, 비단 등 온 세계의 물품들이 더욱 용이하게 제국 내로 흘러들 수 있게 했다. 대 플리니우스는 자신의 백과사전에서 로마의 황금이 놀라울 정도로 빠르게 동양으로 유출된다고 지적했다. 그러나 동포들에게 봉사하기를 멈추지 않았던 트라야누스는 단지 그런 문제만 해결하려고 다키아와 메소포타미아를 정복한 것이 아니었다. 그는 더 멀리 내다보았다. 인도에 보물이 많다고 하지만 세상의 여주인에게 그것을 공물로 바치지 않는다면 대체 무슨 소용인가?

트라야누스는 크테시폰을 확보하고 그 너머엔 무엇이 있는지 알아보려는 갈망을 가득 느끼게 되었다. 티그리스강을 따라 계속 나아가던 그는 페르시아만에 도착했다. "태양 옆에 서서 그곳의 지리적 특징을 간단히 보고받은 뒤 그는 인도로 떠나는 배를 무연히 바라보면서 이렇게 말했다. '내가 좀더 젊었더라면 분명 인도로 건너갔겠지.' 이때가 116년 가을이었다. 트라야누스는 그 뒤에 인도인에 관해 깊이 생각했고, 그들이 국정을 어떻게 수행하는지 많은 호기심을 표시했다. 그는 인도 정벌에 나섰을 때 아직 서른 중반도 되지 않았던 알렉산드로스가 참으로 행운아였다고 생각했다."58

7

내가 우리를 위해 이 정원을 지었다

변경의 야인 정신

트라야누스가 크테시폰을 함락하고 로마군을 동부 대양 해안에 진출시키며 전례가 없는 위업을 달성했지만 그가 들인 모든 노력은 곧 허사로 돌아가버렸다. 그는 너무 멀리, 너무 맹렬하게 위대함의 정상에 도달하려고 애썼다. 평생 그의 편에 섰던 운명도 갑자기 그를 버렸다. 그는 이것을 바빌론에서 깨달았다. 바빌론은 몇 세기 전 세상의 수도로 군림하던 도시였지만 이제 바스러진 진흙 벽돌 더미 외엔 남은 것이 거의 없었다. 알렉산드로스가 숨을 거둔 왕궁은 여전히 그리스식 기와가 덮여 있지만 나머지 부분은 폐허에 지나지 않았는데, 여기서 트라야누스는 위대한 정복자 알렉산드로스에게 추모 제물을 바쳤다. 그리고 여기서 메소포타미아가 반란을 일으켰다는 소식을 들었다. 그는 즉시 반란의 들불을 끄러 나섰다. 이미 휘하의 군단장들이 반란 진압에 나섰고, 그들과 합류한 황제는 크테시폰 외곽에서 파르티아군을 격퇴해 두 번째로 승리를 거두고 수도 크테시폰에 들어섰다. 그렇다고 해도 황제의 상황은 불안정했다. 메소포타미아를 속주로 관리하겠다는 자신의 계획에는 조금 시간이 필요하다는 것을 깨달은 그는 불리한 상황에서도 할 수 있는 일을 하기로 했고, 오스로이스의 변절한 아들을 꼭두각시 국왕으로 앉혔다. 하지만 곧 제국의 위신에 더욱 해로운 일격이 닥쳐왔다. 크테시폰에서 시리아로 물러나면서 트라야누스는 도중에 멈춰 하트라를 포위했다. 이곳은 아시리아와 바빌로니아 사이의 길을 장악한 성채로 난공불락의 성벽, 불모의 환경, 들끓는 파리 떼로 악명이 높았다. 난관에 직면한 황제는 겨울이 다가오기 전까지 도시를 함락할 수 없겠다고 생각했고, 더 손해를 보기 전에 재빨리 공성전에서 손을 떼고 안티오케이아로 물러났다. 여기서 점점 노쇠해지는 몸에 더 많은 부담이 가해지자 기진맥진하게 되어 경미한 뇌졸중이 찾아왔다. 하지만 뇌졸중 후유증으로 신체가 부분 마비된 상태에서도 그는 쉬려고 하지 않았다. 그리하여 네 번째 군사 작전이 계획되었다.

이 작전은 아주 긴급하게 펼칠 필요가 있었다. 아르메니아와 메소포타미아에서 로마 권력을 유지하는 것보다 더 위태로운 일들이 많았다. 파르티아 왕가를 파멸하기 위해 대규모 병력을 동원한 나머지, 로마 본국의 군사 조직은 최소한의 예비 전투 능력으로 운영되고 있었다. 트라야누스와 그의 군대는 동부 전선에 3년 동안 나가 있었고, 그동안 제국 경계 내부에서 군단들이 늘 행사하던 폭력의 위력은 떨어지기 시작했다. 브리타니아 북부의 황야든, 도나우강 유역이든, 마우레타니아든, 로마의 아프리카 영토 최서단이든, 그동안 추가 증원이 없었기에 해당 속주 전체의 치안이 무너질지 모른다는 위협을 받았다.

  하지만 제국 왕관의 보석으로 평가되는 소중한 지역인 이집트만큼 상황이 위태로운 곳은 없었다. 그중에서도 알렉산드리아는 늘 파벌로 분열되어 싸우는 위험한 장소였다. 로마 당국은 보통 때라면 치안 유지에 투입했을 예비군을 파르티아 전선에 파견한 상태라 그리스인과 유대인이 연달아 거리에서 벌이는 싸움을 진압할 능력이 없었다. 폭동은 통제 불능 상태로 격화되었고, 도시의 모든 구역에서 불길이 치솟았다. 그러는 사이에 아프리카 해안 더 멀리에 있는 키레네의 고대 그리스 도시 리비아는 이미 본격적인 유대인 폭동으로 황폐해졌다. 신전들은 공격을 받아 전소되었고, 조각상은 박살 났으며, 도시에서 외부로 나가는 주도로 위에는 유대교 의식에 쓰는 거대한 장식 촛대인 메노라 이미지가 칼로 새겨졌다. 116년 트라야누스가 페르시아만으로 나아가던 순간에도, 유대인은 이집트와 키레나이카뿐만 아니라 키프로스와 유대까지 지중해 동부 대부분 지역에서 공공연하게 반란을 일으켰다. 대학살 현장에 관해 머리카락이 쭈뼛 서는 보고가 황제에게 전달되었고, 반란 상황을 확고히 파악하게 되었다. 반역자들에게 잡아먹히지 않거나 가죽이 벗겨져 유대인의 망토가 되지 않은 로마 포로들은 맹수에게 먹이로 던져지거나 강제로 검투사 시합에서 싸워야 했다는 이야기도 나돌았다. 반란을 일으킨 자들이 여태까지 주인이었던 사람들에게 퍼붓는 모욕은 아주 노골적이고 악의적이었다. 플라비우스 황조가 몇십 년 전 유대인에게 내렸던 징벌을 이제 유대인이 로마인에게 되갚는 중이었다.

자신의 아버지가 베스파시아누스 휘하에서 군사 작전의 핵심 인물이었던 트라야누스는 이런 모욕을 개인적인 것으로 받아들였다. 네르바는 유대인에게 부과한 강제 징수의 부담을 덜어주려고 했지만, 트라야누스는 도미티아누스처럼 예루살렘을 계속 약탈하고 로마인이 보는 앞에서 유대교의 신을 완전히 모욕하기를 더 좋아했다. 하지만 막상 메소포타미아 정복에 나서고 보니 그런 가혹한 조치가 현명하지 못한 정책이라는 사실이 드러났다. 오래전 칼리굴라 시절 시리아 총독은 불필요하게 유대인을 모욕하는 일을 해서는 안 된다고 조언했다. 총독은 이렇게 경고했다. "다른 민족과 달리 그들은 한 지역의 경계에 국한되어 살고 있지 않을 뿐만 아니라 온 세상 모든 곳에 퍼져 있다. 그래서 모든 대륙에서 만날 수 있고, 또 모든 섬에도 살고 있다."[1] 유대인은 바빌로니아에도 정착해 몇 세기 동안 파르티아 왕가의 백성으로도 살아왔다. 이제 트라야누스가 메소포타미아로 온 뒤로 이들은 동포들과 손을 잡고 군단들을 상대로 봉기했다. 반란 진압 작전 중에 황제는 특히 그들을 야만적으로 다루기로 마음먹었다. 그는 휘하 장군 중 가장 잔혹한 마우레타니아 왕자 루시우스 퀴에투스Lusius Quietus에게 "유대인을 속주에서 완전히 절멸하라"고 지시했다.[2] 퀴에투스는 다키아 근무 시에 공을 세워 보조 부대의 사령관에서 원로원 의원으로 승진한 사람이었으므로 황제의 뜻을 잘 알고 당장 명령 수행에 나섰다. 116년 여름 그가 바빌론의 유대인에게 저지른 학살은 정말 끔찍했다. 트라야누스는 확실히 이에 엄청난 감명을 받았다. 그해 겨울 다가올 군사 작전 계획을 짜면서 그는 이 야만족 족장에게 집정관 지위를 승인하고 놀랄 만한 승진을 단행했다. 루시우스 퀴에투스를 유대 총독에 임명한 것이다.

하지만 다가오는 봄에 황제가 다시 말 안장에 올라타는 일은 없었다. 바빌로니아에서 브리간티아까지 로마 세계 전역에서 반란이 격화되는 순간에, 제국은 추가적인 위기 상황에 직면했다. 신체가 절반쯤 마비된 트라야누스는 자신이 중풍에 걸렸다고 믿지 않고 대신 독극물에 중독되었다고 확신했고, 그래서 로마로 돌아가 요양하는 것 외엔 방법이 없다고 판단했다. 하지만 안티오케이아를 떠나고 고작 며칠 만에 그의 용태는 더욱 나빠졌다. 기함은 아나톨리아 남부 해안의 잘 알려지지 않은 남루한 항구 셀리누스에 입항했다. 8월 초 이곳에서 최고의 황제는 숨을 거뒀다. 네르바와 달리 그는 자신의 후계자를 명확히 지정하지 않았다. 그러는 사이 트라야누스가 하드리아누스에게 동부 전선의 총 지휘권을 맡긴 시리아에서는 사태가 극적으로 흘러갔다. 8월 9일 서신 하나가 안티오케이아인들에게 공개되었다. 하드리아누스가 주장한 것처럼 서신은 최고의 황제가 직접 작성했으며, 하드리아누스를 양자로 받아들인다고 선포하는 내용이었다. 그로부터 이틀 뒤의 밤, 트라야누스의 새 아들은 하늘에서 불꽃의 화살이 내려와 자신의 목에 두 번 꽂히는 꿈을 꾸었지만, 겁을 먹거나 해를 입지는 않았다. 이어 이튿날 아침 최고의 황제가 사망했다는 소식이 전해졌다. 하드리아누스는 즉시 이를 휘하 군단들에 알렸다. 그들은 열광적으로 그를 임페라토르라고 부르며 환호했다. 제국은 새로운 황제를 맞이했다. 하지만 로마와 다른 곳 모두에서 급작스럽게 벌어진 일련의 사건들에 눈을 가늘게 뜨고 의심의 눈초리로 바라보는 사람이 많이 있었다. 그의 정적들이 속삭인 바에 따르면 하드리아누스가 비열한 짓을 했다고 한다. 하드리아누스는 물론이고, 트라야누스 수행단 중 하드리아누스의 열렬한 지지자들이 죽어가는 황제가 하지도 않은 말을 했다고 주장하고, 황제의 하인들을 매수하고, 황제 서신을 위조했다는 것이었다. 그러므로 하드리아누스는 적법한 황제가 아니며 사실상 쿠데타를 일으켰다는 것이었다.

로마가 겪고 있는 비상 상황에서 이런 식으로 말하는 것은 극도로 위험했다. 논란 많은 왕위 승계 과정, 유대인 반란, 도나우강의 소요 사태 등 난제가 한둘이 아니었다. 거의 반세기 전, 한 해에 네 황제의 등극이라는 대참사가 일어났던 상황과 정확히 같았다. 하지만 정적들이 그에 대한 음모를 꾸미고 있는 순간에도, 하드리아누스는 자신의 정통성을 증명하는 여러 가지 증빙을 열거할 수 있었다. 그는 트라야누스와 가장 가까운 살아 있는 남성 친척이었다. 그의 아내 사비나는 죽은 황제의 조카딸이기도 했다. 그리고 그는 손가락에 네르바가 죽기 얼마 전 신임의 표시로 트라야누스에게 준 다이아몬드 반지를 끼고 있었다. 그렇지만 하드리아누스의 세계 통치권은 순전히 가족 관계에만 의지한 것이 아니었다. 그가 여태껏 쌓은 그의 군사 경력은 통치를 위한 준비였다. 트라야누스처럼 그는 군단에서 드물게 오랜 수습 기간을 거치면서 큰 혜택을 누렸다. 그는 라인강과 도나우강의 양대 전선에서 복무했고, 트라야누스의 다키아 정복 과정에서 수훈을 세웠으며, 죽어가는 황제가 그를 동부 총사령관으로 임명해 파르티아 전쟁의 지휘권을 맡기기도 했다. 그는 신체적으로 강건하고, 덥든 춥든 늘 머리에 모자를 쓰지 않았으며, 자신이 하지 않으려 하는 일을 절대로 휘하 장병에게 시키지 않았다. 규율을 엄격하게 지키는 그는 동시에 군단 장병이 무척 좋아하는 사람이기도 했다. 트라야누스처럼 그는 임페라토르로서 전혀 손색이 없었다.

하드리아누스는 오랜 세월 군단 복무로 강철처럼 단련되기는 했어도 결코 단순한 군인은 아니었다. 티베리우스 이래로 그는 어떤 황제보다 해박한 지식인으로 널리 평가받았다. 그는 일찍이 소년 시절에 철학에 몰두해 그라이쿨루스Graeculus라는 별명까지 얻었는데 이는 작은 그리스인이라는 뜻이었다. 철학을 향한 열정은 평생 그에게서 사라지지 않았다. 실제로 그의 또래들은 하드리아누스가 음악부터 기하학, 골동품부터 건축물, 시가詩歌부터 납세 체계의 작동까지 모든 것에 관심이 있는 사람이 아닌지 의심할 정도였다. 그의 동시대인 중 많은 사람이 그를 이해하기 어렵다고 생각한 것도 놀라운 일은 아니었다. 그가 다른 황제들과 다르다는 것은 그의 턱수염에서도 분명히 나타났다. 새 황제는 말끔하게 면도한 전임자와 달리 수염을 자랑스러워하며 길게 길렀다. 그래서 그는 병졸, 즉 로마 엘리트층이 아니라 한참 멀리 떨어진 어느 군사 기지에서 복무하는 군단병 같은 외모를 갖게 되었다. 아니면 그것이 그가 흠모하는 그리스인의 외모였을까? 새로운 황제는 애매모호한 상태를 아주 자연스럽게 받아들였다. 그리하여 황제를 면밀히 연구하는 사람들에게 하드리아누스는 아주 역설적이고 모순적인 사람이었다.

"엄하면서도 상냥하고, 가혹하면서도 장난기 많고, 주저하면서도 완강하고, 비열하면서도 관대하고, 기만적이면서도 솔직하고, 무자비하면서도 자비로운 그는 본연의 기질을 분명하게 정의할 수 없는 사람이었다."³ 통치 초기에 선대 황제에게서 상속받은 위험한 권좌에 숙달하는 과정에서 하드리아누스가 지닌 예측 불허의 행동력은 확실히 큰 도움이 되었다. 원로원 회의장에서 떠도는 적대적인 소문은 빠르고 교묘하며 재빠르게 정리되었다. 여전히 시리아에 머물던 황제가 직접 현장에 개입할 필요는 없었다. 트라야누스는 사망 직전에 이탈리카 출신이며 하드리아누스의 전 후견인 아킬리우스 아티아누스Acilius Attianus를 근위대장으로 승진시켰다. 아티아누스는 셀리누스에서 로마로 돌아오자마자 하드리아누스를 충실히 보필했으며, 베스파시아누스의 무키아누스 같은 역할을 맡았다. 로마 시장이 그 직에서 해임되었고, 저명한 원로원 의원 두 명이 강제 추방당했으며, 전직 집정관 네 명이 반역죄로 처형당했다. 독재 군주 도미티아누스가 대견해할 만한 숙청 조치였다.

희생자 중에 주목할 만한 사람으로는 루시우스 퀴에투스가 있었다. 그를 제거한 데에는 두 가지 목적이 있었다. 첫째는 제국 전역의 군단장들에게 하드리아누스의 지휘 계통엔 이런 악당이 용납되지 않음을 보여준 것이었고, 둘째는 유대 지역의 유대인들에게 로마와의 관계 회복 가능성의 신호를 보내려는 것이었다. 이는 그들이 무기를 내려놓도록 유도하는 가장 효과적인 당근이었다. 몇몇 사람들은 새로운 황제를 구원자로 칭송하기도 했다. 그들은 그가 예루살렘 신전의 재건을 승낙하지 않을까 하는 희망찬 기대를 품었다. 유대 총독으로 짧은 임기를 보내는 동안 루시우스 퀴에투스는 과거 예루살렘 신전이 있던 검게 변한 바위 위에 프로세르피나의 신전을 건설했지만, 그것은 트라야누스의 대리인으로서 한 일이었다. 하드리아누스는 선제나 플라비우스 황조 황제들과는 달리 예루살렘을 계속 폐허로 놔두어야 할 개인적 이해관계가 없었다. 그렇다면 그가 성전 재건을 가로막을 이유가 어디에 있는가? 희생 제물 의식의 향불과 연기가 예루살렘 위로 다시 한번 피어오르지 못할 이유가 어디에 있는가? 몇몇 유대인은 감히 이런 생각도 했다. 새로운 황제가 신의 총아이면서 선택받은 민족의 구세주일지도 모르지 않은가?

그러나 하드리아누스에겐 다른 우선 사항들이 있었다. 아르메니아와 메소포타미아 상황이 수렁에 빠지면서 지중해 동부 대부분이 불타오르고 있었고, 발칸반도는 도나우강 너머 야만족들이 다시 위협해 오고 있었다. 제국의 정치적 사태가 이보다 더 위급할 수는 없었다. 로마 권력의 기반 전체가 붕괴할지도 모르는 위험에 처했다. 제국의 조직과 힘줄을 병리학자의 가혹한 시선으로 바라본 하드리아누스는 즉각 진단과 처방을 내렸다. 선제 트라야누스는 최고의 황제였을지 모르지만 제국의 통치 가능한 범위를 너무 과도하게 넘어섰다. 그런 야망이 제국의 자원에 가한 부담은 아주 컸다. 뇌졸중에 시달린 것은 트라야누스만이 아니었다. 로마 역시 그러했다. 그리하여 가혹할지 모르지만 철저하게 치료해야 한다는 처방이 내려졌다. 권좌에 오르고 며칠 지나지 않아 하드리아누스는 제국의 동부, 그러니까 아르메니아와 메소포타미아에서 트라야누스가 펼친 정복 사업을 모두 정리하라고 지시했다. 거기서 남는 병력으로 이전부터 유대 반란을 진압하던 병력을 크게 증원했다. 마침내 로마 군단들은 살인적 진압 능력을 온전하게 반란 세력을 향해 발휘할 수 있게 되었다. 질서가 마침내 회복되자 키레나이카와 키프로스의 유대인 인구는 사실상 뿌리 뽑혔고, 알렉산드리아에서 그들의 존재가 희미한 그림자같이 되어버렸다.

그러는 사이 계절이 가을에서 겨울로 넘어가던 때 하드리아누스는 프로폰티스 해안으로 나아가고 있었다. 동부 전장과 발칸반도 중간쯤에 있는 이곳에서 그는 황제 즉위 후 첫 겨울을 보냈다. 봄이 되자 그는 도나우강으로 향했다. 그는 시급히 현장에 도착해야 할 이유가 있었다. 아르메니아와 메소포타미아에서처럼 그곳에도 대대적인 수술이 필요했다. 하드리아누스는 주저하지 않고 행동에 나섰다. 최근에 선제 트라야누스가 확보했던 다키아 서쪽 영토 대부분을 포기했다. 아폴로도로스가 설계했던 유명한 석조 다리도 야만족의 불시 급습을 미연에 방지하기 위해 파괴했다. 트라야누스의 유산에 대한 이런 배신행위는 이를 지켜보던 많은 사람에게 아주 충격적이었다. 곧 하드리아누스가 다키아에서 철수하려는 계획을 세우고 있고, 이를 간신히 만류하고 있다는 소문이 널리 퍼졌다. 이는 그의 군비 축소 정책이 아주 인기가 없다는 뜻이었다. 후계자가 그처럼 트라야누스의 정복 사업을 포기해버리자, 선제의 업적은 로마인들의 기억 속에서 이전보다 더 화려하게 빛났다.

여론에 기민한 하드리아누스는 로마인들의 이런 반발을 완벽하게 알고 있었다. 마침내 선제가 사망하고 거의 한 해가 지난 뒤에 그는 처음으로 황제 자격으로 로마에 들어왔다. 그는 아주 신경 써서 고양이처럼 조심스럽게 행동했다. 전략과 냉소주의는 그의 모든 정책에 매끄럽게 뒤섞였고 하드리아누스 정책의 특징이 되었다. 그는 대중에게 기부금 제공이나 부채 면제 등 호화롭게 뇌물을 뿌리는 일을 하더라도 일개 시민을 연상시키는 방식으로 조심스럽게 해나갔다. 원로원 앞에 나타난 그는 아티아누스가 숙청한 네 원로원 의원의 죽음에 대해 자신은 전혀 책임이 없다고 엄숙하게 주장했다. 이어 그는 옛 후견인을 근위대장에서 해임했으나 그다음에는 집정관으로 승진시켰다. 하드리아누스가 갈림길에서 보여주는 탁월한 능력이 잘 드러난 것은 전임 황제가 파르티아에서 거둔 승리를 축하할 때였다. 물론 이런 일은 그를 난처하게 만들 수 있었지만, 하드리아누스는 문제를 쉬쉬하고 넘어가기보다는 선제 트라야누스에게 개선식을 수여해야 한다고 강력히 주장하고 나섰다. 그리하여 신격화된 최고의 황제의 조각상을 실은 개선식 마차가 로마 거리를 따라 행진했다. 셀리누스에서 수송해 온 선제의 유해는 애도 분위기 속에 트라야누스 포룸에 있는 거대한 기둥 밑에 묻혔다. 메소포타미아에서 선제가 거둔 여러 승리를 기념하는 행사를 치렀는데 곧 '파르티아 게임'이었다. 트라야누스가 얻은 여러 속주에서 물러남으로써 승리를 거둘 수 있는 전쟁을 갑작스럽게 종결한 하드리아누스의 행동에 관해선 그 어떠한 언급도 없었다.

회의적이고 피곤하고 환멸을 느낀 로마 엘리트 중에는 이런 기만적 행동에 속기를 거부하는 사람들이 많았다. 공화정의 영웅적인 시절을 떠올리게 하는 트라야누스의 정복 전쟁이 로마에 건강과 활기를 가져오기를 바랐던 타키투스는 새로운 황제의 모순적 기질을 보고서 장래를 낙관할 이유가 없다고 생각했다. 과거가 현재를 향해 비춘 거울은 칙칙했다. 타키투스만큼의 학식과 기질을 갖춘 지식인들은 앞의 여러 황제 중에서 하드리아누스와 아주 비슷한 황제를 손쉽게 알아볼 수 있었다. 아우구스투스의 후계자인 티베리우스는 전쟁에서 엄격하게 단련을 받았고 어마어마한 지적 능력을 지녔지만, 기분이 쉽게 변하고 의심이 많고 속마음을 가늠할 수 없는 사람이었다. 그가 권좌에 오르면서 여러 기분 나쁜 범죄가 촉발되었다. 원로원 의원 네 명이 반역죄로 처형당했다. 아우구스투스의 대리인으로서 전투에서 얻은 여러 명예에도 불구하고 티베리우스는 황제가 된 이후 로마군의 전진을 승인하지 않았다. 그가 평화의 시대를 주재한 것은 분명했지만, 그 시대는 무익하고 정체되었으며 영광이 전혀 없고 피로 오염되었다. 한때 자유민의 도시였던 로마는 폭정의 도시가 되었다. 제국은 무기력에 빠져들었다. 고대로부터 이어진 로마 시민의 미덕, 세상을 얻게 했던 바로 그 자질은 부패와 타락에 짓눌려 사라졌다. 티베리우스가 암군暗君으로서 통치했던 것은 바로 그 부패와 타락 때문이었고, 그의 뒤로 칼리굴라, 네로, 도미티아누스가 있었다. 이미 이런 전례가 있으니 새로운 황제가 그들과는 다르다고 대체 누가 말할 수 있겠는가? 타키투스는 공공연하게 의문을 제기하지는 않았지만, 하드리아누스가 권좌에 오르자마자 티베리우스와 그의 후계자들에 관한 역사서의 집필에 착수함으로써 은근하게 의문을 제기했다. 확실히 원로원은 새로운 주인에게 의심을 품을 이유가 충분했다. 동시에 그런 의심을 감추어야 할 이유도 충분히 있었다. 티베리우스 통치 초창기의 로마 분위기에 관한 글을 쓰던 타키투스는 의원들의 자기 보호 본능을 잘 이해했다. "지위가 더 높은 사람일수록 생각했던 바를 더 긴급히 숨길 필요를 느꼈다."4

한편 하드리아누스는 자신을 경멸하는 자들 못지않게 그들을 경멸했다. 다른 분야는 물론이고 역사에도 박식한 그는 자기 변명을 위해 과거를 해석할 때 심술궂고 악의적인 원로원 의원들에게 기댈 필요가 없었다. 그가 비교 대상으로 삼은 황제는 티베리우스가 아니라 아우구스투스였다. 이런 이유로 그는 편지를 봉인할 때 창업주의 머리를 새긴 인장 반지를 썼다. 그의 서신을 관리하는 서기관이 소년 아우구스투스의 청동 반지를 우연히 발견했을 때 이 진귀한 물건을 하드리아누스에게 전했던 것도 바로 이 때문이었다. 바로 그 서기관이었던 수에토니우스는 지위가 높이 올랐다. 유용한 후원자를 알아보는 그의 눈은 항상 정확했다. 플리니우스가 파르티아 침공 직전 사망했지만, "믿을 만하고, 솔직한" 그의 친구 가이우스 셉티키우스 클라루스Gaius Septicius Clarus가 수에토니우스를 보살폈고, 그를 제자로 받아들였다.5 119년 셉티키우스가 아티아누스의 후임으로 근위대장에 임명되었고, 이제 수에토니우스가 제국의 권력 조직 핵심부에서 한 자리를 차지할 것은 확실해 보였다. 하드리아누스가 창업주와 자신을 동일시한다는 것을 기민하게 알아차린 수에토니우스는, 제국 기록 보관소에 언제든 접근할 수 있는 자신의 권한을 제대로 활용해 장황한 아우구스투스 전기를 집필하기 시작했다. 이를 마무리하고서 이어 셉티키우스 전기에 몰두했지만, 그가 진정으로 비위를 맞추고자 했던 후원자는 황제였다. 수에토니우스가 묘사한 아우구스투스는 틀림없이 하드리아누스와 닮은꼴이었다. "정당하고 긴급한 이유 없이 다른 민족에게 전쟁을 선포하는 일이 결코 없었고, 제국을 확장하고 정복자로서 명성을 떨친 뒤에도 더 많은 것을 갈망하지 않았다."[6] 이집트를 합병하고, 히스파니아 평정을 완료하고, 거듭해 게르만인을 진압하려고 한 최고사령관이었다는 아우구스투스 묘사는 실제만큼 정확하지 않았을지는 모르지만, 원래의 속셈인 하드리아누스 비위 맞추기에는 무척 적합했다.

확실히 아우구스투스의 사례에서 하드리아누스식 변화의 승인을 요구하는 것은 골동품 애호가의 기벽에 지나지 않았다. 로마인이 볼 때 급진주의는 그 본질 자체가 해로웠다. 새로운 사업novae res이라는 관용구는 기존 질서를 파괴하는 모든 것을 가리키는 편리한 대용어였다. 이게 바로 아우구스투스 본인조차 군주정을 구축하는 중에도 공화정을 회복하고 있다고 강력히 주장한 이유였다.

참사로 끝난 트라야누스의 메소포타미아 침공 이후에 제국을 안정적인 기반 위에 올려놓아야 하는 임무에 직면한 하드리아누스는 제국의 창업주에게 강한 애정이 있음을 공공연하게 보이는 것 외에 달리 선택지가 없었다. 사실 그는 자기만의 독특한 정책을 구축하는 중이었다. 하드리아누스가 직면한 도전은 두 부분으로 구성되어 있었다. 첫째, 그는 행동은 물론이고 명성에서 최고 사령관으로서 트라야누스의 군사적 능력을 잇는 후계자라는 이미지를 투사해야 했다. 둘째, 선제가 시도했던 일 대부분을 무효로 만들어야 했다. 이렇게 그는 결국 훨씬 더 근본적인 개혁에 전념해야 했다. 하드리아누스는 이제 이렇게 생각했다. 로마 통치의 자연적인 한계를 넘는 원정은 제국의 전체 구조를 붕괴시킬 위험이 있다. 따라서 한계가 없는 영토라는 존경받아 마땅한 꿈, 즉 진정으로 온 세상을 지배하는 제국이라는 꿈은 한갓 환상에 지나지 않는다. 그러나 이러한 결론은 로마의 도덕주의자들이 볼 때 너무나 싫은 것이었다. 하지만 로마의 지배력이 미치는 변경 지역에서 삶을 대부분 보낸 하드리아누스는 그런 결론을 내릴 수밖에 없었다. 그의 시야가 무척 광범위하고 넓었기 때문이다. 이는 물론 필연적으로 여러 가지 요구 사항을 부과했다. 하드리아누스는 수도에 가만히 들어앉아서는 로마의 군사 조직을 급진적으로 재건할 가망이 없었다. 오로지 제국의 변경을 이루는 강, 산, 사막을 직접 돌아다녀야 그런 정책의 관철을 기대할 수 있었다. 다행히 하드리아누스는 여행에 취미가 있었다. "그의 방랑벽은 대단했다. 어느 먼 지역에 관해 읽은 내용을 직접 더 알아보고 싶다는 욕구가 아주 강했다."[7] 황제로서 수도에 입성한 지 3년 뒤, 그는 로마 세계를 둘러보는 순행길에 올랐다.

로마에서 갈리아로 북쪽을 향해 나아간 임페라토르를 동행한 것은 궁정 주요 인사들이었다. 황후인 사비나도 함께 갔다. 제국의 비서실을 대표하는 사람은 수에토니우스였다. 세계 행정엔 결코 휴가가 없었다. 황제가 팔라티누스 언덕에 있든 해외로 출장을 나가든 서신은 여전히 받아야 했다. 그러나 하드리아누스의 주된 관심사는 일반 시민 문제가 아니었다. 그의 순행 첫 목표는 라인강이었다. 모곤티아쿰에 도착해 타우누스산맥을 둘러보고 나서 "게르마니아 폭설 속에서" 월동한 그는 야만족과 큰 전쟁이 벌어질 수도 있었기에 군단들을 철저히 훈련했다.[8] 수염을 기르고 머리에 아무것도 쓰지 않은 그는 군단병들에게 몸소 시범을 보였다. 완전 군장으로 30킬로미터 행군을 해야 한다면 황제도 함께했다. 기본적인 배급 식량을 먹어야 한다면 주저 없이 병사들과 함께 먹었다. 질 나쁜 와인을 마셔야 한다면 아무 문제 삼지 않고 함께 마셨다.

하드리아누스는 보석으로 장식한 걸쇠로 망토를 매어 걸치거나 야단스럽게 장식한 칼을 드는 것을 경멸하면서도, 매순간 그 자신이 최고 사령관이며 로마군의 가장 고귀한 전통을 이어받은 후계자임을 널리 상기시켰다. 그의 뒤에 바타비 기병 1000명으로 구성된 근위대장 셉티키우스의 근위대가 따라오는 것은 바로 그런 이유 때문이었다. 병사들의 이름을 모두 기억하려고 애쓰는 순간에도 군율이 조금이라도 흐트러질 기미가 보이면 즉시 바로잡는 단호한 모습을 보인 것도 그런 이유 때문이었다. 그가 게르마니아에서 로마 통치의 경계를 육중한 참나무 기둥과 대들보로 만든 말뚝 울타리로 계속 표시해야 한다고 명령을 내렸을 때 아무도 그가 방어 시설을 강조해 휘하 장병들을 유약하게 만든다고 말하지 않았다. 실은 정반대였다. 로마 병사들의 탁월한 규율은 그들이 건설하는 말뚝 울타리의 충격적인 규모와 합쳐져서, 로마인과 야만족 모두에게 로마 군단의 군사적 기량이 예전만큼 막강하다는 것을 만천하에 보여주었다. 로마 군단은 치명적이고 막아낼 수 없고 두려운 존재였다. 하드리아누스가 게르만인에게 선사한 진정한 모욕은 그들을 징벌하고자 원정을 개시하는 게 아니라 울타리를 쳐서 그들을 완전히 차단하는 것이었다. 점점 커지는 정원의 주인은 담벼락 바깥에서 벌어지는 일에는 관심이 없다. 담벼락 바깥에서 거지들이 불결한 채로 상처를 긁으며 쪼그리고 앉아, 담벼락 내부의 분수, 과수, 화단을 부러워하는 것이 정원 주인과 무슨 상관인가?

"하드리아누스가 충돌이 곧 벌어질 것처럼 군인들을 훈련한 이유는 전쟁이 아닌 평화를 갈망하기 때문이었다."9 그가 라인강을 순행하는 동안 이런 일이 그에 대한 의혹을 불러일으키리라고 느끼는 사람은 극소수였다. 결국 그런 조치 덕분에 게르마니아는 수십 년 동안 안정적인 상태를 유지했다. 하지만 그에 반해 대양 너머는 상황이 달랐다. 122년 봄 하드리아누스는 호전적이고 정복자 같은 황제의 관심이 분명하게 필요한 속주 브리타니아로 항해했다. 트라야누스가 죽어가던 시기 동안 브리타니아에는 반란으로 대소동이 일어났다. 질서는 겨우 회복된 터였다. 하지만 몇 년 동안 군사 작전을 펼쳤음에도 불구하고 로마의 대양 장악은 온전하지 않았다. 아그리콜라가 정복했지만 도미티아누스가 포기했던 브리타니아 북쪽 지역에서는 여전히 야만족이 설치고 있었다. 트라야누스가 지금 하드리아누스처럼 이 섬으로 여행했더라면 그는 절대 이런 방만한 상황을 용납하지 않았을 것이다. 선제는 재정복을 위한 군사 작전에 착수하고 섬 전체를 로마의 통치 아래에 두었을 것이다. 트라야누스를 존경하는 자들은 모두 그렇게 생각했고, 하드리아누스도 그들이 그렇게 생각하리라는 것을 알았다. 최선을 다해 로마 제국의 경계를 확정하고 "로마인과 야만인을 분리하는" 문제에서 당시 게르마니아보다 브리타니아가 더 해결하기 곤란한 경우였다.[10] 하드리아누스가 볼 때, 이 문제에 집중하다가는 제국 안정화 계획 전체가 위태로워질지 몰랐다. 트라야누스의 원정 사업을 모방할 기회를 일축하면 그는 로마인에게 새로운 도미티아누스처럼 보일 수도 있었다.

과거에 그라우피우스산 아래에서 야영하던 아그리콜라는 멀리 떨어진 극북 지대를 살펴보기 위해 함대를 파견했다. 로마 패권의 최북단 경계를 방문한 하드리아누스는 험준한 바위가 많고, 요새로 가득하고, 해안에서 다른 해안으로 이어지는 거대한 석벽을 세울 방어선을 조사했다. 황제의 대규모 사업은 과거 아그리콜라 총독이 그랬던 것처럼 자신감의 표현이었다. 황제는 세상의 경계를 답사한 후에 정복할 가치가 없는 곳이라고 일축했다. 이로써 황제의 자신감을 더욱 도도하게 드러냈다. 하드리아누스는 타인강 옆에서 대양에 희생 제물을 바칠 때 불행한 탄원자로서, 자신의 위치를 어떻게든 안정화하려는 사람으로서 그런 의식을 거행한 것이 아니었다. 오히려 정반대였다. 황제는 막대한 증원군을 이끌고 브리타니아로 왔다. 이 병력은 5만여 명으로 그가 지휘하는 전 병력의 10분의 1이었고, 이제 속주에 주둔할 예정이었다. 섬에서 정복할 만한 가치가 있는 지역에 주둔하고, 그 경계를 표시하는 벽을 온전히 돌로 쌓아 올리는 일에 전념하는 것은, 이런 황량한 땅을 미정복 상태로 남겨두어서는 결코 안 된다는 뜻이었다. 야만인의 땅으로 진군해 그들을 물리치고 로마인의 통치를 받아 이익을 누리게 하는 일이 황제에게 어울릴 법한 행동임은 말할 필요도 없었다. 하지만 그들을 가두고 야만성에 맞게 살도록 내버려두면서 성벽과 말뚝 울타리로 그들이 로마인과 무관하다는 것을 분명히 보여주는 일도 황제의 영광에 기여하는 행동 방침이었다. 로마의 사명은 오래전에 주장했던 듯이 세상의 경계를 지배하는 것이 아니라 로마의 통치를 받을 가치가 있는 땅의 경계를 통치하는 것이었다.

타인 강둑에 서서 장벽 건설 계획을 수립한 지 6년 뒤에 하드리아누스는 아프리카에 도착했다. 이전의 어떤 황제도 그곳에 발을 들인 적이 없었으며 이는 아우구스투스조차 마찬가지였다. 수에토니우스는 성실히 연구조사를 하고서, 최초 황제가 사르디니아와 더불어 방문하지 않은 속주 두 곳 중 하나가 아프리카임을 알아냈다. 하지만 하드리아누스를 따라 갈리아, 게르마니아, 브리타니아를 방문했던 수에토니우스는 아프리카 순행 때에는 더 이상 황제의 일행이 아니었다. 그의 비서 임기는 그와 후원자인 셉티키우스가 사비나가 있는 자리에서 상스러운 행동을 했다고 고발당하면서 수치스럽게 끝났다. 모욕이라면 아무리 사소해도 민감하게 반응했던 하드리아누스는 하급자의 부적절한 행동을 결코 용납하지 않았다. 규율은 무엇보다 중요했다. 게르마니아와 브리타니아에서처럼 아프리카에서도 황제는 이런 메시지를 주입했다. 아프리카 속주를 통틀어 군단은 딱 하나뿐이었으므로 군단의 책임이 더욱 막중했다. 군단 기지인 람바이시스는 매력적인 여행지가 아니었다. 브리타니아의 북부 황야보다 별반 나을 것이 없는 이곳은 여름엔 폭염, 겨울엔 강추위가 기승을 부렸고, 그나마 기지도 아직 절반 남짓 완성한 상태였다. 그러나 하드리아누스가 여건이 미비하다고 순행 일정을 미루는 일은 없었다. 람바이시스에 도착한 그의 머리에는 늘 그렇듯 아무것도 쓰지 않고 있었다. 기지에서 서쪽으로 2킬로미터 정도 떨어진 곳엔 연병장이 있었고, 여기서 기동 훈련을 살펴본 뒤 일장 연설을 했다. 그는 장병들에게 찬사를 보내고, 조언하고, 때로 책망했다. 돌로 성벽을 세우고 단단한 자갈 사이로 능숙하게 배수로를

낸 부대들은 따로 특별한 찬사를 받았다. 투창에 숙련된 기병, 곡괭이질에 능숙한 군단병은 로마 제국의 붕괴를 막은 사람들이었다. 하드리아누스가 람바이시스까지 여행한 목적은 그들과 그들이 보인 불굴의 용기에 대한 존경을 표시하려는 것이었다. 그리고 그들을 전투로 이끌기보다는 로마 평화의 수호자로서 더욱 마음을 단단히 먹고 책무를 수행하게 하려는 것이었다. "장병들이여, 나는 그대들의 의기에 경의를 표한다!"[11]

그러는 사이 람바이시스 남쪽으로 약 160킬로미터까지 뻗은 올리브 숲 너머로, 산맥 너머로, 끝없이 펼쳐지는 사막을 표시하는 덤불 너머로 진흙 벽돌로 만든 벽이 뻗었고, 벽 사이에는 간간이 감시탑이 끼어들었고, 보조 부대가 주둔했다. 북쪽과 마찬가지로 세상의 남쪽 지역을 따라 문명의 경계가 로마 권력의 여러 도구로 표시되었다. 그 성벽 너머엔 아무것도 없었고, 그 성벽 내부에는 삶을 살 만한 가치가 있게 만드는 모든 것이 있었다.

정원에 울타리가 없다면 어떻게 정원이라 할 수 있겠는가?

그리스 문화의 영광

도미티아누스 시절에 추방당했던 프루사의 디온은 유배 중 어느 날 그리스 남부 황무지를 돌아다니고 있었다. 제우스의 성역이자 네로가 마치 경주에서 1위를 차지한 장소인 올림피아 위에서 이 철학자는 길을 잃어 아주 막막했다. 바위투성이 삼림 지대를 비틀거리며 나아가던 그는 산마루에서 "성스러운 숲처럼 보이는 참나무가 우거진 곳"을 봤다.[12] 그는 그곳을 면밀히 살피기 위해 기어올랐고, 천연 그대로의 돌로 지은 성소를 발견했다. 성소의 대문에는 다양한 동물 가죽이 걸려 있었고, 여러 곤봉과 지팡이도 매달려 있었다. 근처에는 여성 농민이 한 사람 앉아 있었는데, 반백의 머리였지만 나이에 비해 여전히 강건하고 당당해 보였다. 그녀는 디온에게 이 성소는 헤라클레스[로마인에게는 헤르쿨레스]를 모신 곳이라고 알려줬다. 또 자신이 신들의 축복으로 예언 능력을 갖게 되었다고 말했다. 그러면서 디온을 뚫어지게 쳐다봤다. 이어 그녀는 그의 추방이 영원히 지속되지는 않을 것이라고 예언했다. 그는 다시 한번 지체 높고 유력한 사람들과 어울릴 운명이라는 것이었다. "때가 오면 당신은 아주 넓은 땅과 무수한 사람을 지배할 무척 강력한 사람과 만날 것입니다."[13]

아니나 다를까 마침내 디온은 그 예언 속의 인물과 만났다. 트라야누스 앞에 선 그는 이 그리스 숲속의 이야기를 언급했다. 로마인 청중의 관심을 끌 작정으로 한 말이었다. 원로원 의원 중에서 나무로 우거진 숲이나 산비탈 어딘가에서 여전히 뭔가 경이로운 것을 우연히 마주칠 수 있다는 생각을 받아들이지 않을 정도로 완고한 사람은 드물었다. 측량사가 측정하고 막대한 사유지로 나뉜 풍경

속에서 살고 있는, 가장 세련된 금권 정치가조차도 신들이 출몰하던 시대를 상기시키는 아주 원시적인 이야기를 소중히 여겼다. 코뭄 외부에 머무르던 플리니우스는 가을의 수확 시기에 얼마나 많은 군중이 자신의 사유지에 있는 유서 깊은 케레스 신전으로 내려오는지를 언급했다. 그는 여신을 믿는 사람들이 몰리는 이런 광경에 크게 감동했다. 하지만 그 신전은 조잡하고 비좁았고, 그곳에 모인 사람들이 "비와 햇볕을 피할 곳이 없었다."[14] 그는 이를 안타깝게 여겼다. 그래서 독실함과 온정주의 정신을 발휘하면서 그 남루한 신전을 재단장했다. 그는 신전 기둥과 바닥에 쓸 대리석을 공급하고, 나무로 된 여신상을 석조상으로 교체하고, 포르티코를 세워 궂은 날씨를 피할 수 있는 곳을 마련했다. 플리니우스의 야망은 자신의 소작농들이 세상의 양면을 즐길 수 있어야 한다는 것이었다. 오랜 역사와 전원적 환경으로 신성하다고 여겨진 신전이 세상의 한 측면이라면, 가장 최신식의 건축 기술로 그 신전을 개수하는 것은 세상의 또 다른 측면이었다.

디온은 트라야누스에게 연설하면서 세상의 그러한 두 가지 측면을 말해주려 했다. 숲속에서 만난 노파는 사라진 신화의 시대를 연상시켰지만, 그녀는 이내 철학자와 나눈 대화에서 놀라울 정도로 당대의 세상 물정에 친숙함을 보여주었다. 그녀가 헤라클레스, 즉 대충 만든 성소에 모셔진 성스러운 영웅에 관해 이야기할 때 실은 로마 황제를 묘사하는 것인지도 몰랐다. "그는 그리스의 왕이었을 뿐만 아니라 해가 뜨는 곳부터 지는 곳까지 모든 땅의 주인이었다."[15] 헤라클레스는 신처럼 장엄한 인물이었지만 남들의 도움 없이 혼자서 세상을 통치할 수는 없었다. 누군가가 먼저 진정한 지혜로 통하는 길을 그에게 보여주어야 했다. 그의 아버지 제우스(로마인에게는 유피테르)는 때에 맞춰 그런 도움이 생기도록 미리 준비했다. 봉우리가 두 개인 산 앞으로 오게 된 헤라클레스는 차례로 각 봉우리의 정상에 오르라는 지시를 받았다. 한 봉우리에서 그는 악의적인 인상을 쓰면서 한 무리의 수행원들에게 둘러싸인 어떤 여자가 옥좌에 앉아 있는 것을 발견했다. 그 수행원들의 이름은 각각 잔인, 무법, 무례였다. 그 여자의 이름은 폭군이었는데, 디온의 이런 신화를 들은 사람들은 그 여자에게서 도미티아누스의 모습을 보았다. 한편 또 다른 봉우리엔 환하게 빛나는 아름다운 여자가 앉아 있었다. 그 여왕의 이름은 명군이었는데, 시녀들의 이름은 시민질서, 법, 평화였다. 이 셋 중에서도 가장 두드러진 것은 평화였다. "그녀는 대단히 아름다웠고, 무척 우아하게 차려입었으며, 가장 사랑스러운 미소를 보였다."[16] 그리스 숲속에서 만난 농민 노파는 이 모든 이야기를 디온에게 전했고, 이어 디온은 그것을 황제에게 전했다.

트라야누스는 이야기를 듣고 당연히 우쭐해졌지만, 그는 그 이야기의 핵심적 권고 사항에 별로 신경 쓰지 않았다. 로마인이자 다키아 정복자인 강건한 남자가 철학자 한 사람의 조언을 받아 국가 정책을 결정한다? 그것은 너무 황당무계해서 트라야누스는 그 이야기가 자기에게 어떤 권고를 하는 것이라고 생각조차 하지 못했다. 디온은 로마 엘리트들이 자신에게 무엇을 바라는지 아주 빈틈없이 알아챘지만 로마 제국이라는 엄청난 현실을 제대로 파악하지 못했다. 그는 아주 그리스적인 관점으로만 그 제국을 이해하려 들었다. 이런 접근 방법은 오랫동안 그리스 철학자들이 로마 주인을 바라보려고 하는 특징적 관점이기도 했다. 맹목적 애국심을 보이고 순진해 빠진 그리스적 관점은 세상을 알렉산드로스의 후계자들이 통치하던 과거의 시대에서 유래한 것이었다.

하지만 새로운 그리스 상류층 세대가 볼 때, 그런 관점은 점점 더 시대에 뒤떨어진 것이었다. 늘 그랬던 것처럼 부와 지위는 비티니아 같은 속주의 귀족에게 철학을 연구하고 지식인 역할을 할 기회를 부여했고, 동시에 예기치 못하게, 짜릿하게, 그리고 눈이 부시게 로마 제국에 입성해 경력의 정상에 오를 전망을 제공했다. 비티니아 속주에서 탄생한 첫 원로원 의원은 베스파시아누스가 승진시킨 아파메이아 출신의 기사 계급이었다. 하지만 이미 디온 생전에 비티니아인 중에서 식민도시가 아니었던 도시 출신도 원로원에 진출하는 사람들이 나오기 시작했다. 그렇다면 니코메데이아나 니카이아의 혈통도 좋고 교육도 많이 받은 야심찬 젊은이가 로마 황제에게 영향을 미칠 수 있는 방법은, 알렉산드로스에게 했던 아리스토텔레스의 역할에만 반드시 국한된다고 볼 이유가 무엇인가? 철학자이자 집정관, 군 지휘관이자 군사 지도자의 행동을 기록하는 연대기

작가, 로마인이자 그리스인이 되지 못할 이유는 무엇이란 말인가?

그런 의문은 비티니아 엘리트 계층으로 하여금 그들의 정체성을 새로이 인식하게 했다. 디온은 로마 시민권이 있음에도 불구하고 결코 로마인이 되려고 하지 않았다. 로도스섬을 방문한 그는 이런 이야기를 듣고 깜짝 놀랐다. 현지인들이 그 섬을 방문한 어떤 고위 관리에게 아첨하려고 오랫동안 서 있던 조각상에 그의 이름을 새기려고 했다는 것이다. 그들은 당초 그 조각상을 바친 영웅의 이름을 지우고 그 관리의 이름을 새기려 했다. 철학자 디온이 볼 때 이는 어떤 도시에나 기다리고 있을 법한 운명이었다. 그러니까 자신들의 과거를 지우는 방식으로 전통적 유산을 배신하면서 비굴하게 로마 방식을 흉내 내는 행위라는 것이었다. 하지만 디온이 전통을 고수해야 한다고 주장하는 순간에도 그의 발아래에선 지형이 변화하고 있었다. 프루사 같은 도시들에서 자란 야심 찬 젊은 귀족은 그들의 고유문화에 헌신하는 것과 로마의 공적 생활에서 요구하는 바에 헌신하는 것, 이 둘 사이에서 그 어떤 모순도 느끼지 못했다. 비티니아와 제국 수도 사이의 거리는 계속 줄어들고 있었다.

이런 현실을 누구보다도 가장 잘 입증하는 사람이 니코메데이아 출신의 뛰어난 지식인 루키우스 플라비우스 아리아누스Lucius Flavius Arrianus였다. 디온보다 마흔 살 이상 젊은 아리아누스는 조국을 향한 확고한 자부심을 로마 제국의 광활한 영토에다 연결한 사람이었다. 그는 원래 노예였지만 보편적으로 당대 가장 뛰어난 철학자라고 존경받던 에픽테토스 밑에서 철학을 공부했고, 시를 지었고, 알렉산드로스 대왕 전기를 집필했다. 동시에 그는 트라야누스에게 아르메니아의 매우 외딴 험지의 군사 지휘권을 부여받았다. 이어 하드리아누스 통치기에 승진해 원로원 의원이 되었고, 그를 후원한 두 황제의 고향이 있는 히스파니아의 속주 바이티카를 통치했다. 고위직 경력을 쌓으면서 그는 흑해 해안과 도나우강 지류의 해도를 작성했고, 캅카스산맥과 알프스산맥을 보면서 경탄했고, 말을 타고 사냥하는 아프리카 유목민을 목격하고서 세상이 넓음을 깨달았다. 그는 그리스인이자 로마인이자 세계 시민이었다.[17]

아리아누스처럼 하드리아누스와 기질적으로 잘 어울리는 사람은 또다시 찾아보기 어려울 것이다. 두 사람은 트라야누스가 파르티아 전쟁을 치르기 몇 년 전에 만났는데, 이 무렵 하드리아누스는 로마에서 파견되어 파르티아 침공의 사전 준비를 하게 되었다. 이때 하드리아누스는 그리스에서 잠시 여정을 멈췄고 에픽테토스 앞에 앉아 그의 가르침을 받았다. 위대한 철학자 밑에서 수학한 두 문하생의 우정은 오래 유지되었고, 이는 공통 관심사가 많았던 덕분이었다. 그들은 철학은 물론 문학과 역사, 특히 사냥까지 즐겼다. 수염을 기른 하드리아누스가 로마 시보다는 그리스 시를 더 선호하고, 채울 수 없는 여행 방랑벽이 있고, 전 황제들과는 다르게 여행 중에 아리아누스 같은 속주민을 기꺼이 만나려 했던 파격적 태도도 이런 우정에 도움이 되었다. 비티니아인이 집정관이 되려면 로마 방식을 받아들이는 것 이외에 다른 선택지가 없었던 반면 그리스 유산에 전념하려는 황제는 제국의 동쪽 절반을 여행하는 동안 그리스 방식을 거리낌 없이 받아들였다.

하드리아누스는 이미 전에 게르마니아와 브리타니아를 순행한 적이 있었다. 서기 123년 같은 순행길에 두 번째로 나서면서, 그는 도중에 아리아누스의 고향을 방문했다. 황제는 서쪽에서처럼 동쪽에서도 똑같이 행동했다. 그의 순행 목적은 최근 제국 여러 지역이 입은 상처를 보살피고 치료하는 것이었다. 키레나이카에서 그는 "유대인들이 일으킨 소란 중에 파괴되고 타버린" 기념물들을 복원하라고 명령했다.[18] 유프라테스 강둑에서 그는 파르티아 왕 오스로이스와 정상 회담을 가졌고, 안티오케이아에서 아직도 산산이 부서진 상태인 도시를 공공목욕탕과 송수로로 아름답게 꾸몄다. 전쟁과 반란을 모면하긴 했지만 비티니아도 하드리아누스의 관심을 촉구하는 곳이었다. 시리아 수도처럼 그곳도 최근 지진으로 황폐해졌기 때문이었다. 아리아누스의 고향 니코메데이아에도 큰 피해가 발생했다. 그 지역에 재앙이 닥쳤을 때 하드리아누스는 게르마니아 전선으로 떠날 준비를 하고 있었음에도 눈에 띄는 관용으로 대응했다. 마침내 시리아에서 니코메데이아에 도착했을 때 그가 열광적인 환영을 받은 것은 전혀 놀라운 일이 아니었다. 군중은 연도에 줄지어 서서 열렬히 환호했다. 도시 고관들은 그를 구원자로 칭송했다. 발행한 동전에는 황폐해진 도시를 세워 일으키는 황제의 모습을 새겼다.

하드리아누스는 왜 그렇게 선뜻 지원하려고 했는가? 니코메데이아 복원에 쏟은 후한 자금은 냉정하고 전략적인 측면에서도 정당화할 수 있었다. 최고 사령관이 잘 아는 것처럼 프로폰티스는 유프라테스강과 도나우강을 둘 다 장악하는 데 절대적으로 필요한 핵심 요충이었다. 결국 황제가 첫 겨울을 프로폰티스 해안에서 보냈던 이유이기도 했다. 하지만 니코메데이아 같은 도시의 미화를 후원했을 때 그는 속으로 제국 방위를 더 중요하게 생각했다. 아리아누스와의 친분은 개인적인 친화 관계뿐만 아니라 그리스 상류층이 대표하는 그리스 문화에 대한 존경심을 반영하는 것이었다. 그리스인들을 '작은 그리스인들'이라며 무시했던 트라야누스와는 다르게, 하드리아누스는 한때 작은 그리스인이라고 조롱받을 정도로 그리스 문화를 숭배했다. 이제 그는 로마 황제가 되었고, 제국의 부는 자신이 바라는 대로 처리할 수 있었다. 먼 옛날부터 존재하던 도시의 기념물들을 복원하고, 그곳의 축제를 후원하고, 현지 주요 인사를 중시한다는 언행을 보임으로써 그는 비티니아의 문화적인 영광을 부활시켰을 뿐만 아니라 그런 영광을 더욱 큰 로마 제국의 영광으로 승화했다. 그리스 세상의 외진 곳을 포함한 모든 영역에서 한때 신성시하던 신화의 아름다움과 무시무시함은 로마 황제의 후원으로 망각의 늪에서 구원받았다. 과거는 이제 현재와 합쳐지고, 현지인은 세계인과 하나가 될 참이었다. 그것이 바로 하드리아누스가 보살피길 바라는 세계 정원이었다. 황제의 인품이 그러한 것처럼 "다양하고 무한하고 아기자기한 형태를 지닌 정원"이었다.[19]

디온은 트라야누스에게 신화의 차원과 제국 궁정이 서로 교섭할 수 있는 세상을 환기시켰다. 비티니아 출신인 사람이 헤라클레스를 로마 황제의 평가 기준으로 본다는 것은 당연한 일이었다. 프루사에서 외부를 내다보면, 거기에 펼쳐진 경관으로는 아주 전략적 해로인 프로폰티스뿐만 아니라 산이 많은 아르간토니우스곶도 있었다. 흑해로 나아가는 항해 중에 헤라클레스는 바로 이곳 프루사에서 한 시종과 함께 내렸다. 그 시종은 힐라스Hylas라고 하는 무척 아름다운 소년이었다. 곧 재앙이 빠르게 닥쳐왔다. 식수를 찾아 산비탈 올라가던 중에 힐라스는 어떤 샘물을 발견했다. 그곳에서 솟구치는 물을 바라보던 그는 아름다운 님프의 얼굴을 들여다보는 자신을 발견했다. 님프의 양팔이 자신을 붙잡으려고 갑자기 올라왔고 그녀의 입술이 자신의 입술에 닿은 것을 느낀 힐라스는 놀라면서 비명을 내질렀지만, 때는 너무 늦었다. 그는 물속으로 빨려들며 사라졌다. 헤라클레스는 며칠 동안 괴로움에 소리를 지르며 그 시종을 찾아 산비탈을 돌아다녔지만 결국 찾지 못했다. "오늘날까지 프루사인들은 헤라클레스와 힐라스의 석별을 애도하며, 산속에서 추모 축제의 행렬을 이루어 시종 힐라스의 이름을 외친다."[20]

선제 트라야누스의 미소년 애호는 널리 알려져 있었다. 그래서 황제의 호의를 사려 했던 아시리아 왕은 자기 아들에게 "야만적인 춤을 추거나 다른 뭔가"를 하게 함으로써 원하는 바를 얻어냈다고 한다.[21] 그런 만큼 트라야누스가 이런 힐라스 추모 관습에 대한 이 야기를 들었더라면 흥미를 느꼈을 것이다. 만약 디온이 그 이야기를 트라야누스에게 해주었더라면 말이다. 비티니아를 여행 중이던 하드리아누스는 그 지역 신화의 매력에 기민하게 반응했다. 신화가 그 광휘로 자연 풍경을 비추는 방식과, 인간의 존재를 비추는 거울이 되는 방식에 많은 흥미를 느꼈다. 소년의 매끄러운 뺨에서 언뜻 보이는 신성은 도로와 항구만큼이나 로마 황제의 관심을 유발할 법했다. 정원에서 피어난 꽃을 무시할 것이라면 무엇 때문에 정원을 안전하게 지키겠는가? 하드리아누스는 자신이 통치하는 제국의 모든 양상을 흥미롭게 받아들였다. "그는 매력적인 것들을 뒤쫓는 탐험가였다."[22]

그런 이유로 황제는 그토록 오래 여행했음에도 다른 어떤 곳보다 속으로 중요하게 여기는 장소가 있었다. 비티니아도 확실히 매력적인 요소들이 있었고, 그리스 세계의 많은 다른 지역들도 그러했다. 하지만 아테네라는 도시의 신화적, 역사적, 시적, 건축적, 철학적 유산과 경쟁할 수 있는 도시는 없었다. 민주주의 확립과 황금시대의 영광을 구가해 아테네가 그리스의 보호자이자 학교로 여겨지던 때로부터 600년이 흘렀고, 로마 기동 부대가 도시 성벽에 구멍을 뚫고 인정사정없이 방종하게 약탈해 독립에 최종적인 종말을 고했던 일도 200년이 지났다. 이후로 아테네는 예전 자신의 그림자로 추락해 그저 무기력하게 잠들고, 조잡해지고, 겨우겨우 존속했다. 한때 전 세계의 유행을 선도했던 아테네인은 이제 아크로폴리스 아랫부분에 떼로 모여 칼부림하는 검투사들을 보며 환호를 보내는 신세였다. 파르테논 신전이 드리운 그늘에서 소포클레스가 비극을 공연하고 아리스토파네스가 희극을 공연했던 디오니소스 극장은 이제 검투 경기의 피로 물들었다. 로마 관광객들은 선조에게 기생하는 민족이 되어버린 아테네인에게 약간의 경멸감을 느꼈음에도 불구하고 도시 여러 거리에 영광스러운 과거가 내재되어 있음에 짜릿함을 느낄 수밖에 없었다. 해외여행에 완고한 광신적 애국주의자의 성향을 보인 키케로조차 이를 인정했다. "아테네 도시는 밟는 곳마다 신성한 땅이었다."[23] 페리클레스가 걸었던 곳을 따라서 걷고, 플라톤이 앉았던 곳에서 잠시 앉아 쉬고, 데모스테네스가 연설했던 곳에서 따라 말해보는 것은 교양 없는 관광객조차 마음이 정화되고 감동받을 만한 경험이었다.

그러니 하드리아누스에게는 이곳이야말로 지상의 천국이었다. 그는 한동안 에픽테토스와 함께 철학 공부를 하고 얼마 지나지 않아 112년 처음 아테네를 방문했다. 그는 트라야누스의 친척이자 잠재적 후계자, 그리고 파르티아 전쟁의 사전 준비 책임자라는 멋진 자격으로 도시를 방문했다. 아테네인은 그들의 도시에 홀딱 빠진 이 유력자에게 아첨하기 위해 무더기로 영예를 안겼다. 그들은 시민권, 고위 장관직을 그에게 부여하고 디오니소스 극장에 조각상까

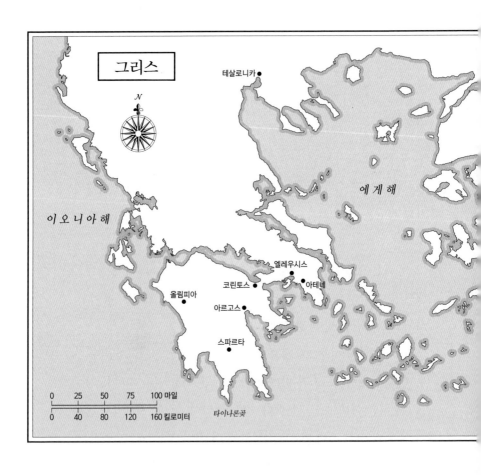

그리스

테살로니카 ●

N

이 오 니 아 해

에 게 해

엘레우시스
코린토스 ●
올림피아 ●
아르고스 ●
아테네 ●

스파르타 ●

| 0 | 25 | 50 | 75 | 100 마일 |
| 0 | 40 | 80 | 120 | 160 킬로미터 |

타이나론곶

지 세웠다. 게다가 하드리아누스는 도시에 머무르는 동안 아테네의 미래를 몸소 보여주는 듯한 사람을 만났다. 그는 가이우스 율리우스 안티오코스 에피파네스 필로파포스Gaius Julius Antiochos Epiphanes Philopappos로, 이 고위 귀족의 기다란 이름은 모든 것을 그 안에 융합한 사람임을 보여주었다. 알렉산드로스 대왕의 부장 중 한 사람의 혈통인 그는 베스파시아누스가 72년 병합했던 시리아 북부의 작은 왕국 콤마게네의 마지막 국왕의 손자였다. 필로파포스의 아버지는 같은 혈통 중 최초로 로마 시민이 된 사람이었는데 크레모나에서 오토 황제를 위해 싸웠고, 예루살렘에선 티투스와 함께 싸웠다. 필로파포스 자신은 국왕의 손자로서 트라야누스의 발탁으로 집정관까지 올랐다. 거기에 더해 아테네의 최고 행정장관직을 맡기도 했다. 아주 부유하고, 연줄도 든든하며, 교양도 풍부했다. 그가 후원한 철학자와 학자들은 그를 가리켜 "아주 관대한 사람, 후원금을 통 크게 나눠주는 사람"이라고 칭송했다.[24] 그와 함께 아테네에서 살았던 그의 누이 율리아 발빌라Julia Balbilla는 유명한 시인이었다. 필로파포스 남매, 그러니까 그리스인이자 시리아인이자 로마인인 유력 가문 인사들은 세상의 상상력을 아테네가 오랜 세월 장악했음을 보여주는 구체적 증거였다. 하드리아누스는 그런 사람들에게서 자극받아 이런 중대한 생각을 했을 것이다. 아테네는 로마 엘리트들이 늘 생각하는 것처럼 구제 불능의 지방색 강한 도시는 결코 아니라고 말이다.

123년 말 황제 자격으로 처음 아테네를 방문했을 때 하드리아 누스는 아테네가 관광객에게 바가지나 씌우는 명소에 그치지 않고 그 이상으로 발전해야 한다고 생각했다. 그는 거의 1년 반 동안 그곳을 근거지로 삼았고, 그 시간 동안 아테네인들이 10년 전 자신에게 내려준 명예에 아주 후하게 보답했다. 그는 세심하고 품위 있게 아테네의 전통을 존중하는 모습을 보였다. 그가 디오니소스 극장에 참석한 것은 검투사들에게 환호하기 위해서가 아니라 도시의 아주 성스러운 축제를 주재하기 위해서였다. 아크로폴리스 아랫부분의 자리에 앉은 그는 아테네식 의상을 입었다. 하지만 그의 의도는 회고적 향수에 젖으려는 것이 아니었다. 아테네 황금기의 영광을 무척 존중하긴 했지만, 하드리아누스는 도시를 육즙 젤리에 보존해 골동품 처리할 생각이 전혀 없었다. 그는 도시를 일신하고자 했다. 아테네의 과거 유산에 찬사를 보내는 동시에 대규모 도시 재개발 계획에 시동을 걸었다. 아크로폴리스는 현상을 유지하는 한편, 당시의 수도에 적합한 사회 기반 시설, 즉 공공목욕탕, 송수로, 저수지 등을 많이 설치하게 했다. 안티오케이아나 니코메데이아에 그가 보였던 관대함의 기준으로 보아도 경이로울 정도의 관대함이었다. 도시는 두 번째 창건을 맞이하는 듯한 느낌이었다.

하드리아누스는 아테네 재개발 계획이 고풍스러우면서도 최첨단 방식을 보여줘야 한다고 생각했다. 이러한 그의 구상을 잘 예증하는, 단일 계획으로는 가장 호화로운 대규모 공사가 있었다. 거의 650여 년 동안 아크로폴리스 남동쪽 건축 부지에 거대한 제우스 신전이 미완공 상태로 서 있었다. 이 구조물은 설계 규모가 워낙 방대해서 필로파포스의 선조(당연히 시리아의 왕)조차 건물을 완공하지 못했다. 그러나 하드리아누스가 나서자 상황은 일변했다. 거대한 기둥을 이전에 토대만 있던 곳에 세우기 시작했다. 길이가 800미터는 되는 벽을 세워 부지를 둘러쌌다. 황금과 상아로 만든 제우스 조각상을 인근 작업장에서 준비했고, 그 크기는 로마의 콜로수스보다 약간 작은 수준이었다. 고대 기념물이자 동시에 오늘날에도 설계의 걸작으로 인정받는 이 신전은 황제가 그리스 세상에 대해 품고 있는 비전을 만천하에 드러낸 결과물이었다. 이런 비전에 감명한 그리스인들은 황제를 "백성, 특히 아테네 백성의 후원자"라고 칭송했다.[25]

128년 말 하드리아누스가 자신이 애호하는 도시 아테네로 다시 돌아왔을 때, 올림피아 제우스 신전 즉 올림페이온은 거의 완공 상태였다. 그의 계획은 아테네뿐만 아니라 그리스 세상 전체에서 구체화되어 갔다. 그해 초 람바이시스의 먼지 자욱한 연병장에 서 있던 하드리아누스는 제국 방위를 점검하고 그것을 보호하는 사람들의 군기를 사열했다. 그리고 이제 아테네에 도착한 황제는 여전히 세상의 질서를 바로잡고자 애쓰고 있었다. 그를 잘 아는 사람들은 오래전부터 황제의 마음가짐을 높이 평가했다. "로마 황제께서 우리를 위해 마련해주신 엄청난 평화를 보라." 에픽테토스가 경탄하며 말했다. "전쟁도 전투도 없고, 산적도 해적도 없으며, 그 결과 마음 내키는 대로 여행할 수 있고, 동쪽에서 서쪽으로 항해할 수도 있다."[26] 철학자는 기억력이 좋았다. 그는 네 황제의 해를 기억할 정도로 나이가 많았는데, 그때처럼 유혈 경쟁하는 군사 지도자들의 군화가 더 이상 세상을 짓밟지 않을 것이라는 사실에 감사를 표시했다. 노예로 태어나 어린 나이부터 장애가 있던 에픽테토스는 삶이 얼마나 잔혹해질 수 있는지 무척 냉철하게 파악하고 있었다. 그가 팍스 로마나에 부여한 가치는 희망 사항도 아첨도 아니었다. 세상에서 가장 현명하다고 알려진 사람의 객관적 판단이었다.

하지만 에픽테토스는 세상에서 가장 유명한 지식인의 자격뿐만 아니라 그리스인이라는 자격으로도 자신의 의견을 표명했다. 그의 말을 기록했던 아리아누스와 마찬가지로 그도 로마의 도래 전에 그리스 역사가 끊임없는 갈등의 연속이었음을 잘 알았다. 로마에 의한 평화로 이제 득을 보고 있는 여러 도시는 자유로웠던 시절 한때 서로에게 큰 피해를 주는 행위를 거의 멈추지 않았다. 그렇다면 로마의 정복이 그리스를 위한 것이었단 말인가? 당연히 이런 생각을 인정하기를 꺼리는 사람이 많았다. 디온은 다른 도시와 사이좋게 살지 못하는 그리스 도시들에 대해 한탄하는 순간에도 로마 총독들이 그런 사태를 어떻게 볼 것인지 두려워해야 한다고 생각했다. 니카이아인들과의 경쟁으로 악명 높은 니코메데이아인들에게 연설하면서 그는 그들이 벌이는 시시한 다툼이 얼마나 해롭고 품위를 손상시키는지 깨달아야 한다고 촉구했다. 이를 제대로 인식하려면 그들은 과거 역사를 들춰보기만 하면 됐다. 아테네인은 전성기이자 황금기에 자국의 우위를 과시했고, 그들의 힘을 쓰는 데 주저하지 않았으며 다른 도시들을 아테네의 속국으로 전락시켰다. 그렇게 함으로써 그들은 아테네에 비견될 만큼 위대한 다른 그리스 강국의 시기를 받았다. 그 라이벌은 바로 무시무시한 전사 국가 스파르타였다. 두 도시는 결국 전쟁을 벌이게 되었다. 결과는 양측 모두에 파괴적이었고, 더 나아가 모든 그리스인에게 피해를 입혔다. 장기적으로 이 사건은 두 도시 모두 로마에 정복당하는 결말을 가져왔다. "하지만 아테네와 스파르타는 서로 싸울 때 진정한 제국이 되겠다는 뚜렷한 목표가 있었고, 그저 헛된 자부심을 과시하는 것이 결코 아니었다."[27] 디온은 니코메데이아와 니카이아가 화해해야 한다고 촉구했고, 그것이 두 도시의 상호 위엄을 유지하는 가장 확실한 방법이라고 보았다. 도시 국가들이 조화롭게 사는 것만이 로마 총독의 노골적인 현지 정치 개입을 사전에 막는 방법이었다. 힘없는 지식인에게서 나온 이 주장은 니코메데이아인이 반드시 신경써서 들어줄 만한 말은 되지 못했다. 이제 한 세대가 지나갔고 그리스에서 가장 유명한 도시들은 비슷한 경고를 알아차리는 중이었다. 그들이 모두 하나의 연합체(판헬레니온Panhellenion)로 합쳐야 한다는 생각은 이제 더 이상 철학자들의 공상으로 머무는 것이 아니었다. 로마 황제의 정책이었다.

비록 하드리아누스가 아테네를 특별히 주목하긴 했지만, 그곳에만 그가 유일하게 재개발 계획을 세운 것은 아니었다. 128년에 들어와, 그는 4년 전에 그랬던 것처럼 그리스 남부로 향했다. 이번의 목적지는 스파르타였다. 고대에 그리스 남부에서 패권국가였던 이 도시는 아테네처럼 옛 위대함의 그림자로 겨우 존재하고 있었다. 로마인들에게 스파르타인은 비르투스, 즉 남자다움의 완벽한 본보기였다. 전성기 스파르타가 그리스의 패권을 놓고 아테네에 도전했을 때 스파르타의 교육은 까다롭기로 유명했다. 소년들은 막사 생활을 했고, 정기적으로 채찍질을 당 했으며, 어떤 고통도 절대 겉으로 드러내지 않도록 훈련받았다. 소녀들은 레슬링을 배웠다. 군사적 탁월함을 향한 스파르타의 집념은 로마 도덕주의자들이 볼 때 아테네에서 발견되는 다른 모든 것처럼 감탄할 만한 전통이었다. 물론 지난 300여 년 동안에 전쟁에 나서지 않은 스파르타인들은 더는 영웅의 종족을 양성해야 할 대의가 없었다. 하지만 이것은 로마의 찬양자들에게 아무런 영향을 미치지 못했다. 선조가 보여줬던 모습에 부응하라는 압박에 스파르타 주민들은 점점 더 저항하기 어려웠다. 그래서 그동안 선반에 얹어두었던 고대의 생활 방식을 꺼내어 그동안 긴 먼지를 털어내야 했다. "레슬링 경기장과 완력의 과시가 다시 청년층에게서 인기를 얻었다. 군대의 막사가 복원되었다. 스파르타는 다시 예전 모습을 찾았다."[28] 타고난 연출자였던 네로는 로마인에게 오락을 제공하고자 스파르타에서 소녀들을 불러와 그들의 레슬링 경기를 보여줬다. 스파르타로 직접 여행할 여유가 되는 관광객들은 소년들이 채찍에 맞아 피부가 너덜너덜하게 찢어져 피범벅이 되었는데도 절대 흐느끼지 않는 광경에 감동의 짜릿함을 느꼈다. 역사를 특히 좋아하는 사람들은 막사에 있는 스파르타인과 함께하고 악명 높은 거친 음식을 함께 먹을 수 있었다.

하드리아누스가 볼 때, 이런 "스파르타식 수양과 훈련"의 표시는 마치 그 전통이 중단되지 않은 채로 과거에서 곧바로 유래한 진짜처럼 보였다.[29] 그가 도시를 아름답게 꾸민 여러 가지 표시는 하나의 신호였고, 군사 패권국이었던 스파르타의 과거 전통에도 어울렸다. 그는 섬 두 개를 포함해 여러 땅을 스파르타에 선물로 하사했고, 거기에 더해 여태껏 로마의 독점적인 권리였던 이집트에서 밀을 제공받을 권리도 함께 주었다. 그리스의 가장 유명한 시민인 필로파포스의 친척은 1개 군단의 지휘권도 얻었다. 아테네인이 하드리아누스의 후원 아래 고대의 위엄을 회복했던 것처럼 스파르타인도 위엄을 회복했다. 그리스에서 가장 유명한 두 도시는 한때 상호간 경쟁이 무척 심했지만 이제 로마의 온화한 통치 아래 우호적 관계를 회복했다. 아테네와 스파르타를 선두로 판헬레니온은 빠르게 형태를 갖추었다. 129년 봄 하드리아누스가 그리스에서 아시아로 떠났을 때 현지에서는 그가 곧 돌아올 것이라는 기대가 가득했다. 올림페이온 건물 공사는 여전히 비계飛階로 뒤덮여 진행 중이었지만, 대신전이 완공되는 데는 그리 오래 시간이 걸리지 않을 것으로 예측되었다. 이 신전은 단순히 로마 황제가 자신이 아끼는 도시에 하사한 선물에 그치는 것이 아니라 평화라는 대의에 투자한 황제의 엄청난 노력을 기리는 기념물이기도 했다. 황제는 이 신전을 판헬레니온 계획의 본부로 본 것이다.

"그 어떤 통치자도 제우스의 영광과 백성의 행복을 위해 이보다 더 많은 일을 해낸 적이 없다."[30] 그리스 역사에 더 익숙한 그리스인일수록 하드리아누스가 더욱 놀랄 만한 인물임을 꿰뚫어보게 되었다. 판헬레니온이 치유하려고 한 것은 아테네와 스파르타 사이의 오랜 경쟁만이 아니었다. 하드리아누스의 민족인 로마인이 남긴 흉터도 치유의 대상이었다. 로마인의 그리스 정복은 잔혹했다. 무수한 사람을 노예로 만들었고 대규모로 약탈을 자행했다. 무엇보다 가장 처참한 것은 도시 전체의 파괴였다. 그리스 북부와 남부를 연결하는 좁은 지협 옆에 있는 코린토스는 부, 산업, 교양, 신전, 철학자, 매춘부로 칭송받던 곳이었다. 하지만 그중에서 어떤 것도 그 도시를 구해내기엔 역부족이었다. 서기전 146년 한 로마 장군이 도시를 완전히 파괴했다. 100여 년 뒤 율리우스 카이사르는 코린토스를 식민도시로 재건했고, 이 도시는 해당 속주 총독의 본부가 되었다. 그야말로 그리스인으로 둘러싸인 곳에 있는 로마인의 섬이었다. 정착민은 이탈리아 전역에서 건너왔고, 그들은 라틴어로 말했으며, 로마를 흉내 내어 설계한 도시에 살았다. 한때 그리스의 영광에 이바지했던 대도시 코린토스는 정반대로 그리스의 굴종, 그리스 모욕의 상징이 되었다. 하지만 이제 하드리아누스 치하에서 이렇게 무척 깊은 상처조차 치유될 수 있을 것처럼 보였다. 식민도시가 설립된 이래 그리스인은 코린토스인을 "로마에서 보낸 식민지 주민"이라고 불렀다.[31] 하지만 얼마나 더 오래 그런 구분이 적용될 것인가? 토착민과 식민지 주민, 그리스인과 로마인 사이의 경계는 점점 더 흐릿해졌다. 이러한 경계 허물기는 로마 황제의 허가 아래 진행되는 것처럼 보였다. 확실히 아테네, 스파르타, 아르고스, 로도스, 테살로니카와 더불어 코린토스 역시 판헬레니온의 명단에 올랐다.

물론 그리스 세상 너머에도 많은 다른 도시와 땅이 있었다. 이들은 당연히 판헬레니온 가입을 허가받지 못했다. 그리스인은 독특한 민족이고 하드리아누스가 그들을 위해 세운 계획은 그가 그들을 그 독특함에 걸맞게 처우하는 데 성공 여부가 달려 있었다. 그럼에도 불구하고 원래 코린토스의 잿더미에서 솟아난 주목할 만한 전성기에서 로마인과 그리스인이 얻어야 할 영감이 하나 있었다. 로마 군단들이 유명 도시들에 자행한 방화는 단순히 오래된 역사로 그치는 것이 아니었다. 130년 봄 하드리아누스는 예전의 대도시가 철저히 소멸된 유대 속주를 방문했는데, 그 방화 사건은 당시 살아 있는 사람들의 머릿속에서 생생한 기억으로 남아 있었다. 예루살렘 폐허는 제10 프레텐시스 군단의 주둔 기지가 되었고, 유대인의 가장 신성했던 도시 위로는 여전히 멧돼지 상징이 그려진 군단의 깃발이 휘날리고 있었다. 트라야누스가 모집했던 제2군단은 그가 사망한 뒤 파르티아에서 후퇴해 갈릴리의 한 기지를 차지했다. 하드리아누스가 권좌에 오르고 이어진 첫 몇 달 동안 유대에서 벌어진 반란이 진압되고 나서 10년 이상 유대 속주에 주둔한 두 군단의 존재는 오랫동안 지속된 불안의 저류를 증언하고 있었다. 유대인은 그리스인들과는 다르게 로마인과 그들 자신을 동일시할 이유가 거의 없었다.

그럼에도 불구하고 참사로 끝난 트라야누스의 동부 전쟁을 수습하고, 브리타니아의 황야에 방어용 장벽을 세우고, 그리스인을 공통된 형제애로 포용하는 데 성공한 하드리아누스 황제는 유대 지역의 평정 작업을 극복할 수 없는 일로 보지 않았다. 시리아를 방문한 황제가 안티오케이아 외곽 지대의 어느 산 정상에서 제물을 바치는 중에 천둥과 벼락이 내려쳐서 그 제물을 불태웠다. 천둥은 유피테르의 전령이었으므로, 그것은 세상을 바로잡으려는 하드리아누스의 노력을 최고신이 호의적으로 바라보고 있음을 보여주는 반박할 수 없는 증거였다. 하드리아누스는 한때 유대의 수도였던 곳으로 말을 타고 가면서 폐허가 된 그곳이 소생해 자신의 모든 다른 계획처럼 생산적인 곳으로 변모하리라는 전망을 의심할 이유가 전혀 없었다. 브리타니아, 아프리카, 시리아를 평정했듯이 이제 유대에 평화를 가져다줄 생각이었다. 예루살렘뿐만 아니라 유대 속주 전체가 새롭고 더 안정적인 기반 위에 올라서게 될 것이었다.

하드리아누스가 방문하는 곳마다 멋진 일들을 약속한다는 점은 많은 유대인에게도 하나의 희망이었다. 관련 기록을 살펴보면 전임 황제들과 비교했을 때 유대인들은 그를 "만사에 이해심이 깊은 훌륭한 사람"으로 생각했다.[32] 황제는 아테네에서 도시의 옛 위대함을 존중하는 모습을 보였고, 복원 사업을 후원했다. 그렇다면 예루살렘에서도 그럴 것이라고 볼 수 있지 않겠는가? 로마군이 예루살렘 신전을 파괴한 지 60년이 흘렀고, 그동안 유대인은 신전이 없어서 그들의 경전에서 규정한 의식을 제대로 치르지 못했다. 지성소인 최고 유일신의 신전, 그 지고신이 지상에 머무르는 거처가 한때 웅장하게 서 있었던 바위에 지금은 검게 변한 자갈들만이 흩어져 있었다. 유대인은 괴로움과 기대가 섞인 상태로 하느님이 얼마나 오래 그런 신성 모독을 용인할 것인지 의아했다. 예전에 페르시아인 겸 타국 황제인 바빌론의 왕 키루스는 예루살렘을 급습한 뒤에 신전의 재건을 허락했다. 유대 경전은 그를 구세주christos로 기렸다. 이제 로마 황제가 유대에 도착한다고 하니 두 번째 구세주가 예루살렘으로 말을 타고 달려오는 것이 아닐까? 분명 로마 황제는 성전산Temple Mount 앞에 왔을 때 그곳의 황량한 무인지경 상태를 보고는 잔해를 정리하고 퀴에투스가 그 자리에 세운 프로세르피나 신전을 치우고 지고신의 거처를 복원하라고 명령하지 않을까?

하지만 기대에 찼던 유대인은 실망하게 되었다. 하드리아누스는 제2의 키루스가 되고 싶은 생각이 전혀 없었다. 그는 자신에게 합당한 역사적 선례를 코린토스에서 찾았다. 이 도시는 고대의 저명한 폐허 위에 세운 식민도시였는데, 로마 당국이 나아갈 길을 제시했다. 그 도시는 처음에는 적개심 가득한 상태로 로마 당국에 저항했으나, 시간이 흘러가면서 로마 제국에 복종하게 되었던 것이다. 하드리아누스는 제10 프레텐시스 군단의 야전 사령부에 도착해 유대인들의 소원대로 예루살렘 현장에서 잔해를 정리하라고 지시했다. 하지만 이런 지시는 유대인들의 수도 복원을 의도한 것이 결코 아니었다. 대신 그 자리에 완전히 새로운 식민도시를 건설하라고 명령했다. 제국 전역에서 비슷한 토대를 가진 도시와 마찬가지로 그런 식민도시는 철저히 로마식이 되어야 했다. 언어, 도시 설계, 그리고 신들에 이르기까지 로마의 속주가 되어야 마땅했다. 하드리아누스는 유대인의 신을 모시는 성소가 있었던 거대한 바위 위에다 유피테르 신전을 지으라고 지시했다. 그가 새로운 도시 예루살렘에 내려준 이름, 콜로니아 아일리아 카피톨리나Colonia Aelia Capitolina는 황제의 아일리우스 가문 선조들을 기념하면서, 동시에 유피테르의 대신전이 있는 로마의 언덕을 영원히 상기시켰다. 만성적으로 반란을 일으키는 민족인 유대인은 그들의 대도시를 원상 복구받을 자격이 없었다. 그렇다면 관계자 모두를 위해서라도 예루살렘이라는 이름 자체가 망각 속으로 떨어지는 편이 더 나았다. 하드리아누스가 볼 때, 그것이 장기적 평화를 보장하는 가장 확실한 방법이었다.

유대 문제를 만족스럽게 지시하고 난 뒤 황제는 수행단과 함께 이집트로 가는 길에 오르며 순행을 계속했다.

만신전(판테온)

130년 10월 말. 아직 스무 살이 되지 않은 젊은 남자의 시신이 나일강 위에 떠올랐다. 물러나는 홍수가 남긴 토사를 따라 강에서 끌려나온 시신은 곧 육지로 옮겨졌다. 익사한 남자는 몇 가지 두드러진 특징이 있었다. 우선 그의 신체는 운동으로 단련되어 아주 탄탄했다. 신체 각 부위의 상호 비율도 완벽했다. 얼굴은 심장이 멎을 정도로 초자연적인 아름다움을 뿜냈다. 대체 이 사람은 누구인가? 외국인임은 분명했다. 하지만 그가 익사한 나일강 구역은 화려한 외국인이 거의 드나들지 않는 곳이었다. 알렉산드리아는 그곳에서 한참 떨어진 북쪽에 있었다. 흐르는 강물을 내려다보는 오래된 신전이 강가에 있었다. 땅딸막한 기둥과 이름 없는 파라오의 조각품으로 장식된 그 신전 건물은 이집트의 관광 명소 중 눈에 띄는 볼거리는 아니었다. 그 신전 옆에는 꾀죄죄한 마을이 하나 있을 뿐이었다. 하지만 이런 이름 없는 시골에 로마 황제가 모습을 드러냈다. 그는 황제이면서 살아 있는 신, 파라오 자격으로 이집트를 다스리는 최고 통치자였다. 그가 탄 배는 함대를 대동하고 신전 옆 여울에 정박해 있었다. 나일강에서 발견된 청년은 그의 일행으로 추정되었고 실제로 그렇다는 것이 증명되었다.

익사한 청년은 하드리아누스의 애인이었다. 그 이름은 안티노오스. 황제는 애인에게 닥친 일을 듣고 엄청난 슬픔을 이겨낼 수가 없었다. "그는 여자처럼 흐느꼈다."[33] 이렇게 감정을 주체하지 못하는 모습은 사나이답지 못한 것으로 여겨졌지만, 그렇다고 해서 남첩을 두는 일 자체가 수치스럽다는 뜻은 아니었다. 오히려 정반대였다. 황제를 포함해 남자는 결국 매춘부든 노예든, 남자든 여자든 그들의 욕구를 충족해주기를 바란다는 생각이 깔려 있었다. 안티노오스를 본 대다수 시민은 황제가 정말 운이 좋다며 시기했다. "그토록 아름다운 모습은 예전에 그 누구도 본 적이 없었다."[34] 그 사실에 누구나 동의했다. 도미티아누스는 환관을 두지 못하게 했고, 네르바와 하드리아누스도 그런 금지 정책을 지지했지만, 그것이 델리카티에 대한 열광을 결코 억제하지는 못했다. 사실 환관 금지 조치는 미소년의 공급을 고갈시킴으로써 미소년을 향한 엘리트층의 경쟁을 더욱 치열하게 만들었을 뿐이었다. 안티노오스는 노예가 아니었지만, 시민도 아니었다. 따라서 로마 법률과 도덕의 엄격한 기준에 비추어볼 때, 그는 상대하기가 아주 만만한 대상이었다. 미소년은 클라우디오폴리스라는 고장 출신이었고, 치즈 외에는 그리 유명하지 않은 작은 도시였다.* 안티노오스는 아름답기도 했지만 영리했다. "그 아이는 총명한 정신을 지녔다." 하드리아누스는 어린 애인을 칭송하며 이렇게 글을 남겼다. "저 아이의 지성은 성인과 다

---

* 어디에서도 명쾌히 언급하지 않지만 하드리아누스는 123년 시리아에서 니코메데이아로 향하는 여정 중 안티노오스를 처음 만났을 것이다. 그렇다면 안티노오스는 당시 열두 살이었을 것이다.

를 바 없다."³⁵ 남편과의 관계가 오랫동안 험난했던 황후 사비나조차 안티노오스가 부부 사이의 분위기를 진정시키는 영향력이 크다고 생각해 하드리아누스가 지중해 동부 순행을 시작할 때 이 소년이 동행하는 데 동의했다. 황제는 나일강을 따라 운항할 때 부인과 남첩을 모두 자기 곁에 뒀다.

자유 시민인 로마인이 볼 때, 심지어 황제라고 할지라도 다른 남자의 성적 접근에 넘어가는 것은 아주 부끄러운 일이었다. 나이 든 티베리우스가 소소한 일들을 시켰던 소년 비텔리우스는 이후로 쭉 '괄약근'이라는 별명으로 불렸다. 심지어 더 충격적이고, 그래서 더 신뢰가 가는 소문은 베스파시아누스에게 세상을 얻어준 협력자 무키아누스가 침대에서 여자 노릇 하기를 즐긴다는 것이었다. 그래서 베스파시아누스는 한때 무키아누스가 자신에게 아주 무례하게 굴고 난 뒤에 이렇게 투덜댔다. "적어도 난 남자야."³⁶ 그런 이야기로 망신당한 평판은 당연히 깨끗하게 씻을 수 없었다. 하지만 로마인들은 어떤 남자가 항문 성교에서 여자 역할을 하는 것을 최악의 변태라며 경멸하는 그 순간조차도, 그런 관점이 보편적인 것은 아니라는 사실을 알고 있었다. 그들은 이렇게 지적했다. "그리스의 관습에서는 젊은 남자가 남성 애인을 많이 두는 것을 칭찬한다."³⁷ 이를 아는 로마인들은 도덕적인 우월감을 느꼈고, 기분 좋은 자극을 받았다. 아름다울 뿐만 아니라 번쩍거릴 정도로 매혹적인 그리스 미소년은 로마의 성적 상상력을 강렬하게 사로잡았다. 바람둥이, 춘

화가春畫家, 시인은 모두 판타지를 가지고 상대방에게 즐거움을 주는 사람들이었다. 이 때문에 델리카티는 자주 그리스식 이름이 붙었다. 안티노오스가 태생이 천한 노예가 아니라 비티니아, 즉 헤라클레스의 미소년 시동인 힐라스가 물속에서 최후를 맞이한 바로 그 지역에서 태어난 자유민이라는 점은 그의 매력을 배가했다. 그런 애인을 둠으로써 하드리아누스는 혈기 왕성한 로마인 다수가 기회만 되면 하고 싶은 일을 실제로 행동에 옮긴 것이었다. 그는 꿈을 실현하는 중이었다.

그러나 하드리아누스의 꿈은 아주 복잡하고 풍성했다. 안티노오스는 아름다운 얼굴 그 이상을 제공했다. 바로 사랑, 아주 뚜렷하게 그리스적인 사랑이었다. 그것은 시적인 것과 성적인 것의 경계를 허물면서, 안티노오스를 힐라스로, 하드리아누스를 헤라클레스로 변신하게 했다. 로마에서는 그저 주인과 첩의 통상적 관계로 보였을 만한 관계가 그리스에서는 전혀 다른 의미를 띠게 되었다. 황제가 그리스 세계의 어린 자유민을 대동하고 아테네인 앞에 나타나자 그들은 어떤 반응을 보였을까? 그 모습은 모욕이 아닌 칭찬으로 받아들여졌다. 황제와 함께 알렉산드리아에 나타난 안티노오스는 그 소란스러운 도시의 시민들에게 로마 황제가 자신들의 전통을 존중한다며 안심하게 만들었다. 황제에게는 자신의 우월함을 과시할 수많은 방법이 있었는데, 전부 로마식은 아니었다. 하드리아누스는 알렉산드리아의 철학자와 시인을 그들의 방식대로 만나는 기회를 아주 즐겼다. 도시의 주요 학자들을 소집한 그는 수많은 질문을 그들에게 던지더니 곧 이어 자신이 직접 의기양양하게 모든 답을 내놓았다. 이어 흉포한 사자 한 마리가 알렉산드리아 너머 사막을 배회 중이라는 소식을 듣고 그는 헤라클레스 역할을 맡기로 결심했다. 그렇게 해서 벌어진 사냥은 가장 유명한 사자 사냥꾼조차 부러워할 모험이었다. 하드리아누스로부터 그 사냥 이야기의 정확한 세부 내용을 들은 시인들은 모든 내용을 노래에 담아 기록했다. 사자의 두 눈에서 분노가 불을 뿜었고, 게걸스러운 턱에선 게거품이 줄줄 흘러내렸다. 하드리아누스와 안티노오스는 괴물을 상대로 짝을 이뤄 전투에 나섰고, 사냥꾼으로서도 능숙한 모습을 입증했다. 헤라클레스가 영웅에게 필요한 기술을 힐라스에게 훈련시키려고 했던 것처럼, 하드리아누스도 의도적으로 목표를 창으로 헛쳐서 안티노오스가 공격을 적중시켜 기량을 보여줄 수 있도록 했다. 이어 안티노오스의 말이 사자의 공격을 받아 쓰러지자 하드리아누스는 강력한 일격으로 괴물을 처치해 애인의 목숨을 구했다. 그리스적일 뿐만 아니라 영웅적이면서 신화적인 장면이었다.

하지만 하드리아누스에게조차 신화의 차원은 아주 까다롭고 기만적이었다. 이집트는 아주 역사 깊은 곳, 나일강은 비밀스러운 강이었다. 황제 일행은 순항 중에 나일강의 물결이 늦여름과 가을마다 어떻게 범람해 바싹 마른 땅을 적시는지 직접 목격했다. 나일강 범람은 이집트가 세상의 곡창 지대 역할을 하려면 필요한 자연조건이었다. 물결이 물러나면서 기적적으로 비옥한 검은 진흙을 그 뒤에 남겨주어 농사를 더욱 풍성하게 해주었다. 이런 자연 현상에 집착하는 것은 이집트인만이 아니었다. 그리스인도 마찬가지였다. 심지어 알렉산드리아가 설립되기 전에도 그들은 나일강에 매혹되었고, 신들의 진정한 역사를 오래 통찰해왔던 이집트 신관들의 원시적 지혜에 매료되었다. 하드리아누스 시대에 들어와 그리스 학자들은 나일강이 어떻게, 그리고 왜 범람하게 되었는지 그 멋진 이야기에 친숙한 상태였고, 트로이 전쟁 이야기에 필적할 정도로 이해의 수준도 높았다. 나일강과 고대 신들의 이야기는 거의 그리스 고유의 것이 된 듯 보였다.

전하는 이야기에 따르면 한때 오시리스 신이 파라오 자격으로 이집트를 통치했다. 그의 여동생이자 부인인 이시스는 여왕으로 다스렸다. 그들의 형제 티폰은 잔혹하고 야만스럽고 붉은 얼굴의 소유자였는데 그 기질이나 용모가 마치 나일강 양쪽에 뻗은 사막을 닮았다. 그는 오시리스를 속여 관 속에 그를 가두어 거대한 강에다 익사시키고 이어 시신이 바다로 떠내려가게 했다. 언제나 남편에게 충실했던 이시스는 온 세상을 찾아다니다가 마침내 남편의 시신을 발견했다. 티폰이 다시 그 시신을 훔쳐 주검을 훼손하고, 산산조각 내어 널리 흩뿌리자 이시스는 나일강의 물고기가 게걸스레 삼킨 남근만 제외하고 마지막 한 부위까지 다 찾아냈다. "그리하여 이시스는 모조 남근을 만들고 강력하고 장엄한 힘을 부여했다."[38] 여왕이 다시 살려낸 오시리스는 죽은 자의 영역으로 내려가서, 그곳에서 영원히 통치하게 되었다. 오시리스는 더 이상 지상의 왕좌에 앉을 수 없었지만 최선이자 가장 공정한 모든 것의 전형으로 인류에게 계속 남았다. 그것이 나일강 범람으로부터 배운 교훈이었다. 나일강의 물은 다름 아닌 오시리스의 씨앗이고, 나일강의 밀물에 흠뻑 젖은 땅은 여왕 이시스의 몸이었던 것이다.*

이런 이야기의 진실을 확인하는 데는 많은 방법이 있었다. 나일강의 농부들은 10월 말이면 검은 땅에 씨를 뿌리는데, 그 땅이 비옥해진 것을 보고서 나일강이 그렇게 만들었음을 알았다. 하드리아누스의 비서이자 해방노예 지식인 플레곤Phlegon 같은 학자들은 이와 비슷한 관점을 제시했다. 그는 "나일강의 물을 마시면 다산 가능성이 높아진다"[39]는 대 플리니우스의 관찰을 언급하면서 "임신 네 번에 아이를 스무 명 낳은 알렉산드리아 여자"의 사례를 들었다.[40] 하지만 고대로부터 전해진 이런 이야기의 효능을 체험하기 위해 이집트에 살거나 그곳의 출산 통계를 연구할 필요는 없었다. 오시리스는 신 중 가장 강력한 존재이고, 이시스는 대자연의 여주인이자 인간의 시대를 최초로 생겨나게 했고, 최고의 신통력을 갖췄다는 확실한 믿음이 그리스 세상 전역에서 받아들여졌다.

---

* 이집트 신화에서 오시리스는 풍요의 신이면서 죽은 왕의 의인화였다. 이 두 가지 역할이 이집트 파라오의 신성한 왕권과 결부되어 파라오는 죽으면 오시리스, 즉 지하 세계의 신이 된다고 여겨졌다.—옮긴이

로마에도 그런 신앙이 있었다. 물론 수도 로마의 모든 시민이 그랬던 것은 아니었다. 이시스 신관들은 머리를 빡빡 깎은 배코였고, 신전은 동물의 머리를 가진 신들의 형상으로 장식했다. 많은 로마인은 이를 아주 괴이하다고 생각했다. 로마 공화정 말기에 원로원은 이시스 여신의 제단을 도괴하고 신전을 철거하자고 투표하기도 했다. 보수주의자들은 이시스에게 코웃음 치며 외국의 야만적 여신이라고 여겼지만, 세월이 흘러가면서 이시스에 대한 의심은 점점 희미해졌다. 공화정이 붕괴한 지 100여 년이 지난 뒤 로마인은 그녀를 숭배하게 되었고, 전혀 이질적이라고 여기지 않았다. 그녀의 열성 신자들은 황홀경에 빠져 이시스가 이집트뿐만 아니라 모든 땅의 여왕이라는 의견을 표명했다. 로마인은 그녀를 유노와, 시칠리아인은 프로세르피나와, 키프로스인은 베누스와 동일시했다. "많은 방식으로 나를 숭배하고, 많은 이름으로 나를 불러도, 온 세상 사람들은 모두 나를 신성하고 초월적이고 유일무이한 신으로 인정한다."[41] 이런 오만한 자신감을 내보이는 여신은 심지어 로마 황제도 숭배하는 존재였다. 야인 시절의 도미티아누스는 비텔리우스의 지지자들에게서 습격을 받고 카피톨리누스 언덕에서 도망칠 때 이시스 신관으로 변장했다. 베스파시아누스와 티투스는 승리를 거두기 전날 밤 캄푸스 마르티우스에 있는 그녀의 신전에 머물렀다. 어느 먼 땅에서 세상의 수도로 실려 온 노예처럼, 오랜 세월 봉사한 뒤에 마침내 자유를 얻은 이집트 여왕은 이제 로마의 신이 되었다.

이집트에는 로마조차 제공할 수 없는 여러 특징적인 기회가 있었다. 하드리아누스처럼 호기심이 많은 사람에게 밀물이 최고조일 때 나일강을 항해하는 기회는 억누를 수 없는 것이었다. 황제의 소함대가 강을 헤치고 지나가는 동안 수행단 모두는 나일강 주변 장관의 중요성을 빈틈없이 살폈다. 그 무렵 언덕은 섬으로 변했고, 나일강은 바다가 되었다. 그들은 이런 현상이 제국 안보에 어떤 전조가 되는지 완벽히 이해했으리라. 실패한 범람은 수확 실패를 뜻했고, 수확 실패는 이집트, 로마, 그리고 로마 황제에게 정치적·사회적 위험을 불러올 것이었다.[42] 제국 통치의 안정성은 늘 그랬듯 로마인에게 곡물을 성공적으로 공급하느냐 여부에 달려 있었다.

하지만 천상의 여왕으로 여겨지는 것은 곡물 배급의 여신 안노나가 아니었다. 이시스와 오시리스의 사랑을 다룬 위대한 드라마는 하드리아누스가 10월 말 항해 중인 나일강에서도 분명하게 드러났고, 더 심오한 진실을 보여주었다. 안목이 있는 사람들은 그곳에서 우주의 가장 심오한 신비를 볼 수 있었다. 죽음과 삶, 증오와 사랑, 절멸과 부활의 반복적 패턴 등을 지혜로운 사람들이 식별하는 장소가 바로 그곳이었다. 그리고 10월 24일, 운명의 날이 밝았다. 이 날은 티폰이 강에 던져 오시리스가 익사한 날이었다. 그날 밤 그것을 기념하고자 제등을 밝힌 작은 배들이 나일강으로 나아갔다. 강둑을 따라 생겨난 여러 정착지에서 음악과 흥청망청 시끄러운 소리가 흘러나왔다. 로마 황제의 바지선에서 지식인 남녀는 기념일을 깊이 생각하며 그 진정한 의미가 무엇인지 숙고했다. 그 사건에 대해 철학은 가장 진실된 답을 제시했다. "전설에 따르면 오시리스의 영혼은 영원불멸한 것이기에 티폰이 거듭하여 그의 시신을 훼손하고 사라지게 했더라도, 이시스는 늘 세상을 뒤지고 그것을 찾아내어 원래대로 신체를 복구할 것이다. 이것은 무엇을 의미하는가? 진실하고 훌륭한 것은 늘 파괴와 변화를 이기고 살아남을 뿐만 아니라 그것들보다 우월하다."[43]

오시리스의 사망 기념일에서 얼마 지나지 않아 10월 마지막 주에 안티노오스의 시신이 발견되었다.[44] 하드리아누스가 그 죽음을 애도하며 흘린 눈물은 조금도 추문당하지 않았다. 안티노오스가 어떻게, 그리고 왜 죽게 되었는지에 대한 추측이 곧 무성해졌다. 하드리아누스에 따르면 그의 갑작스러운 죽음은 사고였다. "그는 나일강으로 추락했다." 하지만 다른 이들은 더욱 사악한 설명을 제시했다. "그는 희생 의식의 제물이었다."[45] 로마 황제가 자신의 죽음을 두려워한 나머지, 다른 산 사람의 목숨을 지하 세계에 바침으로써 자기 수명을 연장하려고 했다는 것이다. 분명 전례가 없는 생각이었다. 하드리아누스를 섬기다 수치스럽게 해고당해 로마에서 아우구스투스 전기의 속편 작업을 하느라 바빴던 수에토니우스는 그의 네로 전기에서 효과적인 사례를 인용했다. "위대한 통치자의 죽음을 예언하는 것으로 여겨진" 혜성이 하늘에 나타났다. 네로는 "어떤 중요한 인물을 죽여 이와 같은 전조에 대응하는 것이 국왕에게는 흔한 관행이라는 이야기를 들었다. 그러자 네로는 황제에게 들이닥칠 위험을 높은 지위의 다른 누군가에게 돌려야 했기에 로마 주요 귀족들을 처형하기로 했다."⁴⁶ 안티노오스는 분명 귀족은 아니었다. 하지만 그 외의 여러 유사한 점이 네로의 사례를 떠올리게 했다. 그러자 다시 한번 하늘에서 눈부시게 빛나는 새로운 별이 나타났다. 이 현상이 뜻하는 바가 무엇이었을까? 나일강은 그런 의문을 깊이 생각하기에 아주 적절한 장소였다. 네로의 점성술사는 과거에 나일강을 항해했었다. 발빌루스라는 기사 계급의 인물은 이집트의 구전 설화에 푹 빠져 지냈고, 이집트의 장관으로 복무하기도 했다. 발빌루스는 오래전에 사망했지만, 그의 손녀는 아직 살아 있었다. 필로파포스의 누이 율리아 발빌라는 하드리아누스와 함께 나일강에 있었다. 최근 필로파포스가 세상을 떠나 슬퍼하던 그녀는 황후 사비나의 벗으로서 황제와 동행했다. 여기서 어떤 음모의 기미를 알아내려고 작정한 사람들은 충분한 단서를 찾아낼 수 있을 터였다.

하지만 다른 여러 가능성도 있었다. 자신이 성년으로 접어드는 중임을 잘 알던 안티노오스는 전통적으로 신체에 털이 많은 남색 상대는 경멸의 대상이라는 것을 고통스러울 만큼 의식해 스스로 물에 뛰어들었을 수도 있다. 평소에 자제력이 무쇠 같은 하드리아누스도 때로 극심한 분노를 터트리기도 했기에 어느 순간 죽일 듯이 격노해 안티노오스를 죽음으로 몰아넣었을 수도 있다. 안티노오스가 남편을 손아귀에 쥐는 것에 질투를 느낀 사비나가 그를 은밀하게 처치했을 수도 있다. 예전에 어떤 저명인사가 비텔리우스의 총애를 받던 아시아티쿠스를 의심했던 것처럼, 하드리아누스 일행 중 누군가가 똑같이 안티노오스를 의심해 처리해버렸을 수도 있다.[47] 어쩌면 진실은 절대 알려지지 않을 운명인지도 모른다. 그러나 한 가지는 분명했다. 하드리아누스가 그 죽음으로 느끼는 비통함은 엄청났다. 안티노오스의 사망 원인이 무엇이든 간에 그 후 며칠, 아니 몇 주 동안 그 일로 크게 낙담한 것처럼 보였다.

그렇지만 로마 황제의 순행 계획은 가벼이 재조정할 수 없었다. 하드리아누스는 나일강을 아예 떠나기보다 계속 상류로 나아갔다. 운항 중에 그는 음울하게 자신이 잃어버린 것을 반추했다. 이집트에서 죽음, 애도, 부활을 상기시키는 것은 지천에 널려 있었다. 깜짝 놀랄 정도로 광대한 신전 단지 주위에 형성된 마을 테베에 정박하면서 하드리아누스와 그의 일행은 강을 건너 서쪽 강둑으로 갔고, 그곳에서 사망하고 다시 부활한 영웅 멤논을 기리는 두 거대한 조각상을 보러 갔다. 새벽의 여신 에오스의 아들인 멤논은 트로이 성벽 앞에서 죽었지만, 여신이 흘리는 눈물에 마음이 흔들린 제우스가 그를 소생시켰다. 영웅의 두 거상은 인적 드문 자갈 비탈 사이에 높이 세워졌고, 이집트의 다른 모든 기념물처럼 존중받았다.* 로

---

* 사실 두 거상은 영웅 멤논이 아니라 아멘호테프 3세의 것으로 그는 서기전 14세기에 오랜 기간 통치하면서 이집트의 부와 권력을 높이 끌어올렸다.

마인들은 여러 세대에 걸쳐 두 거상을 보러 왔는데, 그중에는 베스파시아누스의 대리인으로서 폼페이에서 근무한 적이 있는 수에디우스도 있었다. 관광객을 끌어들이는 것은 사실 조각상 자체가 아니라 오른쪽 거상을 세워놓은 좌대座臺의 놀라운 특징이었다. 새벽빛이 처음 비출 때 이 좌대는 "줄이 끊어진 리라 같은" 소리를 규칙적으로 냈다.⁴⁸ 불길하게도 하드리아누스 순행단이 처음 방문했을 때 그 좌대는 침묵을 지켰다. 그러나 사비나와 율리아 발릴라가 하드리아누스 없이 다시 찾아왔을 때는 소리를 냈다. 테베에 머무르는 동안 두 여자는 여러 차례 두 거상을 방문했다. 율리아가 지은 시 네 편이 멤논의 왼발에 새겨졌다. 그동안 하드리아누스는 딱 한 번 더 거상을 보러 왔다. 멤논은 이때 그에게 소리를 들려줬다. 만약 그렇지 않았다면 황제는 거상을 완전히 멀리했을 것이다. 그는 노래하는 거상에 매혹되었지만, 마음속에 더 큰 경이로움을 품었다. 안티노오스가 그에게 나타난 것이다.

"계시로 인해 그는 신으로서 예우받았다."⁴⁹ 많은 세부 사항이 얽혀, 안티노오스가 하드리아누스의 꿈에 나타나 자신의 부활을 알린 것이 분명한 사실이라는 확신을 심어주었다. 안티노오스는 하드리아누스에게 시의 형태로 부활의 신탁을 전했고, 황제는 그것을 널리 공표했다. 점성술사들은 하늘에서 눈부시게 빛나는 새로운 별을 연구하면서 그 별은 파멸의 전조가 아니며 "사실은 안티노오스의 영혼에서 비롯된 것입니다"라고 황제에게 진언했다.⁵⁰ 그런

데 더욱 오싹한 것은, 하드리아누스가 애인의 운명에 대해 오시리스의 운명과 동일시했다는 사실이었다. 즉 안티노오스가 오시리스와 같은 방식, 같은 강, 같은 시간에 죽었다는 것이었다. 이 모두가 단지 우연의 일치일 수 있을까? 안티노오스가 죽고 며칠이 되지 않아 하드리아누스는 결코 우연이 아니라고 판단했다. 그는 안티노오스의 목숨을 앗아간 강의 지점 옆에다 완전히 새로운 도시를 건설할 것을 명령했다. 그 도시는 장차 새로운 천상의 신 오시란티노우스Osirantinous에게 헌정할 터였다.

그해 겨울 나일강 순행을 마치고 알렉산드리아로 돌아온 하드리아누스는 새 도시 건설 계획을 더욱 발전시켰다. 새 도시 안티노오폴리스는 그리스 도시 계획상 아주 호화로운 기념비가 될 예정이었다. 하지만 중심부 신전, 신격화된 안티노오스가 "그를 부르는 자들의 호소를 듣고 어려운 빈민들 사이의 병자를 치유할" 장소는 이집트식 설계로 짓기로 했다.[51] 새해에 전령들이 제국 전역에 파견되어 새로이 확인한 희소식을 널리 선포했다. 안티노오스가 부활하여 승천했다는 것이었다. 그들은 이집트에서 그리스로, 그리고 그의 고향 비티니아로 갔다. 황제의 사랑을 받은 프로폰티스 출신 그리스인은 오시리스처럼 나일강에서 익사하고 부활한 뒤 영원한 삶을 살게 되었다. 안티노오스는 여러 문화를 멋지게 종합한 화려한 신이었다.

그러나 하드리아누스가 아무리 애인과의 추억에 전념하길 바랐을지라도 여전히 세계 통치를 자신의 책임으로 여겼다. 엄청난 슬픔을 안겨준 땅 이집트를 떠나 그는 순행을 재개했다. 알렉산드리아에서 배를 타고 시리아로 갔고 다시 거기서 육로로 에게해의 해안으로 갔다. 겨울이 되자 그는 아테네로 돌아왔다. 큰 사업들이 거기서 그를 기다렸다. 완공된 올림피아 제우스 신전에선 비계가 제거되었고, 그곳을 둘러싸는 거대한 벽도 완공되었으며, 신전 앞마당은 조각상으로 가득했다. 132년 봄에 봉헌식이 열렸고 그리스 세계 전역의 도시마다 황제의 초상화를 신전에 기증했다. 황제는 인도에서 가져온 뱀 한 마리를 기증했다. 원로원의 공식 결정으로 승인된 판헬레니온은 여러 훌륭한 축제의 시작을 알렸다. 아테네는 로마 황제가 부지런히 그 도시를 위해 준비해온 옥좌에 마침내 앉을 준비가 되었다.

하드리아누스 본인에게도 신전 낙성은 축하뿐만 아니라 극도의 엄숙함을 드러낼 순간이었다. 그리스의 유명한 도시들을 하나의 공통 연합에 가입시킨 것은 결코 가벼운 업적이 아니었다. 이전 몇백 년 동안 서로 증오만 있었던 곳에 단단한 우호가 구축되었다. 불구가 되고 출혈이 계속되던 그리스는 죽음에서 부활했다. 이것이 하드리아누스가 볼 때 아테네가 다른 도시들의 찬사를 받을 만한 가치가 충분한 이유였다. 그 도시의 영광은 매년 부활의 가능성을 널리 알리고 있었기 때문이다. 의식을 통해 죽음을 극복한 삶의 승리는 그 세상에서 다른 무엇보다도 더 경탄할 만했다. 황제가 엘레우시스에서 비교 의식에 입문한 지 8년 반이 지났고, 안티노오스를 동행하고 다시 그 비교 의식에 참여한 지도 3년 반이 지났다. 이제 판헬레니온은 "아테네인의 가장 훌륭한 도시"에 모임으로써 "종교 의식의 결실"을 나누는 중이었다.[52] 판헬레니온은 고통과 비참함에서 구원받을 수 있다는 가능성을 증명했다. 동족 살해에서 형제애가, 전쟁에서 평화가, 혼돈에서 질서가 생겨날 수 있음을 만방에 선포한 것이었다.

그러는 사이 하늘에선 안티노오스가 불멸의 존재로 승격했음을 보여주는 별이 세상의 모든 땅 위에서 눈부시게 빛났다. 하드리아누스는 판헬레니온의 개시를 주재하는 순간에도 애인을 숭배하는 분위기를 끊임없이 조성했다. 아테네에서 그는 안티노에이아Antinoeia라는 축제를 매년 개최하도록 했고, 여기서 남자다움을 다투는 청년들은 운동과 예술 부문에서 상을 차지하고자 경쟁했다. 엘레우시스에서 그는 비슷한 여러 대회를 후원했고, 성소에는 안티노오스 신을 묘사한 조각상을 하나 세웠다. 그 조각상은 낙담하고 다친 자를 치유하는 신성한 의사의 상이었다. 거의 70년 전 포파이아 사비나의 장례식 이후로 로마 황제가 그렇게 자신의 애통함을 공공연히 드러내는 일은 없었다. 그러나 하드리아누스는 시민조차 아닌 그리스인을 신격화함으로써 심지어 네로조차 고려했을 로마인의 전통과 예의를 무시해버렸다. 로마 황제도 아니고 황가 일원도 아닌 사람을 불멸하는 존재의 반열에 올린 것은 이전 어떤 로마 황제도 하지 않았던 일이다. 네로는 사랑하는 여인 포파이아 사비나를 애도할 때 포룸을 자신의 무대로 활용했지만, 하드리아누스는 이제 세상을 무대로 쓰는 중이었다. 안티노오스를 신들의 전당으로 격상하면서 황제는 원로원의 승인을 얻기는커녕 수도로 돌아가려는 노력조차 보이지 않았다. 이런 소문이 나돌았다. 이집트, 소아시아, 그리스의 속주민들은 황제의 장수長壽를 위해 죽었다는 아주 아름다운 청년의 얼굴을 들여다볼 때, 로마의 무력이나 장엄함의 기미를 전혀 보지 못했다. 오히려 그들은 자기 자신을 봤다.

동방의 사교는 물론이고 사치품이 궁극적으로 로마인을 타락시킬 수도 있었다. 이 점은 도시가 위대한 국가 반열에 처음 올랐을 때부터 원로원의 도덕주의자들에게 두려움을 안겼다. 공화정 시절 그들이 이시스 숭배에 단호한 반감을 품었던 것도 바로 그런 이유 때문이었다. 그리스인, 이집트인, 시리아인이 난잡하게 뒤섞일 수 있는 세상에서는 그들의 사교도 마찬가지로 뒤섞일지 모른다는 위험이 늘 존재했다. 그중에서도 가장 위험한 것은 물론 유대인들의 미신이었다. 그들이 조성한 광신의 음울한 특징, 즉 팍스 로마나에 대항해 아직도 기억에 생생히 남아 있는 두 차례의 반란을 유발한 그 특징은 그 자체로 아주 휘발성이 높았다. 타키투스는 유대교를 가리켜 침울하고 난해한 종교라며 경멸했는데, 그중 아주 지독한 사례로 유대교에서 떨어져나온 한 종파를 꼽았다. 교주는 그리스도라는 유대인이었고, 폰티우스 필라투스가 범죄자라며 처형한 인물이었다. 사람들이 말하는 이른바 '기독교인'들은 네로 시대에 이르러 로마 사회에서 자주 눈에 띄는 괴상한 존재로 알려졌다. 사실 그리 놀랄 만한 일은 아니었다. 외국에서 들어온 신흥 종교 치고 도시의 빈민가를 타락시키지 않는 일이 오히려 드물 지경이었기 때문이다. 타키투스가 언급한 것처럼 수도 로마는 "모든 기괴하고 추잡한 것들"이 흘러드는 하수구였다.[53]

하지만 기독교인은 그들의 선교 활동을 위해 놀랄 만큼 제국의 구석구석까지 파고들었다. 플리니우스는 비티니아의 총독 임기를 지내는 동안 폰투스를 따라 여행하면서 그들이 "끔찍한 미신으로 도시뿐만 아니라 마을과 들판마저 타락시키는 것"을 발견했다.[54] 그들이 신성하다고 믿으며 추앙하는 그리스도는 그들이 유일하게 인정하는 신이었다. 플리니우스가 유피테르와 로마 황제에게 제물을 바치라고 명령했지만 그들은 거부했다. 그것은 누가 봐도 신성 모독이었다. 어찌 됐든 유대인은 오래된 민족이었고 그런 식으로 행동하는 데에는 이유가 있었지만, 갑자기 생겨난 종파가 그토록 오만하고 불경한 모습을 보이는 것은 법적으로 승인할 수 없는 문제였다. 한번은 플리니우스가 기독교인들을 소환했는데, 그들이 미신을 완고하게 지키려고 하자 적절한 절차에 따라 그들을 처형했다. 트라야누스는 이 판결이 정당했음을 확인해달라는 보고를 받고서 그렇게 해주었다. 적절한 시기에 하드리아누스 역시 선제의 전례를 따랐다. 신성 모독은 법의 규제를 벗어난 불법 행위였기 때문이다. 기독교인은 드루이드족과 마찬가지로 도덕성에 유해한 관습과 교리를 널리 퍼트리는 모든 미신의 헌신적인 추종자처럼 로마의 질서에 범죄를 저지른 것이었다. 어떤 로마 황제도 그들을 달리 생각할 수 없었다.

그럼에도 어떤 집단의 일부를 심하게 박해하는 것은 보기 좋지 않은 정책이라는 점 역시 생각해볼 만했다. 트라야누스는 플리니우스에게 지휘 서신을 보내며 익명의 밀고자에게 신경 쓰지 말라고 주의를 줬다. "이들은 최악의 전례를 생겨나게 하고, 우리 시대정신과 전혀 일치하지 않는 자들이네."[55] 로마 황제의 시야는 원로원 의원들보다 넓었다. 트라야누스는 플리니우스가 기독교인에 대한 보고를 올렸을 때 파르티아 침공을 한창 준비 중이었고 폰투스 같은 지역에서 인구의 큰 부분을 제거해 소동을 일으키고 싶지 않았다. 하드리아누스는 브리타니아를 순행하던 중 어느 지방 총독이 플리니우스와 거의 비슷한 문의를 하자 답신에서 사회 불안을 일으킬 위험에 대해 똑같이 경계했다. 그는 이미 성벽 너머에도 제국의 적이 많이 있음을 잘 알았다. 당연히 기독교인에게 혐오감을 느꼈지만 하드리아누스는 로마 제국 내의 다양한 백성 분포에 큰 위협을 느끼지는 않았다. 그는 원로원 전통주의자들의 맹목적 애국심을 싫어했다. 그가 안티노오스를 신성화할 때 그들의 승인을 얻기를 경멸하며 거부한 이유였다. 광대한 제국 전역의 도시와 민족은 깜짝 놀랄 정도로 열광하며 새로운 신을 맞이했고, 이에 하드리아누스

본인도 다소 놀랐지만 자신이 옳았음을 확신하게 되었다. 속주민의 애정을 얻는 것은 로마의 케케묵고 골동품 같은 전통이 아니었다. 하늘에 환하게 빛난 새로운 별은 안티노오스의 불멸만 빛내는 것이 아니라 새로운 질서도 함께 선포했다. 그 질서란 다양한 전통, 다양한 충성심이 서로 조화를 이루고, 제국 모두가 그 지도자인 황제에게 함께 헌신하는 것이었다.

그렇다면 어떤 전통, 어떤 충성심은 서로 조화롭지 못했는가? 결국 하늘의 뜻을 읽어내는 방식은 다양했다. 유대인의 경전은 "야곱에게서 별 하나가 솟고 이스라엘에서 왕홀王笏이 일어난다"고 예언했다.[56] 그들의 성경학자가 가르치는 별은 구세주였다. 이제 일부 학자는 그런 별이 나타나기를 간절히 기대했다.* 아테네에서 하드리아누스가 안티노오스를 기리는 여러 축제를 조직하는 순간조차 아일리아 카피톨리나, 즉 예루살렘의 현지 총독이 보낸 전령은 치명적인 소식을 휴대하고 말에 박차를 가하며 달려오고 있었다. 유대인이 또다시 반란을 일으킨 것이다. 밝혀진 바에 따르면 그들은 몇 년 동안 무기를 비축하고 요새를 준비하며 지하 피신처와 터널을 파왔다. 유대에서 오랜 세월 고질적이었던 산적질은 로마인이 거의 눈치도 못 채는 사이 완전한 반란으로 격화했다. 로마인은 자신들의 보급과 서신이 차단당한 뒤에야 비로소 임박한 위기의 규모를

---

* 유대 전승에 따르면 구체적으로 랍비 아키바가 그러했다.

온전히 깨달았다. 전쟁의 위기에 직면해 하드리아누스가 필사적으로 병력을 증강하는 동안에, 유대에서 로마인의 지위는 송두리째 붕괴할 위기에 처한 것 같았다. 몇십 년 뒤 로마에서는 "얼마나 많은 군인이 유대인에게 학살당했는지" 생생한 기억으로 남을 정도였다.[57] 알렉산드리아 외부에 주둔했던 두 군단 중 하나가 반란 지역으로 파견되었는데, 극심한 사상자가 발생해 전쟁에서 배제되어야 했다.[58] 그러는 사이 아일리아 카피톨리나 남쪽 불모지에서 시몬이라는 산적 두목이 자신을 다시 태어난 유대 왕국의 군주라고 선언했다. 그가 찍어낸 화폐에는 강력한 구호가 담겼다. "이스라엘의 자유를 위하여", "이스라엘의 구원을 위하여". 시몬에겐 바르 코크바Bar Kokhba라는 별명이 붙었는데, '별의 아들'이라는 뜻이었다.

그리스인은 외국 민족으로 로마 황제에게 전에 없던 예우를 받았기에 하드리아누스를 평화를 지키는 군주로 보았다. 황제는 도시 생활 편의시설 후원, 유물 복원, 여러 축제의 조직 등에 천재적인 재능을 지닌 지도자이기도 했다. "그는 절대 기꺼이 전쟁에 나서려는 마음은 없었다."[59] 그러나 하드리아누스는 앞으로 몇 세대 동안 군단 훈련을 통해 군대를 어떻게 정상화하는지 보여주는 귀감이 될 사람이었고, 군인을 한계까지 몰아붙이는 엄격한 단련을 선호하는 사람이었다. 그가 바르 코크바를 상대하며 어떤 정확한 전술을 쓸 것인지 판단하는 데는 시간이 그리 오래 걸리지 않았다. 반란군의 게릴라 전술에 직면한 로마군은 지나치게 느리고 유연하지 못했다. 상황은 분명 더 잽싼 접근법을 요구했다. 하드리아누스는 사람을 보내 가장 유능한 장군인 전직 집정관 율리우스 세베루스Julius Severus를 불렀다. 그는 로마 제국의 가장 야만적인 속주 브리타니아에서 총독을 지내는 동안 여러 차례 반란을 진압한 경험을 통해 높은 기량을 갖추었다. 먼 대양에서 유대까지 이동한 세베루스는 빠르게 반란군의 전열을 흔들어 혼란에 빠지게 했다. 그는 병력을 다수의 기동력이 좋은 타격대로 나누어 유대 불모지 전역에 퍼트렸고, 바르 코크바의 병사들이 있는 소굴을 계속 찾아냈다. 진압 작전에 휴식은 없었고, 그 어떤 자비도 내리지 않았다.

엄청난 학살이 벌어졌다. 유대 학자들이 나중에 증언하기를, 말이 피에 잠겨 익사할 뻔했고, 하드리아누스는 시신만으로 30킬로미터에 이르는 장벽을 쌓았다고 한다. 과장이든 아니든 유대인의 파멸을 다룬 이야기들은 로마 관찰자들조차 두려워할 만한 수준이었다. "유대의 거의 모든 지역이 사막으로 변했다."[60] 처형당하거나 노예가 될 뻔한 위기에서 가까스로 벗어난 유대인은 갈릴리로 도망쳤다. 갈릴리인이 반란에 가담하지 않았기에 난민들은 그곳에서는 유대에 닥친 복수를 피할 수 있었다. 이후 몇십 년 동안 유대 공동체는 그 지역에서 완전히 새로운 생활 방식을 세우고, 새로운 정체성을 확립하고, 그들의 경전과 그들이 믿는 유일신의 목적을 새롭게 이해하는 데 성공했다. 하지만 그들의 원래 고향은 이름조차 보존되지 못했다. 한때 유대였던 곳은 황명에 따라 시리아 팔레스티나 속주가 되었다. 그러는 사이 한때 예루살렘이라 불렀던 도시에서는 신전이 부서지고 파괴된 자리에, 갑옷을 걸치고 말에 탄 채 승리를 만끽하는 하드리아누스의 거대한 조각상이 세워졌다. 이 조각상은 마치 콜로니아 아일리아 카피톨리나가 본래 어떤 곳이었는지에 대한 최후의 기억까지도 말살하려는 것처럼 보였다.

로마에서 요란한 기념 행사는 열리지 않았다. 세베루스는 업적에 적합한 영예를 수여받았지만, 하드리아누스는 개선식을 열 기분이 아니었다. 바르 코크바의 반란에 세간의 이목이 집중되는 것은 황제가 바라던 바가 아니었다. 불시에 그를 깜짝 놀라게 한 전쟁은 그를 모욕하고 그가 꿈꾸던 평화의 모든 꿈을 조롱하기 위해 신들이 급작스럽게 설계한 것일지도 몰랐다. 분명 조잡하기 짝이 없고 수치스러운 일이었다. 여러 지역을 순방한 이후 수도에 머무르게 된 늙어가는 황제는 확실히 맥이 다 빠지고 적개심을 품고 환멸을 느낀 것처럼 보였다. 안티노오스가 나일강에 뛰어들어 나이 든 애인의 목숨을 실제로 연장해주었다 해도 그런 식으로 늘어난 삶은 하드리아누스에게 즐거움을 거의 선사하지 못했다. 사별과 실망으로 점점 더 그의 기분이 침울해지자 갈수록 그의 친구들은 우려했다. 아리아누스처럼 많은 현명한 사람들이 황제를 멀리했다. 하드리아누스는 한때 자신의 잠재적 후계자가 될 자질을 갖췄다고 판단했던 원로원 의원들을 특히 칭찬했으나 결국 그들도 막판에 이르러서는 증오와 시기의 대상이 되었다. 순식간에 바뀌는 그의 변덕스러운 심리상태에 관한 이야기 중엔 더욱 침울한 것들도 있었다. 예로 트라야누스가 도나우강에 세운 다리를 설계했던 위대한 건축가 아폴로도로스가 하드리아누스의 신전 건설 계획을 비판하자 그를 처형했다는 이야기도 있었다. "30개 군단을 지휘하는 자는 항상 그 누구보다 더 박식하다고 여길 수밖에 없다."[61] 이는 어떤 학자가 왜 문학적 논쟁을 하다가 하드리아누스에게 당신이 옳다고 했는지 질문을 받자 한 말이었는데, 과거에는 농담으로 받아들여졌으나 이제는 아니었다. 원로원 의원들은 소리를 낮춰 말하며 최악의 상황이 닥칠까 두려워했다. 그러는 사이 하드리아누스는 병에 걸렸다. 세상을 여행할 수 없게 되자 그는 로마 외곽의 거대한 별장으로 물러났는데, "기가 막히게 멋진 건축 양식으로 지은 건물이었고, 그 부지가 아주 넓었으므로 다양한 속주와 장소의 명칭을 가져와 별장의 여러 부분에 이름을 붙여주었다."[62] 여행을 많이 다녔던 로마 황제는 이 별장에 와 있으면 자신이 알렉산드리아, 혹은 아테네, 혹은 올림포스산 밑의 계곡에 와 있다고 상상할 수 있었다. 제국 전역에서 얻은 걸작, 즉 그림, 가구, 청동제 예술품 등은 별장의 어느 곳에서나 볼 수 있었다. 안티노오스의 조각상도 여러 점 대저택 내에 전시되었다.

별장에서 영빈관, 식당, 파빌리온, 분수 시설이 있는 넓은 구역의 아래에는 망자亡者의 영역을 흉내 내어 설계한 지하실이 펼쳐져 있었다. 그곳은 춥고 어두웠다. 하드리아누스는 내세에 대해서는 행복한 기대 자체가 없었다. 그곳엔 웃음도 농담도 없으리라 여겼다. 하지만 병든 황제는 산 자의 땅에서도 더 이상 즐거움을 찾지 못했다. 병들고 편집증적인 그는 엉성하게 자결을 시도했으나 미수에 그쳤고, 고령의 매부에게 음모 혐의를 씌워 자결을 강요했고, 누나의 손자도 반역을 모의했다는 혐의로 처형했다. 그리하여 새로운 공포 정치가 시작되었다. 그러나 네로와 도미티아누스의 암울했던 시기로 돌아갔다는 이야기가 원로원에서 나오는 순간에도, 하드리아누스는 자신의 책무를 버리지 않았다. 그는 "내 능력은 손상되지 않았다"고 강력히 주장했다.[63] 그는 자신의 사후에 제국이 내전에 휘말려 결딴나고, 복수심에 불타는 군중이 자신의 조각상을 넘어트려 파괴하는 일은 허용하지 않을 생각이었다. 그에 따라 예순두 번째 생일이었던 138년 1월 24일 하드리아누스는 자신의 병상에 주요 원로원 의원들을 소환했다. 그곳에서 황제는 앞으로 다가올 몇십 년 동안 제국의 안정을 보존할 미래 계획을 알렸다. 우선 그는 "고결한 품성, 온화함, 연민, 신중함으로 보편적인 존경을 받으면서, 경솔한 일을 저지를지 모르는 너무 젊은 나이도 아니고, 그렇다고 해서 의무를 등한시할 수 있는 너무 늙은 나이도 아닌" 사람을 입양하겠다는 후계자 구상을 분명히 밝혔다.[64] 그 사람은 바로 티투스 아우렐리우스 안토니누스Titus Aurelius Antoninus라는 원로원 의원이었다. 황제는 안토니누스에게, 황위에 오르면 처조카의 아들이자 자신이 무척 아낀 마르쿠스 안니우스 베루스를 입양할 것을 명

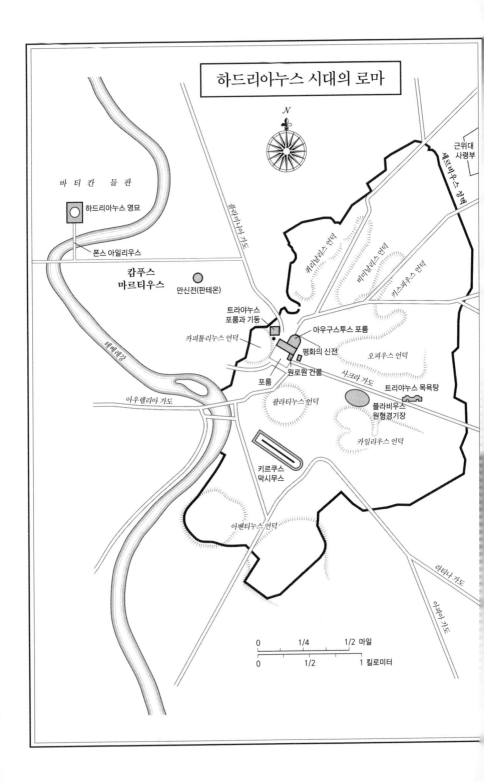

령했다. 베루스는 장래가 매우 유망한 청년이었다. 세계 통치라는 어려운 일을 감당할 수 있을지 며칠 동안 고심한 뒤 안토니누스는 하드리아누스의 제안을 받아들였다. 그는 적법한 절차에 따라 2월 25일 입양되어 티투스 아일리우스 하드리아누스 카이사르 안토니누스가 되었다. 마르쿠스 안니우스는 안토니누스에게 입양된 뒤 마르쿠스 아우렐리우스Marcus Aurelius가 되었다.

그해 7월 하드리아누스가 바이아누스에서 죽자 황위의 승계는 매끄럽게 완료되었다. 안토니누스는 자신의 별칭 '피우스'[경건함, 충실함 등을 의미]가 옳은 이름임을 온전히 입증했고, 양부 하드리아누스가 그에게 기대하는 바를 전부 충족했다. 그는 원로원 내부의 복수심에 불타는 정적들로부터 하드리아누스의 기억을 보호했고, 그를 신의 반열로 승격했으며, 사망한 양부의 소원을 철저히 준수하며 장례식을 거행했다. 하드리아누스 영묘는 사망 10년 전부터 건설이 시작되었다. 캄푸스 마르티우스 쪽에서 테베레강 먼 곳에 있는 바티칸 들판이라는 미개발 지역에 있는 건물은 엄청나게 큰 규모로 설계되었고, 하드리아누스의 유해는 사망 후 한 해가 지나간 139년에 마침내 그곳에 매장되었다. 40년 전에 네르바의 유해를 안치한 뒤 봉쇄한 아우구스투스 영묘가 보이는 곳에 세운 하드리아누스 영묘는 로마의 가장 위대한 황제에게 보내는 경의이자 독립선언으로서 설계되었다. 당연히 어떤 로마 황제에게든 로마인을 몰락에서 구원하고 영구히 로마의 위대함을 확보한 사람에게 영예를 부여하지 않는다면 그것은 신성 모독이었다. 마찬가지로 예전에 아우구스투스가 확립한 평화의 결실로서, 이제 로마, 이탈리아, 그리고 로마 제국은 더 이상 예전의 그 모습이 아니었다.

그러나 하드리아누스 영묘는 이런 표면적 역설을 기념하기 위해 세운 기념물 중 가장 아름다운 것은 아니었다. 최고로 아름다운 건물은 테베레강의 반대편, 캄푸스 마르티우스의 심장부에 있었다. 여기에는 만신전, 즉 모든 신을 모시는 대신전이 있었는데, 본래 아우구스투스 때 지었으나 도미티아누스가 복원했다. 하드리아누스는 이 만신전을 다시 지었다. 이러한 사실은 만신전에 오는 누구나 즉각 알아차릴 수 있는 것은 아니다. 현관, 비문, 지붕 등은 모두 아우구스투스 시절의 것들과 무척 흡사해 보였다. 얼마나 근본적으로, 얼마나 훌륭하게 하드리아누스가 재설계했는지는 방문객이 신전 주요부 가까이 와서야 비로소 인식할 수 있다. 일찍이 돔이 그토록 광대하고 절묘한 적은 없었다. 깜짝 놀라며 응시하는 사람들에게 돔은 천장보다는 "하늘 그 자체"로 보였다.[65] 만신전은 예전 그대로의 모습이었다. 하지만 동시에 완전히 변했다.

그것이 로마가 변화를 이끄는 유서 깊은 방법이었다. 새로운 사업novae es이라는 관용구는 늘 그래왔듯이 경고, 악몽, 저주를 뜻했다. 한때 일곱 언덕의 경계에 갇힌 작은 도시였던 로마는 이제 칼레도니아에서 아라비아까지 광대한 영토를 다스렸다. 온 세상이 인자하고 침착한 안토니누스 피우스의 통치 아래 평화를 누리는 듯 보이는 것만으로도 로마인의 제국이 얼마나 비교 불가능할 정도로 위대해졌는지 잘 드러난다. 마치 역사는 이제 더 발전할 나위 없이 종료된 것처럼 보였다. 아우구스투스의 혈통은 끊겼을지라도 네로 사후 내전이 벌어진 지 70년이 지나고도 여전히 로마 황제는 굳건히 로마 제국을 다스렸다. 아테네 출신의 한 원로원 의원(집정관이자 마르쿠스 아우렐리우스의 개인 교사를 역임하기도 했다)이 숲속의 님프에게리아가 로마의 2대 국왕 누마에게 말을 걸었던 숲을 인수했다. 그 의원은 정원을 찾아온 사람들이 즐거워하도록 숲의 그 부분을 샘물 정원으로 바꿔놓았고, 그 샘물은 늘 그랬던 것처럼 계속 재잘거렸다. 멀리 떨어진 속주의 군인들이 목재, 토탄, 혹은 돌 등으로 로마 통치의 경계를 표시할 때 그런 방어 시설의 존재는 로마의 군사적 열정이 전혀 줄어들지 않았음을 보여주었다. 줄어들기는커녕 오히려 커졌다. 안토니누스 피우스는 평생 단 한 번도 군복무를 한 적이 없었지만, 로마군은 라인강, 도나우강, 가장 음울한 브리타니아나 아프리카에 계속 주둔했고, 언제나처럼 숙달된 군사력을 보여주었다. 팍스 로마나는 보편적이었고, 아무도 그 토대가 무엇인지 의심하지 않았다. 평화는 승리, 영원한 승리의 결실이었다. 한 군인이 팔레스타인 너머의 미개척지에 있는 큰 바위 정면에 새긴 글에서 이를 가장 잘 표현했다. "로마인은 항상 승리한다."[66]

연표

서기전

753 로마 건국.

509 왕정 축출, 공화정 설립.

340 만리우스 토르콰투스가 군율 위반으로 아들을 처형.

146 로마인이 코린토스를 멸망시킴.

63 폼페이우스가 예루살렘을 함락.

53 크라수스가 카르하이에서 파르티아인에게 패배하고 전사.

50 율리우스 카이사르가 갈리아 정복을 완수.

49 카이사르와 원로원파 간 내전 발생.

44 카이사르 암살.

43 키케로 피살.

30 안토니우스 자결. 이집트 병합.

10 헤롯 대왕이 예루살렘 신전 완공.

서기

9 바루스 대참사.

14 아우구스투스 사망. 티베리우스 황제 등극.

37 티베리우스 사망. 칼리굴라 황제 등극.

41 칼리굴라 암살. 클라우디우스 황제 등극.

53 네로가 옥타비아와 결혼.

54	클라우디우스 사망. 네로 황제 등극.
55	브리타니쿠스 사망.
58	네로가 포파이아 사비나와 사랑에 빠짐.
59	아그리파나 피살. 폼페이인은 검투사 경기 공연을 금지당함.
60	부디카 반란 발발.
62	네로 이혼, 옥타비아 추방 및 처형. 네로는 포파이아 사비나와 재혼.
64	로마 대화재 발생.
65	포파이아 사비나 사망.
66	유대 반란 발발.
67	네로가 올림피아에 참가. 네로가 스포루스와 혼인. 베스파시아누스가 갈릴리 진압.
68	율리우스 빈덱스의 반란. 네로 사망. 갈바 황제 등극.
69	(1월 1일) 라인강 반란 발발.
	(1월 2~3일) 비텔리우스가 라인강 군단들에 의해 황제로 선포.
	(1월 10일) 갈바가 피소를 입양.
	(1월 15일) 갈바와 피소 피살. 원로원이 오토를 황제로 공인.
	(3월) 카이키나가 알프스산맥을 건넘.
	(4월 14일) 제1차 크레모나 전투.
	(4월 16일) 오토 자결.
	(4월 말) 비텔리우스가 루그두눔에 도착.
	(7월 1일) 베스파시아누스가 알렉산드리아에서 자신을 황제로 선포.
	(7월 16일) 비텔리우스가 로마에 입성.
	(7월 말) 무키아누스가 시리아를 떠나 이탈리아로 진격.
	(8월 말) 안토니우스 프리무스가 이탈리아를 침공.
	(9월) 키빌리스가 라인강의 비텔리우스 군단들에 대항해 바타비인 병

력을 지휘.

(10월 18일) 카이키나가 비텔리우스를 배반해 베스파시아누스 편에 합류.

(10월 24일) 제2차 크레모나 전투.

(10월 26일) 크레모나 약탈.

(12월 18일) 비텔리우스가 퇴위하려고 했으나 실패.

(12월 19일) 카피톨리누스 언덕의 플라비우스 진영 습격, 플라비우스 사비누스 피살.

(12월 20일) 안토니우스가 로마를 점령. 비텔리우스 피살.

(12월 말) 무키아누스, 로마 도착.

70   무키아누스가 로마에 플라비우스 정권을 확립, 갈리아와 라인강 유역의 반反플라비우스 파벌 진압. 티투스가 예루살렘을 함락. 베스파시아누스가 로마에 도착.

71   베스파시아누스와 티투스가 개선식 거행.

73   마사다 함락.

75   베스파시아누스가 평화의 신전을 봉헌.

79   베스파시아누스 사망. 티투스 황제 등극. 니기디우스 마이우스 사망. 베수비우스 화산 분출.

80   플라비우스 원형경기장(콜로세움) 개관.

81   티투스 사망. 도미티아누스 황제 등극.

82   아그리콜라가 칼레도니아를 침공.

83   아그리콜라가 칼레도니아인들을 상대로 승리, 더불어 브리타니아 극북점을 넘어 함대를 파견. 도미티아누스가 카티족을 상대로 군사 작전 개시.

86   푸스쿠스가 다키아인을 상대로 패배. 칼레도니아 포기.

등장인물

로마 초기

로물루스 로마 건국자이자 초대 국왕.

누마 폼필리우스 로마 2대 국왕. 님프와 어울린 것으로 유명하다.

오만왕 타르퀴니우스 로마 7대이자 왕정의 마지막 국왕. 서기전 509년 추방당했다.

만리우스 토르콰투스 군사 영웅. 가족보다 군율을 더 중요시한 것으로 유명하다.

로마 공화정 말기

폼페이우스 마그누스 공화정 말기 로마에서 가장 강한 권력을 지녔던 인물.

크라수스 막대한 부를 자랑했던 권력자. 파르티아인과 싸우다 전사했다.

율리우스 카이사르 갈리아 정복자. 내전을 일으켜 폼페이우스에게 승리한 후 독재관이 되었으나, 서기전 44년 공화주의자들에게 암살당했다.

키케로 로마의 가장 유명한 웅변가. 서기전 43년 마르쿠스 안토니우스의 명령으로 살해되었다.

마르쿠스 안토니우스 로마 세계 통치권을 두고 아우구스투스와 싸운 경쟁자.

아우구스투스와 그의 황조

아우구스투스 율리우스 카이사르의 외손자이자 양자. 로마 제국 최초의 황제가 되어 아우구스투스 황조를 개창했다.

바루스 게르마니아 총독. '바루스 대참사'로 3개 군단을 상실했다.

티베리우스 로마 2대 황제.

폰티우스 필라투스 티베리우스 치세 당시 유대 총독.

칼리굴라 로마 3대 황제. 대인관계에 문제가 많았던 것으로 유명하다.

클라우디우스 로마 4대 황제. 브리타니아 정복자. 칼리굴라의 여동생이자 자신의
　　조카 아그리피나와 결혼했다.

아그리피나 클라우디우스의 조카이자 네로의 어머니.

브리타니쿠스 클라우디우스의 아들. 네로가 황제가 되고 얼마 지나지 않아 의문
　　사했다.

옥타비아 클라우디우스의 딸이자 네로의 첫 부인. 네로와 이혼하고 얼마 지나지
　　않아 의문사했다.

안토니우스 펠릭스 클라우디우스 어머니의 노예였다가 신분이 계속 상승해 유대
　　총독에까지 올랐다. 유대 왕 헤롯 아그리파의 여동생과 결혼했다.

네로 시대

네로 아우구스투스 황조의 마지막 황제. 타고난 무대 연출자였으며 다양한 기
　　행으로 유명했다.

악테 해방노예 출신으로 네로의 첫사랑이었다.

포파이아 사비나 네로의 두 번째 부인. 네로가 평생 가장 사랑한 사람이었다.

스타틸리아 메살리나 네로의 세 번째 부인. 포파이아 사비나를 닮지 않았다.

스포루스 포파이아 사비나를 닮은 소년. 네로의 명령으로 거세되고 그의 아내
　　가 되었다.

티겔리누스 근위대장. 보잘것없는 경력의 벼락출세자.

님피디우스 근위대장. 야심 가득한 인물로 네로를 배신했다.

칼비아 크리스피닐라 네로의 성적 타락을 도운 스승.

페트로니우스 아르비테르 네로의 궁정에서 가장 세련된 인물. 풍자소설 《사티리
　　콘》의 지은이.

코르불로 당대 가장 위대한 장군. 네로의 명령으로 자결했다.

케스티우스 갈루스 시리아 총독. 무능력해 유대 반란을 초기에 진압할 기회를 놓쳤다.

게시우스 플로루스 유대의 행정관. 가렴주구로 유대 반란의 빌미를 제공했다.

클로디우스 마케르 아프리카 총독. 칼비아가 부추겨 갈바에게 반란을 일으켰다.

율리우스 빈덱스 갈리아 왕가 혈통. 갈바와 협력해 네로에게 반란을 일으켰다.

베르기니우스 루푸스 빈덱스를 격파한 라인강 사령관.

페트로니우스 투르필리아누스 이탈리아에서 네로의 병력을 지휘했던 지휘관.

에파프로디투스 네로의 비서. 네로의 자결을 도왔다는 이유로 도미티아누스에게 처형당했다.

갈바의 흥망

갈바 히스파니아 총독. 네로에 대한 반란을 성공해, 아우구스투스의 혈통이 아닌 자로서는 최초로 로마 제국의 황제가 되었다.

오토 포파이아 사비나의 전 남편이자 네로의 친구. 갈바의 반란에 가담했으나 갈바를 제거하고 3개월 동안 황제로서 통치했다.

카이키나 야심 많고 고질적인 말썽꾼으로, 배신으로 악명이 높았다.

코르넬리우스 라코 갈바의 근위대장.

킹고니우스 바로 편을 잘못 선택한 대필 작가.

루키우스 칼푸르니우스 피소 프루기 리키니아누스 갈바의 양자가 되었으나 곧 갈바와 함께 죽임을 당했다.

비텔리우스와 북쪽 변경

비텔리우스 저지 게르마니아 사령관. 오토를 제거하고 8개월 동안 황제로서 통치했다. 탐식가로 악명이 높았다.

게르마니쿠스 비텔리우스의 아들.

아시아티쿠스 비텔리우스가 총애했던 해방노예.

호르데오니우스 플라쿠스 병약한 고지 게르마니아 사령관.

파비우스 발렌스 카이키나의 동료이자 경쟁자.

율리우스 사비누스 갈리아에서 황제를 참칭한 반란자. 자신이 율리우스 카이사르
의 후손이라고 주장했다.

플라비우스 황조

베스파시아누스 유대 지역 로마군 사령관. 네 황제의 해(서기 69년)에 최후의 승
자가 되어, 황제로 등극해 플라비우스 황조를 개창했다.

티투스 베스파시아누스의 장남. 유대 반란을 제압하고 예루살렘을 정복했다.
"온 인류가 흠모하고 애지중지했던" 사람으로 기억될 만큼 인기가 높았다.

도미티아누스 베스파시아누스의 차남이자 티투스의 황위 계승자. 형과는 달리
"온 인류가 흠모하고 애지중지했던" 사람으로 기억되지 못했다.

플라비우스 사비누스 베스파시아누스의 큰형이자 비텔리우스 치하 로마의 시장.

마르쿠스 울피우스 트라야누스 바이티카 태생 원로원 의원. 베스파시아누스 휘하
제10 프레텐시스 군단장이자 트라야누스 황제의 아버지.

바실리데스 베스파시아누스의 꿈이 이루어지리라 내다본 시리아 예언자.

가이우스 리키니우스 무키아누스 시리아 총독. 내전 당시 베스파시아누스의 전권
대사로 활약했다. 경이로움과 코끼리를 좋아했다.

티베리우스 율리우스 알렉산데르 유대 출신 이집트 장관.

마르쿠스 안토니우스 프리무스 제7 갈비아나 군단장. 베스파시아누스를 지지하며
과단성 있게 로마로 진격했다.

율리우스 브리간티쿠스 바타비 부대 지휘관. 키빌리스 반란을 막다가 전사했다.

퀸투스 페틸리우스 케리알리스 브리타니아 총독으로 브리간테스족을 정벌.

헬베디우스 프리스쿠스 잃어버린 공화정 시절의 향수에 빠진 원로원 의원. 베스파시아누스 치하에서 처형당했다.

대大 플리니우스 백과사전 편집자. 베수비우스 화산 폭발 당시 미세눔 제독.

라르키우스 리키누스 히스파니아 총독. 대 플리니우스의 고약한 상관.

안토니아 카이니스 클라우디우스 어머니의 비서. 노예 출신이었지만 베스파시아누스가 무척 사랑해 사실상 그의 아내나 다름없었다.

도미티아 롱기나 도미티아누스의 부인이자 코르불로의 딸.

티투스 플라비우스 클레멘스 플라비우스 사비누스의 손자. 도미티아누스에게 처형당했다.

플라비아 도미틸라 베스파시아누스의 손녀. 도미티아누스에게 처형당했다.

에아리누스 아름다운 소년 환관. 도미티아누스가 소유했다가 해방시켰다.

아그리콜라 브리타니아 총독. 칼레도니아를 정복했다.

코르넬리우스 푸스쿠스 근위대장. 다키아 원정에 나섰다가 패배했다.

안토니우스 사투르니누스 고지 게르마니아 총독. 도미티아누스에 대항하는 반란을 일으켰다.

라피우스 막시무스 저지 게르마니아 총독. 사투르니누스의 반란에 가담하지 않았다.

아킬리우스 글라브리오 사자와 싸운 원로원 의원. 도미티아누스에게 처형당했다.

폼페이와 나폴리만

그나이우스 알레이우스 니기디우스 마이우스 폼페이 정치의 대원로.

마르쿠스 에피디우스 사비누스 폼페이의 전도유망한 유력자.

아울루스 움브리키우스 스카우루스 가룸(어즙)을 팔아서 큰 부자가 된 거상.

클로디아 니겔라 공공 돼지 사육사.

티투스 수에디우스 클레멘스 폼페이의 베스파시아누스 대리인.

폼포니아누스 스타비아이에 별장을 둔 원로원 의원. 대 플리니우스의 친구.

왕과 여왕

헤롯 대왕 아우구스투스 시기 유대 통치자.

헤롯 아그리파 헤롯 대왕의 증손자로 유대 반란 당시 유대 통치자.

베레니케 헤롯 아그리파의 누이이자 티투스의 연인.

미트리다테스 농담 한 번 잘못했다가 처형당한 폰투스의 국왕.

카르티만두아 로마에 우호적이었던 브리간테스족 여왕.

데케발루스 다키아인의 왕. 트라야누스에게 패배했다.

오스로이스 파르티아 국왕. 트라야누스에게 패배했다.

로마에 반란을 일으킨 인물들

테우다스 요르단강을 가르겠다며 무리를 모은 유대인.

"이집트인" 말 한마디로 예루살렘 성벽을 무너뜨리겠다고 호언장담했던 유대인.

부디카 네로 재위 당시 브리타니아 여왕.

엘르아살 유대교 사제. 예루살렘 신전을 장악하고 유대 반란을 일으켰다.

요세프 벤 마티야후 유대 반란군 지휘관. 베스파시아누스에게 사로잡힌 후 그에 게 협력했다. 역사가 플라비우스 요세푸스로 더 잘 알려져 있다.

벨레다 로마 군단 기지가 모두 소탕되리라 예언했던 게르마니아인 여성 견자見者.

마리쿠스 추종자들이 신의 아들이라 믿었던 갈리아인.

율리우스 키빌리스 로마 내전을 틈타 반란을 일으킨 바타비 보조 부대 지휘관.

시몬 바르 코크바 하드리아누스에 대항해 유대인 반란을 일으킨 주동자.

트라야누스 시대

네르바 저명한 원로원 의원으로, 도미티아누스 암살 이후 황제가 되었다.

트라야누스 "최고의 황제". 다키아를 정복해 로마 제국을 최대 판도로 넓혔다.

소小 플리니우스 대 플리니우스의 조카. 수많은 별장을 소유했다. 트라야누스 황제의 총애를 받아 비티니아와 폰투스 총독을 역임했다.

타키투스 아그리콜라의 조카이자 《연대기》 등을 쓴 역사가.

아폴로도로스 다키아 원정 시 도나우강의 유명한 석조 다리를 설계한 건축가.

디온 크리소스토모스 고향인 프루사를 사랑한 그리스 철학자.

루시우스 퀴에투스 마우레타니아 왕자. 유대 총독.

하드리아누스 시대

하드리아누스 트라야누스 황제의 후계자. 트라야누스 사후 혼란을 수습하고, 로마 제국을 순행하며 체제를 재정비했다.

사비나 하드리아누스의 부인이자 트라야누스의 조카.

아킬리우스 아티아누스 하드리아누스의 후견인이자 근위대장.

셉티키우스 클라루스 해고된 아티아누스의 후임 근위대장. 수에토니우스의 후원자.

수에토니우스 하드리아누스의 최고 비서. 《황제열전》 저자.

플레곤 해방노예 출신으로, 경이를 수집해 기록한 편집자.

아리아누스 비티니아 태생 원로원 의원이자 역사가. 바이티카 총독을 역임했다.

에픽테토스 당대 가장 뛰어나다고 칭송받던 그리스 철학자.

필로파포스 아테네에서 각종 인맥이 많기로 유명한 출세자.

율리아 발빌라 필로파포스의 누이이자 사비나의 친구. 유명한 시인.

안티노오스 하드리아누스가 아낀 소년 애인. 나일강에서 의문사했다. 사후에 하드리아누스의 명령으로 신격화되었다.

율리우스 세베루스 브리타니아 총독. 하드리아누스의 명령으로 유대 반란을 진압했다.

팍스 로마나의 빛과 그림자

팍스 로마나Pax Romana는 아우구스투스의 시대(서기전 27~서기 14)부터 오현제의 마지막 황제인 마르쿠스 아우렐리우스 재위 기간(서기 161~180)까지 약 200년 동안 로마 제국이 지중해 일대에 정치적·사회적·문화적 안정을 가져온 시기를 통칭하는 말이다. 이 무렵 로마 제국은 온 세상을 하나의 통치권 아래에 두고서 사회 기반 시설을 확대하고, 해상의 해적을 근절했으며, 자유롭게 물산을 장려하고, 유통·교통 시설의 편의를 제공했으며, 문화를 전파하고, 부족 간 유혈 사태를 방지하는 등 평화 시 누릴 수 있는 혜택을 많이 부여했다. 그리하여 팍스 로마나는 제국의 많은 지역에서 확고히 자리 잡았다. 특히 서기 1세기와 2세기에 이탈리아인과 속주 사람 대다수에게 여러 세대에 걸쳐서 전쟁 없는 평온한 세월을 가져다주었다. 그렇지만 국경 너머 어디에선가는 계속 전투가 벌어졌다.

팍스 로마나의 힘이 미치는 범위는 라인강 이서의 서유럽 전역(게르마니아 제외), 북아프리카, 브리타니아(브리튼섬), 그리스, 유대 등 유럽 동부 및 아시아 지역까지였다. 이 시기에 로마 제국은 각 속주에 많은 자율권을 부여해 현지 고유의 법률로 해당 사회를 자치적으로 다스리게 했는데 그 반대급부는 세금을 철저히 납부하고 제국의 명령을 충실히 이행하는 것이었다. 아우구스투스는 팍스 로마나를 기념하기 위해 서기전 9년 로마에 평화의 신 팍스의 신전을 건설하기 시작했고 베스파시아누스 황제 때인 서기 75년에 이르러 완공되었다. 《로마 제국 쇠망사》의 지은이 에드워드 기번은 팍스 로마나를 가리켜 로마의 황금시대라고 명명했다.

톰 홀랜드의 《팍스》는 그 기간 중 서기 68년의 네로 사망에서 하드리아누스가 사망하는 138년까지 약 70년의 세월을 기술하고 있다. 그런데도 부제가 '로마 황금시대의 전쟁과 평화'인 것은 이 70년이 그 뒤 300년 동안 제국의 역사에서 전개되는 전쟁과 평화의 패턴을 전형적으로 보여주기 때문이다. 로마 제국은 후대에 나타난 여러 제국, 가령 아랍 칼리프 제국, 신성 로마 제국, 몽골 제국, 명·청 제국, 아스텍·잉카 제국, 무굴 제국, 오스만 제국, 영 제국, 나치의 제3제국, 일본 제국, 소련 제국, 그리고 오늘날의 팍스 아메리카나에 이르기까지 모든 제국의 원형이므로 그 발전 양상을 정밀하게 들여다볼 필요가 있다.

이 평화에는 언제나 전쟁의 그림자가 따라붙었다. 로마는 광대한 판도를 가진 국가이기는 했으나 그 제국을 확립하고 보안을 유지해 주는 군사력은 강점인 동시에 약점이었다. 대규모 군대를 운영하려면 막대한 비용이 들어가고 그 돈을 마련하려면 어디에선가 가져와야 했다. 이러한 사정을 타키투스는 《역사》 제4권 74절에서 이렇게 말하고 있다. "병사들이 없으면 사람들 사이에 평화가 없고, 봉급이 없으면 병사가 없고, 공물이 없으면 봉급도 없다." 제국 초창기에 국고로 들어오는 돈은 처음에는 해외 여러 지역을 점령해 그곳의 금은보화를 무자비하게 약탈하는 데서 나왔다. 카르타고의 전쟁 배상금, 유구르타의 황금, 히스파니아의 금은 광산 등이 그런 자금의 출처였고 베스파시아누스 시대에는 유대 신전의 금은보화를, 트라야누스는 다키아인의 감추어놓은 황금을 찾아내어 로마의 국고로 가져왔다. 그러나 하드리아누스 황제 때에 이르러서는 더 이상 해외 영토를 점령하기가 어려워졌으므로, 서유럽, 북아프리카, 소아시아의 여러 속주로부터 세금을 잘 징수하는 쪽으로 국정 방향을 전환했다. 약탈 대신 징세를 제국 유지의 수단으로 삼은 것이다. 그러나 세금을 잘 거둔다는 것은 결코 쉬운 일이 아니었고 이 문제는 언제든 제국을 혼란의 상태로 빠트릴 수 있었다.

이 책에서는 바루스 대참사가 자주 언급되는데, 서기 9년에 바루스 사령관 휘하의 로마 3개 군단이 라인강 동쪽의 토이토부르크 숲에서 부족장 아르미니우스가 이끄는 게르만 부족에게 전멸한 사건을 말한다. 황제 아우구스투스는 이 손실이 얼마나 뼈아팠던지 밤중에 궁중의 회랑을 돌아다니며 벽에 이마를 쿵쿵 찧고서 "바루스, 내 군단을 돌려줘!" 하고 고통스럽게 외쳤다고 한다. 당시 제국 휘하의 25개 군단 중 최정예 3개 군단을 잃어버렸으니, 제국 여러 지역에서 치안 유지의 공백이 심각했고, 게다가 군단을 새로 편성하려면 엄청난 돈이 들어가야 했으므로 그 고통은 막심했을 것이다. 그런데 군비 조달이 어려워서 군사력이 허약해지면 제국은 어떻게 되는가? 그러면 허술한 틈을 타서 변방의 이민족들이 침공해 오게 된다. 가령, 아우구스투스는 바루스 참사 이전에는 게르마니아 속주를 라인강 동쪽 지역까지 확대했으나 그 참사 후에 엘베강 일대는 포기하고 라인강 이서 지역에만 집중했다. 엘베강 지역은 그 후 제국의 영토로 회복되지 않았고 계속해 로마인을 괴롭혀 온 게르만인의 거점이 되었다. 실제로 그 사건 후 450년 뒤에 이 지역 출신의 게르만 병사들이 고트족 군대의 일부가 되어 로마 제국을 멸망시켰다.

　이렇게 볼 때, 황제의 역할 중 군대의 유지와 통제가 그 무엇보다 중요한 일이었다. 제국을 잘 운영한 황제들, 가령 베스파시아누스와 트라야누스는 황제가 되기 전에 초급 장교에서 사령관에 이르기까지 수십 년간 야전에서 근무해 병사들의 심리를 훤히 꿰뚫고 있어서 위기 상황이 발생했을 때 황제 개인의 카리스마로 충분히 그 병사들을 제압할 수 있었다. 반면에 네로나 도미티아누스 같은 황제는 군 생활을 해본 적이 없으므로 오로지 돈으로만 군대의 환심을 사려다가 자금이 부족하거나 자신이 오만에 빠져서 망해버렸다. 아우구스투스 이후 티베리우스, 칼리굴라, 클라우디우스, 네로 즉 율리우스-클라우디우스 황조의 황제들은 모두 창업주만 못한 통치자들이었고, 네로가 서기 68년 자결하면서 제국은 심각한 위기 상황에 빠져들었다.

네로 이후에 등장한 세 명의 황제는 그 위기 상황을 제대로 타개할 능력이 없었다. 그들은 무엇보다도 로마에 주둔한 근위대와 속주의 야전 군단을 확실히 통제하지 못했다. 또 네로가 탕진해버린 국고를 시급히 다시 채워야 했는데 그 일도 해낼 역량이 없었다. 황제 개인의 위기관리 능력은 별도로 치더라도, 왜 로마는 이처럼 운영하기 힘들고 언젠가는 망할 수밖에 없는 제국주의로 국정 방향을 선회했을까? 바로 해외 정복으로 계속 들어오는 돈과 물자 그리고 인력 자원(노예) 때문이었다. 공화정의 선공후사先公後私 정신이 약탈 자본과 사치품의 도입으로 해이해지더니 곧 부패하기 시작했다. 로마는 제국이 도래하기 전에는 공화 정신이 충만한 영웅들이 계속 나와서 '원로원과 로마 시민SPQR'으로 표상되는 공화정을 400년 동안 지속시켜왔다. 이 시기에 국고는 풍성하고 시민들은 검소하게 살았다. 그러나 공화정 말기에는 상황이 역전되어 국가는 가난해지고 소수 인사들만 엄청난 부자가 되었다.

소수 인사란 결국 야전 사령관들을 가리키는데, 그들은 해외 정복에서 벌어들인 자금을 자기 개인 돈으로 챙기기 시작했다. 그리하여 마리우스와 술라의 시대에 이르러 군 사령관과 병사들 사이에 보호자-피보호자의 관계가 형성되었다. 사령관은 전리품과 현금으로 사병들의 환심을 샀고, 사병들은 자신에게 돈을 주는 사령관을 국가보다 더 중시하기에 이르렀다. 군대를 이처럼 사물私物화하다 보니, 자신의 군령권 교체 결정에 반대한 술라가 소아시아에서 군대를 이끌고 조국 로마로 쳐들어오는 일까지 벌어졌다. 이러한 양상은 갈리아에서 루비콘강을 넘어 로마로 진군한 율리우스 카이사르가 반복해서 보여준다. 그리고 이후에 야전군의 반란과 군대가 주도하는 황제 옹립은 로마사의 반복적 상수가 되었다.

　이렇게 전개되어온 로마 제국의 초창기 역사는 혼란과 안정이라는 두 단어로 요약할 수 있다. 이 책 《팍스》에서 다룬 네로 이후의 네 황제와 플라비우스 황조의 세 황제는 물론이고, 오현제 이후의 로마 역사도 그런 역사적 패턴을 잘 보여준다. 황금시대가 지나간 이후에도 로마 제국의 국정이 혼란에 빠지자 디오클레티아누스라는 뛰어난 황제가 나와서 4황제제Tetrarchy라는 제도를 도입해 통치를 안정시켰다. 이 4황제제 덕분에 콘스탄티누스의 아버지는 서부 지역을 담당하는 황제 자리에 올랐고, 당시 브리타니아 지역에 나가 있던 콘스탄티누스는 아버지 사망 후에 그 지위를 이어받을 수 있었다. 이어 그는 313년 제국의 내전 상태를 종식시키고, 기독교라는 정신적 무기를 등에 업고서 다시 제국의 통치를 안정시켰다.

그러나 제국주의라는 불완전한 통치 구조 때문에 사회적 안정은 언제나 일시적이었고 그 내부에 감추어진 혼란의 씨앗은 언제든 발아할 수 있었다. 남의 것을 빼앗아야만 유지될 수 있는 제국의 구조는 결코 항구적일 수 없는 까닭이다.

로마 제국이 확립된 이후의 발전 패턴은, 본국인의 제국 운영-외부 세력의 지원-외부 세력의 득세-제국 중심부의 공동화空洞化-변경 세력의 침공-멸망의 과정을 거쳐 갔다. 이것은 로마 제국은 물론이고 그 후의 여러 제국이 걸어간 전형적 과정이다. 광대한 영토를 통치하려면 본국 사람들만으로는 안 되고 피정복 국가들의 엘리트에게 도움을 받아야 하는데, 이 도움이 장차 도래할 멸망의 씨앗이 된다. 로마 제국은 처음부터 갈리아인, 히스파니아인, 북아프리카인, 아시아인 등 여러 민족의 도움을 받아가며 제국을 운영해 왔다. 그 과정에서 로마에 의존하는 외부 세력들은 제국 내 여러 속주에서 권력을 획득했고, 이어 힘을 얻은 세력이 그 힘을 사용하려고 하면서 중심과 변방 사이에 갈등이 생겨났고, 마침내 변방의 민족들 가령 게르만족, 훈족이 제국의 경계를 침략해 제국을 멸망시켰다.

제국의 이런 거시적 흐름 외에 황제 개인들의 이야기도 아주 흥미진진하다. 율리우스-클라디우스 황조의 마지막 황제인 네로가 사망한 이후 69년의 네 황제와 플라비우스 황조의 세 황제가 등장하고 그 후에 오현제 시대가 열린다. 이 네 황제와 플라비우스 황조의 세 황제, 그리고 오현제의 첫 세 황제(네르바, 트라야누스, 하드리아누스)가 이 책의 주인공이다. 69년 한 해의 황제들은 자신이 발행한 주화에 자기 얼굴을 새겨서 자신의 통치가 그 주화처럼 오래가기를 바랐으나, 모두 같은 해에 등장해 그 한 해 동안에 사라지고 말았다. 완고한 데다 인색한 갈바는 암살당했고, 교활한 권모술수에 의존하던 오토는 자결했으며, 향락을 좋아하며 무능력한 비텔리우스는 반란이 발생하자 도망치던 중에 잡혀서 치욕적으로 죽었다. 그 뒤를 이어 69년 말에 등장한 베스파시아누스가 플라비우스 황조를 개시하게 된다. 그리하여 로마 제국은 혼란을 진압하고 안정을 되찾게 된다.

미국의 남북전쟁 중에 링컨 대통령이 율리시스 그랜트라는 승장을 얻기까지 여러 무능한 장군을 임명하면서 큰 고역을 치렀듯이, 역사의 신 또한 베스파시아누스를 얻기 위해 무능한 황제들을 1년 사이에 네 명(네로 포함)이나 시험해야 했다. 자격이 없는 사람이 황위에 올라 그 중책을 담당해야 했으니 정신적 부담을 이겨내지 못했고 결국엔 그 어리석음을 자신의 목숨으로 갚아야 했다. 속담에 호랑이는 무섭고 호랑이 가죽은 탐난다고 했는데, 이 무능한 황제들은 호랑이를 상대할 능력은 없으면서 그 가죽을 얻으려 했던 사람들이었다. 이야기는 희극보다 비극이, 똑똑한 사람보다 우둔한 주인공이 더 재미있는데, 이 책에 등장하는 여러 무능한 황제는 그런 기대를 잘 충족시킨다.

이 책의 시작을 여는 네로는 정말 괴이한 사람이다. 그를 알기 위해서는 그의 배경을 좀 살펴볼 필요가 있다. 네로의 어머니 아그리피나는 게르마니쿠스와 동명의 어머니 아그리피나(율리우스 카이사르의 딸 율리아와 아그리파 사이에서 난 딸) 사이에서 태어난 딸로, 칼리굴라 황제의 여동생이었다. 첫 번째 남편에게서 아들 네로를 얻었고 두 번째 남편은 49년에 그녀가 독살했다. 그리고 세 번째 남편이 가문의 아저씨뻘이 되는 클라우디우스 황제인데 이 남편을 설득해 아들 네로를 입양시켰고 그 후 남편을 독살해 17세의 네로가 황위에 오르게 했다. 네로는 권력욕 강한 어머니가 언제 자신을 죽일지 모른다는 공포에 떨었다. 결국 22세의 네로는 근위대 병사들을 자객으로 보내 44세의 어머니를 살해했다. 이때 아그리피나가 한 말이 "내 배를 찔러라ventrem feri"였다.

네로의 이야기는 저 먼 나라, 고대 로마에 발생한 역사 속의 한 사례에 그치지 않는다. 로마 황제는 입법·사법·행정의 삼권을 모두 장악한 최고 권력자였다. 그처럼 뭐든 할 수 있는 절대 권력은 인생에 대한 권태를 가져와 사람을 변덕과 충동의 노예로 만든다. 가령 네로가 제멋대로 유능한 동방 사령관 코르불로에게 자살을 명한 것도 그런 변덕의 결과였고, 평소 존경하던 그리스의 모든 시민에게 면세 혜택을 부여한 것도 그런 충동의 소치였다. 그러나 무한 권력을 욕망대로 무제한으로 사용하면 네로처럼 온갖 몹쓸 짓을 하다가 결국에는 자신의 목숨도 내놓게 된다. 정치가는 권력의 도취에 망하고 보통 사람은 금전의 냄새에 부패한다. 만약 돈을 내 마음대로 무제한 사용할 수 있다면 그 사람은 결국 네로 같은 인간이 될 수밖에 없다. 보통 사람은 늘 돈이 부족한 상태로 살아와서 그것이 불편하기는 하지만 부패를 막아주는 소금의 역할을 해주고 또 네로 같은 비참한 운명을 모면하게 해준다. 네로 황제의 사례는 인생과 운명을 대하는 사람의 태도에 관해 명백한 교훈을 제시한다. 네로처럼 권력의 알코올이 뇌수에 깊숙이 박히면 그 어떤 현명한 조언도 머리에 들어오지 않듯이, 보통 사람도 금전의 노예가 되면 지혜의 생명수는 혼탁해져 네로의 길로 갈 수밖에 없는 것이다.

이 책에서 이목을 끄는 또 다른 현상은 황제의 자살이다. 네로도 자살했고 오토도 자살했는데, 그 양상은 사뭇 다르다. 네로는 쾌락을 탐닉하다가 마지막 코너로 몰린 사례이고, 오토는 전투로 결판을 내려다가 대규모 확전을 두려워하고 로마 시민들의 안전을 걱정해 스스로 자살한 경우다. 로마에서 내전이 벌어질 경우 패배한 쪽은 대개 자살로 막을 내렸다. 필리피 전투에서 패배한 카이사르 암살자 브루투스도 자살했고, 악티움 해전의 패배자인 안토니우스도 그랬다. 황제가 타살된 경우는 갈바와 비텔리우스인데 갈바는 고집불통에 오만해 자기 세력을 다 잃어버리는 바람에 황제 자리에서 내려와 목숨마저 잃었고, 비텔리우스는 우유부단하고 무능한 데다 목숨을 지키려고 비겁한 협상을 하다가 죽었다. 이처럼 여러 황제들의 동정은 이 책을 읽는 재미 중 하나다.

그러나 황제들에 대해 이런 우울한 이야기만 있는 것은 아니다. 비장하면서도 신비하고 또 아름다운 이야기들도 소개된다. 로마의 13대 황제 트라야누스(53~117)는 생애 만년에 파르티아(오늘날의 이란) 원정에 나선다. 아우구스투스 이래 최고의 황제라는 소리를 듣던 그는 모든 영웅의 꿈, 알렉산드로스 대왕의 길을 따라 파르티아를 통과해 인도로 가고 싶어 했다. 파르티아는 크라수스, 카이사르, 안토니우스 등 여러 로마 영웅이 좌절을 겪었던 곳이었다. 바빌론을 정벌한 116년 가을, 황제는 가벼운 중풍을 맞았다. 이때 황제는 63세. 자신의 고령을 한탄하며 30대 초반에 인도 정벌 길에 올랐던 알렉산드로스 대왕을 부러워했다. 황제는 자신의 중풍에 대해 식중독에 걸린 것일 뿐, 노환으로 인정하지 않으려 했다. 월동 진지에서 겨울을 보낸 다음 해 봄, 그는 또다시 파르티아 원정에 나섰는데 이 원정길에서 병사한다. 그야말로 자신의 꿈과 야망에 관한 한, 사이이의死而已矣(죽어야 그만둔다)였다.

하드리아누스와 미소년 안티노오스의 사랑은 아주 신비한 분위기를 풍긴다. 안티노오스가 자신을 향한 황제의 사랑을 영원히 간직하기 위해서 나일강에 일부러 빠져 죽었다는 이야기는 그런 신비주의를 더욱 부추긴다. 이 안티노오스 이야기는 유럽에서 중세와 근대 내내 아주 유명했고, 오스카 와일드의 장편소설 《도리언 그레이의 초상》에서도 미소년의 모델로 안티노오스를 제시했다.

로마 황제로 등극하기 전의 유대 사령관 티투스가 유대 공주 베레니케를 사랑한 이야기도 흥미롭다. 티투스의 부황 베스파시아누스가 해방노예 카이니스를 거의 아내나 다름없이 사랑한 이야기도 기이하다.

　이상으로 이 책의 내용을 거시적 흐름(제국의 혼란과 안정)과 미시적 흐름(황제의 개인적 생애)이라는 두 측면에서 간략하게 살펴보았다. 이 책의 주제인 '로마의 황금시대'를 다룬 책들은 국내에 이미 여러 권 나와 있다. 그러나 대개 관련 사실을 무미건조하게 나열하거나 대중적 흥미에 영합하는 것들이다. 《팍스》처럼 당시의 로마인들이 보고 느끼고 생각했던 로마 제국의 본모습을 제대로 전해주는 책은 드물다. 로마 시대를 다룬 고전적 역사서인 리비우스의 《로마사》, 타키투스의 《연대기》와 《역사》, 수에토니우스의 《황제열전》 같은 1차 사료들은 좋은 역사서이기는 하지만 아주 오래전의 서술 기법으로 집필되어 있어서 읽기가 쉽지 않다. 문학평론가 루카치는 '훌륭한 소설은 전형과 전망을 제시한 작품'이라고 말했는데, 이 책 《팍스》는 비록 소설은 아니지만 로마 제국의 전형(혼란과 안정)과 전망(무력 의존에 따른 필연적 흥망성쇠)을 잘 보여주고 있다. 지은이는 이야기 역사를 써보겠다고 했는데, 이 책은 이야기로서도 아주 흥미진진한 세부 사항을 많이 제시하고 있다.

　이 책의 〈감사의 말〉에 나와 있듯이 지은이는 이 책을 집필하는 동안 중병을 앓았던 듯하다. 어쩌면 이 책이 마지막 집필이 될지도 모른다는 비장함이 내심 있었을 것이다. 그래서 그런지 황제들의 성적 기벽이나 로마 상류 사회의 노예 학대나 미소년 선호 등 세간에서 기피하는 이야기들도 망설이지 않고 과감하게 써나갔다. 그런 덕분에 더욱 읽어볼 만한 책이 되었다.

이종인

주

서론

1   Aelius Aristides, *Regarding Rome*: 13

2   C. E. Stevens의 말. Breeze, p. xv에서 인용.

3   Martin의 인터뷰(2014)에서 인용: https://www.youtube.com/watch?v=
    bhpQwiz0Gq0

4   Rudyard Kipling, 'On the Great Wall', in *Puck of Pook's Hill* (London, 1906).

5   Gibbon, vol. 1, p. 103

6   Ibid: p. 31

7   Temin, p. 2

8   Revelation, 17.6

9   Ibid: 17.18

10 Ibid: 18.16−17

11 Matthew, 20.16

12 휘트비의 이름 없는 수도자가 8세기 초에 집필한 그레고리우스 성인의 전기에서 가져
    왔다. Vickers, p. 71에서 인용.

13 Origen, *Against Celsus*: 2.8

14 Horbury, p. 15에서 인용. "시몬 바르 코크바(Simeon bar Kosiba)[하드리아누스에
    맞선 유대 반란군의 지도자]가 사용한 성경적·랍비적 호칭인 나시(nasi)는 현대의 국
    가 원수에게도 적용되어 '대통령'을 지칭하는 말로 쓰인다."

15 Florus, *Epitome*: 1.1

1. 슬프고 잔인한 신들

1   Ovid, *Tristia*: 1.5.69−70

2   Cassius Dio: 53.16

3   Suetonius, *Life of the Deified Augustus*: 28

4   Plutarch, *Numa Pompilius*: 4.2

5   Livy: 1.59

6   Tacitus, *Annals*: 13.45

7   Ovid, *Tristia*: 4.4.15

8   Suetonius. *Life of the Deified Augustus*: 53

9   Cassius Dio: 53.19.3

10   Statius. *Silvae*: 5.211–12

11   Seneca. *On Consolation: To His Mother Helvia*: 10.4

12   이집트의 옥시링쿠스에서 발견된 파피루스 파편에서. Capponi, p. 69에서 인용.

13   Tacitus. *Annals*: 16.6

14   Suetonius. *Nero*: 31

15   Martial. *Book of Spectacles*: 2.8

16   Ibid: 2.4

17   Cassius Dio: 63.22.1

18   Suetonius. *Nero*: 40

19   Cicero. *Against Verres*: 2.4.82

20   Ovid. *Black Sea Letters*: 4.9.68

21   Seneca. *On Benefits*: 4.28.2

22   그리스 카르디차에서 발견된 비문에서. Smallwood(1967), p. 64

23   Sophocles. Fragment 837

24   Plutarch. *Romulus*: 11

25   이것이 가장 인기 있는 이론이다. Lyes, p. 53 참조.

26   Varro의 말. Macrobius. *Saturnalia*: 1.16.18에서 인용.

27   Suetonius. *Nero*: 49

28   Tacitus. *Histories*: 1.89

29   Ibid: 1.4

30   Ibid

31   Ibid: 1.73

32   칼비아가 아프리카 출신이라는 사실은 사료들에는 언급되어 있지 않다. 그러나 상당한 재산과 연줄을 갖고 있는 여인이어야 그녀가 69년에 행한 방식으로 사건들에 영향을 미칠 수 있다.

33   Tacitus. *Histories*: 1.5

34   Josephus. *The Judaean War*: 3.123

35   For this theory, see Morgan (2000), pp. 486–7

36   Suetonius. *Nero*: 16

37   이에 대한 증거는 창고 부지에서 발견한 비문에서 나왔다. 창고들은 68년 가을에 세워졌다.

38   Tacitus. *Histories*: 1.7

39   Ibid: 1.16

40   Ibid

41   Suetonius. *Otho*: 5

42   Ibid: 6

43   플루타르코스의 보고에 따르면 이렇게 되어 있다. 타키투스에 따르면 그는 체포되어 오지 섬으로 유배형이 내려졌는데 그 섬에 도착하기도 전에 처형당했다.

44   Tacitus. *Histories*: 1.49

2. 네 명의 황제

1   Ausonius. 'On Bissula': 17–18

2   Tacitus. *Germania*: 4

3   *Res Gestae*: 3

4   Tacitus. *Histories*: 4.73

5   Livy: 22.38

6   이 이름의 출처에 대한 완벽하고 설득력 높은 설명은 Bishop(1990) 참조.

7   Horace. *Odes*: 3.6

8   Tacitus. *Annals*: 4.4

9   Livy: 8.7

10   Suetonius. *The Deified Julius*: 24

11   Livy: 44.39

12   Josephus. *The Judaean War*: 3.83

13   Ulpian: 39.1.42

14   Ennius. *Annals*: 5

15   아무튼 이것이 베테라에서 나온 증거다. 베테라에는 모곤티아쿰처럼 군단 기지가 두 개 있었다. 그러나 마인츠와는 다르게 서기 1세기의 요새 터가 후대에 전해진다.

16   이것은 타키투스의 보고인데, 비텔리우스의 황제 등극에 이르는 사건들을 밝혀주는 우리의 가장 좋은 1차 사료다. 수에토니우스는 이보다 좀 괴이한 이야기를 전개하면서 병사들이 침소의 비텔리우스를 깨워 일으켜서 그들의 어깨에 둘러맨 채 콜로니아(쾰른) 주위를 돌아다녔고 우연하게도 그의 사령부를 불태웠다.

17   Tacitus. *Annals*: 1.62

18   Tacitus. *Histories*: 1.50

19   Ibid: 2.8

20   *Sibylline Oracles*: 4.119

21   Aristotle. *Politics*: 1327b

22 Josephus. *The Judaean War*: 1.65

23 Ibid: 2.278

24 Tacitus. *Histories*: 5.10

25 Ibid: 5.4

26 Ibid: 5.5

27 Ibid

28 Theophrastus의 말. Goodman (2007), p. 282에서 인용.

29 Seneca의 말. Augustine. *The City of God*: 6.11에서 인용.

30 Smallwood (1967). No. 370

31 Philo. 'Embassy to Gaius': 38

32 Pliny: 5.70

33 Josephus. *The Judaean War*: 2.390

34 Ibid: 2.362

35 아무튼 이렇다고 수에토니우스는 보고하고 있다(*Vespasian*: 4).

36 Tacitus. *Annals*: 13.35

37 Suetonius. *The Deified Vespasian*: 1

38 Ibid: 20

39 Tacitus. *Histories*: 2.78

40 2 Thessalonians. 2.4

41 Tacitus. *Histories*: 2.78

42 Suetonius. *The Deified Vespasian*: 4

43 Josephus. *Life*: 16

44 Josephus. *The Judaean War*: 3.401-2

45 Tacitus. *Histories*: 4.74

46 Strabo: 4.1.2

47 Pliny: 30.4

48 Tacitus. *Histories*: 2.32

49 Ibid: 2.46

50 Ibid: 2.47

51 Suetonius. *Otho*: 12

52 Tacitus. *Histories*: 2.89

53 Suetonius. *Vitellius*: 11

54 Dio: 65.10

55 Josephus. *The Judaean War*: 4.626

56 Daniel. 7.7-8

57 Tacitus. *Histories*: 2.84

58 Ibid: 4.61

59 Josephus. *The Judaean War*: 2.401

60 Isaiah. 11.4

61 Josephus. *The Judaean War*: 3.516

62 Ibid: 5.41

3. 전쟁 중인 세계

1 Ovid. *Metamorphoses*: 15.209-11

2 Frontinus: 4.7.2

3 Velleius Paterculus: 2.100.2

4 Calpurnius Siculus: 7.43-4

5 Tacitus. *Histories*: 2.88

6 Dio: 64.13

7 Tacitus. *Histories*: 3.32

8 Pliny: 16.5

9 Dio: 61.3

10 Pliny: 16.3

11 Tacitus. *Germania*: 29

12 *ILS*: 2558. 비문은 하드리아누스 시대의 것이다.

13 Tacitus. *Histories*: 4.22

14 Ennius. *Annals*: 247

15 Tacitus. *Histories*: 3.54

16 Ibid: 3.63

17 Tacitus. *Histories*: 3.67

18 Ibid: 3.68

19 Ibid: 3.70. 다소 그 말의 신빙성이 의심되지만 수에토니우스는 비텔리우스가 부하들
    을 재촉해 카피톨리누스를 공격하게 했다고 보고한다. 그러나 아무리 봐도 이 설명은
    그럴 법하지가 않다.

20 Ibid: 3.72

21 Ibid: 3.83

22 Tacitus. *Histories*: 3.85

23 수에토니우스가 이렇게 보고하고 있다(*Vespasian*: 7). 타키투스가 이 사건을 서술한

바에 따르면, 두 번째 환자는 오그라든 손을 갖고 있다(*Histories*: 4.81).

24 타키투스는 플라비우스 가문의 선전을 인용하면서 일부 군단들이 베스파시아누스에게 충성 맹세를 했다고 보고한다. 그러나 그는 뒤에서 이런 주장을 못 믿겠다는 태도를 취하고 있다.

25 Tacitus. *Histories*: 4.54

26 이 문구는 청동판 금석문의 세 번째 머리 부분에 나온다. 이 청동판은 라테라노의 성요한 대성당 제단에 첨부되었기 때문에 후대에 전해졌다. 이 청동판은 현재 카피톨리노 박물관에 소장되어 있다.

27 Dio: 66.2. 무키아누스가 팔라티누스에 나타났다는 증거는 그의 이름이 새겨진 납 파이프에서 유래한다. "팔라티누스[서기 1세기]에서 발견된 파이프들 중 유일하게 황실 가족의 이름을 언급하지 않고 있다."(de Kleijn(2013), p. 437)

28 Tacitus. *Histories*: 4.86

29 Dio: 65.2. 수에토니우스(*Domitian*: 1)도 같은 농담을 보고하고 있다. 두 역사가는 그것을 도미티아누스에 관한 베스파시아누스의 예언이라고 해석한다. 그러니까 도미티아누스가 폭군이 될 것이고, 젊은 시절부터 반역을 꿈꾸었다는 것이다. 하지만 이것은 분명히 오독이다. 마찬가지로 타키투스는 18세의 도미티아누스가 은밀하게 아버지를 상대로 반란을 꾸몄다고 보고한다(*Histories*: 4.86). 하지만 이것은 서기 70년 여름에 실제로 벌어졌던 일을 보고하는 것이라기보다, 황제가 된 도미티아누스를 미워하는 마음에서 나온 서술이라고 보아야 할 것이다.

30 Cicero. *Philippics*: 6.19

31 Josephus. *The Judaean War*: 3.248

32 요세푸스가 로마의 공성전에서 직접 목격한 사건을 보고한 내용이다. 그 사건은 그가 베스파시아누스의 포로가 되었다는 것으로 끝난다(ibid: 3.246).

33 Ibid: 5.223

34 Virgil. *Aeneid*: 6.852-3

35 Josephus. *The Judaean War*: 5.353

36 Ibid: 5.515

37 Ibid: 5.451

38 Tacitus. *Histories*: 5.12

39 Josephus. *The Judaean War*: 6.285

40 요세푸스는 신전 방화가 "카이사르의 뜻에 반하여 벌어졌다"라고 보고한다(*The Judaean War*: 6.266). 하지만 요세푸스는 유대 민족의 관습에 대한 존경과, 플라비우스 가문의 식객이라는 자신의 지위를 서로 일치시키기 위해 애썼기 때문에, 이것은 티투스에 관한 기사라기보다는 요세푸스 자신에 대한 이야기라고 보는 것이 타당하다.

플라비우스 황조의 선전군들은 신전을 불태운 것을 극찬한다. 신전 방화에 대해 디오는, 군단병들이 신전을 파괴하는 것을 아주 불안해했고 그래서 티투스가 병사들에게 그런 미신적인 망설임을 극복해야 한다고 명령을 내릴 정도였다고 보고한다(65.6).

41 Josephus, *The Judaean War*: 6.275

42 Ibid: 7.2

43 Dionysus of Halicarnassus: 2.34

44 Josephus, *The Judaean War*: 7.118

45 Statius, *Punica*: 3.596

46 Martial, *Book of Spectacles*: 2.11

47 Josephus, *The Judaean War*: 7.147

48 Mason(2016), p. 4에서 인용. 이 책의 서장은 "유명하면서도 알려지지 않은 전쟁"이라는 제목을 달고 있는데, 언제나 역사가들이 정면으로 직시해야 하는 사항들을 멋지게 설명한다.

49 Pausanias: 7.17

50 1947년에 로마 남쪽 아르데아에서 발견된 그리스어 비문의 파편(*L'Année épigraphique*: 1953.25).

51 Plutarch, 'On Love'

52 Suetonius, *The Deified Vespasian*: 14

53 Tacitus, *Histories*: 1.50

54 Pliny: 36.102. 플리니우스는 평화의 신전이 세계에서 가장 아름다운 세 건물 중 하나라고 말했다. 다른 둘은 포룸에 있는 교회와 아우구스투스 포룸이다.

55 Suetonius, *The Deified Vespasian*: 23

56 Ibid

4. 잠자는 거인들

1 Strabo: 5.4.3

2 Ibid: 5.4.8

3 Petronius: 48.4. 화자는 저속한 벼락부자다. 풍자를 추가로 세련되게 한 것이다.

4 *Aetna*: 432

5 Pliny: 18.110

6 Vitruvius: 2.6.1

7 시인 마르티알리스가 자신의 풍유시(11.80.1)에서 한 말. 바이아누스를 휴양지 중 으뜸(princeps)이라고 칭송한 사람 역시 마르티알리스였다(6.42.7).

8 Strabo: 5.4.6

9　Pliny the Younger. *Letters*: 3.5.8

10　Pliny: Preface 14

11　Ibid: 14.2

12　Ibid: 7.130

13　Philo. 'On the Contemplative Life': 48

14　Suetonius. *Vitellius*: 13

15　Pliny: 7.6

16　Ibid: 3.39

17　Ibid: 3.42

18　Ibid: 10.135

19　이 이야기는 고고학적 증거, 비문, 칙령, 폼페이와 헤르쿨라네움에 보관된 낙서 등으로 부터 연역해야 한다. 포파이아가 이 지역과 활발한 교류를 했다는 사실은 헤르쿨라네 움에서 발견된 목판으로 분명하게 알 수 있다. 이 목판은 그녀가 폼페이 근처 벽돌 공 장의 소유자라고 기록한다. 비록 결정적으로 증명된 것은 아니지만, 폼페이에서 약 8킬 로미터 떨어진 곳에 있는 대규모 빌라 단지도 그녀 소유일 가능성이 있다. 포파이아가 네로를 설득해 검투사 시합 금지를 풀게 했다는 주장은 황제의 "판단"을 칭송하는, 시 청 근처에서 발견된 낙서 여덟 건에 의존하고 있다. 또 도시 전역에서 발견되는 수도에 대한 황제의 열광적 지지를 표시하는 낙서들도 있다. 이 사례는 다음 자료에 아주 설득 력 높고 또 과학적으로 설명되어 있다. James I. Franklin Jr. 'Middle to Late Julio-Claudians—Neropoppaeenes, in Franklin(2001).

20　*CIL*: X.1018

21　Cicero. *On the Manilian Law*: 3.7

22　Juvenal: 10.114-15

23　Murison(2003)은 이런 설득력 높은 주장을 편다. 네르바는 네로 궁정에서 후원자로서 베스파시아누스에게 봉사했다. 그는 베스파시아누스와 티투스가 유대에 가 있는 동안 에 플라비우스 가문의 일을 보살펴주었다.

24　이 그림은 후대에 전해지지 않는다. 이 그림의 모양과 중요성 등에 대해서는 Franklin (2001), pp. 263-4 참조.

25　Macrobius: 2.3.11

26　*CIL*: IV.1177b

27　보다 구체적으로 비문은 416명의 검투사가 그 행사에 참석했다고 자랑한다. Osanna, p. 290 참조.

28　Pliny: 31.24. 플리니우스가 명시적으로 말하지는 않았지만 리키누스는 흐르지 않는 샘물을 방문한 후 7일 만에 죽은 듯하다.

29 Cicero. *On Duties*: 1.151

30 Ibid

31 Cicero. *On Duties*: 1.151

32 Curtis, p. 561에서 인용.

33 Hemelrijk, p. 264에서 인용.

34 Valerius Maximus: 8.14.5

35 Suetonius. *The Deified Vespasian*: 18

36 Seneca. *Dialogues*: 7.24.3

37 Ibid: 12.12

38 *CIL*: 4.9839b

39 Gaius. *Institutes*: 1.3.9

40 고대의 인구 통계 추정은 아주 막연하다. 서기 1세기 로마의 노예 인구는 전통적으로 전체 인구의 3분의 1 정도로 잡고 있다. 그러나 Scheidel(2005)은 전체 인구의 4분의 1에 가깝다고 설득력 높은 주장을 편다.

41 Diodorus Siculus: 5.38.1

42 Chrysippus의 말. Seneca. On Benefits 3.22.1에서 인용.

43 Plutarch. *On Curiosity*: 520c. 문자 그대로, "참새나 타조 같은 머리를 가진 노예".

44 롱기누스는 아무튼 이렇게 주장하고 있다. *On the Sublime*: 44.5

45 Petronius: 76

46 Dionysus of Halicarnassus: 4.23.7

47 Ibid: 4.23.2

48 Seneca. *Letters*: 27.5

49 Pliny the Younger. *Letters*: 3.5

50 Pliny: 2.192

51 Cassius Dio: 66.22.2

52 Pliny the Younger. *Letters*: 6.16

53 Cassius Dio: 66.22.4

54 Pliny the Younger. *Letters*: 6.16

55 Ibid

56 Ibid

57 Ibid

58 Pliny: 2.239

59 Ibid: 2.194

60 Martial. *Epigrams*: 4.44

61   Pliny the Younger. *Letters*: 6.20

62   Ibid

5. 거대한 거미줄의 중심에 자리 잡은 거미

1   Pliny: 8.6

2   Petronius. 119.17

3   Pliny: 8.48

4   Martial. *Book of Shows*: 17

5   폼페이 피난민은 카푸아로 이주하고, 헤르쿨라네움 피난민은 네아폴리스로 이주한 것
     으로 보인다. 푸테올리는 두 도시 모두에서 피난민을 수용했다. Tuck(2020) 참조.

6   Cassius Dio: 66.23

7   Suetonius. *The Deified Titus*: 8

8   Martial. *Book of Shows*: 2

9   Ibid: 5

10   Suetonius. *The Deified Titus*: 8

11   Ibid: 1

12   Pliny the Younger. *Panegyric*: 48.5

13   Martial. *Book of Shows*: 5.8

14   Statius. *Silvae*: 4.3.128−9

15   Suetonius. *Domitian*: 4

16   Statius. *Silvae*: 3.4.26

17   *CIL*: 6.826

18   Pliny: 3.42

19   Statius. *Silvae*: 4.2.14−16

20   Tacitus. *Agricola*: 23. 로마인은 클라이드 내포를 "클로타(Clota)", 포스 내포를 "보
     도트리아(Bodotria)"로 불렀다.

21   Statius. *Silvae*: 5.1.81−2

22   Silius. *Punica*: 3.597

23   Tacitus. *Agricola*: 27

24   Ibid: 38

25   Statius. *Silvae*: 5.1.89

26   Tacitus. *Agricola*: 40

27   Statius. *Silvae*: 5.1.84

28   Juvenal: 4.111−12

29 Suetonius. *Domitian*: 9

30 Tacitus. *Agricola*: 42

31 Tacitus. *Histories*: 1.2

32 Cassius Dio: 67.5.6

33 Statius. *Silvae*: 5.2.91-3

34 Ibid: 5.1.42

35 어쨌든 증거로 1952년에 히포레기우스에서 비문이 발견되고 발표되었다. 수에토니우스 가문의 근본적인 기원은 서기전 184년 아드리아해에 설립된 식민도시 피사우룸일 가능성이 가장 크다.

36 Plutarch. *Life of Publicola*: 15

37 Juvenal: 3.20

38 Ibid: 1.131

39 Ibid: 3.73-4

40 Ibid: 3.84-5

41 Pliny: 2.189

42 Josephus. *Against Apion*: 2.40

43 Josephus. *Life*: 423

44 고고학적 증거는 Reich를 참고.

45 요세푸스의 마사다 포위 공격에 관한 설명 중 많은 부분이 믿기 힘들다는 설명, 그리고 그의 설명에 부합하는 고고학적 시도의 실패에 관해서는 Cohen을 참고. 로마인이 안전 보장 맹세를 지키지 않았을 수도 있다는 가능성에 대해서는 Mason(2016), pp. 573-4를 참조.

46 Josephus. *The Judaean War*: 7.336

47 Josephus. *Against Apion*: 2.291

48 Cassius Dio: 67.14

49 Suetonius. *Domitian*: 20

50 Cassius Dio: 67.9

51 Statius. *Silvae*: 1.93

52 Suetonius. *Domitian*: 14

53 Cassius Dio: 67.15

54 네르바가 도미티아누스가 살해당한 날에 황제로 선포되었다는 증거는 오스티아의 비문에 기록되어 있다. Collins는 이 비문을 근거로, 다른 주장들이 그런 것처럼 원로원이 아닌 "근위대에 의해 네르바가 황제로 선포되었다"라고 설득력 있게 주장했다(p. 100).

55 Pliny the Younger. *Panegyric*: 52.4

6. 최고의 황제

1   Cassius Dio: 68.4

2   Pliny the Younger. *Panegyric*: 2.3

3   Pliny the Younger. *Letters*: 4.8.5

4   Pliny the Younger. *Panegyric*: 12.1

5   Herodotus: 5.3

6   Julian the Apostate. *The Caesars*: 327.D

7   Florus: Prologue 7

8   Pliny the Younger. *Letters*: 8.4.1

9   Cassius Dio.

10   Pliny the Younger. *Panegyric*: 4.7

11   Statius. *Silvae*: 1.65

12   Juvenal: 3.165-6

13   Seneca. *On the Tranquillity of the Soul*: 11.7

14   Juvenal: 3.257-60

15   Pliny: 36.123

16   *Historia Augusta*: *Alexander Severus*: 65.5

17   Pliny the Younger. *Panegyric*: 32.1

18   Pliny the Younger. *Letters*: 6.31.15

19   유베날리스 풍자시(10.81)에서 나오는 구절로. 시인은 풍자의 목적으로 그런 구절을 지어냈다. Fronto는 트라야누스가 "곡물과 화려한 볼거리(annona et spectacula)의 제공"에 헌신하는 모습에 전적으로 감탄하며 그것을 "정치적 지혜의 정점"으로 요약했다 (*Principia Historiae*: 20).

20   Pliny the Younger. *Panegyric*: 35.1

21   Strabo: 12.4.9

22   Philostratus. *Lives of the Sophists*: 1.7.2

23   Dio of Prusa: 44.9

24   Ibid: 38.15

25   디온은 어디에도 이 후원자의 이름을 남기지 않았다. 구전에 따르면 그는 티투스 플라비우스 사비누스(Titus Flavius Sabinus)로 확인된다. 그는 티투스 플라비우스 클레멘스의 형이고 95년에 무신론으로 고발당해 처형당했다. Harry Sidebottom(pp. 452-3)은 그럴듯한 대안을 제시했다. 그의 대안은 L. 살비우스 오토 코케이아누스(L. Salvius Otho Cocceianus)로, 네르바의 조카이자 수에토니우스에 따르면 삼촌의 생일을 축하하다 도미티아누스에게 처형된 사람이었다.

26 Dio of Prusa: 13.1

27 Ibid: 13.8

28 Ibid: 12.19

29 Ibid: 45.13

30 Ibid: 47.18

31 Pliny the Younger, *Letters*: 4.9.4

32 Ibid: 8.14.9

33 Ibid: 10.40.2

34 Ibid: 10.98.1

35 Dio: 38.38

36 Pliny the Younger, *Letters*: 10.17a.3.

37 Dio of Prusa: 1.65

38 Ibid: 3.86

39 Ibid: 4.4

40 Ibid: 4.54

41 이 이야기는 5세기 아우구스티누스가 기록했다(*City of God*: 4.4). 하지만 이 사례는 이미 키케로가 언급했던 것으로 보인다.

42 Tacitus, *Agricola*: 3

43 Revelation, 18.19

44 Ibid: 18.12-13

45 Pliny: 33.148

46 Tacitus, *Agricola*: 21

47 Tacitus, *Annals*: 1.4

48 Tacitus, *Germania*: 37

49 Ibid

50 Pliny: 7.21

51 Ibid: 6.58

52 Ibid: 6.88

53 Ibid: 12.14

54 The *Akananuru*의 말. De Romanis (2020), p. 115, n. 43에서 인용.

55 Juvenal: 1

56 여러 파피루스 문서가 112년과 114년 사이 운하가 굴착되었음을 입증한다.

57 Cassius Dio: 68.23

58 Ibid: 68.29

7. 내가 우리를 위해 이 정원을 지었다

1   Philo. *On the Embassy to Gaius*: 214. 필로는 율리우스 알렉산데르의 삼촌이자 예루살렘에서 신전 문을 도금했던 아라바르크의 형제였다.

2   Eusebius의 말. Jerome. *Chronicle*에서 인용: entry for the 223rd Olympiad

3   *Historia Augusta: The Life of Hadrian*: 14.11

4   Tacitus. *Annals*: 1.7

5   Pliny the Younger. *Letters*: 2.9.4

6   Suetonius. *The Deified Augustus*: 21

7   *Historia Augusta: The Life of Hadrian*: 14

8   Cassius Dio: 69.9

9   *Historia Augusta: The Life of Hadrian*: 10

10   Ibid

11   람바이시스에서 발견한 명문에서 하드리아누스가 한 여러 연설의 세부 내용이 드러난다.

12   Dio of Prusa: 1.53

13   Ibid: 1.56

14   Pliny the Younger. *Letters*: 9.39

15   Dio of Prusa: 1.60

16   Ibid: 1.75

17   알렉산드로스 대왕 전기를 작성해 위대한 정복자의 군사 경력을 확인하는 핵심 사료를 남긴 아리아누스의 전기는 현존하는 문서뿐만 아니라 폭넓고 다양한 일부분(비잔티움 역사서의 발췌문부터 코르도바에서 발견된 비문까지)도 종합한 것이었다. 이는 필연적으로 위험한 상황을 야기했다. 로널드 사임 경(Sir Ronald Syme)은 이렇게 경고했다. "박식한 연구 조사에서는 서면 기록들에서 암시와 흔적을 찾아야 한다. 이런 작업은 매혹적이지만 종종 위태롭고 독자를 속이기 쉽다." 아리아누스의 전기는 이런 식으로 기술되어 있긴 하지만 전반적으로 받아들여지는 것이라서 나는 여기에 그것을 제시했다.

18   Smallwood (1966), p. 60

19   *Epitome of the Caesars*: 14.6

20   Strabo: 12.4.3

21   이 이야기는 아리아누스가 자신의 책에서 파르티아인을 서술한 내용이다.

22   Tertullian. *Apology*: 5.7

23   Cicero. *On the Ends of Good and Evil*: 5.5

24   Plutarch. *Table Talk*: 1.10

25   Pausanias: 1.3.2

26   Epictetus: 3.13.9

27   Dio of Prusa: 38.38

28   Philostratus. *Life of Apollonius*: 4.27

29   키레네에서 하드리아누스가 전한 연설에서 가져왔다. Oliver, p. 122에서 인용.

30   Pausanias: 1.5.5

31   Ibid: 2.1.2

32   *Sibylline Oracles*: 5.48

33   Cassius Dio: 69.11

34   알렉산드리아의 클레멘트는 온 힘을 다해 기독교적 반감을 표시했지만, 안티노오스 사후에 계속 전해져온 전통을 분명히 서술했다. *Exhoration to the Greeks*: 4.

35   로마 핑키우스 언덕에 아직도 서 있는 오벨리스크 비문에서 가져온 내용으로, 상형문자로 적기긴 했어도 거의 확실히 하드리아누스가 직접 적은 것이다. Lambert, p. 64에서 인용.

36   Suetonius. *The Deified Vespasian*: 13

37   Cornelius Nepos. *Alcibiades*: 2.2

38   Plutarch. *Isis and Osiris*: 18

39   Pliny: 7.33

40   Phlegon. *On Amazing Things*: 28

41   Apuleius. *The Golden Ass*: 11.5

42   하드리아누스가 나일강을 향해 중이던 129년과 130년에 모두 강이 범람하지 않았을 수 있다. 하지만 그 증거는 희박하다. 문제의 두 해로 추정되는 때에 범람을 기념하는 화폐가 없다는 사실이 그런 주장이 나오는 주된 근거다. 증거가 없다는 사실이 곧 범람이 없었다는 증거가 아님에도 불구하고, 하드리아누스가 상류로 항해하면서 곡물 공급 위기에 마주했을 가능성은 안티노오스의 죽음에 얽힌 수수께끼를 더욱 신비하게 만든다. Lambert, pp. 122-3 참고.

43   Plutarch. *Isis and Osiris*: 54

44   이런 연대 결정의 신뢰성에 대한 신중한 연구를 보려면 Vout, pp. 57-9를 참고.

45   Cassius Dio: 69.11. 안티노오스가 익사했다는 하드리아누스의 주장은 디온이 작성한 하드리아누스 전기에서 나온 것이다.

46   Suetonius. *Nero*: 36

47   Speller는 자신의 책 p. 289에서 추가적인 가능성을 제시했다. "안티노오스가 황제의 수행단에서 사라진 이유는 그의 죽음을 날조하기 위함일 수도 있다."

48   Pausanias: 1.42.2

49   Eusebius. *Chronicle*의 아르메니아어 버전에서. Renberg, p. 173에서 인용.

50 Cassius Dio: 69.11

51 로마 핑키우스 정원 오벨리스크에 나타난 상형문자로 된 글 중 하나.

52 티아테이라가 판헬레니온에 가입했음을 나타내는 130년대 언젠가에 세워진 비문에서 가져온 내용이다. Spawforth(2012), p. 249에서 인용.

53 Tacitus, *Annals*: 15.44

54 Pliny, *Letters*: 10.96.9

55 Ibid: 10.97.2

56 Numbers, 24.17

57 Fronto의 말. Horbury, p. 331에서 인용.

58 수상함에도 불구하고 이 증거는 널리 받아들여진다. 이집트에서 제22 데이오타리아나 군단의 존재는 119년 증명되었지만, 162년에 작성한 것으로 추정되는 로마 비문에 적힌 포괄적인 군단 목록에선 누락되었다. 이 비문은 제9 히스파나 군단도 누락했다.

59 Pausanias: 1.5.5

60 Cassius Dio: 69.14

61 *Historia Augusta*: *The Life of Hadrian*: 15.13

62 Ibid: 26.5

63 하드리아누스가 안토니누스 피우스에게 보낸 편지에서 인용. 이집트에 있는 파피루스에 보존되어 있다. Burley(1997), p. 299에서 인용.

64 Cassius Dio: 69.20

65 Ibid: 53.27

66 Mattingly(1997), p. 185에서 인용. 비문은 오늘날의 요르단 남부에서 "라우리키우스 (Lauricius)"라고 서명한 누군가가 작성한 것이다. 그가 군인이라는 추정이 가장 가능성 높아 보이지만, 불만 가득한 속주민이었을 수도 있다. 라우리키우스가 누구였든 그가 주장한 바는 여전히 유효하다.

참고문헌

Alcock, Susan, *Graecia Capta: The Landscapes of Roman Greece* (Cambridge, 1993)

Aldrete, Gregory S., *Floods of the Tiber in Ancient Rome* (Baltimore, 2007)

Allison, Penelope M., *People and Spaces in Roman Military Bases* (Cambridge, 2013)

Alston, Richard, *Aspects of Roman History 31 BC-ad 117* (London, 2013)

Andrade, Nathanael J., *Syrian Identity in the Greco-Roman World* (Cambridge, 2013)

Andreau, Jean, *Banking and Business in the Roman World*, tr. Janet Lloyd (Cambridge, 1999)

Andreau, Jean and Raymond Descat, *The Slave in Greece and Rome*, tr. Marion Leopold (Madison, 2006)

Arnaud, Pascal and Simon Keay (eds), *Roman Port Societies: The Evidence of Inscriptions* (Cambridge, 2020)

Ash, Rhiannon, *Ordering Anarchy: Armies and Leaders in Tacitus'* Histories (London, 1999)

_____, 'The Wonderful World of Mucianus', in *Essays in Honour of Barbara Levick* (Oxford, 2007)

Augoustakis, Antony and R. Joy Littlewood, *Campania in the Flavian Poetic Imagination* (Oxford, 2019)

Austin, N. J. E. and N. B. Rankov, *Exploratio: Military and Political Intelligence in the Roman World from the Second Punic War to the Battle of Adrianople* (London, 1995)

Badel, Christophe, *La Noblesse de l'Empire Romain: Les Masques et la Vertu* (Seyssel, 2005)

Ball, Warwick, *Rome in the East: The Transformation of an Empire* (London, 2000)

Barton, Carlin A., *Roman Honor: The Fire in the Bones* (Berkeley and Los Angeles, 2001)

Bartsch, Shadi, *Actors in the Audience: Theatricality and Doublespeak from Nero to Hadrian* (Cambridge, Mass., 1994)

Beard, Mary, *The Roman Triumph* (Cambridge, Mass., 2007)

_____, *Pompeii: The Life of a Roman Town* (London, 2008)

Bekker-Nielsen, Tønnes (ed.), *Rome and the Black Sea Region: Domination, Romanisation, Resistance* (Aarhus, 2005)

———, *Urban Life and Local Politics in Roman Bithynia: The Small World of Dio Chrysostomos* (Aarhus, 2018)

Bennett, Julian, *Trajan: Optimus Princeps* (Abingdon, 1997)

Berlin, Andrea M. and J. Andrew Overman, *The First Jewish Revolt: Archaeology, History and Ideology* (London, 2002)

Birley, Anthony R., *Hadrian: The Restless Emperor* (Abingdon, 1997)

———, 'Viri Militares Moving from West to East in Two Crisis Years (ad 133 and 162)', in *The Impact of Mobility and Migration in the Roman Empire,* ed. E. Lo Cascio and L. E. Tacoma (Leiden, 2017)

Bishop, M. C., 'Legio V Alaudae and the Crested Lark', *Journal of Roman Military Equipment Studies* 1, 1990

———, *Handbook to Roman Legionary Fortresses* (Barnsley, 2012)

Boatwright, Mary T., *Hadrian and the Cities of the Roman Empire* (Princeton, 2000)

———, 'Women and Gender in the Forum Romanum', *TAPA* 141, 2011

Bosworth, A. B., 'Arrian in Baetica', *Greek, Roman and Byzantine Studies* 17, 1976

Boyle, A. J. and W. J. Dominik, *Flavian Rome: Culture, Image, Text* (Leiden, 2003)

Bradley, Keith, *Slavery and Society at Rome* (Cambridge, 1994)

Bradley, Keith and Paul Cartledge, *The Cambridge World History of Slavery: The Ancient Mediterranean World* (Cambridge, 2011)

Breeze, David J., *Hadrian's Wall: A History of Archaeological Thought* (Kendal, 2014)

Breeze, David J. and Alan Wilkins, 'Pytheas, Tacitus and Thule', *Britannia* 49, 2018

Brennan, T. Corey, *Sabina Augusta: An Imperial Journey* (Oxford, 2018)

Buttrey, T. V., 'Domitian, the Rhinoceros, and the Date of Martial's "Liber De Spectaculis"', *Journal of Roman Studies* 97, 2007

Bowman, Alan K., Edward Champlin and Andrew Lintott (eds), *Cambridge Ancient History X: The Augustan Empire, 43 BC–ad 69* (Cambridge, 1996)

Bowman, Alan K., Peter Garnsey and Dominic Rathbone (eds), *Cambridge Ancient History XI: The High Empire, ad 70–192* (Cambridge, 2000)

Campbell, J. B., *The Emperor and the Roman Army 31 BC–ad 235* (Oxford, 1984)

———, *War and Society in Imperial Rome, 31 BC–ad 284* (London, 2002)

Capponi, L., 'Reflections on the Author, Context and Audience of the So-called Apotheosis of Poppaea (P.Oxy. LXXVII 5105)', *Quaderni di Storia* 86, 2017

Carradice, Ian, *Coinage and Finances in the Reign of Domitian* (Oxford, 1983)

Carroll, Maureen, 'Exploring the Sanctuary of Venus and its Sacred Grove: Politics, Cult and Identity in Roman Pompeii', *Papers of the British School at Rome* 78, 2010

Cartledge, Paul and Antony Spawforth, *Hellenistic and Roman Sparta* (Abingdon, 1989)

Champlin, Edward, *Nero* (Cambridge, Mass., 2003)

Chapman, Honora Howell and Zuleika Rodgers, *A Companion to Josephus* (Oxford, 1988)

Charles, Michael B., 'Nero and Sporus Again', *Latomus* 73, 2014

Choi, Junghwa, *Jewish Leadership in Roman Palestine from 70 CE to 135 CE* (Leiden, 2013)

Claridge, Amanda, *Rome: An Oxford Archaeological Guide* (Oxford, 2010)

Clarke, Katherine, 'An Island Nation: Re-reading Tacitus' *Agricola*', *Journal of Roman Studies* 91, 2001

Coarelli, Filippo, *The Column of Trajan* (Rome, 2000)

_____, *Rome and Environs: An Archaeological Guide*, tr. James J. Clauss and Daniel P. Harmon (Berkeley and Los Angeles, 2007)

Cobb, Matthew Adam, *Rome and the Indian Ocean Trade from Augustus to the Early Third Century CE* (Leiden, 2018)

_____ (ed.), *The Indian Ocean Trade in Antiquity: Political, Cultural and Economic Impacts* (London, 2019)

Cohen, S. J. D., 'Masada: Literary Tradition, Archaeological Remains, and the Credibility of Josephus', *Journal of Jewish Studies* 33, 1982

Coleman, Kathleen (ed.), *Martial: Liber Spectaculorum* (Oxford, 2006)

Collins, Andrew W., 'The Palace Revolution: The Assassination of Domitian and the Accession of Nerva', *Phoenix* 63, 2009

Collins, John J., *Seers, Sibyls and Sages in Hellenistic-Roman Judaism* (Leiden, 2001)

Cominesi, Aurora Raimondi, Nathalie de Haan, Eric M. Moormann and Claire Stocks, *God on Earth: Emperor Domitian* (Leiden, 2021)

Connors, Catherine, 'In the Land of the Giants: Greek and Roman Discourses on Vesuvius and the Phlegraean Fields', *Illinois Classical Studies* 40, 2015

Cooley, Alison E., *Pompeii* (London, 2003)

Cooley, Alison E. (ed.), *A Companion to Roman Italy* (Chichester, 2016)

Cooley, Alison E. and M. G. L. Cooley, *Pompeii and Herculaneum: A Sourcebook* (Abingdon, 2004)

Curtis, Robert I., 'A Personalized Floor Mosaic from Pompeii', *American Journal of Archaeology* 88, 1984

Dabrowa, A. (ed.), *The Roman and Byzantine Army in the East: Proceedings of a Colloquium Held at the Jageillonian Univeristy in September 1992* (Kraków, 1992)

D'Arms, John H., *Romans on the Bay of Naples: A Social and Cultural Study of the Villas and Their Owners from 150 BC to AD 400* (Cambridge, Mass., 1970)

_____, 'Puteoli in the Second Century of the Roman Empire: A Social and Economic Study', *Journal of Roman Studies* 64, 1974

Darwall–Smith, Robin Haydon, *Emperors and Architecture: A Study of Flavian Rome* (Brussels, 1996)

Davies, Roy W., *Service in the Roman Army*, ed. David Breeze and Valerie A. Maxfield (Edinburgh, 1989)

De Carolis, Ernesto and Giovanni Patricelli, *Vesuvius, ad 79: The Destruction of Pompeii and Herculaneum* (Rome, 2003)

De la Bédoyère, Guy, *Praetorian: The Rise and Fall of Rome's Imperial Bodyguard* (New Haven, 2017)

De Kleijn, G., 'C. Licinius Mucianus, Leader in Time of Crisis', *Historia* 58, 2009

_____, 'C. Licinius Mucianus, Vespasian's Co-ruler in Rome', *Mnemosyne* 66, 2013

De Quiroga, Pedro López Barja, 'Freedmen Social Mobility in Roman Italy', *Historia* 44, 1995

Den Hollander, William, *Josephus, the Emperors, and the City of Rome; From Hostage to Historian* (Leiden, 2014)

De Romanis, Frederico, 'Trajan's Canal and the Logistics of Late Antiquity India Trade', in *Interrelations Between the Peoples of the Near East and Byzantium in Pre-Islamic Times,* ed. V. Christides (Cordoba, 2015)

_____, *The Indo-Roman Pepper Trade and the Muziris Papyrus* (Oxford, 2020)

Dobbins, John J. and Pedar W. Foss, *The World of Pompeii* (London, 2007)

Earl, Donald, *The Moral and Political Tradition of Rome* (London, 1967)

Edmondson, Jonathan, Steve Mason and James Rives, *Flavius Josephus and Flavian Rome* (Oxford, 2005)

Edwards, Catharine, *Death in Ancient Rome* (New Haven, 2007)

Faulkner, Neil, *Apocalypse: The Great Jewish Revolt against Rome, ad 66–73* (Stroud, 2002)

Favro, Diane and Christopher Johanson, 'Death in Motion: Funeral Processions in the Roman Forum', *Journal of the Society of Architectural Historians* 69, 2010

Feldman, Louis H., 'Financing the Colosseum', *Biblical Archaeology Review* 27, 2001

Fink, Robert O., *Roman Military Records on Papyrus* (Ann Arbor, 1971)

Flohr, Miko and Andrew Wilson (eds), *The Economy of Pompeii* (Oxford, 2017)

Flower, Harriet I., *Ancestor Masks and Aristocratic Power in Roman Culture* (Oxford, 1996)

Fodorean, Florin, *The Topography and the Landscape of Roman Dacia* (Oxford, 2013)

Foley, Helene P., *The Homeric Hymn to Demeter: Translation, Commentary and Interpretive Essays* (Princeton, 1994)

Franklin, James L., 'Cn. Alleius Nigidius Maius and the Amphitheatre: "Munera" and a Distinguished Career at Ancient Pompeii', *Historia* 46, 1997

———, *Pompeis Difficile Est: Studies in the Political Life of Imperial Pompeii* (Ann Arbor, 2001)

Galestin, M. C., 'Romans and Frisians: Analysis of the Strategy of the Roman Army in its Connections Across the Frontier', in G. M. Willems, W. Groenman-van Waateringe, B. L. van Beek and S. L. Wynia (eds), *Roman Frontier Studies 1995* (Oxford, 1995)

Gallia, Andrew B., *Remembering the Roman Republic: Culture, Politics, and History under the Principate* (Cambridge, 2012)

Gardner, Gregg and Kevin L. Osterloh, *Antiquity in Antiquity: Jewish and Christian Pasts in the Greco-Roman World* (Tübingen, 2008)

Gianfrotta, Piero A., 'Comments Concerning Recent Fieldwork on Roman Maritime Concrete', *International Journal of Nautical Archaeology* 40, 2011

Gibbon, Edward, *The History of the Decline and Fall of the Roman Empire* (3 vols) (London, 1994)

Goldsworthy, Adrian, *The Roman Army at War 100 BC–ad 200* (Oxford, 1996)

———, *The Complete Roman Army* (London, 2003)

Goodman, Martin, 'Trajan and the Origins of Roman Hostility to the Jews', *Past & Present* 182, 2004

———, *Rome & Jerusalem: The Clash of Ancient Civilizations* (London, 2007)

Grainger, John D., *Nerva and the Roman Succession Crisis of ad 96–99* (London, 2003)

Grenier, Jean-Claude, *L'Osiris Antinoos* (Montpellier, 2008)

Gruen, Erich S., *Rethinking the Other in Antiquity* (Princeton, 2011)

Grüll, Tibor and László Benke, 'A Hebrew/Aramaic Graffito and Poppaea's Alleged Jewish Sympathy', *Journal of Jewish Studies* 62, 2011

Gurukkal, Rajan, *Rethinking Classical Indo-Roman Trade: Political Economy of Eastern Mediterranean Exchange Relations* (New Delhi, 2016)

Hanson, William S. (ed.), *The Army and Frontiers of Rome* (Portsmouth, 2009)

Harris, B. F., *Bithynia Under Trajan: Roman and Greek Views of the Principate* (Auckland, 1964)

Helms, Kyle, 'Pompeii's Safaitic Graffiti', *Journal of Roman Studies* 111, 2021

Hemelrijk, Emily A., Women and Society in the Roman World: A Sourcebook of Inscriptions from the Roman West (Cambridge, 2021)

Hingley, Richard, *Conquering the Ocean: The Roman Invasion of Britain* (Oxford, 2022)

Hopkins, Keith and Mary Beard, *The Colosseum* (London, 2005)

Horbury, William, *Jewish War Under Trajan and Hadrian* (Cambridge, 2014)

Isaac, Benjamin, 'A Milestone of ad 69 from Judaea: The Elder Trajan and Vespasian', *Journal of Roman Studies* 56, 1976

———, *The Limits of Empire: The Roman Army in the East* (Oxford, 1990)

———, *The Invention of Racism in Classical Antiquity* (Princeton, 2013)

Isaac, Benjamin and Israel Roll, 'Legio II Traiana in Judaea', *Zeitschrift für Papyrologie und Epigraphik* 33, 1979

Jones, Brian W., *Domitian and the Senatorial Order: A Prosopographical Study of Domitian's Relationship with the Senate, ad 81–96* (Philadelphia, 1979)

———, *The Emperor Titus* (Beckenham, 1984)

———, *The Emperor Domitian* (London, 1992)

Jones, Christopher P., *The Roman World of Dio Chrysostom* (Cambridge, Mass., 1978)

Joshel, Sandra R., *Work, Identity, and Legal Status at Rome: A Study of the Occupational Inscriptions* (Baltimore, 2001)

———, *Slavery in the Roman World* (Cambridge, 2010)

Joshel, Sandra R. and Lauren Hackworth Petersen, *The Material Life of Roman Slaves* (Cambridge, 2014)

Kamen, Deborah and C. W. Marshall, *Slavery and Sexuality in Classical Antiquity* (Madison, 2021)

Keay, Simon and Lidia Paroli, *Portus and its Hinterland* (London, 2011)

Knapp, Robert, 'The Poor, Latin Inscriptions, and Social History' (XII International Epigraphic Congress, 2002)

_____, *Invisible Romans* (London, 2011)

Köhne, Eckhart and Cornelia Ewigleben, *Gladiators and Caesars: The Power of Spectacle in Ancient Rome* (London, 2000)

Laehn, Thomas R., *Pliny's Defense of Empire* (Abingdon, 2013)

Lambert, Royston, *Beloved and God: The Story of Hadrian and Antinous* (London, 1984)

Lane Fox, Robin, *Pagans and Christians* (London, 1986)

Le Bohec, Yann, *Les legions de Rome sous le Haut-Empire* (Lyon, 2000)

Lepper, Frank and Sheppard Frere, *Trajan's Column* (Gloucester, 1988)

Levick, Barbara, *Vespasian* (Abingdon, 2017)

Lindsay, Hugh, 'Vespasian and the City of Rome: The Centrality of the Capitolium', *Acta Classica* 53, 2010

Luttwak, Edward, *The Grand Strategy of the Roman Empire: From the First Century ad to the Third* (London, 1976)

Lyes, Christopher J., 'Rethinking the Lapis Niger', *NEO* 1, 2017

MacKendrick, Paul, *The Dacian Stones Speak* (Chapel Hill, 1975)

Magness, Jodi, *Masada: From Jewish Revolt to Modern Myth* (Princeton, 2019)

Marks, Raymond and Marcello Mogetta (eds), *Domitian's Rome and the Augustan Legacy* (Ann Arbor, 2021)

Martyn, Rachelle, 'A Re-Evaluation of Manner of Death at Roman Herculaneum Following the ad 79 Eruption of Vesuvius', *Antiquity* 94, 2020

Mason, Steve, *Josephus, Judea, and Christian Origins* (Peabody, 2009)

_____, *A History of the Jewish War ad 66-74* (Cambridge, 2016)

Mattingly, David J. (ed.), *Dialogues in Roman Imperialism* (Portsmouth, Rhode Island, 1997)

_____, *An Imperial Possession: Britain in the Roman Empire, 54 BC-ad 409* (London, 2006)

_____, *Imperialism, Power, and Identity: Experiencing the Roman Empire* (Princeton, 2011)

Mattingly, Harold, *The Coinage of the Civil Wars of 68–69 ad* (New York, 1977)

McDermott, William C. and Anne E. Orentzel, *Roman Portraits: The Flavian-Trajanic Period* (Columbia, 1979)

McLaughlin, Raoul, *The Roman Empire and the Indian Ocean: The Ancient World Economy and the Kingdoms of Africa, Arabia and India* (Barnsley, 2014)

Meslin, Michel, *La fête des kalendes de janvier dans l'empire romain: Étude du'un rituel de Nouvel Ans* (Brussels, 1970)

Millar, Fergus, *The Roman Near East, 31 BC–ad 337* (Cambridge, Mass., 1993)

Morwood, James, *Hadrian* (London, 2013)

Mor, Menahem, *The Second Jewish Revolt: The Bar Kokhba War, 132–136 CE* (Leiden, 2016)

Morgan, Gwyn, 'Clodius Macer and Calvia Crispinilla', *Historia* 49, 2000

———, *69 ad: The Year of Four Emperors* (Oxford, 2006)

Morgan, Llewelyn, 'Achilleae Comae': Hair and Heroism According to Domitian', *Classical Quarterly* 47, 1997

———, 'The Eunuch and the Emperor', *History Today*, May 2016

Murison, Charles L., *Galba, Otho and Vitellius: Careers and Controversies* (Zurich, 1993)

———, *Rebellion and Reconstruction: An Historical Commentary on Cassius Dio's Roman History* (Oxford, 1999)

———, 'M. Cocceius Nerva and the Flavians', *Transactions of the American Philological Association* 133, 2003

Murphy, Trevor, *Pliny the Elder's* Natural History*: The Empire in the Encyclopedia* (Oxford, 2004)

Olesen, J. P. (ed.), *Building for Eternity: The History and Technology of Roman Concrete Engineering in the Sea* (Oxford, 2014)

Oliver, J. H., *Greek Constitutions of Early Roman Emperors from Inscriptions and Papyri* (Philadelphia, 1989)

Oltean, Ioana A., *Dacia: Landscape, Colonisation and Romanisation* (Abingdon, 2007)

Opper, Thorsten, *Hadrian: Empire and Conflict* (London, 2008)

Osanna, Massimo, 'Games, Banquets, Handouts, and the Population of Pompeii as Deduced from a New Tomb Inscription', *Journal of Roman Archaeology* 31, 2018

Osgood, Josiah, *Claudius Caesar: Image and Power in the Early Roman Empire*

(Cambridge, 2011)

Parente, Fausto and Joseph Sievers, *Josephus and the History of the Greco-Roman Period: Essays in Memory of Morton Smith* (Leiden, 1994)

Parker, Grant, *The Making of Roman India* (Cambridge, 2008)

Phang, Sara Elise, *Roman Military Service: Ideologies of Discipline in the Late Republic and Early Principate* (Cambridge, 2008)

Pigon, Jakub, 'The Identity of the Chief Vestal Cornelia', *Mnemosyne* 52, 1999

Poehler, Eric E., *The Traffic Systems of Pompeii* (Oxford, 2017)

Pollard, Elizabeth Ann, 'Pliny's *Natural History* and the Flavian *Templum Pacis*: Botanical Imperialism in First-Century ce Rome', *Journal of World History* 20, 2009

Popovic, Mladen, *The Jewish Revolt against Rome: Interdisciplinary Perspectives* (Leiden, 2011)

Rankov, Boris, 'A "Secret of Empire" (*Imperii Arcanum*): An Unacknowledged Factor in Roman Imperial Expansion', in Hanson

Reich, R., 'Women and Men at Masada: Some Anthropological Observations Based on the Small Finds (Coins, Spindles)', *Zeitschrift des Deutschen Palästina Vereins* 117, 2001

Renberg, Gil H., 'Hadrian and the Oracles of Antinous', *Memoirs of the American Academy in Rome* 55, 2010

Richardson, J. S., '*Imperium Romanum*: Empire and the Language of Power', *Journal of Roman Studies* 81,1991

Richardson, L., Jr, *A New Topographical Dictionary of Ancient Rome* (Baltimore, 1992)

Richmond, Ian, *Trajan's Army on Trajan's Column* (London, 1982)

Riggsby, Andrew M., 'Self and Community in the Younger Pliny', *Arethusa* 31, 1998

Rizzi, Marco (ed.), *Hadrian and the Christians* (Göttingen, 2000)

Roche, Paul, *Pliny's Praise: The Panegyricus in the Roman World* (Cambridge, 2011)

Romm, James S., *The Edges of the Earth in Ancient Thought: Geography, Exploration and Fiction* (Princeton, 1992)

Schäfer, Peter, *Judeophobia: Attitudes toward the Jews in the Ancient World* (Cambridge, Mass., 1997)

―――, *The History of the Jews in the Greco-Roman World* (London, 2003)

Scheidel, Walter, 'Human Mobility in Roman Italy, II: The Slave Population', *Journal* of *Roman Studies* 95, 2005

Schlude, Jason M., *Rome, Parthia, and the Politics of Peace: The Origins of War in the Ancient Middle East* (Abingdon, 2020)

Schwarz, Seth, *Josephus and Judaean Politics* (Leiden, 1990)

_____, *Imperialism and Jewish Society, 200 bce to 640 CE* (Princeton, 2001)

_____, *Were the Jews a Mediterranean Society? Reciprocity and Solidarity in Ancient Judaism* (Princeton, 2010)

Shepherd, Si, *The Jewish Revolt ad 66–74* (Oxford, 2013)

Sidebottom, Harry, 'Dio of Prusa and the Flavian Dynasty', *Classical Quarterly* 46, 1992

Sigurdsson, Haraldur, Stanford Cashdollar and Stephen R. J. Sparks, 'The Eruption of Vesuvius in ad 79: Reconstruction from Historical and Volcanological Evidence', *American Journal of Archaeology* 86, 1982

Smallwood, E. Mary, *Documents Illustrating the Principates of Nerva, Trajan and Hadrian* (Cambridge, 1966)

_____, *Documents Illustrating the Principates of Gaius, Claudius and Nero* (London, 1967)

_____, *The Jews under Roman Rule* (Leiden, 1981)

Southern, Pat, *Domitian: Tragic Tyrant* (Abingdon, 1997)

Spaeth, Barbette Stanley, *The Roman Goddess Ceres* (Austin, 1996)

Spawforth, A. J., 'The Panhellenion Again', *Chiron* 29, 1999

_____, *Greece and the Augustan Cultural Revolution* (Cambridge, 2012)

Spawforth, A. J. and Susan Walker, 'The World of the Panhellenion. I. Athens and Eleusis', *Journal of Roman Studies* 75, 1985

_____, 'The World of the Panhellenion. II. Three Dorian Cities', *Journal of Roman Studies* 76, 1986

Speidel, Michael P., *Emperor Hadrian's Speeches to the African Army–A New Text* (Mainz, 2006)

Speller, Elizabeth, *Following Hadrian: A Second-century Journey through the Roman Empire* (London, 2002)

Spencer, Diana, *The Roman Alexander* (Exeter, 2002)

Stefan, Alexandre, *Les guerres daciques de Domitien et de Trajan. Architecture militaire, topographie, images et histoire* (Rome, 2005)

Swain, Simon, *Dio Chrysostom: Politics, Letters and Philosophy* (Oxford, 2000)

Syme, Ronald, *Tacitus* (Oxford, 1958)

_____, 'Pliny the Procurator', *Harvard Studies in Classical Philology* 73, 1969

_____, 'Domitius Corbulo', *Journal of Roman Studies* 60, 1970

_____, 'Partisans of Galba', *Historia* 31, 1982

_____, 'The Career of Arrian', *Harvard Studies in Classical Philology* 86, 1982

_____, 'Domitian: The Last Years', *Chiron* 13, 1983

Temin, Peter, *The Roman Market Economy* (Princeton, 2013)

Trentin, Lisa, 'Deformity in the Roman Imperial Court', *Greece & Rome* 58, 2011

Tuck, Steven L., 'Factors Contributing to the Dates of Pompeian "Munera" ', *Classical Journal* 104, 2008/2009

_____, 'Harbors of Refuge: Post-Vesuvian Population Shifts in Italian Harbor Communities', in *Reflections: Harbour City Deathscapes in Roman Italy and Beyond,* ed. Niels Bargfeldt and Jane Hjarl Petersen (Rome, 2020)

Udoh, Fabian E., *To Caesar What is Caesar's: Tribute, Taxes, and Imperial Administration in Early Roman Palestine* (Providence, 2006)

Van Buren, A. W., 'Cnaeus Alleius Nigidius Maius of Pompeii', *American Journal of Philology* 68, 1947

Varon, P., '*Emptio Ancillae/Mulieris* by Roman Army Soldiers', in Dabrowa

Vickers, Nancy J., 'Seeing is Believing: Gregory, Trajan, and Dante's Art', *Dante Studies* 101, 1983

Vout, Caroline, *Power and Eroticism in Imperial Rome* (Cambridge, 2007)

Wallace-Hadrill, Andrew, *Houses and Society in Pompeii and Herculaneum* (Princeton, 1994)

_____, *Herculaneum: Past and Future* (London, 2011)

Walsh, Joseph J., *The Great Fire of Rome: Life and Death in the Ancient City* (Baltimore, 2019)

Weaver, P. R. C., 'Epaphroditus, Josephus, and Epictetus', *Classical Quarterly* 44, 1994

Webster, Graham, *The Roman Imperial Army of the First and Second Centuries* ad (London, 1969)

Welch, Katherine E., *The Roman Amphitheatre: From its Origins to the Colosseum* (Cambridge, 2007)

Wells, C. M., '"The Daughters of the Regiment": Sisters and Wives in the Roman Army', *Roman Frontier Studies* 16, 1995

Wellesley, Kenneth, *The Year of the Four Emperors* (London, 2000)

Wells, Peter S., *The Barbarians Speak: How the Conquered Peoples Shaped Roman Europe* (Princeton, 1999)

Wilkinson, Paul, *Pompeii: An Archaeological Guide* (London, 2017)

Williams, Craig A., *Roman Homosexuality* (Oxford, 2010)

Wilmot, Tony (ed.), *Roman Amphitheatres and Spectacula: A 21st-Century Perspective* (Oxford, 2009)

Witt, R. E., *Isis in the Ancient World* (Baltimore, 1971)   .

Wolfson, Stan, *Tactius, Thule and Caledonia: The Achievements of Agricola's Navy in Their True Perspective* (Oxford, 2008)

Woods, David, 'Nero and Sporus', *Latomus* 68, 2009

Woolf, Greg, *Becoming Roman: The Origins of Provincial Civilization in Gaul* (Cambridge, 1998)

Yavetz, Zvi, 'Reflections on Titus and Josephus', *Greek, Roman and Byzantine Studies* 16, 1975

Yegül, Fikret K., 'The Thermo-Mineral Complex at Baiae and *De Balneis Puteolanis*', *Art Bulletin* 78, 1996

Zanker, Paul, *Pompeii: Public and Private Life,* tr. Deborah Lucas Schneider (Cambridge, Mass., 1998)

Zissos, Andrew (ed.), *A Companion to the Flavian Age of Imperial Rome* (Chichester, 2016)

화보 도판 출처

1. Alinari/Bridgeman Images
2. Tom Holland 제공
3. Wikipedia
4. Wikipedia
5. Wikipedia
6. ⓒ Museum of Classical Archaeology, Cambridge, cast no.529.(Original: Ny Carlsberg Glyptotek, Copenhagen, I.N.2585.) CC BY-ND-NC 4.0)
7. Archaeo Images/Alamy Stock Photo
8. Tom Holland 제공
9. GDKE-Landesmuseum Mainz(Ursula Rudischer)
10. Wikipedia
11. Wikipedia
12. Zev Radovan/Alamy Stock Photo
13. GRANGER-Historical Picture Archive/Alamy Stock Photo
14. Sophie Hay 제공
15. Sophie Hay 제공
16. Sophie Hay 제공
17. Sophie Hay 제공
18. Tom Holland 제공
19. Tom Holland 제공
20. Wikipedia
21. agefotostock/Alamy Stock Photo
22. Sophie Hay 제공
23. Tom Holland 제공
24. Wikipedia
25. Tom Holland 제공
26. ⓒ Kenneth Garrett
27. Collection of the National History Museum of Romania ⓒ MNIR 2013
28. Tom Holland 제공

29. Wikipedia
30. Peter Barritt/Robert Harding/agefotostock
31. Sue Clark/Alamy Stock Photo
32. © NPL–DeA Picture Library/Bridgeman Images
33. Nikretas/Alamy Stock Photo

찾아보기

팍스

로마 황금시대의 전쟁과 평화

1판 1쇄 2024년 4월 15일

지은이 | 톰 홀랜드
옮긴이 | 이종인

펴낸이 | 류종필
편집 | 권준, 이정우, 이은진
경영지원 | 홍정민
표지 디자인 | 석운디자인
본문 디자인 | 이미연

펴낸곳 | (주)도서출판 책과함께
　　　　주소 (04022) 서울시 마포구 동교로 70 소와소빌딩 2층
　　　　전화 (02) 335-1982
　　　　팩스 (02) 335-1316
　　　　전자우편 prpub@daum.net
　　　　블로그 blog.naver.com/prpub
　　　　등록 2003년 4월 3일 제2003-000392호

ISBN 979-11-92913-65-0 03900